劳动争议

多元化解

工作指南

最高人民法院司法改革领导小组办公室
中华全国总工会法律工作部　编著

人民法院出版社

图书在版编目（CIP）数据

劳动争议多元化解工作指南／最高人民法院司法改
革领导小组办公室、中华全国总工会法律工作部编著 . --
北京：人民法院出版社，2021. 10
　　ISBN 978 - 7 - 5109 - 3294 - 6

　　Ⅰ. ①劳… Ⅱ. ①最… Ⅲ. ①劳动争议—调解（诉讼
法）—指南 Ⅳ. ①D922. 591 - 62

　　中国版本图书馆 CIP 数据核字（2021）第 193624 号

劳动争议多元化解工作指南

最高人民法院司法改革领导小组办公室
中华全国总工会法律工作部　编著

策划编辑	李安尼	
责任编辑	赵芳慧	
执行编辑	卢乐宁	
出版发行	人民法院出版社	
地　　址	北京市东城区东交民巷 27 号（100745）	
电　　话	（010）67550628（执行编辑）　67550558（发行部查询）	
	65223677（读者服务部）	
客 服 QQ	2092078039	
网　　址	http://www.courtbook. com. cn	
E - mail	courtpress@ sohu. com	
印　　刷	保定市中画美凯印刷有限公司	
经　　销	新华书店	
开　　本	787 毫米 × 1092 毫米　1/16	
字　　数	704 千字	
印　　张	33	
版　　次	2021 年 10 月第 1 版　2022 年 2 月第 2 次印刷	
书　　号	ISBN 978 - 7 - 5109 - 3294 - 6	
定　　价	98. 00 元	

劳动争议多元化解工作指南
编委会

主　　任：李少平　许山松

副 主 任：刘　峥　江　南

委　　员（按姓氏笔画排序）：

　　　　　马　骁　邓　宇　付　育

　　　　　付雪银　曲飘原　刘雪梅

　　　　　李　慧　李承运　李熠星

　　　　　杨　鸿　杨建文　吴毛旦

　　　　　何　帆　金晓丹　柴靖静

　　　　　徐德芳　郭　敏　龚小玲

执行委员：付　育　马　骁

　　　　　柴靖静　李　慧

前 言

就业是民生之本，稳定是发展之基。劳动争议纠纷是劳动者与所在单位之间因劳动关系权利义务而发生的纠纷。及时公正化解劳动争议纠纷，是将《宪法》规定的劳动者享有的各项权益落在实处，解决人民群众最关心、最直接、最现实的利益问题，增强人民群众获得感、幸福感、安全感的重要途径。同时，建立劳动争议多元化解体系，将劳动争议解决纳入法治化轨道，有助于稳定劳资关系，推动企业平稳经营，在优化营商环境、保障社会稳定，推动经济社会高质量发展方面起到重要作用。

工会、仲裁机关、其他调解组织、人民法院等发挥各自优势，共同参与解决劳动争议，是我国长期以来形成的优良传统，体现了中国特色社会主义集中力量办大事的制度优势。党的十九届四中全会提出，加快建设中国特色社会主义制度，推进国家治理体系和治理能力现代化，标志着多元化纠纷解决机制改革步入了"固本培元、多元共治、重点突破、多点开花"的新阶段。新时代，在整合解纷资源、探索创新对接机制、构建更具特色和实效的劳动争议多元化解机制方面，有了更新更广泛的发展，已逐步形成具有中国特色的纠纷解决体系，贡献了多元解纷的"中国之智"。在世界 ADR 不断发展的今天，积极推动劳动争议纠纷解决，对不断汇聚多元解纷的"中国经验"意义深远。

2019 年，最高人民法院、中华全国总工会立足当下、着眼长远，细化延伸中央矛盾纠纷多元化解改革部署，联合印发了《关于在部分地区开展劳动争议多元化解试点工作的意见》（以下简称《意见》），在内蒙古、吉林、上海、江西、山东、湖北、广东、四川，以及陕西西安、浙江宁波和广西北海开展劳动争议多元化解试点工作。《意见》进一步就推进劳动争议多元化解、加强调解组织和调解员队伍建设、规范律师参与、依法履行审判职能、落实特邀调解制度、完善诉调对接工作机制和调解协议履行机制、加强科技应用、完善经费保障、巩固制度保障、加强理论研究和宣传引导等方面提出 14 条意见。《意见》具有以下特色：

一是突出"多元共治"理念。在推进多元化纠纷解决机制改革的过程中，我们发现一条规律：凡是把"党委领导、政府主导、各方协同"精神落到实处的地方，都是社会治理机制完善、治理成效突出的地方。因此，《意见》在一开头就提出，"各级人民法院和总工会要加强工作协同，积极推动建立完善党委领导、政府主导、各部门和组织共同参与的劳动争议预防化解机制"，就是要坚持党的领导，发挥制度优势，把"多元共治"的改革精神落到推进工作实处。

二是重视发挥调解作用。劳动争议具有较强的社会关系修复属性，劳动者相对于用人单位往往处于弱势，发生纠纷时缺乏对等谈判能力，而且许多纠纷牵涉面广、敏感度高。因此，相比于仲裁、诉讼，用协商性强、对抗性弱、灵活度高、成本低廉的调解方式，更有利于劳动争议纠纷的实质性解决。《意见》将强化工会参与协调调解职能、加强劳动争议调解力量建设摆在突出位置，就是要把非诉讼纠纷解决方式贯穿于劳动争议协商、仲裁、诉讼全程，最大限度发挥调解分流诉讼、缓和矛盾、化解纠纷的作用。

三是支持工会充分履职。劳动争议多元化解机制的核心要义，是要实现纠纷解决端口从诉讼向仲裁、协商的前移。因此，相关配套机制的完善、纠纷解决资源的配置，也要同步前移。因此，工会在建设合格调解组织、打造过硬调解员队伍、吸纳专业律师参与、完善经费保障等方面有着广阔的工作发展空间。人民法院要切实做好工作协同、技术支持、司法保障，确保工会充分履行化解矛盾纠纷的职能作用。

制度的生命在于落实。《意见》印发后，最高人民法院与全国总工会继续将非诉讼纠纷解决机制挺在前面，定期总结评估试点工作进展情况。各试点地区法院、工会积极落实《意见》精神，在完善机制、发展队伍、建设平台、指导保障等方面取得了良好成效，尤其对新冠肺炎疫情下呈多发态势的劳动争议纠纷的解决发挥了重要作用。当然，也有试点地区反映，还需要在把握理解试点文件精神、推进调解员培训、畅通诉调衔接机制、学习借鉴先进地区经验等方面进一步加强指导。为了回应上述需求，在认真总结试点地区法院、各地工作实践的基础上，最高人民法院和中华全国总工会共同编写了这本《劳动争议多元化解工作指南》（以下简称《指南》）。

《指南》具有权威性。《指南》由最高人民法院司改办和全国总工会法律工作部共同编写，这两个部门既是《意见》的起草制定部门，也是劳动争议多元化解工作的具体指导部门，对政策把握更为精准。同时，《指南》选取相关领域权威专家作出专业点评及理论解读。《指南》选取的实践经验材料及纠纷解决案例均由一线工作者提供，确保了实践材料的真实性和及时性。

《指南》注重全面性。《指南》包括政策理论、实践探索、典型案例汇编、相关法律法规及政策性文件四个板块。政策理论篇包括对试点文件的权威解读及劳动争议多元化解的相关理论文章，权威解读对制定《意见》时的具体考虑，对贯彻《意见》需要注意的相关问题作出说明。理论文章汇集了劳动争议纠纷多元化解的最新研究成果，对劳动争议多元化解中涉及的理论问题作出精辟的分析。实践经验篇囊括了11个地区工会与法院在处理劳动争议纠纷的经验材料，全面介绍了试点工作取得的成效、形成的经验和存在的问题。案例指导是各地在纠纷处理方式、法律适用等方面的经验做法，有调解成功、握手言和的，有仲裁裁定，也有法院判决，较好兼顾了多样性与典型性。

《指南》关注实用性。《指南》旨在为试点地区相互交流、学习借鉴提供参考。主要面向试点地区法院、工会，涉劳动争议纠纷的仲裁机构、仲裁员，相关调解组织、调解员，从事劳动争议多元化解工作的律师和相关从业者，劳动争议多元化解理论的研究人员以及广大劳动者等。为满足读者需求，《指南》第一部分，对《意见》进行解读，旨在帮助试点地区法院、工会干部更好理解以及正确适用《意见》的各项规定。《指南》收录试点地区部分法院与工会组织的先进工作实践，便于各地在工作中参考与交流。《指南》选取了大量真实判决与调解案例，可供审判人员、调解员在工作中借鉴，也为广大劳动者维护自身权益提供参考。

《指南》的编写工作，得到了最高人民法院、中华全国总工会有关领导同志、试点法院和工会以及相关专家学者的大力指导和支持；人民法院出版社也为《指南》的编辑出版提供了良好条件，在此一并表示感谢。由于时间仓促、水平有限，本书的编写工作不可避免地存在一些缺点，敬请读者朋友们提出批评建议。编写组也将根据试点工作推进情况和读者反馈适时修订《指南》，确保劳动争议纠纷多元化解工作行稳致远。

《劳动争议多元化解工作指南》编写组
2021 年 9 月

目　　录

一、政策理论

（一）劳动争议多元化解试点工作意见及解读

（二）劳动争议纠纷多元化解理论文章

二、实践探索

（一）各地工会经验

（二）法院经验材料

三、典型案例汇编

四、附录：相关法律法规及政策性文件

一、政策理论

（一）劳动争议多元化解试点工作意见及解读

最高人民法院　中华全国总工会
关于在部分地区开展劳动争议多元化解试点工作的意见

法〔2020〕55 号

内蒙古、吉林、上海、浙江、江西、山东、湖北、广东、广西、四川、陕西省（自治区、直辖市）高级人民法院、总工会：

为全面贯彻党的十九大和十九届二中、三中、四中全会精神，积极落实完善社会矛盾纠纷多元预防调处化解综合机制新要求，深入推进劳动争议多元化解机制建设，构建和谐劳动关系，促进广大劳动者实现体面劳动、全面发展，根据《中华人民共和国工会法》《中华人民共和国劳动法》《中华人民共和国劳动争议调解仲裁法》，以及中共中央办公厅、国务院办公厅《关于完善矛盾纠纷多元化解机制的意见》（中办发〔2015〕60 号）和最高人民法院《关于人民法院进一步深化多元化纠纷解决机制改革的意见》（法发〔2016〕14 号），最高人民法院和中华全国总工会决定在内蒙古、吉林、上海、江西、山东、湖北、广东、四川等省（自治区、直辖市），以及陕西省西安市、浙江省宁波市和广西壮族自治区北海市开展劳动争议多元化解试点工作。现提出如下意见：

1. 试点工作意义。开展劳动争议多元化解试点工作，是坚持和完善共建共治共享的社会治理制度，充分发挥工会参与劳动争议协商调解职能作用，发挥人民法院在多元化纠纷解决机制改革中的引领、推动、保障作用，切实将非诉讼纠纷解决机制挺在前面的务实举措，有利于依法维护广大职工合法权益，积极预防和妥善化解劳动关系领域重大风险，优化法治营商环境，维护劳动关系和谐与社会稳定。

2. 推进劳动争议多元化解。各级人民法院和总工会要加强工作协同，积极推动建立完善党委领导、政府主导、各部门和组织共同参与的劳动争议预防化解机制。鼓励和引导争议双方当事人通过协商、调解、仲裁等非诉讼方式解决纠纷，加强工会参与劳动争议调解工作与仲裁调解、人民调解、司法调解的联动，逐步实现程序衔接、资源整合、信息共享，推动形成劳动争议多元化解新格局。

3. 加强调解组织建设。各级总工会要依法积极履行维护职工合法权益、竭诚服务职工群众的基本职责，推动完善劳动争议调解组织机构，协调企业与劳动者妥善解决劳动争议。推动企业劳动争议调解组织和行业性、区域性劳动争议调解组织建设。依托工会职工服务平台、地方社会治理综合服务平台建立健全劳动争议调解中心（工作室），鼓励建立以调解员命名的工作室。推动调解组织在人民法院诉讼服务中心设立工作室，派驻调解员。

4. 加强调解员队伍建设。各级总工会要积极推动建立劳动争议调解员名册制度，广泛吸纳法学专家、退休法官检察官、劳动争议调解员仲裁员、劳动关系协调员（师）、人民调解员及其他领域专业人才等社会力量加入名册。建立和完善名册管理制度，加强调解员培训，建立调解员职业道德规范体系，完善调解员惩戒和退出机制，不断提高调解员队伍的专业化、职业化水平，提升劳动争议调解公信力。

5. 规范律师参与。各级总工会要积极从职工维权律师团、职工法律服务团和工会法律顾问中遴选政治立场坚定、业务素质过硬、执业经验丰富的律师参与调解工作。积极通过购买服务方式甄选优质律师事务所选派律师参与劳动争议调解工作。探索建立劳动争议专职调解律师制度。

6. 依法履行审判职能。各级人民法院要健全完善审判机构和工作机制，依法受理劳动争议案件。有条件的人民法院可以推动设立劳动争议专业审判庭、合议庭，在地方总工会和职工服务中心设立劳动争议巡回法庭，积极推荐和确定符合条件的工会法律工作者担任人民陪审员，依法公正高效审理劳动争议案件，不断提升审判质量和效率。

7. 落实特邀调解制度。人民法院要积极吸纳符合条件的劳动争议调解组织和调解员加入特邀调解名册。探索人民法院特邀调解名册与劳动争议调解名册的衔接机制，会同工会加强对名册的管理。人民法院要加强诉前委派、诉中委托调解工作，强化调解业务指导，依法进行司法确认，不断促进劳动争议调解组织提升预防和化解劳动争议的能力。

8. 完善诉调对接工作机制。各级人民法院和总工会要健全劳动争议多元化解工作沟通机制，明确诉调对接工作部门，在名册管理，调解员培训、考核、奖励、惩戒，调审平台建设和程序对接，以及重大风险预防化解等方面加强信息交流反馈，切实提升工作协同水平。

9. 完善调解协议履行机制。纠纷经调解达成协议的，劳动争议调解组织和调解员应当积极引导和督促当事人主动、及时、充分履行调解协议约定的内容。当事人申请人民法院确认调解协议效力的，人民法院应当依法办理。用人单位未按照调解协议约定支付拖欠的劳动报酬、工伤医疗费、经济补偿或者赔偿金的，劳动者可以依法申请先予执行或者支付令，人民法院应当依法办理。

10. 充分应用信息化平台。各级人民法院和总工会要善于将大数据、人工智能等现代科技手段与劳动争议预防化解深度融合，提升工作的信息化、智能化水平。各级总工会要大力推动开展在线调解，建设劳动争议调解信息化平台，推动与人民法院调解平台的对接，调解组织和调解员信息全部线上汇聚，调解过程与诉讼程序的"无缝式"衔接，实现调解员菜单式选择和在线调解、在线司法确认，方便当事人参与纠纷解决。积极运用司法大数据，共同对典型性、苗头性、普遍性劳动争议案件进行分析研判，提前防控化解重大矛盾风险。

11. 完善经费保障。各级人民法院和总工会要紧紧依靠党委领导，主动争取政府支持，协调和推动财政部门将劳动争议调解经费纳入政府财政预算，积极争取将劳动争议调解服务纳入政府购买服务指导目录。地方各级总工会要结合实际情况，将劳动争议诉调对接工作经费纳入专项预算，为开展劳动争议调解提供必要的经费保障，细化完善"以案定补"和各项考核激励机制，健全上下级工会劳动争议调解经费支持机制。

12. 巩固制度保障。各级人民法院和总工会要加强政策沟通，充分听取对方对促进劳动关系和谐和维护职工权益工作的意见建议。及时总结本地区推进诉调对接工作的成熟经验，积极推动有关部门制定或者修订完善相关地方性法规、规章，确保工作依法有序推进。

13. 加强理论研究和宣传引导。各级人民法院和总工会要与高等院校、科研机构加强合作，通过普法宣传、教育培训、课题调研等多种形式，推进劳动争议多元化解理论研究。充分运用各种传媒手段，在遵循调解保密原则的前提下，以发布白皮书、典型案例等多种方式指导企业依法规范用工。积极宣传多元化纠纷解决机制优势，提高劳动争议协商、调解、仲裁等非诉讼纠纷解决方式的社会接受度，把矛盾纠纷化解在萌芽状态。

14. 加强组织领导。省（自治区、直辖市）高级人民法院和省级总工会要共同研究制定试点工作方案，加强对劳动争议多元化解机制建设的组织、指导和监督，特别是加强业务和技术层面的沟通、协调和对接。地方各级人民法院和总工会要认真研究新情况、新问题，及时将工作进展、遇到的问题、意见建议等层报最高人民法院、中华全国总工会。最高人民法院、中华全国总工会将定期总结评估试点工作推进情况。待条件成熟时，视情扩大试点、推广经验，确保改革试点不断深化。

最高人民法院　中华全国总工会
2020 年 2 月 20 日

最高人民法院司改办负责人就劳动争议多元化解试点工作答记者问

近日，最高人民法院、中华全国总工会联合印发了《关于在部分地区开展劳动争议多元化解试点工作的意见》（以下简称《意见》）。为此，本报记者采访了最高人民法院司法改革领导小组办公室负责人。

问：最高人民法院和全国总工会联合印发《意见》的主要考虑是什么？

答：劳动争议是较为常见的一类纠纷，大都与劳动关系确认，劳动报酬、经济补偿金、养老金追索，工伤、医疗、失业保险索赔，以及劳动者福利待遇保障等相关，直接关系到劳动者的切身利益。我国是工人阶级领导的社会主义国家。妥善处理劳动争议纠纷，维护好每一位劳动者的合法权益，努力构建和谐劳资关系，不断优化法治营商环境，是人民法院和工会应尽的职责。

近年来，人民法院认真贯彻落实中央办公厅、国务院办公厅《关于完善矛盾纠纷多元化解机制的意见》，不断推进"诉源治理"机制建设，积极引导各类主体化解矛盾纠纷，推动形成了矛盾纠纷化解"多元共治"的良好局面。党的十九届四中全会提出，要完善社会矛盾纠纷多元预防调处化解综合机制，发挥群团组织、社会组织作用，实现政府治理和社会调节、居民自治良性互动，夯实基层社会治理基础。工会作为代表职工利益、维护职工合法权益的群众组织，负有维护职工合法权益的法定职责，在参与化解劳动争议方面发挥着不可替代的重要作用。

近年来，一些地方工会会同人民法院积极探索劳动争议多元化解新模式，取得显著成效。如广州、佛山等地充分发挥律师专业优势，在法院诉讼服务中心、职工之家设立律师调解工作室，协调律所派驻值班律师，为劳动者提供法律咨询、风险预警、诉讼代理等服务，妥善化解了大量重大敏感纠纷；四川成都、广元等地积极争取党政支持，由党委政法委牵头，法院、人社、司法行政、工会、工商联、企业联合会企业家协会等单位参加，建立劳动争议"一站式"联调机制，将纠纷解决端口前移，通过协商、调解有效减少了进入诉讼的劳动争议案件数量。

因此，最高人民法院和全国总工会经过深入调研，认为通过试点，总结、提炼、推广各地实践经验，同时对有关工作进一步作出规范、提出要求，不断完善和拓展劳动争议多元化解机制，对于巩固党的执政基础，促进国家治理体系和治理能力现代化，无疑具有积极意义。

问：同此前最高人民法院和其他单位联合发布的文件相比，《意见》有哪些突出特点？

答：《意见》的特点着重体现在以下三个方面：

一是突出"多元共治"理念。人民法院在推进多元化纠纷解决机制改革的过程中发现一条规律：凡是把"党委领导、政府主导、各方协同"精神落到实处的地方，都是社会治理机制完善、治理成效突出的地方。因此，《意见》在一开头就提出，"各级人民法院和总工会要加强工作协同，积极推动建立完善党委领导、政府主导、各部门和组织共同参与的劳动争议预防化解机制"，就是要坚持党的领导，发挥制度优势，把"多元共治"的改革精神落在推进工作实处。

二是重视发挥调解作用。劳动争议具有较强的社会关系修复属性，劳动者相对于用人单位往往处于弱势，发生纠纷时缺乏对等谈判能力，而且许多纠纷牵涉面广、敏感度高。因此，相比于仲裁、诉讼，用协商性强、对抗性弱、灵活度高、成本低廉的调解方式，更有利于劳动争议纠纷的实质性解决。《意见》将强化工会参与协调调解职能、加强劳动争议调解力量建设摆在突出位置，就是要把非诉讼纠纷解决方式贯穿于劳动争议协商、仲裁、诉讼全程，最大限度发挥调解分流诉讼、缓和矛盾、化解纠纷的作用。

三是支持工会充分履职。劳动争议多元化解机制的核心要义，是要实现纠纷解决端口从诉讼向仲裁、协商的前移。因此，相关配套机制的完善、纠纷解决资源的配置，也要同步前移。因此，工会在建设合格调解组织、打造过硬调解员队伍、吸纳专业律师参与、完善经费保障等方面有着广阔的工作发展空间。人民法院要切实做好工作协同、技术支持、司法保障，确保工会充分履行化解矛盾纠纷的职能作用。

问：对于当事人而言，《意见》对他们解决劳动争议纠纷有何影响？

答：首先必须明确，按照劳动争议调解仲裁法，我国对于劳动争议的处理实行的是"协商—调解—仲裁—诉讼"的基本程序格局。即，发生劳动争议后，劳动者可以与用人单位协商解决；当事人不愿协商、协商不成或者达成和解协议后不履行的，可以向调解组织申请调解；当事人不愿调解、调解不成或者达成调解协议后不履行的，可以向劳动争议仲裁委员会申请仲裁；劳动者对仲裁裁决不服的，可以提起诉讼。其中，法律规定的两类争议实行"一裁终局"；用人单位有证据证明"一裁终局"裁决存在法定情形的，可以向法院申请撤销裁决；"一裁终局"裁决被撤销的，当事人可以提起诉讼。上述程序中，劳动争议仲裁是诉讼的前置程序，不能不经仲裁直接起诉，因此《意见》特别强调人民法院应当"依法受理劳动争议案件"。

同时必须强调，协商、调解既是一种独立的纠纷解决方式，更贯穿于仲裁、诉讼始终。如《劳动争议调解仲裁法》第42条规定，"仲裁庭在作出裁决前，应当先行调解"；《民事诉讼法》第9条规定，"人民法院审理民事案件，应当根据自愿和合法的原则进行调解"。正是因为调解基于自愿，才使得调解能够以灵活的方式、较少的投入、较短的时间，从实质上化解劳动争议，实现劳动者与用人单位的"双赢"。因此，《意见》围绕做实做强劳动争议调解组织和调解员的调解能力和公信力，对各项配套制度机制作出统筹安排，努力为劳动争议当事人提供更加多元、更加有效的纠纷解决方式，让当事人既可以选择以调解方式解决纠纷，也可以在仲裁、诉讼的过程中通过调解辅助解决纠纷。

总的来看，《意见》的出台和落实，可以使当事人在解决纠纷时，有更大的选择、更实的保障、更多的公正。

问：《意见》的印发，对于试点地区各级法院提出了哪些要求？

答： 既然是"多元共治"，法院就不能作壁上观，亦当依法履职、充分尽责。概括起来，试点法院要着重做好以下三个方面的工作：

一是加强工作协同。试点法院要会同工会积极争取党委政府支持，建立完善党委领导、政府主导、各部门和组织共同参与的劳动争议预防化解机制。要完善经费保障体系，争取财政支持，细化"以案定补"等各项机制。要推动完善法规章，做好理论研究和宣传引导，完善调解协议自动履行机制，提高非诉讼纠纷解决方式的社会认可度。

二是提供司法保障。试点法院要不断推进劳动争议审判专业化建设，依法公正高效审理劳动争议案件。要落实特邀调解制度，完善名册管理，加强委派、委托调解力度，支持调解力量发展。要加强对劳动争议调解组织和调解员的业务指导和培训，不断提高调解能力。要依法办理司法确认、先予执行、支付令案件，依法惩治滥用诉权、虚假诉讼现象。

三是强化综合配套。试点法院要积极支持工会建设劳动争议在线调解平台，推动与人民法院调解平台的对接，实现调解员菜单式选择和在线调解、在线司法确认。要完善诉调对接工作机制，在特邀调解名册管理、调审平台建设和程序对接、重大风险预防化解等方面加强与工会的沟通衔接。要统筹推进劳动争议多元化解机制试点与"两个一站式"建设、民事诉讼程序繁简分流改革试点等措施，不断完善工作机制，提高劳动争议案件的审判质量和效率。

问：最高人民法院和全国总工会推进这项试点工作的整体规划是什么？

答： 劳动争议多元化解试点是多元化纠纷解决机制改革的有机组成部分。新时代的改革已经进入了"固本培元、多元共治、重点突破、多点开花"的新阶段。一方面，我们将按照党的十九届四中全会部署，继续坚持将非诉讼纠纷解决机制挺在前面，定期总结评估试点工作进展情况，视情扩大试点范围、推广有益经验；另一方面，待劳动争议调解力量培育成熟，专业化、信息化建设具备一定基础，各方面配套措施基本完善，我们考虑会同司法行政、人力资源和社会保障、工商联等部门进一步加强联合，推动劳动争议调解、仲裁、诉讼的程序衔接、资源整合、信息共享，形成劳动争议多元化解新格局。

在多元解纷机制中实现劳动争议的多方共赢

付 育 马 骁

习近平总书记指出："这次抗击新冠肺炎疫情，是对国家治理体系和治理能力的一次大考。"人民法院针对疫情期间的纠纷特点，畅通多元解纷渠道，为依法防控疫情提供有力司法服务和保障。日前，最高人民法院、全国总工会联合印发了《关于在部分地区开展劳动争议多元化解试点工作的意见》（以下简称《意见》），旨在推动建立健全劳动争议纠纷多元化解机制，整合与优化劳动争议解纷资源，满足人民群众多元解纷需求，促成劳动者与用人单位"双赢"，既是落实"加强疫情期间矛盾纠纷化解"的改革措施，也是将劳动争议多元化解制度优势转化为治理效能的法治举措，对提高依法治理能力，打造共建共治共享社会治理格局具有重要意义。

第一，劳动争议主体的多重性，需要发挥非诉解纷高效便捷优势，通过诉源治理实质性解决。习近平总书记强调，要"坚持把非诉讼纠纷解决机制挺在前面，从源头上减少诉讼增量"。近年来，随着经济转型、人口流动较多，劳动争议纠纷增长较快，诉求复杂，既影响劳动者的就业、生存发展和家庭和谐稳定；也不可避免地牵涉到企业的生产经营活动，有着明显的溢出效应。当二者发生纠纷时，对纠纷解决机制的质量、效率和效果提出了更高要求。按照法律规定，当事人在向法院提起诉讼前，通常已经协商、调解不成且不服仲裁裁决。劳动争议带有很强的社会关系修复属性，当事人在诉讼中经历了程序、时间、金钱、精力的多维损耗，处理不当容易造成两败俱伤，不仅占用了大量社会资源，也增加了社会运行成本。因此，我们在完善诉讼渠道的同时，还应当更加充分发挥调解、仲裁的重要作用，推动工作重心、解纷资源前移，发挥调解专业化、中立性等优势，使之能够真正成为独立解决劳资纠纷的重要方式，为人民群众提供仲裁和诉讼之外的解纷渠道，这也是落实《人民法院第五个五年改革纲要（2019—2023）》关于"完善'诉源治理'机制"任务的具体改革举措。《意见》的出台和落实，必将有力推动劳动争议调解机制不断完善，从源头上减少劳动争议诉讼增量。

第二，劳动争议利益的统一性，需要兼顾各方合理关切，通过协商促成劳资共赢。劳资关系是冲突与合作的统一体。妥善处理劳动争议，依法维护劳动者的合法权益，必须因时、因事制宜，充分发挥劳动争议调解灵活性、保密性、及时性强的优势，让劳动者和用人单位选择最适宜的纠纷解决方式，在自愿、平等、合法的基础上，在纠纷解决中实现法律效果和社会效果的有机统一。据统计，民营企业对我国 GDP 的贡献率高达 60% 以上，提供了 80% 的城镇就业岗位，吸纳了 70% 以上的农村转移劳动力。新冠肺炎疫情出现以来，许多企业积极配合各地防控举措停产停工，有效遏制了疫情蔓延；随着疫情防控形势好转，各地开始有序安排复产复工。从市场总体状况来看，疫情对于经济运行的短期冲击毕竟是客观存在的，一些企业面临着前所未有的经营困难，一些法律专业组织和专业人士对妥善处理疫情期间产生的劳动争议纠纷提出诸多良策。其中，全国律协劳动和社会保障法专业委员会提出，要推动劳动争议纠纷预防调处机制改革，"充分利用劳动关系多方联动机制资源和工会组织的基层优势，搭建具有中国特色的劳动争议新型多元调解仲裁体系"。这与《意见》依法公正高效审理劳动争议案件、支持工会履行参与劳动争议协调调解职能、积极扩大律师参与的改革精神不谋而合。《意见》对完善劳动争议多元化解机制的部署正当其时。根据以往对重大突发事件和自然灾害的后续处置经验，此次新冠肺炎疫情将会产生系列劳动争议纠纷，必须灵活采用适当的纠纷解决方式，在纠纷化解中体现习近平总书记提出的"民营企业和民营企业家是我们自己人"的指导思想，特别注意兼顾民营企业的合理关切，通过劳动争议多元化解机制，既要准确把握时机，又能拿捏好分寸，维护劳资双方共同利益，促进稳增长、保就业，确保经济社会尽快走出疫情影响。

第三，劳动争议纠纷的社会性，需要贯彻多元共治理念，协同推进形成解纷合力。党的十九届四中全会提出，加快建设中国特色社会主义制度，推进国家治理体系治理能力现代化，标志着多元化纠纷解决机制改革步入了"固本培元、多元共治、重点突破、多点开花"的新阶段。最高人民法院、全国总工会联合印发《意见》既立足当下，又着眼长远；既传承过往，又开启未来。劳动争议纠纷是深化多元化纠纷解决机制改革的有机组成部分，是落实中央矛盾纠纷多元化解意见等改革部署的细化和延伸。党的十八大以来，最高人民法院单独发布涉及矛盾纠纷多元化解的司法解释、指导意见、规定、通知、试点方案等30余件；会同司法部、公安部、全国妇联、中国侨联、全国工商联、中国证监会、中国银保监会等有关中央单位联合发布26个文件，在家事纠纷、涉侨纠纷、道路交通事故损害赔偿纠纷、证券期货纠纷、国际商事纠纷等多个领域推进矛盾纠纷多元化解。劳动争议纠纷多元化解工作的推进落实，需要将多元共治的解纷理念贯穿到国家治理、社会治理、群众自治的各个层面，需要将多元化纠纷解决机制改革的措施进行系统集成，综合运用法律手段和法治思维，有力促进法治、德治、自治的有机融合，不断加强各部门间的相互支持与协调配合，找准定位，做到资源共享、责任共担、形成"党委领导、政府负责、民主协商、社会协调、公众参与、法治保障、科技支撑"的社会治理工作格局。

（作者单位：最高人民法院）

劳动争议多元化解的时代意义和现实要求

马 丁

一、改革背景和初步成效

2020 年年初，最高人民法院和中华全国总工会联合印发了《关于在部分地区开展劳动争议多元化解试点工作的意见》（以下简称《试点工作意见》），在全国 8 个省、自治区、直辖市和 3 座城市部署劳动争议多元化解试点工作、提出总体要求和工作重点、鼓励各地进行改革创新。这项工作是直面新时代社会矛盾纠纷发展现状、坚持和完善共建共治共享的社会治理制度、将非诉讼纠纷解决机制挺在前面的切实举措，有利于人民法院和工会组织在妥善处置化解劳动争议领域充分发挥引领、推进和保障作用，既有利于广大劳动者合法权益的有效维护，也有利于规范保护用人单位的正当利益，致力于从总体上有效预防、积极化解、稳妥处置劳动关系领域的相关风险，维护劳动关系和谐与社会稳定。

一年多以来，各试点地区在《试点工作意见》的支持和指引下，持续深入推动劳动纠纷多元化解工作、不断健全完善劳动争议多元化解机制。四川省高级人民法院会同省人力资源社会保障厅、省司法厅、省总工会联合制定出台《关于开展劳动争议多元化解试点工作的实施意见》，提出建设劳动争议多元化解联动平台、加强调解组织和调解员队伍建设、落实特邀调解制度、鼓励和规范律师参与、完善劳动争议调裁审衔接机制、依法履行审判执行职能、推行"互联网＋调解"模式、提升法律服务力量和建立矛盾预警化解联动机制等 10 条具体工作举措。宁波作为试点城市积极探索劳动争议调、裁、诉对接试点工作，打造"全链式"劳动关系矛盾化解机制，初步实现了资源整合、信息共享、程序衔接、制度融合的试点目标。

从时代形势和国际国内大环境来看，我国经济转型升级进程不断深入、国际贸易领域的摩擦和新冠肺炎疫情的防控需求给我国国民经济的持续稳定增长带来不利影响，也给劳动关系和谐造成一定冲击。其突出表现之一即劳动争议出现上升势头，企业用工难和职工就业难的结构性矛盾更加突出。从社会影响、社会舆论的角度来看，劳动领域的矛盾纠纷牵扯到海量就业者的日常生活和切身利益，社会关注度较高、相关资讯较易引起广泛传播和评价。从近年来劳动领域的矛盾纠纷来看，彰显出以下几方面趋势和特征。首先，纠纷总量居高不下，在全国多地、众多经济领域都呈常见、多发态势。其次，新型纠纷不断涌现。随着近年来各种新经济业态的蓬勃发展，各种新型用工形式、合作模式和劳资关系结构层出不穷，对它们加以准确的识别和妥当的评价绝非易事。最后，劳动者和用人单位在劳动争议中的诉求变得更加多元和复杂。各种个性化的诉求逐渐出现，有的要求依法公正，有的倾向于合情合理，有的更青睐高效灵活便捷，有的则希望被理解被倾听。以上诸多方面都提示我们新形势下劳动争议解决工作面临着多方面的挑战和压力，对该领域的工作也提出更高的要求。

在此背景之下，最高人民法院和中华全国总工会联合推动建立健全劳动争议纠纷多元化解机制可谓正逢其时。在《试点工作意见》中，最高人民法院和中华全国总工会在总结、提炼各地实践经验的基础上对试点工作提出多方面的指导和要求，特别是指出需要积极推动建立完善党委领导、政府主导、各部门和社会力量共同参与的劳动争议预防化解机制，鼓励和引导争议双方当事人通过协商、调解、仲裁等非诉讼方式解决纠纷，加强工会深度参与多元化解工作联动，加强调解组织和调解员队伍建设，完善诉调对接和调解协议履行机制建设等方面。以上改革举措和要求抓住了当前我国劳动领域矛盾纠纷在形成和化解方面的特点，体现出鲜明的时代性、针对性和实效性。

二、劳动争议多元化解的独特优势

审视上述改革举措和实践经验可以发现，多元解纷工作在劳动领域矛盾纠纷的有效化解上有以下几方面的突出优势：

首先，诉讼外纠纷解决机制能够弥补司法裁判的不足，实现与审判的优势互补。在劳动争议解决领域我国有较为完善系统的法律制度。尽管如此，随着我国社会经济的迅猛发展以及世界经济一体化进程的深入推进，各种新形态的劳动关系模式创新如雨后春笋般纷纷浮现，使立法的滞后性凸显出来。而司法审判在很大程度上依赖于立法上明确具体的规定，因此，新兴领域的司法规制向来是法治发展事业中的难题。此外，司法在利益确定和利益分割等问题上的处理方式体现出明显的刚性，稍有不慎就会对处于初探、摸索阶段的新事物造成伤害和打击，而这显然不利于社会生活中创新的萌芽和发展。通过司法手段妥当处理新型劳动关系中权利义务的确定和责任的划分殊为不易，也不应期待司法手段在新问题的处理上能够未卜先知或者一击即中。但如果因此而要求司法对于新型问题不做理会或者一味放宽，也绝非有效的应对手段。与此不同，诉讼外纠纷解决方式对于新型劳动关系的审视是具体的、个案的、问题导向的，它的逻辑是在具体问题上形成双方共同接受的方案，而非首先从法律关系角度进行剖析和评价。也即主要考虑纠纷解决方案的合理性、可接受性，可以完全不涉及或者仅部分涉及法律定性和法律判断问题。这就从社会治理的角度为新型劳动关系的萌芽状态和不完善状态留下了余地，不至于使它一上来就被纳入合法或者违法这样二选一的境地之中。此外，因为场域有限、目标有限，加之非公共纠纷解决机制所具有的私密性，可以避免过多地引起不必要的关注。当然，这并不意味着对法律规制的逃避，而毋宁是一种对新事物的宽容态度。在调解、仲裁、审判三者充分沟通联动的基础上，审判力量完全可以对各种新型劳动纠纷进行思考和判断，并在当事人强烈要求或者认为确有必要时对新型劳动关系通过审判的方式发表意见，适时回答社会公众和广大劳动者的疑问。这种将非诉讼纠纷解决机制挺在前面的方式，能够使司法力量在充分观察和判研纠纷及其化解过程和结果的基础上对问题做出妥当的解答，帮助提高劳动争议审判的正当性以及各地司法裁判尺度的统一。而非诉讼纠纷解决机制在此就起到了缓冲区和试验田的作用。

其次，诉讼外纠纷解决方式能够充分有效考虑劳动领域矛盾纠纷的各种宏观和微观因素，实现有效化解和最优社会效果。劳动纠纷既不是一个抽象的存在，也不是一个一成不变的事物。恰恰相反，它存在于具体的时代背景和国情之下、具体的社会发展趋势和国家政策的基础之上、具体的地域和行业之中。因此，不同的劳动纠纷有着不同的成因和特点，在其化解方面也有着彼此不同的要求。民事司法虽然也会照顾到每个案件中的具体情况，尽量做到具体化、个性化的处置，但司法审判在这方面先天地具有劣势：为了实现法治赋予的基本目标，它必须做到"以事实为依据、以法律为准绳"，而这会导致它在一定程度上缺乏弹性和灵活性。与此不同，非诉讼纠纷解决方式可以针对具体而微的问题提出个性化的解决方案，如同"看菜吃饭""量体裁衣"。而劳动争议的多元解纷机制较之一般多元解决机制的一个特点在于受到劳动行政部门、人民法院、工会组织的充分关注和必要介入。这使劳动争议的诉讼外化解工作具有基本的政策观念和方向意识。如此一来，劳动争议领域的非诉讼纠纷解决机制就能实现既遵循宏观大势、又实现具体而微的匹配，将宏观和微观、静态和动态有机结合起来，实现具体妥当、恰如其分的处置。这毫无疑问也有利于实现对劳动者和用人单位多元诉求的有效应对。

再次，诉讼外纠纷解决方式在劳动争议领域的有效运用能够助力劳动关系领域社会自治的现实开展。劳动关系是一种具有自身鲜明特色的社会关系。一方面，它表现为劳动者和用人单位之间的关系。在这一层次上，它体现出私法上的自治性，对于是否缔结劳动关系、缔结怎样的劳动关系、是否解除劳动关系、出现风险或损失后如何填补和由谁填补等系列问题双方具有商谈和具体确定的空间。另一方面，国家和社会对劳动关系予以充分的关注和适当的介入，以确保最为基本的公平的实现以及社会的平稳安定。因此，在多个方面通过立法和司法活动给予必要的规制。然而，立法上的规制是否有效、是否适度，并不易进行评价。而司法对劳动纠纷的处理必须采取完全遵从立法的立场。这也导致"真实社会生活到底需要怎样的规制"需要从立法到行政裁处并经过劳动仲裁和司法审判等多个环节传导到社会生活中之后，才得以缓慢、曲折地释放出信号。如此一来，立法、执法和司法也不易对既有规制进行必要的调适。与此不同，在非诉讼纠纷解决机制之下，争议双方间所进行的博弈是在真实力量对比和实际诉求基础上的斗争和妥协，能够真正实现两方面社会主体在所涉利益纷争上有限但是有效的自治。这相当于在订立并履行合同之后某种意义上的再磋商。而这样的一种磋商不但是实事求是的，而且最能反映出社会现实状况以及国家政策导向的综合情况。在此意义上，通过非诉讼纠纷解决机制形成的方案对于双方当事人之间利益、损失、责任的分割最为准确和精当，既不易排斥压抑一方也不会轻易损害另一方。甚至从这样的非诉讼纠纷解决结果中能够看出当前社会中劳动领域的真实状况和真实诉求，为立法规制调校介入的角度、强度和方式提供参考信息。

最后，劳动争议多元纠纷化解机制的优点还在于能够以较低的社会成本吸纳和解决大量纠纷并提供切实有效的解决方案。在这方面，我国的劳动争议仲裁制度在几十年间已经取得了显著的工作成效。未来可以进一步挖掘劳动争议非诉讼化解领域的新机制和新做法，力争做到从源头上减少纠纷的产生、确保纠纷通过各种司法外机制快速有效解决，让宝贵的司法资源能够集中在困难复杂重大的劳动争议解决上，促进劳动争议纠纷的分层处理和逐级过滤、促进非对抗式纠纷解决理念和方法在劳动争议领域的积极尝试和运用。

三、改革工作中的两个关键

劳动争议多元化解机制的改革完善是一个长期的事业，这既是国家和社会对其提出的要求使然，也是由这项事业的建立根基和自身特点决定的。劳动争议所处的劳动法领域并非完全采取意思自治的私法领域，在其中需要考虑国家的宏观政策和民事主体间的实质公平。这决定了无论是诉讼还是非诉讼纠纷解决方式，劳动领域的争议解决在理念和制度构架上都不同于普通的民商事纠纷解决。目前的改革探索还在持续进行中，要想在已有工作的基础上进一步推动改革的深化并确保改革目标坚定不移，需要注意在法院和工会的工作机制建设上持续发力、理顺关节。

首先，法院在劳动争议多元化解工作中应充分发挥独特功能。多元解纷工作发生在司法权的作用领域之外，但是这并不意味着它们和司法权不发生直接和间接的关联。从司法的角度来看，法院需要贯彻劳动领域现行的法律法规，要对劳动者的合法利益予以充分保护并确保审判活动取得较好的社会效果。就协商、调解、仲裁等诉讼外纠纷解决机制而言，要想取得当事人双方满意并且顺利解决纠纷的效果，就必须注意充分尊重双方当事人的意愿。但是，这并不意味着在劳动争议领域国家和社会就可以并且应当放手不管、任由当事人自行谈判和达成方案。劳动争议作为社会生活中常见多发、较受关注并且和人民群众生产生活息息相关的纠纷形态，理应受到国家的关注和必要支持。这就决定了除劳动行政部门之外，法院需要作为公权力的一部分对劳动争议的非诉讼解决也贡献自己的一份力量。考虑到法院与非诉讼纠纷解决方式之间的对接主要体现在诉前委派、诉中委托、调解协议的司法确认上，法院需要在与纠纷双方当事人的沟通上注意给予相应说明和指引、对调解员给予必要的指示、对调解协议予以适度的审查。特别是就调解协议的审查而言，需要注意确保现行劳动法基本原则的贯彻、确保劳动者最基本利益的保障、确保良好社会效果的实现。从劳动争议审判的角度来看，人民法院理应发挥司法裁判的引领作用。一方面对于未能通过非诉讼机制解决的纠纷依法适时予以裁判和执行；另一方面对于具有群体效应的劳动纠纷通过示范裁判给纠纷的整体化解提供样板和导向。通过诉非衔接和审执工作这两个方面的努力给予非诉讼纠纷解决机制必要的助力和引导，促成司法裁判和非讼解决的相互支持、相互呼应、相互补充，探索两者良性互动的劳动争议纠纷化解二元模式。

其次，工会在劳动争议多元化解工作中应积极发挥独特优势。劳动争议的防范、化解和应对是社会治理工作中的重要一环。考虑到劳动争议的形成和解决牵涉到社会生活的方方面面，要想取得较好的效果就必须形成政府主管部门、人民法院、基层自治组织、工会组织、社会各界力量合力并举、多元联动的机制。在其中，各个主体承担着不同的职责、发挥着不同的作用。而要让各方能够凝聚形成合力，就需要有一个主体承担起联络各个部门、聚集各方力量的职责。从增强社会自治能力、促进共建共享共治的角度来看，最适宜承担这项职能的是各级工会组织。各级工会组织在日常工作中密切联系职工群众和企事业单位、围绕职工群众权益保护开展各方面工作，是会员和职工利益的重要代表。这为积极开展和稳步推进劳动纠纷多元化解工作奠定了坚实的基础。而工会组织的基本职能也决定了可以围绕职工权益保护这一核心问题积极争取党政部门和人民法院的指导与支持、鼓励社会组织和各界力量积极参与劳动领域矛盾纠纷的防范化解。通过大量细致扎实的沟通衔接工作，肩负起劳动争议多元化解工作的中枢和纽带职责，实现多元化解事业效果的最优化。当然，这也要求各级工会组织充分挖掘自身潜力和发挥自身效能，通过调研与研究、建章立制、日常工作等方面的工作把多元纠纷化解事业落到实处。特别是需要将劳动领域矛盾纠纷的预防和化解任务分工落实到宣传教育、权益保障、沟通联络、行业自治、基层治理、监督保障、理论研究等职能部门，一方面促进劳动领域风险预测防范化解能力的提高；另一方面在多元纠纷化解格局中做好职工群众的坚强后盾，在帮助收集证据、实际参与协调调解、提供咨询服务和专业意见等方面做好工作。此外，各级工会组织还需要注意在时代快速发展和社会诉求日益多元的背景下，不能简单机械地认识、思考和解决问题，而要兼顾劳资双方利益、稳妥处置矛盾争议、提高纠纷解决的社会认可度和实际效果、争取多方共赢局面，为构建和谐劳动关系、保护劳动者和用人单位两方面的积极性、维护经济发展活力尽心尽力。

抓住了人民法院和工会组织在司法裁判领域以及社会工作领域功能和优

势的发挥，就抓住了开创劳动争议多元化解事业长期深入发展的关键着力点。希望能够通过此次劳动争议多元化解改革举措的不断落实和各地实践创新的涌现，促进党政机关、人民法院、工会组织、工商联、基层自治组织、社会各界力量形成协调联动工作机制，整合与优化劳动争议解纷资源，满足人民群众的多元解纷需求，促成劳动者与用人单位双赢，提高劳动争议多元化解机制在社会治理体系中的工作效能，为打造共建共治共享社会治理新格局贡献积极力量。

（作者单位：南京师范大学）

（二）劳动争议纠纷多元化解理论文章

我国劳动争议解决机制的改革与完善

范 愉[*]

一、劳动争议解决机制的原理与建构

（一）劳动争议及其特点

劳动争议是指因劳动雇佣关系而引起的纠纷，主要是雇用者与被雇用者（劳资双方）之间因劳动报酬、劳动条件、雇用与解雇、工伤赔偿、就业歧视和竞业禁止及其他相关问题引起的纠纷。

劳动争议一般被区分为个别争议和集体争议。个别争议，指在适用劳动法规和劳动合同中发生的、涉及劳动者个体的权益纠纷，是劳动争议的主要部分，也是我国实践中重点关注的问题。集体争议，指涉及众多劳动者或劳动者群体权益的争议，包括工薪待遇、福利、劳动条件等基本权益。现代工会的出现使劳资双方的抗衡变得势均力敌，集体争议容易引发罢工等社会冲突，故各国政府一般注重通过积极干预和预防性措施妥善解决，包括通过集体协商订立集体劳动合同等。我国的政治体制与西方国家不同，工会可以在体制内通过合法途径维护劳动者权益，极大地降低了这类争议的风险和处理成本。

现代劳动争议不同于一般民事纠纷，其特点是：（1）劳动者权益保护，

* 中国人民大学法学院教授。本文是基于笔者此前的专著、教材和调研基础上完成的对策性研究。参见范愉：《非诉讼程序（ADR）教程》（第四版），中国人民大学出版社 2020 年版，第六章第二节劳动争议处理制度。

关系着整个社会的福利和权利保护状况。争议双方并非平等民事主体，个体劳动者通常处于弱势地位，需要国家予以特殊保护。（2）劳动者基本权利受国家强制性法律保护，而除此之外的具体利益问题则与企业效益及市场经济相关，有较大的协商空间，故可将劳动争议区分为权利性争议和利益性争议。（3）劳资双方关系既存在对抗的一面，又存在一种相互依存的长久关系和共同利益；应尽可能协调兼顾劳动者权益、企业经营状态及市场秩序。（4）劳动争议频繁多发，不仅涉及劳动者权益，而且关系着社会公共利益，如不能及时得到解决，往往会引发大规模的劳资冲突（罢工），浪费大量的社会财富，极大地破坏生产力，甚至会扰乱社会秩序。这些特点决定了现代国家必须高度重视劳动争议，建立专门性机制加以应对处理。

（二）现代劳动争议解决机制的形成

现代劳动争议解决机制的产生是市场经济和劳动法治发展的结果，源于社会需求和实践经验，建立在对劳动争议的特点及其解决规律的科学认识及公共政策基础上。在自由资本主义初期、劳动法治尚未形成之际，劳动关系的法律调控属于私法领域，由劳资双方按照契约原理和市场规律自行调整；纠纷发生时多由警察、治安法官或普通民事诉讼程序处理。劳资纠纷动辄演化为大规模的罢工破坏生产资料和工具乃至暴力性阶级斗争，成为资本主义最深刻的社会问题。从 19 世纪开始，市场经济国家开始重视劳动者权利保护和劳动争议解决，劳动与社会保障法体系逐步建立，劳动争议解决制度也应运而生，并走向完善。

（三）现代劳动争议解决机制的主要特点

1. 专门化。劳动争议解决机制独立于传统民事司法程序，以劳动法为依据，建立专门化的制度、机构和程序，同时保留司法救济途径。当代市场经济国家，绝大多数普通劳动争议均通过专门程序化解，除少数疑难新型案件外，劳动争议已很少进入普通司法诉讼程序（劳动法院不属于普通法院体系）。

2. 非讼化。劳动争议除涉及基本权利和强制性法律的问题外，绝大多数利益冲突均适合以非诉讼方式解决，程序力求简便、低廉、迅速、有效，无论是调解还是采用准司法形式的劳动法院（法庭）和仲裁，均强调非对抗性和协商性，以促进劳资双方的和解与合作。

3. 强调政府主管机关即劳动人社部门的责任，以保证国家对劳动关系的调整，及时形成相关政策和规则，积极保护劳动者权益、介入争议解决。为了敦促劳资双方尽快解决争议，避免给社会造成危害，政府可以根据具体情况和需要，通过建立企业预留保证金、风险基金或由政府先行补偿、发放救济款物等方式，参与或主导劳动争议和劳动安全事故的处理。

4. 在纠纷解决中重视劳资双方的参与和利益协调，尽可能避免对抗和非此即彼的零和裁判。多采用政府主管部门主导、劳资双方代表参与的三方机制，除简易程序外，普通争议均由三方人员协同处理。允许企业根据实际经营状况与劳动者就有关利益问题进行协商，兼顾双方权益和长远发展。在保障劳动者基本权利的前提下，注意维护良好的劳动雇佣关系和正常的生产经营秩序。

（四）劳动争议解决机制的基本类型

当代世界各国专门化劳动争议解决机制各有特色，主要包括以下几种类型：

1. 准司法类，如劳动法院（庭）。一般不属于普通法院系统，有些属于行政法院系统（如英国和法国），有些则属于非诉讼专门机构（如澳大利亚调解仲裁委员会）。劳动法院法官由专职法官（行政官）以及工会和雇主代表构成三方机制。解纷方式往往调裁合一，以调解（conciliation）为主，裁决为辅。① 美国的劳动和解法庭绝大多数以和解（调解）结案。

2. 行政或准行政类机制。由主管行政机关出面组建劳动争议处理机构，政府任命的专业人士与工会和企业雇主代表构成三方机制或委派专职调解人，处理个人和团体劳动争议。采用调解（conciliation, mediation）和仲裁（arbitration）方式，和解率平均高达80%~90%。② 此外，一些国家专门针对就业歧视等争议成立了公平就业委员会等机构，作为前置性程序，应当事人的申诉、申请对相关争议进行调查、调解和处理。

3. 民间性机制。包括有政府背景（委托）的准行政性机构和非政府公益机构。例如美国的一些劳动仲裁"是一种民间的而非政府的程序"，允许由劳

---

① 所谓指导性或权力型调解（conciliation）模式，即裁决者通过指导或建议促成当事人达成和解的方法，作为与传统和解促进型调解（mediation）不同的方式，产生于劳动争议和解，后也用于法院调解等。当代调解模式更加多样，调解概念已经趋于统一，二者不再加以区分。但劳动争议中解纷主体（仲裁员、调解员和劳动法官）以促成和解为中心的解纷方式仍延续至今。

② 参见［日］石川明编著：《比较裁判纠纷解决制度》，日本庆应义塾大学出版会1997年版，第219~223页。

资双方自动调解。"美国最高法院已观察到……劳动仲裁就是工业罢工的替换物……目前，成千上万的争议通过自愿仲裁程序而解决了"，[①] 有利于促进劳资双方的合作，节省时间、费用。

进入 21 世纪，世界各国的劳动争议解决机制都在不断调整完善。以日本为例，其 20 世纪已建立了行政性劳动争议委员会以解决集体劳动争议，但因个人劳动争议较少，被作为一般民事纠纷以民事诉讼程序处理。进入 21 世纪后，针对个人劳动争议大量增加的情况，日本政府分别于 2001 年和 2004 年颁布实施《促进个别劳动争议解决法》和《劳动审判法》，建立了由三种程序构成的劳动争议解决制度。分别是：（1）行政性调解。即劳动主管部门主持的劳动委员会，成员主要来自律师、大学教授和劳动问题专家，通过向当事人解释法律和案例，促成双方达成调解。（2）法院附设专门部门：劳动审判委员会。在全国 50 个地方法院（裁判所）内设立劳动审判委员会。为法定前置程序，当事人起诉后，即由劳动审判委员会进行审理。委员会为三方机制，由一名职业法官和两名分别来自雇主组织和工会组织的非职业法官组成。审理由职业法官主持，采用调解与裁决合一的程序。委员会在查清事实、确定证据的基础上对双方进行调解，并可提出调解建议。双方达成的调解协议具有生效判决效力。如调解不成，则终止调解程序，依法定程序及过半数委员的意见作出判决（裁决），如当事人在两周内未提出书面反对意见，即发生法律效力；在期限内提出异议则自动失效。（3）司法程序。调解失败后案件自动转入同一地方法院，按照普通民事诉讼程序审理。该机制体现了调解优先和三方参与的原则，使绝大多数劳动争议在前两阶段以调解（和解）方式得到解决，仅极少数进入司法救济程序。

---

① ［日］T. 哈纳米、［比］R. 布兰佩因主编：《市场经济国家解决劳资冲突的对策》，佘云霞等译，中国方正出版社 1997 年版，第 198 页。

二、我国劳动争议处理机制的构成及存在的问题

近现代以来，我国劳动争议处理制度伴随着市场经济初步建立。① 改革开放以后，随着非公有制企业的出现，劳动争议提上社会日程。20 世纪 80 年代，劳动争议处理机制得以重建。1993 年 7 月国务院颁布《企业劳动争议处理条例》，将不同体制下的程序整合为正式统一的劳动争议处理制度。1994 年公布的《劳动法》以基本法律的形式正式确认。进入 21 世纪之后，我国市场经济快速发展，社会保障制度逐步完善，与此同时，劳动争议持续增长。2005 年之后，国家再次开始对劳动法进行整体性的修改完善，2007 年全国人大常委会通过《劳动合同法》，自 2008 年 1 月 1 日起施行（2012 年修正）；并于 2007 年 12 月通过《劳动争议调解仲裁法》（以下简称《劳动争议法》），于 2008 年 5 月 1 日起实施。

两法的制定与实施在我国劳动法治建设上具有划时代的积极作用，但也显示出顶层设计上的不足。其中《劳动争议法》存在的主要问题是：

1. 限于当时的立法背景，某些重大问题上存在缺陷。由于我国进入市场经济为时尚短，立法当时对劳动争议的规律和特点考虑不足，对仲裁与诉讼的承受能力缺乏准确判断。甚至有立法者和学者等主张取消劳动仲裁，将劳动争议管辖权全部归属于法院。尽管最终保留了劳动仲裁，但在制度设计中显示出对裁决和对抗式庭审的偏好，延续了"一调一裁两审"的重复低效设计。

2.《劳动争议法》虽然称为"一调一裁两审"并强调着重调解，但调解

---

① 南京国民党政府曾于 1928 年 6 月公布《劳资争议处理法》，并于 1930 年和 1932 年进行了两次修正，设立了以调解和仲裁为基本方式的劳动争议处理制度。中国共产党及其领导下的革命根据地，历来重视劳工问题。1931 年，中华苏维埃第一次全国代表大会通过的《中华苏维埃共和国劳动法》中，规定了劳动争议的处理机关是由劳资双方代表组成的评判委员会以及仲裁委员会和人民法院的劳动法庭，处理方式分为调解、仲裁和劳动法庭判决。1933 年《中华苏维埃共和国劳动法》经过修正重新颁布，规定由各级劳动部进行调解和仲裁。抗日战争和解放战争期间，各个根据地都建立了相应的劳动争议处理制度。1948 年 8 月，中华全国总工会重建。在 1949 年 7 月召开的全国工作会议上通过了《劳动争议处理程序的暂行规定》及《关于劳资关系暂行处理办法》，成为新中国成立初期处理劳动争议的依据，所采用的基本程序是双方协商、调解、仲裁及法院审理。1950 年 11 月，经中央人民政府政务院批准，劳动部颁发了《劳动争议处理程序的规定》，再次确认了协商、调解、仲裁及法院审理四种解决劳动争议的程序，建立了较完备的劳动争议处理制度。1956 年以后，生产资料所有制的社会主义改造完成，当时认为劳资争议已经不复存在，因此，各级劳动行政机关所设立的劳动争议处理机构相继被撤销，人民法院不再受理劳动争议案件，《劳动争议处理程序的暂行规定》随之失效。

实际上属于非正式程序，既未被设定为必经程序，亦未承认其效力，① 且对调解组织的性质、构成、功能和启动程序等均未作出明确规定。

3. 劳动仲裁程序无法满足劳动争议解决的实际需要及特点。未进行繁简分流，先行调解形式化；模仿法庭和诉讼设计，对抗性强，协商和解难度大；举证责任规定简单化；有关仲裁机构的调查权（责任）等程序未明确作出规定。劳动仲裁员职业化，忽视劳动者和用人单位代表的参与，在具体争议的处理中未采用三方机制。同时，劳动争议仲裁仅限定于劳动合同争议，无法实现对劳动争议的全面专属管辖，导致一些劳动争议不得不进入诉讼。

4. 尽管对行政协调及行政调解作出了部分原则规定，但并未将其纳入正式解纷制度，也没有强调政府主管部门及劳动监察在解决劳动争议中的责任和作用。一些地方的劳动监察机构怠于行使执法权，面对投诉和劳动违法现象不作为或执法不力，使该制度应有的建立和谐劳动关系、预防解决劳动争议、维护劳动者合法权益的功能未得到充分发挥。

两法实施后，劳动争议激增，劳动仲裁和法院难以承受、陷入困境。在这种背景下，2009 年 10 月，人力资源和社会保障部、司法部、中华全国总工会、中国企业联合会和中国企业家协会共同发布《关于加强劳动人事争议调解工作的意见》（人社部发〔2009〕124 号），提出要逐步建立和完善企事业单位调解、乡镇街道调解、行业调解、人民调解、行政调解等多渠道的争议调解体系。对未经调解组织调解，当事人直接申请仲裁的劳动争议案件，仲裁委员会可向当事人发出调解建议书，引导其在乡镇、街道、企业以及人民调解委员会等调解组织进行调解，就近就地解决争议。仲裁委员会认为可以委托调解组织调解的劳动人事争议案件，经当事人同意，可以委托调解组织进行调解。对当事人双方提出的确认调解协议的申请，仲裁委员会应及时受理，对合法的调解协议，可以出具仲裁调解书。

在该文件的指导下，乡镇人民调解、工会调解、企业内部调解、商会调解，律师协会及法律援助机构、农民工维权机构和农民工组织等，以及劳动监察机构、基层司法所、地方劳动人事社会保障主管部门等的行政调解，都开始参与劳动争议调解。通过这种合力，拦截了急速增长的劳动争议、处理

① 当时的立法解释仅强调调解的自愿性，提出无论是调解前、调解过程中还是调解达成后，当事人都可以随时拒绝调解或反悔。

了大量群体性和拖欠农民工工资的事件，保障了劳动仲裁和诉讼的正常运行，维护了社会稳定。大调解的经验显示出我国的制度优势和应变能力，以及主管部门和各相关部门相互配合维护大局和劳动者权益的决心。同时也反映出顶层设计的不足和制度短板。

三、新时期劳动争议处理机制的改革完善

进入新时期之后，在中央、各地和相关部门的努力下，劳动争议解决机制逐步走出了初期的困境，进入改革创新的过程，主要特点是：

首先，通过相关政策和法治建设不断改善市场环境和劳动关系。党的十八大以来，中共中央发布了关于加强社会治理和多元化纠纷解决机制建设、建立和谐劳动关系和治理体系现代化等相关文件，对于改革完善劳动争议处理机制起到了重要的推动和指导作用。各地和相关部门对劳动者权益保护更加重视，加强监督劳动合同的订立落实，协调企业与劳动者的利益关系，对拖欠农民工工资等问题进行了专项治理。随着市场、劳动关系和社会保障越来越规范，劳动争议处理的依据日益健全，历史遗留问题逐步化解，从源头上减少了劳动争议的大规模爆发。

其次，劳动争议调解不断完善加强。大调解在发挥积极作用的同时，也暴露出一些明显的问题，包括：企业内部调解则仅限于解决内部纠纷，工会、商会等组织各代表本群体一方利益，不适合作为中立第三方单独进行调解，人民调解主要调解平等主体之间的民间纠纷，缺乏专业性。各种调解均无法体现三方协商机制的作用，难以保证调解的质量和权威性，也无法与仲裁和诉讼形成合理衔接——调解协议既可以将调解协议置换为仲裁裁决，又可以直接进行司法确认——程序不统一、审查标准不统一、效力也不统一。随着劳动争议解决机制逐步进入正轨，这些问题日益显现，亟须对各类调解组织进行整合，由行政主管部门负责组建专门性劳动争议调解机构，统一受理劳动争议案件。近年来，各地在这方面探索出一些行之有效的经验。2009年，四川省眉山市人社局根据《眉山市行政调解工作暂行规定》，建立了从乡镇到市级的专门的劳动争议调解体系，从2012年起，当地90%的劳动争议都由这一调解机制处理，劳动争议仲裁和诉讼持续下降，进入诉讼的不到5%，形成了劳动争议处理的专业化格局和良性循环。劳动争议较多的深圳市，近80%的劳动争议也通过调解得以化解。整合后的劳动争议调解组织，专业程度和

调解成功率高,有效地过滤掉了大量案件,保障了仲裁和诉讼程序的平稳有序,亦提高了劳动争议处理的效益和效果。

再次,调解前置。一些地方政府或法院设立一站式解纷平台,建立了劳动争议调解窗口,劳动仲裁机构亦开始加强先行调解,最高人民法院通过司法解释和试点推动将调解作为劳动争议案件的前置必经程序,通过委托调解、诉前调解等方式提倡调解优先。这些措施开始形成劳动争议解决的非讼化趋向。

又次,地方政府和行政主管部门积极作为,在基层治理中注重建立和谐劳动关系,加强劳资双方的劳动合同意识和规范。地方政府通过建立企业工薪风险基金等方式预防和化解劳动争议。劳动监察机关积极发挥保障和预防功能、主动监管,在执法中介入解决劳动争议。及时将相关问题和隐患反馈至主管部门或政府,及时改进或调整政策和措施。

最后,工会和商会等社会团体发挥了重要作用。2020 年最高人民法院、中华全国总工会联合印发《关于在部分地区开展劳动争议多元化解试点工作的意见》,全国工商联也在积极推动商会调解参与劳动争议解决。这些社团分别代表劳动者和雇佣单位,在落实《劳动合同法》、建立和谐劳动关系,预防解决劳动争议中发挥了重要作用。如加入政府建构的劳动争议调解和仲裁,则能够在三方机制中协力维护劳动者权益、企业利益和市场秩序,发挥更大的作用。

当下,基于我国劳动争议解决实际需要,在各地创新经验基础上进行科学顶层设计,修改《劳动争议法》,重构劳动争议解决机制,已形成水到渠成之势。其重点主要是:

1. 整合建立专门性劳动争议调解机制。在《劳动争议法》中对调解组织作出明确规定,包括责任主体、组织形式等。由劳动人社部门负责建立并指导专门的劳动争议调解机制,用以替代或整合大调解。原有的企业内部调解组织,工会、商会、人民调解等可以作为非正式机制继续参与劳动争议解决,发挥内部协调、早期预防、及时就地干预或处理突发事件等作用,但更主要的是建立正式的专门性劳动争议调解机构,统一管辖劳动争议,完善三方机制。符合条件的各类调解员可以作为各方代表加入其中,并将仲裁及法院的劳动争议调解员统一纳入。劳动争议调解既可单独设立,也可以在地方一站式解纷中心开设窗口;既可作为劳动仲裁的附设前置程序,也可以接受法院委托进行调解。

2. 将调解作为法定必经程序。尽管调解已经得到广泛应用,但因现行法律并未明确规定调解前置，各地推行的方式和成效不一，实践中仍有一些当事人或律师拒绝调解。整体而言，劳动争议案件在法院诉讼案件中的比例仍居高不下，调解结案的比例也不高。① 为此《劳动争议法》应将调解明确设定为法定必经程序（调解前置），以降低争议解决成本和对抗性，提高解纷质量和效果，替代仲裁和诉讼。无论有无劳动合同，劳动争议都应先进入独立的调解程序，调解机构可以进行证据调查核实（或委托有权机关调查），在事实清楚的基础上进行调处，调解不成方可进入仲裁或诉讼程序。同时对调解协议的生效方式及其与仲裁、诉讼的衔接作出规定；并针对虚假调解、无效或违法调解设定救济途径。由此可使仲裁和诉讼无须过多重复调解，三种程序各司其职、衔接更加顺畅。

3. 改革劳动仲裁，逐步将所有劳动争议均纳入仲裁管辖范围，切实保证通过三方机制和协商性方式解决劳动争议，减少对抗性和过度司法化。在专门调解机构进入正轨后，可尝试逐步实现仲裁与调解合一，采用先调后裁结合模式，以减少程序烦冗重复、保证绝大多数案件以调解结案。进一步扩大一裁终局的范围，限制上诉，但保留司法救济途径。

4. 加强政府以及劳动监察等行政执法机构参与劳动争议处理及预防的积极作用。法律应授权政府加强干预，建立企业风险保证金等预防性措施，采用先行垫付工资、主动干预等方式及时解决群体性工薪争议，防止纠纷激化和拖延。

5. 劳动争议法律援助应以非诉讼方式为主，优先通过协商、调解、政府协调和仲裁解决，更多地采用风险防范、先行救助、代为追偿、基金等方式降低劳动者维权和解纷成本。

合理有效、非讼化的专门劳动争议处理机制是现代国家劳动法治和市场成熟的标志。不仅如此，今后，随着社会保险类纠纷日益增长的趋势，还应未雨绸缪，及早考虑建立相应的非讼专门化机制，以保证及时有效经济合理地解决此类纠纷，尽可能将其从普通司法管辖中排除。②

（作者单位：中国人民大学）

---

① 一些基层法院劳动争议甚至占案件总量的1/3，调解率也仅有40%左右。

② 随着现代福利社会的发展，一些国家在20世纪即已针对社会保障类纠纷建立了专门的争议解决机制，注重通过协商调解和裁决相协调的方式处理，避免其进入诉讼程序。

劳动纠纷多元化解机制的预防功能及其意义

汪世荣

劳动纠纷有其自身的特点，重视通过多元化解机制建设，积极预防劳动纠纷的发生、及时有效化解已经发生的劳动纠纷，对于构建和谐劳动关系，全面推进依法治国具有重要的意义。依照《劳动法》的规定，劳动者通过自身的劳动，享有取得劳动报酬的权利，保护劳动者合法权利，也是体现人民中心思想的应有之义。广东省佛山市南海区通过矛盾纠纷多元化解机制建设，不仅重视劳动纠纷的预防和化解，而且重视新冠肺炎疫情期间及后疫情时期劳动纠纷的多元化解机制建设，发挥了矛盾纠纷多元化解机制的预防功能，有效保护了劳动者的合法权利，较好缓解了新冠肺炎疫情的冲击，并为后疫情时期劳资纠纷的化解积累了丰富经验。

一、劳动纠纷频发、多发的现状和成因

劳动纠纷频繁、多发的原因，是某些法律法规执行不力，监管责任落实不到位。例如，建筑公司"以包代管、层层分包"，加上劳动合同签订率低，人员流动性大，工资发放采用多层分发的方式，漏洞明显。有些工人在被拖欠工资后，难以维护自身的合法权益，加重了这一领域的问题。又如，某些工厂没有为工人购买人身保险，发生工伤事故后出现赔偿困难的情况。另外，新冠肺炎疫情和疫情后时期经营环境的变化，给企业正常的经营带来了冲击，引发了诸多劳动纠纷。破解这些难题，仅靠一个部门、简单方式很难奏效，只有综合施策，才能取得较好的效果。

劳动纠纷频发、多发的企业，集中在劳动密集型产业，尤其以建筑、鞋类制造、五金加工等制造企业最为突出，劳资纠纷争议类型主要分为以下几种：

（一）建筑企业拖欠农民工工资及相关纠纷

建筑企业拖欠农民工工资的现象长期存在，各地政府每年都发起春节前

后集中清理拖欠农民工工资的活动，说明在建筑业领域欠薪现象普遍存在。另外，建筑工地包工头以追讨农民工工资为名，实为追讨工程款发生的纠纷也较多。部分工地没有落实实名制管理，管理方对施工人员管理不到位，包工头在工程亏损的情况下，伪造工人名单和工资数额，以达到追讨工程款的目的引发的纠纷也较突出。

（二）企业未签订劳动合同或合同到期没有续签劳动合同，工人提出支付双倍工资纠纷

由于企业管理疏忽，执行相关法律政策不到位，导致部分员工没有签订劳动合同，或劳动合同到期后没有续签劳动合同，员工要求企业支付未签订劳动合同期间的双倍工资，发生纠纷。另外，由于部分企业没有为员工参加社会保险，员工患病或非因工负伤未能进行医疗报销，员工追讨医疗费报销部分引发纠纷。

（三）工伤引起的劳动纠纷

企业由于管理不善，安全意识不强，防范不到位导致工伤事故发生，或上班期间突发疾病死亡的工亡纠纷，双方就工伤补偿标准产生的纠纷；员工方发生非因工死亡引起的纠纷；员工在放假期间或者下班后突发疾病死亡的，员工家属提出死亡补偿发生的纠纷；企业由于招用童工引起的纠纷；未满16周岁的人员通过冒用他人身份证或跟随父母家属到企业工作，在工作过程中发生工资纠纷甚至工伤事故引发的纠纷。

（四）企业没有为员工参加社会保险，员工要求补缴或无法享受养老待遇产生的纠纷

员工工作年限较长，要求企业补缴社会保险及补缴社会保险产生的滞纳金；员工达到法定退休年龄无法享受退休待遇产生的纠纷；企业因处理员工处罚过重产生的纠纷；企业由于没有制定符合法律法规的规章制度，员工在发生迟到、旷工、做坏产品、不服从安排等行为后受到过重的处理处罚而产生的纠纷。

（五）新冠肺炎疫情及后疫情时期引发的劳动纠纷

由于受新冠肺炎疫情的影响，复工时间推迟，员工追讨停工期间的工资产生纠纷；企业欠发员工疫情期间工资，员工按照劳动合同法规定要求解除劳动关系，并以此为由要求企业支付经济补偿金；企业由于疫情影响辞退员工，员工提出要求支付双倍经济补偿金的纠纷；企业受疫情影响无法复工或

订单减少，导致裁减人员，员工要求支付经济赔偿金的纠纷；企业受疫情及经济影响导致关闭，员工提出要求支付工资、经济补偿金、加班费、高温津贴及社会保险等纠纷。

劳动纠纷的发生和监管不到位有直接的关系。纠纷的处理应当采取分门别类的方式，对症下药，务求效果。从源头预防，积极化解，兼顾劳资双方的平衡，兼顾当下和长远利益的结合才能有效化解这类纠纷，取得良好的社会效果。

二、加强顶层设计预防为主发挥人民调解的作用

劳动纠纷的多元化解机制建设，重在强化日常监管，通过有效的预防策略和手段，实现对劳动者和企业的双重保护。建筑行业工人工资的发放方式改革、劳动监察部门严格有效的监督管理、劳动纠纷调解制度的积极推行、司法引领、规范、保障作用的发挥，是顶层设计的要求，也是实现劳动纠纷多元化解预防为主综合治理的体现。只有加强部门联动、相互协作，重视发挥人民调解的作用，才能取得最佳的效果。

（一）依法治理及时有效调解劳动纠纷

案例1：某玻化砖有限公司由于转型，于2019年1月1日与100余名车间工人解除劳动关系，并结清工资待遇。但由于没有对工人进行经济补偿，引发了工人向公司要求经济补偿的纠纷。这类纠纷的处理，实际上就是督促企业依法履行相关义务的问题。调解员首先向双方解释相关的法律规定、权利义务关系和法律后果，要求双方依法化解矛盾纠纷，是达成共识的基础。调解员借助人社部门，督促公司方制定出切合实际的补偿方案，最终就能够及时有效化解纠纷，实现矛盾纠纷就地化解的要求。依法治理是解决劳动纠纷的基本方法，法律是促成双方达成协议的基础，只有在合法的条件下，才能有助于纠纷的化解。

（二）系统治理有效调解劳动纠纷

案例2：55岁的周某某是佛山市某陶瓷有限公司的员工。2020年9月27日上午10时，员工黄某在烟气监控室发现周某某倒在椅子上，不省人事，公司立即通知医院前来抢救。经医护人员现场抢救近1小时，仍未能挽救周某某的生命，医护人员初步判断周某某的死亡原因为急性心肌梗死。公安及相关技术人员现场勘察，发现死者周某某体表无明显外伤，初步排除他杀可能。

家属认为死者生前是公司的员工，在单位的工作时间、工作场所内死亡，应按工伤死亡标准补偿，且死者还有母亲要赡养，因此主张公司需一次性赔偿 150 万元。公司代表则认为，死者是公司新招的员工，虽尚未为其购买社会保险，但仍愿意承担部分赔偿责任。医生诊断死者的死亡原因为急性心肌梗死，是其自身疾病引起的意外死亡，公司没有赔偿的责任，但就此次意外对家属表示同情和慰问，自愿人道补偿 10 万元。

调解员以医院和公安机关的相关结论为依据，进行调解。认为根据《工伤保险条例》第 15 条第 1 款第 1 项，职工有下列情形之一的，视同工伤：在工作时间和工作岗位，突发疾病死亡或者在 48 小时之内经抢救无效死亡的。希望公司方能在尊重法律的情况下，调整其赔偿金额。

公司方就此次意外事件表示哀悼，希望家属节哀顺变，也指出公司因疫情原因经营状况不佳，目前资金压力巨大，但依然愿意在尊重法律的前提下，自愿参照工伤赔偿标准一次性赔偿 75.5 万元。此外，还考虑到死者配偶梁某目前暂无工作，公司愿意在相同条件下优先录用，为梁某提供工作岗位。家属方表示，虽然赔偿款数额没达到家属的预期数额，但看得出公司方是诚心诚意想解决此次事件，家属愿意接受公司方赔偿金额为 75.5 万元的提议。最后双方在人民调解协议书上签名盖章，并及时履行完毕。

可以说，纠纷化解过程中，作为基础工作的医院诊断结论和公安机关的现场勘查和死亡结论，为人民调解发挥作用奠定了坚实的基础。正是前期工作扎实有效，才为后续的调解工作创造了良好的条件。相关部门各尽其责，有效配合，形成纠纷化解的合力，体现了劳动纠纷多元化解的优势。

（三）源头治理有效化解劳动纠纷

案例 3：广东某某建筑工程有限公司承建佛山市南海区某某纺织厂纺织车间工程。2019 年年初该工程将近完工，建筑公司的项目负责人赵某找到了包工头周某，要求周某带几名工人到工地拆模板和起钉子。为此，周某找来了农民工李某、张某、杨某、陈某四人负责该项工作。周某承诺给予李某等四人每人 140 元/天的工资，待工程完成后结清所有工资。但在工程接近尾声时，周某失联了，李某等四人一直未领到工资。2019 年 4 月 16 日，李某等四人到佛山市南海区某某镇人民调解委员会申请调解，请求建筑公司支付相应的工资。经过前期接访了解到，李某等四人曾经与建筑工程负责人赵某协商支付工资的问题，但赵某以已经付清周某工程款和无法确定该四人为工地员工为由不予支付工资。

对于工程负责人赵某提出的问题，调解员逐步进行剖析，用"事实证明法"进行调解。首先，赵某提出的李某等四人未能提供相关证据证明其曾在工地工作的问题。调解员当面询问李某平时如何进入工地，有没有相关的工作登记或者人证，以证明其为该工程劳动的事实。李某表示，周某开着面包车送他们进工地，没有登记也不认识其他工人。其后，调解员又询问了中午用餐、工资发放的情况。李某表示中午用餐都是周某提供的，没有和其他工人一起吃饭。工资方面，周某同意给每人140元/天的工资，工作了10天，周某就失联了，减去饭钱，拖欠四人共计4400元工资。调解员拿来了纸笔，要求李某将工地和建筑内貌画出来，李某尽管画得并不完全，但工作过的地方还是画出来了。对此，调解员建议工程负责人赵某在工地进行调查，以证实李某所画的地方是否属于工地。最终赵某不得不承认李某等四人曾在工地工作。但是，对于李某等工作了10天和每人140元/天的工资依然不予确认。

为了破解僵局，调解员通过电话，联系到发包方佛山市南海区某某纺织厂，希望发包方协助处理纠纷。大家一致认为，纠纷如果不能及时有效化解，可能会影响工程竣工，不仅损害建设方利益，也可能导致承包方无法按时获得工程款，因小失大。最后，工程负责人赵某同意支付李某等四名农民工的工资共计4400元，双方签订了调解协议书，并当场现金支付工资。

调解员强调基本事实，在尊重事实的基础上，使双方重新回到协商的道路上来，从而为化解矛盾创造机会。强调法律的权威性，落实"谁用工谁负责，谁受益谁负责"的原则，敦促责任和义务的履行。巧妙引入工程建设方，找到解决问题的方案，促成各方尊重事实，尊重法律，制定切实可行的方案，有效化解劳动纠纷。

虽然国家明令禁止工程转包，但在建设领域，仍大量存在工程非法转包、分包现象。一旦出现因开发商工程款未及时到位或者未按规定结算工程款，就容易出现部分施工企业以此理由未及时支付农民工工资，或者虽开发商将工程款项按期结算给承包商，但仍有部分承包商以各种理由拖欠工人工资，甚至出现卷钱逃匿的情况。由于工程经过层层转包或分包，开发商按进度付款后，对农民工资是否按时发放缺乏必要监督，一旦层级承包商或包工头出现债务矛盾纠纷，容易发生农民工受雇的包工头未能从上一级包工头处领取足够的款项而故意不发民工工资"走人"，而让小班组长或者民工找上一级承包商或者建筑劳务企业索要工资，迫使政府部门出面解决农民工的欠薪事件。劳动和社会保障部、建设部印发的《建设领域农民工工资支付管理暂行办法》第12条规定："工程总承包企业不得将工程违反规定发包、分包给不具备用工主体资格的组织或个人，否则应承担清偿拖欠工资连带责任。"建筑领域工人工资应当存入专门账户，并直接发放给个人；建筑方消极不履行监管义务、承包方将工资发放给"包工头"等不具有用工主体资格的组织或个人的，导致劳动纠纷，损害劳动者利益的，应当承担连带责任。

三、建立科学有效机制化解后疫情时期的劳动纠纷

后疫情时期，广东省佛山市南海区通过积极巡查隐患，有效预防劳资纠纷的发生。重源头治理、严预防预警、抓责任落实、强日常监管、建惩戒网络，不断健全完善处理劳资纠纷的长效机制，采取区镇联动，部门协作的措施。追求劳动纠纷化解"更早发现、更少发生、更快处置"，保证劳动纠纷的化解取得切实的成效。

（一）落实包案责任机制，加大对疑难复杂纠纷的化解能力

开展劳动纠纷的专项治理，确保社会稳定。认真组织学习上级部门管理规范和相关会议精神，正确认识劳动纠纷预防化解工作的重要性。针对劳动纠纷突出问题，明确包案领导、责任单位、责任人、责任要求和办结时限，各包案领导和责任人要坚持"一包到底"。集中力量，清理存在的疑难复杂纠纷，办结积案，解决存量问题，轻装上阵，良性循环。

（二）建立劳动纠纷化解的部门联动机制，形成预防化解纠纷合力

加强对辖区内各工地用工管理，不定期对建筑工地进行建筑领域劳务管理专项抽查，检查劳动合同的签订、工资发放及工程劳务分包情况等；规范管理，建章立制，全面落实工人实名制管理、工资分账管理、工资保证金三项制度。发挥调解组织的作用，利用综治办、司法所、工会、村委、社区的基层综治信访维稳平台，统筹人民调解、行政调解、司法调解、行业或企业调解等资源和力量，就地就近调解纠纷。通过购买服务方式逐步引入社工、法律援助服务点等，让其以中立方的角色帮助信访人疏导情绪、主张诉求，预防、化解缠访、闹访。通过联动机制建设，形成化解纠纷的合力。

（三）建立劳动用工专职巡查机制，发挥快调快处的作用

南海区里水镇政府于2018年7月起以政府购买服务方式，组建首支镇级

企业用工劳资隐患巡查队伍，将劳动纠纷巡查工作"重心下沉，战线前移"。巡查员的主要工作是排查隐患，转被动应对为主动预防，不断加强源头防控，将综合执法力量布置到各村（居），加大对辖区内用人单位的动静态监管。巡查员身兼"宣传员"和"调解员"两职，负责对辖区企业劳资隐患进行巡查、宣传人社政策法规、参与劳资纠纷案件的调解和突发事件的处置。专职巡查队伍在日常巡查中发现劳资纠纷问题时，第一时间化解矛盾，把矛盾化解在企业内部、遏制在萌芽状态，快调快处，切实维护劳动者和用人单位双方的合法权益。

（四）落实"两法衔接"工作机制，加大对恶意欠薪的震慑力

完善涉嫌拒不支付劳动报酬犯罪行政执法与刑事司法的衔接机制。健全案件移送台账、联席会议制度、情况通报制度，做好案件的调查、移交、侦办、批捕、起诉和判决工作，打击恶意欠薪行为。预防与惩处结合，通过综合治理机制，逐步建立劳动保障守法诚信、重大违法行为查处、跨地区协查等重要执法手段。注重执法效果，彻底解决问题，维护当事人合法权利。

总之，劳动纠纷的多元化解机制建设，旨在发挥综合治理的作用，形成解决问题的合力。在劳动纠纷多元化解机制建设中，重视打造共建共治共享的治理格局，发挥自治、法治和德治的作用，追求良法善治效果，需要积极预防，将工作前置，发挥预测、预防、预判的作用。新时代通过劳动纠纷的多元化解机制建设，大力提高纠纷化解的质量和效率，更好服务劳动争议双方当事人，切实维护和谐的劳动关系，是经济持续发展、社会稳定进步的要求。广东省佛山市南海区劳动纠纷化解的政策措施及呈现的良好效果，为矛盾纠纷多元化解积累了可资借鉴的经验。

（作者单位：西北政法大学。本文系陕西省"三秦学者"支持计划"西北政法大学基层社会法律治理创新团队"成果）

调解的比较优势与法院调解制度的改革

李 浩

调解作为替代诉讼的解决纠纷的方式之一，受到包括中国在内的当代各国的普遍重视和广泛采用。在中国，大多数民事纠纷是通过调解这一方式解决的，即便诉讼到了法院，大部分案件也是在法官的调解下获得解决。应当承认，以调解方式解决纠纷有其独特魅力，如果我们将调解与判决作一番比较，其魅力就会充分显现。这其实是调解的比较优势。本文拟就此问题及如何通过改革进一步发挥我国法院调解的比较优势作一探讨。

一、调解的鲜明特色和比较优势

（一）调解利用的自愿性

调解的自愿性包含了两层含义：一是调解利用上的自愿性。只有双方当事人都同意采用调解方式解决争议，调解程序才得以启动。整个调解过程中，自愿性始终伴随着当事人，一旦不再自愿，当事人可随时退出调解；二是是否达成及达成何种内容调解协议上的自愿性。即便调解人提出的调解方案完全正确、合法，也不能强制当事人接受，任何调解协议的达成，均需得到双方当事人认同。第一层含义指向的是程序上的内容，反映的是当事人享有的程序上的选择权，第二层含义指向的是实体方面的内容，体现了对当事人民事实体权益的处分权的尊重。

自愿是调解制度的本质属性，也是调解区别于判决和部分区别于仲裁之所在。审判的利用无须以自愿为前提，至少对被告来说是如此，原告起诉后，无论被告是否情愿，都将被强制性地带入诉讼。同样，审判的结果也是强制性的，不管当事人是否认同和接受，法官都会依法作出他们认为是正确的裁判。仲裁在其利用上虽然也是以自愿为前提，但双方当事人一旦同意选择仲裁，就必须接受裁决结果。

自愿还反映了调解活动中当事人的主体性和主导性。调解虽然是在第三人的主持下进行的，调解人虽然也会努力推进调解程序，引导双方当事人达成合意，甚至会向双方当事人提示解决争议的方法，但调解人的种种努力都是协助而不是强迫当事人达成调解协议，并不会影响、改变当事人的主体性和主导性。

自愿是调解必须遵循的原则，是调解制度正当化的基石，也是当事人能够自动履行调解协议的原因。只有切实贯彻自愿原则，调解制度才能够健康发展，才能发挥其比较优势，才能够在解决纠纷的体系中发挥其独特作用。

（二）调解目的的和解性

不致引起与对方当事人人格关系的紧张，是调解较之审判所具有的优势之一。尽管诉讼在我国社会中已变得越来越寻常了，人们的诉讼观与以往相比发生了重大转变，但对于中国人来说，毕竟还没有到对上法院打官司习以为常的程度，仍有相当一部分中国人保持着传统法文化中的厌讼心理，他们把上法院、特别是当被告看作不光彩的事。因此，一旦提起诉讼后，被诉一方常常会有一种屈辱感和愤怒感，并由此造成与对方人格上的紧张和对立，加剧了解决纠纷的困难程度。

进入诉讼后，双方当事人的对立更为明显，原告、被告要提出互相对立的主张甚至截然相反的诉讼请求，一方当事人提出的证据要由另一方质证，双方还要围绕本案的事实和法律问题展开激烈的法庭辩论。即便法院对案件作出了裁判，生效裁判也未必真正解决了双方当事人的纠纷，"黑白分明"的判决有时反倒加剧了双方的对立和冲突。因为"所谓通过诉讼达到的判决使纠纷得到解决，指的是以既判力为基础的强制性解决。这里所说的'解决'并不一定意味着纠纷在社会和心理的意义上也得到了真正解决。由于败诉的当事者不满判决是一般现象，表面上像是解决了的纠纷又有可能在其他方面表现出来"。

调解是当事人协商解决纠纷的努力失败后请求第三者介入，从中斡旋以求得纠纷的妥善解决。在调解中，没有原告和被告，只有申请人和被申请人，而且双方是在调解机构的主持下协商解决纠纷，所以，被申请的一方既不会感到丢面子，也不会感到屈辱和愤怒。诉讼中的调解虽然有原告和被告，但由法院调解平息争讼避免了一方胜诉另一方败诉的结局，至少不致于使双方当事人因诉讼而产生的对立关系进一步加剧。这正是一部分纠纷的当事人提起诉讼后选择调解回避判决的原因。

（三）调解过程的协商性

调解过程是双方当事人在调解人的主持下就如何解决争议进行协商并最终达成协议的过程。调解虽然有调解人的参与，调解人在整个过程中发挥着沟通、引导、劝解、促和的重要作用，但本质上仍然是由双方当事人通过交涉、谈判解决纠纷。

调解中的协商是以解决纠纷而不是寻求对抗为价值取向的交涉，因此双方当事人除了要对调解表示诚意外，还要有足够的灵活性和妥协性。当然，灵活和妥协是相互的，如果有一方固执己见，毫无妥协，寸步不让，调解就无成功的希望。

调解中的协商是双方当事人间产生严重分歧后进行的，因此协商的过程会比为签订合同而进行协商艰难。在这一过程中，调解人发挥着重要作用，他帮助双方当事人寻找利益的共同点，在双方当事人之间进行斡旋，尽力消解一方对另一方的怨气，促使当事人换位思考，使双方的立场逐步靠拢，最终达成调解协议，获得双赢的结局。

协商性使当事人在调解过程中的主体性得到充分呈现，使当事人的意愿受到充分尊重，使解决纠纷的方案建立在双方一致同意的基础上。这正是调解协议一般能够自动履行的原因。

（四）调解内容的开放性

与判决相比，调解是一种颇具开放性的解决争议的方式。法院审判总是面对过去，所解决的，是发生在诉讼前的纠纷。法院仅对当事人争议的诉讼标的，即对当事人争议的权利、请求及相关的事实和理由进行审理。当事人提出的事实如果与案件无实质性关联，无论当事人本人认为它是多么重要，法院也会以与本案无关为理由予以排除。法院的裁判也只能就原告的诉讼请求作出，而不能就诉讼请求以外的事项作出安排，即使这样的安排有利于从整体上解决纠纷，符合双方当事人的长远利益。对于审判来说，这既自然又合理，是诉讼程序的封闭性使然。调解则不同。在调解中，尽管调解人在初始阶段面对的是相对确定的某种争议，但在调解的过程中，当事人可以把新的事实引入，这些新的事实往往反映了当事人之间深层次的矛盾，是当事人真正希望解决的。身为德国律师协会非讼委员会主席的庞夏伯先生来上海介绍德国的调解制度时曾举过一个生动的例子。他本人曾调解过一起兄妹两人的纠纷，兄妹两人是同一家公司的股东，因哥哥拿走了妹妹的股份而引起纠纷。在调解中，妹妹先是丝毫不肯让步，后来又提出要和调解人私下交谈，她提出了一个令调解人惊讶不已的要求——希望通过此次调解后，哥哥永远不再打她。原来妹妹根本就不在乎钱，股份争议只是表面现象，一发生纠纷哥哥就对年已 36 岁的妹妹动粗才是真正的问题。经调解人同哥哥谈话，哥哥终于向妹妹认错，并保证今后永远不再打妹妹，于是纠纷就解决了。调解的开放性可以使调解人找出潜藏在表面争议后的深层次矛盾，从整体上、根本上解决纠纷。庞夏伯先生对此深有感触地说："很多案件产生纠纷的真正原因是深深地隐藏在背后的。在很多情况下，人们提起诉讼的原因有时纯粹是为了维护名誉、伤害救济甚至有些是为了报复，而在法庭上你提起什么诉讼，得到的就是什么救济，法律一般来说90%都是支持以金钱的理由提起诉讼，但很多时候人们并不仅仅需要金钱。其实有时候争议的解决很简单，只要一方说'对不起，我错了'，争议就可能解决。"调解的开放性还表现在所达成的调解协议上。判决只能就事论事，只能针对案件本身依法形成解决争议的裁判。例如，当原告以被告违约造成其损失为由起诉要求赔偿，法院查明被告确实违反合同后，就只能判决被告赔偿原告的损失。调解不必总是纠缠于过去，双方当事人完全可以面向未来寻求解决纠纷的办法，如违约的一方与对方再作一笔贸易，在新的贸易中给对方更多的折扣，以弥补此前违约给对方造成的损失。这既解决了过去的纠纷，又发展了将来的合作关系。

（五）调解中信息的保密性

保密性是指调解不必公开进行，在调解过程中，双方当事人告知调解人的信息，调解人会严加保密，不会透露给任何人。在美国，调解有时是审理案件的法官建议的，调解人也是法官推荐的。即便如此，调解人也只是定期向法官报告调解的进展情况，而不会向法官透露当事人在调解过程中承认的事实、作出的让步。审判是强制性解决纠纷，裁判的正当性需要借助公开来保证，因而审判活动中实行公开原则，公开是一般情形，不公开是例外。调解是基于当事人的自愿而进行的，调解人在调解过程中不具有任何强制力，无须以公开来防范权力的滥用。

一方面，对涉及个人或家庭事务的纠纷，当事人通常都不希望将它们公之于众，对发生在商务活动中的纠纷，商人一般也不愿意闹得沸沸扬扬，而是希望能淡化处理，悄然解决。另一方面，调解人为了找到问题的症结，需要从当事人那里获得真实而充分的信息，而不仅仅是关于纠纷的表面上的陈述。保密性正好满足了这两方面的要求，它既是当事人乐于选择调解的原因，又是调解取得成功的条件。

调解人对法官保密，在调解人和法官之间建立一道信息屏障，是非常必要和重要的，因为如果调解人向法官报告调解中的信息，当事人就有理由担心法官可能会把他在调解中作出的妥协和让步看成是理屈的表现，就会害怕调解失败转入诉讼时会对他产生不利的影响。其结果很可能是由于担心和害怕而不愿意把真实情况告诉调解人，拒绝作出本来可以作出的妥协和让步，将调解引向失败。

（六）调解程序的简易性和处理的高效性

审判程序中虽然也包括了简易程序，但它只能适用于部分案件，对其余案件而言，程序还是相当复杂的。程序上一定的复杂性恰恰反映了审判制度自身的规定性，是法院对争讼作出正确裁判的保障，是判决正当化的依据，也是为诉讼当事人提供程序保障所必须的。因此，审判须按程序规则按部就班进行，来不得半点"偷工减料"。强求审判的高速度是违反其自身规律的。实践反复证明，对法院审判提出过高的效率上的要求是相当危险的，它势必会削弱程序上的保障，从而最终降低审判的质量。效率上的比较劣势其实是民事诉讼的局限性之一。"民事诉讼还相当地花时间。所谓诉讼迟延或'积案'是几乎存在于任何国家任何时代的一种令人烦恼的现象。产生诉讼的迟延可能有多种多样的原因，根本原因之一在于诉讼既然要提供充分的程序保障，花费相当的时间就是不可避免的。"

调解程序不像审判程序那么正规，也比审判程序灵活、简便。调解是以当事人的同意作为正当化理由的，调解人不能强迫当事人接受其调解意见，所以，不必以正规和复杂的程序作为其保障。调解者可以采用简便的、灵活多样的方式进行调解，在调解中可以根据案件的具体情况自由地选择和组合程序。

调解在效率上也高于判决。程序上的复杂性使判决很难迅速地解决纠纷。调解的效率在多大程度上优于审判，这要视各国法院处理纠纷的速度而定。外国法律一般都未对法院审理案件的期限作出规定。一位日本学者认为，6个月是近乎理想的诉讼期间。但这一理想在实践中很难实现，虽然有的国家的法院审理民事案件的平均期限少于6个月，但有相当多的国家的平均期限超过 6 个月。例如，"意大利下级法院和上级法院审理的一审民事案件中，普通程序的平均审理期间分别为 18 个月和 24 个月；法国大审法院审理期间为 10 个月；西班牙初审法院审理期间为 8 个月。大多数拉美国家不是以天或月为单位计算审理期间，而是以年为单位计算审理期间"。在美国，"提出调解申请后几周内就可以进行调解，而仲裁要花上几个月，诉讼则根据法院和事项的不同甚至花上一年以上的时间来计划"。我国《民事诉讼法》为法院规定了审限，第一审适用简易程序的案件审限为 3 个月，适用普通程序的案件审限为 6 个月，第二审案件的审限为 3 个月。在实务中，绝大多数的案件是能够在审限内结案的，这可从我国法院每年受案数与结案数基本持平看出。这表明，我国法院审理案件的速度从总体上看是相当快的。

即便如此，调解在效率上一般仍会优于审判。适用简易程序的案件虽然在双方当事人共同到法院寻求解决纠纷时处理案件的速度可能会快于调解，但审判实务中原告、被告一起到法院的情形极少，就大多数案件而言，由于受答辩期的限制，法院不可能在受理诉讼后几天内开庭。适用普通程序审理案件最快也要约 20 天。无论是适用简易程序还是适用普通程序，当事人对一审判决均存在上诉的可能，一旦提出上诉，所需的时间就会更长；而采用调解方式可能只需要几天甚至几小时就可解决同样的纠纷。

（七）调解结果的灵活性和多样性

调解结果的灵活性和多样性是调解与审判的又一重大区别。审判的过程是法官认定事实、适用法律的过程。在审判中，虽然也会出现由于法官对事实的判断和法律的理解不同，一审判决结果与二审判决结果相异的情况，尽管也存在事实的不确定和法律的不确定及由此造成的裁判结果的不确定，但这类新奇的案件毕竟为数很少，从总体上看，裁判结果还是一致的、确定的、可以预期的，因为裁判须严格依法形成，法官对裁判结果并无多大的裁量权。调解则不同。调解协议是当事人协商的结果，是当事人自愿达成的。因此，调解协议不必依照实体法的规定形成。只要不违反法律中的禁止性规定，不损害国家利益和社会公共利益，不损害第三人的合法权益，调解协议内容的合法性就不会发生问题。调解结果的灵活性和多样性还源于调解的开放性。调解既然可以面向未来解决纠纷，调解结果自然就不局限于过去纠纷的解决，它有时会把纠纷的解决蕴含于将来的合作协议之中。

调解结果的灵活性和多样性既可以使调解人审时度势地引导当事人达成

调解协议，又可以使调解结果照顾到双方当事人的长远利益，可以使纠纷获得更加切合实际的解决。

（八）调解费用的低廉性

审判虽然可以更完美地实现正义，但这种正义的获得却需要付出较高的代价，有时甚至是昂贵的成本，而且付出了成本之后能否得到正义也并不总是确定的。

寻求司法救济的当事人需要支付一定的费用，这在世界各国几乎是相同的，尽管收费的种类、方式、数量会有差异。在美国，法院收的案件受理费虽然较低，但高昂的律师费常常使当事人对诉讼望而却步。与美国相比，德国的诉讼当事人支出的费用虽然不算高，但与调解相比，也有天壤之别。德国一个争议标的金额为4亿马克的案件，如果提交法院处理，当事人要支付的诉讼费高达上千万马克，通过调解解决，则可以由当事人和调解人协商确定付给调解人的酬金，在该纠纷中，只需付给调解人13万马克。日本为了鼓励当事人选择调解解决纠纷，规定申请者只需要交纳相当于诉讼费约一半的申请费。我国民事诉讼中案件受理费是按争议标的金额计算的，采取按比例分段递减方式征收。案件的受理费虽不算高，但考虑到二审要按一审的标准收受理费，部分再审案件也要收案件受理费，加之当事人还可能支出鉴定费、财产保全费、执行费等费用，当事人若以诉讼方式解决纠纷，成本也是相当高的。

我国的调解分为诉讼内调解与诉讼外调解，前者由法院主持调解，后者由人民调解委员会、乡（镇）人民政府等机构进行调解。法院调解虽然是在收取案件受理费后进行的，但一审调解结案后不会发生二审和再审的问题，一般也不需要强制执行，所以当事人负担的费用要比判决少。人民调解委员会的调解和乡（镇）人民政府的调解是不收取费用的。因此，无论哪一种调解，当事人负担的费用都要比判决少得多。

民事纠纷多数是以经济利益的冲突为其内容的，而解决纠纷的制度一般是要由当事人负担成本的。当事人选择解决纠纷的制度时，会对成本与收益进行估算，会倾向于选择成本低的制度。这又是调解具有吸引力之处。

二、调审合一审判判度的缺陷

以上，本文从八个方面考察了调解的比较优势。当然，这并不意味着调解一定优于其他解决争议的方式。笔者想强调的是，调解要想更好地发挥其作用，成为人们喜闻乐见的排解纠纷的方式，在制度的设计上就必须充分考虑上述方面，以使其比较优势得到充分发挥。我国的法院调解虽然是在诉讼中进行的，但就其本质而言，仍有调解的属性，是调解的一种类型。毋庸讳言，我国的法院调解制度尽管在解决纠纷方面起到了重要作用，但在制度设计上还存在一些缺陷，它们妨碍了调解比较优势的发挥。这正是完善我国法院调解制度时需要解决的问题。

我国将调解与审判共同规定在民事诉讼程序中，将它们共同作为法院行使民事审判权的方式，并且由同一名独任法官或者同一个合议庭负责同一案件的调解和审判，先调后判，调解不成再作判决。这样的制度安排不可避免地造成了审判的调解化和调解的审判化，致使调解与审判相混同，迷失了各自的本性，模糊了相互间的区别。而调解一旦趋同于审判，其比较优势也就难免被削弱。

我国调审合一的审判制度存在的主要缺陷是：

（一）调解的自愿性可能得不到切实的保障

调解是双方当事人在调解人的帮助下以协商方式解决纠纷，判决则是由法院通过审判程序强制性地解决纠纷，即使在法院调解中，它们之间这一本质区别也并未消除。在调解中，调解人并非消极无为，他们总是要利用其影响力和知识促进当事人达成调解协议。另外，在审判中，法院也不是一味依赖强制，为了减少上诉，为了使败诉方尽可能自动履行判决，法官也会通过阐述判决理由等方式使双方当事人理解、认同判决。但这些都不会影响两者的本质区别，调解自愿的品格与判决强制的品格仍然是泾渭分明。

自愿性不仅是调解的本质特征和主要优势，也是调解的其他优势得以存在、得以正当化的基础。调解不必像判决那样注重和强调程序保障，而是可以采用简便、灵活、非正式的程序；调解过程不必公开；调解结果也不必严格依据实体法规定形成，只要将结果控制在处分权允许的范围内，不逾越处分权的边界，合法性就不会成为问题。这一切都是建立在自愿的基础之上，都以自愿作为其正当化的依据。诚如日本学者所言："只要双方当事者同意，解决的内容就可以任意地决定，因而这种处理方式更容易得到符合纠纷实际情况的结果。总之，由于审判外的纠纷解决有当事者合意作为终极性的担保，所以在简易的程序、迅速的处理以及更加符合实际情况的解决结果等方面都有比审判更大的回旋余地。"

我国法院调解采用调审合一的方式，法官在调解中具有调解者和诉讼指挥者、裁判者双重身份，可能会出现调解的自愿性得不到切实的保障的情况。

（二）调解的保密性差

信息的保密性是调解的优势之一。调解的保密性不仅意味着调解不必公开进行，而且也意味着如果调解不成转入诉讼的话，调解中的所有信息对审判者也是保密的，调解中当事人所作的自认、认诺、让步不会被审判者用作对其作出不利判断的资料。

我国实行调审合一，法官参与调解的全过程，调解不成再作判决，调解中的信息对审理案件的法官无保密可言。这样的制度安排虽然有利于提高诉讼的效率但却难以避免法官在调解失败后的审判中自觉或不自觉地利用调解中获得的信息。

（三）调解的低成本优势不明显

费用低廉是调解制度的比较优势之一，也是当事人乐于选择调解的原因之一。我国法院在案件受理费问题上对调解与判决实行无差别政策，即使是调解解决的案件，当事人也须承担案件的全部受理费，这使调解解决与判决解决在案件受理费上没有差别，尽管多数调解解决的案件法院花费的时间和精力要比判决少，尤其是庭审前调解结案的案件。对于财产案件，我国律师实行的是按诉标的金额或价额按比例收费，而不是按代理诉讼所花费的时间收费，因此当事人如果聘请律师代理诉讼，调解解决与判决解决当事人支付的律师费也是相同的，虽然与判决相比，律师在调解中花费的时间和精力通常要少。因此，法院调解与判决相比在成本上的优势不明显，当事人从调解中不能充分享受低成本的好处。

三、调解制度的改革

为了解决上述问题，笔者主张对我国法院调解制度作如下改革：首先，改革调审合一的模式，将调解与审判分解成相互独立的程序，由不同的法官负责调解与裁判，调者不审，审者不调。

关于调审分离，我国学术界目前主要有两种观点：一种观点认为应当将法院调解从民事诉讼程序中完全分离出去，建立非讼化的民事调解制度，由法院以外的组织或个人进行调解。另一种观点虽然也赞成调审分离，但主张在保留法院调解制度的前提下实行调审分离。即在法院内部对调解的具体操作方式进行改革，调解仍然是由法官主持的诉讼内调解，但通过由不同的法官分别负责同一案件的调解与审判的方法，来达到调审分离的目的。笔者认为，相比较而言，尽管第一种方案或许是更具有合理性和彻底性的改革方案，但从目前的情况看，第二种方案更具有现实性、稳妥性，也最为简便易行。这是因为：第一，它容易被认同和采纳。我国法院从新民主主义革命时期就采用调解方式处理民事纠纷，调解已融入法院的民事审判工作中，成为法院工作的优良传统和法院历史的重要组成部分，因而就多数人而言，在感情上是很难接受非诉化的调审分离改革的。第二，这一方案完全符合民事诉讼法的规定，无须修改民事诉讼法便可实施。我国《民事诉讼法》规定了自愿、合法的调解原则和法院调解制度，但对究竟是由同一审判组织先调后审还是由不同的审判人员分别负责调解与审判未作进一步规定。这就留下了改革的余地和空间。由不同的法官分别负责调解与审判同样符合《民事诉讼法》的规定，至少与《民事诉讼法》的规定不相抵触。这比需要修改《民事诉讼法》才能实施的非讼化的调审分离显然要简单和容易得多。第三，从法院人力资源状况看，这样的调审分离也是可行的。我国约有 18 万名法官和助理法官，人数从总体上看是比较多的，分出部分人员负责调解工作不会对审判造成多大的影响。

最重要的是，在法院内部实行调审分离同样可以实现改革所欲达到的目标，我国法院调解制度存在的主要问题是怕调解的自愿性得不到保障的问题。

调审分离带来的另一好处是调解保密性的优势得以恢复。由专司调解的法官主持调解，调解不成再交给负责审判的法官审理，调解与审判分成相对独立、各自封闭的程序，使得保密原则的实行成为可能。对于法院调解，还应增设保密原则，规定调解法官、书记员对经办的调解事项应当保守秘密，不得将调解中的信息透露给审判法官。

其次，改变法院的收费。对调解结案的诉讼可考虑分两种情形收取案件受理费：庭审前调解结案的收取 1/3 的受理费，开庭后调解结案的则减半收取受理费。分段收费的办法体现了鼓励尽早调解解决的政策，显现了调解低成本的优势，使调解对当事人更具有吸引力。

总之，随着我国社会法治化进程的加速，民事法律纠纷的数量会越来越大，种类会越来越多，情节会越来越复杂。为了适应新形势下解决纠纷的需要，国家设立了调解、仲裁、诉讼等多样化的解决纠纷的制度。这些制度应当各具特色、各有优势，唯有这样，才能真正满足当事人程序上的选择权，使当事人能够选择符合其要求的解决纠纷的方式，就像消费者能够从一个互相竞争的市场上购买到适合其需要的产品或服务一样。

（作者单位：南京师范大学法学院）

劳动争议调解制度的历史演进、域外经验与中国路径

林 嘉 马 进

引 言

2008 年《劳动争议调解仲裁法》生效，标志着我国劳动争议调解上升到系统化、制度化、法治化的轨道。十余年来，我国劳动争议调解制度在有效化解劳动纠纷、节约司法资源、构建和谐劳动关系方面发挥了重要功能。据2021 年 6 月 3 日人社部发布的《2020 年度人力资源和社会保障事业发展统计公报》显示，2020 年全国各级劳动人事争议调解组织和仲裁机构共办结争议案件 212.3 万件，调解成功率为 70.6%。但我国劳动争议调解制度仍存在诸如调解组织定位不清、调解程序缺乏规范性与专业性、调解员选任标准与考核机制不够健全、调解协议约束力有限等问题。2020 年，最高人民法院、中华全国总工会发布《关于在部分地区开展劳动争议多元化解试点工作的意见》，突出强调加强调解组织建设、调解员队伍建设、落实特邀调解制度、完善诉调对接机制、完善调解协议履行机制等，以解决我国劳动争议调解制度运行中的问题，充分发挥劳动争议调解制度的功能。从世界范围观察，由于调解方式具备简便性、自愿性、灵活性与平和性，各国普遍将其作为解决劳动争议的优位方式，以避免激化劳资冲突，充分化解劳资纠纷。因此，本文通过追溯劳动争议调解制度的历史演进，总结域外劳动争议调解制度的经验，从历史法学与比较法学视野探寻我国劳动争议调解制度的完善路径。

一、劳动争议调解制度的历史演进

调解是通过第三方介入，促使当事人之间达成合意，解决纠纷的一种方式。① 调解最早可以追溯至人类社会产生之初，是人类社会解决纠纷的最原始

---

① 林嘉：《劳动法的原理、体系与问题》，法律出版社 2016 年版，第 341 页。

形式。"早期的人类既无现代的法律规范，也无专门解决纠纷的组织，只有武力或调和，而武力对于原本就不发达的生产力的破坏，特别是对最为珍贵的劳动力的损害是当时社会所不能承受的，这使得调和成为最佳的选择。"① 现代调解制度最先诞生于秉承实用主义法律文化的国家。20 世纪 70 年代末至 80 年代末，各国相继出现"诉讼爆炸"现象，法院审判陷入危机，由此推动了 ADR 兴起与调解现代化运动，并迅速席卷欧洲乃至全球大部分国家。② 现代调解制度一经产生，就因其柔和、便捷、高效被广泛应用于民商、家事、劳动等领域，成为有效化解矛盾、缓解积案压力的重要方式。劳动关系是一种基础性、普遍性的社会关系，关乎劳动者生存权和社会的和谐稳定，劳资双方间既存在利益冲突，亦具备共同利益与合作的基础，因此，及时化解劳资矛盾、维持劳资合作是劳动争议解决制度设计的出发点。劳动争议调解遵循了劳资合作的发展趋向，能够有效维持劳动关系稳定，防止劳动争议演化为激烈的对抗或冲突，逐渐成为解决劳动争议的重要途径。③

（一）西方劳动争议调解制度的演化脉络

作为自古流传至今的传统的纠纷解决方式，西方调解的表现形态源于古希腊与古罗马时期。伴随着近代西方工业化大生产的兴起，劳资矛盾不断尖锐化，罢工、闭厂等事件时有发生，频繁陷入危机的劳资关系极大地影响着社会稳定。在这样的社会背景下，作为有效化解劳动纠纷的柔性方式，劳动争议调解制度应运而生。早在 1824 年的英国、1890 年的德国、1892 年的法国和 1896 年的新西兰等，都制定了有关劳动争议调解的专门法规。④ 此后劳动争议调解逐步普及全球，并在各国劳资关系运行中不断发展、完善，形成了各具特色的劳动争议调解制度。

法国个体劳动争议和集体劳动争议分别适用不同的调解机制，前者由司法机关主持，后者由和解委员会开展。为革除中世纪司法制度的弊病，改革旧的司法体制，1790 年，法国立法率先将调解制度法律化，将其确定为诉前强制程序，规定当事人将纠纷诉至区法院时，必须证明案件经过调解，否则

① 刘艳芳：《我国古代调解制度解析》，载《安徽大学学报（哲学社会科学版）》2006 年第2 期。
② 参见邓春梅：《调解现代化运动：一种范式转换——以古代调解、法院审判为参照》，载《湘潭大学学报（哲学社会科学版）》2017 年第 2 期。
③ 参见李雄：《我国劳动争议调解制度的理性检讨与改革前瞻》，载《中国法学》2013 年第 4 期。
④ 王全兴：《劳动法》（第四版），法律出版社 2017 年版，第 467 页。

法官将拒绝受理起诉。① 1806 年，法国颁布《法国民事诉讼法典》，开始建立独立的劳动法庭处理劳动纠纷，基本保留调解作为判决前必经程序的规定。1892 年，法国议会通过立法建立和解委员会，将调解引入集体劳动争议。② 1921 年至 1927 年间，《法国劳动法典》历经四次编纂，将劳动争议调解纳入其规范体系。1936 年，法国议会颁布立法，规定任何罢工开始前必须将劳动争议提交调解或仲裁。③ 1982 年，法国劳动部授权杜培弗教授对一起劳动纠纷进行调解并获得成功，自此调解得到广泛认同。④ 同年，议会通过法律确定和解、调解和仲裁作为集体劳动争议的解决程序。⑤ 1973 年，法国重新修订的《法国劳动法典》在第五卷第一、二编分别规定了个别与集体劳动争议的调解制度。⑥ 2008 年，法国颁行实施新《法国劳动法典》，仍旧将调解作为解决劳动争议的重要手段。

　　19 世纪初，德国在普通法院中始设劳动特别法庭处理劳动争议，在实践中逐渐形成了通过司法机关调解劳动争议的制度传统。1815 年，布鲁塞尔工业区建立了第一个处理劳动争议的法庭——工厂法庭。⑦ 此后，德国发展了柏林工厂法院和专家委员会，并分别于 1849 年颁布《德国营业法院条例》，于 1869 年颁布《德国南德意志营业条例》，于 1890 年颁布《德国营业法院法》，将同等数量劳动者和代表引入劳动争议解决机构。⑧ 1877 年，德国颁布《德国民事诉讼法》，强调通过调解解决民事纠纷的重要性。⑨ 1923 年，德国颁布《德国调解条例》，该条例极大强化了国家调解，使国家依职权调解劳资纠纷成为可能。1924 年，新修订的《德国民事诉讼法》增加先行调解的内容，强

---

①　参见周建华：《法国现代调解的发展：传承、借鉴与创新》，载《法学家》2015 年第 2 期。

②　参见田思路主编：《外国劳动法学》，北京大学出版社 2019 年版，第 99 页。

③　参见田思路主编：《外国劳动法学》，北京大学出版社 2019 年版，第 99 页。

④　参见周建华：《法国的调解：比较与借鉴》，载《学习与探索》2012 年第 1 期。

⑤　参见田思路主编：《外国劳动法学》，北京大学出版社 2019 年版，第 99 页。

⑥　郑尚元：《劳动争议处理程序法的现代化——中国劳动争议处理制度的反思与前瞻》，中国方正出版社 2004 年版，第 31 页。

⑦　参见周培：《从德国劳动争议诉讼制度看我国劳动法院的建立》，载《中国劳动关系学院学报》2013 年第 1 期。

⑧　参见田思路主编：《外国劳动法学》，北京大学出版社 2019 年版，第 206 页。

⑨　参见柴永旺：《德国的法官调解制度：历史、实践与反思以劳动法院不作本案判决的法官调解制度切入》，载《中德法学论坛》，第 16 辑下卷。

化调解在纠纷解决中的优先地位。① 1926 年，德国颁布《德国劳动法院法》系统性规定了劳动法院调解的启动、调解程序、调解协议、调解结果等内容。1953 年，德国颁布新《德国劳动法院法》沿用了 1926 年立法中确立的劳动争议调解司法机关主导模式。2012 年，德国颁行《德国促进调解及其他诉讼外冲突解决程序法》，并附带修改《德国劳动法院法》《德国民事诉讼法》等，增加规定了不作本案判决的法官调解制度，以便与新调解法相适应。②

英国工业发展历史悠久，劳资问题最先产生，因此较早地建立起完备的劳资争议调解仲裁制度，积累了丰厚的化解劳资矛盾的经验。19 世纪 60 年代后，通过调解与仲裁机构解决争议的方式在英国民间流行起来，英国政府于 1867 年颁行《英国调解委员会法》，规定雇主和工人可以通过申请，在政府授权下建立一个调解与仲裁委员会化解纠纷。③ 19 世纪末，面对逐渐丧失工业霸权、经济不断下滑、劳资矛盾日益尖锐的局面，英国于 1986 年出台《英国调解法案》，规定政府部门可以组织"自愿协商与仲裁服务委员会"，通过调解、仲裁等方式解决劳资纠纷。1969 年后，半自治性质的产业关系委员会开始行使调解解决劳动纠纷的职权。④ 1974 年，调解仲裁局（the Advisory Conciliation and Arbitration Service，ACAS）成立，成为独立于政府的中立机构，承担劳动争议调解功能。1975 年，英国颁布《英国就业保护法》，在调解和仲裁局前追加了"咨询"，并将其固定下来，奠定了 ACAS 的法律基础。⑤ 1998 年，英国颁布《英国雇佣权利（争议解决）法》，规定自愿解纷机制是对雇佣法庭审理的替代，而 ACAS 是该机制的轴心要件。1999 年，英国颁布《英国雇佣关系法》，规定 ACAS 有权拟定部分法律适用规则。⑥ 2004 年，英国颁行《英国诉讼程序规章制度》，将劳动法庭和 ACAS 的合作关系制度化，要求所有在劳动法庭立案的案件在庭审前接受 ACAS 的调解，并赋予劳动法

---

① 参见柴永旺：《德国的法官调解制度：历史、实践与反思以劳动法院不作本案判决的法官调解制度切入》，载《中德法学论坛》第 16 辑下卷。

② 参见张艳红、陈宇晴：《德国调解法的介绍及启示》，载《怀化学院学报》2014 年第 10 期。

③ 参见刘金源、胡晓莹：《1896 年〈调解法〉与英国集体谈判制的发展》，载《探索与争鸣》2016 年第 2 期。

④ 郑尚元：《劳动争议处理程序法的现代化——中国劳动争议处理制度的反思与前瞻》，中国方正出版社 2004 年版，第 31 页。

⑤ 参见田思路主编：《外国劳动法学》，北京大学出版社 2019 年版，第 359 页。

⑥ 参见［英］史蒂芬·哈迪：《英国劳动法与劳资关系》，陈融译，商务印书馆 2012 年版，第 58 页。

庭及时向 ACAS 披露案件审理进度的义务。

美国的劳动争议调解制度诞生于 19 世纪 30 年代，其兴起与"社会干预"理念密切相关。社会干预是通过能够影响双方的局外中立者劝说劳资双方为了维护更重要的社会利益而作出妥协。① 以"社会干预"为理念的劳资争议调解模式催生了美国多元纠纷解决方式（Alternative Dispute Resolution，ADR）的诞生与应用。由于劳资双方之间的冲突直接导致社会关系的不稳定，国家不得不对劳资关系进行干预，希望能够通过快速途径解决劳资争议，随之 ADR 开始产生并用于解决劳动争议，后被广泛适用于民事纠纷领域。② 1838 年，美国政府为解决船厂工人罢工问题，促使劳资双方达成协议，成为美国首个政府调解的劳资纠纷解决方案。③ 1926 年，美国颁布用以规范铁路劳动关系的《美国铁路劳工法》，随后对其进行了两次修正，1934 年修正案创立调解委员会，负责协调劳资关系，1936 年修正案中将《美国铁路劳工法》的适用范围扩大到航空运输业。④ 1935 年，美国通过《美国国家劳工关系法》，建立国家劳工关系局，承认工会结社自由，促进团体协商，规范民营产业劳资关系。⑤ 20 世纪 50 年代，美国建立联邦调解调停署，培养劳资争议调解员，协助解决劳资纠纷。1947 年，美国颁布《美国劳动管理关系法》设立联邦调解调停局，并规定联邦调解服务局之后必须联系劳资双方，尽最大努力通过调停和调解，促使双方达成协议。⑥ 1978 年，国会将联邦调解调停局的调解范围拓展至联邦政府与雇员的劳动纠纷。20 世纪 80 年代以来，美国以集体谈判为中心的劳动关系开始转向多元化的劳动关系模式，进一步拓展了 ADR 在劳动争议解决中的运用。

（二）我国劳动争议调解制度的发展历程

调解制度在我国具有悠久的历史、深厚的社会根基与思想渊源。受到中

---

① 参见范愉：《非诉讼程序（ADR）教程》（第三版），中国人民大学出版社 2016 年版，第 58 页。

② 翟玉娟：《劳动争议 ADR 研究——兼及〈中华人民共和国劳动争议调解仲裁法〉之解读》，载《法学评论》2009 年第 4 期。

③ 参见王晶晶：《中美劳动争议调解制度比较研究》，上海师范大学 2020 年硕士学位论文。

④ 张荣芳：《美国劳资争议处理制度及其借鉴》，载《法学评论》2004 年第 1 期。

⑤ 参见董保华主编：《劳动争议处理法律制度研究》，中国劳动社会保障出版社 2008 年版，第 252 页。

⑥ 参见赵信会：《论我国的劳动争议调解制度》，载《行政与法》2009 年第 11 期。

华传统儒家文化"无讼"理想的影响，我国民众长期抱有"厌讼"的思想观念，官方也以"抑讼"为重要目标，从而维护邻里、宗族等社会纽带。中国传统乡村是礼治社会，维持秩序的力量是被农民内化的儒教与良心，而非外在的权力或法律监督，因此乡民注重修身克己，形成厌讼、无讼的习俗与调解解纷的"地方性知识"。① 因此，古代官府往往将琐碎的民事纠纷交由民间组织调处，并对民间调处的结果加以认可，甚至将民间调处纳入国家司法体系之中。②

新民主主义革命时期，调解作为化解劳资纠纷的重要方式为劳动立法所确认。1928年，国民政府颁布的《劳动争议处理法》，1930年立法院通过该法。该法规定劳资争议调解由调解委员会处理，调解委员会由主管行政官署派代表一人或三人，争议当事人双方各派代表二人组成。③ 1931年，中华民国《民事调解法》施行，将民事纠纷的解决纳入调解的渠道中来。同年，中国共产党领导的中华苏维埃共和国颁布《中华苏维埃共和国劳动法》，规定发生劳动争议时可通过调解或仲裁予以解决。④ 抗日战争时期，陕甘宁边区高等法院法官马锡五开创"马锡五审判方式"，创造性地发挥调解在纠纷解决中的功能，贯彻群众路线，高效解决纠纷。民国时期社会动荡，国家常年处于战争状态，劳动争议调解也带有浓厚的阶级斗争色彩，但劳动争议调解制度的法律化体现了政府对调解手段解决劳动纠纷的高度重视，为新中国劳动争议调解立法提供了丰富经验与珍贵资料。

新中国成立后，中华人民共和国中央政府颁行了一系列涉及劳动争议调解制度的规范性文件，确立了具有浓厚行政主导色彩的劳动争议调解制度。1949年中华全国总工会颁布《关于劳资关系暂行处理办法》，规定劳资双方发生争议，经协商无法取得一致意见时，任何一方可以请求劳动局进行调解。1950年，劳动部发布《关于劳动争议解决程序的规定》，规定劳动争议经双

---

① 温丙存、邢鸿飞：《调解的百年嬗变：本原、异化、新生与重构——基于民事纠纷调处实践的历史考察（1912－2012年)》，载《中国农业大学学报（社会科学版）》2014年第2期。

② 参见郭星华：《无讼、厌讼与抑讼——对中国传统诉讼文化的法社会学分析》，载《学术月刊》2014年第9期。

③ 郑尚元：《劳动争议处理程序法的现代化——中国劳动争议处理制度的反思与前瞻》，中国方正出版社2004年版。

④ 郑尚元：《劳动争议处理程序法的现代化——中国劳动争议处理制度的反思与前瞻》，中国方正出版社2004年版。

方协商与工会组织斡旋仍无法解决，可以向劳动行政部门申请调解。随着三大改造逐步完成，资本主义方式被取缔，劳资争议不复存在，政府陆续撤销了各级劳动争议处理机构，上述涉及劳资争议处理的规范性文件也旋即废止。

改革开放后，为配合经济体制改革，我国恢复并发展了劳动争议调解制度。1987年，国务院发布了《关于国营企业劳动争议处理暂行规定》（已废止），规定国营企业设二级企业调解委员会处理因履行劳动合同发生的争议。1993年，国务院颁布《企业劳动争议处理条例》（已废止），明确劳动争议应遵循"着重调解，及时处理"原则，规定了企业争议调解委员会的构成、调解程序、调解结果等内容。1994年全国人大常委会通过《劳动法》。作为我国劳动领域的基本法，《劳动法》第十章专门规定了劳动争议处理程序，并在其中规定了劳动争议调解的程序、劳动争议调解委员会的设立与调解协议的效力。1995年，中华全国总工会《工会参与劳动争议处理试行办法》规定了工会参与劳动争议调解的范围、方式、职责等。这一时期我国经济体制改革尚未完成，劳资争议问题还不突出，劳动争议调解制度处于重建与发展时期，劳动争议调解立法相对粗糙，有待进一步细化。

21世纪以来，面对社会转型时期劳资矛盾频发、纠纷数量不断攀升、法院办案压力陡增的局面，国家开始日益重视ADR在劳动争议化解中的作用，大力强调劳动争议调解的价值，不断完善劳动调解制度建设。2007年，全国人大常委会通过《劳动争议调解仲裁法》，该法强化了调解在劳动争议处理中的作用，规定了劳动争议调解组织、调解申请、调解方式、调解协议、调解员任职条件等内容，构建起基本的劳动争议调解制度，是我国劳动争议调解领域的基本立法。同年，中华全国总工会发布《关于进一步加强劳动争议调解工作的若干意见》，提出高度重视新形势下的劳动争议调解工作，进一步发挥企业劳动争议调解委员会的作用。2009年，人力资源和社会保障部等部门发布《关于加强劳动人事争议调解工作的意见》，提出完善企业、街道调解组织建设，发挥人民调解委员会解决劳动争议作用，加强调解员队伍建设等。2010年，全国人大常委会通过《人民调解法》，进一步完善了人民调解委员会的产生、构成、调解程序、调解协议等内容的规定。2011年，人力资源和社会保障部发布《企业劳动争议协商调解规定》，以规范企业内部的劳动争议协商和调解。2013年，人力资源和社会保障部、中华全国工商业联合会发布《关于加强非公有制企业劳动争议预防调解工作的意见》，推动非公有制企业建立劳动争议协商调解机制，预防劳动争议发生。2014 年，人力资源和社会保障部发布《劳动人事争议调解工作程序》，进一步完善劳动争议调解的程序。2015 年，人力资源和社会保障部、中央综治办发布《关于加强专业性劳动争议调解工作的意见》，推进劳动争议调解组织、制度、人员专业化。由此，我国以《劳动争议调解仲裁法》的规定为基础，并颁行、发布大量涉及劳动争议调解的法律、行政法规、规章、意见等，形成了层次丰富、内容全面的劳动争议调解制度。

二、劳动争议调解制度建构的域外经验

在近 200 年的劳动争议调解立法与实践中，各国或地区间相互吸收、借鉴，并结合自身情况发展出了特色鲜明、行之有效的劳动争议调解制度。依据调解组织的性质与地位不同，可以将劳动争议制度划分为行政调解模式、中立第三方调解模式、司法调解模式与三方调解模式四种类型，分别以日本、英国、德国与我国台湾地区为典型代表。

（一）日本——行政调解模式

日本的劳动争议调解依托各都、道、府、县劳动局下设的劳动纠纷调解委员会开展。日本调解委员会是劳动行政部门的组成部分，委员的任命与罢免由劳动大臣决定，形成了典型的劳动争议行政调解模式。2001 年，日本颁布《日本个别劳动关系纠纷解决促进法》，对劳动争议调解制度作出了全面规定，旨在快速解决劳动者与雇主之间涉及劳动关系、劳动条件以及招工录用等事项引发的纠纷。在调解组织构成上，劳动纠纷调解委员会由三名以上委员组成，委员会会长由委员互选，委员会会务由委员总理负责。在调解程序上，劳动争议调解程序可以依职权与依申请启动，前者指争议单方或双方当事人提出申请启动调解，后者指劳动局认为确有必要通过调解解决纠纷时，可以委托调解委员会进行调解。在委员的任职资格上，无法恢复权利的破产者、被处监禁以上刑罚且刑罚结束或停止执行未满五年者、因身心障碍无法胜任职务者、被认定有违反职务义务以及有其他不适合担任委员的不良行为者不得担任委员。在委员会会议的召集上，委员会的会议由会长召集，如果没有过半数的委员出席，不能召开会议并作出决议，委员会决议由出席者过半数决定。在调解程序上，委员会要在确认劳资双方争议焦点，依据实际情况尽力化解纠纷，当委员会认为没有通过调解解决纠纷的可能性时，可以终

止调解。

（二）英国——中立第三方调解模式

英国劳动争议调解模式历经政府主导型调解模式、半自治型调解模式，最终采取了依靠中立第三方——劳动咨询调解仲裁局（ACAS）化解劳动争议的方式。ACAS是中立第三方机构，独立于政府部门，其事务亦不受政府管束。在受案范围上，ACAS受案范围广泛，包括工资争议、不当解雇、职业歧视等诸多方面。在调解启动机制上，ACAS的调解程序可以由双方当事人自愿申请启动，此外，劳动争议案件在劳动法庭立案后，案件将会被自动转入ACAS进行调解。① 在调解组织构成上，ACAS包括一位非全职的独立主席和12名委员，这12名委员包括与英国总工会协商确定的雇员代表（其中3名通过与英国总工会协商确定）、4名雇主代表（其中3名通过与英国工业联合会协商确定）和3名独立委员（由主管劳资及产业的国务大臣指定）。② 在ACAS与劳动法庭的衔接机制上，劳动法庭内设服务处与司法处，负责协调与ACAS的关系，同时劳动法庭与ACAS间实行信息传递与共享，即劳动法庭的案件说明材料会被保存为电子文本，供ACAS调解员阅读，同时，ACAS调解员调解案件的过程也被记录在案，供劳动法官调阅，从而保证案件处理的一致性，提升了ACAS在调解过程中对当事人继续诉讼法律后果预测的准确性和权威性。③

（三）德国——司法调解模式

德国实行典型的劳动争议司法调解模式，劳动法院是行使劳动争议调解权力的机关。在受案范围上，德国劳动争议调解对象仅限个别劳动关系中的权利争议，利益性争议与集体劳动关系争议不适用调解程序。在调解启动机制上，德国实行调解前置，即调解程序是初审劳动法院处理个别劳动纠纷的必经程序，法院不得对未经一审庭内调解的劳动纠纷案件收取诉讼费用。④ 在调解程序上，案件起诉并立案后，法院将在案件正式开庭审理前确定调解日期，由劳动法院法官主持调解，就双方当事人争议焦点与其进行口头协商，

---

① 参见田思路主编：《外国劳动法学》，北京大学出版社2019年版，第362页。

② 参见［英］史蒂芬·哈迪：《英国劳动法与劳资关系》，陈融译，商务印书馆2012年版，第56页。

③ 参见田思路主编：《外国劳动法学》，北京大学出版社2019年版，第362页。

④ 参见周培：《从德国劳动争议诉讼制度看我国劳动法院的建立》，载《中国劳动关系学院学报》2013年第1期。

以促使当事人达成合意。① 在调解结果上，若劳资双方达成调解协议，或原告撤回起诉或被告承认了原告的诉讼要求，则调解程序结束，劳动争议得以解决；若调解不成，法院会尽快确定开庭日期，审理案件。②

（四）我国台湾地区——三方调解模式

我国台湾地区"劳资争议处理法"规定，除主管机关委托法律规定的民间团体进行调解外，劳动主管机关可以组成劳资争议调解委员会化解劳动纠纷。我国台湾地区劳资争议调解委员会由劳、资、政三方分别选派人员组成，具有显著的"三方"特征。在调解组织的构成上，调解委员会由三位或五位委员组成，其中一人或三人由主管机关指派，其余二人分别由争议双方各自选定。在调解委员会委员的职责上，委员对案件事实具有调查权，法律规定在确有必要的情况下，委员可以取得主管机关同意，进入相关企业访查，受访查人员不得虚伪说明、提供不实资料或无正当理由拒绝说明。在调解程序上，调解委员会召开会议必须有调解委员过半数出席，作出调解决议必须经出席委员过半数同意。在调解结果上，如果劳资双方不同意调解委员会提出的调解方案，或者连续二次调解委员出席人数未过半数及未能作成调解方案时，则调解不成立。在调解协议效力上，调解协议视为当事人间的契约，当事人一方为工会时，调解协议则视为当事人间的团体协约。

三、我国劳动争议调解制度的完善路径

当下我国劳动力市场正呈现新的发展趋势。一方面，随着我国劳动力素质不断提升与民众法治观念的增强，劳动者更为积极主张自身权利，劳动争议案件数量进一步增加；另一方面，随着信息技术的发展，平台用工、远程劳动、共享用工等新型用工形式的兴起，新型、疑难、复杂劳动争议案件频繁出现，而审理该类案件的实体法律依据尚显不足。在这样的背景下，劳动争议调解制度不仅承担着及时、有效化解劳动纠纷的功能，同时还肩负着通过非诉讼形式解决新型、疑难、复杂、敏感劳动争议案件的任务。然而，我国现行劳动争议调解制度仍存在一些不完善之处，无法充分有效发挥作用。未来劳动争议调解立法应从下列方面着力：

---

① 参见王琦：《劳动争议非诉法律制度研究》，合肥工业大学出版社2015年版，第19页。
② 参见王琦：《劳动争议非诉法律制度研究》，合肥工业大学出版社2015年版，第19页。

第一，完善调解组织设置，树立调解组织权威。《劳动争议调解仲裁法》将我国劳动争议调解组织划分为企业争议调解仲裁委员会、基层人民调解组织与乡镇、街道设立的调解组织。三类组织相互间缺乏协调配合，力量分散，机构设置重叠。其中，企业层面劳动争议调解组织构成上缺乏政府代表，中立性与独立性不足，乡镇、街道劳动争议调解组织专业性较低，权威性不足。基于上述问题，未来我国在调解组织制度安排上应做如下考量：首先，应当协调三类调解组织在案件管辖上的关系，确保各类调解组织可以根据各自特点针对性地处理不同案由的劳动争议案件。其次，应当在调解委员会中引入劳方代表、资方代表与政府代表，建立"三方"调解机制，在确保调解委员会的公正性与中立性的同时，便于查明案件事实，深入了解争议双方的诉求。最后，应当由政府对劳动争议调解组织进行整合、运作，并提供物质保障与人事支持，增强调解组织的权威性，进而强化调解组织的公信性，提升劳动争议调解的效率。

第二，提升调解程序规范性，增强调解方式专业性。劳动争议案件事实往往错综复杂，劳动争议调解不仅要求深入了解劳动用工实践、查明案件事实，而且要求熟悉法律法规，准确适用法律，因此应当通过一定的规范程序开展。《劳动争议调解仲裁法》未对劳动争议调解程序作出详尽、规范的规定，如调解员对案件事实的调查程序，调解开展程序等，这在一定程度上降低了相同或相似案件在调解结果上的一致性，影响了调解的公平性。未来应当从以下几个方面着手，细化我国劳动争议调解程序：首先，应当建立规范化、统一化的劳动争议调解程序，明确规定调解启动、调解员选定、调解委员会组成、事实陈述与调查、调解方案提出、调解结果达成与送达等程序，保障劳动争议调解的专业性。其次，应当细化劳动争议调解的期限规定，对调解的受理、举证、开展、调解结果的达成、调解协议的制作等流程规定恰当的期限，确保劳动争议能够获得及时处理。最后，应当进一步完善调解、仲裁、审判衔接机制，畅通调解、仲裁、审判间的信息共享与沟通渠道，提高调解对仲裁、诉讼结果预测的准确性。

第三，健全调解员选任标准，完善调解员考核机制。劳动争议调解制度的生命力在于调解员的专业性与职业性，在于调解员能够有效平衡劳资双方的利益诉求。[1] 我国《劳动争议调解仲裁法》仅规定调解员应当公道正派、联系

---

[1] 参见李雄：《我国劳动争议调解制度的理性检讨与改革前瞻》，载《中国法学》2013 年第 4 期。

群众、热心于调解工作，并具有一定法律知识、政策水平和文化水平，使劳动争议调解员任职门槛低，调解员的素质参差不齐，对调解效果造成了负面影响，降低了调解的公信力。首先，应健全劳动争议调解员名册制度，细化调解员任职资格、任职条件，提高调解员的任职要求，吸收专家学者、律师等参与劳动争议调解。其次，应当建立系统、专业的劳动争议调解员培训制度，提高调解员的法律知识水平与调解技巧等专业能力。最后，应当完善调解员考核与退出机制，规定定期对调解员进行考核，考核不合格者退出调解员名册。

第四，明确调解协议功能，强化调解协议效力。《劳动争议调解仲裁法》规定调解协议对双方当事人具有约束力，但该协议的约束力有限，即当一方当事人不履行协议时，另一方不能直接向法院申请强制执行，只能申请仲裁。由于调解协议的约束力弱，当事人不履行调解协议，调解成果将前功尽弃，劳动争议进入仲裁，因此当事人不愿意申请调解，导致劳动争议调解萎缩。[①]劳动争议调解是劳动争议处理的法定程序，是由专门的调解委员会主导下进行的，双方当事人就争议事项达成合意，应当赋予其明确的法律效力。[②] 一方面，应当规定固化调解协议的效力和程序，如立法可以考虑采取通过仲裁或司法机关将调解协议置换为调解书的方式固化调解协议效力。另一方面，应当将劳动争议调解制度设置为劳动争议解决的必经程序，赋予调解协议向法院申请强制执行的效力。

结 语

作为多元纠纷解决机制的重要环节，劳动争议调解制度设置于劳动争议仲裁、诉讼之前，是劳资矛盾激化的第一道防线，在劳资争议解决中发挥着至关重要的作用。在构建和谐劳动关系，建设社会主义和谐社会的宏观背景下，完善我国劳动争议调解制度，一方面应当充分考量我国历史传统、民众观念与用工实践，构建具有中国特色的劳动争议调解模式，另一方面应博采众长，借鉴其他国家的先进经验，进一步推进劳动争议调解的理论研究与实践探索。

（作者单位：中国人民大学法学院）

---

① 参见林嘉：《劳动法的原理、体系与问题》，法律出版社 2016 年版，第 344～345 页。
② 参见林嘉：《劳动法的原理、体系与问题》，法律出版社 2016 年版，第 344～345 页。

劳动争议案件诉外化解的价值及路径探析

谢增毅　　窦江涛

我国《劳动法》以法律的形式确立了"协商—调解—仲裁—诉讼"的劳动争议处理制度。2007 年 12 月 29 日，第十届全国人民代表大会常务委员会第三十一次会议通过《劳动争议调解仲裁法》，将"协商—调解—仲裁—诉讼"中的"仲裁—诉讼"部分予以丰富，部分案件实行"一裁两审"，部分案件实行"一裁终局"，一定程度上提升了案件的裁判效率。但是，近年来进入仲裁和诉讼程序的案件数量不断攀升，除与经济社会发展相关外，还需要重新思考"预防"及"协商—调解"制度的落实，进一步研究劳动争议案件诉外化解的价值和路径，进而发挥劳动争议处理制度的整体作用。

一、劳动争议案件诉外化解的价值

在许多国家和地区，劳动争议并不适用普通的民事争议处理程序，并不由普通的法院直接审理，而是在法院之外建立专门的劳动争议处理机制。建立这种制度的必要性主要源于劳动关系的特征、劳动争议的特点以及劳资双方地位的相对不平衡。

第一，通过法院之外的程序解决劳动争议有利于减少雇主和雇员之间的对立，保持劳资双方的良好关系。劳动关系不同于普通的民事关系，雇员通常必须在雇主提供的工作场所劳动，雇员必须接受雇主的指挥和监督，双方的关系较为密切，保持双方良好的合作关系至关重要。如果劳动争议动辄诉诸法院，则会破坏双方的友好关系甚至加剧双方的对立，尤其是在有关劳动报酬、社会保险、就业歧视等劳动关系可能维持的争议中，如果双方的关系不佳或者破裂，雇主和雇员之间的劳动关系就难以继续维持，这对双方均不利，特别是在集体纠纷案件中，如果争议的结果不是通过和解达成而是由法院的判决产生，当其中一方不满法院的判决时，雇主和雇员的关系可能受到严重影响。由此，有必要建立诉讼之外的纠纷解决程序，使劳资双方通过气氛较为友好的方式解决彼此的纠纷。

第二，劳动关系中雇主和雇员的实力和地位并不平衡，特殊的争议解决方式可以在一定程度上减少这种不平衡。许多劳动争议在未解决前，雇员可能无法正常工作，会遭受工资、社会保险和其他待遇的损失；而雇主的损失在多数场合则相对较小。因此，一旦发生劳动争议，雇员的不利地位非常明显。在诉讼中，由于经验和实力的差异，雇员在举证责任等方面往往处于劣势地位。同时，由于劳动争议标的通常不大，雇员往往无法或不愿聘请律师；而雇主则可以依靠自身强大的经济实力聘请有经验的律师代理案件。此外，由于诉讼对雇主的影响通常并不大，雇主往往可以承受上诉等复杂的审理程序，甚至故意采用马拉松式的诉讼策略使雇员不堪重负；而雇员由于面临经济损失的风险，往往不堪纠纷的久拖不决，希望尽早结束案件争议，早日获得稳定的工作关系。总之，劳动争议案件如果适用普通的诉讼程序，尽管争议双方均费时费力，但雇员在诉讼程序中的不利地位更为明显。因此，通过建立协商、调解或者简易仲裁等程序，可以加速纠纷的解决，减少雇员的经济损失，弥补雇员在诉讼程序中相对于雇主的不利地位。

第三，设立特殊法庭或者其他纠纷解决方式可以减少法院受理案件的数量。劳动关系是一种相对广泛的社会关系，劳动者数量众多，劳动争议案件数量庞大，如果全部劳动纠纷直接进入法院，不仅对雇员不利，法院也将不堪重负。以我国为例，根据人力资源和社会保障部的统计，2018 年，全国各地劳动人事争议调解仲裁机构共处理争议 182.6 万件，涉及劳动者 217.8 万人，涉案金额 402.6 亿元。2019 年，全国各级劳动人事争议基层调解组织和仲裁机构共处理劳动人事争议案件 211.9 万件，涉及劳动者 238.1 万人，涉案金额 489.7 亿元。可见，劳动争议案件不仅数量多，而且增长速度快，如果所有劳动争议案件直接由法院审理，法院的案件数量将会大幅增加。

第四，设立特殊的争议解决机制可以增强裁判者、仲裁者和调解人的专业性。在特殊的争议解决机制中，具有劳资关系专业知识和经验的人士可以参与解决纠纷。由于劳动争议涉及劳动关系的各个环节，具有雇主经验的雇主代表和具有雇员经验的雇员代表参与解决纠纷，可以使争议处理机构更清楚地了解双方的分歧和诉求所在，使争议得到及时解决。反之，如果案件由普通的法院直接受理，法院往往会运用私法自治的民法原理对案件进行审判，忽视劳动法的特殊原理及对劳动者的特殊保护。在普通法国家，由于普通法的原则往往和劳动成文法不同，普通法的判决往往不符合成文法的立法宗旨。在我国，法院的民事审判庭同时受理劳动争议案件和其他民事案件，法院容易运用民事审判的思维裁判劳动争议案件，影响审判质量。建立特殊的劳动争议处理机制可以增强劳动争议处理机构的专业性。

总言之，劳动争议处理制度体现了国家的公共政策目的，这种公共政策不仅有利于提高经济效率，例如，保持劳资双方的合作关系，减少诉讼成本和其他经济损失，帮助雇员尽快稳定工作关系，同时也有利于减少劳资关系的不均衡，使雇员在传统争议解决机制中的不利地位得到一定程度的矫正。基于此种政策目的，建立劳动争议处理制度的思路应当是尽量通过非诉程序，通过成本较低、速度较快的方式解决案件，避免劳动争议案件进入法院的正式程序。这是建立劳动争议处理制度的基本理念，也是我国完善劳动争议解决模式应坚持的原则。因此，充分运用好劳动争议处理制度中"协商—调解"的作用，提升运用非诉程序解决劳动争议的比例，辅之以劳动争议"预防"制度，减少劳动争议案件的形成，降低案件进入劳动争议仲裁和诉讼程序的可能性，提升劳动争议处理程序中的和解比例，正是劳动争议诉外化解的价值所在。

二、劳动争议案件诉外化解面临的困境

（一）用工管理不规范易引发争议

部分雇主出于成本考虑，不愿意落实最低工资、加班费、年休假等国家劳动基准规定，不依法足额为雇员缴纳社会保险费；有雇主对劳动法律法规存在错误认识，不能做到依法管理；有雇主未制定劳动规章制度，或者制定程序存在严重瑕疵；有雇主解除劳动关系时不履行法定程序等。笔者通过走访部分雇主后发现，根据调研企业所反馈的信息，雇主与雇员因用工管理引发的纠纷占比较高。如果雇主用工管理不规范，明显侵犯了雇员的法定权利和利益，双方通过协商、调解的方式解决彼此纠纷的难度就会加大，即使双方通过协商、调解解决彼此的争议，其结果也往往牺牲了雇员的部分法定利益，法律效果也不佳。

（二）雇主内部协商调解机制不健全

走访发现，劳动争议发生后，雇主与雇员就相关争议进行申诉、平等协商、讨价还价的机制尚未完全建立，中小企业不与雇员平等协商的情况尤为

突出。此外，企业劳动争议调解委员会并未普遍设立，一些企业即便设立了劳动争议调解委员会，但通过企业劳动争议调解委员会化解劳动争议的比例较低。一方面，我国法律对劳动争议协商、内部调解未作强制性规定，导致雇主对协商机制、内部调解机制的设置存在随意性，雇主对协商和调解的重视程度直接影响劳动争议内部化解的数量和效果；另一方面，虽然有部分雇主愿意将内部调解作为化解劳动争议的首要手段，但企业工会及调解组织并未独立于企业，其中立性往往受到雇员质疑。上述申诉、平等协商与内部调解机制的不健全、不完善制约了劳动争议案件的诉外化解。

（三）部分劳动争议调解力量未有效发挥作用

调解原则适用于仲裁前调解、仲裁以及诉讼程序，这其中涉及的调解机构包括企业劳动争议调解委员会、基层人民调解组织、乡镇街道调解组织、工会调解组织、行业性调解组织、区域性调解组织、劳动争议仲裁委员会以及法院等多方调解力量。调研发现，除劳动争议仲裁委员会和法院引导介入的调解力量外，雇员普遍对其他调解组织或调解力量存在不了解、不信任、不知如何申请的状况。雇主对于基层人民调解组织、乡镇街道调解组织、工会调解组织、行业性调解组织、区域性调解组织等调解力量亦表示了解不多、未考虑及信任度不够。人民调解作为非诉纠纷解决方式的主体，其调解劳动争议案件数量不多反映出当前还存在劳动争议调解力量未实现有效前移、争议预防措施不够有力、纠纷化解机制不够健全等突出问题。

（四）劳动争议调解力量未实现有效整合

2015年10月13日，十八届中央全面深化改革领导小组第十七次会议审议通过了《关于完善矛盾纠纷多元化解机制的意见》，最高人民法院于2016年也发布了《关于人民法院进一步深化多元化纠纷解决机制改革的意见》。各地就多元化解劳动争议案件进行了有益探索，包括"线上诉前调解＋云端司法确认"、诉调对接工作站、多方联动机制等。法院、人力资源和社会保障部门、司法行政部门、工会、工商联、信访部门等纷纷加入其中，但从实际化解情况来看，仍然存在牵头部门不明确、协调联动不够、衔接机制不畅、各自为政、责任不清等现象，导致当事人寻求调解不便捷等问题。

（五）调解组织不完善、调解员能力有待提升

目前，我国许多地方在乡镇、街道、社区甚至更大的范围设立了劳动争议调解组织，但存在基层调解组织设立较为随意、调解员缺乏劳动法专业知

识等突出问题。企业劳动争议调解委员会、专门的劳动争议调解组织、行业性劳动争议调解组织、区域性劳动争议调解组织并未普遍建立，劳动争议调解中心、工作室并未普遍出现在劳动者身边，专业性强的劳动争议调解员依旧十分匮乏。

三、劳动争议案件诉外化解的路径探析

（一）发挥协调劳动关系三方机制的统筹协调作用

最高人民法院、中华全国总工会在 2020 年 2 月发布的《关于在部分地区开展劳动争议多元化解试点工作的意见》中明确，要积极推动建立完善党委领导、政府主导、各部门和组织共同参与的劳动争议预防化解机制。笔者认为，上述劳动争议预防化解机制的依法推动，应当注重与法律规定相协调。《劳动合同法》第 5 条规定了协调劳动关系三方机制，即县级以上人民政府劳动行政部门会同工会和企业方面代表，建立健全协调劳动关系三方机制，共同研究解决有关劳动关系的重大问题。由此可见，协调劳动关系三方机制是法定的协调劳动关系的机制，也可以作为实现劳动争议预防化解机制的中心机制。由于法律规定较为原则，实践中协调劳动关系三方机制存在落实不够的问题，尤其是组织体系、办事机构、办事程序、权力责任不够明确等。为此，应强化协调劳动关系三方机制预防化解劳动争议的功能，将经费保障、组织体系、常设办事机构、办事程序、权责清单等作为重点事项加以完善落实，可将劳动争议的多元调解力量纳入协调劳动关系三方机制，由协调劳动关系三方机制的常设办事机构作为劳动争议调解的入口和协调机构，统一调度各方调解力量，为当事人设置统一的调解服务电话、调解程序等。

（二）强化法院和劳动争议仲裁委员会的业务指导

劳动争议处理属于专业化的工作内容，调解力量对劳动法律业务的熟悉程度也决定了调解案件的质量和效率，因此，加强对劳动争议多元调解的业务指导必不可少。《人民调解法》规定了人民法院对人民调解委员会的业务指导。虽然法律没有规定劳动争议仲裁委员会的业务指导职能，但劳动争议仲裁委员会作为管辖本区域内劳动争议的劳动仲裁机构，对劳动争议案件的调解进行业务指导是符合一般逻辑和认知的。因此，为解决劳动争议调解力量的业务能力问题，应当在协调劳动关系三方机制这一中心机制之外，强化法院和劳动争议调解仲裁委员会的业务指导，形成"一机两翼"的配套机制。

（三）吸纳多元调解力量

将协调劳动关系三方机制作为劳动争议预防化解机制的中心机制后，协调劳动关系三方机制可以将企业劳动争议调解委员会、基层人民调解组织、乡镇街道调解组织、区域性调解组织、行业性调解组织等调解力量吸纳其中，形成"一机两翼多元"机制。结合当事人的具体申请情况有效分配调解力量化解劳动争议案件，提升劳动争议多元化解的效率和质量。协调劳动关系三方机制也可以根据实际情况在劳动争议仲裁委员会、法院设立工会调解室、人民调解室、律师调解室等若干调解工作室，形成诉前调解机制，便利当事人寻求调解。

（四）提升劳动争议调解组织的调解质量

调解不仅程序简单，而且有利于保持雇主和雇员的友好关系，各国和地区都极为重视调解在解决劳动争议中的作用。我国的劳动争议调解并非必经程序，当事人可以不经调解直接申请仲裁。笔者认为，这种选择性的调解程序尽管与有些国家和地区将调解作为强制性程序的做法不同，却与目前我国劳动争议调解组织不完善，劳动争议调解人员整体素质不高、缺乏专业知识的现状相符。因此，目前加强劳动争议调解组织建设迫在眉睫。最高人民法院、中华全国总工会在《关于在部分地区开展劳动争议多元化解试点工作的意见》中也指出，各级总工会要推动完善劳动争议调解组织机构，协调企业与劳动者妥善解决劳动争议。推动企业劳动争议调解组织和行业性、区域性劳动争议调解组织建设，依托工会职工服务平台、地方社会治理综合服务平台建立健全劳动争议调解中心（工作室），鼓励建立以调解员命名的工作室。推动调解组织在人民法院诉讼服务中心设立工作室，派驻调解员。此外，我国还应抓紧建立劳动争议调解员的资格要求制度，提高劳动争议调解的质量。待劳动争议调解组织完善、劳动争议调解员素质普遍提高时，可以借鉴英国和我国香港特别行政区建立强制性的调解程序，尽量使案件在正式的仲裁和诉讼程序之外通过调解程序得以解决。

（五）充分发挥企业工会在争议预防及共同协商中的职能

根据我国法律规定，企业工会在监督用人单位依法进行劳动管理、订立和履行集体合同、帮助雇员和雇主共同协商等方面具有法定职能。如用人单位在制定、修改或者决定有关劳动报酬、工作时间、休息休假、劳动安全卫生、保险福利、职工培训、劳动纪律以及劳动定额管理等直接涉及劳动者切身利益的规章制度或者重大事项时，应当与工会或者职工代表平等协商确定；集体合同由工会代表企业职工一方与用人单位订立；用人单位单方解除劳动合同，应当事先将理由通知工会，用人单位违反法律、行政法规规定或者劳动合同约定的，工会有权要求用人单位纠正；发生劳动争议，劳动者可以与用人单位协商，也可以请工会或者第三方共同与用人单位协商，达成和解协议。因此，应当注重指导和支持企业工会依法开展工作，充分发挥工会在规范企业管理、预防劳动争议产生以及支持雇员与雇主协商的职能。

（六）指导雇主完善用工管理，预防劳动争议产生

劳动规章制度作为雇主内部的"法律"，是劳动法律法规有益的补充，并在劳动用工管理中起着重要作用，是预防劳动争议发生的制度基础。一般而言，劳动规章制度需要具备内容的合法性、程序的民主性、制度的公开性、内容的合理性等要件。劳动争议多元调解力量可以通过指导雇主依法完善劳动规章制度的方式，促进劳动合同制度、民主管理制度、奖惩制度、薪酬制度等方面的规范落实，并在实践中不断完善，从而起到预防劳动争议发生的作用。

（七）指导雇主构建劳动争议内部化解机制

一般来讲，矛盾萌发之际是最容易化解的时机。如果雇主的劳动争议内部化解机制能够及时发挥作用，劳动争议的化解效果就会大幅提升。因此，劳动争议多元调解力量可以通过指导雇主构建劳动争议内部化解机制预防劳动争议的发生和升级。通过帮助雇主建立和完善内部申诉机制、企业劳动争议调解委员会等方式，实现制度化、人性化的内部申诉、沟通和调解机制，让内部的各种意见得以表达，并通过内部机制及时得以反馈并解决，对劳动争议的解决起到"保险阀"的功能。

（作者单位：谢增毅，中国社会科学院法学研究所研究员；窦江涛，北京市第二中级人民法院法官、中国社会科学院大学博士研究生）

跨境劳动争议多元化解的域外"他山之石"

陆敬波

2020 年以来，新冠肺炎疫情影响全球，加速了世界百年未有之大变局的演进。面对错综复杂的内外新格局，中央提出"十四五"规划和构建内外双循环大战略，在国际上签署了 RCEP 和中欧投资协议，为我国中期未来的发展指明了前进方向，也为新时期进一步引领构建人类命运共同体奠定了坚实基础。

习近平总书记指出："制度优势是一个国家的最大优势，制度竞争是国家间最根本的竞争。"当前，世界主要国家之间竞争日趋激烈、中国国内改革进入深水区，国际上担负着促进和主导更加公平合理的国际政治经济新秩序形成的艰巨任务，风险挑战之严峻前所未有。劳动法律领域因其复杂性、多样性和前沿性，要求我们坚持和完善中国特色社会主义制度，推进国家治理体系和治理能力的现代化，在"四个自信"的基础上充分进行制度探索和制度创新，从而出色地完成化解社会转型期复杂劳动争议的历史任务。在此背景下，最高人民法院、全国总工会出台了《关于在部分地区开展劳动争议多元化解试点工作的意见》，强调以"党委领导、政府主导、各方协同"的精神，打造多元共治、重视发挥调解作用、支持工会充分履职的劳动争议多元化解机制，为这一方向上的制度探索实践吹响了号角。

为服务于这一实践的需要，我们有必要结合我国基本国情，从世界各国的相近实践中广泛汲取经验和教训，服务于我国下一阶段的发展。

一、问题的提出：跨境劳动争议多元化解机制的必要性

随着全球化进程的不断深入，生产要素的跨境流动由资本、技术为主逐渐发展至大规模、多层次、多领域的劳动力跨国流动阶段，这对传统的劳动法律体系构成了相当程度的挑战。自 20 世纪 80 ~ 90 年代起，便不断有学者

和业界实践者呼吁，构建适应这一趋势的跨国劳动法体系，既包括主权国家立法、国际法相关机制，也包括诸多维度相互套嵌连接的"软法"，其中大量内容可被归入劳动争议多元化解机制的范畴。①

任何制度和机制的良好运转，都无法脱离其身后的经济社会结构、文化心理、交往习惯等基础性社会存在的交错语境。跨境群体劳动争议恰处于各国、各社会内部生活形态的交叠区域，是交往规范的"薄弱环节"乃至真空地带，因而这一问题折射出的矛盾，相较各国内部的劳动争议而言，尤其具有制度性的研究和参考价值，能够帮助我们深刻敏锐地分析和探知所面临挑战的具体的现实形成基础，更可以为我们打开思路，在这一传统型制度较为"稀薄"的地带，率先尝试迁移我国国内的基础性社会生活语境和形态，探索和形成多元化解劳动争议的新模式，为更加顺利地进一步构建相应的跨境规范与制度，形成我国主导的新国际秩序的有机组成部分做好准备。

二、我国现有立法和机制对跨境劳动争议适用的问题

自中华人民共和国成立以来，我国工业化进程主要集中于国内建设，劳动就业以在国内为主，因而现有立法体系均围绕国内劳动关系的主轴，在跨境劳动争议方面的立法层级较低，缺少统一规划和主体，存在较为严重的零散和权限重复、模糊的问题。并且位阶较低，现行《劳动法》《劳动合同法》均明确仅适用于我国境内的用人单位及与其形成劳动关系的劳动者以及劳动合同关系，未触及境外法律关系的调整，仅有《对外承包工程管理条例》和《对外劳务合作管理条例》以行政法规的形式涉及这一问题，这从源头上为跨境劳动争议的化解提出了制度性挑战。②

在政府监管方面，目前的总体处理方式未形成集中化、专门化和常态化的分工合作机制，部委联席会议由商务部、外交部、国资委等机关主导，对劳动争议问题的专业性和侧重程度有待提升，且出台的规范文件与国内劳动法体系的衔接性不足，从中长期看也缺少足够的稳定性。而以央企为代表的"走出去"企业，面临着制度和文化的深刻差异，远远无法复制在国内与政府和工会、媒体等其他社会力量之间的良性配合互动。此外，我国对外双边或

---

① 参见陈一峰：《跨国劳动法的兴起——概念、方法与展望》，载《中外法学》2016 年第 5 期。
② 参见沈琴琴、刘文军：《中国境外企业劳动关系调处机制研究》，载《中国青年政治学院学报》2013 年第 2 期。

多边投资贸易协定中鲜有劳工条款，如 RCEP 中即缺少关于劳工标准和争议解决机制的内容，而与其他国家签署的劳务合作协议中所体现的大多是原则性共识，极少有专门针对劳动争议化解的可操作性指引和细则。我国对联合国框架下双多边劳动纠纷解决机制的参与程度也较浅，如签署和批准国际劳工组织的条约数量较为有限。

三、建立完善跨境劳动争议多元化解机制的意义

在新冠肺炎疫情影响前，根据商务部和对外承包工程商会的统计，2019年我国对外劳务合作当年派出各类劳务人员 48.75 万人，其中在外各类劳务人员 99.21 万人，截至 2019 年 12 月底，我国累计派出各类劳务人员 1000.15万人次。[①] 而如果将非正规途径跨境务工人员纳入统计，疫情前总数量约在1000 万人次，是仅次于印度的全球第二大劳务输出国。同时，我国侨汇多年来亦仅次于印度，稳居世界第二位侨汇汇入国。[②] 对于这样一个具有强大的全球经济影响力的世界大国，上述立法和机制方面的现存缺陷严重制约着我国"走出去"的步伐和软实力的提升。因而我们非常有必要积极主动地利用劳动争议多元化解的路径广泛积累经验，填补制度空缺，也为日后制度的完善升级摸清方向。

更重要的是，以中国为引擎的新一轮全球化，将是有史以来第一次由一个发展中大国引领的国际经济浪潮，必然会包括更加广泛深入得多的跨国劳务合作。在此基础上所形成的国际新秩序中，劳动争议的相关机制也将占据更为核心的地位，同时打上更为鲜明的中国特色烙印。作为社会主义的发展中国家，我国在长年的现代化进程中积累了极其丰富和正面的劳动争议治理经验，以跨境劳动争议多元化解机制的形式将这种经验推向国际，是中国引领新型国际秩序、塑造新型跨国合作的必然要求，亦必将对广大后发国家起到深远积极的借鉴作用。

---

① 见商务部、对外承包工程商会：《中国对外劳务合作发展报告 2019 - 2020》，第 8 页，载 http://images.mofcom.gov.cn/fec/202011/20201109103333170.pdf，最后访问日期：2021 年 5 月 22 日。

② 最新统计数字见 World Bank：*Resilience COVID - 19 Crisis Through a Migration Lens*，*Migration and Development Brief* 34，May 2021，p.20. https://www.knomad.org/sites/default/files/2021 - 05/Migration% 20and% 20Development% 20Brief% 2034_ 0.pdf，最后访问日期：2021 年 5 月 22 日。

四、跨境劳动争议多元化解机制的成熟样本：以印度为例

印度是世界人口第二大国，然而本国长期未能全面工业化，导致本土就业岗位集中在第三产业，数量和收入水平受到局限，因而大量适龄劳动人口常年在境外务工，稳居世界第一大劳务输出国和侨汇输入国。① 自 1947 年独立以来，印度已经逐渐形成了堪称发展中国家之中最具体系性的跨境劳动争议多元化解机制，尽管在现实层面注定有争议化解水准的参差不齐等问题，但从机制设计和操作可行性的角度，仍值得我们作为一个成熟样本进行参考。以下主要从政府监管、工会和相关社会组织的参与，以及国际劳务谈判和双边协议机制三个层面对印度的实践进行简要介绍。

（一）政府监管

印度实行联邦制，中央与地方之间存在较深的权力和政令分隔，中央各部门管辖权限和运作方式差别较大，各地、各阶层和各族群出国务工的情况十分复杂。为了在政府层面加强对跨境劳动争议的统一监管，避免专门权力部门相互掣肘，或因专业性不足无法提供有效监管，印度在 2004 年 5 月成立了"印度侨民事务部"，不久后更名为"海外印度人事务部"（Ministry of Overseas Indian Affairs），后于 2016 年被"对外事务部"（Ministry of External Affairs）所取代。它集中研究和协调各类境外劳动争议相关问题，并主导对海外劳动中介机构的监督。② 同时，在印度中央政府和主要劳务输出邦的劳动行政部门以及内务部均设有保护跨境工人的专门机构。

对外事务部设申诉制度，根据《印度移民法》第 10 条、第 24 条的规定，招聘印度人出国务工需要持有登记证，否则即受处罚。接到非法招聘工人出境务工的投诉后，该部有权将案件移送警方进行调查并采取行动，若劳务中介机构未对投诉作出回应，或是回应不符合要求，其登记证将被暂停 30 日。随后，若投诉仍未解决，且经调查表明违规行为确实存在，劳务中介机构将

---

① See International Labour Organisation：*World Employment and Social Outlook Trends* 2020 关于印度情况的描述，https://www.ilo.org/wcmsp5/groups/public/---dgreports/---dcomm/---publ/documents/publication/wcms_734455.pdf, last visited：May 22, 2021.

② 参见谢勇才、丁建定：《印度海外劳工社会保障权益国际协调的实践与启示》，载《中国人口科学》2018 年第 15 期。

被吊销执照、罚款，其主要负责人可被追究刑事责任。① 通过政府部门权力的统一协调和对劳务中介机构的严格管理，印度对跨境劳动争议进行了源头治理，使此类争议有明确的申诉对象和渠道，避免因权责不清、相互推诿而导致矛盾不断积攒、酝酿和扩大。

在我国现行机制中，驻外大使馆经商处经常接到东道国包括劳动争议在内的各类问题投诉，但普遍存在缺少人员配置、专业人才储备有限、从海外到国内的逐级反馈时间过长以及跨部门条块协调困难，缺少内部专属机制设计等问题。印度的外交系统和大使馆设有专门处理境外印度工人投诉外国雇主的机制，接到申诉后，首先安排务工人员有组织地与东道国政府进行协商，如有需要则协调劳务中介机构和对外事务部对务工人员进行撤侨或遣返。同时，使馆设有专门负责此类争议的移民劳务官员，负责情况核实、经由外交途径与东道国相关部门交涉，以及运作外国雇主"黑名单"机制。被列入"黑名单"的外国雇主未来将被禁止招募印度工人。此外，印度大使馆会将相关争议经特定渠道传达回国内，启动对外事务部针对劳务中介机构的调查程序并追究责任。这样的机制安排确保了信息沟通的专业、有效和顺畅，与母国和东道国两端的外事部门、境外劳动争议专属部门形成衔接闭环，不留制度空白，确保责任主体、责任追究的程序和落实步骤紧凑明确。外事部门为本国侨民提供的领事保护是符合国际法的传统成熟制度，使其有效覆盖跨境劳动争议，成为连接母国和东道国、外交部门和专属部门之间的纽带，将极大有助于跨境劳动争议的快速化解。

值得注意的还有，以上两个机制安排均涉及对劳务中介机构的严格监管。实践中，劳务中介机构是与分散的出境工人直接对接和进行一定管理的平台，以其作为跨境劳动争议治理多元参与的关键节点之一是明智之举。印度对此类机构的信用、财务、专业能力等均进行严格审核，实行许可证制度，并对部分特殊行业的中介实行特殊许可。印度还要求所有中介机构备有30万~100万卢比的银行保证金，一旦出现诈骗等事件则动用保证金进行赔偿。此外，印度法律允许对外事务部针对劳务中介机构的服务收费进行限制，以工

---

① See Ministry of Overseas Indian Affairs: *Grievances against RAs/Project Exporters/ Foreign Employer*, http：//mea. gov. in/Images/attach/Grievance_ Redressal_ new. pdf, last visited：May 23, 2021.

人类型分别设置标准。① 同时，在涉及劳务中介机构的机制安排中，还有一项听证制度，对情节较为严重的跨境劳动争议案件，由对外事务部牵头，由劳动者、劳动行政部门、中介机构参加，确保工人可以在本国和多方参与的情境下完整、真实地说出事实，经由劳动行政部门的调查，决定是否对劳务中介机构进行处罚。

（二）工会和相关社会组织的参与

在政府监管之外，以工会为代表的社会力量对劳动争议的多元化解起着至关重要的作用。一方面，母国政府因地理距离、文化差异、政治原因等，即使有较为完善的立法和机制，对一些已经或可能发生的劳动争议的治理也必然是事后、远程的，只能在损害发生后，对相关方尽量做公平合理的救济，很难做到治理前移、防患于未然。另一方面，随着大规模劳动力的跨境流动成为常态，在东道国的企业和工人面临文化心理、行为习惯和社会关系等多方面的适应和转型，劳资双方在基层日常活动中，也必然需要基层社会性力量的介入作为润滑剂，帮助他们进入新的角色，形成新的习惯，从而将大量潜在摩擦和矛盾消除在萌芽状态。脱离母国社会大环境以后，缺少这类中介组织和空间，在基层就会出现一个个体和群体在日常生活状态下的真空，长期不做填补，就会给外部势乘虚而入、挑动矛盾激化的机会。②

印度的三大海员工会是跨境工人母国工会组织在境外有效活动的成功典型。三大海员工会包括印度海员全国总工会（National Union of Seafarers of India，NUSI）、印度前方海员工会（Forward Seamen's Union of India，FSUI）和印度海事联盟工会（Maritime Union of India，MUI），它们在会员构成、职能领域、业务专长等方面各有区别。③ 三大工会在对外关系上，均加入总部在伦敦、传统上以欧美为中心的国际运输工人联合会（International Transport Workers Federation，ITF），但在自身议题设置和行动方面则保持着较强的独立性，最具代表性的案例有促成并使用 ITF 的亚洲版本集体谈判协议（Collective Bargaining Agreement，CBA），经由抗争迫使 ITF 放弃将欧洲版 CBA 适用于亚

---

① 参见陶斌智：《中国海外劳工权利法律保护研究》，华中师范大学马克思主义学院 2015 年博士学位论文。

② 参见路倩雯：《跨国企业涉外工会关系及其对策研究》，载《企业改革与管理》2019 年第 17 期。

③ 参见赵丽娟、张鹏飞、张念宏：《印度海员工会介绍及经验启示》，载《工会理论研究》2018 年第 1 期。

洲的原计划，兼顾了本国海员就业机会和就业条件。它们的实践表明，后发国家的母国工会组织必须站在前沿，以多种多样的方式积极践行服务基层工人，持续参与对外竞合，才能不断取得和扩大内外话语权，受到所代表群体的信赖，改变不符合本国群体利益的既有国际标准，进而成为跨境劳动争议多元化解中一支不可或缺的力量。

在工人身份之外，跨境劳动者的另一重身份是母国侨民。在海外环境下，他们对母国的文化归属感、向心力是否得到良好的培养、反馈和运用，对劳动争议的化解往往能发挥十分关键的作用，这点在我国出海民企往往自发地建立和依托于本地中国商会和各式各样的同乡会已有明显体现。但政府层面对相关机制建立和运维的态度和措施尚不够明确，经常需要依靠关键专业型人士方得发挥作用。在这方面，印度对外事务部推出了一系列支持侨民的政策，不仅有鼓励跨境劳工回国后创业的经济政策，也有如官方确定的"海外印度人日""印裔卡"等象征性较强的增强身份认同感的举措。常在海外的中国人也一定不乏机会观察到，印度裔群体会经常进行集体性的线下活动，在同一家企业或同一个行业内部的印度裔往往十分团结，自觉为本国群体争取到最大化的利益。这些中心化、标准化并且渗透进入群体日常生活的做法，相比印度而言，实际上我国具有更大的文化、社会和组织优势进行耕耘推广，为劳动争议发生时的及时化解培植下深厚土壤。

此外，印度在应对跨境劳动争议的实践方面，还有较为成熟的强制保险制度、海外劳工基金制度等，限于本文篇幅不作深入介绍。

（三）国际劳务谈判和双边协议机制

积极开展国际劳务谈判，不断完善跨境劳动双边协议机制是印度构建劳动争议多元化解体系的另一个成功经验。尽管印度尚未成为真正有全球影响力的政治经济大国，但在主动塑造国际规则方面有着敏锐的意识，很早开始就与众多劳务输入国开展国际劳务谈判，建立了跨境劳动流动伙伴关系。至今印度已与19个国家或地区签署了双边社会保险协议并已生效，[①] 在数量上多于我国，使印度工人在跨境务工的主要目的地国避免社保双重缴费或无法缴费的问题，提前化解因此可能出现的劳动争议。

---

① Ministry of External Affairs（India），Social Security Agreements，https：//www. mea. gov. in/bilateral – documents. htm？dtl/26465/Social_ Security_ Agreements，last visited：May 24，2021.

印度积极主导劳务输出国的区域合作机制，如科伦坡进程、阿布扎比对话和全球移民与发展论坛，① 在整合信息意见、提供咨询建议和解决方案以及设立倡议性框架和标准等方面，为印度争取到了更大的国际话语权。在化解跨境劳务争议的时候，可以享有更广阔的纵深空间，避免劳动争议被迅速极端化、政治化的危险，也可以在一定程度上起到促进劳务输出国和输入国双方民心相通，团结第三世界国家共识的政策的效果。

我国提出的"一带一路"倡议，为跨境劳动争议的多元化解国与国间和民间跨区域合作提供了极其广阔的天地。主动将跨境劳务治理摆在双边和多边合作框架的重要位置，有助于我们在国际上争取主动，以共商共建的方式与广大发展中国家一道探索形成适合经济社会发展前进的跨境劳动争议多元化解机制，也为我国国际合作进一步拓宽道路。在这方面，较为成熟的域外经验还包括 WTO/OECD 等框架下的相关机制，以及区域性自由贸易/投资协定下设劳动争议处置制度，均可为我们提供丰富的参考借鉴。

五、其他发展中国家和区域性多元化解机制简介

（一）菲律宾的雇主和劳务中介机构损害赔偿连带责任制度

作为对外劳务输出世界第三大国，菲律宾同样具有较为完整成熟的跨境劳动争议多元化解机制。其中，特别值得我们注意的是其雇主和中介机构损害赔偿连带责任制度。菲律宾法律规定，其海外劳工提出损害赔偿申请时，雇主和中介机构应负连带责任，并由作为专门机构的国家劳动关系委员会优先和排他管辖，在 90 日内进行仲裁审理和裁决。②

我国现行《对外劳务合作管理条例》也规定了对外劳务合作企业在不协助外派劳务人员向国外雇主主张赔偿时，应承担赔偿责任。但是实践中，向对外劳务公司提出这一连带赔偿主张是极为困难的，因为法条中的"协助"的含义十分困难，劳动者很难举证证明对外劳务合作企业没有提供任何形式的"协助"，且缺少明确的时间限定，致使该规定在我国现有的仲裁和审判程序中几乎无法操作。如果我们参考菲律宾的这一制度，并参照《劳动合同法实施条例》第 35 条的规定，以时间期限来明确"不协助"的情形，例如劳动

---

① Ministry of External Affairs（India），Consular Services，https：//www. mea. gov. in/multilateral - co - operation. htm，last visited：May 24，2021.

② 见陈胜蓝：《菲律宾海外侨胞权法律保障与实践》，载《法治论坛》2020 年第 2 期。

者在 90 日或 3 个月内，未获得境外雇主或社会保险的赔偿，则属于对外劳务合作企业"不协助"，后者应承担连带责任，并细化规定追索形式，则不但十分有助于激活睡眠条款，督促中介机构尽到审慎和勤勉义务，更将大幅度削减现实中跨境劳动争议案件中相互推诿、拖延的情况。

（二）印度尼西亚的劳动争议类型划分机制

印度尼西亚是世界人口第三大国，也是对外劳务输出常年排名世界前列的国家。《印度尼西亚劳工争议解决法》将劳资争议进行了明确划分，分为权利争议、利益争议等诸多类型，并且类别可以继续增加，如新增的工会争议。[①] 不同类型的劳动争议将分别交由特定机构进行解决。

当前困扰我国跨境劳动争议多元化解工作的一大症结，即在于不同部门条块之间的专业区隔，缺少工作能力和经验上互通有无、衔接问题定位与交由最优接口处置的渠道。例如，熟悉一般外事和特定国家、区域的人员，并非劳动法律和劳动争议问题专家，具备丰富的基层调处经验的工青妇等人员，又不直接参与海外经济合作项目，而懂得劳动法律的专业人士，则可能既不参与调解等工作，又缺乏域外工作能力和机会。如果我们能够借鉴印度尼西亚将劳动争议进行明确分类的制度，特别设立一类域外类型劳动争议，并为之配备调解、仲裁、工会、外事部门、司法等一系列相关专门机制，有序分工合作，便可极大缩减此类争议的治理成本，真正做到多方参与、综合配套、多元共治。

六、政策建议

综合上述经验梳理和分析，我们简要提出以下几点建议：

（一）加强政府主导的跨境劳动争议监管

我国自身经验和其他国家样本均反映出，多元化解需要一个权责明确的专属性政府部门负责统领全局，对跨境劳动争议问题进行集中统一的研究和监管，方能实现多方有序参与配合，各司其职，使立法和制度落到实处。有了明确的政府责任主体，就可以有的放矢地针对关键节点，例如，对劳务中介机构进行严格监管，做到防微杜渐，使纠纷解决端口前移。并牵头打造一

---

① 参见陈怡灵：《"一带一路"倡议下涉外劳动争议解决机制研究》，长沙理工大学 2018 年硕士学位论文。

系列专属机制，包括信息反馈、投诉处理、跨部门合作等诸多方面，共同构成运转良好的跨境劳动争议多元化解机制。结合我国长期处于世界第二大劳务输出国的国情，这样的专属负责机构至少应为副部级常设单位，有充分的职权会同劳动行政部门、外交部门、司法系统、工会和各社会团体开展工作。

（二）构建多方参与的高效多元化解机制

以工会为代表的社会力量积极参与到跨境劳动争议多元化解机制之中，才能零距离对接境外企业和劳动者，深入一线，坚持群众路线，成为各方协调沟通的基础性背景和媒介。工会必须占领和固守境外中资企业和工人群体的组织生态空间，防止外国工会抢先占据这些位置，牢牢抓住工会工作的主动权，发挥自身比较优势，在对外工作中保持自身的相对独立，并在有条件的情况下对外方标准、规范等进行对我有利的争取。在这个过程中，工会和其他社会组织要善于运用国内各领域已有的专业人才储备，对国内相应知识经验进行转化和迁移，使自己不致因孤立无援和缺少方法而陷入停顿。

文化身份所产生的凝聚力是劳动争议多元化解最好的背景条件，要以各种可能的组织和活动形式，不断巩固和扩大文化共同体的心理、习惯、符号等多元体系，使境外广大劳动者和企业生动、切实地感受到母国的向心力。在这个过程中，切忌以空洞化、形式主义的僵化形式宣教推广，这样反而容易激起反感情绪。应坚持从实际出发，从生活中来，到生活中去，以真实进步的生活形态和情感内容来吸引、打动和团结人，成为跨境生活有机、开放、可持续的一部分，逐渐形成新一代我国境外群体自发参与其中的新生活形式。

（三）积极发扬国内成熟经验，巩固职工基层组织，探索跨境劳动争议多元化解的新模式

我国是世界最大的发展中国家，也是迄今为止完成工业化人口规模、经济体量最大的社会，在几代人的时间里积累了独一无二的社会转型和各类矛盾化解处置的经验、制度和文化。跨境争议多元化解是一个极为复杂和庞大的社会工程，必须从一切方面汲取制度设计、操作创新和多元文化协调共融的经验。① 其中贯穿全部正面经验始终的，是我国对群众路线毫不动摇的坚持，是在此前提下对基层进行有效组织动员，相信人民、依靠人民、服务人

---

① 关于国内外近年来多元化纠纷解决机制发展较为完整的梳理，可参见范愉：《当代世界多元化纠纷解决机制的发展与启示》，载《中国应用法学》2017 年第 3 期。

民的初心和归依。这既是中国文化自古以来的独特精华，更是我国执政党深刻洞悉世界近现代历史规律，在实践中总结提炼和时刻坚守的科学道路和方法。

构建人类命运共同体离不开对符合时代特点的劳动争议全球治理体系的探索和建设，而跨境劳动争议多元化解机制又是确立该体系必不可少的探路前锋。本文介绍了在一些方面与中国所面临实际情况较为接近的国家的部分做法，既是取"他山之石可以攻玉"，方便我们借鉴和取其精华之意，更是为了提供一个视角，那就是在不同的政治、社会和文化背景下，对身处其中者而言，因其"日用而不知"所以逐渐习以为常的制度、机制、做法和习惯等，在局外人看来，却往往更易发现其不寻常之处，乃至解蔽其之所以成功的关键所在。这启示我们，若能借用中国"走出去"的契机，站在各座不同的"他山"回望故乡，或许对我们进一步发现中国的优势制度并将其发扬光大，有不小的帮助。

（作者单位：上海江三角律师事务所）

海外劳工合规指南（节选）

深圳市蓝海法律查明和商事调解中心

一、马来西亚劳工争议解决

（一）投诉窗口

劳工争议中，该先向哪个机构、循哪个程序提出？这一步是否必须的？

对于金钱给付争议来说，若发生雇主没有向劳工支付金钱权益等方面的劳工争议，则劳工可以向劳动部总监投诉。该程序并不是必需的。具体争议包括：

（1）薪资；

（2）解雇无通知；

（3）产妇分娩津贴；

（4）超时工资等。

对于不当解雇争议来说，对于因雇主不当解雇而要求复职的，劳工须在被不当解雇之日起60日内向劳动关系部进行投诉。同时，适用于《马来西亚就业法》的劳工也可以在被不当解雇之日起60日内向当地的劳动部门进行投诉。

（二）诉讼

劳工争议中，提起诉讼的具体程序是什么？

劳工可基于违约向法院起诉雇主。除涉及歧视的劳工争议由劳资关系法院管辖外，马来西亚法律对劳工争议的管辖法院没有特别规定。诉讼程序与其他民事诉讼相同。

（三）调解

1. 劳工争议中，进行调解的具体程序是什么？

在劳工因雇主不当解雇要求复职而向劳动关系部进行投诉后，劳动关系部官员、劳工或其代表、雇主或其代表将进行一次或多次调解会议。若调解会议后能解决争议，则劳动关系部官员将协调各方将争议解决方案以书面形式作出并对此进行见证。如果争议没有得到解决，则劳动关系部官员将把该案交予人力资源部部长，由其决定是否将该案交予劳资关系法庭裁决。

2. 调解有什么好处和坏处？

调解的好处在于时间短，一般为 1~3 个月，但没有终局效力。

（四）仲裁

1. 劳工争议中，进行仲裁的具体程序是什么？

劳资关系法庭对下列事项进行裁决：

（1）劳工因非正当理由被解雇要求复职；

（2）雇主与劳工之间的劳资纠纷；

（3）没有遵守劳资关系法庭的裁决或集体合同条款；

（4）对劳资关系法庭裁决或集体合同条款的解释、变更。

2. 仲裁有什么好处和坏处？

劳资关系法庭的裁决是终局性的且免费的。除非可因法律适用错误或缺乏、超出管辖权而向高级法院移送审查。仲裁通常需要 6~12 个月，耗时相对较长。

（五）举证责任

劳工争议中，举证责任在哪一方？

在与歧视相关的劳工争议中，举证责任在劳工一方。

（六）可能的救济

劳工争议中，有哪些可能的救济（例如偿还所欠工资、心灵创伤赔偿、惩罚性赔偿、律师费、复职）？

救济包括复职、损害赔偿、支付自雇佣关系解除之日起至复职的工资等。

二、印度劳工争议解决

（一）投诉窗口

劳工争议中，该先向哪个机构、循哪个程序提出？这一步是否必需的？

根据《印度劳资纠纷法》第 9c 条的规定，雇用 50 名以上工人的公司都必须建立一个申诉救济委员会。若劳工属于"工人"类别，则可向本公司的申诉救济委员会进行申诉。申诉救济委员会的程序是必需的。

对于性骚扰的劳工争议，劳工应当向公司内部投诉委员会投诉或政府指定的行政官员投诉。

（二）诉讼

劳工争议中，提起诉讼的具体程序是什么？

对于不属于"工人"的劳工，对于劳工争议，其可直接向法院提起诉讼。

对于属于"工人"类别的劳工，在调解失败后可选择审裁程序。审裁由政府指定的第三方进行。在调解失败后，如果工会和雇主同意或在其不同意的情况下政府要求，则可进行审裁。审裁可以就《印度劳资纠纷法》附录二或附录三中的事项进行裁决。劳动法庭仅由一名高等法院的现任或前任法官作为仲裁员组成；劳资法庭也是由一名仲裁员组成。

三个法庭所管辖的争议事项范围有所不同，政府将根据争议性质将劳资争议提交至对应的法庭。劳动法庭的管辖事项包括：《印度工业雇佣（常规）法》的解释、应用、解雇工人、撤回特权或优惠、非法罢工等；劳资法庭的管辖事项包括：工资争议、补偿或津贴、工时及休息、有薪休假和假期、奖金、分红、公积金、离职金、裁员等；全国法庭的管辖事项主要是对在全国范围内有影响或涉及两个以上邦的劳工争议。

政府必须在收到法庭裁决之日起30天内公布，一般情况下，该等裁决在公布之日起30天届满后生效，生效起一年内可执行。

（三）调解

1. 劳工争议中，进行调解的具体程序是什么？

若劳工属于"工人"类别，则根据《印度劳资纠纷法》的规定，劳资双方可向相应政府机关申请要求调解。具体包括政府官员调解、调解委员会调解或问询。

（1）政府官员调解。首先，调解官在收到争议的相关资料后，应出具正式的书面通知，通知争议双方调解程序的开始时间。政府官员调解的期限为14天。若调解成功，则政府官员应当向相应的政府机关提交报告和备忘录。调解对双方的约束力为双方一致同意的期限或自双方在调解备忘录上签名之日起6个月及之后至自书面通知解除该达成的备忘录之日起的2个月。

（2）调解委员会调解。若调解失败，则政府官员应向相应政府机关提交详细说明仲裁过程的报告以及调解未成功的原因分析。此时，政府有权指定调解委员会对争议事项进行调解或者将该争议提交至问询法庭。调解委员会由 1 名主席和 2 名或 4 名人员组成，其中主席是中立的，争议双方各自指定 1 名或 2 名人员。调解委员会的调解程序和调解官的调解程序相似。当争议提交至调解委员会时，委员会就启动了调解程序。委员会的调解期限为 2 个月，政府机关可以再延长 2 个月期限。

（3）问询法庭事实查明。政府官员调解失败后或调解委员会调解失败后，政府机关可指定问询法庭介入该劳资争议。问询法庭的介入期限为自开始介入之日起 6 个月，并须在此期限内向政府提交报告。相较于政府官员调解和调解委员会调解，问询法院侧重于事实查明。

劳工不属于"工人"类别时，其劳资争议适用各邦的《印度商店和商业机构法》。对于雇主剥夺了劳工法定权利等劳工争议，劳工可向《印度商店和商业机构法》中指定的监察员投诉，或者直接向法院起诉。

2. 调解有什么好处和坏处？

调解的优势包括调解程序相对自由、时间短，且不需要事先订立调解协议。调解的坏处是调解不是终局的，其对双方的约束力为暂时的。

（四）仲裁

1. 劳工争议中，进行仲裁的具体程序是什么？

当劳工为"工人"时，调解失败后，劳工争议各方可以选择自愿或审裁程序。

自愿仲裁是通过争议双方一致选定的独立第三方机构进行的仲裁。自愿仲裁需要争议双方就争议事项订立仲裁协议。独立仲裁员需向政府提交仲裁裁决。政府将在 30 天内公布该仲裁裁决，裁决自公布之日起届满 30 天后生效。

2. 仲裁有什么好处和坏处？

仲裁时间对争议双方均有约束力，时间短、效率高。

（五）举证责任

劳工争议中，举证责任在哪一方？

举证责任在雇主一方。

（六）可能的救济

劳工争议中，有哪些可能的救济（例如偿还所欠工资、心灵创伤赔偿、惩罚性赔偿、律师费、复职）？

可能的救济包括复职、补发因错误解雇到复职期间的工资、损害赔偿、律师费等。

三、缅甸劳工争议解决

（一）投诉窗口

劳工争议中，该先向哪个机构、循哪个程序提出？这一步是否必需的？

《缅甸劳动争议解决法》规定了缅甸的劳动争议解决系统。即拥有 30 名以上雇员的雇主必须组成一个工作场所协调委员会，由该委员会帮助解决工作场所的纠纷。如果争议未由委员会解决，且当事方为个人争议时，当事方可将争议提升至乡镇调解机构，然后提请相关法院处理。

根据《缅甸经济特区法》第 76 节规定，经济特区管理委员会应当就雇主与员工、技术人员或职员之间的纠纷进行谈判和调解。如果无法达成一致，纠纷将由调解或仲裁机构根据劳工法处理。

（二）诉讼

劳工争议中，提起诉讼的具体程序是什么？

调解机构努力使各方在个体和集体纠纷中达成协议。无法解决的个体纠纷可以向相关法院提出上诉。

（三）调解

1. 劳工争议中，进行调解的具体程序是什么？

在工作场所不能解决的集体和个体纠纷，可由工人或雇主递交给有关调解机构。可以向调解机构上诉工人或雇主的个体纠纷和权利纠纷。

调解应当在自知道或收到此类争议之日起 3 天内解决，但不包括法定假日。如果和解是在调解中达成的，则缔结协议。

2. 调解有什么好处和坏处？

好处在于：基于双方自愿，当事人之间达成合意，更易于结果的执行，便于彻底解决纠纷，节约司法资源。

坏处在于：调解基本上是在不公开、非法定程序的条件下进行的。调解结果有很大的伸缩性，相同的案件可能会出现完全不同的结果，从而使审判失去公正。

（四）仲裁

1. 劳工争议中，进行仲裁的具体程序是什么？

目前尚不清楚《缅甸劳资关系法》规定的争端解决系统是否对劳动争议

具有专属管辖权，但《缅甸仲裁法》并未禁止将仲裁作为解决劳动争议的一种方式。因此从理论上讲，雇主和雇员都可以在 SECT 中纳入仲裁条款，并在发生争议时诉诸仲裁。

当纠纷提交至仲裁机构时，仲裁机构在收到案件后 7 日内对集体纠纷作出裁决，裁决必须在第 9 日内送达当事人。如果双方接受仲裁机构的裁决，决定自即日起生效。任何一方对执行不满意的，除基本服务的裁决外，可以依法执行关厂或者罢工，或者当事方可以在 7 日以内向国家仲裁委员会提出上诉。

2. 仲裁有什么好处和坏处？

好处在于：仲裁程序快捷、高效、比较灵活、简便，当事人可以协议选择仲裁程序，避免烦琐环节，及时解决争议。仲裁实行一裁终局，裁决后即发生法律效力，同时节约法院司法资源。

（五）可能的救济

劳工争议中，有哪些可能的救济（例如偿还所欠工资、心灵创伤赔偿、惩罚性赔偿、律师费、复职)？

雇主和雇员可以在合同中约定，如有争议，应向胜诉方收取律师费。缅甸劳工法没有为授予律师费提供任何规则，但也没有禁止授予律师费。《缅甸民事诉讼法》赋予法院权力，由法院酌情决定在所有诉讼中裁定事件的费用。法官通常指示胜诉方被判承担所有费用，包括律师费。

四、以色列劳工争议解决

（一）诉讼

劳工争议中，提起诉讼的具体程序是什么？

1. 个人诉讼

以色列共有 5 个地区劳动法院，处理全部涉及劳动和雇佣关系的争议。全国劳动法院是上诉法院。劳工可以就其涉及雇佣关系的任何事项向具有管辖权的地区劳动法院提起诉讼。

对于不涉及集体合同的劳工争议，诉讼程序包括以下：

（1）起诉；（2）答辩；（3）初步聆讯；（4）事实发现；（5）证人誓词；（6）证据听证；（7）论点总结。

一审程序将持续 3 ~ 4 年，而二审程序将持续最多 2 年。

2. 集体诉讼

根据《以色列集体诉讼法》的规定，集体诉讼涉及的争议范围必须是规定在法律中的事项，并在诉讼前得到法院的批准。根据高级法院的规则，劳动法院对集体诉讼具有专属管辖权。

个人或集体可以代表进行集体诉讼，如果该个人或集体：

（1）针对该争议事项有诉讼理由；

（2）该诉讼理由对于某一集体十分普遍；

（3）该诉讼理由提出了对该集体的每一位成员均有普遍影响的事实或法律问题。

（二）调解

1. 劳工争议中，进行调解的具体程序是什么？

在劳工争议进入诉讼程序前，劳动法院一般会让争议双方先进行调解。调解日期需要双方的同意，此后当事人的拒绝或退出并不影响调解程序的进行。调节中的讨论等不会被用作诉讼相关程序中的证据。

2. 调解有什么好处和坏处？

调解保密性好、高效、灵活，但没有终局效力。

（三）仲裁

1. 劳工争议中，进行仲裁的具体程序是什么？

根据《以色列仲裁法》的规定，在争议发生前或发生后，劳工争议双方应订立仲裁协议。双方同意进行仲裁程序后，劳动法院将暂停各种程序，使双方能够进行仲裁。

根据《以色列仲裁法》的规定，仲裁争议必须是双方能够达成一致的事项。

2. 仲裁有什么好处和坏处？

仲裁的好处在于：仲裁裁决具有终局效力，并且可根据仲裁双方的要求，撤回、修改、退回仲裁裁决。

（四）举证责任

劳工争议中，举证责任在哪一方？

根据具体案件的不同，举证责任的承担者也有所不同。在多数案件中，举证责任主要在雇主一方。

（五）可能的救济

劳工争议中，有哪些可能的救济（例如偿还所欠工资、心灵创伤赔偿、惩罚性赔偿、律师费、复职)？

救济一般包括赔偿、复职（极少数情况下)。但因歧视产生的劳工争议中，救济包括惩罚性赔偿、复职、升职、精神损害赔偿等。

五、阿联酋劳工争议解决

（一）投诉窗口

劳工争议中，该先向哪个机构、循哪个程序提出？这一步是否必需的？

阿联酋的劳工部设有一个专门的劳动争议科，处理所有的劳资纠纷。

调解和向劳动争议科提出申诉是必须的前置程序，当事人不能直接诉诸法院。

（二）诉讼

劳工争议中，提起诉讼的具体程序是什么？

根据《阿联酋劳动法》第6条的规定，雇员或雇主均可向有关劳动部门提出投诉，该部门将就争端致电双方并设法达成协议。如果双方之间未达成和解，则上述部门应在提出申请或投诉后的两周内将争议提交法院。

提交的案件必须附有备忘录，其中概述了争端、双方的证据及有关劳工部门的评论。

主管法院将在收到请求之日起3日内，为请求进行听证并通知双方。

法院可以要求劳工部的代表出庭并解释其提交的备忘录的内容。

法院受理案件以后安排第一次审理，此后在尽可能保护雇员的前提下快速审理。

（三）调解

1. 劳工争议中，进行调解的具体程序是什么？

工人应以书面形式向雇主提出申诉或要求，并同时将其副本送交劳工部。雇主在收到申诉或要求之日起7个工作日内应以书面形式答复，同时应提交给劳工部一份副本。如果雇主在规定时间内没有提交或提交文本不能解决问题，劳工部应当自己或依申请者的请求开展调解。如果索赔人是雇主，他的申诉应直接提交劳工部，由劳工部进行调解。

2. 调解有什么好处和坏处？

调解的好处包括基于双方自愿，当事人之间达成合意，更易于结果的执行，便于彻底解决纠纷，节约司法资源。

调解的坏处在于，调解结果有很大的伸缩性，相同的案件可能会出现完全不同的结果。

（四）仲裁

1. 劳工争议中，进行仲裁的具体程序是什么？

阿联酋劳工法不允许通过仲裁解决劳资纠纷。争端仲裁协议是不可强制执行的。

2. 仲裁有什么好处和坏处？

仲裁的好处在于程序快捷、高效、比较灵活、简便，当事人可以协议选择仲裁程序，避免烦琐环节，及时解决争议。仲裁可以用英语或各方同意的任何其他语言进行，而当地法院的诉讼始终以阿拉伯语进行。

仲裁的坏处在于仲裁的程序简单，一裁终局失去了再审的监督作用。由于没有有效的具有约束力的先例，因此可能会出现不确定性。因此，在某些情况下，法院可能会出于意料之外的理由拒绝承认或执行仲裁裁决。

（五）举证责任

劳工争议中，举证责任在哪一方？

申请者向申诉部门提交申请的时候需要提供一系列事实证据，并且附上合同的复印版本。

当无法达成和解提交至法院的时候，劳工办公室应当将案件的简要事实、备忘录以及双方的争点等一系列文件交给法院。

（六）可能的救济

劳工争议中，有哪些可能的救济（例如偿还所欠工资、心灵创伤赔偿、惩罚性赔偿、律师费、复职）？

雇员可以免除诉讼费用，但雇主在劳工办公室调解失败诉至法院的情况下应当支付诉讼费用。

六、菲律宾劳工争议解决

（一）投诉窗口

劳工争议中，该先向哪个机构、循哪个程序提出？这一步是否必需的？

对集体合同的解释、实施和执行存在争议的，应先按照合同约定以该申诉机制中的方法程序解决劳工争议。

（二）诉讼

劳工争议中，提起诉讼的具体程序是什么？

菲律宾劳工争议解决是强制仲裁与自愿仲裁结合的机制。上诉法院管辖范围包括对半官方性质裁决机构作出裁决。对仲裁员作出的裁决不服，可向上诉法院上诉并可诉至菲律宾最高法院。而对国家劳动关系委员会的裁决，可就法律问题向菲律宾最高法院上诉。

具体程序为：提交起诉状后，法院会发送传票要求另一方当事人在 15 天内提交答辩状。

（三）调解

1. 劳工争议中，进行调解的具体程序是什么？

仲裁过程中会有强制调解和调停会议的程序。强制调解和调停会议一般在劳动仲裁员的主持下进行。在此期间，双方达成的任何关于争议的全部或部分解决方案都应当以书面形式作出并由双方以及律师或他们的授权代表签名。该和解协议必须得到劳动仲裁员的认可。和解协议是终局的，对仲裁双方均有约束力。

2. 调解有什么好处和坏处？

调解的好处在于效率高。调解过程中，双方可达成和解协议。该协议效力是终局的，且对双方均有约束力。

调解的问题在于法院与劳工关系委员会对和解协议没有管辖权。该和解协议的执行效果完全取决于当事人。

（四）仲裁

1. 劳工争议中，进行仲裁的具体程序是什么？

国家劳动关系委员会的劳动仲裁员对下列纠纷具有专属初审管辖权：

（1）不公平的劳动案件；

（2）雇佣关系终止争议；

（3）劳工提起的要求恢复有关工资、报酬水平、工时及其他雇佣条款履行的案件；

（4）因违反集体合同义务引发的案件；

（5）其他劳资关系纠纷，但劳工赔偿、社会保障、医疗保险以及产妇福利相关案件除外。

仲裁申请需到地区仲裁分支机构或国家劳动关系委员会进行登记进入备审案件清单中。在收到仲裁申请的 2 日内，劳动仲裁员应当发送附有该申请及附件（如有）的传票。传票应当由法警或法定授权的长官在其收到后的 3 日内亲自送达，或通过挂号信、国家劳动关系委员会认证的快递送达。在强制调解和调停会议前，被申请人可以申请驳回申请人请求。劳动仲裁院的驳回必须在要求提交意见书的指令发出前作出。

强制调解和调停会议一般在劳动仲裁员的主持下进行。在此期间，双方达成的任何关于争议的全部或部分解决方案都应当以书面形式作出并由双方以及律师或他们的授权代表签名。该和解协议必须得到劳动仲裁员的认可。和解协议是终局的，对仲裁双方均有约束力。在强制调解和调停会议期间，若双方无论就部分还是全部争议均没有达成和解协议，劳动仲裁员应就法律规定的其他问题，如厘清真正的利益方、确认或简化案件事实等进行强制调停和调停会议。

劳动仲裁员应直接要求仲裁双方，在强制调解和调停会议结束之日起 10 日内，同时提交意见书及证明文件和附件。在收到对方的意见书的 10 日内，可在约定的日期和劳动仲裁员之前设定的日程提交答辩状。在双方提交意见书或答辩状之后，劳动仲裁员应立即自行决定是否需要召开听证会或澄清会。劳动仲裁员应完全控制与主导听证会或澄清会的进行，其可以为了澄清案件法规要点或事实要点进行提问。

在未举行听证会、澄清会或听证会、澄清会结束的情况下，案件被视为提交给劳动仲裁员，由其作出最后裁决。劳动仲裁员需在双方为作出裁决的目的提交案件之日起 30 日内作出裁决，该期限不可延长。但案件涉及海外菲律宾劳工，则应在仲裁申请之日起 90 日内作出裁决。

如果裁决或命令没有在裁决或命令作出之日起 10 日内被上诉至国家劳动仲裁委员会或地区仲裁委员会分支机构，则当事人或律师或其授权代表在收到裁决或命令的 10 日之后裁决或命令具有终局效力并具有执行力。

2. 仲裁有什么好处和坏处？

仲裁的好处在于技术条款对于其争议解决没有约束力，仲裁首先会寻求友好解决争议的方式。仲裁的精神在于用一切可用的办法快速、公正地解决争议，而不拘泥于诉讼中的各种证据规则。

（五）举证责任

劳工争议中，举证责任在哪一方？

对于雇主解雇劳工的案件，根据《菲律宾劳动法典》第 297 条、第 298 条的规定，举证其具有有效解雇理由的责任在雇主。对于职场歧视案件，没有法规对此类案件的举证责任进行规定。

（六）可能的救济

劳工争议中，有哪些可能的救济（例如偿还所欠工资、心灵创伤赔偿、惩罚性赔偿、律师费、复职）？

劳工争议包括的可能的救济有恢复原有职位，享有的福利，薪资，实际的、精神上的、惩罚性的赔偿，律师费等。

作者单位简介：深圳市蓝海法律查明和商事调解中心（前身为“深圳市蓝海现代法律服务发展中心”，以下简称蓝海中心）是深圳市司法局于 2014 年支持设立的社会组织，为全国首家域外法查明实务机构，是最高人民法院国际商事法庭域外法查明平台共建单位。通过平台化、专家库的方式，蓝海中心为社会各界提供包括法律查明、商事调解、中立评估、法律数据信息等综合性的法律服务。截至目前，蓝海中心拥有来自全球的 2400 多位法律专家组成的专家库，查明涉及的国家和地区有 144 个，承建了全国首个有关“一带一路”的大型中文法律数据库（“一带一路”法治地图）。蓝海中心曾入选“广东省自贸试验区首批制度创新案例”，作为典型案例被写入国资委研究中心和广东省新闻办等单位发布的《中国广东企业“一带一路”走出去行动报告 2018 年》、LexisNexis 和中国公司法务研究院的《中国企业“走出去”调研报告 2017 - 2018》，获评法治日报社 2019 年度、2020 年度“一带一路”的优秀法律服务案例等。

东莞市第二人民法院建设劳动争议 "一体化" 在线平台的调研报告

东莞市第二人民法院课题组

在全面推进依法治国战略的大背景下，党的十九大明确提出打造共建共治共享的社会治理格局。这为新时代社会治理机制创新和体系完善指明了方向。当前我国社会结构正在发生深刻变化，社会矛盾多元多样多发，加强和创新社会治理，健全社会矛盾纠纷预防化解机制，完善调解、仲裁、诉讼等有机衔接、相互协调的多元化纠纷解决机制，是打造全民共建共治共享的社会治理格局、构建和谐社会的必然要求。

党的十九大报告指出："就业是最大的民生。"劳动关系是现代社会最重要、最常见的社会关系之一，妥善公正处理劳动争议，切实维护劳资双方的合法权益，促进全社会用工的合法化、正规化，是构建新时代社会主义和谐社会的重要组成部分。为促进劳动人事争议合法公正及时解决，人力资源和社会保障部与最高人民法院联合发布《关于加强劳动人事争议仲裁与诉讼衔接机制建设的意见》，要求各地人力资源社会保障部门和人民法院要加强劳动人事争议处理工作信息和统计数据的交流，实现信息互通和数据共享。为此，东莞市第二人民法院（以下简称东莞第二法院）立足审判实践，坚持问题导向，充分利用互联网技术，推进劳动争议纠纷处理的智能化、现代化，最大程度减少人民群众的诉累，提升法院的司法审判能力，进一步做好劳动争议仲裁与诉讼衔接工作，构建和谐劳动关系，努力打造劳动争议 "一体化" 在线平台，形成劳动争议多元化解生态。

一、劳动争议处理机制的现状

（一）劳动争议案件特点

近年来，随着经济的快速发展，东莞的劳动争议案件数量居高不下，不仅劳动争议主体类型日益多元化，案件类型也日益复杂。与一般的民事争议相比，劳动争议具有以下特征。

第一，争议主体地位的不平等性。用人单位作为管理者，处于主导地位，根据合同约定和规章制度，对劳动者的工作岗位、工作时间、工作内容、工资待遇等进行管理。劳动者作为被管理者，处于隶属地位，应当遵守用人单位的规章制度，服从用人单位的管理。

第二，争议客体内容的复杂性。劳动争议包括因履行劳动合同发生的争议，因执行国家有关工作时间和休息休假、工资、保险、福利、培训、劳动保护的规定发生的争议，因企业开除、除名、辞退职工和职工辞职、自动离职发生的争议。不同类型的争议往往集中在双方解除劳动关系时爆发，多种诉求重叠的现象较为普遍。

第三，争议的社会影响较大。劳动争议经常以群体性纠纷的形式出现，即使以个案的形式出现，最终的处理结果对于其他劳动者具有示范效应，直接影响经济的健康发展和社会的和谐稳定。

（二）劳动争议纠纷解决机制的不足

针对劳动争议的上述特点，劳动法为劳动争议的解决设置了协商、调解、仲裁、诉讼四种机制。根据《劳动争议调解仲裁法》，发生劳动争议，劳动者可以与用人单位协商，也可以请工会或者第三方共同与用人单位协商，达成和解协议。当事人不愿协商、协商不成或者达成和解协议后不履行的，可以向调解组织申请调解；不愿调解、调解不成或者达成调解协议后不履行的，可以向劳动争议仲裁委员会申请仲裁；对仲裁裁决不服的，除另有规定的外，可以向人民法院提起诉讼。从以上规定可以看出，劳动争议处理机制基本涵盖了纠纷解决的所有方式，鼓励优先采用协商、调解等快捷简便、不伤和气、有利于修复关系的方式解决。对于无法通过协商或调解解决的纠纷，在进入诉讼前设置了强制性的仲裁前置程序，以节省时间和成本。但从实务运行情况来看，现行劳动争议的处理机制存在以下问题。

1. 处理难度大。劳动争议案件往往诉争时间长，牵涉利益广，社会关注度高，矛盾尖锐。当前社会上劳动用工具有灵活性和多样性，且经常出现用工不规范现象。同时，劳动争议案件处理的政策性强，法律规范体系繁杂，涉及的规范除法律、司法解释外，往往还包括各类行政法规、规章以及规范性文件。新问题不断涌现，法律规范尚不完备，法律适用难度大，裁判尺度不统一。

2. 运行成本高。劳动争议的非诉纠纷解决机制主要包括基层调解组织的调解、企业内部人民调解组织和工会的调解、行政部门的调解及劳动仲裁等。但这些非诉机制受各种因素的影响未能充分发挥应有的预防、分流、过滤纠纷的作用，导致大量的劳动争议最终进入诉讼程序。而由于诉讼收费低廉，当事人滥诉的现象较为严重，大部分的案件都会进入二审程序和执行程序。看似简单的劳动争议，实际上投入的公共资源非常多，但效果却不尽如人意。

3. "信息孤岛"现象严重。参与劳动争议处理的调解组织、仲裁机构和法院各自为政，相互之间的系统不兼容，信息不互通，下一阶段处理机构无法获取上一阶段的数据，无法了解之前的处理情况，只能重新调查。每到一个新的纠纷处理机构，当事人都需要重新提交书面材料及证据，不断重复陈述案件情况和个人观点。此外，劳动争议的数据分散在各个部门，无法集中起来进行有效分析，为劳动争议的综合治理提供大数据支持。

二、创建劳动争议"一体化"在线平台的实践做法

互联网技术的快速发展极大地改善了人们的生活，而且赋予了纠纷解决机制新的活力。许多传统纠纷解决机制面临的难题，运用互联网技术都可以迎刃而解。一般而言，在线解决机制适合解决数量多、标的小、诉讼成本高的纠纷，而劳动争议完全具备这三个特点。但是，如果科技只是将线下的内容照搬到线上，以信息技术替代纸质文件，并不能从根本上解决问题，也无法最大限度发挥科技的作用，因此，东莞第二人民法院在设计劳动争议在线平台时，更加关注对传统司法体制的改进，让程序变得更快捷简便，更易于操作，让审判更加高质高效，从一个更广泛的角度思考提升司法为民的措施。

（一）劳动争议"一体化"在线平台的设计思路

在对现有处理机制进行研究的基础上，我们从劳动争议的预防控制和解决两个层面构思平台。

首先，在纠纷的预防控制层面。东莞是劳动争议高发地区，为了及时化解大量争议，东莞在全市各个社区均建立了劳动服务站，负责调解处理本社区的劳动争议。由于服务站扎根基层，可以第一时间为当事人提供快捷便利的服务，大大减轻了仲裁和诉讼的压力。同时，在纠纷的源头加强对纠纷的预防控制，防止纠纷不断升级扩大，相对于在最后救济阶段加大力度化解纠纷而言更加重要。为了实现这个目标，东莞第二人民法院采用在线技术实现

对当事人、律师、基层调解组织的支持，通过提供各种咨询工具来预防与控制纠纷。

其次，在纠纷的解决层面。劳动争议实行一裁两审，仲裁与诉讼在实体上适用相同的法律规定，在程序上都要经过受理、庭审、裁决等环节。在传统机制下，由于仲裁机构和法院分属不同体系，二者在数据上难以做到互联互通，法院无法获知仲裁的处理情况，仲裁机构也难以知晓诉讼的最终结果，从而造成信息资源的浪费和裁判尺度的不一致。为了实现数据的共用共享，东莞第二人民法院采用在线技术有效衔接仲裁和诉讼，统一仲裁和审判的法律适用标准，减少信息的重复录入，提高纠纷处理的效率及智能化水平。

（二）劳动争议"一体化"在线平台的具体框架

劳动争议在线平台是一个综合性服务中心，由咨询、调解和审判三部分组成。

第一部分：咨询模块。该模块的功能是为当事人提供法律咨询，帮助当事人解决法律上的困惑；同时，为律师、仲裁员、法官提供法律工具，辅助他们处理案件。从实务来看，无论是当事人维权、律师起诉，还是仲裁员裁决、法官审判，首先都会查询相关劳动法规，寻找法律依据；其次，在法律规定不够明确的时候，再去查找相关案例，特别是本地的案例，确定具体的适用标准；最后，根据法律规定，结合政府公布的工资标准，计算各项费用的具体数额。因此，咨询模块由劳动争议法规、典型案例、常用数据和计算器四部分组成。任何一方都可以根据各自的需求，调取不同的工具。由于咨询模块提供了公开、透明、统一的裁判标准，除了减少重复劳动，还可以发挥降低法院与当事人之间隔阂、化解分流纠纷的作用。

第二部分：调解模块。该模块集中整合基层劳动服务站、工会、人民调解委员会等具备调解职能的机构，劳资双方在发生争议后，可根据实际情况登录平台选择调解组织。调解组织在收到当事人的申请后，经审核符合条件的，可以通过视频或其他方式，为当事人提供调解服务。对于经调解组织主持达成协议的纠纷，当事人可以在线向法院申请司法确认，赋予调解协议执行效力。

第三部分：审判模块。该模块将结构化作为基本特征，为当事人、律师、法官提供一种新颖有效的工作方式。首先，在起诉环节，当事人通过填写仲裁案号，就可以将仲裁阶段的主要数据带入诉讼阶段，无须重复录入包括主体、诉求在内的各项信息；其次，在庭前准备环节，改变传统模式中由法官或书记员组织证据交换的做法，由当事人自行在线对仲裁裁决查明的事实发表意见，对另一方的证据发表质证意见；最后，在裁判环节，法官在裁决书的基础上，对争议事实进行查明和认定，对争议法律问题作出判决。对没有争议的部分，可以直接利用裁决书的内容，减少重复性的工作。

（三）劳动争议"一体化"在线平台的特点

1. 便捷当事人起诉，让当事人少跑腿。平台设立线上立案起诉环节，劳动争议纠纷的当事人可足不出户，直接选择法院在线起诉，无须经历线下奔波，可以有效节省当事人花费在路途中的精力和财力，进一步解决"立案难"问题。同时，当事人在线上只需完成信息的填录上传工作即可完成立案，让数据多跑路，当事人少跑腿，大大促进了立案的效率。

2. 实现裁审衔接，与仲裁共享信息。通过线下法院与仲裁院的沟通与协调，平台可以顺利地从仲裁院对接案件基本信息，并能够利用大数据和人工智能技术，解析案件的各类审理要素，为诉讼阶段所需的各类信息建立基础，让当事人和法官无须重复录入案件信息，减少机械性劳动，让专业的人保证精力做专业的事。

3. 线上文书送达，提升送达效率。平台探索并建立了法院文书和通知的电子送达机制，除《民事诉讼法》规定的无法采用电子送达的文书之外，其余的文书以及法院通知都可以通过线上进行传递，不仅让当事人无须往返法院，也让案件信息不再在线下"长途跋涉"，直接以线上的方式实现当事人与法院的信息传递，提升了诉讼程序的效率。

4. 辅助法官审理，让开庭不再冗长。根据当前要素式审判的情况，平台支持当事人依据案件要素，确认双方的争议和无争议事实，并自动整理归目，提供给法官形成庭前的审理提纲，供法官整理思路，法官只需根据提纲进行审理，提升了庭审的效率。同时，平台支持线上开庭，对于案情清晰的案件，当事人无须多次往返法院，在线上就可以参与、完成庭审，加快了案件审理速度。

5. 改善法官办公，促进无纸化办公。劳动争议纠纷实行全流程线上办理，当事人的案件信息以及诉讼材料都可以通过平台进行填录、上传，法官接收材料以及送达通知类文书也可以通过平台进行，办案全程无须传递纸质材料。平台提供纸质材料下载打印功能，既可以提升效率，又减少了纸质案卷材料，满足了环保的要求。

6. 形成劳动争议调、裁、审处理体系。劳动争议"一体化"平台涵盖了调解平台、对接仲裁信息、构建了审理全流程的机制，建立了劳动争议纠纷调解、仲裁、审判三位一体的纠纷处理体系。当事人利用调解平台对劳动争议进行调处，调解信息和调解结果可以自动留存，作为裁、审阶段可以使用的信息；仲裁与法院审判共享数据信息，便利了当事人提起仲裁与起诉；法院利用调解、仲裁的数据信息进行最终审判，并通过司法公开等途径公开案件的审理结果，提高了审理效率，提升了审判质量。

（四）劳动争议"一体化"在线平台的优势

1. 利用大数据预判，维护社会稳定。劳动争议"一体化"平台不仅改进了目前劳动争议纠纷的处理体系，同时也能够利用平台沉淀下来的案件数据进行大数据分析和研判，深度融合司法裁判案例和司法大数据所确立的规则、尺度、导向，有效连接调解、仲裁等法律服务网络，明晰司法标准、增加解纷预期，维护社会稳定。

2. 促进社会治理，提高治理成效。由于劳动争议纠纷涉及范围广、领域多，社会敏感程度高，因而需要社会各方共同参与、努力化解纠纷。劳动争议"一体化"平台不仅整合了社会多元力量，还促进各方共享各类信息，统筹数据资源，从源头上进行社会治理，系统化解纠纷，极大地提升了社会治理水平和成效。

3. 改善信息流通，提升决策水平。以往参与解决劳动争议的机构之间沟通协调的机制不完善，导致信息闭塞，在各个方面形成了"数据孤岛"。劳动争议"一体化"平台通过汇集各方资源，开通了信息流转的渠道，在各个孤岛之间搭建了连接的道路，高效地促进了数据、信息的流通，可以有效提升相关部门的决策水准。

4. 提高社会治理效能，促进经济健康发展。劳动争议问题不仅关系到社会民生，还与社会的经济发展有极大的关联。劳动争议纠纷的快速解决和化解，不仅能够改善社会民众对于劳资关系的认知，也可以促进社会资金的流通，让资金不再因为当事人的劳动争议纠纷无法投入社会生产之中，提升资金使用效率，加快了经济发展的步伐。

三、劳动争议"一体化"在线平台的运行效果

平台涉及的内容均需要定制开发，工作量较大，需要循序渐进，分阶段

开发。从三个模块的结构来看，咨询模块无疑是其他模块的基础，适用面最广，受益群体最多，故咨询模块被列为首期开发对象。2018 年 12 月，首期项目开发完成并正式上线，在实际使用中取得良好效果。

（一）在线平台运行的载体

在线平台运行的载体，需要考虑保障当事人平等使用的权利，避免当事人因存在技术困难而无法使用平台。在劳动争议纠纷中，当事人文化水平普遍不高，且绝大多数不能够灵活使用电脑。为达到程序可以接近及便于理解的标准，所设计平台需要在电脑和手机上均实现顺畅运行，以拓宽当事人使用劳动争议在线平台的途径。因此，不同于其他在线平台主要基于 PC 端开发，劳动争议在线平台着重基于手机端微信小程序的开发，充分体现便捷、为民的特点。

（二）访问在线平台的用户情况

截至 2020 年 7 月 16 日，劳动争议在线平台微信小程序累计独立访问人数 12 008 人。其中，对 2020 年 6 月访问人员的年龄进行分析，发现用户的年龄主要集中于 30～39 岁间，占 39%，25～39 岁访问人数占 63%，占全部访问人数六成多。而 40 岁以上的用户人数明显较少，尤其是 50 岁以上的人数所占比重很小。

（三）在线平台咨询模块的使用情况

从劳动争议纠纷平台运行的数据来看，用户访问来源的前三名为："搜索"、任务栏"最近使用"以及"最近使用小程序"列表。因此，对劳动争议纠纷进行搜索进而发现并使用劳动争议纠纷平台的用户最多，可见，大部分用户在查找相关劳动争议纠纷的规定时发现并使用劳动争议纠纷平台。平台的咨询功能具有重要的作用。

（四）不同群体的使用体验

劳动争议在线平台的使用群体主要包括仲裁机构人员、当事人或代理律师以及法院工作人员。我们分别从三类群体中选择一位代表进行调查，他们从不同角度分享了使用体验。仲裁员认为劳动争议在线平台历年数据全面，金额计算准确，法律法规收录完整，对于案件的调解和裁决效率具有一定的提升作用；律师认为劳动争议在线平台提供的计算器功能为法律从业者和缺乏法律知识的当事人带来了极大的便利，避免由于计算错误导致损失；法官认为劳动争议在线平台提供的案例检索功能能够帮助办案人员快速搜集所需的类案，为判案提供参考。

四、劳动争议"一体化"在线平台存在的问题及对策

随着科技发展，包括人工智能、大数据、机器学习、虚拟向导等新兴科技引入劳动争议纠纷解决机制，未来其功能将更为强大。目前，劳动争议"一体化"在线平台在运行中仍面临许多困难，主要包括以下方面。

（一）公众对劳动争议在线平台的认识不够

劳动争议在线平台上线后，为了让公众了解平台的功能并积极使用，东莞第二法院制定了详细周密的推广方案，分阶段在不同群体之间通过不同方式宣传，包括在微信公众号上发布相关信息，邀请用户介绍使用体验，在社区摆放宣传栏，但统计数据显示，真正使用平台的人数并不多，与预期效果相距甚远，由此可见，平台的推广宣传针对性不强，效果欠佳，未根据使用方的实际需求进行系统的研究和分析。

任何在线平台的迭代升级都有赖于用户的使用。用户数量过少，体现不出在线平台的优势，发挥不出在线平台的效能，也无法为在线平台的更新提供意见和建议。为此，我们将根据劳动争议的特点，加大对劳动者、用人单位、律师等群体的宣传力度，提高在线平台的知晓率和使用率。

（二）"信息技术使用障碍"当事人的权利受限

劳动争议的在线平台用户的年龄主要集中于 30 ~ 39 岁，而在东莞市 40 岁以上劳动者卷入劳动争议的情况不在少数。从访问活跃用户的年龄统计可以发现，40 岁以上的当事人可能存在一定的信息技术使用障碍。另外，考虑到信息技术的普及程度，对于文化水平较低，较少接触互联网的劳动者亦存在一定的信息使用障碍。这些障碍会导致劳动者难以利用在线平台平等、充分地参与纠纷解决，对其权利存在一定限制。如何充分保障这部分当事人的权利，是劳动争议在线平台亟待解决的问题。

英国布里格斯大法官认为，投入资金、发展服务以及测试服务是帮助"电脑使用障碍"当事人最为有效的方法，即"数字化辅助"的方法。在未来的发展中，需要建立起信息技术辅助服务的专门组织，并组织专门人员为信息化水平低下的人员提供信息指导服务，协助劳动者使用劳动争议在线平台。这些组织可以是社会志愿组织，也可以是政府组织，相关经费支出由政府负担更为合理。

（三）劳动争议在线平台的规则有待进一步完善

目前劳动争议在线平台的规则相对简单，对系统的中立、身份的认证、数据的保密等内容尚未作出规定。法院作为劳动争议在线平台服务的提供者，在平台的权威性、安全性方面，负有比一般的软件开发公司更高的义务。故劳动争议在线平台要制定专门的规则保障系统的有效性，通过软件的设计保障双方当事人有效地参与程序中。这些规则的确立，不仅依赖于人工智能技术的发展，还取决于对法律解释、法律推理等进一步深化的研究。

（四）劳动争议在线平台的预防功能尚未有效发挥

劳动争议在线平台使大量的数据从纸质变为线上可储存、可分析的数据，为大数据的分析提供可能。一方面，系统本身能够从中发现当事人的特征，识别出利用法律漏洞进行滥诉的当事人，为公正地解决纠纷提供支持；另一方面，系统还可以发现某种特定类型的纠纷变化的原因，及时发出预警，避免同类纠纷的发生。比如某一工厂关于加班费的劳动争议案件突然增多，表明这个工厂在薪酬制度的发放上可能存在违法情形，需要劳动部门及时发出建议，防止同类型案件的发生。从劳动争议在线平台的运行来看，通过智能分析发挥纠纷预防功能尚未有效发挥，原因主要在于大数据分析技术及机器学习功能尚未能与劳动争议纠纷的特点进行有效结合，依赖于数字化技术未来的发展。

五、劳动争议"一体化"在线平台的前景展望

目前，劳动争议在线平台仍处于初步研发和使用阶段，存在不少有待完善的内容。党的十九大报告提出打造"共建共治共享"的社会治理格局，劳动争议纠纷在线处理机制作为社会治理格局中的一部分，也要朝着"共建共治共享"的方向发展。在共建方面，劳动争议纠纷在线处理机制要在党委领导、政府主导下多方参与，共同建设；在共治方面，劳动争议纠纷在线处理机制包含的多种社会治理方式存在紧密的结合和协作关系；在共享方面，劳动争议纠纷在线机制要打破纠纷处理各部门的"信息孤岛"和数据壁垒，实现数据的共享和系统的互通，要整合各类解纷资源，打破部门之间的界限，提高资源的利用效益。

总之，在线技术的引入从根本上改变传统劳动争议纠纷解决模式。从纠纷当事人的角度看，在线平台通过大数据、网络信息技术的运用，将在线咨

询、在线调解、在线仲裁、在线诉讼等各种纠纷解决方式整合在一起，由用户根据需求选择最适合的方式，同时通过人工智能技术为用户赋能，解决了劳动争议中双方当事人在法律知识、诉讼能力等方面的不对称，让当事人更容易接近公平正义。从纠纷解决部门的角度看，在线平台实现了数据的共建共享，为各部门提供了动态数据视图，有利于掌握纠纷发展的全貌，提升纠纷解决的效率和能力，保障纠纷解决的公平公正。"不容置疑的是，能够执行复杂计划和法律推理的计算机系统肯定是未来几十年法律实践的一场革命。"

二、实践探索

（一）各地工会经验

内蒙古自治区工会经验材料

阿拉善盟劳动争议多元化解机制经验介绍

为履行维护职工合法权益基本职责，进一步规范和加强工会法律援助工作，保障职工平等地享受法律保护，促进劳动关系和谐，维护社会稳定，盟工会于2012年开通了"12351"法律援助维权热线。2015年盟工会在自治区总工会的领导和帮助下，选取阿左旗总工会作为阿拉善盟诉调工作试点。2016年盟工会职工之家升级改造后进一步完善法律援助、诉裁调平台，在职工服务中心设立法律援助咨询、职工诉求调解、困难职工帮扶等窗口，每年支付15 000元购买法律服务，由专业律师为法律援助中心提供法律咨询及法律援助。2020年5月，盟工会按照《内蒙古自治区高级人民法院　内蒙古自治区总工会关于劳动争议诉调对接工作规定（试行）》有关要求，成立盟级诉调对接工作室。

一、加强服务机构建设

盟工会按照文件有关要求，积极与阿拉善盟中级人民法院就诉调对接工作的目标、工作原则、工作机制、经费人员保障等方面的内容作了深入的沟通与协商，最终达成共识形成《阿拉善盟中级人民法院　阿拉善盟工会关于劳动争议诉调对接工作的实施意见》，并下发到各旗法院和工会。盟工会在接到自治区相关文件后，第一时间与相关律师事务所就诉调对接工作有关事宜进行了协商，讨论研究有关法律援助与诉调对接工作相结合的实施方案，以及服务费等相关事宜。目前已在阿拉善中级人民法院挂牌成立诉调对接工作室，做到机构及安全、人员充实、制度完善。额济纳旗在法院设立诉调工作室，积极配合有关工作顺利开展。阿右旗总工会与司法局法律援助中心合作，由司法局派出 1 名干事常年在旗总工会开展法律援助的各项工作。目前就诉调工作正在与当地法院对接。

二、加强服务制度建设

一是制定诉调对接工作职责和业务标准，明确了为劳动权益受到侵害的职工和农民工提供法律咨询、代理诉讼、参与调解仲裁，进行法律援助、开展劳动争议调处工作，及时介入工资拖欠、工伤赔偿等各类劳动争议等职工法律服务职责，做到"有求必应、应援尽援"。二是与人社、司法、企业工会组织联合建立了劳动争议调解预防排查制度、工作例会制度和工作台账制度，对用工单位在规章制度和合同管理方面加强帮助、引导，使劳动合同争议的预防和调处有了更为详尽、规范的制度保障。三是阿左旗总工会、法院、人社局三部门为保障诉裁调工作顺利开展，相互配合共同下发了《关于建立维护职工权益诉裁调对接机制的意见》《诉裁调对接制度》等文件，制定了《劳动争议调解流程图》《劳动争议调解范围》《委托函》等相关文书材料，对诉裁调机构设立、程序、管理、指导等多方面的衔接作了明确规定。四是建立联席会议制度，总结评估前期工作，互通劳动争议案件诉裁调方面的信息，交换案件处理过程中的意见，对疑难案件进行探讨，探索完善今后的工作思路和方法，制订后期工作计划。五是各部门确定一名工作人员担任联络员，负责诉裁调工作的对接与日常沟通联系，为诉裁调对接工作提供强有力保障。

三、加强职工法律援助服务联动工作

会同人社局成立督查组，对劳动保障、工资集体协商、保险等与职工切身利益息息相关的问题进行执法检查和督导检查，开展了清欠农民工工资专项行动，强化了用工管理制度，确保了农民工的劳动权利不受侵犯。通过多种方式和途径，推动了用人单位规范有序用工，构建和谐劳动关系，创造了良好的环境。从源头上堵住了拖欠工资的漏洞。

兴安盟扎赉特旗"法院＋工会"
劳动争议诉调对接工作经验介绍

2020年扎赉特旗总工会在自治区总工会、盟工会领导的大力关怀和亲临指导下，开展劳动争议诉调对接工作。劳动争议诉调是新形势下多元化解纠纷争议、维护劳动者合法权益的重要突破口。依托现有调解平台，与扎赉特旗人民法院、律师协会、劳动仲裁委员会、旗司法局等相关部门形成联动机制，建立"法院＋工会"劳动争议诉调对接工作室，全年共通过调解方式解决劳动争议纠纷案件70余件，提供劳动争议调解咨询服务62次，调解达成协议5件，为职工争取合法经济利益8.2529万元。

一、构建平台，夯实基础，实现诉调平稳对接

一是实现场所对接。扎赉特旗"法院＋工会"积极探索多元化解纠纷新途径，努力将诉讼环节向前延伸，扎赉特旗总工会于2018年建设一体化运作、一站式服务、开放式办公的职工帮扶服务中心，聘请律师参与诉前调解工作，设立法律援助中心，并设专门工作人员1名，对外开放法律援助热线电话6012351，接受职工法律等相关咨询和对切身利益相关问题的答疑解惑。旗总工会、旗人民法院联合挂牌成立的"法院＋工会"劳动争议诉调对接工作室，做强诉前分流"前台"，搭建诉调对接"平台"，当事人不出法院就可以进入人民调解程序。

二是实现人员对接。扎赉特旗"法院＋工会"劳动争议诉调对接工作室现有聘任制律师1人，调解员2人，天平调解协会特邀调解员、扎赉特旗人民法院法官助理2人专门负责劳动争议案件的诉前调解与诉调对接工作。

三是实现多方联动。扎赉特旗总工会积极构建多方联动调解机制，以"法院＋工会"劳动争议诉调对接工作室为中心，与扎赉特旗人民法院、扎赉特旗司法局、扎赉特旗律师协会对接，打造"立体化矛盾化解格局"。在受理劳动争议案件时，确保有人民调解员、工会派驻工作人员、值班律师及双方当事人共同参与，为劳动争议双方提供专业解读、明确争议焦点，保障双方权益。

二、健全制度，保障"劳动争议诉调对接"行稳致远

一是落实免费调解制度，减少当事人成本支出。调解室在调解过程中产生的相关调解费用，由扎赉特旗总工会在专项拨款经费中支付，并聘请律师解答当事人劳动争议相关问题，开展劳动法等宣传活动，设立法律援助热线，发放法律援助便民卡。当事人不需要支出任何调解费用，不仅降低了当事人处理纠纷的成本支出，还提高了当事人相关法律意识和法律知识。

二是开通劳动争议诉调对接绿色通道提高立案效能。扎赉特旗"法院＋工会"劳动争议诉调对接工作室成立以来，在立案庭诉讼服务中心开设劳动争议诉讼绿色通道，实现调解不成转立案一次性办理。来法院申请诉讼的劳动争议案件，引导当事人先行选择诉前调解。进入诉前调解的案件均要求在30天内予以办结，当事人双方均同意的，可申请延期至45天；对于双方存在较大争议的案件，在诉前调解过程中固定无争议证据及争议焦点后，经双方当事人同意通过"法院＋工会"劳动争议诉调工作室劳动争议诉讼绿色通道，帮助当事人快速办理立案手续及后续案件移送工作，力争实现让当事人只跑一次，快速立案。

三是落实定期回访制度，掌握劳动争议诉调工作实效。为科学评估劳动争议诉调工作实效，督促当事人主动履行已达成的调解协议，坚持定期回访当事人，及时督促当事人履行调解协议。对于当事人已经自动履行诉前调解协议并表示满意的劳动争议调解案件，及时整理归档；对于未及时履行诉前人民调解协议的案件，积极做当事人工作促其主动履行协议；对于当事人仍然不主动履行协议的案件，指定劳动争议案件专业法官速裁快审解决劳动纠纷。

四是落实法官指导制度，提高调解员调解水平。"法院＋工会"劳动争议诉调工作室坚持规范调解员的调解程序和方式，强化调解技巧，提高其掌握相关法律法规和司法解释的理论水平，提高和保障劳动争议诉调的质量。当调解员遇到疑难问题时，指导法官及时出面指点迷津，释法析理，促进争议得到及时有效解决。

三、求真务实，创新线上调解方法

2020年，受新冠肺炎疫情影响，扎赉特旗"法院＋工会"劳动争议诉调

工作室全面开展在线调解工作，依托现有人民法院在线调解平台，为劳动争议案件提供互联网调解及现场调解并行的多种调解方式。免除了当事人舟车劳顿的烦恼，极大降低了当事人诉讼成本，大幅度提高当事人通过调解解决问题的意愿。扎赉特旗"法院＋工会"劳动争议诉调工作室应用互联网调解平台受理首个劳动争议案件，让相隔千里的当事人通过互联网在调解人员的主持下达成和解，赢得双方当事人的一致赞誉。2021 年，扎赉特旗"法院＋工会"劳动争议诉调工作室将继续大力开展互联网调解工作，拓宽多种调解渠道，引进先进互联网调解设备，以科技手段为支撑点，全力打造"在线办"劳动争议便民网络。

回民区总工会"法院＋工会"机制经验介绍

为了更好地化解劳动、劳务纠纷，完善"法院＋工会"矛盾纠纷多元化解机制，按照内蒙古自治区高级人民法院与内蒙古自治区总工会联合印发《内蒙古自治区高级人民法院　内蒙古自治区总工会关于劳动争议诉调对接工作规定（试行）》的通知，在市中院、市总工会的具体指导下，回民区"法院＋工会"劳动争议诉调工作室于 2020 年 8 月 10 日在回民区人民法院诉讼服务中心揭牌成立，正式投入使用。

一、劳动争议诉调工作整体情况

回民区劳动争议诉调工作室工作人员由回民区总工会聘请 5 名专职律师和工会派驻专职联络员组成，无偿为当事人提供劳动、劳务争议方面的咨询、调解等多元化服务，为更好地维护劳动者合法权益、有效化解劳动争议纠纷、构建和谐劳动关系作出更大贡献。

二、诉调工作开展情况

（一）劳动案件调解情况

2020 年 8 月 31 日回民区劳动争议诉调室收到第一件诉调案件，案件具体为原告尤某某申请调解内蒙古物流供应链管理有限公司拖欠其工资的纠纷。

接到法院委派调解案件后，工作室诉调联络员第一时间联络到被告内蒙古物流供应链管理有限公司法定代表人岳某某及原告亢某某，与被告内蒙古物流供应链管理有限公司法定代表人岳某某诉明案件详情后，被告表示愿意调解，因当时疫情原因岳某某在外地，无法到庭参与调解。在了解双方均有调解意愿后，考虑到双方实际情况，为协调双方不在同一城市，无法进行面对面调解的情况，诉调工作室告知双方可以通过法院云庭系统"多元调解"进行在线调解，在调解员杨雨润律师的主持下，双方当事人通过视频实行隔空对话，诉调员向双方当事人释明相关法律法规、劳动政策，并对当事人进行细致地劝解、开导以及说服，最终双方于2020年9月6日达成调解协议，双方签订调解协议书，被告人于2021年2月1日前分三次付清拖欠亢某某工资共计12 769元。2020年9月23日，双方当事人到庭共同签订了司法确认申请书，案件调解完毕，诉调联络员将案件卷宗、调解协议书、调解笔录以及司法确认书等相关材料交至法院，法院确认无误后存档，诉调联络员做好相关登记记录后，回民区劳动争议诉调工作室第一个劳动纠纷案例圆满调解成功。

（二）劳务案件调解情况

劳务纠纷案件多涉及劳动报酬、经济补偿等职工切身利益。在疫情防控常态化和复工复产形势下，为不断提高化解劳务纠纷案件的效率和水平，发挥工会贴近基层劳动者、擅长做群众工作的优势，以及法院在具体劳动争议案件调解中的权威性、专业性，有效引导职工依法理性维权，共同推动劳动争议高效化解。

2021年1月26日诉调工作室接到原告李某子申请调解李某海拖欠其工资一案。经诉调室工作人员多次沟通协调下，但因牵扯第三方，在诉调室工作人员耐心解释后，李某海同意调解，联络员联系了调解员王榕律师，并将其详细案件材料告知调解员律师，该案件于2021年1月28日进行诉前调解，在王榕律师详细解释及沟通后，原、被告双方于2021年1月28日达成调解协议，签订调解协议书，被告人一次性付清拖欠李某子工资共计10 000元。至此李某子劳务纠纷一案圆满调解。

三、诉调工作总结

回民区"法院＋工会"劳动争议诉调制度充分发挥了工会调解在劳动争议以及劳务纠纷处理中第一道防线的作用，将"诉"的权威性、规范性和

"调"的便利性、非对抗性结合起来，合力预防化解劳动关系领域重大风险，共同推动构建和谐劳动关系。

调解需注重调解手段人性化，做好调解工作，首先要知晓法律，掌握国家方针政策，灵活运用法律破解矛盾纠纷，做到依法服人。同时多关注最新的法律动态，坚持依法调解。要有真诚的态度，真挚的情感，在调解矛盾时，要站在当事人的角度考虑问题，理解他们的抱怨，宽容他们的实力，用贴心的话语温暖当事人的心灵，打开"心锁"，从而化解矛盾。其次注重调解职能实效化，提升化解矛盾的实效和质量。最后落实档案规范化，进一步规范调解卷宗和制作归档工作。

自回民区劳动争议诉调工作室成立以来，区总工会把工作室作为化解劳动争议的主阵地和维护职工合法权益的突破口，为构建和谐的劳动关系提供有力服务保障。通过加强部门间沟通协作，推进"法院＋工会"资源共享、优势互补，让渠道更畅通、阵地更广阔，并充分利用线上调解平台，加强宣传，引导职工合法合理维权"少走弯路"，引导企业依法办事"少走冤枉路"，以法治力量为"稳就业保民生"保驾护航。

吉林省工会经验材料

吉林省总工会全面推进劳动
争议多元化解试点工作

2020 年，吉林省总工会、吉林省高级人民法院认真贯彻最高人民法院、全国总工会关于在部分地区开展劳动争议多元化解试点工作的任务要求，积极争取省委省政府领导，协同相关职能部门创新推进，劳动争议多元化解工作实现提质升级。

一、高度重视，在加强组织领导上下功夫

从 2016 年开始，吉林省总工会和吉林省高级人民法院为破解工会受理的劳动争议案件结案率不高、仲裁员和法官办案压力大、立案时间和审结时间长、职工等不起宁可撤诉、放弃等难题，联合起草《关于进一步推进劳动争议案件诉调对接工作的意见》，在长春市朝阳区、南关区、绿园区人民法院和区总工会探索进行了诉调对接工作试点，成功化解了一批案件，赢得了广大职工的高度评价。坚持把做好劳动争议多元化解工作，作为防范和化解劳动关系领域风险的重要保障，维护职工合法权益的重要抓手，构建和谐劳动关系的重要途径，创新构建工会大服务格局的重要内容来抓，作为年度大项任务来部署推进。吉林省总工会、吉林省高级人民法院积极争取省委省政府对试点工作的领导支持，新任省长到任后召开党组会专门研究工会劳动争议人民调解员以案定补标准，省委书记对试点工作给予充分肯定，在吉林省总工会报送的报告上作出批示。最高人民法院院长周强对吉林省试点工作作出批示，给予充分肯定。

二、统筹推进，在先行先试上下功夫

一是强力组织推进。吉林省总工会与吉林省高级人民法院紧密合作、协

力推进，6 次联合召开试点工作对接会、推进会，分别多次召开党组会、主席会专题研究试点工作，确定试点工作重大事项。分管领导带领相关职能部门高频会谈协调，定期调度指导，实地调研督导，合力解决遇到的困难。省、市、县三级试点单位相继成立了试点工作领导小组，主要领导坚持上下联动、左右互动的工作机制，加强程序衔接、信息共享和资源整合，建立起了定期协调议事、情况分析通报、经验总结交流等工作机制。吉林省总工会下拨 370 万元作为试点工作启动专项资金。主要领导组织召开职工法律服务工作座谈会听取意见建议、提出工作要求。吉林省总工会和吉林省高级人民法院联合召开全省劳动争议多元化解试点工作总结推进会议，总结回顾试点工作经验做法，深化推进劳动争议多元化解工作。

二是确立政策标准。试点工作领导小组调研发现，推进劳动争议多元化解试点工作关键在调解员队伍，动力在经费补贴，核心在政策支持，但实践中发现给予劳动争议调解员以案定补没有标准、缺乏政策依据。为突破政策难点，吉林省总工会、吉林省高院多次会商，与吉林省司法厅反复研究寻求政策支撑，最后商吉林省财政厅报省政府党组批准。新任省长到任伊始，召开省政府党组扩大会议，专门研究审议通过了"工会＋法院"诉调对接调解工作以案定补标准，为试点工作打通了政策障碍。

三是夯实组织基础。为理顺工作机制，依据相关法律法规，至上而下建立了省、市、县三级65 个工会劳动争议人民调解委员会，由各级地方工会设立并在司法行政部门备案，从立法角度进一步规范工会参与劳动争议多元化解工作。为构建"法院＋工会"劳动争议多元化解平台，在各级地方工会建立法官工作室，在同级人民法院建立工会劳动争议调解工作室，设立职工法律援助窗口，统一了"工会劳动争议调解工作室""法官工作室"标识。为充分发挥工会组织在推进和完善劳动争议多元化解机制中的作用，全省各级地方工会劳动争议人民调解委员会共聘用 283 名工会劳动争议人民调解员，接受司法行政机关业务指导，接受工会指派进驻工会劳动争议诉调对接工作室，接受人民法院委派（委托）对劳动争议案件进行调解，组织 400 名调解员和工会干部劳动争议调解业务培训，两名调解员入围全国维护职工权益杰出律师。

四是创新制度机制。制定《关于加强职工法律援助工作的意见》，建成125 个县级以上职工法律援助中心（站），强化分工协作、规范服务内容和处置机制，全面建成职工法律援助服务体系。制定《吉林省工会劳动争议诉调对接人民调解员管理暂行办法》，规范了调解员的选聘、工作职责、工作规程、经费保障等方面工作，建立了调解能力培训、调解员名册管理机制等诉调对接工作制度。建立诉调对接绿色通道，劳动争议案件调解达成协议的，工会劳动争议人民调解委员会出具的调解协议可直接进行司法确认，具有相同法律效力，从而使司法程序进一步简化。

三、务求实效，在维护职工权益上下功夫

一是取得初步的工作成果。一年来，全省省、市、县三级总工会和法院全部完成了工作对接，形成了"你中有我、我中有你"，职能和优势互补的工作态势；进一步健全完善了诉调对接工作制度和协商机制，规范了工作流程和法律文书；劳动争议多元化解成功率不断提升，全省调处劳动争议案件2766 件，调解成功 1904 件，涉及金额 1131.5 万元，调解成功率达 68.8%。

二是取得明晰的规律性认识。经过实践检验，充分认识到劳动争议多元化解试点工作走得对、行得通、收效大，必须坚持党的领导，深入贯彻落实习近平总书记关于工人阶级和工会工作的重要论述，把党的领导优势转化为劳动争议多元化解工作效能；必须坚持构建和谐劳动关系，以职工队伍和劳动关系的和谐稳定推进全社会的和谐稳定；必须坚持以服务职工为中心，努力维护职工合法权益，让职工群众的获得感幸福感安全感更加充实；必须坚持与时俱进，不断创新劳动争议多元化解工作的思想观念和方法手段；必须坚持社会协作，充分发挥工会、法院等各方优势，通过整合各类资源实现劳动争议多元化解工作的协同高效。

三是取得长远的社会效益，简化司法程序。工会劳动争议调解协议直接进行司法确认，不必再经立案，快速化解争议，有力维护了职工合法权益。有效预防和处置群体性事件。如张某等 26 人与吉林某新材料有限公司劳动争议纠纷案、长春高新区 13 名职工与某饭店欠薪案、长春朝阳区 20 多名职工与某公司工资纠纷案，均因疫情引发，工会调解员通过化解这些疫情期间集体性案件，平衡企业和职工双方利益诉求，维护了大局稳定。拓展工作平台，增强依法维权能力。工会专业律师团队通过诉调对接平台，向职工提供法律咨询，帮助职工分析案情，提供专业的法律建议，在调解过程中向企业和职工双方普法，延伸了法律服务触角。

四、紧跟形势，在深化推进上下功夫

2021年，吉林省总工会将按照全总和省委部署要求，进一步提高认识、强化措施、加强督导，站在构建和谐劳动关系、巩固党的执政基础、促进国家治理体系和治理能力现代化的高度，以钉钉子精神推进试点工作全面深化推进。总的思路是，着力加强组织合力、人员合力、制度合力，进一步细化工作目标、工作措施、工作责任，在突"破"难点上做文章。具体工作安排上，开展调研督导，召开深化劳动争议多元化解工作现场推进会议；加强与人社、法院、司法部门协作，打造"金牌劳动争议调解组织"；构建劳动争议一体化在线平台，推进劳动争议网上调解、援助、咨询新模式；充分发挥全省工会律师团和职工律师志愿者优势，加强职工法律援助，积极履行维权服务基本职责，给职工群众以更多、更直接、更实在的获得感、幸福感、安全感，以优异的成绩庆祝建党一百周年。

吉林市总工会构建劳动争议
多元化解工作新格局

近年来，随着社会各界对劳动者权益关注程度的不断提升和劳动者法律意识的提高，劳动争议案件呈现上升趋势，而解决劳动争议案件主要依靠劳动仲裁与司法诉讼手段，不仅大大增加了劳动行政部门的工作压力，还因为其程序烦琐、成本较高，使问题无法及时解决，容易引发职工不满情绪，甚至导致群体上访事件的发生。针对新形势下的新问题，吉林市总工会加强调查研究，创新工作思维，积极探索劳动争议多元化解工作机制，以"预防为主、基层为主、调解为主"作为工作方针，以促进劳动关系和谐和社会稳定作为工作重点，进一步发挥工会组织优势，实现"点、线、面"相结合，以纵向到底、横向到边为目标，加大联系、联动。联合力度，不断丰富工作内涵，逐步构建完善多层次、多渠道的劳动争议多元化解工作格局，努力实现将争议化解在企业、化解在基层、化解在萌芽状态。

一是优化联调机制，强化统筹协调，切实形成劳动争议多元化解工作合力。2019年年底积极与市中级人民法院沟通，并达成了共识，2020年3月联

合印发了吉林市《关于进一步推进劳动争议多元化解试点工作的通知》《关于劳动争议案件诉调对接工作的实施意见》。2020 年 11 月联合下发了《关于劳动争议多元化解工作推进方案》，初步建立诉调对接保障机制，形成"工会 + 法院"资源整合、信息共享的新格局，全面推进多元化解工作高效有序开展。

二是加强组织领导，建立健全组织体系，不断完善工作沟通联系机制。成立由市中级人民法院、市总工会主管领导、相关职能部门组成的"吉林市劳动争议多元化解工作领导小组"，加强对多元化解工作的组织领导、决策部署和统筹协调。领导小组下设办公室，办公地点设在市总法律工作部，负责协商、督导各基层人民法院、县（市）区总工会开展工作。成立了"吉林市总工会劳动争议人民调解委员会"，组建了吉林市劳动争议调解员队伍，并在司法局备案。

三是搭建主体平台，规范窗口建设，稳步推进诉调对接基础性工作。吉林市总工会及部分县（市）区总工会着力推进劳动争议多元化解平台、服务窗口规范化建设，形成了"两室一窗"（即法官工作室、工会调解工作室、职工法律援助窗口）主体平台搭建和"七有"建设标准（即有工作场所，有工作制度，有相应标识，有工作流程，有工作档案，有专业人员入驻，有具体成效）。吉林市法律服务中心、市中级人民法院均设立了工会调解工作室、法官工作室，吉林市所辖 11 个县（市）区、开发区均设立了法官工作室和法律援助窗口，10 个县（市）区、开发区法院均设立了工会调解工作室（经开区无本级法院）。实现全市"工会 + 法院"劳动争议多元化解平台的规范化、专业化运转。

四是健全工作流程，充实调解员队伍，形成工会和法院资源整合、信息共享的新格局。吉林市总工会一直积极和各级法院沟通对接，探索建立完善劳动争议多元化解工作的配套制度，逐步优化对接流程，尝试统一劳动争议调解及诉调对接文书范本，稳步推进多元化解工作纳入规范化轨道。充分发挥工会组织体系的优势，依托工会法律服务志愿律师团、工会法律顾问、职业化工会干部和企业劳资员等力量，不断充实调解员队伍。2021 年，在龙潭区、船营区试运行选聘政治立场坚定、业务素质过硬、执业经验丰富的法院人民调解员充实到调解员队伍，通过专业调解员传帮带提升工会调解员的专业能力，增强劳动争议多元化解工作的实效性。

五是借助工会维稳资源，规范员工诉求中心建设，畅通职工权益诉求渠道。制定下发《员工诉求中心管理办法》《员工诉求中心业务办理流程》,健全县(市)区、乡镇街和企业三级维稳网络体系,推进工会"员工诉求中心"标准化建设,对接法律、心理、医疗顾问,加强职工健康维护、心理疏导和基础稳控,实现单位职工"诉求不出门、对外零上访"的工作目标。国网吉林供电公司"员工诉求服务中心"通过调整员工的"微心理",使诉求服务中心成了员工的"减压阀""泄洪闸",有效提升了员工心理资本和幸福感,营造出组织关心、管理者用心、员工知心的和谐企业氛围。先后荣获国网公司优秀管理创新成果二等奖、全国电力行业企业管理创新成果二等奖,连续三年登上央视新闻联播,成为服务职工工作的成功范例,在全市范围内深入推广"吉林供电公司员工诉求中心"工作模式,在全市602个基层单位建立了员工诉求中心,努力把劳动关系矛盾化解在基层。

白城市总工会一站解纷推动劳动争议纠纷有效及时化解

白城市总工会党组认真贯彻落实吉林省总工会工作部署,建立与法院的合作机制,把多元解纷机制建设和诉讼服务中心建设结合起来,针对劳动争议多发易发的行业领域,推进诉外诉内解纷机制有机衔接,整合各自优势,推出务实举措,形成工作合力,为化解劳动争议纠纷开辟了崭新路径。

一、坚持靠前站位,构建联动工作格局

一是搭建诉调对接平台。全市各级工会组织依托法院诉讼服务中心,分别设立劳动争议诉调对接工作室,制定了相关制度,建立了工作平台,派驻调解员开展日常工作,加强与仲裁调解、人民调解、司法调解的联动,实现了组织网络、工作机制、调解程序、调解效力的有效衔接。各地工会还根据本地的实际情况,搭建各类富有特色的类型化纠纷解决平台。2020年4月10日,白城市劳动争议诉调对接工作室正式揭牌,全市劳动争议诉调对接机制正式运行,6月底,各县(市、区)劳动争议诉调对接工作室均挂牌成立并配备调解员开展工作,在同级工会设立法官工作室,白城市、县两级劳动争议诉调对接机制实现同步推进、全域覆盖。

二是健全各项制度机制。建立诉前联合调解、诉中委托调解和邀请协助调解三种对接模式，引导当事人优先选择非诉方式解决纠纷。做好诉前调解，确定争议不大、标的额小、纠纷典型、群体涉诉纠纷作为诉前多元化解的主要类型，通过优先受理、发送先行调解告知书、诉讼费减缓等措施，鼓励当事人优先选择诉前调解的方式解决纠纷。简易案件速裁，对于调解不成但适合速裁的劳动争议纠纷，立案后由速裁团队法官进行审理，提高审判效率。及时司法确认，完善调解协议自动履行机制，对调解成功的案件及时进行司法确认，提高非诉讼纠纷解决方式的社会认可度，降低当事人诉讼成本；对调解不成的，依法导入仲裁、诉讼程序，切实维护当事人诉权。

三是加强组织保障基础。成立劳动争议诉调对接工作领导小组，负责工作的部署、统筹、协调和监督。领导小组下设办公室，负责落实领导小组决定，协调推进具体工作，跟踪工作进度，及时向领导小组汇报工作情况。与法院对敏感、群体性、有重大影响的案件或事件要做好事先研判和预防，做到预警联动，及时相互通报，共享相关数据，努力从源头上化解矛盾纠纷。

四是强化警预机制建设。为提高工会参与社会管理和处置职工群体性突发事件的能力，最大限度地预防和减少职工群体性突发事件及其造成的损害，保障职工的合法权益，维护职工队伍和社会稳定，制定白城市总工会参与做好职工群体性突发事件处置工作的应急预案，对有关重要预测预警信息、涉及敏感时间、地点和人群的突发事件做到及时准确报告，真正做到抓紧、抓实、抓好，提高信息分析研判能力。

五是完善接访接待制度。制定职工来访登记表，对来访职工先行告知工作的方法方式以及对职工相互配合的要求，对上访情况及时跟踪，做到事事有交代，件件有落实。

六是拓展信息技术应用。着力推进在线调解平台建设，推动诉调对接线上线下功能互补、有机融合，努力打造"网上枫桥经验"。将劳动争议纠纷调解案件纳入人民调解平台统一在线管理，实现调解组织和调解员全部汇聚到网上，为当事人提供在线咨询、在线调解等解纷服务。提升信息化应用水平，立足白城实际，创立工会牵头、法院主导、"社区＋司法所"共同参与的劳动争议纠纷调解新模式，强化司法大数据对矛盾风险态势发展的评估和预测预警作用，对典型性、苗头性、普遍性劳动争议案件分析研判，及时将纠纷化解在萌芽状态。

二、延伸服务职能，社会组织积极参与

一是构建法律援助体系。依托服务中心建立白城市总工会法律援助中心，在律师事务所设立法律援助站，在人社局设立职工法律援助窗口。提供劳动关系领域的法律咨询、调解疏导和法律援助服务，推动裁调、诉调对接，发挥调解在劳动争议处理中的基础性作用，实现法律效果和政治效果的统一。

二是共建法律实践基地。为落实依法治国、加快建设高素质法律人才的重要举措，充分发挥高校与工会法律实践资源的优势互补，市总工会与白城师范学院合作共建"法律实践基地"。增加大学生志愿者参与到职工法律援助服务事业中来，不断提高职工法律援助服务的能力水平。

三是加强调解组织建设。积极与人社局、司法局沟通联系，在原有调解组织和调解人员的基础上，广泛吸纳劳动争议调解员仲裁员、劳动关系协调员、人民调解员、法学专家、退休法官、工会干部、人社干部、社区干部及其他领域专业人才等社会力量加入劳动争议调解组织。加强人民调解组织建设和队伍建设，继续提高劳动争议领域矛盾纠纷化解实效，推动全市劳动争议调解工作纵深发展。

三、开展专题调研，坚持一站解决纠纷

为进一步突出劳动争议多元化解工作实效，推进劳动争议诉调对接工作室落实落细，白城市劳动争议诉调对接工作组分别深入到通榆县、洮南市、大安市、镇赉县、洮北区五家所辖劳动争议诉调对接工作室，采用调研和汇报相结合，通过查资料、查记录、看现场相结合的方式，就全市劳动争议诉调对接工作情况开展了专题调研。对在调解中存在的问题进行指导，针对问题提出意见建议。

坚持建立立案登记前的委派调解对接机制。对起诉到人民法院的劳动争议案件，经评估适宜调解的，在征得当事人同意的前提下，由人民法院出具委派调解函，与案件材料一并移送给工会进行调解。调解人员应当在指定期限内，向委派法院出具委派调解复函，及时反馈调解结果，达成调解协议的，告知当事人可以向委派法院申请司法确认，委派法院应当依相关规定予以办理。当事人不同意委派调解或经调解未达成协议的，人民法院应及时依法立案，为当事人提供咨询、调解、确认等一站式解纷服务。

延边州总工会立足工会职责
形成劳动争议多元化解新格局

以习近平新时代中国特色社会主义思想为指导，学习贯彻习近平总书记关于工人阶级和工会工作的重要论述，深入贯彻落实最高人民法院和中华全国总工会、吉林省高级人民法院和吉林省总工会关于矛盾纠纷多元化解重要决策部署，延边州总工会立足职责使命，发挥职能优势，以构建新时代和谐劳动关系为主线，围绕"六保""六稳"大局，大力推进"法院＋工会"劳动争议多元化解试点工作，积极预防和妥善化解劳动关系领域矛盾风险，切实发挥了工会在维护劳动关系和谐与社会稳定工作中的重要作用。

一、夯基垒台，构建"法院＋工会"劳动争议多元化解新格局

1. 一把手推动。经过前期充分准备，在疫情防控允许开会的第一时间，就组织召开了全州范围的动员部署会，统一思想认识，并就工会如何发挥积极性、主动性、推动建立健全"法院＋工会"劳动争议诉调对接工作机制、加强劳动争议诉调对接工作保障提出明确要求，对推行劳动争议诉调对接联席会议制度、构建化解劳动争议纠纷法院工会联动机制等作出了部署和安排。

2. 一揽子计划。全州基层法院设立相对固定的劳动争议案件合议庭，选派业务能力强、审判经验丰富的法官负责办理劳动争议案件。各县市工会选派法律顾问、工会律师和劳动争议调解员，参与劳动争议案件分析，旁听重大劳动争议案件审理。与同级法院进行深入工作调研，建立劳动争议诉调对接联席会议制度，定期召开沟通交流会议。实行工作轮值制度，明确调解员职责，为下一步工作有序顺利推进奠定良好基础。

3. 一盘棋联动。全州各县市工会与同级法院全部完成对接。涉及劳动争议调解工作的《延边州劳动调解流程》《延边州调解员职责》等制度已经开始施行。全州各级法院积极推进诉前委派、诉中委托，加速司法确认及立案或恢复审理；各县市工会也结合自身实际细化工作方案，与同级法院出台文件9份，成立"法院＋工会"劳动争议调解工作室9家，设立法官工作室9个，在法院设立职工法律援助窗口9个，建立调解员队伍9支，聘任劳动调

解员 34 人，在各类企业成立劳动调解组织 84 个。各县市总工会与同级法院全部完成了"两室一窗口"建设。

二、立柱架梁，健全"法院＋工会"劳动争议诉调对接工作管理机制

1. 同频合作。在提供劳动争议调解服务的基础上，工会在"法院诉讼服务"平台上植入"工会法律服务"，委派工会签约律师或法律工作者常驻工作室，提供诉前和诉中劳动争议案件调解、法律咨询，参与诉后释法答疑、信访维稳，为劳动争议诉讼当事人提供覆盖诉讼全过程的法律服务。通过"法院＋工会"平台，由法院把调解工作进行前置，工会调解获得法院的专业支持，法院调解引入工会组织的群众工作优势，实现法院、工会资源整合、优势互补。

2. 共建共享。按照与延边州中级人民法院共同制定的《关于推进劳动争议案件诉调对接工作的意见》，为全州各县市总工会与同级法院的密切协作提供了政策依据。延吉市总工会与市法院、司法局、仲裁委召开联席会议，联合下发了《关于推进劳动争议案件诉调对接工作实施方案》，就劳动争议案件的诉调进行了明确分工；敦化市总工会与市法院签订了《劳动争议多元化解工作合作框架协议》，对诉调对接流程进行了详细的规定；珲春市总工会与市法院、人社局召开对接会，联合下发了《关于进一步推进劳动争议案件诉调对接工作的实施意见》，确定了具体的诉调裁对接流程及工作机制。龙井市总工会与市法院联合出台《关于开展劳动争议多元化解工作实施方案》，安排专人负责对接工作；安图县总工会与县人民法院制定完善名册管理制度，完善调解组织和调解员惩戒和退出机制。在全州各县市"法院＋工会"调解机制推动下，劳动争议案件化解效果明显提升。

3. 源头化解。在矛盾纠纷调解工作过程中，注重把调解工作与工会各项工作有机结合起来，把调解过程与工会实践调研有机结合起来，把纠纷化解与基层综合治理有机结合起来，引导各级工会追本溯源，从源头上发现问题、解决问题，在劳动争议多元化解的工作中多问一句，多走一步，多跑一趟，不断提升工会源头参与、源头治理的意识和能力。

三、引育并举，建立一支政治觉悟高、业务素质硬、服务意识强的专业化调解员队伍

1. 注重人才引进。针对专业性调解人才欠缺等不足，顺应新形势调解工作的新要求，积极吸纳退休法官、检察官、警官，以及律师、法律工作者等专业化人员参与调解工作，不断优化调解员队伍的结构。截至目前，全州共聘请律师、退休法官 34 名。从社会群体中选拔优秀的法律人才加入工会队伍，在工会招聘选拔人才时，注重对法律专业人才的选拔，2020 年在招聘公务员时，专门设立了法律专业岗位。

2. 强化人才培养。在已经聘请的劳动争议调解员队伍中，实施调解员定期分级分类培训和定期审查，通过举办师资培训、远程在线培训、互邀专家授课、庭审观摩、开放日等方式，不断提升调解员的服务调解能力。

3. 建立激励机制。随着劳动争议化解工作的不断推进，延边总工会与同级法院、人社、司法等部门研究建立劳动争议调解员评优奖励机制。比如，定期评定优秀调解员、优秀调解组织、优秀调解案件等，增强调解员的荣誉感、使命感与获得感。在调解员补助待遇上，争取当地党委、政府支持，出台政策加大保障调解员队伍待遇，充分调动调解员参与劳动争议多元化解的积极性，保障调解员队伍的稳定和调解工作的长效运转。

白山市总工会建立"四项机制"
解锁职工法律服务新模式

劳动争议案件往往具有类型复杂、诉求多样、群体性纠纷多发的特点，为有效化解劳动争议，从源头化解矛盾纠纷，白山市总工会以"法院＋工会"工作机制为切入点，在矛盾纠纷调处中，充分发挥工会调解优势，推进劳动争议多元化解机制建设，不断完善诉调对接工作，搭建多元化纠纷解决平台。

一、主动作为，建立法院委托工会调解劳动争议案件机制

一是建立诉调对接服务平台。白山市各级工会、人民法院根据实际情况在职工服务中心设立劳动争议调解组织，市总领导和中级法院领导研究部署

具体工作并出席了揭牌仪式，把制度、流程、门牌等悬挂上墙，由市总工会组织选派调解组织和调解员造册，并与调解员签订协议，与法院确定的工作人员共同负责劳动争议纠纷诉调对接工作。

二是建立委派调解对接机制。在立案登记前，对起诉到法院的劳动争议案件，经评估适宜调解的，在征得当事人同意的前提下，由法院出具委派调解函，与案件材料一并移送给工会调解组织进行调解。委派期限不计入审查立案期限。调解人员应当在指定期限内，向委派法院出具委派调解复函，及时反馈调解结果，并退回相关材料。达成调解协议的，根据相关规定予以办理，当事人不同意委派调解或经调解未达成协议的，法院应及时依法立案。对已经立案的劳动争议案件，经征得各方当事人同意，法院可以将案件委托工会调解组织进行调解，由法院出具委托调解函，与案件材料一并移送工会调解组织进行调解。委托调解期限应从审限中扣除。调解人员应当在指定期限内，向委托法院出具委托调解复函，及时反馈调解结果，并退回相关材料。达成调解协议的，告知当事人可以向委托法院申请撤诉或者审查出具调解书。未调解成功的，法院及时恢复审理。

三是建立工会律师团队参与调解工作制度。白山市各级工会加强与司法行政机关、律师协会的沟通联系，遴选政治立场坚定、业务素质过硬、执业经验丰富的律师与主审法官联手参与调解工作，充分发挥工会律师队伍专业性强、时间充足的独特资源优势。目前，市县两级已建立7个法律顾问团，聘用9名律师，按照约定参与调解劳动争议纠纷工作。

二、公开选聘，建立和完善调解能力培训制度

一是公开选聘调解员。广泛吸纳劳动争议调解员仲裁员、劳动关系协调员、人民调解员、法学专家、退休法官与工会干部人社干部、社区干部及其他领域专业人才等社会力量加入劳动争议人民调解员队伍，共选聘了18名调解员。

二是建立管理名册。设立劳动争议人民调解委员会和调解员管理名册，吸纳符合条件的劳动争议调解组织和调解员加入名册，并依法在同级司法行政部门完成备案；建立微信群，便于联系沟通，总工会会同法院加强对调解员名册的管理，做好动态更新和维护。

三是组织开展培训。由法院为总工会调处劳动争议提供业务指导，有针

对性地对调解员进行经常性、专业化培训，并邀请调解员旁听相关案件的审理，提高其预防和化解社会矛盾纠纷的能力。

三、有效监管，建立诉调对接工作激励和经费保障机制

一是建立轮值工作制度。人民法院依据实际情况在白山市总工会劳动争议人民调解委员会设立法官工作室。工作人员由法院指派的人员及工会指派的调解员组成。劳动争议纠纷调解工作室安排工作人员轮值，并视具体业务量，经领导小组同意予以弹性调整。

二是建立经费保障制度。结合实际情况，将劳动争议诉调对接工作经费纳入预算，参照省级补贴标准，细化完善"以案定补"措施，调解员办案补贴所需资金，严格执行相关规定并加强监督管理。

三是建立激励和考核制度。和人民法院共同建立劳动争议诉调对接工作业绩档案，将其纳入岗位目标考核范畴，定期进行业绩考评，对表现突出、工作成绩显著的集体和个人给予荣誉奖励，激励相关部门和人员做好诉调对接工作。

四、联动化解，建立诉调对接信息互通和监测预警研判机制

一是建立联席会议制度。总工会与人民法院加强工作交流，定期召开联席会议，分析研判本地区涉及劳动争议纠纷的普遍性、倾向性问题，提出防范意见和建议。协调法院与工会对接过程中出现的问题，推进完善诉调对接机制。为广泛宣传多元化矛盾纠纷解决机制的优势，提高劳动争议协商、调解等非诉讼纠纷解决方式的社会接受度，先后聘请24个社会组织为职工群众进行多场次普法，组织28名律师及工会律师志愿者"进街道、进社区、进企业"开展普法宣传维权服务活动，发放维权手册15 000册，答疑解惑459件。

二是建立和完善信息互通制度。充分发挥科技支撑作用，利用人民法院调解平台大力推动开展在线调解，实现调解组织和调解员全部汇聚到网上，为当事人提供在线咨询、在线调解、在线司法确认等一站式解纷服务，畅通信息反馈和资源共享渠道。

三是建立监测预警研判制度。始终坚持维权与维稳相结合，进一步畅通信息渠道，特别是应对新冠肺炎疫情中职工队伍稳定状况进行重点监测，严格执行信息收集、检查、上报、处置和"零报告"制度，运用职工维权服务

热线平台，引导职工群众依法理性有序地表达利益诉求。工会与法院通过定期沟通交流，对企业劳动关系现状，尤其是对敏感、群体性、有重大影响的案件或事件及时做好研判和预防，及时掌握企业矛盾纠纷的特点和规律，采取预防措施，做到预警联动，及时相互通报，共享相关数据，努力从源头上化解矛盾纠纷。

上海市工会经验材料

闵行区总工会深化四方联动
共建闵行和谐稳定劳动关系

闵行区位于上海市地域腹部，面积近 372 平方公里，下辖 9 个镇、4 个街道和 1 个市级工业区。区域内非公企业众多，中小企业集中，制造加工型企业占比高，职工总数规模较大。近年来，受产业结构调整、疫情防控和新业态、新用工方式的不断涌现等多重因素叠加影响，劳动争议案件数量呈高位运行状态且逐年增多。根据市四方合作会议精神和"六步工作法"工作要求，闵行工会积极构建共同预防化解劳动关系矛盾"四方联动"工作机制，探索多元化解劳动争议纠纷新模式，为构建地区和谐稳定劳动关系发挥积极作用。

一、完善顶层设计，提升"4＋X"工作格局

1. 优化制度体系建设。区、街镇政府与工会联席会议将如何深入做好劳动关系协调工作列为重要议题，给予高度重视和经费等保障，同时将厂务公开民主管理小组与和谐劳动关系创建工作小组合二为一，每年定期召开工作会议进行部署。以创建和谐劳动关系为统领，以妥善化解地区劳资矛盾、推进协调劳动关系体系建设为目标，着力形成了"2＋1＋3＋X"制度体系。由区创建领导小组制定的《闵行区和谐劳动关系创建活动实施意见》和区政府制定的《深化劳资矛盾预防调处工作的实施意见》；区总工会制定的《闵行区关于非公有制企业工会协调劳动关系体系建设的实施意见》；区总工会会同区人社局、司法局、法院联合下发的《共同加强本区劳动关系矛盾预防化解工作的意见》《闵行区关于加强劳动争议联合调解工作的实施方案》《关于进一步加强闵行区工会法律援助工作的实施意见》《关于进一步加强劳动争议诉调对接工作方案》以及"四方联动"机制下持续出台的各类保障措施等构成。

2. 深化多方合作内涵。区总工会在"四方联动"原成员单位的基础上，

不断深化拓展，与区政法委、区公安分局、区信访办等9家单位联动，建立了"4+X"多方合作协调劳动关系工作机制。合作内容也从联合调解、法律援助逐步向民主管理、集体协商、法治宣传、法律监督、法律体检等方面不断拓展。此外，明确各方劳动争议多元化解职责分工，既有侧重又有协同。区总工会重点牵头调处利益型劳动争议，指导企业履行民主程序，区人民法院依法做好劳动争议案件审判和法律引导，与人社局探索定向法律监督和专项监督检查的合作，与司法局形成差异互补的法律援助模式。各部门定位明确，各司其职，协同配合，共同预防化解劳资矛盾。

3. 构建多元化解新格局。以"四方联动"机制为基石，夯实劳动争议联合调解"四级网络"，发挥劳动关系"四色预警""三方会审"等机制作用，坚持从源头治理、法治引领、改革创新、多元化解，建立将矛盾化解在萌芽状态中的多元化解工作格局。积极推进劳动争议调处"网格化"布点，提升联合预警、三方会审、联合调解、法律监督、法律体检、法律援助、就业援助等工作力度，并将其纳入对街镇工会的考核督查内容。同时，区总工会与区经委、人社局、政法委、信访办、人民法院等部门实现预警信息实时共享，在14个街镇打造劳动争议联合调解模式，逐步实现程序衔接，共同加大预防和化解劳动争议领域的矛盾纠纷，切实发挥工会参与劳动争议多元化解矛盾纠纷中的作用，依法维护职工合法权益。

二、发挥多方优势，强化"四方联动"多元化解

1. 建立健全群体性劳资矛盾预警预防机制。建立劳资矛盾隐患信息日报、周报以及重大预警时时报告制度，涉及劳动力调整过程中劳动关系处置情况和涉及职工切身利益等重大事项，一旦发现有苗头性、倾向性问题，与区经委、人社、法院、司法、信访等部门实现预警信息实时共享，会同相关部门进行风险评估，对有改革调整计划的企业进行实地走访，充分发挥工会组织自身优势，指导企业依法依规履行协商民主程序，维护职工合法权益。对企业重大劳动力调整开展"三方会审"，通过对劳动密集型企业的前期会审指导，有效帮助这类企业实现劳动关系平稳过渡。2020年新冠肺炎疫情期间，发出倡议书和集体协商操作指引，倡导劳资双方本着"有事好商量、遇事多商量"原则解决矛盾，区、镇两级工会共参与企业劳动关系调整"三方会审"93起，通过完善民主程序有效化解劳资矛盾。其中，工会重点指导的内容：

一是帮助企业完善协商方案，规范协商程序，确保方案的合法、合理、合情；二是教育引导职工依法理性表达诉求，在民主协商机制下，与企业开展集体协商；三是帮助企业建立健全集体协商制度和厂务公开民主管理制度，发挥其作为化解劳资矛盾的首道"防火墙"作用。

2. 深化群体性劳资矛盾多元化解模式。坚持"预防为主、基层为主、调解为主"的工作方针，通过加强制度分析和方法创新，推进劳动关系矛盾处理关口前移、重心下移，努力把矛盾化解在源头，化解在基层。在区各有关部门的支持配合下，区职工法律援助中心及分中心的建设不断完善。目前，已建成区级中心及分中心7个，街镇级分中心14个，园区（村、楼宇）站点91个。针对区域内群体性劳资矛盾双方突发事件的调处，区总工会牵头重点做好对职工利益诉求的梳理汇总和集体协商谈判的指导工作，教育引导职工从无序的纠纷走向有序的协商。

3. 加强工会法律援助服务和劳动法律监督。坚持"正向推进"与"反向倒逼"相结合；坚持定向、专项和联合法律监督相结合；坚持推进工会组建、集体协商和职代会建制"三项基础工作"相结合；坚持维权与维稳相结合，既维护好职工的合法权益，也维护促进企业的正常经营发展。针对群体性劳资矛盾突发事件，未能通过协商调解与企业达成一致的职工，主动实行工会法律援助与司法法律援助的有效衔接，完善互补差异化服务体系，对职工合法劳动权益诉求实现"零门槛"援助服务，努力实现"应援尽援"。2020年，闵行工会法律援助案件共18 799件，涉及职工19 292人。其中，法律咨询6930件、代写法律文书280件、协商调解10 749件，调解成功率达78.32%、代理仲裁诉讼840件，为职工挽回经济损失32 643万元。同时，针对涉及"关停并转迁"的企业，由工会牵头，积极发挥工会组织作用，推进工会法律援助与就业援助工作相融合，为下岗失业人员、困难职工家庭家属等群体实现再就业助力护航。针对发生群体性劳资矛盾突发事件的企业和严重侵犯职工合法权益的企业，联合区劳动监察大队、社保中心等部门开展工会定向劳动法律监督。2020年，区、镇两级工会共参与劳动法律监督检查企业115家。

三、聚焦重点领域，探索创新工作模式

1. 共建共享，深化劳动关系体系建设。闵行区通过开展非公企业协调劳动关系三年行动计划，统筹推进"四位一体"体系建设。针对小微企业众多

的现状，制定了《区域性/行业性集体协商和职工代表大会制度实施办法（试行）》，加快培育民主管理示范企业，形成了以点带面的辐射效应。疫情复工首日即发出倡议书并推出《关于疫情防控及复工复产期间企业与职工开展集体协商操作指引》，加大集体协商政策解读，引导广大职工与企业本着"有事好商量、遇事多商量"原则，同舟共济、共克时艰。岁末年初，针对留沪职工再次发出倡议，倡导职工留沪过年，企业加大关心关爱，共同促进企业稳定发展。目前，全区企事业单位建立独立职代会制度 4146 个，覆盖企业 9747家，覆盖职工 41.15 万人；签订集体合同 1976 份，覆盖企业 7356 家，覆盖职工 26.53 万人，实地实体建制率达 90%以上。

2. 数字赋能，探索"云系列"服务。结合网络化数字化时代转型，推出一系列工会"云服务"，为稳定劳动关系设置新型"安全阀"。一是及时汇编发布各类防疫政策、劳动保护安全措施、集体协商工作提示等内容，还拍摄制作了 18 期心理防"疫"微课堂和劳动关系防"疫"微课堂"云宣传"；二是牵头对重点企业及行业提供集体协商等方面的在线指导服务，了解掌握职工的思想动态并开辟维权咨询热线，及时提供"云指导"；三是建立了区、镇总工会和企业工会专门的集体协商工作指导服务群，为劳资双方提供专业"云协商"；四是结合"会聘上海"小程序，举办"悦动闵行·乐享工惠"工会主席送岗位就业直播等系列活动，重点对"关停并转迁"企业职工和困难职工及其家庭成员提供"云招聘"。

3. 打造品牌，加大普法宣传。通过再造升级"闵工学堂·职工身边的法"法律课堂、"百千万"职工法律服务行动、"知法于心·守法于行"法律知识竞赛、"尊法守法·携手筑梦"服务农民工公益法律服务行动、"应援尽援"职工法援服务站点等"五大法宣品牌"，以项目化运作模式，通过专题培训、线上线下法律知识竞赛和线上微课堂等多种形式载体，不断深化职工法律公益服务。新冠肺炎疫情期间，通过开展"集体协商百日行"活动，以组织一场现场实训、发起一场集中要约行动等"十个一"活动为抓手，督促指导企业在重大改革调整或变更劳动用工制度过程中规范民主程序，减少矛盾隐患。每年还联合区应急局、区融媒体中心举办"知法于行、守法于心"闵行职工线上法律知识竞赛活动，2020 年参赛人次达 35 万人。

4. 创新策源，探索诉调对接工作。闵行工会立足"四方联动"机制优势，不断探索更深层级联合，2020 年进一步加强与区人民法院在劳动争议诉调工作方面的联动，在区仲裁院对接中心、虹桥商务区等地试点成立劳动争议巡回法庭，同时配套成立区职工法律援助分中心，将工会调解的柔性、便捷性与仲裁、法院裁判执行的刚性、权威性相结合。建立健全"法院—工会"劳动争议诉调对接机制，会同仲裁、法院完善委派委托调解办法，有效嵌入工会法律援助服务，"一站式"提供法律咨询、协商调解、诉讼指导、代理案件等服务，对接实施"咨询—调解—仲裁—审判—执行"全流程法援工作体系，确保工会与仲裁院和法院立案、审理、执行各部门之间无缝衔接的调裁诉对接机制切实落地，打造为职工维权的"一条龙"工会法援服务。

宝山区有效集聚社会多方力量
扎实做好职工维权维稳

宝山是上海的北大门，地处长江、黄浦江、东吴淞江（蕰藻浜）三江交汇处，占据着通江达海的区位优势，既是郊区里的中心城区，也是中心城区里的郊区。宝山区域面积近 300 平方公里，下辖 3 个街道、9 个镇、2 个工业园区。常住人口约 210 万人，其中来沪人员 75.2 万人，户籍人口城市化率超过 96%。区内企业 9163 家，其中非公企业 8801 家，占比达 97%，贡献 80% 以上税收，承担 85% 高新技术成果转化项目，吸纳 80% 以上城乡就业，是区域经济发展的主力军、科技创新的主阵地、吸纳就业的主渠道。

在全总、市总指导下，宝山探索形成了非公企业工会改革"顾村经验"。近年来，为充分释放改革效应、服务科创中心主阵地建设，在市总工会预防化解劳动关系矛盾"六步工作法"工作指导下，持续深化工会改革，加强协调劳动关系制度建设，创新探索有效集聚社会多方力量，健全制度体系、突出维权主责、培育特色品牌、强化队伍保障、夯实阵地建设，扎实做好职工维权维稳工作，共同维护区域劳动关系的和谐稳定。

一、健全制度体系，着力完善协调劳动关系工作机制

一是区镇两级全覆盖建立政府与工会联席会议制度。区级和 14 个街镇园区两级联席会议，进一步深化会议议题，重点围绕构建和谐稳定的劳动关系、产业工人队伍建设、提升一线职工安全生产意识、加大职工权益保障以及促

进工会事业等内容提出问题并予以落实，切实发挥联席会议制度实效。

二是区镇两级持续优化"三方协调"机制。街镇（园区）三方共同落实群体性劳资纠纷排摸、计划关停迁企业排摸等，实现信息互通共享，处置协同联动。按照属地管理、快速响应、分级管控、分类处置、共同参与原则，在企业隐患暴露前就提前介入指导，做到"早发现、早预警、早预案、早介入、早处置"；明确涉及员工不足50人的，由街镇（园区）三方机制处置，50人以上的，提请区三方机制处理的工作流程。

三是持续深化拓展"四方联动""4+X多方合作"。发挥好工会的牵头、协调和服务作用，强化"四方"成员单位的工作联动，在此基础上，不断深化拓展，与区政法委、区公安分局、区信访办、区经委、区国资委、区网格化中心等多家单位建立联动机制，实现"4+X"多方合作协调劳动关系机制。

二、突出维权主责，深化拓展"六步工作法"预防化解机制

一是强化信息排摸和源头化解。每年年初开展年度调研排摸，通过街镇园区工会排摸、与人社、国资委、经信委等有关方面的信息互通，及时掌握面上各类企业调整改革的总体情况，近三年来共排摸上报具有重大改革调整计划、须重点关注企业153家。开展物流货运行业职工定向排查，关注利益诉求和队伍稳定情况，及时排查处置网络舆情。通过引导基层工会当好第一发现人、第一知情人、第一报告人，畅通职工线上线下维权咨询渠道等，强化职工诉求信息的收集整合、分类处置。加大"上代下"工作力度，由上级工会主动与企业直接沟通协商，当好第一协调人；由工会代表和协助职工与企业先行协商，把劳资矛盾化解在源头。2020年工会群体性劳资纠纷主动参与率和权益受损职工法律援助率均接近100%，工会群体性劳资矛盾预警预防化解率达到93%，工会代表职工与企业协商化解纠纷率接近70%。

二是深化多方联动和多元化解。在信息排摸和源头化解基础上，区总工会持续深化与法院、人社、司法等"4+X"多方协调劳动关系六项工作机制，包括：定期沟通机制和重大事项会商机制、劳动关系矛盾"四色预警"机制、劳动争议多元化解工作沟通会商机制、新业态就业群体合法权益维护机制、民主管理集体协商提质增效机制、教育培训和普法宣传的联动机制。

三是规范提升应援尽援法律援助服务。工会与相关部门加强统筹协调，

建立劳动关系矛盾相关信息排摸与预警预防、劳动争议化解与联动调处。2017 年起，设立"宝山工会律师接待日"，每周安排工会律师深入街镇园区、小二级工会等开展接待咨询；聚焦 10 人以上群体劳动争议、聚焦面临重大改革调整的企业、聚焦灵活就业群体和新就业形态职工，站稳职工立场，切实做好法律援助服务工作，做到零门槛应援尽援，促进劳资纠纷妥善处置。近三年来，累计受理法律援助案件 4963 件，涉及职工 6486 人次，为职工挽回各类经济损失 1.11 亿元。依托"1 + 3 + 14 + 100"三级职工维权服务平台，强化案前、案中、案后的评估、管理、跟踪。规范阵地、人员、案件三要素管理，对工会律师全年办案质量、胜诉率、挽回损失等情况进行分析评定。规范流程管理、强化结果跟踪，进一步提升职工法援工作的覆盖广度、服务力度、管理深度。

三、培育宝山特色品牌，努力营造守法经营、依法用工、理性维权的社会氛围

一是多措并举推进工会劳动法律监督工作。自 2018 年起，工会牵头与人社、应急管理、市场监督、公积金等部门密切配合，建立区、街镇（园区）两级劳动法律监督检查联席会议制度，齐抓共管，积极开展劳动法律监督检查工作。具体实施中，注重成员间的协同配合，由职能单位牵头，其他成员单位分别派出 1~2 名检查人员，组成联合监督检查小组实施劳动法律监督检查，打破了政府部门限于职权范围的"各自为政"，形成了齐抓共管的"统一阵线"。建立矛盾隐患处置三级响应机制。对发现存在劳动关系矛盾隐患企业进行分析分类，建立 Ⅰ、Ⅱ、Ⅲ 级响应机制。对在监督中发现的违法违规问题，主动代表职工与企业交涉、协调，尽量通过协商、调解等方式解决劳动争议。近三年来，共约谈或上门督导企业 28 家，全面提升劳动法律监督质效。推动街镇监督从定期化向常态化转变。2021 年一季度，聘任了 29 名街镇园区劳动保障协管员为工会劳动法律监督员，由区总或街镇（园区）工会拟定监督名单，对存在劳资矛盾隐患，损害职工权益，未组建工会，集体协商、职代会制度的企业进行上门监督，深化形成政府和工会监督检查合力。近三年来，已累计开展联合法律监督行动 156 次，覆盖企业 6869 家，发出"两书一函"8 份。

二是探索形成参与企业重大改革"一二三四五"工作机制。聚焦维权维

稳一个核心，拓展"线上线下"两条渠道，依托三级工会组织优势，强化"四点工作法"——找准矛盾点、定位化解点、达成平衡点、跟进接续点，最后统筹法律援助、就业服务、技能提升、心理疏导、帮困救助"五联动"工作机制，稳妥有序处置企业重大改革调整事件。新冠肺炎疫情期间，共指导298家企业开展集体协商，形成典型案例40篇，有3篇案例被《工人日报》和《劳动报》刊登。

三是充分发挥行业工会预防预警和联合调处优势。新就业形态群体，用工形式灵活、劳动关系模糊、流动性大、工作时间和工作场所不固定。如何把他们凝聚起来，行业工会是一个重要的突破口。2018年宝山成为全国首批货车司机集中行动试点单位之一，从服务区域发展大局着眼，从构建组织体系入手，从监管模式创新破题，目前已完成物流货运等7家区级行业工会建设。对在社会治理中产生的苗头性、倾向性矛盾，做到早发现、早报告、早介入。

四、夯实阵地建设，打造全方位社会化职工维权服务网络

一是运用"一网二热线"（宝山工会微信公众号"法援直通车"专栏、工会法律援助热线、工会法援律师值班热线），为本区职工和企业提供持续在线的法律咨询服务。

二是在全区范围内构建"1＋3＋14＋100"的三级职工维权服务网络，"1"即区级职工法律援助服务中心，"3"即区总工会分别设在人社仲裁、劳动监察、区法院的职工法律援助分中心，"14"即在14个街镇园区设立的职工法律援助分中心，"100"即设在"小二级"园区、户外职工爱心接力站的近100家工会法律援助服务站、联络站。

三是进一步联合法院、人社局、司法局，资源共享、优势互补、齐抓共管，形成了涵盖149个劳动关系协调职工维权服务网络，在宝山地域内平均不到2平方公里就有一个服务站或联络站；其中，建在"小二级"园区、楼宇的工会法援服务站每周定期安排专业人员接待咨询、协商调解；建在户外职工爱心接力站（银行、电信网点、邮局等）的工会法援联络站，通过手机扫码方式，即可让基层一线职工、灵活就业职工在歇歇脚、喝口水、充点电的同时也能获知有关劳动法律法规，获取维权服务渠道、信息站点、扫码线上咨询等，实现送"法"到身边，服务零距离。

五、强化队伍保障，配齐配强维权维稳专业力量

一是工会社工。工会社工是市总工会致力于工会工作者职业化、社会化道路的一种探索，并以此来孵化培育职工维权服务类社会组织。目前宝山通过定向招录、公开招录等方式，建立近百名规模的工会社工队伍，按照每个街镇园区 3~5 名，重点行业工会货运物流、物业、餐饮、建筑、环卫、家政 1~2 名的原则派出。每个街镇园区 3~5 名社工中有 1 名专门从事协调劳动工作，具备劳动关系协调员资格。

二是劳动关系指导员。区总工会聘用法院、人社（仲裁、监察）、司法、企事业单位从事劳动关系协调、人力资源、法务、工会工作的退休人员，成立区总工会层面劳动关系指导员队伍，目前 8 人，按照每 1~2 个街镇配备 1 名的原则，指导各街镇（园区）企业的集体协商、民主管理、法律监督、法律援助、劳资纠纷调处等工作，按照"区块联络"与"条线牵头"相结合的分工模式，确保每个街镇（园区）有区块联络责任人，每位指导员有牵头负责的 1~2 项条线工作，分工明确，协同配合。

三是工会志愿律师。通过与区内 5 家律所签约合作，16 名专业从事劳动争议案件的律师成立宝山区职工法律援助志愿律师团，到区职工法律援助中心、工会设在区人社、法院法援分中心、职工调解室、各个街镇园区分中心、"小二级"园区法援服务站值班接待职工咨询、调解、指导企业开展协商、参与群体性劳资纠纷的处置、代理劳动仲裁、诉讼职工法律援助案件，区中心周一到周五全天候，各分中心及服务站每周一天及按需预约。

此外，区总还打造"小宝话维权""宝工惠云课堂""劳动关系月月讲堂"、民主管理和集体协商、法律援助、两个十大案例评审发布等法律宣传特色品牌，采用多样形式宣传政策举措，一方面将劳动用工政策措施举措广而告之，教育引导广大职工与企业共商共量，依法理性表达诉求；另一方面定向告知、培训基层工会干部，指导各级工会切实做好政策的宣传引导工作，全力维护职工合法权益，促进劳动关系和谐稳定。

金山区总工会打好"法援、法宣、监督、协商"四张牌

金山区总工会深入学习贯彻习近平新时代中国特色社会主义思想和十九大及其历次全会精神，按照区委、市总工会关于劳动关系领域相关要求，全力推进"四方联动"工作模式，为职工提供"应援尽援"法律援助"零门槛"服务；围绕"七五"普法重点，创新打造"鑫工说法"宣传品牌；牢固树立和强化主责主业意识，定期开展工会法律监督；发挥民主管理作用，督促企业做好集体协商工作。

一、落实"应援尽援"，以"四方联动"为工作路径，做好法律援助"零门槛"服务

1. "三步走"黏合"法院＋工会"，扎实推进诉调对接。第一步，建立诉调对接工作机制。在"四方联动"大框架下，建立工会法院工作例会、专题研讨会等制度，每季度共同对本区企业用工情况和趋势、劳动争议纠纷中反映的热点难点问题进行分析、研判，寻找解决问题的办法措施，形成规范化、制度化、常态化诉调对接工作模式，为全区职工提供更多劳动争议法律援助资源。

第二步，启动诉调对接窗口接待。根据双方签订的《关于加强劳动争议纠纷化解　推进和谐劳动关系建设合作纪要》，2019 年 1 月，区总工会在区人民法院诉讼服务中心设立职工法律援助分中心，通过购买第三方服务选派律师窗口值班，每周一和周四下午为职工免费提供法律咨询，做到"应援尽援"，也破解了法院立案大厅窗口少、工会专业力量不足的难题。

第三步，升级诉调对接联动模式。2020 年 7 月 8 日，金山法院与工会召开专题会，围绕改革背景下如何进一步深化法院与工会诉调对接工作进行研讨，并达成共识。9 月 1 日，在保持原有法院立案大厅窗口值班制度的基础上，增设朱泾法庭"劳动争议诉调对接工作室"，增派 2 名专职劳动关系指导员，每个工作日轮流值班，为职工提供劳动争议诉前调解等服务。

2. 搭建多级工作平台，资源整合形成合力。一方面，切实推进区政府与

工会联席会议制度，按照《金山区人民政府办公室关于本区建立完善政府与工会联席会议制度的意见》，为政府及时了解和回应职工意愿和重大关切，也为工会从宏观上、源头上协调劳动关系，实现好、维护好、发展好职工群众的根本利益有效实施了机制保障。另一方面，突出构建和谐劳动关系，与区人社局联合推动"上海市和谐劳动关系达标企业"创建活动，共同召开和谐劳动关系创建工作会议；借力创建和谐劳动关系企业契机，大力推动企业工会组建、职代会和集体协商等规范化建设。

二、落实普法任务，以"鑫工说法"为法宣品牌，持续创新普法工作模式

1. 严格落实明确责任，科学规划有序推进。按照全总工会、市总工会"七五"普法规划的安排和部署，区总工会把普法作为工会的一项重要工作列入议事日程，建立了工会主席任组长、分管副主席任副组长、相关部室负责人为成员的普法教育工作领导小组，并结合工会实际制定了《关于在金山工会工作者和职工中开展法治宣传教育的第七个五年规划（2016－2020年)》，做到普法与工会工作同计划、同布置、同推进、同落实、同总结、同考核。

2. 突出工会品牌阵地优势，有效发挥新媒体作用。区总工会着力打造"鑫工说法"品牌，以职工需求为导向，充分运用"鑫工说法"之"微型法治课堂"网上预约及定制课程功能，推动法宣精准化"进园（社）区、进企业、进车间、进班组"。同时，定期在"鑫工号""鑫工友"微信公众号、"抖音APP"发布由专业律师制作的发生在金山的职工维权案例，用生动形象的新媒体手段增强案例可读性、观赏性。

3. 区级、街镇、基层多级联动，形式灵活重实效。区总工会力推"鑫工说法＋"，结合农民工法治宣传教育，每年以四场主题活动为主体，按照活动主题设计实施方案，引入模拟仲裁、职工说法等新颖的法律宣传方式，增强活动互动性、吸引力。同时，加强与各街镇总工会、基层工会联办，鼓励结合区域实际增加法律宣传自选动作。如枫泾镇总工会在活动中做到"三结合""三同时"，把"鑫工说法"与"沪浙联动""百姓课堂""活力鑫工会"相结合，"同时布置、同时做方案、同时实施"，大大提升了活动实效。

三、落实法律监督，以"排摸预警"为工作手段，切实保障职工合法权益

一是贯彻落实全国总工会关于进一步加强工会劳动关系发展态势监测和分析研判机制建设，组织全区 20 家企业作为劳动关系监测点，每季度向全国总工会实时报送劳动关系相关数据。二是开展本区企业改革调整情况排摸统计工作，摸清本区有改革调整任务企业的基础数据，加强实地走访、现场指导，促进企业劳动关系处置平稳有序。三是开展线上问卷调查，2020 年新冠肺炎疫情初期，区总工会随机对全区 50 家企业进行复工复产情况调查，了解掌握企业复工复产过程中用工、劳动关系等方面所面临的问题、困难和需求，为区相关部门制定政策提供决策参考。四是建立工会劳动关系工作"日报""周报"机制。2020 年新冠肺炎疫情发生伊始，区总工会迅速建立劳动关系工作群，形成上下快速沟通和每日上报机制。同时，为及时掌握疫情影响下劳动关系领域的新变化，区总工会将机关干部充实到区法律援助中心窗口，在加强工作力量的同时，第一时间掌握动态，并实施金山区职工法律援助工作周报机制，供区总工会领导决策参考。

四、落实民主管理，以"集体协商"为重要抓手，促进企业和谐稳定发展

一是普遍推动集体协商，提高一线职工收入。一方面，在实际推进中，金山区针对企业的不同情况，分类指导推进。以协商工资增幅和福利待遇为突破口，推动生产经营正常的企业建立工资正常增长机制；以按时足额发放劳动报酬为突破口，推动生产经营困难的企业建立工资支付保障机制；以行业职工工资增长幅度、行业最低工资标准、一线职工岗位津贴标准、劳动定额标准等作为工作的突破口，推动行业工资集体协商。另一方面，推动落实2019~2021 年上海市集体协商提质增效三年行动计划，认真组织开展相关自查工作。

二是下发了《2020 年征集疫情防控企业复工复产集体协商典型案例的通知》，要求各直属工会充分发挥民主管理、集体协商的作用，持续关注本地区、本行业复工复产企业劳动关系情况，收集集体协商典型案例，促进企业尽快有序复工复产，切实维护好社会稳定和经济发展大局。

徐汇区总工会立足维权维稳深化"四方合作"

徐汇区总工会有直属工会组织 40 个，包括 13 个街道（镇）总工会、10 个区属国有集团公司工会、11 个系统工会及 6 个直属工会。截至 2020 年年底，全区共有基层工会组织 1854 个。其中，机关事业单位工会 299 个，会员 29 033 人；区属国有集团公司工会 109 个，会员数 6935 人；非公企业工会 1446 个，会员250 913人。

一、工作力量配置

群团改革以后，区总工会设置"三部一室"，工会法律工作职能具体由权益保障部承担。在工会法律服务和工作阵地、机制上，形成"双合署""双协同"模式。"双合署"主要指，区总工会直属事业单位徐汇区职工援助服务中心设立法援部（法援中心），与区人社局劳动接待窗口合署设置；在区法院诉调对接中心设立工会接待窗口，合署开展好劳动案件的调解工作。"双协同"主要指条块协同、专兼职队伍协同，一方面区总工会两个法援接待窗口与街镇的接待窗口形成条块工作联动，另一方面区总工会的劳动关系专职指导员队伍与法律顾问团、职工法律志愿者、工会社工等兼职队伍形成联动，把工会的法律服务全覆盖全过程闭环贯穿于法宣（法治宣传）、法检（法律体检）、法援（法律援助）、法调（劳动关系调解）、法监（法律监督）五大环节中，通过工会搭台、部门联动，为职工群众提供全方位、多角度的法律服务。

二、劳动关系情况

2020 年，徐汇区共受理各类劳动关系案件10 971件（其中：监察案件1174 件、调解案件5703 件、仲裁案件4094 件）。就案由分布而言，涉及劳动报酬的案件4388 件，占 40%；涉及劳动合同的案件3664 件，占 33.4%；涉及劳动保护及福利待遇的案件625 件，占 5.7%。就行业分类而言，科技与信息服务业占比30.1%，商业服务业占比29.8%，批发零售业占比10.8%，其他行业占比均在10%以下。

2020 年区总工会接待职工咨询来访 7849 人次，现场参与调处群体性纠纷 15 起，提供法律援助 1913 件（其中参与劳动争议调处 1716 件（全区同期调解受理 5703 件，占比 30%）；参与仲裁诉讼代理 197 件（全区同期仲裁受理 4094 件，占比 4.8%）。开展工会劳动法律监督检查 67 家。

三、基本工作机制

（一）注重源头防控，建立预警预报制度

区总工会通过各级工会不定时开展的劳动争议隐患排摸、"96116"全天候职工维权热线、"徐汇工会"官方微信舆情监测等，掌握本区劳动争议预警形势，并充分利用工会和人社局、司法局、法院"四方合作"相互预警预报机制和联席会议制度，做到信息及时共享，实现预警联动工作的常态化。例如在 2020 年 2 月企业复工复产的特殊节点，区总工会、各街道镇总工会工作人员、工会专业社工、劳动关系指导员通过实地走访、电话、微信等方式对徐汇区的企业复工、复产状况进行排摸，并向相关企业宣传了疫情防控期间各级政府关于企业平稳健康发展的相关政策，共计排摸企业 5666 家。同时区总工会与区工商联组成调研小组重点对 7 家单位分别进行了全方面、深入式排摸。通过抓好劳资纠纷隐患排摸工作，将劳资纠纷隐患及早发现、及早调处、及时上报，充分发挥工会组织依法维权、主动维权、科学维权的作用，进一步维护职工权益、构建和谐劳动关系。同时用好"上海工会预防化解群体性劳动关系矛盾履职通报平台"，各级工会职责明确，推动工作有序开展。2020 年徐汇区各级工会共上报群体性劳资纠纷 1 起，同比下降 83.33%；上报预警案件 9 起，同比减少 67.86%；上报工程款及其他纠纷 14 起，同比减少 26.32%。

（二）强化事中协调，形成多元化解机制

区总工会与区人社局、区司法局等部门制定了《徐汇区群体性劳动关系矛盾处置应急预案》《徐汇区各街镇劳动争议调解组织联调联动实施办法》，与区法院签订了《劳动争议预防化解合作协议》，在职工法律援助中心建立了区劳动人事争议联合调解中心工会分中心，在法院诉调对接中心成立了徐汇法院诉调对接中心工会法律援助工作站，在区、街镇层面形成了横向互动、上下联动的较为成熟的群体性劳资纠纷联动联调机制。同时积极推动建立调裁执联动机制，减轻当事人维权成本，及时有效化解劳资矛盾，切实发挥

"四方联动联调"机制的优势作用。同时发挥职工法律援助中心与劳动仲裁零距离办公的优势，构建起"接待咨询—工会调解—法律援助"无缝衔接的直通式维权体系。

（三）推进事后监管，深化劳动法律监督制度

定期开展工会定向劳动法律监督检查及女职工特殊权益保护、农民工工资等专项执法检查，并依托区事中事后综合监管平台"双随机"板块，每年随机抽取 5% 左右严重侵犯职工权益的企业开展监督，对发生群体性劳动纠纷的企业，实施 100% 的工会劳动法律监督。对拒不整改的企业，区总工会开具工会劳动法律监督整改意见书、建议书，督促企业依法规范劳动用工管理，健全完善劳动规章制度，切实保障职工权益。2020 年共上门检查了 67 家单位，其中涉及农民工工资支付情况专项检查 55 家单位；涉及严重侵犯职工权益专项检查 12 家单位。2021 年 3 月，区总工会联合区人社局、区妇联开展维护女职工劳动权益专项检查工作，共抽查了 6 家女职工人数占比相对较高的企业，同时将女职工劳动权益保护专项检查落实到全区各个街镇，委派区总工会劳动关系指导员与街道镇总工会一起合计检查了 185 家单位。

（四）聚焦法治宣传，建立普法宣传教育机制

一是加强工会干部法治宣传教育。以《工会法》《工会章程》等为主要内容，建立学习培训制度。企业工会主席、工会社会化工作者、基层单位的职工代表、集体协商代表、劳动法律监督员、劳动争议调解员、兼职仲裁员、劳动保护监督检查员和班组长的法律培训比例基本达到 100%。在工会各类培训中融入法治教育内容，保证法治培训课时数量和培训质量，全面提升工会工作者法治素质。二是加强职工特别是农民工的法治宣传教育。组织开展"尊法守法·携手筑梦"服务农民工法治宣传行动，进一步做好新形势下农民工法治宣传工作。以《劳动法》《劳动合同法》《社会保险法》《安全生产法》《工伤保险条例》《保障农民工工资支付条例》等法律法规为重点，通过开展法律知识讲座、送法进企业、编印发放宣传手册等多种形式，帮助广大职工特别是农民工提高法治意识、增强依法维权能力。把法治教育与法律服务结合起来，强化法律维权"三位一体"建设，切实提高广大职工依法维权、理性维权的能力。

奉贤区总工会源头参与主动作为

近年来，奉贤区总工会从履行主责主业和满足职工现实需求出发，持续深化本区工会预防化解劳动关系矛盾工作，进一步推进奉贤区总工会协调劳动关系体系建设，站稳职工立场，积极推动新形势下职工合法权益有效维护，形成了多元化、多层次、全方位的工会维权维稳机制，确保劳动关系和职工队伍总体和谐稳定。

一、基本情况

1. 工作体系。奉贤区总工会突出工会维权主责主业，探索完善多元参与下的劳资矛盾协调机制，不断拓宽法律援助、法律监督、集体协商和民主管理"四位一体"工会维权能力；夯实劳动争议纠纷调处区、镇（街道）、村（居）、企业"四级网络"；积极推进基层职工维权工作站规范化建设，全面实施"四个一"工程；做实法律咨询、代写法律文书、调解劳资纠纷、代理仲裁诉讼工会劳动争议法律援助"四项服务"；通过不断完善工作架构，延伸拓展维权覆盖能力，逐渐形成"一站式""枢纽型"服务体系。

2. 劳动关系现状。当前我区劳动关系总体和谐稳定，矛盾基本可控。但是受到宏观经济形势、产业结构调整以及新冠肺炎疫情等因素影响，劳动关系矛盾仍处于多发期。2020 年，全区共调解成功案件 3283 件，为职工挽回经济损失达 6802 万元。截至 2021 年 3 月底，区、镇两级调解组织共调处案件 829 件，含群体性案件 36 件，比上年同期增长 72%，其中，区级联调中心工会分中心共调处案件 240 件，比上年同期增长 30%。根据对案情的分析，涉及主案由为劳动报酬的案件占受理案件总数的 59%；解除、终止劳动关系的案件占受理案件总数的 21%，同时有部分劳务派遣公司因轮换用工、派遣和外包混用等不规范用工引发的劳动争议，存在一定的矛盾隐患。

二、主要做法

2020 年以来，奉贤工会立足"新片区西部门户、南上海城市中心、长三角活力新城"区域发展定位，聚焦"东方美谷、未来之城"战略布局，突出主责主业，履行工会职能，在直接参与疫情防控、关心服务职工、推动复工复产、维护职工队伍和劳动关系和谐稳定等方面奋发努力，并在市总劳动关系部的具体指导帮助下，积极寻找更有效的"破题"办法，探索实施工会预防化解劳动关系矛盾"六步工作法"，创新工作机制，打造奉贤特色，有效促进劳动关系和谐稳定。

（一）发挥工会组织优势，劳动关系工作关口前移

积极排摸劳动关系领域的不稳定因素，做到问题早发现、风险早预警、协商早介入、工作早指导，着力发挥工会在源头参与、矛盾调处、权益维护中的机制性作用。区总工会聚焦重点企业和人群，将日常性排查与专项性排查有机结合，充分运用上海工会群体性劳资纠纷预防调处平台，完善群体性劳资纠纷"日报告""月分析""季督查""半年通报"等制度，加大主动参与化解处置工作力度，维护职工合法权益切实维护劳动关系领域政治安全。进一步加强对劳资纠纷的成因、特征等分析，推动工会在预防化解劳资纠纷中精准施策，努力从源头上减少劳资纠纷的发生。

（二）主动融入发展大局，积极推进企业民主管理工作

在 2020 年新冠肺炎疫情出现后，第一时间向全区各级工会发出协助企业做好复工复产的通知，并联合区企联、区工商联共同出台全市首个《关于做好新型冠状病毒感染肺炎疫情防控期间企业与职工民主协商稳定劳动关系的指导意见》，指导企业和职工开展应急应事、一事一议的灵活协商，通过民主协商解决劳动关系矛盾，确保本区劳动关系总体稳定。努力探索集体协商建制新途径，倾心打造提质坚持增效"升级版"，积极开创集体协商工作新局面。坚持以有政治身份企业经营者"六带头"为引领，扎实深入推进集体协商建制工作。2020 年全区新签订和有效期内的综合集体合同和工资专项集体合同 1263 份，覆盖企业 3908 家。集体合同建制率和工资专项集体合同建制率达到 98％；在全区建会企业中组织开展为期三年的集体协商星级企业创建活动，引导企业依据不同层级标准，逐步规范协商行为，渐进改善协商质效，并要求至 2021 年年底，符合三星级标准及以上的单位占本地区、系统内开展集体协商企业的 60％以上。

（三）深化维权服务机制，切实维护广大职工合法权益

不断夯实调解阵地建设，构建"多层次"调解组织，实现全区布网，形成多层级、全覆盖的劳动争议专业调解网络，优化调解组织架构，在第一时

间洞悉、干预、控制劳资纠纷的蔓延，现有街镇工会劳动争议（品牌）调解工作站共17家，其中品牌11家，在全区398家百人以上企业设立企业劳动争议调解室；在区仲裁院设立劳动争议联调中心工会分中心，常驻3名劳动关系指导员提供工会劳动争议法律援助"四项服务"，安排签约律师轮值接待咨询和法律援助工作。在区公共法律服务中心设立固定接待窗口，以"预约＋值班"的方式承接援助案件，做好数据共享、政策衔接、质量评估等工作，切实做到法律援助"零门槛"和"应援尽援"。与区法院建立健全诉调对接制度，在新城法庭设立工会劳动争议诉调对接工作室，选派具备相关劳动法律法规知识的劳动关系指导员担任调解员，借助诉调对接平台提前进行调解，力求将纠纷化解于诉讼之前；推进建立调裁执联动机制。建立工会—法院劳动争议案件委派、委托调解和司法确认制度，开展劳动争议多元化解试点，充分发挥劳动争议巡回法庭作用。自诉调工作室成立以来，共调解案件32件、调解成功16件，巡回法庭开庭6次。

三、下一步工作重点

（一）进一步加大劳动关系矛盾预防处置力度

加大对调整改革企业及受经济下行影响企业劳动用工情况的排摸指导。充分运用《关于促进本市企业重大改革调整中劳动关系稳定的操作指引》，帮助指导企业在改革调整中依法履行协商民主程序，确保企业改革调整的合法合规、平稳有序。会同区企联、区工商联共同实施《关于本市企业制订修改劳动规章制度的操作指引》，指导引导企业通过完善法定民主协商程序，更好地规范企业劳动用工制度，减缓劳动争议，稳定劳动关系。探索创新灵活就业群体诉求畅通矛盾化解机制。探索推进由灵活用工单位、灵活就业群体代表、行业工会及工会签约律师共同组成的对话沟通暨矛盾纠纷调处机制，努力破解灵活用工群体权益维护与经济发展难题。

（二）进一步深化完善企事业单位协商民主制度

完善集体协商质效评价标准。继续推行提质增效星级评定标准进行质效评估，积极开展集体协商模拟竞赛，以赛促学，以学促用，切实提高集体协商制度的质量和实效。推进非公企业协商民主制度建设。进一步推进非公企业职代会、集体协商等协调劳动关系体系建设，指导非公企业协调劳动关系体系建设纳入地区党建和社会治理体系。以园区、楼宇、商业街区等为重点，大力推进区域性、行业性集体协商和职代会制度，着力解决小微企业劳动关系问题。全面推进网络职代会。健全完善网络职代会系统平台，推动企事业单位充分运用网络平台，便捷高效地实现"互联网＋"民主管理，切实发挥职代会制度效能。

（三）切实加强源头参与和资源整合

着力发挥工会在三方机制中的积极作用。实施《关于贯彻实施"三年行动计划"深入推进构建和谐劳动关系的实施方案》，提炼挖掘优秀经验和做法，查找发现存在的问题和难点，并共同破题解决，促进劳动关系和谐稳定。深化完善"四方合作"机制。进一步深化完善工会与法院、人社局、司法局联动机制。在继续深化与人社部门劳动关系矛盾调处、法律援助和工会法律监督基础上，推进"法院＋工会"诉调对接的深化完善，总结试点巡回法庭工作经验。与司法局合作，共同推动职工法律援助、劳动纠纷调处、工会律师队伍建设，以及普法宣传和培训等工作。

（四）进一步做好工会法律服务等工作

全面开展法律体检服务实施项目。全面开展法律体检服务工作，年内完成法律体检服务企业 30 家。通过法律体检服务，诊断企业在规范劳动用工、完善企业协商民主、调整改革中职工队伍稳定等方面存在的风险隐患，指导企业以持续改进方式发展和谐劳动关系。继续加大工会法律援助力度。落实工会"零门槛""应援尽援"工作机制，进一步做好工会法律援助工作，更好地履行工会维护职责。继续加大工会法律援助阵地建设，方便职工就近找到工会，寻求法律援助服务。着力发挥工会签约律师力量，为工会维护职工合法权益作出更大努力。进一步做好项目化法律服务工作。以项目化形式加强基层工会法律服务能力建设，为职工提供政策咨询、调处劳动争议、提供法律援助，参与化解群体性事件，依法维护职工合法权益。联手区司法局和律师协会，继续做好"尊法守法·携手筑梦"服务农民工法治宣传行动，提高农民工依法依规、理性表达利益诉求的法治意识，自觉维护社会和谐稳定。

嘉定区劳动关系工作情况汇报

一、嘉定区劳动关系基本情况

2021 年 1 ~ 3 月，区劳动人事争议仲裁委员会受理立案劳动争议案件 982 件，较 2019 年同期上升 25.6%，涉案人数为 1067 人，较 2019 年同期上升 22.5%。同时，2020 年全区调解仲裁案件受理量首次突破 1 万件，较 2019 年上升 11.5%，案件总量创历史新高。

2021 年 1 ~ 3 月，街镇总工会依托上海工会群体性劳资纠纷调处平台共摸排上报群体性劳资纠纷预警 7 起，较 2019 年同期下降 65%。从表现形式上看，半年内将关停并转迁 4 起，占总数的 57.1%；欠薪欠保 2 个月以上的案件 2 起，占总数的 28.6%；其他情况 1 起。2020 年区仲裁院全年受理的群体性争议案件共 58 起，同比下降 34.1%。2021 年 1 ~ 3 月区仲裁院受理的群体性争议案件仅 4 件，较 2019 年同期下降 33.3%。可以说，案件数在总量创新高的同时，群体性争议下降明显。

2021 年 1 ~ 3 月，嘉定区总工会职工法律援助窗口咨询接待 1128 件，较 2019 年同期上升 37.1%（2019 同期为 823 件）；为职工提供法律援助 258 件，较 2019 年同期上升 7.9%（2019 年同期为 239 件）。

二、具体工作开展情况

近年来，随着嘉定工会协调劳动关系体系建设和"四方合作"机制的不断深化完善，劳动关系总体和谐稳定，矛盾基本可控，尤其是群体性劳资纠纷案件在 2020 年呈现明显下降态势。但受宏观经济形势、产业结构调整以及新冠肺炎疫情等因素影响，劳动关系矛盾仍处于多发期。为深入贯彻市委、市政府以及区委、区政府关于构建和谐劳动关系的要求，进一步履行好工会依法维护的基本职能，在市总工会的具体帮助和指导下，嘉定工会积极开展定向劳动法律监督。定向劳动法律监督是市总工会"六步工作法"的重要组成部分，在推动企业遵守劳动法律法规、加强工会组织和职代会、集体协商等协调劳动关系制度建设等方面发挥重要作用，有效预防和化解各类劳动关系矛盾隐患，促进劳动关系和谐稳定。

（一）强化联动，确保定向监督精准化

1. 因企制宜，开展监督。对发生过群体性劳资纠纷的企业，区总工会与区人社局共同排查企业违反其他劳动法律法规可能再度引发劳动关系不稳定的隐患，并结合"上海工会预防化解群体性劳资纠纷履职信息平台"中发生群体性劳资纠纷已结案企业的情况，确定每季度监督名单，抄报区人社局审核确认并会同区人社局对确定的企业名单实施监督。同时，对职工法律援助受理个案中严重侵犯职工合法权益的企业，与区人社局共同排查其他违法行为和潜在的群体性劳资纠纷隐患，重点监督企业劳动用工管理的合法性情况，对企业预防和化解工作予以督导。自2017年起，市总工会创设工会定向劳动法律监督以来，嘉定工会已累计开展劳动法律监督检查58次，检查企业56家，涉及职工约4871人。

2. 信息互通，重点监督。区总工会对发现用人单位存在违反劳动保障法律法规以及组建工会、职代会和集体协商制度违法情形，及时将情况通报区人社局，会同区人社局督促用人单位依法组建工会、建立职代会和集体协商制度并规范运行，对用人单位存在"三项基础工作"违法情形的，依法开具"两书"并抄报区人社局督促企业予以改正。

（二）多方协作，提升定向监督工作效能

1. 强化组织，力求实效。区总工会成立了工会劳动法律监督工作领导小组，负责对开展工会劳动法律监督工作的统一领导和统筹协调。同时，区总工会有效运用政府与工会联席会议制度平台，将"关于共同开展劳动法律监督"作为联席会议议题提出，与区人社局就劳动法律监督工作开展更加深入的合作。

2. 组建队伍，加强培训。通过民主推荐、组织考察，选拔组建了一支政策水平高、法律法规熟、业务水平精、工作能力强的工会劳动法律监督信息员队伍，切实担负起工会劳动法律监督工作。同时与区人社局组织联合培训，通过提供师资力量等方式，大力支持工会劳动法律监督员队伍的岗前培训工作，不断提升工会组织的维权能力。对经培训考核合格的监督员，由区人社局颁发工会劳动法律监督员证。

（三）创新发展，源头预防促和谐

经过多年有效实践，嘉定工会创新工会劳动法律监督方式，将关口前移，把过去的事后监督前移至事前预防上来，探索开展劳动关系用工评估。通过基层工会组织企业报名参与，联合志愿团专业律师，与企业工会主席以及人事主管等工作人员现场面对面交流、查阅资料，根据企业填写《企业用工法律检测详情表》（该表涵盖 11 个评估类别和 109 项评估事项），专业律师当场给出初步意见，事后再出具《评估报告》后进行反馈答疑。

1. 提供"三诊"服务。一是按需出诊，以需求为导向，提供评估服务。二是上门问诊，专业律师在区、镇两级工会工作人员陪同下，上门服务，当面问诊。三是事后跟诊，由区总工会汇总《评估报告》，并移交企业。若企业仍有存疑，可直接联系律师予以解答。

2. 确保评估实效。区总工会定期对实施情况开展督导评议，针对评估内容的精准性、建议的合理性、体系的完备性等方面进行监督、提出建议，不断优化服务项目、流程和标准，为促进被评估企业依法依规、健康发展提供服务保障。

目前，嘉定工会已累计为 54 家企业提供评估服务，其中国有企业 2 家、外资企业 17 家、台港澳投资 3 家、私营企业 32 家；涉及职工 13 289 人；企业从最初有所顾虑到积极参与，用工评估已经成为嘉定工会预防劳动关系矛盾的有效手段和途径。

浙江省工会经验材料

宁波市总工会探索创新劳动争议
多元化解工作机制

自被确定为开展劳动争议多元化解试点地区以来，宁波市县两级工会与同级人力社保局、人民法院，通过搭建联动平台、创新组织网络、联建多元队伍、寻求制度突破等举措，积极探索劳动争议调裁诉联动化解，基本实现资源整合、信息共享、程序衔接、制度融合的试点目标，多元解纷的活力和效能明显增强，劳动争议调处呈现"一提高、双下降"的良好态势，即调解成功率明显提高，仲裁、诉讼受案量明显下降。

一、精心谋划，有序推进劳动争议多元化解试点

根据试点要求，结合工作实际，融合工会基层网络的调解功能、仲裁裁决的示范功能和司法裁判的震慑功能，探索全过程、全方位、全覆盖的劳动争议调裁诉联动化解体系，打造劳动争议多元化解"宁波样本"。

1. 精心设计试点方案。宁波市总工会与市人力社保局、市中级人民法院多次协调，结合三方联系紧密、对接基础好的工作实际，联合印发了《关于进一步发挥工会作用　加强劳动争议调裁诉对接工作的通知》，选取鄞州、奉化、宁海三地探索劳动争议调裁诉联动化解试点。

2. 建立三方联席会议。为加强工作联系、推进良性互动，市县两级均建立了三方联席会议制度，成员由三方分管领导及职能科室负责人组成。联席会议主要是围绕劳动争议多元化解的平台建设、程序对接、调解员队伍管理考核、重大风险案件预防化解等方面问题，加强交流反馈，强化工作协同。联席会议采取"年度轮值＋临时动议"方式，原则上每年召开一次，必要时也可临时召集。2020年以来，市级三方共召开4次联席会议，先后就开展劳动争议调解工作情况调研、选取试点地区、疫情期间维护劳动关系和谐问题、

开展联合督查指导、召开现场推进会等事项进行会商，三方相互支持、通力配合的试点工作格局初步形成。

3. 加强联合督查指导。2010年6月，市三方联合开展督查指导，总结提炼先行先试地区经验，研究分析发现问题并统筹解决，督促后进地区加快推进。2020年8月，市三方联合召开了劳动争议调裁诉联动化解现场推进会，在总结试点经验的基础上，部署在全市全面推开劳动争议多元化解工作。目前，各地均有序推进，呈现了百花齐放、各具特色的良好局面。如奉化的"三道防线、六项举措、打造工作闭环"的"360"模式，江北的"精准建立协调劳动关系三支队伍、打造一张网一揽子受理调处智慧平台、零距离建立三方无缝对接工作机制"的"310"模式，镇海的覆盖劳动争议全过程的"商调裁诉执"全链式工作模式等。

二、平台为基，协调构建劳动争议多元化解网络

强化基础支撑，在搭建联动对接平台、夯实多元化解平台和创新数智调处平台等三支队伍上下功夫，积极构建点面结合、纵横联动的组织网络。

1. 搭建联动对接平台矛调中心建设是创新发展"枫桥经验"的生动实践，也是推进"最多跑一次""最多跑一地"改革的重要抓手。宁波的矛调中心建设起步早、起点高，通过整合力量资源、做优一窗受理、集成多元手段、推进上下联动，全市10个区县（市）县级矛调中心已全部建成并进入规范化建设阶段，并有134个乡镇（街道）建成镇级中心。试点之初，将融入矛调中心建设作为重要探索路径，要求已建矛调中心的地区主动对接、积极进驻。目前10个区县（市）均已采取常驻、随驻和轮驻等方式落实对接，通过设立窗口、工作室整体进驻、设立调裁诉对接工作室等形式，有效助力劳动争议"一体化办公、一站式服务、一次性解决"。

2. 夯实多元化解平台企业劳动争议调解委员会是"第一道防线"。目前，宁波市已建工会的规模企业有9302家建立了规范化劳动争议调解委员会，组建率达96%以上，中小企业组建率为55%以上。其次是工会劳动关系调处工作室，自2018年启动"2050"三年建设计划，目标是在乡镇（街道）和企业相对集中的村（社区）、工业集聚区等，建立20家市级和50家县级以调解员个人命名的工会劳动关系调处工作室，围绕劳动关系隐患排查、预防预警、争议调处、法律援助、调裁诉对接等开展工作。现已建立市级调处工作室20

家，县级调处工作室 31 家，累计调处案件 3100 余件，案值 8300 万元，涉及职工 5500 余人。

3. 创新数智调处平台功能集聚、工作协同的争议调处平台建设是数字化改革的大趋势。运用数字化、网络化、智能化等现代信息处理技术，推进甬工惠微信公众号、甬工惠 APP、浙江劳动人事争议调解仲裁网络平台、在线矛盾纠纷多元化解平台（ODR 平台）、移动微法院、移动仲裁等各类信息平台对接融合，提升应用质效，推动劳动争议线上受理、线上流转、线上调处，实现"纠纷多跑路，职工少跑腿"。同时探索智能化工会职工服务中心建设，研发工会数智化信息平台，引进法律服务自助一体机，将"人工智能"与工会"法律服务"相结合，提供"智能化""精准化"法律服务，累计服务职工 5000 余人次。

三、整合资源，联合建立劳动争议多元化解队伍

整合多方力量，在互建调解员队伍、律师志愿者队伍和心理志愿者队伍等三支队伍上求实效，推进形成互相补位、互促共进的工作合力。

1. 三方调解员队伍出台《宁波市工会劳动争议调解员管理办法》，严格准入、规范管理，打造一支专兼结合，业务精、作风实、善调处、受欢迎的调解队伍。同时，探索工会调解员名册与兼职仲裁员、特邀调解员名册衔接机制，积极推选人员充实到兼职仲裁员、人民陪审员、特邀调解组织（员）队伍。目前全市共推选兼职仲裁员 20 名、人民陪审员 44 名，特邀调解组织 11 个，特邀调解员 87 名。三方还利用各自培训资源，通过面授上课、在线培训、庭审观摩、互相参训等方式开展互动式培训，不断提高调解员业务水平。2020 年共举办涉疫情业务培训 3 期、特邀调解员培训 6 期、典型案例评析会 1 期，覆盖 2000 余人次。

2. 建立律师志愿者队伍出台《宁波市工会律师志愿者章程》《宁波市劳动争议调解员聘任与管理方法》，招募 159 名专职律师成立工会律师志愿者队伍，与 152 个乡镇（街道）总工会或市产业工会一一对接，以组织一次法治宣传，开展一次法律咨询，化解一批劳资矛盾纠纷，进行一次企业规章制度体检的"四个一"为主要内容开展法律服务。2009 年以来共走进 13 545 家企业，发放 50 余万册普法资料，惠及 70 多万人次，解答 10 万多人次的法律咨询，指导 4217 家企业完善集体协商制度，帮助 6865 家企业健全规章制度

5947 件。录制宁波电台"新宁波人"律师热线栏目 500 多期、抖音普法短视频 16 个。

3. 健全心理志愿者队伍出台《宁波市工会职工心理关爱服务行动方案》，把舒缓职工压力、促进心理健康作为工会服务职工的新课题。2018 年开始，通过建立职工心理服务组织网络，吸纳引领社会专业人才、孵化心理服务志愿者队伍，建立"阳明心坊"室，组织开展"心理关爱进企业"活动等，深入企业开展心理健康咨询、心理健康知识宣传和服务。三年来共举办了 1500 余场心理健康知识宣讲，服务企业 1200 余家次，涉及职工 9 万余人次，建立企业"阳明心坊室"20 家。新冠肺炎疫情期间还开设 12 条"工会心理服务和援助热线"，组织 200 余名志愿者，为有需要的职工提供免费咨询、心理干预服务指导等，累计服务职工 323 人次。

四、创新制度，全力保障劳动争议多元化解运行

勇于改革创新，在优化文书互认制度、创新绿色通道制度、完善信息共享制度等三项制度上求突破，建立健全规范长效、完善配套的制度保障。

1. 优化文书互认制度聚焦效力支持。为确保工会调解协议得到最终执行、提升工会调解吸引力，三方通过签署框架协议、落实特邀调解制度等方式，将仲裁审查确认、司法确认制度落地落实。经工会调解组织调处达成的劳动争议调解协议，当事人可以根据需要向劳动人事争议调解仲裁委员会申请仲裁审查确认，或者向人民法院申请司法确认，仲裁委员会及人民法院对符合条件的确认案件，第一时间进行确认，赋予法律效力，当事人可以不经申请仲裁或起诉，直接向法院申请强制执行，更高效、快捷地维护自己的合法权益，从而引导更多的当事人优先选择工会调解。现市本级和 6 个区县市已开通"绿色通道"，为工会调解提供效力保障。

2. 创新绿色通道制度聚力程序衔接。通过统一裁审受理范围、法律适用标准，让调解、确认、立案、速裁、快审等流程高效贯通。探索职工保全"免担保"，诉求金额在 5 万元以下的劳动争议案件，劳动者在工会调解阶段，可在仅提供信用承诺的情况下申请诉前财产保全，法院依法审查、采取保全措施。探索适用小额诉讼制度，当事人不服仲裁结果需要起诉且符合适用小额诉讼程序条件的案件，引导双方当事人选择适用小额诉讼程序，缩减诉讼周期和成本，推进民事诉讼程序繁简分流。在工会调解阶段"前端"引导当

事人双方签署适用于仲裁、诉讼、执行全阶段的法律文书地址确认书，有效缩短文书送达时间，推动程序顺畅流转。

3. 完善信息共享制度聚效信息互通。三方联合建立日常信息沟通和典型案例分析研判机制，安排专人担任联络员，收集工作信息，汇总统计数据，定期通报共享。总工会负责排摸整理职工队伍风险与隐患，每季度开展一次职工队伍稳定情况分析，向人力社保局和法院通报；人力社保局和法院及时通报劳动争议案件受理裁判情况和热点难点问题，为工会调解提供指导支持。对于重大、疑难、复杂案件，做好预判，统一处置标准，争取将矛盾化解于未然、将风险化解于无形。三方还定期或不定期召开座谈会、案例分析会等，研究劳动争议案件处理中出现的普遍性、典型性和规律性问题，完善程序衔接，统一裁判尺度，充分实现信息互联互通。

宁波市奉化区创新构建"360"
劳动争议多元化解模式

近年来，奉化区总工会充分发挥参与社会治理的积极作用，将"小三级"工会协调劳动关系体系建设与调裁诉联动化解工作有机结合，着力构建三道防线、开展六项举措、建立闭环机制的"360"劳动争议多元化解模式，结合数字化改革和整体"数智"建设，逐步形成参与社会治理的"工会解法"，助力高水平推进区域社会治理现代化试点工作。近三年来，将涉及金额5000余万元的近3258起各类劳动纠纷化解在基层。

一、筑牢"三道防线"，全方位集结防控

一是建立企业"前沿防线"。在全区1311家建会企业建立劳动争议调解组织，树立50家示范企业深化典型引领，以点带面发挥企业内部调解组织作用，形成"自家事自家解"的内化效应。在50家四星级以上企业工会设立"职工议事厅"，邀请区人社、区法院派员参加，围绕劳动报酬、规章制度、劳动合同、休息休假等企业和职工共同关心的话题开展议事，形成常态化的基层协商机制。三年来，各企业劳动争议调解组织成功化解内部劳动纠纷2780余件，涉及金额2000余万元。

二是建立行业"缓冲防线"。在西坞铸造行业、溪口工业集聚区、莼湖绿色田园区等建立 6 个行业（片区）级劳动争议调处工作室，将调处平台建到职工身边、厂区周边，作为企业级调解组织的延伸补充，有效缩短职工寻求帮助的物理距离。例如，溪口工会老何调处工作室成立后，溪口工业集聚区内劳动争议仲裁的案件比上年下降了 80%，大部分已化解于调处工作室。

三是建立镇级"阻截防线"。充分发挥镇级工会直面基层、服务一线的"桥头堡"作用，建立"老李工作室""老庄工作室"等 13 个镇级工会劳动争议调处工作室，专门化解"疑难杂症"。夯实区职工服务中心的基点作用，设在区职工服务中心的大屏幕能直观展现各地预警排摸信息、案件调解流程、企业用工规范"黑白榜"等内容，使"360"劳动关系多元调解机制从松散型、粗放式向精细化、"数智"化管理转变。三年来，13 个工会调处工作室累计化解纠纷 478 起，涉及金额逾 3150 万元。

二、推行"六项举措"，全要素集聚治理

一是法律监督"月月查"。通过"专项＋联合"监督，排查企业存在的问题隐患，依法督促及时整改，增强工会法律监督的针对性和有效性。三年来，开展法律监督 156 次，检查企业 685 家次，检查劳动合同 6450 份，查找安全生产隐患 366 处，帮助规范规章制度 715 份（件）。

二是法律宣传"周周送"。按照"职工点单、企业下单、工会送单"模式，线上线下"送法"进企业、进广场、进社区，提升企业主和职工的法律意识。三年来，开展宣法普法活动 178 场次，服务企业 245 家，惠及职工 5000 余人。

三是服务援助"时时帮"。通过代写法律文书、提供法律咨询、引荐结对律师等方式，为经济困难职工提供无偿法律服务，力促劳动争议"一次化解"。通过"数智"信息平台申请链接"浙里办"公共法律服务专区，进一步扩容平台工伤赔偿计算、智能咨询、法律法规查询、在线法律咨询等服务。三年来，开展法律援助服务 124 次，涉及职工 64 人，涉及金额逾 340 万元。

四是劳动关系预警"三报制"。将全区建会企业划分成 22 个网格，每个网格落实 1 名网格员，开展网格劳动关系排摸，利用"数智"化信息平台铺设 500 个小而灵活的"预警烽火台"，推行一般问题定时报、突出问题及时报、重大问题紧急报，做到问题早发现、纠纷早预防。三年来，平台收集劳

动关系有效信息 13 700 余条。

五是劳动关系调处"四心法"。推出热心接访、细心倾听、耐心调解、关心回访"四心调处法"，帮助协调双方心平气和调处矛盾。三年来，有效化解劳动争议案件 3258 起，涉及金额 5000 余万元。

六是职工心理关爱"五疏导"。建立"阳明心坊"心理咨询室，通过"数智"化信息平台进行预约，聘请心理咨询师通过网上疏导、面询疏导、热线疏导、团体疏导、泄压疏导五种疏导方式，帮助职工树立良好心态，实现自我解压。三年来，开展心理关爱服务 530 次，惠及企业职工 3760 人次。

三、打造"闭环机制"，全链条集成化解

一是打造组织闭环，实现"一站式"便利。主动与人社、法院共同入驻区矛调中心，深化已设窗口的"分类调处、一杆到底"的服务理念。区职工服务中心和镇级调处工作室分别与区人社仲裁庭和镇级人社仲裁派出庭建立调裁对接机制，实现裁前调处和调裁工作衔接。同步与区人民法院和镇级人民法院派出法庭也建立对接机制，让调裁诉对接机制再下沉一级，力求对接机制作用发挥顶在前端。

二是打造队伍闭环，实现"一口径"权威。深化"三方"队伍互聘互认机制，充分发挥网格员、调解员、法律监督员、结对律师和心理咨询师等"五大员"职能作用，引导职工依法维权、理性维权，特别是打通调裁诉对接中的身份障碍，将工会调解的非对抗性和人社仲裁、法院诉讼的权威性、规范性有机结合，实现法律文书互认。开展对三星级以上工会的劳动争议调解组织培训 20 期，编撰《工会劳动争议调解实务汇编》和《企业劳动争议调解组织调解案件规范》，统一全区各级调解组织调处程序的"教材"和调解效能的"度量衡"，强化调处程序的专业性和调处结果的成功率。

三是打造信息闭环，实现"一揽子"规范。制定《关于建立调裁诉对接工作机制的实施意见》，建立劳动预警、调处工作室管理、调解员管理等 9 个规章制度。依托数智化工会信息平台，尝试对接矛调中心、人社局、法院数据平台，构建全过程参与、全链条可溯的三方信息互通体系，切实利用好工会"数智"化信息平台的大数据，常态化分析研判当前职工队伍的稳定情况，定期向区人社、区法院和区矛调中心进行通报。每季度召开一次三方联席会议，对工作中遇到的问题、处置案例的难点进行交流会商，形成"一个中心、

四个接口"的劳动关系信息互通机制。2020 年以来，三方围绕疫情影响下企业复工复产、职工劳动报酬和社会保险等援企稳岗问题，召开分析研判会 20 余次。

宁波市鄞州区开展劳动争议调裁诉对接工作加强调裁诉高效对接

近年来，鄞州区深入贯彻落实中央省市委有关构建和谐劳动关系精神，以最高人民法院、全国总工会关于开展劳动争议调裁诉对接机制试点通知要求，在省市相关部门有力领导和指导下，以"构建和谐劳动关系"为主线，以满足职工需求为导向，通过构建以调为先化解劳动争议新格局、打造立足基层调处劳资矛盾新平台、完善依法维权稳定劳动关系大网络，形成全方位、一揽子、高效率、高质量的维权维稳鄞州模式，为争创社会主义现代化先行区贡献力量。

一、加强三方联动，构建以调为先化解劳动争议新格局

2020 年，鄞州作为宁波市开展劳动争议调裁诉对接机制试点地区以来，积极探索，聚焦调裁诉三个环节存在的困难与问题，加强三方联动，建立调裁诉三方四合工作机制，创新劳动纠纷综合治理鄞州模式。2020 年 8 月至 2021 年 2 月，全区各级工会化解劳动关系矛盾隐患 2000 余起，调解成功 377 起，挽回经济损失 960 余万元。区仲裁委共受理立案 1466 件，结案 1384 件，仲裁调解结案率 70%，比上年同期下降 5%。区人民法院劳动争议案件正式立案 322 件，结案 275 件，比上年同期下降 10%。

一是协调机制前后配合。建立三方联席会议制度。成立鄞州区劳动争议调裁诉对接工作协调小组，由三方分管领导和相关职能部室负责人担任领导小组成员。协调小组每半年召开一次联席会议，2021 年以来已召开三次。日常工作由区总工会职工服务中心、区人力社保局信访仲裁科、区劳动人事争议仲裁院、区人民法院立案庭、民三庭等相关业务部门具体对接。建立隐患风险预警预防制度。三方单位每季度进行信息通报，区总工会通报职工队伍稳定和工会组织调处劳动关系情况，区人力社保局和区人民法院通报劳动争

议案件的仲裁诉讼情况和裁判热点、难点问题，实现劳动关系矛盾纠纷隐患风险互联互通，对面临倒闭且存在欠薪情况的企业即时采取应急措施。建立典型案例分析研判制度。三方共同研究劳动争议纠纷处理工作中具有普遍性、典型性和规律性的问题，研究讨论影响劳动关系和谐稳定的重大情况，建立共同分析研判机制，确保相关法律规定理解、适用口径一致。

二是人员队伍相互整合。为快速高效化解劳动争议，三家在配强各自队伍力量的同时，加强联合业务指导培训，人员相互聘任整合，区总工会聘请仲裁员和法官、律师等建立调解指导团，定期、分片、巡回课堂等形式加强调解员的业务培训。工会推选符合条件的 5 名工会干部、专兼职调解员担任兼职仲裁员、人民陪审员。

三是办公场地相互融合。三方共同入驻区镇（街道）矛调中心为来访职工群众提供信访接待、争议调处、劳动监察举报投诉受理、劳动人事争议仲裁申请受理、诉（裁）前、诉（裁）后职工个案辅导服务、调裁诉对接等服务。在区仲裁院设立法律援助工作站，及时为需要帮助的职工提供工会法律援助服务，2020 年共援助 31 例。在法院诉讼服务中心设立劳动争议调诉对接工作室，工会派调解员每周 4 个半天入驻负责开展与立案庭等相关庭室的对接工作、劳动争议案的调解和流转工作。

四是争议案件效率联合。开展仲裁审查确认和司法确认。区、镇（街道）总工会劳动关系调处工作室自行处理的劳动争议纠纷，经调解后达成协议的，根据需要向区仲裁委申请仲裁审查确认，或向区法院、法庭申请司法确认，赋予工会调解协议法律效力，提升工会调解的吸引力和公信力。开展委托委派调解。区仲裁委、区法院受理的劳动争议纠纷案件，在征得当事人同意后通过线上方式将案件委托或委派给区总、镇（街道）劳动关系调处工作室进行调解，或邀请工会劳动争议调解员共同参与案件调解。镇（街道）劳动人事争议调解中心或人民法庭也可将部分适合工会调解的劳动纠纷委托或委派工会劳动关系调处工作室负责调解，加强劳动争议纠纷多元化解的力量。自2020 年下半年以来受法院现场委托 22 个案子，调解成功 16 个。加强裁审衔接和合作共建。区仲裁院和区法院就扩大劳动争议小额程序的合意选择适用范围、同意选择通过移动微法院诉讼平台开展在线诉讼活动、确认劳动争议支付令督促程序等裁审衔接和建立繁简分流机制合作平台达成一揽子共创共建协议。

二、依托矛调中心，打造立足基层调处劳资矛盾新平台

按照"小事企业调、一般事镇街调、大事联合调"的原则，依托各级矛调中心，打造调处劳资矛盾的三级新平台。

一是区总工会于 2020 年 7 月起以随驻方式入驻区矛调中心开展窗口服务，于 9 月开始成为长驻单位，并设立工会劳动争议调处工作室，开展法律咨询服务和劳资纠纷调解等一系列工作。

二是镇（街道）总工会入驻当地矛调中心，主动参与调解劳资矛盾。2020 年 8 月，区总工会下发《关于依托各镇（街道）矛调中心及时化解职工劳动争议纠纷的指导意见》，要求镇（街道）总工会主动融入当地矛调中心，亮出工会窗口，以随驻的形式开展工作。当矛调中心收到劳动争议纠纷案件时，第一时间通知镇（街道）总工会，并迅速派出工会专兼职调解员或工会干部参与协同争议纠纷调处，帮职工维权为职工解难，切实当好职工娘家人。截至 2020 年底 21 个镇（街道）总工会全部入驻镇（街道）矛调中心，通过引流到镇（街道）劳动关系调处工作室，已成功调解 152 件。

三是福明街道总工会劳动关系调处工作室开进楼宇社区矛调工作站。福明街道总工会引入第三方专业机构"行思小娘舅握握团"成立街道总工会劳动关系调处工作室，并根据实际需要进驻福明东部楼宇矛调工作站，近年来为片区内职工提供法律服务取得了较好的成效，解决了基层工会事多人少的矛盾。2020 年 9 月以来共调解 54 件，达成调解协议 31 份。

三、着力服务保障，完善依法维权稳定劳动关系大网络

从基层网格、畅通信息渠道、强化宣传引领着手，有效整合社会资源，构建维权服务的大网络，及时掌握矛盾隐患信息并高效进行调处，使问题消除在萌芽状态。

一是构建网格责任区。以区域产业为依托，建立劳动关系矛盾预警责任区。全区共划分 45 个责任区，24 个镇（街道）、园区、20 个产业（局）和区总直属工会为一级责任区，工会主席为一级责任人；按行政村（社区）划分二级责任区，工会主席为二级责任人；各基层企业工会为三级责任区，工会主席为三级责任人。各镇（街道）、园区还分别建立了工作 QQ 群，互通预警信息，做到每格定人，每人定责，做好本区域本单位劳动关系矛盾预警和

调处。

二是建立实时预警机制。建立重点纠纷急报制，3 人以上群体性纠纷案、网络舆情纠纷信息等即时即报，区总工会落实 3 名工作人员每天 2 次在网络上巡搜，近来已发现处置 30 条舆情信息。建立不稳定因素日报制，在重大节日、重要活动期间，镇（街道）、园区每天有事报事、无事报平安。建立维稳信息研判制，每季度一次对全区劳动关系汇总分析，重点加强对劳动密集型、半停产、租赁企业的跟踪排查。近年来，预测排查矛盾隐患 28 起，均已妥善处置。

三是强化智能宣传引领。把思想引领作为协调劳动关系重要基础，分级建立工会工作 QQ 群和微信群，广泛了解掌握基层需求和职工动态，及时跟进做好服务工作。依托"甬工惠"及各级各类平台，深入社区、企业、广场、楼宇做好普法宣传和心理健康知识普及等活动，每年累计百余场。开发建成区总工会职工服务中心网站，全方位宣传党的路线方针政策和劳动法律法规，并开通网上心理咨询、投诉受理和维权服务。

宁波市新城区劳动争议诉调工作室
工作机制经验介绍

为充分发挥人民法院和工会的职能作用，将非诉讼劳动争议多元化解机制建设挺在前面，依法维护广大职工合法权益，维护劳动关系和谐与社会稳定，在上级有关部门的指导下，新城区总工会携手新城区法院，积极搭好"法院＋工会"劳动争议诉调对接工作平台，于 2020 年 6 月共同创办了新城区劳动争议诉调工作室。

一、诉前调解初显成效

新城区劳动争议诉调工作室按照"预防为主、基层为主、调解为主"的方针，充分发挥基层调解组织功能，自新城区劳动争议诉调工作室 2020 年 6 月成立以来，累计调解劳动及劳务纠纷案件 87 件，其中线上调解 15 件，司法确认 86 件，总涉案标的 150 万余元，实现了维权案件有新突破，普法宣传教育有新成效、机制建设有新内涵，形成了一条职工、政府和社会"三满意"

的维权路径，为职工群众织就了一张维权保护网。

新城区劳动争议诉调工作室着重化解涉及劳动争议案件，劳动争议案件涉及劳动者最切身利益，劳资双方矛盾冲突大，一直是审判实践中的热点难点，呈现了调解撤诉率低、服判息诉率低、申诉率高等"两低一高"的显著特点。这三个指标反映出劳动争议案件双方当事人矛盾冲突激烈、劳动者维权周期长、成本高，需要一种比判决更温和的纠纷解决方式，以促进劳动关系领域的和谐稳定。群体性劳动争议作为劳动争议中最突出最强烈的表现形式，不仅牵涉面广，而且破坏性强，处理不好极易演变为严重的社会问题。目前新冠肺炎疫情在用工领域产生的问题还未完全辐射到诉讼阶段，必须高度重视，提前准备，妥善处理，对有序做好企业复工复产，维持正常的经济社会秩序具有十分重要的意义。

二、优化流程提高效率

新城区劳动争议诉调工作室加强落实简易处理规定，对符合条件的诉前调解程序的案件当场审查受理，切实提高审查效率，劳动争议案件的调解时间在 30 天内结案，但如果走完"诉讼"程序则需要的时间会更长，在这期间，无论是劳动者还是企业，都会耗费大量的人力、物力及时间成本。针对这一问题，新城区劳动争议诉调工作室优化办案流程，创新工作方法，将调解关口前移，推出"诉前调解"工作模式，对双方当事人进行多元解纷辅导，向申请人了解矛盾产生的根源及仲裁心里预期，对其过高或错误的心里预期加以释明，促成双方握手言和、柔性化解纠纷。通过案前调解成功的劳动纠纷，平均用时不超过一周，且争议双方能快速履行调解协议，真正达到案结事了的效果。对群体性劳动争议的案件新城区劳动争议诉调工作室开通绿色渠道，努力做到快立、快办、快结、便捷高效处理，不断畅通劳动者维权路。

三、开展"云"上调解新模式服务

2020 年面对疫情，新城区劳动争议诉调工作室的调解员及时调整工作模式，积极开启"云"上调解，推进"互联网"调解新模式，切实解决维权服务"最后一公里"难题。2020 年 6 月，杨某某等四人通过"人民法院调解平台"线上申请诉前调解四起追索劳动报酬纠纷，调解员在了解到其中一位原告因特殊原因无法来到法院，及时转变思路，开启"线上＋线下"调解模式，让还在外地的原告通过"线上视频"的方式也一同参与到调解中，在双方达成一致调解意见后，通过手机微信"多元调解"小程序对电子调解协议书进行远程签字确认，并在线申请法院进行司法确认。

截至目前，新城区劳动争议诉调工作室通过在线调解视频调解、线上诉前委托调解共处理纠纷 15 件，为双方当事人提供了便捷高效的司法服务，有效降低了新冠肺炎感染风险，提高了调解效率，保证疫情期间，司法不打烊，促使当事人在特殊时期"足不出户"，即可实现调解、司法确认两不误，为促进辖区劳动关系和谐稳定做出了突出的贡献。

四、司法确认保效力

新城区劳动争议诉调工作室贯彻落实司法确认制度，截至目前，新城区劳动争议诉调工作室共调解劳动及劳务纠纷案件 87 件，司法确认案件 86 件（剩余一件未确认案件为签署调解协议后当事人当场履行案件）。在化解矛盾纠纷过程中，存在不少当事人拒不履行协议的情况，导致纠纷反复发生。而司法确认制度的实施正好弥补了人民调解工作的短板，有利于克服人民调解协议效力的局限性，将矛盾纠纷调解工作和民事诉讼程序相衔接，确保协议效力，同时减少了当事人的诉讼成本，巩固了人民调解工作成果。在司法确认后，人民法院向双方当事人送达相关法律文书，法律文书经双方当事人签收后，即具有法律效力。一方当事人拒绝履行或者未全部履行的，对方当事人可以向人民法院申请强制执行，最大限度地为当事人提供保障和便利。

宁海县劳动争议调裁诉对接工作领导小组
实现劳动争议处置化解"四转变"

针对当前劳动争议处置部门对接交流不充分以及该类案件敏感程度高、涉及范围广、群体性纠纷多发的特征，宁海县聚部门合力、重预防预警、强联动处置、抓机制建设，努力打造劳动争议多元化解宁海样板，维护和谐稳定的劳动关系，使宁海成为一座让企业用心谋发展、劳动者安心谋"生活"的城市。截至目前，全县共发生劳动争议 623 起，化解处置 577 起，化解率达 92.61%，其中，多部门联动化解处置群体性劳动争议 3 起，这些成绩的取得得益于劳动争议化解思维的"四转变"。

一、聚部门合力，变单兵种节点战为多兵种集团战

一是以"一个中心"实现"最多跑一地"。法院与总工会、劳动人事争议仲裁院同时入驻县矛盾调处化解中心，实现劳动争议的"一站式受理、一揽子调处"，确保调裁诉无缝对接。

二是以"一支正规军"筑牢"最后一防线"。积极做好劳动争议调解员队伍建设，将具备一定法律知识水平、密切联系职工的工会干部选聘为劳动争议调解员，邀请退休法官、退休检察官，选任律师志愿者，充实调解员队伍，同时，法院选派资深法官定期开展劳动争议法律讲座，推动形成专业知识储备足、调解业务能力强的队伍力量。通过工会调解、仲裁调解、诉前调解、诉中调解，层层设防，确保进入诉讼程序并以判决方式结案案件成为极少数。截至 2021 年 3 月底，法院劳动争议案件收案 229 件，其中诉前分流 125 件，调解成功 95 件，诉前调解率 76%，诉中调解、撤诉 73 件，诉中调撤率达 54.50%。

三是以"一条线"打通"最后一公里"。充分应用 ODR 这一信息化平台，探索劳动争议调解员信息全部线上汇聚，实现调解员菜单式选择，鼓励调解员开展在线调解，打通调解平台与诉讼平台的对接，打破法官、调解员、当事人的信息壁垒，实现互联互动，通过在线调解、在线司法确认，为当事人高效快速解决纠纷提供便利。

二、重预防预警，变末端性被动战为前端性主动战

一是动态排查风险隐患。用足基层调解组织矛盾纠纷末梢发现功能，以企业工会主席为主体，组建企业劳动关系预警队伍，创新推广"职工说事"制度，辅以基层网格员劳动争议事件定期排查，全面掌握了解各企业职工劳动关系动态，并由总工会进行季度性情况分析，常规性报法院、人社等部门；对于新冠肺炎疫情期间调岗裁员、群体性欠薪事件及因欠薪引发的恶性突发事件等，统一制定"不稳定因素排查表"，第一时间报送矛盾调处化解中心，确保风险发现在早、稳控在小。目前，全县已有 273 家规上企业建立"职工说事"工作室，企业劳动关系预警队伍人数 122 人，2021 年以来共计收集并解决各类意见 3531 条，解决 3531 条，职工满意度达 100%。

二是联席会商纠纷苗头。强化劳动争议重大事件苗头把控，法院联合总工会、人社等单位共同搭建劳动争议调裁诉三方联席会议平台，以"季度召集＋临时动议"模式，互通职工队伍风险排查情况和矛盾纠纷裁判化解情况，联动处置排摸发现的劳动争议风险隐患，2021年以来，已召开联席会议4次。

三是理论研判纠纷规律。注重劳动关系矛盾纠纷处置化解能力储备，强化法律理论政策研究水平提升，通过建立典型案例分析研判制度，全面把握劳动争议处理工作中具有普遍性、典型性和规律性的问题，研究讨论影响劳动关系和谐稳定的重大情况，确保相关法律规定理解、适用标准一致。同时，适时发布白皮书或司法建议，指导企业合法、规范用工，引导职工依法、理性维权。目前已开展涉劳动争议案件典型案例研讨会7次，发布白皮书或司法建议1次。

三、强联动处置，变松散式游击战为紧密式阵地战

一是开通调确"直通车"。前置工会调解程序，对于劳动人事争议仲裁院及法院受理的劳动争议案件，符合条件的委托工会先行调解。同时，突破原有劳动仲裁前置程序，对经工会调解达成的调解协议，在无须经过劳动仲裁的情况下，可直接申请司法确认，及时赋予强制执行效力，有效提高劳动争议处置效率。

二是铺筑流转"高速路"。强化流程管理，对于劳动争议调裁诉对接各环节均作了明确的时限规定，委派调解期限、调解结果回转一律限定在3个工作日内，调解期限原则上不超过15日，确有特殊原因的也不得超过30日。同时，对于调解不成功的，也要求调解员出具"调解情况复函"，附随调解笔录和相关材料回转委派部门，为后续快立、快裁、快审、快执提供前期铺垫。

三是安好经济"保险杠"。赋予工会组织调解程序与法院诉前调解同等效力，明确诉求金额在5万元以下的劳动者，在工会组织调解阶段即可在仅提供信用承诺的情形下向法院申请诉前财产保全，充分发挥财产保全制度在维护劳动者合法权益方面的保障作用；对于用人单位未按照调解协议约定支付拖欠的劳动报酬、经济补偿或者赔偿金的，明确劳动者可以向法院申请先予执行或支付令，为职工经济利益及时兑现提供切实保障。

四、抓机制建设，变临时性遭遇战为长效性常规战

一是"一张蓝图绘到底"。目前，法院与总工会联合出台《关于开展劳动

争议多元化解工作的实施意见》，并与总工会、人社局联合制定《宁海县劳动争议调裁诉对接工作机制实施方案》，为探索新模式、新做法、新经验迈出了坚实步伐，为指导多元化解劳动争议发挥着管根本、管长效的作用。

二是"一张网格覆到底"。将劳动争议调解职能纳入各乡镇（街道）矛盾调处化解中心，并在乡镇（街道）和企业相对集中的村（社区）、工业集聚区等区域，建设成立工会劳动关系调处工作室县级10家、镇级8家，同时对90%以上单建工会的企业均设置成立劳动争议调解组织，铺设一张劳动争议处置的"天罗地网"。目前，全县有各类劳动争议调解组织已达1320家，2021年以来共计提供劳动争议咨询服务6664人次，调处化解劳动争议535起，涉职工人数963人。

三是"一笔账目管到底"。紧紧依靠县委，主动争取政府支持，协调和推动财政部门将劳动争议调解经费纳入财政预算，积极争取将劳动争议调解服务纳入政府购买服务指导目录，细化完善以"以案定补"及调解员考核激励机制，激发劳动争议调解员的主观能动性和服务企业与劳动者的热情。

宁波市镇海区总工会打造劳动争议"商调裁诉执"五位一体工作机制

镇海区总工会积极参与基层治理，在劳动争议多元化解中贡献工会智慧、提供工会方案、发挥工会作用，以构建和谐劳动关系为目标，以"三方"对接、"五位一体"为抓手，以区矛调中心为平台，整合工会、人社部门、法院工作力量，构建覆盖劳动争议全过程的"商调裁诉执"全链式工作模式，努力实现劳动争议"最多跑一地"，将新时代"枫桥经验"转化为独具工会特色的"镇海实践"。

一、坚持一个平台，做到"三个整合"，实现劳动争议"最多跑一地"

一是整合工作场地一体化办公。以镇海区社会矛盾纠纷调处化解中心为平台，区总工会、区人社局、区法院三家单位共同入驻，提供"一窗受理、集中分流、分类调处、一杆到底"的劳动争议"商调裁诉执"服务。其中，区总工会设有 1 个受理窗口、1 个自助终端、1 个调解工作室；区人社局设有 2 个受理窗口、1 个仲裁庭；区法院则通过骆驼法庭整体入驻区矛调中心的形式，开展诉讼执行工作。2020 年以来，区总工会窗口共受理劳动争议案件 412 件，其中调解结案的 265 件，避免了大量案件上行激化。

二是整合人员力量一站式服务。建立健全工会调解工作室人员力量，打造工会劳动争议调解组织网络。区级层面建立劳模李雅工会劳动关系调处室，由省级劳模李雅担任首席调解员，由 3 名常驻调解员和 6 名律师志愿者共同开展调解工作。在 6 个镇（街道）和石化区建立镇（街道）园区层面工会劳动关系调处室，由 15 名经验丰富的调解员化解辖区劳动争议，镇（街道）园区调解员遇到疑难案件或处置难度较大的群体性案件，即由区级调处室会同人社、法院工作人员提前介入调解，避免劳动争议激化、上行，实现劳动争议基层化解。2020 年以来，各镇（街道）工会劳动关系调处室共受理案件 347 件，调解结案 191 件。

三是整合优势资源一次性解决。借助骆驼法庭整体入驻区矛调中心的契机，将全区劳动争议案件审理、执行统一归口到骆驼法庭，区矛调中心（区仲裁院、骆驼法庭）受理的劳动争议纠纷案件，先由区总工会劳动关系调处室进行调解。区法院将区总工会劳动争议调解员纳入特邀调解员范围，经调解后达成调解协议的，当事人可以根据需要向骆驼法庭申请司法确认，当事人不履行的可以申请强制执行。开展工会劳动争议调解法院督促，赋予执行法官在调解阶段协助督促履行的职责，减少进入执行程序的案件量。目前骆驼法庭执行干警已经参与督促 40 余件，督促成功 30 多件。

二、坚持二线发力，做到"三个推进"，畅通劳动争议多元化解渠道

一是推进劳动争议化解线下阵地建设。大力加强镇（街道）工会劳动关系调处室建设，通过"1 + 7"工会劳动关系调处室工作网络，实现镇（街道）园区全覆盖。积极探索劳动争议"商调裁诉执"在基层的落实落地，在招宝山街道后海塘社区（企业集聚的工业社区）建设"商调裁诉执"分中心，将工会调解室、人社仲裁庭、法院巡回法庭搬进社区，并将网格长日常企业走访与劳动争议化解相结合，主动走进企业、车间，了解企业劳资关系，形成符合基层工作实际的"走访—调解—仲裁—诉讼"劳动争议化解机制。

2021年以来，后海塘社区网格长共走访企业400余家次，排查劳动争议隐患63个，全部实现基层化解。

二是推进劳动争议化解线上平台建设。以数字化改革赋能工会工作体系和能力现代化，联合人社部门、法院，推进劳动争议线上化解平台。依托现有ODR平台（在线矛盾纠纷多元化解平台），推进劳动争议线上调解，节省工作资源，提高调解效率。2021年以来，共线上调解劳动争议案件42件。开发工会劳动争议法律服务自助一体机，将"人工智能"与工会"法律服务"相结合，设置"免费咨询""工会法援""普法学法""其他工具类"四大功能模块，可为职工提供法律机器人问答、智能咨询意见书、律师视频解答、劳动纠纷法律援助申报、法律文书模板下载、办事指南等14项业务功能，并可实时视频连线律师，自进驻矛调中心以来共为1300余名职工提供了法律服务。

三是推进劳动争议化解志愿队伍建设。组建职工维权志愿服务大联盟，邀请企业工会主席、专职律师、调解员、心理咨询师、高校师生等志愿力量参与。主动深入企业，对企业劳动规章制度的内容、程序提出建议和意见，帮助企业建立和完善劳动规章制度，2021年以来，共指导15家企业规范劳动规章制度。开展广场志愿服务，共开展集中普法宣传活动2场，发放法律资料500余份。开通线上志愿服务，职工通过微信小程序即可参与视频咨询或语音咨询，让广大职工享受工会快捷方便的法律服务，累计服务职工500余人次。

三、坚持三方联动，做到"三个强化"，实现劳动争议案结事了人和

一是强化协商环节，推进劳动争议源头治理。注重发挥工会的政治优势、组织优势、资源优势，建立职工队伍风险排查预警报告工作制度。围绕重点行业、重点时段、重点人群，采取抽样、座谈、随访、问卷等方式，广泛发动镇（街道）工会干部、村（社区）网格长深入企业、深入职工，了解企业职工真实情况，掌握劳动关系领域情况，每季度完成一次职工队伍稳定情况分析，并及时向区人力社保局、区法院和区矛调中心通报。在排查走访中，一旦发现劳动争议隐患、苗头，及时组织企业、职工进行协商，将矛盾化解在萌芽状态。例如，招宝山街道网格长，在走访中得知辖区企业安德机械，

因业务发展需要项目搬迁，涉及40多名员工不满意公司安排，极易引发劳动争议，招宝山街道总工会调解工作室主动介入，最终双方达成了共识，公司按照员工的不同工作年限给予合理的经济补偿，双方都比较满意。

二是强化执行环节，推进劳动争议系统治理。劳动争议多元化解，"案结事了人和"的关键是权益的兑现，这不仅需要柔性的调解，更需要刚性的执行，只有司法执行的规范、保障，才能更好地推进调解、化解。为此，在劳动争议多元化解中，镇海法院打破常规，赋予基层法庭案件执行的职能。镇海区总工会劳动关系调处室自行处理的劳动争议纠纷，经调解后达成调解协议的，当事人可以向骆驼法庭申请司法确认，使工会调解结果更具法律效力。同时，区法院通过开通绿色通道，加大执行力度，采取拘留、罚款、列入失信被执行人名单等强制措施，不断加大劳动争议自动履行督促力度，确保劳动者权益得到及时兑现。2021年以来，区级劳模李雅调处工作室共调解劳动争议案件90余件，在法院司法确认的支持下，自动履行率达100%，平均履行时间仅为7天。

三是强化整体联动，推进劳动争议综合治理。积极发挥工会、人社部门、法院各方优势，将"协商""调解"的便利性、非对抗性，"仲裁""诉讼"的权威性、规范性，"执行"的有效性、结果性结合起来。通过定期会商机制，对工作中遇到的问题，处置中遇到的难点，由工会、人社部门、法院分管领导和职能科室负责人按季度轮值方式定期会商，协调解决难题。目前共开展会商4次，协调解决议题17个。通过仲裁、诉讼、执行参与机制，由工会推选基层工会主席、专职工会干事等人员担任兼职仲裁员、人民调解员，充实劳动争议仲裁队伍，参与法院诉讼执行，合力推进和谐劳动关系建设。

江西省工会经验材料

江西省总工会开展诉调对接工作机制经验材料

按照最高人民法院、全国总工会《关于在部分地区开展劳动争议多元化解试点工作的意见》要求，江西省从 2019 年 12 月起，在南昌、九江、赣州三地开展"法院＋工会"诉调对接试点工作。经过近一年的试点探索，三地充分借助各地"三师一室"维权平台优势，扎实推进"法院＋工会"诉调对接工作取得积极成效。

南昌、九江、赣州作为江西省首批"法院＋工会"诉调对接工作试点地市，主动担当、积极作为，以"三师一室＋"模式创新开展"法院＋工会"诉调对接工作取得了一定成效。据初步统计，2020 年，三地共调解劳动争议案件 221 件，调解成功 102 件，调解成功率为 46.2%。主要有以下四个特点：

一是双机制融合。省总工会与省高级人民法院在调研的基础上，联合下发了《关于开展试点"法院＋工会"劳动争议诉调对接工作的通知》，确定以"三师一室"为平台，在工会或法院设立"三师一室"劳动争议诉调对接工作室，建立劳动争议诉调对接沟通联系、"三师一室"调解协议司法确认、劳动争议案件委派委托调解等工作机制，共同推动"法院＋工会"诉调对接试点工作深度融合创新发展。

二是高规格推进。试点地市高度重视"法院＋工会"诉调对接工作，并将其作为创新"三师一室"维权机制的重要方式强力推进。南昌市总工会将"法院＋工会"劳动争议诉调对接工作机制列入南昌市新时代产业工人建设改革方案，并推动列入了南昌市委市政府全国市域社会治理现代化试点"十大工程"之一，列入市委全面依法治市委员会工作要点，作为年度重点工作推进；同时，市总工会还将打造 10 家标准化"三师一室"劳动争议诉调对接工作室，作为 2021 年服务职工的 20 件服务实事强力推进。九江市总工会领导带队深入各县市区调研，探索开展诉调对接工作。赣州市总工会本级以及于都、兴国、南康、全南成立了以县（区）总工会主席、县（区）法院院长为主要领导的诉调对接工作领导小组，高位推动多元化解工作，赣州全市 18 个县（市、区）在法院和工会"三师一室"都单建或共建了劳动争议诉调对接工作室，并进行了挂牌。

三是柔性化调解。试点近一年来，各地按照诉调对接工作要求，充分发挥"三师"的专业特长和"沙龙茶叙"柔性化解模式，接受法院委托委派，快速调处、解决劳动争议。南昌已受理法院委托委派的案件 138 件，调解成功 78 件，涉及金额 1120.6 万元。特别是新冠肺炎疫情防控期间，南昌市总工会"三师一室"诉调对接工作室先后调解了某食品公司拖欠员工工资案、某企业养老保险待遇纠纷案等群体性劳动争议，及时息纷止讼，较好地维护了职工的合法权益。瑞金市总在园区"三师一室"设立诉调对接工作室，以"沙龙茶叙"模式调解了大量疑难、缠访案件，劳动争议调撤率大幅下降。

四是多元化创新。在试点过程中，各地在落实诉调对接机制的同时，积极探索"三师一室"＋调裁诉对接机制，并取得初步成效。九江市总工会联合中院、人社部门、律协制定出台《九江市劳动争议诉裁调对接工作办法（试行）》，明确法院、工会、劳动仲裁、律协四方在劳动争议化解工作中的职责任务，规范调解、仲裁、诉讼衔接的工作流程，探索"四三二一"工作法开展调裁诉对接工作。赣州市总工会联合中院、人社部门制定了《关于做好劳动争议源头治理和多元化解工作的实施方案》，依托"三师一室"建立"法院＋工会"诉调对接工作联动协作机制。南康区总工会在区劳动争议仲裁院打造"一会一室一中心"，一站式化解劳动争议；于都县总工会整合资源，联合法院、人社、司法、信访、医保、社保等部门搭建多元化解平台形成合力共同化解劳动纠纷，法院劳动争议调撤率较上年下降近 27%，实现园区争议园区内解决。同时，于都县总工会还率先制定出台了《于都县劳动争议诉调对接工作调解员补贴办法（试行）》，为各地发放调解工作补贴提供了很好的参考。

赣州市总工会推动"工会+N"
维权服务提速提质提效

赣州市各级工会依托工会"三师一室"维权服务平台，着眼于新时代广大职工群众所想所急所盼，推动"工会+N"维权服务提速提质提效，近两年来，市县两级工会"三师"团队提供法律咨询1.67万人次，提供法律援助案件423件，受理劳动纠纷636起，成功化解451起，化解成功率71%，其中以"沙龙茶叙"方式化解255起，涉及金额1664.3万元，指导856家企业开展集体协商，指导616家企业开展厂务公开民主管理工作，开展思想政治工作193次，提供健康咨询1388次，推广工间操191次。市县两级工会联合当地法院等部门联合发文16家，已建立完善工作机制19家，成立诉调对接工作室19家，已开展争议调处工作16家，法院委托委派工会16件劳动争议案件，调解成功12件，司法确认8件，多元调解劳动争议126件，成功调解95件，调解成功率75%。

一、"三保"并重，按下"工会+N"维权服务快捷键

一是强化组织保障。成立诉调对接工作领导小组，形成主要领导统筹抓、分管领导具体抓的齐抓共管高位推进的工作格局。二是强化制度保障。建立了联络员制度、联席会议制度、委托委派制度，司法确认制度等，诉调对接工作基础夯实。三是强化经费保障。将"工会+N"维权服务经费列入预算，采取购买社会服务等形式提供有力保障。

二、"三动"并行，打出"工会+N"维权服务组合拳

一是注重调研促动。开展劳动争议诉调对接工作专项调研10次，市人大常委会党组副书记、副主任、市总工会党组书记、主席3次带领分管领导、部门负责人深入到8个县（市、区）调研指导劳动争议诉调对接工作，有效推动劳动争议诉调对接工作往深里走、往实里走。二是注重部门联动。与法院、人社等部门联合发文、举行启动仪式、举办培训班、联合调解等，形成了工作合力。三是注重县级齐动。全市"法院+工会"诉调对接工作已全面

铺开，做到了一盘棋，同步推。

三、"三增"并立，建起"工会＋N"维权服务加油站

一是抓好平台增容。依托"三师一室"维权服务平台，探索建立了"工会＋N"的劳动争议多元化解模式，平台功能更强大。二是抓好队伍增员。依托"三师"团队力量，充实人民陪审员、劳动仲裁员、人民调解员和社会组织力量，成立劳动争议调解员队伍，调解力量更壮大。三是抓好场所增设。全市各县（市、区）在法院和工会"三师一室"都单建或共建了劳动争议诉调对接工作室，场所设施更宽大。

四、"三进"并举，开通"工会＋N"维权服务直通车

一是坚持进园区、企业宣传。在企业大门口、职工活动室、职工食堂和园区主要交通要道等对"三师一室"和"工会＋N"劳动争议多元化解组织进行公示，提高职工知晓率，扩大社会影响力。二是坚持进园区、企业服务。深入园区企业开展"双引导"和"双预防"活动等法律维权健康服务系列活动，"零距离"服务职工。三是坚持进窗口、站点服务。将"三师一室"暨劳动争议多元化解组织进驻市县综治中心、法院立案窗口或信访室、工会困难职工帮扶中心、园区工会工作服务站、工业园区司法所等窗口和站点，接待来访职工，为职工群众提供咨询、代书、调解等一揽子服务。

五、"三式"并用，铺设"工会＋N"维权服务快车道

一是突出沙龙茶叙式调处。用一盏茶的工夫，在平等、和谐、暖心、热心、舒心、轻松的氛围中化解矛盾纠纷。二是突出全过程式调处。将调解贯穿劳动争议处理全过程，在劳动争议发生后、仲裁庭前、庭中、诉前、诉中，着力在调解上下功夫，让劳动争议调处驶入"快车道"。三是突出诉裁调一站式调处。整合工会、法院、仲裁等优势资源打造劳动争议多元化解中心，统一适用法律标准，动之以情、晓之以理、释之以法，提供"一站式"劳动争议调处服务，实现了"案结、事了、人和"。

瑞金市劳动争议源头治理和多元化解
工作机制及成效

瑞金市总工会高度重视职工维权工作，充分发挥"三师一室"维权服务平台功能作用，整合法院、人社等部门，建立健全"法院＋工会＋人社"诉调对接机制，促使劳动争议化解工作成效得到较大提升，为构建和谐稳定的劳动关系发挥了积极作用。

一、主要做法

（一）领导重视，建立劳动争议多元化解的工作机制

充分发挥"法院＋工会＋人社"劳动争议源头治理多元化解机制，三方联合下发文件，成立劳动争议化解工作协调小组，在总工会"三师一室"办公室设立协调小组办公室和"法院＋工会＋人社"劳动争议多元化解中心，制定了《"法院＋工会＋人社"劳动争议源头治理多元化解工作机制》和劳动争议多元化解流程图，为做好新形势下劳动争议化解工作指明了方向。同时，为进一步提高总工会劳动争议调解能力和水平，成立了总工会劳动争议调解委员会，由分管领导、调解员、"三师"成员、经开区工会干部、企业职工代表组成。

（二）部门联动，形成劳动争议化解工作整体合力

一是探索诉调对接"工会＋法院"模式。充分发挥人民法院、工会在处理劳动争议工作的职能作用，市法院和总工会联合制定了《关于建立劳动争议纠纷联动化解机制的实施方案》，建立劳动争议纠纷联动化解机制。工会调处的劳动争议纠纷案件，如果当事方申请要求法院确认其法律效力的，法院予以支持，法院对诉中的劳动争议纠纷案件认为可以通过工会调解解决的，可以委托工会进行调处，调处成功由法院制作调解书，调解不了的法院再审理，这样既为解决劳动争议纠纷解决节约了时间，又提高了工会调处的法律效力。同时，还有效地减轻法院的审判压力，又提高了工会调解的法律效力，实现工作"双赢"。

二是密切仲调对接"工会＋人社"模式。工会帮助职工讨薪或者工伤认

定赔偿、经济补偿的案件协调不好的，工会介绍其到劳动监察局走法律程序；反过来，如果劳动监察局或工伤、仲裁部门认为，工会出面可能达成调解，则将其介绍到总工会；或者共同参与调处。

三是建立"工会＋司法"模式。市司法局主动降低法律援助门槛，对生活困难的职工（农民工）因劳动报酬和工伤赔偿申请法律援助的，不再进行家庭经济状况审查，而直接给予法律援助，列入法律援助财政补助。同时还积极推行"三即时"和"一条龙"服务，做到职工即时申请、即时受理、即时指派，针对外地和行动不便的农民工，法律援助律师还提供上门服务，在调查、立案、调解、庭审、执行等全程提供法律援助，以减少群众来回跑和节约其经济及时间成本。实行职工维权首问责任制，做到一站式申请，一条龙服务。对情况紧急或即将超过仲裁或诉讼时效的，先予受理，事后补办手续。

（三）主动走基层、进企业，加强劳动纠纷源头预防

法院除与工会组织开展劳动争议诉调对接工作外，还积极向前延伸职能，与劳动仲裁机构、劳动监察部门等部门建立工作沟通联络机制，推动依靠行政手段快速严惩雇主恶意转移财产损害劳动者权益行为、用工单位不依法与农民工签订劳动合同拖欠农民工工资报酬等行为。同时，法院还联合工会、人力资源和社会保障等部门开展各类普法宣传系列活动，大力构建和谐劳动关系，强化劳动纠纷源头预防。

针对辖区企业普遍存在的用工不规范导致劳动争议纠纷高发问题，工会组织经验丰富的法律援助律师深入企业，采用讲座、座谈等方式，有针对性地加强普法宣传，指导企业合法规范用工，引导职工依法理性维权，并对可能影响本地区劳动关系稳定的行业和企业定期进行探访、排查，对容易引起连锁反应、引发群体诉讼的纠纷提前重点沟通、协作化解，力争将矛盾纠纷化解于诉前。

二、工作成效

1. 调处纠纷。劳动关系协调师团队由市总工会干部和协理员组成，现有成员4名。受理职工诉求、调处劳资纠纷、协助企业开展集体协商、民主管理工作，参与"双引导"活动，参与指导园区内企业工会组建工作及对困难职工帮扶救助。2020年以来，瑞金市总工会受理劳资纠纷51起，办结50起，

1 起正在办理劳动仲裁，各类劳资纠纷涉及 22 家企业 500 余名职工，涉及工资和各类经济补偿金、赔偿金 600 余万元。

2. 法律援助。法律援助律师团队充分发挥律师专业知识，依法维护职工合法权益。常年免费为职工提供法律宣传、法律咨询、代写法律文书、参与和预防企业劳资纠纷协商、调解、仲裁、诉讼代理等法律援助服务。2020 年以来法律援助律师利用微信开展职工维权法律宣传 5 次，接待职工咨询 100 多人次。

3. 关爱健康。健康工程师团队从市人民医院、市妇幼保健院、市解放小学、心防协会等单位招募担任健康工程师团队志愿者，现有工作人员 6 名，健康工程师团队不定期开展健康知识讲座、心理健康辅导与咨询、免费义诊、传授健身运动和心理减压技能、工间操培训等活动，倾听职工心声、缓解职工工作压力，保障职工身心健康。

赣州市南康区推进"法院＋工会＋仲裁"劳动争议多元化解工作

2020 年以来，南康区总工会按照上级关于开展"法院＋工会"劳动争议诉调对接工作的部署要求，坚持"以职工为中心"的工作导向，联合区人民法院、区人社局，共同探索建立"法院＋工会＋仲裁"劳动争议多元化解机制，通过打造"一会一室一中心""前台"阵地，建立"三调两庭一站式""后台"机制，实现劳动争议"调、裁、诉"一体化运行、一站式服务，着力解决劳动争议处置难题，助力全区社会稳定。2020 年以来，累计调解劳动争议 144 件，涉及职工 175 人，涉及金额 216 万元，切实维护了职工的合法权益，提升了职工对工会的认可度归属度满意度，增进了职工获得感幸福感安全感。

一、抓阵地，高效推动"一会一室一中心"建设

一是坚持以"主责主业"的自觉性，抓好区总工会劳动争议调解委员会建设。在"三师一室"维权服务平台的基础上成立了劳动争议调解委员会，调解委员会主任由区总工会分管领导担任，成员由区总工会权益维护部干部、

"三师"人员以及家具、物流、劳务公司3个重点行业领域的工会主席组成，并特邀区法院、区人社局各1名法律知识丰富、调解技巧熟练、工作责任心强的人员充实到调解员队伍。

二是坚持以"借梯登高"的主动性，抓好区"法院＋工会"劳动争议诉调对接工作室建设。在区法院诉讼服务中心平台设立了"法院＋工会"劳动争议诉调对接工作室，工作室主任由区法院分管副院长担任，人员由区法院立案庭庭长、劳动争议专职法官以及区总工会权益维护部干部、区总工会劳动关系协调师、法律援助律师共同组成。

三是坚持以"创新发展"的积极性，抓好区"法院＋工会＋仲裁"劳动争议多元化解中心建设。在区人社局设立了"法院＋工会＋仲裁"劳动争议多元化解中心。中心主任由区总工会常务副主席担任，副主任由区法院、区总工会、区人社局分管领导担任，调解员由区法院、区总工会、区人社局相关业务部门负责人以及工会"三师"成员、人社局仲裁员、法院法官以及人民调解员、行政调解员、司法调解员等组成。中心设置窗口服务区、调解区、仲裁区、诉讼区四个功能区，实现登记受理、调解与仲裁、调解与诉讼、仲裁与诉讼"无缝衔接"。

二、抓机制，高速推动"三调两庭一站式"链接

一是调解优先，坚持"三调联动"。一般劳动争议工会调解，诉调对接劳动争议"法院＋工会"调解，突出劳动争议三方联合调解。

二是仲裁前置，坚持公平公正。在区人社局设立了劳动争议仲裁庭，对于调解不成的劳动争议，按照仲裁前置规定，及时引导当事人到劳动争议仲裁庭进行仲裁。坚持落实调解建议书、委托调解、调解协议仲裁审查确认等制度，增强仲裁工作的公信力和实效性。

三是简案快审，坚持速裁速结。在区人社局设立了劳动争议速裁法庭，对于不服仲裁结果且适用简案快审机制的案件，及时引导当事人到劳动争议速裁法庭提起诉讼。采取简化庭审程序、缩短办案周期、制定速裁说理模板等方式，提高审判效率和结案实效。

三、抓保障，高位推动"实体实战实效化"运行

一是强化组织领导。成立了南康区"法院＋工会＋仲裁"劳动争议多元

预防化解工作领导小组，由区人大常委会副主任、区总工会党组书记、主席任组长，区人民法院院长任第一副组长，区人社局局长、区总工会常务副主席、区人民法院党组副书记担任副组长，成员由三方单位分管领导及职能部门负责人组成。

二是强化制度建设。加强三方协作，建立了劳动争议多元预防化解工作联席会议制度，由区法院、区人社局、区总工会分管领导和业务职能部门负责人担任联席会议成员，并指派区法院立案庭庭长、区人社局劳动关系股股长、区总工会权益维护部部长为具体联络人。日常事务由联络人进行沟通，重要事务提交联席会议讨论决定。联席会议每半年召开一次，主要任务就是通报三方单位调处劳动争议案件的基本情况，通报劳动争议联动化解工作机制的运行情况；讨论拟联合发布的劳动争议规范性文件；研讨劳动争议案件中的疑难、复杂问题，对南康区重大群体性矛盾纠纷或重大共性疑难问题进行磋商，提出协调指导和处理意见；研究解决联动化解机制运行中的其他问题。

三是强化经费保障。南康区在"法院＋工会＋仲裁"工作中已投入近80万元，并将此经费列入每年预算，专门用于阵地完善、设备购置、人员培训、调解奖补、法治宣传以及开展相关活动等，确保劳动争议多元预防化解工作持续有效推进。

四是强化人才储备。加大对调解员、仲裁员、法官三类人员的业务培训力度，特别是针对劳动关系协调员、调解员的职业性、专业性不强问题，将劳动关系协调员、调解员的培训纳入总体培训规划，并通过开展庭审观摩、经验交流、业务研讨、组织培训等方式，不断提高调解人员的综合素质，提高调解能力，努力实现调解员与仲裁员、法官在法律适用上标准统一。同时，及时进行调整充实力量，让调解员在一线练兵，在一线成长，着力打造一支政治合格、熟悉业务、公道正派、秉持中立的劳动争议调解员队伍。

于都县推进"法院＋工会"劳动争议
诉调对接工作

于都县在县委、县政府的领导和上级工会的指导下，依托县法院、总工会、司法部门等多部门全方位、立体式的矛盾纠纷解决机制，将"诉"的"刚性"、权威性和"调"的"柔性"、便捷性结合起来，形成化解劳动争议的合力，以"六化六式"推进"法院＋工会"劳动争议诉调对接工作，让人民群众真切感受到公平正义。

一、建立广泛化联动式化解劳动争议联席会议制度

为保障机制有效运行，建立了由县委常委、政法委书记召集，政法委、人民法院、总工会、人力资源和社会保障局、司法局、信访局、住建局、工信局、工业园区管委会、医保局、社保局、劳动监察局、工商联、企业家联合会等 14 个部门参与的联席会议制度。各单位指定 1 名联络人，日常事务由联络人沟通，重要事务提交联席会议讨论决定。联席会议每季度召开一次，经参与部门提议也可以临时召开，确保劳动争议预防调解工作有序推进。

二、打造人性化一站式劳动争议诉调对接工作场所

为了方便服务职工，"法院＋工会"劳动争议诉调对接工作室设在县法院一楼，内设劳动争议调解室和司法确认室，对当事双方达成的调解协议，工作室能及时作出司法确认裁定书，赋予其强制法律效力。组建专业化精干式劳动争议调解员队伍。

依托"三师"团队从全县市、县级人民调解员、律师、人民法院陪审员中挑选了 31 名法律知识丰富、调解技巧熟练、工作责任心强的同志为于都县"法院＋工会"劳动争议诉调对接工作调解员，颁发于都县"法院＋工会"劳动争议诉调对接工作调解员证书。制定了《于都县劳动争议诉调对接工作调解员补贴办法》。同时，年终对先进典型进行表彰，确保调解员工作经费有保障，工作运转规范有序。

三、创新多元化多样式劳动争议化解模式

县委办、县政府高度重视"法院＋工会"劳动争议诉调对接工作新模式，联合下发《于都县关于做好劳动争议预防和多元化解工作实施方案》，开辟了"法院＋工会＋N"劳动争议预防和多元化解工作新机制，使劳动争议预防和多元化解工作形成了"党委领导、政府负责、社会协同、公众参与、法治保障"共建共治共享社会治理格局，让"法院＋工会＋人社＋司法"真正有了核心力。

四、开展个性化精准式劳动争议化解维权服务。

一是发挥基层司法调解组织作用。充分发挥司法所前沿阵地作用，突出重点，调动人民调解员工作的积极性、主动性和创造性，做到小事不出门，大事化小、小事化了，把劳动关系矛盾化解在萌芽，消除在基层之中。在新冠肺炎疫情防控期间，把"六稳六保"工作当作工会的首要政治任务，把企业的稳定工作列入工会目标管理重要考评内容。截至2020年12月，共受理85起纠纷，涉及人数220人，涉及金额650万元。

二是发挥"三师一室"队伍调解作用。县总工会"三师一室"工作人员7人，聘请法律援助律师5人，劳动关系协调师3人，健康工程师3人。建立了法律援助师、劳动关系协调师、健康工程师工作制度，2020年开展安全生产、职工法律援助、心理健康等宣传咨询活动3次，参与人数1500余人，发放资料2000余份。接待职工电话咨询和现场咨询120多起，代写法律文书11起，受理职工法律援助案件4件，受理劳动争议30起，成功调解26起，涉及资金60.4万元。

三是发挥社会组织调解作用。抓好示范，选择工会工作基础好、职工人数多的于都县创业者联合会工会为劳动争议调解示范点。针对县创业者联合会435家会员企业的实际，采取分片包干、责任到组的工作模式。通过做好宣传、深入基层、举办讲座、开展调研等方式全面掌握联合会各会员企业的劳动关系情况和劳动争议的动态情况。

四是发挥劳动争议仲裁调解作用。紧紧抓住劳动争议仲裁调解这个阵地，通力合作，切实做好劳动争议仲裁调解工作。截至2020年12月底，调处劳动争议案件497件，成功化解劳动争议353件，调解成功率71%，建筑领域

有2500多名农民工签订了劳动合同，农民工劳动合同签订率达91%以上。

五是发挥"法院＋工会"劳动争议诉调对接工作室作用。自"法院＋工会"劳动争议诉调对接工作室成立以来，工作室对职工的来信来访来电做到一一登记，做到职工来信来访来电和诉讼案件件件有着落、事事有回音。凡劳动争议起诉案件一律做到立案前先调解，同时做好案件的调查取证工作，采取快调解、快结案的工作方法，诉前委派调解成功26件，诉中委托调解成功8件，诉中协助调解成功65件，执行涉劳动争议案件173件，到位金额216.35万元。

南充市高坪区总工会释放职工维权效能

四川省南充市高坪区总工会坚持"主动作为基层化解、法律援助裁判化解"的劳动争议调处方针，想为职工群众所想，急为职工群众所急，甘当职工群众"娘家人"，积极为化解劳动争议纠纷，构建和谐劳动关系贡献力量。近年来，全区工会参与调解劳动争议纠纷近1000件；办理了结劳动争议职工法律援助维权案件200余起，涉案职工300余人，追讨劳动报酬等维权金额1000余万元。

一、发挥集体协商机制兜底作用，确保劳动争议源头化解

一是组建协商指导团队。通过以会代训、经验交流、现场模拟等形式，定期开展职工代表集体协商普训和轮训工作，正式聘用42名集体协商兼职指导员，分片分线下沉2个产业园区、19个乡镇（街道）近500家企业。

二是压实工作目标责任。将全区近500家企业集体协商任务，用实名制方式落实到乡镇（街道）、园区、行业和企业工会干部头上，实行台账管理，限期完成，确保集体协商"集中要约月"活动质量。

三是形成激励约束机制。采取"以奖代补"和"一票否决"的激励约束机制，充分调动工会干部和集体协商指导员工作积极性，推动集体协商工作深入、持续开展。

全区19个乡镇（街道）、2个园区、6个行业（产业）、近500家建会企业，按照《四川省企业工资集体协商办法》《南充市企业工资集体协商实施细

则》规定，普遍建立了以工资支付保障为主要内容的集体协商制度。探索出小龙街道集体协商、区建设建材行业集体协商、三环电子有限公司集体协商典型经验，先后在国、省、市不同层面交流推广，同时也为减少拖欠劳动报酬行为发生，有效维护劳动者合法权益奠定了坚实基础。航空港经开区100多家企业，近3万多名职工，通过构建全覆盖集体协商机制，实现了劳动争议"零发生"。

二、发挥基层调解机制基础作用，确保劳动争议主动化解

一是健全工作机构。区总工会在19个乡镇（街道）、2个园区、2个行业建立了23个劳动争议调解工作站，聘请了32名法律工作者和23名有调解经验的工会干部负责各辖区（行业）劳动争议调解工作，实现了工会劳动争议和职工法律援助机构贴近职工群众、面向基层一线的全域拓展和有效延伸。

二是规范工作场地。区总工会协调相关区域（行业）行政，落实劳动争议调解工作站办公室和劳动争议调解室；根据工作职能和需要，统一规范站点设置，切实做到了"五个有、四到位"：门上有统一挂牌，办公桌有统一桌牌，工作人员有统一工牌，墙上有统一的工作制度（工作原则、组织架构、工作职责、工作流程四到位），有统一规范的工作台账资料。

三是压实工作职责。将劳动争议调解工作纳入工会目标考核，层层压工作责任，确保简单矛盾纠纷化解不出企业，一般劳动争议调解不出乡镇（街道）、园区和行业。一旦辖区（行业）内发生劳动争议，各劳动争议调解工作站要第一时间知晓发现，第一时间调解处理，第一时间报告上级。

四是保障工作经费。实施"以案定补"，对调解成功的劳动争议案件，区总工会按照《高坪区工会劳动争议调解和职工维权案件补贴办法（试行）》，每件给予200～500元不等的工作经费补贴，为各级基层工会主动化解劳动争议发挥了积极作用。

三、发挥法律援助机制便捷作用，确保劳动争议"一站"化解

一是组建维权队伍。区总工会建立健全了职工法律援助维权中心，聘请了1名工作经验丰富的退休工会干部、2名社会化工作者和2名资深律师负责中心日常工作。建立完善了8个职工法律维权工作站，聘请了20名执业律师和13名法律工作者，组成职工法律维权工作团队，全权办理区总工会委托的

劳动争议职工法律援助维权案件。

二是实施简易程序。职工法律援助律师在办理劳动争议职工法律援助维权案件时，首先启动简易调解程序，省去常规的"一裁两审"烦琐程序。通过调查了解，熟悉案情，掌握证据，与当事人释明法理，组织双方当事人进行调解。近年来，在工会办理了结的职工法律援助维权案件中，通过工会聘任律师（法律工作者）调解了结的案件占总数的30%以上。

三是申请司法确认。经过工会聘任律师调解达成的调解协议书，符合法律规定条件的，引导受援职工及时向仲裁院或法院申请仲裁审查或司法确认，经仲裁审查或司法确认的调解协议，若当事人不履行义务的，工会聘任律师再代理职工方，或向仲裁院申请仲裁，或向法院提起诉讼，或直接申请法院强制执行。

四是落实案件补贴。对案了事结的职工法律援助维权案件，区总工会参照《四川省总工会职工维权案件补贴办法（试行）》《南充市高坪区工会劳动争议调解和职工法律援助维权案件补贴办法（试行）》，对聘任律师（法律工作者）每件给予750元、1500元、2500元不等的案件补贴。

五是树立先进典型。对办理职工法律援助维权案件成绩突出的职工法律维权工作站和聘任律师（法律工作者），区总工会联合区司法局等主管部门给予"职工维权先进单位"和"职工维权先进个人"表彰，并向上级工会和司法部门推荐给予"先进集体"和"先进个人"表彰。近年来，高坪区工会聘任律师（法律工作者）因办理职工法律援助维权案件成效显著，1人获省五一劳动章、3人获省杰出律师荣誉称号、2人获省职工维权工作先进个人、20余起典型案例获省总工会经费补贴和奖励。

四、发挥联动联调机制整合作用，确保劳动争议无缝化解

一是在调解组织上对接。在高坪区总工会、区人民法院、劳动人事争议、仲裁院和司法部门派驻了11个劳动争议调解工作室，聘请了10名执业律师、5名劳动争议仲裁专业人士、18名法律工作者进驻法院、仲裁院、司法部门和矛盾纠纷多元化解中心开展劳动争议调解。按照《南充市高坪区工会开展劳动争议调解工作的实施意见》要求，各级工会主动融入全区矛盾纠纷多元化解工作格局，积极支持配合人民法院、仲裁院、司法部门和矛盾纠纷多元化解中心，做好劳动争议化解工作。

二是在调解制度上对接。联席会议也是高坪区总工会参与多元化解劳动纠纷的重要措施，通过定期召开联席会议，搭建起重要信息及时沟通、常规信息定期沟通的交流平台，各成员单位通过定期交流工作信息，加强沟通协调，互相通报掌握的处理劳动纠纷过程中遇到的问题，共同做好纠纷调解工作。

三是在调解手段上对接。对工会组织调解不成申请仲裁的劳动争议案件，区总工会主动与区仲裁院协调，引导当事人通过裁前调解解决纷争，经过调解，直接出具调解书，并经仲裁审查确认；若当事人不同意调解的，或裁前调解不成的，再由仲裁院立案审查，依法仲裁；若当事人不服仲裁的，区总工会帮助劳动争议职工诉至人民法院。在庭审前，区总工会又主动与法院衔接，开展诉前调解，力争将原被告矛盾化解在庭审判决前。

山东省工会经验材料

山东省总工会积极主动　大力提升劳动争议多元化解质效

做好劳动争议多元化解工作，对构建和谐劳动关系、维护社会大局稳定具有重要的现实意义。山东省总工会抢抓最高人民法院和全国总工会劳动争议多元化解试点工作机遇，积极主动担当作为，持续深入推进试点成果转化，聚合力、理机制、建平台、强队伍、抓预防，大力提升了劳动争议多元化解工作质效，有力促进了劳动关系和谐和社会大局稳定。

一、在"合"字上下功夫，形成整体推进劳动争议多元化解格局

一是政府主导推动。将"法院＋工会"诉调对接工作列为省政府与省总工会联席会议研究事项。省总工会与省法院联合出台《关于开展劳动争议诉调对接工作的意见》，将"诉"的权威性、规范性和"调"的便利性、非对抗性有机结合，有效发挥审判机关、工会组织各自优势和职能作用，缩短诉讼周期，提高调解效率，依法高效化解劳动争议纠纷。

二是联合调研推进。省总工会积极与省法院对接协商，组成由省法院和省总工会领导带队的联合调研组赴部分市进行实地调研，结合调研实际，科学制定工作方案，推动劳动争议诉调对接工作在全省扎实有序开展。

三是多方联动协作。全省各级工会组织积极与法院、人社、司法等部门对接协调，加强工会参与劳动争议调解与仲裁调解、人民调解、司法调解的联动，实现程序衔接、资源整合、信息共享，推动形成劳动争议多元化解新格局。烟台市委政法委、市总工会等18个部门联合制定《关于进一步完善非诉讼纠纷解决机制的实施意见（试行）》，将基层调解、裁前调解、诉前调解、诉裁对接、法律援助等"五位一体"纳入多部门联合调解，打造烟台法律服务品牌。

二、在"细"字上用气力，完善"法院＋工会"劳动争议多元化解机制

一是工作对接机制。明确劳动关系调解受理范围、诉前分流、诉中委托、劳动争议案件调解工作流程和司法确认程序，保证程序合法合规。

二是交流合作机制。双方在起草出台涉及劳动关系和职工权益等规范性文件时，相互征求意见和建议，定期交流劳动法律法规实施情况，加强深入合作。

三是业务培训机制。法院定期为调解员提供专业培训和理论指导，工会定期组织工会干部和调解员培训，通过课堂讲授、案例剖析、模拟调处、普法宣传等方式，有力提升调解员和工会干部调处劳动争议纠纷能力水平。

四是困难职工救助机制。对劳动争议案件中符合条件的困难职工，工会及时提供法律援助服务和生活救助，为其享有公正调处权益提供有力保障。

五是奖惩机制。对化解劳动争议矛盾纠纷作出突出贡献的调解员，评先评优优先考虑，对主观故意推脱、敷衍、懈怠造成工作延误或恶劣影响的调解员，按规定不予续聘。

三、在"新"字上出实招，建强劳动争议线上线下融合调解平台

一是全面建设实体阵地。推动在法院诉讼服务中心、工会职工服务中心设立劳动争议诉调对接室，为劳动争议调解提供实体平台支撑。将劳动争议诉调对接室建设纳入 2020 年度工会法律援助机构实体化建设工作评价，将诉调对接室作用发挥情况纳入绩效考核内容，有力推动诉调对接工作见实效。目前，全省 16 个市、141 个县（市、区）（含 5 家高新区、开发区）均建立了"法院＋工会"诉调对接室，共调解劳动争议案件 5053 件。

二是精心打造网上法律服务平台。积极与法院对接，实行网上调解平台互联共享，法院通过平台将案件分流至工会调解组织，工会调解组织安排调解员进行调解，调解成功的网上司法确认。济南市总工会设立劳动争议诉调对接工作专项经费，选派 7 名律师加入中院特邀调解员队伍，在诉调对接室轮流值班，同时参与法院线上调解服务，线上线下同步开展诉调对接工作，2020 年市总工会接受办理市中院诉讼服务中心移送的案件 314 件，各区县工会受理案件 500 余件。青岛市开发建设青岛工会法律援助服务平台，设计

"维小保"智慧工会法律志愿者品牌，为职工提供智能客服法律咨询，实现在线调解、调解员菜单式选择、信息统计分析研判。2020年，通过线上线下办理法院诉调对接案件1098件，调解结案574件，为职工挽回经济损失1100余万元。

四、在"强"字上做文章，打造劳动争议多元化解过硬队伍

一是劳动争议调解员队伍。2018年以来，山东省总工会与省人力资源社会保障厅联合举办三期劳动争议调解员培训班，培训工会干部600名，为调处劳动争议储备了人才。青岛市举办了14期劳动争议调解员培训班，创新应用网上服务平台、微信群等邀请专业法官授课。

二是法律援助和服务律师队伍。组建1335人的工会法律援助和服务律师团参与劳动争议调解，对劳动争议案件提供即时法律服务，有效化解劳动争议纠纷。

三是工会法律志愿者队伍。以工会干部、工会社会工作专业人才、大专院校法律专业学生、劳动关系协调师、劳动争议调解员、劳动法律监督员等为主体，组建4053人的工会法律援助志愿者队伍，面向广大职工开展各种法律服务。

四是工会劳动法律监督员队伍。加大工会劳动法律监督员培训力度，目前全省已具有专兼职工会劳动法律监督员7.1万人，有力保障劳动法律法规贯彻实施。同时，各级工会组织积极吸纳法学专家、退休法官检察官、劳动争议调解员仲裁员、劳动关系协调员（师）、人民调解员及其他领域专业人才等社会力量参与劳动争议多元化解工作，提升劳动争议调解质量和水平。

五、在"防"字上固阵地，建立健全劳动争议多元预防体系

一是开展普法宣传活动。大力开展送法进企活动，组织专业律师、工会干部、法律志愿者等深入企业开展普法宣传。充分运用各种传媒手段，发挥工会宣传阵地作用，积极宣传劳动争议多元化解优势。

二是开展典型案例评选活动。开展"山东省工会维护职工权益典型案例"评选活动，精选10个典型调解案例，汇编成册，加强宣传，发挥典型案例示范作用，提升劳动争议案件调解工作水平。

三是开展公益法律服务行动。协调司法、律协、高校等单位联合开展

"尊法守法·携手筑梦"服务农民工公益法律服务行动。全省452支服务队深入社区、街道、建筑工地、劳务市场等农民工集中场所开展法律宣传、提供法律咨询、劳动争议调解、代书、代理等公益法律服务，引导农民工合法、理性地维护自身权益。威海市总工会自编自导自演了《小威兰兰职场记》系列微视频，通过以案说法的方式，向广大农民工宣传法律知识，受到广泛欢迎。

四是实施免费法律体检。组织工会干部、律师、志愿者深入企业开展免费法律体检，对企业规章制度进行合法性审查，帮助企业分析发现劳动用工方面存在的法律风险，有针对性地提出防范法律风险的措施办法。2020年，山东各级工会共开展法律体检2019场次，将化解矛盾纠纷关口前移，从源头上预防和减少了劳动领域违法行为发生。

青岛市总工会积极构建劳动争议多元化解新机制

青岛市总工会高度重视构建劳动争议多元化解新机制，大力开展"工会＋法院"劳动争议多元化解工作，不断创新工作思路和工作方法，夯实基层维权基础，有效地维护了广大职工合法权益，促进了劳动关系和谐与社会稳定，切实地发挥了新时代工会在共建共治共享基层治理、推动社会治理能力现代化建设中的独特作用，打造了维护职工合法权益的"青岛模式"。

一、高点站位，积极开展劳动争议多元化解工作

一是高度重视劳动争议多元化解工作。青岛市总工会党组高度重视劳动争议多元化解工作，以习近平新时代中国特色社会主义思想为指导，深入贯彻习近平法治思想、习近平总书记关于工人阶级和工会工作的重要论述，切实提高政治站位，认真落实《民法典》《工会法》《保障农民工工资支付条例》等法律法规，把劳动争议多元化解作为工作重点，成立了由工会、法院分管领导担任组长，市总工会法律工作部、市中级人民法院立案庭等职能部门组成的工作领导小组，定期召开会议，合力推进"工会＋法院"劳动争议多元化解工作。

二是制定完善相关制度。青岛市总工会、青岛市中级人民法院出台了

《关于开展劳动争议诉调对接工作的实施意见》，规定人民法院对于适宜调解的劳动争议案件，通过诉前委派或诉中委托方式，由双方联合建立的调解机构进行调解，努力依法化解劳动争议纠纷。为适应"工会＋法院"劳动争议多元化解工作，修改了《青岛市工会法律援助办法》，加强了劳动争议案件调处力度。此外还出台了《加强工会维权体系建设的实施意见》《建立劳动者维权双向联动机制的实施意见》等10余个工作制度文件，规范案件办理流程和服务标准，不断推进劳动争议多元化解规范化、长效化发展。

三是落实经费保障。两年投入1300万余元建成职工服务中心和职工法律服务中心，2020年投入420万余元作为市总工会本级援助案件补助经费、投入100万余元购买专业律师事务所法律服务，为法律服务提供经费保障。李沧区总工会和区法院积极探索劳动争议多元化解经费保障新思路，对于工会办理的劳动争议诉前调解案件，由法院给予一定数量的补助资金。

二、创新思路，打造劳动争议多元化解长效机制

青岛市总工会牢固树立"市场化、法治化、平台化"思维，构建"123456"法律维权体系，为劳动争议多元化解打造长效机制。青岛市总工会与山东管理学院合作的《青岛市工会多元化法律维权体系建设调研报告》荣获2020年全省工会优秀调研成果一等奖，"123456"职工法律维权体系被评为2019～2020年全省工会工作创新奖。

一是成立一个中心，搭建全新工会维权平台。在市级层面成立职工法律服务中心，打造全市法律服务机构模板，通过线上线下受理职工维权诉求，启动法律咨询、协商、调解、代理仲裁诉讼等援助服务流程，为职工提供"一站通办""一条龙"维权服务。实现了多种服务方式的无缝衔接，有效体现"上代下"维权，提高工会维权质量和水平。

二是组建两支队伍，全力提供法律援助服务。组建专业化工会维权队伍。聘任300名律师和基层法律工作者，成立青岛市工会法律服务团，覆盖全市145个镇街、152家市直工会。组建社会化工会维权队伍。建立以工会干部、社会化工会工作者、劳动关系协调师、劳动争议调解员、劳动法律监督员等为主体的工会维权队伍，为职工提供全方位法律服务。

三是密织三级网络，不断延伸工会维权触角。构建市—区市—镇街三级工会维权网络，形成纵向贯通、上下联动的维权格局。在市级层面，做强职

工法律服务中心，完成"顶层设计"。在区市层面，10 个区市及 2 个功能区全部建成实体化法律服务机构，完成"中枢设计"。在镇街层面，设立职工法律服务站，不断打通维权服务职工"最后一公里"。

四是加强四方联动，形成职工维权合力。强化与法院的联动。联合设立劳动争议联合调解中心，建立特邀劳动争议调解员队伍，加强线上、线下委托、委派案件的调解以及对区市诉调对接工作的指导。强化与司法部门联动。加强维权律师队伍管理，联合做好工会法律服务团队及镇街职工法律服务站工作，大力开展职工普法宣传和"尊法守法·携手筑梦"服务农民工法治宣传行动。强化与人社部门联动。大力推行《工会维权意见书》《工会维权建议书》"两书"制度，设立劳动维权联动服务站，完善劳动监察执法与工会劳动法律监督协作配合机制；在仲裁服务大厅设立工会法律援助岗，在职工法律服务中心设立仲裁工会派出庭和拖欠农民工工资速裁庭，联合出台派出庭管理办法。

五是构建"五位一体"宣传平台，营造浓厚普法氛围。通过青岛电视台《劳动者》融媒体栏目每周推出融媒体宣传节目，青岛日报《劳动者之窗》栏目刊登典型案例、律师说法等形式为职工维权，"齐鲁工惠·青岛行"APP为职工提供线上普法咨询服务、开展"工会普法大讲堂"活动，《青岛工运》开辟专栏报道各级工会普法先进经验，劳动广场开展服务农民工公益法律服务行动。推选了"青岛工会维护职工权益十大典型案例"，发布典型案例汇编，加强以案释法工作。

六是推行"六有"标准，提高法律服务机构维权实效。在全省率先出台了工会法律援助服务机构"六有"标准，即"有场地、有人员、有经费、有制度、有案源、有绩效"。按照"六有"标准推进全市工会法律援助机构建设，切实增强维权实效。

三、多元化解，努力开创职工维权新局面

（一）深入推进"工会＋法院"劳动争议化解工作

一是设立劳动争议联合调解中心。办公地点设在市职工法律服务中心四方联动办公室，作为工会与法院诉调对接工作的协调机构，由职工法律服务中心指派专职工作人员负责诉调对接日常工作，通过线上"人民法院调解平台"及线下委派和委托，受理法院调解案件，由维权律师及时办理。疫情期

间，还对无法现场开庭的劳动争议案件开通"云法庭"等线上绿色通道。

二是组建特邀劳动争议调解员队伍。由市总工会遴选政治立场坚定、业务素质过硬、执业经验丰富的律师、基层法律服务工作者、工会干部等42人担任特邀调解员，专门负责诉调对接案件调解工作。联合人社等部门组织"劳动争议调解员培训班"，不断加强调解员队伍建设。多个区市总工会建立了调解员命名的工作室，如"纪晓岚工作室""闫浩工作室"等。

三是建立诉调对接工作联席会议制度。2019年以来，市总工会和市中院共召开诉调对接工作联席会议5次，交流劳动法律法规的实施和执行情况，研究诉调对接工作中存在的具体问题。2020年8月召开了"一站式"多元解纷诉调对接暨创新加强非诉讼纠纷解决机制推进会，市总工会与市中院联合签署《诉调对接合作备忘录》，市中院为市总工会颁发"一站式多元解纷诉调对接合作单位"牌匾，进一步形成诉调对接工作合力。

四是推动各区市实现诉调对接全覆盖。在市总工会的全力推动和指导下，目前全市10个区市总工会全部开展了劳动争议诉调对接工作。主要落实了五项工作举措：工会与法院联合下发文件、成立劳动争议诉调对接工作领导小组、联合设立劳动争议联合调解中心、建立特邀劳动争议调解员队伍、受法院委派或委托办理劳动争议调解案件。部分区市还在职工法律服务中心设立了人民法院工会巡回庭，通过由工会、法院、律师组成的调解员队伍调解，降低当事人诉讼成本、高质高效维护了职工合法权益，减轻了法院诉讼压力，有效化解了矛盾纠纷。

（二）深入推动非诉讼方式解决纠纷

青岛工会通过与人社、司法、法院等部门联动，不断加强劳动争议调解工作与仲裁调解、人民调解、司法调解的联动，积极引导劳动争议双方当事人通过协商、调解、仲裁等非诉讼方式解决纠纷，有效实现了程序衔接、资源整合、信息共享。

一是坚持"多元驱动"，与市政法委、市中级人民法院等18部门联合出台《关于进一步健全完善非诉讼纠纷解决机制的实施办法》，与市人社局等6部门联合出台《关于加强劳动人事争议预防调解联动机制的实施意见》，积极推动建立完善党委领导、政府主导、各部门和组织共同参与的劳动争议预防化解机制。

二是注重"源头联动"，联合劳动监察建立劳动者维权双向联动机制，推行"两书"制度，2020年劳动监察协查案件56件，全部办结。即墨区总工会通过"全覆盖"梳理，"点对点"答疑，"面对面"解决，高效推进劳动法律监督，为202家企业提供免费法律体检服务。

三是强化"中坚联动"，通过镇街职工法律服务站、职工法律援助岗、人民法院工会巡回庭、仲裁工会派出庭、农民工工资速裁庭等解决劳动争议案件。充分发挥调解"第一道防线"的作用，所有的劳动争议案件案前通过工会法律服务团进行调解。

四是兜底"终端联动"，诉调对接工作开展以来，全市各级工会办理法院委派或委托的调解案件470余件，为职工挽回经济损失380余万元。西海岸新区诉调对接机制建立以来，成功调解劳动争议案件42件，涉及集体案件2件，为劳动者追回劳动报酬200余万元。即墨区总工会在各区市最早接入线上"人民法院调解平台"，截至目前已接到区法院委派劳动争议调解案件326件，当事人同意调解的79件。其中，已结案48件，调解成功20件，占已结案件的41.6%，为职工挽回经济损失90余万元。

青岛市即墨区总工会劳动争议
多元化解典型工作机制

根据全总、省总、市总关于劳动争议诉调工作的要求，即墨区总工会于2019年12月初与法院进行对接劳动争议诉前调解工作，经过多次研讨及筹备，于2020年4月即墨区总工会与即墨区人民法院联合下发了《关于开展劳动争议诉调对接工作的实施意见》，建立了劳动争议诉前调解机制。同年依托人民法院线上调解平台搭建的劳动争议联合调解中心系统正式运行，同年6月举行了即墨区劳动争议联合调解中心成立仪式，并将人民法院工会巡回庭正式投入使用。截至目前，受理案件326件，其中双方同意调解46件，已调解成功19件，调解成功率为41.3%，为职工追回薪资80万余元。

一、优化配置，组建实体化维权阵地

聚合资源才能握起拳头，集中力量才能打好攻坚战。围绕进一步激发工会组织维权的主动性和积极性，即墨区总工会在体制上进行了大胆探索创新，将原来相对分散的维权服务资源进行了有效整合，成立青岛市首家区级职工法律维权中心，重点整合 2014 年已有的法律维权窗口、法律顾问团、法律援助岗和劳动争议调解中心等传统工会维权资源，成立职工法律维权中心，建筑面积 520 平方米。设立法律援助、职工信访、维权联动、劳动争议调解室、法律体检等 8 个服务窗口和 1 个二合一审判庭，完成了"询、援、调、裁、判"一体化专业维权服务场所升级。

二、全域覆盖，打造三级维权网络体系

职工有诉求，工会就要在身边。围绕就近解决职工维权难题，即墨区总工会着力构建了覆盖全区的职工法律维权三级网络服务体系，区级建立职工法律维权中心，在 22 个镇街园区工会服务站设立调解站，在 35 个大企业工会设立调解小组，着力打造"一刻钟工会服务圈"，打通职工维权服务"最后一公里"。

三、吸纳人才，配备三支专业化维权队伍

即墨区职工法律维权中心有 7 名法律维权专职人员，并以购买社会组织服务的方式，聘请 10 家律师事所的 32 名业界资深维权律师充实工会法律顾问团，常驻中心、轮流值班，通过"金牌律师"常驻工会，为广大职工提供专业的法律服务。组建劳动争议调解网格员队伍 142 人，区级层面对调解站和调解小组工作人员进行统一集中培训，并通过日常走访排查，及早发现苗头性隐患，及时介入进行有效调解。诉调对接案件与一般矛盾纠纷相比，具有较强的专业性，对调解员工作水平提出了更高要求，即墨区总工会从律师队伍当中选聘政治立场坚定、业务素质过硬、执业经验丰富的律师担任调解员，组建了一支 20 人专职调解员队伍。

四、举办调解员培训班，提高调解业务能力

目前，平台上受理案件较多，但由于诉至法院的案件大多矛盾较为尖锐，85% 以上的当事人不愿选择调解，更倾向于选择诉讼。为提高调解员的政策水平和调解能力，进而提高劳动争议诉前调解案件的调解成功率，区总工会举办 2 期劳动争议调解员培训班，邀请区人民法院专业法官授课，不断提升调处劳动争议纠纷的能力。人民法院选派政治素质过硬、审判经验丰富的法

官定期到联合调解中心值班，担任业务指导员，为工会组织调处劳动争议纠纷提供业务指导，帮助特邀调解员提高法律知识水平和调处纠纷能力，提高诉前调解率。

五、搭建工作平台，实现平稳对接

一是搭建合作平台，夯实对接基础。区总工会与区人民法院设立劳动争议联合调解中心，办公地点设置在区职工法律维权中心。工作职责是接受人民法院委托对有关劳动争议案件在诉前进行调解。同时设立联动维权诉调对接室、2个调解室、1个巡回法庭，由2名专职工作人员负责对接劳动争议诉前调解工作。依托人民法院调解平台这一系统，进行案件随机指派。由此建立职工法律维权"绿色通道"。在处理劳动者追讨薪资的案件中，畅通办理机制，缩短为职工追讨薪资等法律维权案件的办理时间，快速便捷维护职工合法权益。

二是足不出户，搭建智慧工会维权平台。积极运用互联网平台和热线平台，"双线"发力，搭建工会与职工的"连心桥"。其一，"职工疑难"一网通办。依托"即墨工会"微信公众号开通了"法律维权"功能，安排4名法律专家为职工提供24小时免费在线法律咨询服务，并提供职工网上预约申请法律援助服务，主动降低法律免费援助门槛，做到应援尽援。截至目前，在网上提供维权解答1081人次，有效解决了职工维权诉求。其二，"职工诉求"即时接办。开通工会职工维权24小时热线和"12351"热线并行，第一时间受理职工反映问题，协调有关部门及时处置、快速办结，实现职工维权"线上办""零跑腿"。其三，"源头监控"把握趋势。运用劳动关系动态监测系统，对企业的劳动关系做长期动态监测和网上问卷调查，通过大数据分析，及时全面掌握劳动关系的变化态势，从源头发现劳动关系的不稳定因素，通报相关部门，提出针对性工作措施，调整工作方向和举措，为上级工会及党政提供决策依据。

六、法律体检，解决"诉调对接"中的维权难题

一是"全覆盖"梳理，为企业提供免费法律体检。即墨区总工会通过市场化方式，在全国范围内聘请专业法律机构的律师团队，为全区企业提供免费法律体检服务，在劳动用工、劳动合同、人事制度、集体协商等方面进行

全方位风险评估，并且给每个企业出具一份翔实的"法律体检报告"，帮助企业规范制度体系，从根源上维护职工的合法权益。

二是"点对点"答疑，为企业提供个性化需求解决方案。针对每个企业存在的不同问题，组织律师团队开展现场答疑，将企业存在的个性化问题"对症下药"逐个明确整改措施。自法律体检开展以来，即墨区总工会共召开企业"点对点"现场答疑会181余场，梳理明确企业职代会民主程序、工资发放、奖惩制度等方面问题1300余处，提供整改建议1600余条。同时，结合"工会普法大讲堂"活动，全面送法到企业和职工的身边，目前已开展36场，覆盖职工10万余人，全方位提高了企业合法用工和职工依法维权意识。尤其是在新冠肺炎疫情期间，通过线上"法律体检"和"工会普法大讲堂"，广泛宣讲企业复工复产过程中有关劳动用工方面的法律政策，有效维护职工合法权益。

三是"面对面"解决，为企业提供专业的专家评审。组织仲裁员、法官、法学教授等13名劳动维权方面专家，成立法律体检专家评审委员会，对"法律体检报告"进行专业评审和最终把关，确保体检报告的规范性、合法性和可操作性，使法律体检成为"稳劳动关系，维职工权益，助企业发展"的有力抓手。截至目前，即墨区总工会共组织专家评审会8次，为全区202家企业提供免费服务，受检企业劳动争议案件由体检前323件下降至82件，各项劳动争议率下降74.6%。

烟台市总工会探索劳动争议多元调解机制

为深入贯彻落实"把非诉讼纠纷解决机制挺在前面"的重要指示精神，近年来，烟台市总工会积极探索劳动争议多元处理机制，整合社会资源，借助专业力量，创新探索与法院、人社局劳动仲裁、工商联、企联建立"联合调解"工作机制，在劳动者与用人单位之间搭建劳动争议化解平台，形成劳动争议化解合力，取得良好的社会效果。

一、基本情况

近年来，劳动争议呈现日益复杂化，劳动仲裁是劳动争议进入司法程序的"前哨站",也是劳动争议受理的聚焦点。为凝聚多方解纷力量,化解劳动争议矛盾,2018 年 11 月,烟台市总工会联合市人社局、市工商联、市企联在多方调研论证的基础,联合印发《关于建立烟台市劳动人事争议联合调解工作站的通知》,率先在全省建立劳动人事争议联合调解工作站。工作站设在市人社局,市总工会、市工商联、市企联设分站,由市劳动人事争议调解仲裁院承担日常工作并进行业务指导。使用统一标识、统一印章开展工作,单独设计 logo,选用红色、橘红色暖色调,取热情温暖之意,两个指纹的八卦纹路设计既代表着和谐圆满,也代表着诚信互信,标识蕴涵"和谐圆满、诚信履约"的工作理念。中立、公平、公正地开展专业调解工作,创新劳动争议调解工作模式,成为化解争议的"减压阀",劳动争议"一站式"接收、"一揽子"调处,实现劳动关系和谐的"稳定器"。两年来共委托调解 315 件,涉案金额 1109 万元,平均调解期限 8.5 天,调解成功率由 2018 年的 30.88% 到2020 年的 60%,较传统调解组织在调解成功率、当事人认可度等方面优势明显。2019 年,市总工会强力落实省总工会"工会法律援助服务在您身边"行动,进一步发挥联合调解优势作用,探索"工会＋法院""工会＋法援"等模式,联合 22 家单位下发文件,和法院共同设立诉调对接室,引入烟台市芝罘律师调解中心,专门对接诉前劳动争议案件,对接案件 800 余件。

二、主要做法

(一)构建一体化闭环式调解机制

制度建设方面,建立工作台账、档案管理、特邀调解员名册、信息反馈、重大疑难案件会商、印章使用六项制度。

队伍建设方面,工作站的 22 名特邀调解员从法学专家、律师、工会干部、资深人力资源工作人员等专业人员中选聘,其运用丰富的专业知识、娴熟的调解技巧等优势开展调解工作,调解成功率更高。

工作机制方面,建立联调联动工作机制,工作站依市仲裁委托开展调解,调解成功形成调解协议由仲裁委审查确认,将调解协议转化为仲裁调解书,赋予强制执行效力;调解不成的,及时引导当事人进入或恢复仲裁程序,保证劳动争议处理的一站式受理、闭环式处理。

工会仲裁联动方面,市劳动仲裁委专门在市总设立派驻仲裁庭,审理劳动争议案件,有效提高了工会依法、公正维权的权威性。市总积极培育工会自己的骨干，有 30 余名工会干部取得了"劳动关系协调师（员）""劳动争议调解员"、兼职仲裁员的职业资格。先后出庭参与审理劳动争议案件 23 次，确认了 110 多人的劳动关系、870 万元的涉案金额。

工会法院联动方面，成立"诉调对接室""劳动争议巡回法庭"，依托人民法院调解平台，各区市工会组织入驻平台，采取线上、线下的方式，每个工会调解组织设立和法院的联系人员，指派专门调解人员接受劳动争议案件，积极向双方当事人讲解法律政策、尽量减少诉累，2021 年第一季度，接受诉调案件 224 件。

（二）突出"事前、事中、事后"因情分段施策

坚持"调解为主、调解优先"原则，事前主动宣讲劳动法律法规，耐心疏导当事人急切情绪，讲明利害关系，从情理、法理和事理上劝导当事人，既简化办案程序，又方便双方当事人，依法维护当事人权益。事中根据当事人情况量身指定特邀调解员，调解员接受委托 3 日内联系当事人，就近确定调解地点，调解方式更亲民，调解员对双方存在分歧的事项依法进行说法释理，不偏袒任何一方当事人，做到公平公正，为当事人维权提供更暖心的服务。事后建立调解跟踪服务，及时督促调解协议履行，针对在争议调解过程中发现的违规问题，指派工会律师团成员，免费为职工进行劳动法律咨询，帮助职工规划职业生涯；为企业开展劳动用工风险评估，进行企业规章制度法律体检，受到企业真心欢迎和认可。

（三）进一步丰富做实联合调解的内涵外延

自联合调解模式运行以来，收到良好效果。2020 年又继续加大社会协同，与市政法委等 18 个部门，联合下发《关于进一步完善非诉讼纠纷解决机制的实施意见（试行）》，与市委组织部等 22 个部门，联合细化实施意见，增加力量，整合资源，增设更加多元的联合调解工作站，并加载争议预防、联合普法、联合培训等更多职能，进一步丰富"联合调解"的内涵和外延，实现"工会＋仲裁""工会＋法院""工会＋司法"联合调解全链条创新升级。联合调解的成功经验也带动了专业性调解组织建设，专门成立烟台市芝罘律师调解中心，整合多个律师事务所资源，20 余名律师参与，专业对接诉前调解工作，为完善调解员准入、培训、运行机制提供了新思路，有效提升劳动争议调解效能。

三、几点启示

一是实现工会开门办会。目前，部分工会干部的法律知识水平还满足不了职工对维权的需要。建立联合调解机制，实现了工会联合办会，整合横向部门力量，收到了事半功倍的效果。市总工会"尊法守法　携手筑梦"公益法律服务队，利用线上、线下两个平台，常年开展送法进企业、进基层普法宣传，成为工会的一面旗帜，得到社会认可。

二是调动各方的积极性和主动性。联合调解工作站，涵盖政府、企业、职工三方劳动关系元素，代表利益体不同，但是构建和谐稳定的劳动关系是共同的目的。联合调解工作模式显现出争议调解速度快、调解成功率高、当事人认可程度高的特点。目前，联合调解案件履行率保持在100%。

三是拉长工会维权服务的工作链条。探索打造的联合调解服务模式，由过去劳动争议调处方面的"被动型"转变为现在的"主动型"，由过去单一的"劳动关系"转为家庭婚姻、遗产继承和经济纠纷等"全面型"。工会组织的凝聚力、公信力得到有力提高，工会工作得到党政、社会普遍认可，工会正在实现与企业、职工情感上的"零距离"。

枣庄市中区总工会探索"1+4+3+N"机制
构建劳动争议多元化解新路径

近年来，枣庄市中区总工会在按照"六有"标准建成职工法律援助中心的基础上，创新探索职工法律援助"1+4+3+N"机制，充分发挥工会职能，构建出劳动争议多元化解新路子。2020年，全年服务职工群众240余人次，举办集中法律宣传活动15次，多次迎接省市各级工会观摩活动，为职工提供线上线下咨询150余人次，成功办理法律援助案件67件，取得了良好社会效果。

一、打造法律援助阵地，筑牢职工维权根基

1. 建设实体化法律维权阵地。严格按照省总工会"六有"标准建成市中区职工法律援助中心。内设职工法律援助中心服务大厅、劳动争议调解室、

劳动仲裁室、诉调对接室、法律援助办公室，场地建设面积 150 平方米，提供法律咨询、法律援助、信访接待、争议调解、劳动仲裁、法律宣传等法律援助综合服务。同时，强化"12351"职工维权热线功能，利用"齐鲁工惠"APP、微信公众号等平台，为职工提供网上法律服务。

2. 建立健全法律服务规章制度。区总工会制定了《市中区职工法律援助中心工作程序》《市中区职工法律援助中心绩效考核办法》《关于建立劳动争议纠纷诉调对接工作机制的实施意见（试行）》等一系列措施，进一步明确工会法律援助范围、援助对象、工作形式、绩效考核等内容，确保职工法律援助工作制度化、专业化、科学化。建立法律服务工作 4 类台账（案件、咨询、人员、宣传台账），明确目标要求，细化职责任务。

3. 充实扩大法律服务人员队伍。采取购买服务等方式，聘请 12 名律师成立工会法律服务团队，配备 2 名工会专职工作人员，统筹调配镇街法律工作者、劳动争议调解员、法律服务志愿者，建立劳动监测队伍，选聘工资集体协商指导员进行业务培训，对企业进行全程跟踪指导。

二、加强四方联动机制，多方化解劳动争议

1. 加强与区司法局的业务衔接。积极推进劳动争议多元化解机制，最大限度化解各类社会矛盾。加快研发法律援助线上工作平台，设置市中区职工法律援助政策信息、职工法律援助服务专区、法律援助文化、法律援助信箱等主要模块，职工按照法律援助程序申报电子材料，即可享受网上"一站式"办理。

2. 建立健全与区法院的诉调对接机制。从诉前调解衔接、诉前调解成果确认、司法确认与执行衔接三个方面，明确了诉调对接机制。同时，建设标准化调解场所，设立诉调对接联络机构，配备诉调对接联络人员，抓好工作的统筹落实。诉调对接实施以来，顺利完成一起涉及 20 名农名工集体讨薪的诉前调解，为职工追回经济损失25 794元。

3. 加强与区人社局共同管控纠纷源头。推行"两书"制度，发挥两部门在劳动关系矛盾源头治理、劳动争议调处等方面的合作。成立市中区协调劳动关系三方委员会，履行"三方四家"职能，命名表彰和谐企业24 家，实施劳动关系和谐同行能力提升三年行动计划。

三、整合配置各方资源，共创三级援助网络

1. 推动镇街职工法律援助工作站的建设。根据全国总工会《工会法律援

助办法》《山东省工会法律援助实施办法》，出台《关于成立市中区职工法律援助中心的通知》，明确要求按照"一镇（街）、一站、六有、多元化"工作模式开展职工法律援助。在各镇街分别设立职工法律援助工作站，以齐村镇职工法律援助工作站为示范点，建设税郭镇、永安镇及矿区街道标准化职工法律援助工作站。

2. 培育企业职工法律援助工作室。在建成区职工法律援助中心、镇街职工法律援助工作站两级网络的基础上，进一步建成盛北商贸创业园职工法律援助工作室，联合齐村镇党委政府、区司法局打造出盛北工友创业园法治文化城。

3. 促进工会网格化法律援助队伍建设。整合各镇街法律服务志愿者参与工会劳动争议纠纷化解工作，将工会志愿者服务团队扩充至100人。指派镇街总工会职工法律援助工作站律师作为企业法律顾问，为企业搭建"零距离"法律服务桥梁。

四、优化法律服务模块，应对多样维权需求

1. 细化功能区。依托工人文化宫升级改造工程，按照功能要素，将诉调对接室、劳动争议调解室、劳动争议仲裁室独立分开，加强硬件配置。设立职工法律援助律师办公室，为工会律师提供固定办公场所，吸引律师常驻工会办公。

2. 打造普法宣传专用区域。打造法律援助超市工作亮点，从职工日常法律需要出发，在众多的法律文书中选出部分职工常用法律文书模板，收纳各类诉讼案件和非诉讼案件的程式化文书共50余种。职工学习运用维权知识更加高效便捷。

3. 完善回访系统。在职工法律援助中心内增加满意度点评器，与司法部门统一法律援助网络数据，做好工会法律援助的满意度调查回访与考核工作。

淄博市总工会倾力构建"四级"劳动争议调解体系

近年来，淄博市总工会积极在市和区县层面建立"调裁诉"对接机制，在镇街层面建立工会 + 人社 + 多方协作（"1 + 1 + N"）劳动争议调解机制，在基层全力推进劳动争议调解组织建设，打造"四级"劳动争议调解体系，推动劳动争议矛盾纠纷不上交，切实维护职工群众的合法权益，促进劳动关系和谐稳定。2020 年以来，全市工会共参与办理劳动争议案件 350 余件，参与劳动争议调解 430 余件，提供法律咨询 2000 余件次。

一、强强联合，构建调裁诉对接长效机制

1. 加强对接合作。一是搭建对接工作载体。在市、区县职工服务中心设立"调裁诉对接工作室"，在劳动争议仲裁院设立"裁调对接工作室"，在法院设立"诉调对接工作室"。二是建立对接工作制度。坚持与工会法律援助制度衔接，根据各对接工作室职能侧重，建立调诉对接、调裁对接等工作制度，规范工作流程。三是开展工作协作。出台涉及劳动关系和职工权益保护等规定、意见时三方共同参与；借助网络平台，三方及时推送案件，提高工作效率。四是引入社会组织参与案件调解。积极协调市及区县 16 家职工法律援助服务站律师参与调裁诉对接工作，参与案件办理，根据案件调解情况及成效，按人社部门的调解案件补助标准，给予办案补助。

2. 加强沟通共享。加强信息沟通，借助现代化办公手段，通过会议、协同办公系统等，及时交流劳动法律法规的实施和执行情况，通报劳动关系监测、群体性劳动争议纠纷、劳动争议案件审理等情况，三方每年至少召开一次会议，由三方轮流召集，研究讨论影响劳动关系稳定的重大情况、因素，提出解决问题的措施办法、意见建议。建立共同分析研判机制，对于劳动争议纠纷处理工作中具有普遍性、典型性、规律性的问题，统一法律规定理解和适用口径，指导企业合法规范用工、引导职工依法理性维权。2020 年以来，市、区县通过调裁诉对接共同解决劳动争议调处过程中的各类问题 265 件。

二、多方协作，建设镇街"1 + 1 + N"劳动争议调解平台

1. 实施劳动争议案件统一平台受理、多部门联动办理。镇街建立"1 + 1 + N"劳动调解机制领导小组，对职工反映的劳动争议诉求，调解中心窗口统一受理后，根据案件类型和复杂程度，由领导小组牵头多部门进入联调，高度集中本辖区劳动争议调解力量，形成快速反映和处置工作合力。区县工会动员签约律师事务所进驻镇街劳动争议调解中心，由专业律师担任劳动争议调解员，参与劳动纠纷案件调解，每周值班不少于 1 天。对聘用律师的作用发挥情况进行量化考评，由市总工会列支专项经费发放值班补贴。目前，各

区县工会已向市人社局公布的 23 个"三位一体"一站式劳动维权镇（街道）示范点选派了第一批劳动争议调解员，下一步根据各示范点劳动争议调解员作用发挥情况，逐步在全市各镇街铺开。2020 年以来，全市"三位一体"一站式劳动维权镇（街道）示范点已受理劳动争议案件及咨询 338 件。

2. 统筹推进辖区劳动争议预防和管理。加强工会、人社部门及相关部门信息共享，通过收集劳动关系领域检测点信息，人社部门劳动合同签订、缴纳社会保险情况等进行综合分析，运用"大数据"对辖区用人单位劳动关系的建立、运行进行全过程监测，加强对辖区用人单位不稳定因素的掌握和研判，对可能发生突发事件的信息，特别是苗头性信息进行全面评估和预测，做到早发现、早报告、早控制、早解决。借助线上线下各类媒体开展宣传，提高"1＋1＋N"劳动争议调解机制知晓率，积极引导职工到劳动争议调解中心解决劳动争议纠纷，把劳动纠纷化解在基层、化解于萌芽。

三、践行"枫桥经验"，加强基层劳动争议调解工作

1. 加强企业劳动争议调解委员会建设。实施分类指导，加大建会企业劳动争议调解委员会的组建力度：规模较大并建立工会组织的各类企业，指导其依法单独设立劳动争议调解委员会，并配备专职或者兼职工作人员；设有分公司、分店、分厂的企业，根据需要，指导总部在分支机构设立调解委员会；小微型企业，根据需要单独设立调解委员会或者由劳动者和企业共同推举人员，开展调解工作。目前全市已建会企业劳动争议调解委员会建制率已达 86.8%。建立健全档案管理、分析报告等制度，规范调解工作程序和调解文书制作，积极落实劳动法律监督"两书"制度，建立劳动法律监督月报制度，编印《劳动法律监督专报》，督促、指导企业依法选配好调解委员会成员并依法履责。

2. 发挥城乡社区网格员作用，促进基层劳动纠纷化解。依托城乡社区建立的网格员队伍，发挥好网格员熟悉社区、掌握地域情况的优势，协调政法委、人社部门等，细化网格员工作职责，建立网格劳动纠纷化解事项清单、宣传劳动保障法律清单、培训内容清单、工作任务清单"四项清单"，明确将劳动争议化解作为网格员工作重点职责，制定工作流程。引导各级网格化服务管理中心逐步纳入镇街劳动争议调解组织，向符合条件的网格员发放调解员证书，将网格员化解劳动纠纷纳入人社部门办案经费补助发放范围。

湖北省工会经验材料

襄阳市总工会探索"诉调四化"做优"法院＋工会"

襄阳市总工会积极落实完善社会矛盾纠纷多元化解综合机制新要求，会同法院积极探索劳动争议多元化解新路径，推进"法院＋工会"劳动争议"诉调四化"机制建设，有效推动了劳动争议高效化解。自 2021 年 5 月以来，通过发挥全市 22 个市县两级法院和工会建立的劳动争议调解工作室作用，共受理劳动争议调解案件 949 件，结案 891 件，达成调解协议 287 件，为 651 名劳动者挽回经济损失 1900 万元。

一、对接机制高阶化

1. 层层压责，全程发力，打造调解链条。襄阳市委市政府、市中级人民法院和市总工会"法院＋工会"劳动争议诉调对接工作放在推进全市高质量发展的高度，自上而下定政策，促落实，重保障。一是明确目标，压实责任。市委市政府将"法院＋工会"工作纳入全市全面深化改革工作目标任务，列入全市"攻坚年"活动攻坚项目，纳入全市年度综合考核重点内容。二是领导重视，指导有力。市委常委、市总工会主席作为"法院＋工会"项目首责领导，在指导落实中部署、推动，带队深入工会、法院一线调解阵地进行专项调研，了解工作进程，解决实际问题。市总工会将诉调对接工作纳入全市工会年度"职工说了算"重点工作考核内容，列入年度工会"暖心实事"重点事项，并实施项目化管理、路径化实施。三是强化保障，全力推动。市法院与市总工会调配熟悉业务、经验丰富、责任心强的业务骨干组建工作专班，保障工作快落实、见成效、创一流。市总工会在争取省总 55 万元资金支持的基础上，再增加 60 万元专项资金，保障"法院＋工会"劳动争议诉调对接工作无间合作。

2. 优化流程，无缝衔接，迅办速调快结。法院引导起诉人选择委派或委托调解劳动争议。当事人同意后，由法院向劳动争议调解工作室出具《委派调解函》或《委托调解函》并移交案卷材料。工作室收到案件后，编立"工调托"或"工调派"案号交由调解员调解。如果调解成功，当天即可申请司法确认，调解不成则进入"绿色通道"，由工作室退回法院分流至相关业务部门快速立案优先审理，调解中所固定的无争议事实、证据，法院审理时直接采用，相比以往审理周期缩短一半以上。同时，法院通过指派劳动争议审判团队参与诉前、诉中委托调解全过程，实现诉与调的无缝衔接，坚持"能调则调，当判则判"原则，严格控制调解时间，防止久调不决现象。

3. 联席推动、联合研判、联动督办落实。加强法院与工会的紧密合作。一是联席会议促共识。充分整合资源，加强联动合作，实现优势互补。定期召开双方联席会议，每月联合召开工作研判分析会，协商解决问题。2020年以来，共协商解决关于队伍建设、经费落实、机制建设等问题24个，有效保障了诉调对接项目顺畅有序实施。二是出台文件指方向。联合召集高校法学教授、法院法官、资深律师、工会法工专干等专家，共同研讨诉调对接工作，于2020年3月联合制发了操作性强、指导性实的《襄阳市中级人民法院襄阳市总工会关于在全市推进劳动争议诉调对接工作的实施办法》，并在办法中明确了诉调对接中双方职责，规范了诉调对接的工作流程，提出了双方具体的工作要求。2021年3月，联合印发《2021年"法院＋工会"工作要点》进一步加强对下工作指导。三是调研督办促落实。在推进实施阶段，市总工会实行一月一督办，一季一通报行动，实行事前、事中、事后全链条督办。实施前，督办责任分工，抓好方案谋划；实施中，督办案件办理，掌握工作进度；实施后，督办工作整改，进行综合评估。2020年以来，联合对各地阵地建设、制度建设、案件办理等落实情况进行全面剖析，研究对策，印发"法院＋工会"劳动争议诉调对接工作开展情况通报3期，推动工作出特色、出亮点、树品牌。

二、调解程序规范化

1. 确认调解主体，强化公信效力。2020年3月，依法成立了襄阳市工会职工劳动争议人民调解委员会（以下简称工调委），由此，工调委承担劳动纠纷调解机构的合法主体地位得到确认。通过人民法院对工会调解协议的司法确认，赋予调解协议的强制执行效力，维护工会调解制度的权威性，进一步增强了工会调解工作的公信力。

2. 完善调解机构，强化基础保障。2020 年 5 月，在全省首家实现了市、县两级分别成立工调委，并分别在同级总工会挂牌，实现了"四个到位"，即办公场所设置到位、办公设施配置到位、调解队伍选聘到位、办公经费保障到位。制定了工调委工作章程，建立了劳动争议调解员名册。同时，市、县两级法院诉服中心、总工会分别设立了 22 个调解室，聘用 62 名劳动争议调解员开展劳动争议案件调解工作。所有劳动争议诉调对接工作室都做到了"六有"，即有牌子、有场地、有制度、有人员、有经费、有印章。

3. 明确调解纪律，规范调解流程。建立了《劳动争议调解员工作规范》《劳动争议诉调对接工作室纪律》等工作制度，明确要求调解员在承办案件中应及时向当事人送达调解受理通知书、承办人员通知书、调解员工作纪律告知书、当事人权利义务告知书等文书，并约束调解员不得在调解工作中徇私舞弊。制作和颁布了《劳动争议诉调对接工作室委托调解工作流程》《劳动争议诉调对接工作室委派调解工作流程》，促进诉调对接制度科学规范运转。

三、调解端口前移化

1. 调解下沉基层，变"被动"为"主动"。搭建高效"一站式"矛盾纠纷调解处理平台，将调解阵地下沉至县，具体到区，不仅缩短了调解组织与基层劳动者的距离，还扩大了工会调解在基层的适用范围。襄城区诉调对接工作室成立首月，承接法院委派委托案件 22 件，全部调解成功并及时履行到位。老河口市"法院＋工会"劳动争议诉调对接工作室在调解黄某与湖北某瓷业有限公司等 26 件劳动争议纠纷案件中依托人民法院调解平台打破地域限制，实现了线上"隔空见面"，足不出户化解了劳资双方的纠纷。

2. 诉源治理为先，变"处置"为"预防"。加强对劳动纠纷变化趋势动态掌握，联合深入 120 多家规模企业开展个性化"法治体检"活动，针对性指导整改违反劳动法律问题 200 多个；在 25 家重点企业建立了劳动关系风险监测点，定期进行探访、排查，对容易引起连锁反应、引发群体诉讼的企业纠纷提前沟通、重点预防；坚持把普法贯穿于调解的全过程，组织开展普法宣传 150 场次，做到事前讲法、事中明法、事后析法，把调解的过程变为群众学法、懂法、守法的过程，引导人民群众增强法治信仰、法治意识、法治观念、法治思维，推动形成办事依法、遇事找法、解决问题用法、化解矛盾靠法的行为习惯，从源头上预防和减少劳动纠纷发生。

3. 前移调解端口，变"集中"为"分流"。实施早期介入、主动介入的源头治理，促进部分劳动争议案件在矛盾初期、诉讼之前便能通过调解得到解决，最大限度让老百姓少跑路、不跑路，使矛盾纠纷早发现、早化解，解决在基层，化解在萌芽，让劳动争议解决驶入"快车道"，切实减少劳动争议案件进入仲裁、司法审判程序的数量，为仲裁和法院减轻工作负担，实现了案件分流。根据襄阳市中级人民法院大数据平台显示，2020 年，基层人民法院和中级人民法院受理的劳动争议案件比 2019 年减少 46 件，这表明在劳动关系日益复杂、劳动纠纷不断增多的情况下，法院劳动争议立案量呈下降趋势，充分彰显了工会调解的重要性，也是"法院 + 工会"劳动争议诉调对接机制对我市构建和谐劳动关系贡献力的佐证。

四、调解队伍专业化

1. 把握标准选人，建强调解队伍。通过联合推荐考察，选聘了办案能力强、热爱调解工作的退休法官、劳动人事争议调解仲裁员、人民调解员、专业律师等 62 名同志加入调解队伍中来，有效的保障了调解效果。宜城市总工会通过法院推介选聘了一名威望高、能力强、热心服务调解工作退休法官担任调解员。目前，其经手办理调解案件共 18 件，全部达成了调解协议，调解成功率为 100%。

2. 专业培训育人，强化能力素质。采取岗前培训和定期培训相结合的方式，组织资深专家和业务能手，通过集中授课、研讨交流、案例评析、现场观摩、旁听庭审等形式，开展多层次、多样化的调解员业务培训，全市调解员培训覆盖率为 100%，均达到"五懂五会"，即懂方针政策、懂法律法规、懂业务知识、懂调解技巧、懂信息化手段，会预防、会调查、会调解、会制作调解文书、会做群众工作。2021 年 3 月，市法院与市工会联合举办"法院＋工会"业务工作培训，全市工会职工劳动争议人民调解委员会调解员、部分大型企业人力资源部负责人及各县（市、区）总工会法工专干人员 120 人参加培训。

3. 精细管理用人，实施绩效奖惩。制定《襄阳市工会职工劳动争议人民调解委员会诉调对接工作调解员考评管理办法》，对调解员实行百分制量化考核，将案件卷宗作为发放办案补贴的唯一依据和对调解员考核、表彰、续聘的重要凭证。严格实行调解责任制，科学划定调解员服务范围、厘清责任边界、规范调解程序，推动"定人、定岗、定位、定责"。明确调解员办理诉调对接工作调解案件的补贴细则，规定工会自行受理调解类案件的补贴标准，为全市两级调解员专心办案做好经费保障。建立案件回访制度，对调解员经办的案件，按照一定数量比例，随机对双方当事人进行回访并做好记录。

武汉市武昌区"法院＋工会"
劳动争议诉调对接工作室

根据湖北省高级人民法院和湖北省总工会联合下发《关于推进"法院＋工会"劳动争议诉调对接工作的通知》要求，武昌区法院和武昌区总工会一道在全省率先挂牌成立了"劳动争议诉调对接工作室"，有力推动了武昌地区职工、农民工法律援助和劳动争议调解工作，创新劳动争议多元化解新模式，致力打造多维度劳动维权综合体。

一、建机制——多元化解

2019年8月20日，武昌区人民法院、武昌区总工会劳动争议诉调对接工作室挂牌成立，法院将劳动争议专业审判团队与工会调解组织固定配对，形成"1审1书＋2名调解员2名律师调解员"的劳动争议多元化解大团队，由法院劳动争议专业审判团队直接向工会调解组织派发任务、指导办案，简化工作对接程序，便利工作开展。根据湖北省高级人民法院、湖北省总工会文件精神，武昌区法院、工会联合制定了《关于开展劳动争议诉调对接试点工作的实施方案》《劳动争议案件诉调对接工作补助发放办法》及印制了《劳动争议诉调对接工作室工作手册》，进一步明确了工作室的职责分工、工作流程及业绩考核等内容，从制度层面对劳动争议诉调对接工作进行规范；通过定期业务培训对工作室立案时注意事项进行指导，提高诉调对接工作专业化；通过开展案例讲解会共同讨论调解员在与当事人的沟通中如何剖析利弊、讲明利害最终促成调解，拓展思维提高调解成功率；通过制作劳动争议案件要素表、调解小结、小额诉讼程序告知书等文书，尝试要素式庭审模式改革，适用简易表格式、要素式判决书，提高审判效率。目前已形成劳动纠纷即时立、多时调、快时判的快捷处置机制，积极助力新形势下和谐劳动关系的构建。截至 2021 年 1 月，处理诉前调案件 929 件，其中调解工作室成功调解 192 件；共计审理劳动争议纠纷诉讼案件 617 件，已审结 548 件，法定审限内结案率达到 88.82%。2020 年度全省"法院＋工会"劳动争议诉调对接 20 个试点地方中，武昌区受理案件及调成案件数量均位居全省第一。

二、强服务——"互联网＋"

2020 年度，针对常态化防控新冠肺炎疫情的形势，严格贯彻落实最高人民法院关于两个"一站式"建设相关工作要求，协同推进劳动争议专业化调解平台建设和在线调解平台建设应用两方面工作，充分发挥线上调解作用，将劳动争议诉调对接工作室纳入法院特邀调解名册，并在人民法院调解平台进行注册，为当事人提供线上咨询、调解服务，打破线下调解的时空限制，提升调解工作质效。该项机制的建立，既为当事人提供高效便捷、低成本的纠纷解决方式，又促进提升社会治理的法治化水平。截至 2021 年 2 月，已通过线上咨询进行调解的劳动争议案件共计 192 件。

三、促和谐——平衡保护

在 2021 年受疫情影响的大背景下，切实提高政治站位，高度重视在化解劳动争议案件过程中落实中央"六稳""六保"相关工作要求。一是严格遵守调解时限、案件审限规定，杜绝以调压人、久调不决。对无法调解的案件及时立案、审判，对立案受理的劳动案件，繁简分流、快审速裁，防止困难劳动者群体因无法及时得到救济致贫，同时防止因为司法案件"拖瘦""拖垮"企业，目前劳动争议案件审结平均天数在 60 天左右，与过去的 90 天相比有明显提速。二是劳动争议审判工作团队提前介入，并全程参与指导调解，为调解工作提供充分法律支撑，目前已通过线上咨询进行调解的 192 件劳动争议纠纷，均由调解员与审判员共同通过人民法院调解平台在线主持调解工作，法理与情理的结合促使调解成功率逐渐提高。三是进一步优化司法确认程序，对调解成功的劳动争议案件，及时司法确认，2021 年至今已调成的 32 件案件均已及时完成司法确认，做到了严格落实依法保护原则，兼顾双方合法权益，取得了较好的社会效果。

四、提能动——端口前移

为进一步推进诉前调解工作，形成有效机制，在做好劳动争议案件法院窗口受理案件的基础上，积极向前延伸工作室职能，加强与劳动仲裁机构、劳动监察部门联系，在劳动争议案件多发企业设立驻企劳动争议诉调对接工作站，努力从源头化解矛盾纠纷，推动纠纷化解端口前移。目前，工作室已经与武昌区劳动人事争议仲裁委员会建立了初步的工作沟通联络机制，搭建起劳动仲裁与劳动诉讼之间的桥梁纽带，极大地便利了双方在办理案件过程中固定争议事实、明确当事人等；与武昌区劳动监察部门开展沟通协调，推动依靠行政手段快速严厉惩治雇主恶意转移财产损害劳动者权益行为、用工单位不依法与农民工签订劳动合同、拖欠农民工工资报酬等行为，充分发挥行政和司法各自优势，快速妥善解决劳动争议纠纷。2021年3月，劳动争议诉调对接工作室驻中建三局总承包公司工作站正式揭牌，武昌法院和总工会继续深化"法院＋工会"劳动争议诉调对接工作机制，加强法院与企业工会的深度合作，将劳资双方的矛盾解决在萌芽状态，构建新形势下和谐劳动关系，进一步优化武昌地区法治化营商环境。

黄冈市浠水县总工会以多元化解机制
提升职工维权实效

2019年11月，浠水县被湖北省高级人民法院、湖北省总工会确定为全省工会"法院＋工会"劳动争议诉调对接工作试点单位以来，在浠水县委县政府、黄冈市总工会高度重视和各有关部门的大力支持下，县法院、县总工会两家单位精心配合，创新作为，"法院＋工会"劳动争议诉调对接工作取得了一定成效。截至目前，调解案件57件，达成调解协议（含撤诉）40件，为劳动者挽回经济损失400万余元。

一、搭好一个工作平台

在浠水县委县政府、黄冈市总工会的高度重视支持下，浠水县于2019年11月就成立了由浠水县委常委、总工会主席任组长，县法院党组书记、院长，县总工会党组书记、常务副主席任副组长，县法院、县总工会、县委政法委、县委宣传部、县人社局、县司法局、县财政局、县科经局、县融媒体中心、县工商联、县企业家协会 11 家单位相关负责人为成员的劳动争议诉调对接工作领导小组，初步搭建了"法院＋工会"劳动争议诉调对接工作框架。2019年7月31日，浠水"法院＋工会"劳动争议诉调对接工作室在县法院正式挂牌。工作室配齐配强 12 名工作人员，其中：县总工会安排 1 名副主席，抽调4 名干部职工、1 名法律顾问，浠水法院抽调党组成员、副院长 1 名，2 名员额法官、2 名法官助理、1 名书记员，设置调解工作室 1 间。建立劳动争议诉调对接联席会议制度，规范了委托委派协助调解工作流程和相关 27 类文书样式。劳动争议诉调对接工作实现了有章理事、有人做事、有钱办事多元化矛盾化解新格局。

二、把好两个前哨关口

一是把好诉前关口。自"法院＋工会"劳动争议诉调对接工作室成立以来，劳动争议起诉案件一般做到立案前先调解。为使工作顺利推进，县法院在立案前让工作室提前介入，引导劳动争议双方坐下来谈，在温馨的环境和气氛中让原本气冲冲的当事人把气消下来，心平气和地摆事实、讲道理。调解员认真负责，在调解中动之以情、晓知以理，用真情打动当事人，耐心细致地讲道理说服当事人，发挥了"法院＋工会"劳动争议诉调对接工作室积极作用，推动了全县劳动关系和谐、企业和谐、社会和谐与稳定。

二是把好裁前关口。在县人社局、县劳动人事仲裁委的重视支持下，县仲裁委把劳动争议仲裁前的调解工作当作推动劳动关系和谐的重中之重的工作来抓，紧紧把住劳动仲裁前调解这个前哨关，做好与工作室的协调沟通工作，一般做到劳动争议仲裁前先送"法院＋工会"工作室调解。由于对劳动争议仲裁前调解工作抓得实、抓得细，成功率较高，从而较快地减少了劳动争议仲裁和诉讼案件的数量。

三、抓好三个方面延伸

一是向乡镇社区延伸。在各全县乡镇、社区工作服务站，通过个人申请、工会推荐、考核考察等程序，设立了"法院＋工会"劳动争议诉调对接，初步建立了一支由 37 人组成的"法院＋工会"劳动争议诉调对接信息员队伍。

坚持培训上岗、客观真实、及时快捷原则，坚持上报表格格式统一，上报渠道兼顾保密，2021年以来信息员为工作室先后提供信息13条，为做好诉调对接工作打好了坚实基础。

二是向经济开发区、工业园区延伸。为把劳动争议诉调对接工作落实到实处，做到劳动争议诉调工作与职工群众零距离，2021年5月尝试在兰溪陶瓷工业园设立"法院＋工会"诉调对接工作服务点，组建了工作专班，完善了工作制度，细化了工作流程，设置了调解工作室，为零距离化解劳动争议纠纷进行新的探索。服务点设立以后，仅仅几个月时间就为园区企业职工调解劳动争议案例3件，为职工追回赔偿75万元。

三是向企业和职工延伸。为进一步促使企业和职工知法、懂法、守法，县"法院＋工会"诉调对接工作室始终把做好企业和职工法律知识的宣传、宣讲当作推动和谐劳动关系的重要工作来抓，2019年8月，县总工会与县法院联合举办全县工会劳动争议调解员第一期培训班。向来自全县乡镇（区、处）工会主任、重点民营企业工会主席60余人，讲授《劳动法》《民事诉讼法》等劳动争议相关法律法规、司法解释、规范性文件等法律知识，就劳动争议案件调处中存在的重点问题进行讲解，较好提升工会组织调处劳动争议的水平能力。县总工会律师服务团和人民法院法官组建一支5人的法律宣讲队，经常利用周六、周日休息时间，深入工业园区和企业宣传、宣讲法律知识。

四、建好四项工作机制

一是探索推进了多元化解劳动争议机制。为了扩大劳动争议诉调对接工作覆盖面，调解工作采取多元化解工作机制，2021年4月结合疫情后劳动争议出现的新情况新问题，主动联合县劳动人事仲裁委员会，在全省率先建起了"法院＋人社＋工会"劳动争议诉裁调新模式，为多元化解劳动争议纠纷进行新的探索。截至11月底，工作室共接收仲裁委委托案件24件，调解成功15件，已做司法确认15件，成功率62.5％，较好地维护了劳动关系的和谐稳定。

二是探索完善信息及时共享机制。县法院、县仲裁委在接到劳动争议案件材料两个工作日内交县总工会调解，县总工会调解员在30日内完成调解工作。县法院、县仲裁委和县总工会的审判、仲裁、调解信息在工作群及时共享。

三是探索建立调裁审标准统一的新制度。进一步落实调解员的主体责任，在摸清案情的主要事实后，拟出初步调解意见，分别呈县仲裁委和县法院审核后形成标准统一的调裁审意见。

四是探索建立无争议事实记载机制。调解程序终结时，调解员在征得各方当事人同意后，用书面形式记载调解过程中双方没有争议的事实，并由当事人签字确认。在诉讼过程中，当事人无须对调解过程中已确认的无争议事实举证。

远安县总工会职工维权出新招　诉调对接显实效

2020年以来，远安县总工会针对疫情防控及企业复工复产劳动争议案件不断增多的特点，坚持情、理、法相融合，全力推进"法院＋工会"诉调对接工作，努力实现"三个转变"，为维护职工合法权益，促进劳动关系和谐发挥了重要作用。截至目前，远安县总工会组织调解诉前劳动争议纠纷案件23起，涉案金额达86.5万元，调解受案率、结案率、成功率达到100%。

一、"情"字为先、以情暖人，在工作理念上实现由被动等待向主动服务转变

一是形成共识，主动站位。远安县总工会党组"一班人"在学习领会上级文件精神的基础上，深刻认识到做好"法院＋工会"诉调对接工作是多元化调解矛盾纠纷、维护社会稳定的重要抓手，是职工"娘家人"的角色要求，时不我待，成立了"诉调对接"工作领导小组，党组书记、常务副主席统筹抓，分管副主席具体抓，维权服务部直接抓，为调解工作落地落实提供了强有力的组织保障。远安县总工会围绕"打造诉调对接平台、擦亮工会维权品牌"的目标精心谋划，并投资5万元对调解工作室进行维修改造，配备电脑、监控及打印机等办公设备，优化了职工维权服务环境。

二是完善机制，主动对接。远安县总工会多次主动与法院调研"诉调对接"工作联动机制建设，就职责划分、流程规范、人员配备及保障措施进行讨论，联合制定了《远安县"法院＋工会"诉调对接工作实施方案》，并建

立了联席会议、值班服务、案件回访等制度。工会维权服务部、法院立案庭就案件受案范围、案件委派、调解程序、调解文书的规范等业务进行磋商。加强与党委、政府部门的协作，通过与政法、信访和县直有关部门协调，充分利用网格化管理及"矛盾纠纷预警平台"全面摸排辖区内企业的劳动争议纠纷，掌握辖区内劳动争议纠纷动态。强化与司法、仲裁部门的协作，在县司法局的具体指导下，建立由4名职工法律服务团成员、原劳动人事仲裁员、专职集体协商指导员组成的调解员队伍。远安县总工会畅通职工法律援助通道，为5名困难职工维权提供法律援助。

三是守牢防线，主动作为。远安县总工会干部职工坚持深入基层，走进劳动争议纠纷经常出现的企业中去，在服务职工的过程中发现、处置矛盾纠纷。充分发挥职工服务中心、法律服务团、职工维权站及基层工会组织的"耳目""吹哨"作用，畅通劳动争议案件的信息发现渠道，力争最早发现，把矛盾纠纷化解在萌芽状态。

二、"理"字当头、以理服人，在维权方式上实现由对簿公堂向诉前和解的转变

一是在宣传引导上下功夫。远安县总工会充分发挥调委会的职能作用，加强立案引导。对已受理的案件，调解员对当事人晓之以理、动之以情，着重讲清工会调解的三大优势：第一，为当事人节约了时间，降低了成本，减轻了诉讼之苦；第二，当事人申请对调解协议司法确认，可以获得与法院裁判同等的法律效力；第三，弘扬中华民族"和为贵"的传统文化，当事人避免庭上对簿公堂伤害感情。法院委派工会调解的案件中，通过调解员的宣传引导，所有当事人均表示愿意调解。

二是在典型示范上下功夫。远安县总工会通过普法宣传、专题调研等形式，结合案例推进劳动争议多元调解理论研究，提高劳动争议协商、调解等非诉讼纠纷解决方式的公众认可度。诉调对接工作启动后，远安县总工会及时向省、市总工会报送典型案例4件，中工网、湖北卫视、湖北工会、荆楚网、《三峡日报》等传媒平台宣传报道了远安县总工会多元化纠纷解决的经验及做法，增强了工会维权的社会影响力。

三是在案源延展上下功夫。远安县总工会在诉调对接工作中积极探索，把受案范围从用人单位与职工方的劳动争议，延展到提供劳务者、农民工被

侵权以及劳务派遣、劳务外包公司与派遣员工之间涉及的劳动争议案件。

三、"法"字为本、以法育人，在工作成效上实现由职工维权向社会治理的转变

远安县总工会把依法调解融合到每个案件中去，在提升社会治理能力上，自觉做到"三个结合"。

一是职工维权与社会稳定相结合。远安县总工会牢固树立调解工作是维护社会稳定的大局意识，要求调解员在办理每一件纠纷案件中，始终坚持维权与维稳相结合，在维护社会稳定的大局下，依法维护职工的合法权益。调解中引导职工绝不能为了一方或一己之利，置社会稳定大局于不顾。在坚持以事实为依据、以法律为准绳的前提下，把每一个案件放进维护稳定的"筐子"去思考、去推进，调解员严格落实重大复杂疑难案件报告制度，做到发现群体性案件时及时主动向上级主管部门报告。

二是职工维权与企业发展相结合。远安县总工会在维护职工合法权益的同时，也充分考虑企业的困难和承受能力。调解员经常劝导职工，在新冠肺炎疫情这种不可抗力的影响下，对企业要多一份理解、多一份包容，给企业多一点解决问题的时间。在远安县总工会调解的案件中，近一半企业都是采取分期支付的方式，使企业在困难面前有喘息的机会，为全县经济高质量发展提供服务。

三是职工维权与法律效果相结合。为确保调解工作的规范性和严肃性，克服过往重实体、轻程序的不良习惯，做到了实体上合法，程序上合规。调解员针对不同类型的案件，预先制定《调解工作方案》，厘清调解纠纷的思路，确保调解的质量和效果。每次调解协议签订后，调解员都叮嘱当事人双方，对达成的调解协议，要申请人民法院进行司法确认，赋予调解结果具有法院裁定同等的法律效力，一旦出现一方不履行协议的行为，另一方可直接申请人民法院强制执行。当前远安县总工会调解的全部案件，都已经申请法院进行司法确认，充分显现了工会调解的法律效果。

黄冈市郧西县总工会推动维权服务延伸

郧西是劳务输出大县，全县有 14 万外出务工人员，占全县总人口 1/3，有效维护外出务工职工合法权益事关全县的大局稳定。为充分发挥工会组织在维护社会稳定、化解矛盾纠纷、维护职工合法权益、服务经济发展等方面作用，促进矛盾纠纷多元化解，深化平深安法治郧西建设，郧西县总工会积极探索诉前调解工作运行新机制，助推社会矛盾多元化解，走出了一条具有自身特色的职工维权、化解劳动纠纷之路。

一、完善"四项机制"强建设

1. 强化组织领导机制。成立了以县委常委、政法委书记为组长，县委常委、统战部长、总工会主席，县政府副县长为副组长，县委政法委、县总工会、法院、司法局、人社局、豪然律师事务所等部门相关负责人为成员的郧西县职工权益纠纷诉调对接机制领导小组，设立职工权益纠纷调解委员会，制定了《关于建立职工权益纠纷诉调对接机制的实施办法（试行）》，构建综合治理委员会办公室、工会、法院、人社、司法行政"五方联动"工作体系。

2. 优化阵地建设机制。一是以县总工会"职工之家"服务中心为依托，投入资金 80 万余元，建立了占地 100 平方米的职工权益纠纷调解工作室，设置配套视频设备，对调解过程实时监控、全程录音录像留档，整合湖北豪然律师事务所力量，增强调解员及工作人员业务素质，确保工作实效。二是与县法院联合成立"劳动争议诉调对接工作室"并在法院挂牌。采用"法院＋工会"的模式化解劳动争议，对于劳动争议纠纷案件，县人民法院在立案前或立案后，分别以委派或委托的形式移交该工作室，由工作室专（兼）职调解员进行调解，调解达成协议的，由县人民法院进行司法确认；达不成协议的，进入诉讼环节，由县人民法院有关部门办理。通过"法理＋情理"有机融合，为弱势群体提供了一条方便、快捷的法律（维权）援助"绿色通道"。

3. 落实联席会议制度。为了发挥涉及劳动关系及司法等多部门的作用，共同做好劳动争议工作，建立了由县人民法院、县总工会、县司法局、县人力资源和社会保障局、县工商联、工业园区管委会等部门组成的劳动争议联席会议制度，坚持定期召开联席会议制度，各部门汇报涉及劳动关系的焦点、难点、热点问题，针对存在的问题，集思广益，献计献策，研判劳动争议发展趋势，提出意见和建议，把好的做法和典型经验进行推广，把会议讨论研究决定的工作落实到各部门，形成了多部门齐抓共管的劳动争议化解联动机制。

4. 强化信访接待制度。将信访工作纳入全年工作计划，健全工作台账，热情对待来信来访职工，做好"12351"职工维权热线 24 小时接听办理工作、实时关注阳光信访平台。案件办理责任落实到人，按照及时就地就近解决问题与思想疏导相结合的原则处理有关诉求，对涉及职工（农民工）、弱势群体合法权益的民商事案件、劳动争议案件做好记录，上报劳动争议诉调对接工作室进行诉前调解，达不成协议的移交法院，确保件件有着落、事事有回音。

二、抓好"六个延伸"全覆盖

1. 将"诉调对接"工作与百名律师进乡村工作相结合，向全县村社区延伸。郧西县"百名律师进乡村"成为 2019 年度全省"十大法治创新案例"，入围全国"2020 创新社会治理典型案例"，县总工会以此为契机，搭建起以县诉调对接调解大厅为骨干、乡镇综治信访服务大厅、村民（社区）党员群众服务中心为支架的"县—乡—村"三级诉调对接服务阵地体系，将"诉调对接"与"百名律师进乡村"活动内容结合，将"诉调对接"这一职工维权服务新机制推进到乡村、推进到社区、推进到老百姓身边，对律师进乡村活动中收集到的劳动争议纠纷等不稳定信息进行排查、筛查，逐一登记备案。对线上、线下受理的信访案件进行任务指派，分配到承办律师手中，确保包案到人、责任落实到人，推动全县形成属地管理，包案化解的"县—乡—村"三级矛盾纠纷争议化解机制，实现了工会维权服务全县 286 个村全覆盖，取得了矛盾纠纷大幅下降的良好成效。

2. 拓展服务区域，将"诉调对接"工作向外出务工人员延伸。县总工会在北京远大、河北文安、左各庄、陕西西安、广东四市劳务协作创建外出务工人员法律服务站，保证了法律事务、维权服务的高效有序运行。同时，县总工会为返乡外出务工者（农民工）提供"点对点、线对线"的法律咨询、政策讲解等优质服务。

3. 构建和谐劳动关系，将"诉调对接"工作向车间、班组延伸。在规模以上企业和车间班组建立劳动争议调解委员会和调解小组，完善工作制度，劳动争议调解委员会主任一律由工会主席担任，把矛盾纠纷化解在萌芽状态，消除在源头，始终把维稳工作当作工会的首要政治任务，切实维护职工的合法权益，努力构建和谐劳动关系。

4. 突出关爱服务，将"诉调对接"工作向返乡创业人员延伸。全方面、多角度提升服务农民工的"温度"，通过开展深化农民工素质提升行动、农民工就业援助服务、慰问农民工活动、积极引导农民工返乡创业等重点工作提升返乡人员的幸福感、获得感、满足感。

5. 顺应时代潮流，将"诉调对接"工作向线上线下、多媒体网络延伸，回应职工网上互动期盼。县总工会将职工服务中心的"维权服务窗口"、北京外出务工人员法律服务站等线下实体服务平台和以"互联网＋"、电话、网络、微信等线上服务平台有机整合，优势互补，实现了维权服务"线下窗口面对面一体化＋线上互联网立体化智能化"的新格局。

6. 强化阵地保障，向调解阵地规范化建设延伸，调解全程利用视频设备录音录像，实现无缝对接。不断完善职工权益纠纷调解工作室配套设施，增设"视频监控系统硬件设备＋网络管理软件平台"，确保调解过程的安全性、真实性、权威性。组织召开多场次关于拖欠企业职工和农民工工资、工程款的群体集中调解会，调解过程由专人通过视频设备进行录音录像全程跟踪记录，有效缓解了当事人情绪，厘清了事实，化解了双方矛盾，扼制了群体事件的发生。

三、打造调解品牌有成效

郧西县总工会于 2018 年在全省首创了职工权益纠纷诉调对接机制，是湖北省"法院＋工会"劳动争议诉调对接工作的首批试点单位。通过多种途径、多种方式办理诉调对接、诉前调解案件 31 件、53 人次、涉事金额 210 万余元。期间，县总工会运用诉调对接工作机制为职工、农民工维权的案例先后被《湖北日报》、《搜狐网》、《楚天都市报》、《工友》杂志、《十堰日报》、郧西政务网等多级新闻媒体报道，打造了矛盾纠纷多元化解的"郧西品牌"，取得了"息诉罢访，案结事了"的良好社会效果。

宜昌市猇亭区总工会推进诉调对接工作

近年来，宜昌市猇亭区总工会按照全总、省总关于推进诉调对接工作的相关文件精神，主动出击，积极作为，"法院＋工会"诉调对接工作取得了初步成效。2020 年 11 月 3 日，猇亭区总工会和猇亭区法院联合成立的劳动争议诉调对接工作室在猇亭法院正式揭牌。截至目前，劳动争议诉调对接工作室已调解劳动争议案件 22 件，其中 20 件为追索劳务报酬纠纷，2 件为提供劳务受害者纠纷，有 18 件已达成调解协议，其中 2 件提供劳务受害者纠纷均是当场履行，并予以司法确认。

一、坚持认识先行，打开工作局面

深入学习全国总工会、湖北省总工会关于推进诉调对接工作的相关文件精神，深刻认识劳动争议诉调对接工作的重要意义，把推进诉调对接工作作为防范化解劳动关系领域的重大风险、优化法治化营商环境、推进社会治理现代化的举措之一，摆上工会工作重要日程。区总工会主席主动与区法院主要负责人对接，协调推进相关工作。区总工会常务副主席多次跟进联系，区总工会和区法院分别确立了一名分管负责人和一名联络员负责具体工作。召开区总工会和区法院联席会议，确定了法院出政策、出阵地、加强业务指导，工会出人员、出经费、搞好综合协调的基本原则，为后续"法院＋工会"工作的顺利推进打下坚实基础。

二、制定政策措施，建立工作机制

区法院和区总工会联合印发了《关于推进劳动争议诉调对接工作的实施方案（暂行）》，明确了诉调对接工作的职责分工、调解范围、调解程序，确定了工会组织调解协议司法衔接制度、法院委托工会调解制度、劳动争议纠纷预警预防制度。建立了工会与法院联席会议制度，规定每年至少召开 2 次劳动争议诉调对接联席会议，或根据需要召开临时会议，共商劳动争议诉调对接工作。区法院设立相对固定的劳动争议案件合议庭，选派业务能力强、审判经验丰富、善于做调解工作的法官负责协助办理劳动争议案件。

三、组建工作队伍，落实经费保障

区总工会在积极征求区司法局、区法院意见建议的基础上，甄选聘请了 7 名法律知识丰富、调解技巧娴熟、工作责任心强的调解员，并轮流派驻两名调解员到劳动争议诉调对接工作室驻点值班，开展劳动争议诉前、诉中调解和判后释法答疑工作，并积极参与劳动争议案件分析，旁听法院对重大劳动争议案件的审理。为保障调解工作顺利开展，区总工会按照案件调处情况，积极向上市总工会申请专项工作经费，严格按政策分季度兑现落实调解员的调解补贴。区法院也拿出部分资金按月向常驻调解员发放出勤补贴。积极争取区法院的业务指导，采取联合举办调解员培训班的形式，定期对调解员队伍开展业务培训，有效提升了调解队伍调处劳动争议的水平和能力。

四、严格操作程序，保障调解效果

区法院在收到劳动争议纠纷起诉状或者口头起诉到正式立案之前，法院诉讼服务中心充分和当事人沟通，经双方当事人同意后，委派猇亭区劳动争议诉调对接工作室先行调解；或者法院认为确有必要的，经双方当事人同意后，法院可以在立案后将劳动争议案件委托猇亭区劳动争议诉调对接工作室进行调解。对于群体性和当地有重大影响、疑难复杂的劳动争议纠纷案件，法院优先采取委托（派）的方式由猇亭区劳动争议诉调对接工作室先行进行调解。猇亭区劳动争议诉调对接工作室采取定期值班、预约调解、上门调解等方式进行。对委派调解成功的，区法院依法及时予以司法确认；对委托调解成功的，区法院依法及时出具民事调解书。

五、加强源头治理，形成工作合力

对纳入诉前委托委派的案件，在正式调解过程中，分难易程度，邀请公安、检察院、人社局、信访办等相关单位参与，集中各方职能优势，形成调解合力，提高了调解的成功率。加强对调处案件的分析研究，保持与法院的沟通联系，及时掌握劳动争议诉调案件中的普遍性问题，通过区总工会与区政府联席会议、劳资三方协调会议、人大代表议案建议等方式提请区政府及相关部门高度重视，从源头上推进问题解决。

京山市总工会推进多元化解模式
合力构建和谐劳动关系

京山市总工会以开展"法院＋工会"劳动争议诉调对接试点建设工作为重点，建立完善党委领导、政府主导、各部门共同参与的劳动争议多元化解机制，开启"法院＋工会"调处劳动争议案件新举措。截至目前，全市处理劳动争议纠纷案件 12 件，成功调解 8 件，成功率达到 66％，为当事人挽回经济损失 10 万余元。

一、提高重视，加强领导，推动多元化解工作有序开展

2019 年湖北省总工会开展"法院＋工会"劳动争议诉调对接试点创建工作，京山市总工会被选为全省首批 20 个"法院＋工会"劳动争议诉调对接试点单位之一。为做好试点创建工作，荆门市总工会联合荆门市人民法院下发了《关于推进"法院＋工会"劳动争议诉调对接工作的通知》，为开展试点创建工作提供政策指导。2019 年 9 月，京山市成立了"法院＋工会"劳动争议诉调对接工作室，组成由法院副院长和市总工会副主席为组长，法院、工会相关部室工作人员和市总工会法律服务团律师为成员的工作小组，工作室地点设在市总工会职工服务中心，安排专人负责日常接待和档案管理工作，为开展劳动争议诉调对接工作奠定坚实基础。

二、完善机制，创新方式，确保多元化解工作规范运行

一是建立健全工作机制。按照湖北省总工会、湖北省高院工作要求，市总工会和市法院共同制定了劳动争议诉调对接工作室的职能职责、工作流程和工作制度，明确了法院和工会的工作职责和任务，建立立案登记前的委派调解对接机制、立案登记后的委托调解对接机制、协作共享机制等一系列机制。工作室在接到劳动争议案件材料 3 个工作日内交调解员调解，调解员在 30 日内完成调解工作，调解程序终结时，调解员用书面形式记载调解过程并由当事人签字确认，确保协商结果双方无争议。二是加

强调解员队伍建设。市总工会充分发挥工会法律服务团、法律顾问作用，聘请业务素质硬、服务意识强的优秀律师为调解员，安排调解员每月固定时间到工作室驻点开展工作，为劳动纠纷双方提供调解、咨询服务，鼓励和引导争议双方通过协调、调解、仲裁等非诉讼方式解决纠纷。通过开展业务培训等方式，不断提升调解工作效率，提高调解人员服务能力水平。三是优化诉调方式。为节约当时双方时间，选择在法院开庭当天，提前两小时开展诉调工作。通过工作室调解双方达成协议的，可当场申请司法确认或者登记立案后由法院依法审查出具调解书，当事人可持生效法律文书申请强制执行。

三、加强联动，形成合力，构建多元化解多方参与格局

一是加强部门联动。加强与司法局、劳动仲裁院、劳动监察、人社等部门联动，建立劳动争议联合调处大协调机制，采取预警监控、定期通报、提前介入、专题协调、分头处置等措施，妥善处置群体性劳动争议案件，实现多元化纠纷解决机制的良性互动。二是建立联席会议制度。建立健全了法院与工会工作联动、问题共商、信息共享等机制。每季度召开一次协调会议，分析研判重大及特大群体性劳资纠纷情况，确保诉调对接工作实体化运行。三是打造维权服务阵地。市总工会在设立劳动争议诉调对接工作室和职工法律援助窗口的同时，在全市 14 个镇、街道工会建立有职工维权服务站，在重点企业设有职工维权室，就近就地处理劳动争议案件。截至目前，全市共建立调解员队伍 15 支，选聘调解员 16 人，在各类企业成立劳动调解组织 38 个，全市劳动争议多元化解联动格局已基本形成。

四、加大宣传，加强引导，多元化解工作动态取得实效

一是开展普法宣传教育活动。以"尊法守法·携手筑梦"服务农民工专题活动为主题，深入进企业、进车间、进班组开展形式多样普法活动，引导职工以理性合法的方式维护自身权益，督促企业经营者依法保障职工合法权益。二是开展全面细致摸排。以抓好劳动关系领域排查为重点，成立了防范化解涉新冠肺炎疫情安全稳定领导小组，制定下发了工作方案和风险清单。建立了月调度工作制度，组织动员全市基层工会对重点企业进行摸底排查，对存在矛盾的纠纷进行登记造册，制定具体化解措施，并落实专人负责。三

是参与劳动关系矛盾化解。通过开展排查化解工作着力解决了企业裁员、劳资纠纷、职工集体维权等问题，及时化解了劳动关系领域风险和社会矛盾。截至目前，全市共排查风险清单22件，所有风险清单均建立了化解措施，得到了妥善处理。

广东省工会经验材料

广东省总工会构建"一站式"多元解纷机制

广东位处改革开放的前沿，是经济大省、制造业大省、用工大省，受国际形势不稳定、经济下行压力加大影响，劳动关系复杂多变，劳动领域涉稳涉政治安全风险形势更加严峻，劳动争议数量也居高不下。为进一步做好新时代党的群众工作，积极践行以人民为中心的发展思想，推动构建和谐劳动关系，努力推进更高水平的平安广东、法治广东建设，广东省总工会加强与广东省高级人民法院的沟通联系，探索共同预防和化解劳动争议，推行"法院＋工会"多元化解决劳资纠纷新模式。

一、主要做法及成效

1. 整合力量，实现优势互补。劳动争议诉调对接工作采用"法院＋工会"模式，法院和工会在法院诉讼服务中心联合设立工作室，工会指派特约律师或法律工作者到工作室开展诉前、诉中劳动争议案件调解，并参与诉后释法答疑、信访维稳等工作，既发挥了法官的专业性、权威性，又发挥了工会调解员了解劳动者的长处，整合了法院和工会在劳动争议化解方面的优势，形成纠纷化解合力。2019 年 4 月，广东省总工会和广东省高院在东莞举办了全省劳动争议诉调对接工作现场推进会，肯定了试点工作成效，并决定在全省推行劳动争议诉调对接工作机制。同年 7 月召开了全省劳动争议多元化解试点工作动员部署视频会议，进一步推动工作深入开展。2020 年 10 月，召开全省劳动争议多元化解工作视频推进会，会议总结了自"法院＋工会"开展以来取得的成效，对下一阶段的工作提出了新的要求，作出了新的部署。从 2019 年 4 月至 2021 年 3 月底，共计移送诉调对接平台调解案件177 364宗，调解成功110 397宗，调解平均成功率为 62.24%，平均调解周期为 23.81 天，为 10 余万名劳动者追回劳动报酬过亿元。

2. 协调沟通，完善工作机制。2016 年，广东省高院和广东省总工会联合制定了《广东省高级人民法院广东省总工会关于预防和化解劳资纠纷构建和谐劳动关系沟通联系制度》，其中规定县（市、区）以上人民法院和同级工会建立定期和不定期沟通会议制度，每半年至少召开一次，遇有紧急情况和重大问题可随时召开情况分析通报会。2017 年 1 月，广东省总工会和广东省高院指定佛山作为全省首家劳动争议诉调对接试点地区，佛山市、区两级法院、工会于当年 4 月 27 日挂牌成立劳动争议诉调对接工作室，之后，又决定在珠三角地区法院全面推进。2017 年，广东省高院和广东省总工会联合制定了《广东省高级人民法院 广东省总工会劳动争议诉调对接工作规范（试行）》，从工作模式、工作原则、工作内容、工作流程、工作要求、工作机制六个方面规范劳动争议诉调对接工作。2019 年，广东省高院与广东省总工会联合下发《关于进一步加强劳动争议诉调对接工作构建和谐劳动关系的通知》，从思想认识、制度完善、经费保障等方面进一步明确"法院＋工会"工作流程，各项制度日趋完善。2020 年 6 月，广东省高院和广东省总工会联合下发《劳动争议多元化解试点工作方案》，明确指导思想，确定工作目标，细化工作内容，提出推进时间表，将劳动争议多元化解工作推深做实。

3. 制度先行，确保调解规范。工作室遵循依法公正、自愿平等、便民利民、严格保密四大原则。根据纠纷处理的不同阶段，完善了委派调解、委托调解、协助调解三种调解机制，并规范了不同机制的工作流程。广州市总工会联合广州市各级法院建立"坐班制度""递进制度""反馈制度"，实现矛盾纠纷处理的制度化。"坐班制度"：广州市中级人民法院和各区法院每周安排固定时间由工会选派劳动争议方面的专业律师驻工作站值班。"递进制度"：建立"诊调确裁"的劳动争议化解递进机制，实现简案快审、小额速裁。"反馈制度"：法院对于律师参与矛盾化解的案件定期跟进，遇到当事人不愿调解或调解存在较大困难的情况及时引导当事人立案或及时转交审判，对于已经化解的纠纷，由工会定期回访。

4. 积极探索，积累改革经验。佛山作为全省劳动争议诉调对接工作首个试点城市，该项工作取得良好社会效应。自 2017 年 4 月起，佛山市、区两级法院、工会"双级"已经开展联动，在市、区两级法院诉讼服务中心同步设立劳动争议诉调对接工作室，并联合印发规范性文件，确保"双极"联动，步调一致。立足"法院诉讼服务"平台，引入"工会法律服务"深度介入，以规范性文件为实施纲要，共同为当事人提供覆盖诉讼全链条的法律服务。打破传统诉调对接工作中"社会调解"与"法院调解"以法院是否立案为界的固有思维，全面覆盖诉前、诉中、诉后阶段，引导基层综合治理，将调解分为委派、委托、协助三类，形成"工会调解"和"法院调解"有机结合的"双调"机制。以"调解队伍专业化"和"管理运营标准化"强化劳动争议调解的公信力。探索研发"互联网＋法院＋工会＋当事人"的多元化纠纷解决工作平台，实现调解事务"一站式"办理、调解员"菜单式"选择和案件办理智能化。

二、全面推进"法院＋工会"劳动争议诉调对接工作

1. 建立健全"法院＋工会"沟通联系制度。不断深入推进完善全省建立构建和谐劳动关系沟通联系制度，加强沟通协作，建立完善工作研判、信息沟通、联合会商、协调配合等制度机制，形成各负其责、协调配合的解决劳动争议联动机制，逐步建立健全标准统一、衔接顺畅的劳动争议处理新规则新制度，充分运用劳动争议诉调对接工作中掌握的信息，及时分析研判，深入研究劳资纠纷苗头性问题，把矛盾纠纷化解在萌芽阶段。

2. 建立劳动争议诉调对接工作室。2019 年年底前全省各市、县（区）共挂牌设立 158 个劳动争议诉调工作室，已完成省、市、县三级全覆盖，并全面开展诉调对接工作。甄选法律知识丰富、调解技巧熟练、工作责任心强的工会律师、调解员等驻点值班，共同开展劳动争议案件诉前、诉中调解和诉后释法答疑等工作。推进多层次帮扶制度，对符合条件的当事人提供免费法律服务，依法帮扶生活确有困难的劳动者。

3. 切实落实各项工作保障。一是要落实经费保障。《关于进一步加强劳动争议诉调对接工作构建和谐劳动关系的通知》明确规定各市、县（区）总工会要将诉调对接工作经费纳入专项预算。省、市总工会对县（区）诉调对接工作按照 4：3：3 的比例予以经费补贴，用于律师值班、调解补助、人员聘请等方面。二是要打造专业队伍。注重吸纳社会资源，吸收有经验、法律专业知识过硬、有丰富调解经验的律师、调解员等参与劳动争议诉调对接工作中来。加强对调解人员的业务交流和培训，提升调处劳动争议工作水平和能力。

4. 积极参与基层治理。坚持和发展新时代"枫桥经验"，把劳动争议诉

调对接工作融入党委领导的城乡社会治理体系，发挥基层工会、企业工会功能，推动社会矛盾综合治理、源头治理。深入开展巡回调解，为偏远地区职工群众提供优质法律服务，把矛盾纠纷化解在工厂、企业和公司，让劳动争议诉调对接工作更加便利工人群众、贴近工人群众。

广州市总工会扎实有效开展劳动争议诉调对接工作

广州市劳动争议诉调对接工作起步早、力度大，经过 3 年多的实践探索，目前全市已基本构建起"机制顺畅、队伍齐整、经费充足、协同高效"的劳动争议诉调对接工作格局，营造了"法治德治相融、便民利民惠民、劳资双赢共赢"的社会安定团结氛围。

一、夯实"三个保障"，筑牢工作基础

（一）夯实组织保障，筑牢部门联动工作基础

切实加强组织领导，市总工会主要负责同志专项部署和推动，带队到市、区法院和区总工会调研劳动争议诉调对接工作机制建设情况。认真落实最高人民法院、全国总工会《关于在部分地区开展劳动争议多元化解试点工作的意见》和广东省总工会、广东省高级人民法院《关于进一步加强劳动争议诉调对接工作构建和谐劳动关系的通知》要求，结合实际将劳动争议诉调对接工作纳入市总工会重点工作项目，定期听取业务部门推进情况汇报。

2020 年 8 月 21 日，市总工会与市中级人民法院共同召开"法院＋工会"劳动争议诉调对接工作总结推进会。会上，市总工会与市中级人民法院签署《劳动争议诉调对接工作细则（试行）》，该细则对劳动争议诉调对接工作室调解员与调解专员的职责、诉前调解与诉中调解的期限、现场调解与在线调解的程序等方面作出细化规定。

（二）夯实队伍保障，筑牢调解人才工作基础

成立了由 400 余名律师组成的全省规模最大的工会法律服务律师团队，通过律师自荐和各区总工会推荐的方式，层层选拔，择优遴选具有丰富调解经验的律师组成调解员律师库。受工会委派，百余名工会律师担任市、区两级劳动争议诉调对接工作室调解员，具体开展法律咨询、释法答疑、法律引

导、案件调解等工作。定期组织工会调解员律师参加调解技能专项培训和案例研讨沙龙活动，不断提升工会律师调解工作水平，确保案件调解质效。2020年6月，工会律师蔡飞经省、市总工会推荐，荣获全国总工会、司法部、全国律协颁发第七届"全国维护职工权益杰出律师"称号。

（三）夯实经费保障，筑牢法律服务工作基础

自2017年以来，广州工会全额负担了市、区"法院＋工会"劳动争议诉调对接工作补贴。市总工会每年把劳动争议诉调对接工作费用列入本级工会专项经费预算，用于支付工会调解员律师的工作补贴和调解专员的服务费用。2019年12月起，市总工会依各区总工会申请，按适当比例以划拨方式补贴各区总工会劳动争议诉调对接工作经费。

二、强化"三个衔接"，推进持续发展

（一）强化制度衔接，推进劳动争议诉调对接工作集约化发展

与市中院紧密配合，联合出台《关于预防和化解劳资纠纷构建和谐劳动关系沟通联系制度》《广州市劳动争议诉调对接工作方案》《劳动争议诉调对接工作的规定（试行）》等制度规范。在此基础上，市总工会结合劳动争议诉调对接工作需要，修订了《广州市工会法律服务律师团管理办法》，明确工会律师团参与调解工作的流程、具体要求和办案补贴支付标准等，同时制定了《调解工作台账》《数据情况统计表》《调解专员工作清单》等内部管理台账，对流转程序登记备查、案件处理情况如实记录、结案案卷即时装订归档等作出规定。

（二）强化程序衔接，推进工会参与劳动争议调解工作全链条发展

坚持和发展新时代"枫桥经验"，积极做好源头维护，做实劳动争议仲裁、诉讼阶段的调解工作，广泛融合党、政、司法机关和专业律师、社工等各方优势资源，主动融入并深度参与创新基层社会治理，构建起独具广州特色、工会特点的劳动争议三方联调、诉调对接、企业劳动争议调解、企业工会法律顾问服务等劳动争议多元预防和化解机制，把更多力量和资源向基层倾斜，真正把维权服务做到职工群众中去，全链条、全流程防范化解劳资纠纷风险隐患。

大力推动建立工会与劳动人事争议仲裁院、法院等裁审部门的多方联动机制，注重劳动争议诉调对接与三方联调程序的有机衔接，非诉讼类、准司

法类与诉讼类劳动争议调解程序的有机衔接，让职工群众在每一个循法的程序中享受调解带来的便捷实惠，切实感受到党和政府的关怀，为构建规范有序、公正合理、互利共赢、和谐稳定的新型劳动关系作出积极贡献。

（三）强化救济衔接，推进职工维权服务工作创新发展

制定出台《广州市工会法律援助实施办法》，坚持应援尽援，免费为劳动合法权益遭受侵害的职工提供工会法律援助服务。各级工会对因受欠薪、工伤造成工作、生活困难的农民工、劳务派遣工和困难职工等群体，大力提供困难救助、再就业培训等帮扶措施。

三、谋划"三个着力"，力促提质增效

（一）着力加强宣传推广

做优做强劳动争议诉调对接机制，及时总结经验做法，确保市、区劳动争议诉调对接工作既均衡发展又各具亮点。加强广州劳动争议多元化解品牌宣传、提升和促进，将工会调解打造成为劳动争议当事人多元解纷的渠道优选，推动调解工作成效再上新台阶。进一步加大面向社会各层面的宣传力度，充分利用"互联网＋调解"平台、抖音等新媒体和法律服务中心"小员爱学法"普法宣传栏目，广泛宣传推广劳动争议调解好处，不断提升职工、用人单位、当事人代理律师对劳动争议诉调对接工作的知晓率和认可度，不断扩大劳动争议诉调对接工作影响力。

（二）着力加强队伍建设

注重从市工会法律服务律师团中遴选政治立场坚定、业务素质过硬、执业经验丰富的律师参与劳动争议调解工作，注重加强调解员律师的法律知识、政策业务、调解技巧的学习和培训，不断提高调解员队伍的专业化、职业化水平，提升劳动争议调解的司法公信力。同时规范调解员律师业务行为，加大对调解员律师的监督力度，不断提高调解过程的前期、中期、后期工作质量。

（三）着力加强在线调解

大力推动劳动争议调解信息化、智能化建设，推进各级工会与法院多元化解平台对接，完善调解组织和调解员信息名录，实现劳动争议当事人对调解员的"菜单式"选择，实现调解工作线上汇聚、线上办理、线上流转，为调解员和双方当事人参与劳动争议解决提供更多便利。积极运用大数据，共

同对典型性、普遍性劳动争议案件进行分析研判，依法妥善处置化解劳动领域风险隐患，切实维护职工队伍和社会和谐稳定。

佛山构建"人社＋工会"劳动争议裁调对接工作机制

为落实以人民为中心的发展理念，全面贯彻习近平总书记在全国劳模大会上"要健全党政主导的维权服务机制，完善政府、工会、企业共同参与的协商协调机制"的指示精神，切实发挥工会调解在劳动争议处理中第一道防线的作用，缩短劳资纠纷调处周期，在"法院＋工会"劳动争议诉调对接工作机制良性运转的基础上，佛山市总工会以劳动争议诉调对接工作模式为借鉴，积极探索推进"人社＋工会"劳动争议裁调对接工作机制，力争将各类劳资纠纷化解在基层、消除在萌芽。

一、设立背景

佛山是粤港澳大湾区重要成员城市，以制造业大市的定位，成为"广佛都市圈""广佛肇经济圈""珠江—西江经济带"的重要组成部分。佛山现有产业工人超过 400 万人，2020 年实现地区生产总值10 816.47亿元。在中美贸易摩擦叠加新冠肺炎疫情影响的背景下，营造和谐健康的劳资关系，对保障佛山地区经济社会健康稳定发展至关重要，而构建劳动争议裁调对接工作机制则是至关重要的一环。

二、实施过程

2020 年，佛山市总工会权益保障部和佛山市人社局劳动关系与调解仲裁科经充分沟通，联合派员先后前往禅城区张槎街道，南海区狮山镇、里水镇，顺德区大良街道、北滘镇等镇街深入开展实地调查走访研究工作，梳理基层一线在调处劳资纠纷工作过程中的堵点、痛点和难点，并在此基础上与市协调劳动关系三方四家各单位进行了充分研讨。

2020 月 12 月 8 日，佛山市总工会和佛山市人社局的主要领导专门召开了专题会议，研究部署劳动争议裁调对接工作相关落地事宜。

2021 年 1 月 20 日，由佛山市人社局和市总工会共同牵头，市人社局、市总工会、市工商联和市企联联合印发了《关于印发〈关于开展劳动争议联合调解工作的方案〉和〈关于进一步加强劳动争议裁调对接工作的规定（试行）〉的通知》，明确要联合设立覆盖市、区、镇（街道）的三级劳动争议联合调解中心，开展实体调解工作。

2021 年 1 月 25 日和 4 月 19 日，佛山市总工会分别下发《关于开展劳动争议裁调对接试点的工作通知》《关于开展劳动争议裁调对接工作有关事项的补充通知》，进一步明确有关工作要求，细化工作流程，确保裁调对接工作落地、落实、落细。

三、工作流程

对各类劳动争议案件，实行"诊、调、裁"的三步走工作流程，实现纠纷的有序分流和高效化解。

第一步：诊，即裁调辅导。对诉至人社仲裁立案窗口的纠纷，由人社工作人员对当事人进行必要的风险评估、法律释明和裁调指引，帮助当事人算好亲情、信誉、时间、经济、风险"五笔账"。经辅导，当事人同意选择以非诉调解方式处理的，将纠纷转至联调中心进行分流、调处；不接受调解安排，坚持选择以仲裁方式解决的，则予以登记立案。

第二步：调，即裁前调解。对于双方当事人均有调解意愿的纠纷，由联调中心行政辅助人员将该案委派给工会调解员（以工会特约律师为主）、驻点的人民调解员以及其他适格机构人员等专业化的调解人员进行裁前调解。为便于工作衔接，每家联调中心至少配备 1 名行政辅助人员（由人社部门派出和管理），负责劳资纠纷案件的接收、转办以及办结案件的整理、案宗材料归档、案宗材料移交（移交给工会或相关机构，以便各机构对派出的调解人员按各自规定发放办案补贴）等行政事务性工作。

第三步：裁，即案件仲裁。对进入联调中心进行裁前调解不成功的案件，可转至劳动仲裁机关予以立案登记进入仲裁程序。对于调解不成的案件，符合工会法律服务有关规定的，由工会委派工会特约律师、外来工维权服务专员等适格人员继续跟进处理，为职工提供覆盖调、裁、诉全链条的法律服务，确保各类劳资纠纷不发酵、不扩散、不跑偏，进入"管道式"可控可管处境。

四、机制特色

（一）实体调解运作

根据四家联合发文，市、区、镇（街道）成立的联调中心，与本级劳动仲裁机构合署办公，实体化运作。劳动关系三方通过派驻调解员到联调中心开展调解工作，如佛山各级总工会通过委派工会特约律师等法律专业人士作为调解员进驻联合调解中心开展实体调解工作。

（二）开放兼容平台

联调中心是劳动关系三方联合设立的，人社、工会、司法行政、企业代表组织等劳动关系各方均可派驻调解力量进驻，与各系统内现有的调解机制互相兼容。

（三）注重解决前端

与"法院＋工会"诉调对接不一样，"人社＋工会"裁调对接的着重点在于尽可能将劳动争议纠纷化解在仲裁、诉讼的前端，充分利用人社阵地的作用，依靠立足基层一线第一时间调处纠纷，不仅有助于快速止纷息争，避免矛盾激化，节省劳资纠纷双方大量的时间精力成本，同时又节约了仲裁、诉讼等司法资源，大大地减轻党委、政府部门处置化解劳动争议纠纷的工作压力。

广西壮族自治区工会经验材料

北海市总工会劳动争议调解试点工作小结

按照中华全国总工会关于劳动争议案件调解机制建设试点工作部署要求，北海市总工会始终依照习近平总书记关于工人阶级和工会工作的重要论述，坚持工会的基本职责，发挥工会、法院各自优势，整合资源，打造"少跑路、结案快、不翻脸"特色劳动争议调解工作室，依法维护职工的合法权益，2021年以来，共接受劳动争议案件159件，成功调解56件。

一、工作开展情况

1. 搭建平台。接到全国总工会的试点通知后，及时与市中级法院沟通对接，成立了双方主要领导挂帅的领导小组和办公室，负责组织活动的开展。到2019年年底市本级和市辖一县三区全部完成"法院＋工会"劳动争议调解工作室的挂牌工作，并给予每个工作室办公经费5万元。2021年以来，所辖县区结合自身特点，创造性开展工作：合浦县人民法院，建造车载移动调解工作室，主动靠前到争议一线；海城区人民法院建造海岛调解工作室，结合"七五"普法教育，扎实推进法律宣传，2021年以来，全岛未发生一例劳动争议案件；银海区大力开展智慧调解室，网上云调解工作开展有声有色。

2. 优化机制。北海两级工会和法院主动融入当地党委领导的诉源治理机制建设，坚持"工会调解优先、法院诉讼断后"的原则，联合下发了《关于印发〈关于开展劳动争议诉调对接试点工作的实施意见〉的通知》《关于印发〈关于劳动争议诉调对接试点工作的实施细则（试行）〉的通知》。在实际工作中，针对新情况不断通过联席会议完善、修正、细化以上内容。市总工会、市中级法院相互沟通，及时调整优化工作方案。多次召开协调会议，对挂牌机构、配备人员、指导调配、规定流程、信息共享等环节明确目标任务。

3. 培育人才。为提高劳动争议案件整体调解水平，打造一支政治思想坚定、法律业务精通、熟悉调解技巧的调解员队伍，主动与市司法局、北海法学会沟通联系，在推荐的基础上，挑选了调解员 31 名，包括退休法官、专业律师、行业专家、工会干部等专业调解人员。一是规范调解员的管理，出台了《特邀调解工作规定》《特邀调解员考核管理办法》，并登记造册。二是加强调解员培训。联合法院通过组织法律讲座、专题培训、调解现场观摩等方式对劳动争议调解组织和调解人员进行培训指导，将调解工作需要的法律法规、调解方法、调解技巧、廉洁纪律等内容有效传递给调解员。三是落实调解员待遇。安排案件补助经费预算 80 万元，依据广西壮族自治区和北海市的相关政策，参照全国其他省市做法，制定了《关于印发北海市"法院＋工会"劳动争议调解案件验收和补助标准（试行）的通知》，进一步激发调解员的工作热情。

4. 打造特色。工会以"娘家人"身份加入到案件当中，就是要从当事人角度出发。北海市两级工会和法院除了工作室的日常线下调解外，还从"少跑路、时间快、不翻脸"的云端线上调解打造工作室特色。2021 年以来，全市法院在线调解劳动争议案件 36 件，实现战"疫"居家解纷，减轻当事人诉累，节约了当事人的诉讼成本。这个案例既做到了少跑路、时间快，又达到了"工会调解、握手言和"的效果。

二、试点工作的几点体会

1. 坚持党的领导是做好试点工作的政治保障。党的十九大以来，市总工会认真学习领会十九大报告提出的"完善政府、工会、企业共同参与的协商协调机制，构建和谐劳动关系"的总要求，不断探索劳动争议案件调解机制。一是认真学习习近平总书记同中华全国总工会新一届领导班子集体谈话精神，始终保持工会工作方向明确、不走偏路。努力把调解工作做到贴近职工、贴近群众，符合广大职工群众的意愿。二是学习领会上级工会开展试点工作的意义和方法范围，及时启动试点工作。三是结合北海特点，创造性推进试点工作。

2. 坚持服务职工是做好工会工作的初心使命。维护职工合法权益是工会的基本职责，不忘调解初心、牢记维权使命是工会的主责主业，始终坚持做到：一是法律宣传到一线，定期组织律师、法官、劳模到机关到社区到企业宣讲相关法律知识和奉献精神，从源头减少劳动争议案件的发生；二是既要当好职工的"娘家人",也要做好企业的贴心人,依法维护职工权益,促进企业发展;三是着力打造"工会调解、撰手言和"调解室品牌效应,尽量避免法院审判后赢了官司、输了工作岗位的局面。

3. 坚持构建和谐劳动关系是工会服务大局的具体体现。工会工作是党的工作的重要组成部分,如何引领最广大的职工群众听党话跟党走是做好试点工作服务大局的具体举措。近年来,劳资矛盾日益显露,劳动关系渐成紧张之势。主要表现为非公有制企业中存在的劳资冲突。在工作中要注重和风细雨处理矛盾,边探索、边实践、边完善工作方式方法,努力构建和谐劳动关系,维护劳动关系双方的合法权益,推动构建和谐北海。

4. 坚持主动参与,充分彰显工会在劳动争议调解中的作用。劳动争议一旦发生,调解就成为必不可少的程序。这个程序应该包括从基层调解、裁前调解到诉调对接以及法律援助等多元参与的调处机制。多年来,北海市总工会整合资源、多方联动、创新服务,积极搭建争议防范、法律服务、案件调处多元化解劳动争议三个通道,实现劳动纠纷调解由"被动型"向"主动型"转变,使多元调解成为劳动关系的"稳压器"。法院＋工会劳动争议委托委派调解工作就是调解不成,进入诉讼程序,工会也可以在诉前和诉中继续进行调解,或者在诉后对职工做好解释和安抚工作。总之,化解劳动争议,工会应该站在第一线。从案件调解情况分析,受理159件,调解成功56件,成功率为35.22%,一审案件调解成功23件,二审案件调解成功33件,这些案件,经过基层调解、裁前调解,调解不成,到了诉讼阶段,经过工会和法院的共同努力,很多案件也得到调解,充分地彰显了工会"维护职工合法权益,共谋企业健康发展"地位和作用。

四川省工会经验材料

成都形成劳动争议纠纷"一站式"多元化解机制

成都是全国较早开展劳动纠纷多元化解工作的地区，从 2015 年开始，市总工会与市法院等多部门率先推进"七位一体"劳动争议纠纷调解机制建设试点工作；在市法院、市人社局、市司法局的协同配合下，至 2020 年年底实现了多元化解机制全域覆盖 22 个区市县的工作目标，探索完善共建共治共享社会治理制度，形成多元化解劳动纠纷整体合力。

一、探源溯流：化解劳动争议纠纷的必要性、紧迫性

成都作为国家中心城市，是"一带一路"倡议的支点，在西部地区对于劳动人口有着强力的"虹吸效应"。而经济快速发展和来蓉就业人员的激增，必然伴随着大量的矛盾纠纷。李克强总理指出，就业是最大的民生，稳就业就是保民生。劳动争议，通俗来讲是指劳动者与所在单位之间因劳动关系中的权利义务而发生的纠纷。劳动纠纷的滋长对于成都社会治理体系建设，对于稳定就业促进民生是重要的威胁。首先，成都劳动纠纷总量大，据统计，劳动密集型服务业是成都吸纳就业最重要的阵地，占全部就业人数的比重超过了 46%。2019 年成都市服务业增加值达11 155.9亿元，增幅为 8.6%，总额增速在全国排名第三、在副省级城市中排名第一，服务业对成都经济增长贡献率高 64.4%。其次，自新冠肺炎疫情出现以来，为了打赢疫情防控阻击战，各地采取了包括隔离、交通管制等各种必要防控措施，其对经济社会的影响，特别是对于劳动密集型行业的冲击无疑是巨大的，一些已经产生或处于萌芽阶段的劳动争议纠纷亟待化解。成都市委市政府将劳动纠纷"一站式"多元化解处置机制建设纳入了《成都市幸福美好生活十大工程实施方案》《成都市全面深化国际化营商环境建设实施方案》和《关于进一步加强党的领导支持群团组织履职的若干措施》。妥善处理好劳动争议纠纷，是社会治理体系

现代化的必然要求，是以人民为中心发展理念的具体体现，更是溯源治理实质化运行的有效载体，对于稳就业、保民生，切实保护劳动者的合法权益，维护社会的和谐稳定具有重要现实意义。

二、推动凝聚共识，引领多元解纷机制格局基本形成

在成都市委领导下，市矛盾纠纷多元化解领导小组（市委政法委）牵头，市法院、市总工会、市人社局、市司法局成立了联处机制，定期召开联席会议，联合制定了四份配套性文件，为全域铺开试点工作提供了指引和范本。目前，基本形成了"三个重心，四项机制，五方协同配合"的劳动纠纷化解共建共治共享"成都经验"。即以优化联调平台建设、培育专业调解队伍、搭建线上信息系统的三个重心；畅通调解仲裁诉讼对接机制、做优司法确认程序、推动繁简分流适用、强化对内对外考核的四项机制；实现了多元主体在纠纷预防、纠纷分流、纠纷处置、全域调解以及司法保障五方面协同配合。

三、重塑解纷格局，推动一站式联处平台搭建

成都市总工会、市法院、市人社局、市司法局坚持"将纠纷化解在萌芽、化解在基层"溯源治理工作思路，按照"事发地"及"方便群众"的工作方向，下沉纠纷发现渠道和解纷途径。搭建起以市级联处中心为原点，辐射22个区（市）县分中心，围绕区域性产业、工业园、乡镇（街道）延伸出N个联络点的"1＋22＋N"的工作运行模式，形成了以市、区（市）县两级联处中心为核心，纠纷预防、发现、处置全部靠前的联调工作模式。同时，畅通集约化服务，设置调解、仲裁申请、司法确认、劳动监察举报、法律援助等窗口，实现了"一站式"对接模式。截至2020年年底，市级中心累计接待来访群众5388人次，对符合条件、有明确诉求的案件依法进行了受理登记和移交。联处中心试运行期间，市劳动争议人民调解委员会累计接收调解案件365件，调解成功155件，平均调解成功率为42.47%，其中2020年10月至12月调解率分别为21.60%、45.24%、62.28%，逐步进入合理区间。

2020 年市级联处中心数据

（2020 年 9 月 27 日至 12 月 31 日数据）

接待群众数（人次）	仲裁接件数（件）	监察接件数（件）	法律咨询数（次）	接收调解案件数（件）	调解成功数（件）	调解成功率
5388	859	23	1650	365	155	42.47%

同时，22 个区（市）县分中心也相继搭建完成，截至 2020 年年底，各区（市）县共接待35 142人次，调解案件9735 件，涉及金额1.49 亿元、职工11 067人；调解成功5207 件，调解成功率为47%。溯源治理持续巩固，已在大成都范围内形成了武侯区"法治指导员"、成华区"网格联调"、双流"区诉非协同大超市"、大邑县"无讼社区"、新津区"法治诊所"、蒲江县"五老调解"等实效型解纷品牌，重塑了成都解纷格局，形成了纵横联动、开放融合、集约高效的纠纷解决网络，最大限度提升解纷效能，多元主体之间职能职责优势互补，形成合力，促成纠纷矛盾的快速化解。

四、发挥各方力量，保障调解力量壮大

成都市坚持和发展新时代"枫桥经验"，探索创造更多依靠基层、发动群众、就地化解人民内部矛盾的途径和办法，是正确处理新形势下人民内部矛盾的关键所在，也是坚持和完善共建共治共享社会治理制度的重要内容。市总工会牵头成立"成都市劳动争议人民调解委员会"，整合了人民调解员、人民法院特邀调解员、律师、退休法官等资源，建立了市级 139 人、全市 1445人的劳动争议人民调解员库，形成统一归口的劳动纠纷调解力量。同时，建立案件补助机制，将劳动争议调解工作经费纳入工会年度预算，对参与调解的机构或个人发放办案补贴，有力保障了人民调解效率和积极性。成都法院通过"特邀调解倍增计划"将劳动争议专业调解队伍纳入法院特邀调解组织范围，建立了专门劳动争议调解名册，定期进行业务培训，举办培训班 4 期，499 人经考试获得特邀调解员证书。2020 年成都市法院诉前委派调解数为3968 件，调解成功2466 件，较同期分别增加了12.26% 和14.76%。

五、做优劳动争议司法确认程序

成都法院不断探索优化司法确认程序，对调解协议的司法审查以形式审

查为主、实质审查为辅的方式进行，在合法范畴内最大限度尊重当事人的意思自治。强化司法确认执行力度，不断扩大网络查控范围，推动对被执行人财产全覆盖，用司法强制措施保障提升调解的社会认同度。2020 年度，成都通过非诉方式调解成功的案件中 2282 件申请司法确认，赋予了人民调解协议强制执行力，极大提升了非诉解纷的权威性。

2021 年 2 月，《成都法院报》头版头条报道了成都市中级人民法院联合市人社局、市司法局、市总工会，通过成都市劳动纠纷"一站式"联处中心成功处置和化解了因"蛋壳公寓"资金链断裂事件所导致的大规模讨薪事件。该事件涉及范围广，舆论关注度极高，最终通过"人民调解＋司法确认"的模式成功化解，真正实现了将矛盾化解于萌芽。该事件从前端登记受理环节到后段司法确认程序"一站式"全流程服务，体现了成都劳动争议多元解纷机制形成的解纷合力。

六、建设联动处置信息平台，大数据联动形成一张网

2020 年 3 月，依托大数据信息技术，启动建设"一站式劳动纠纷联动处置信息系统"将一站式多元解纷机制与线上服务相结合，依托成都审判平台大数据与"和合智解"e 调解系统，同时对接了人社部互联网以及劳动保障监察信息管理系统，实现全市劳动纠纷实现"云上一站式"统一受理，建立全市劳动纠纷分类、分级、分流处理工作机制，形成劳动纠纷源头信息发现机制和处理机制"一张网"。

在矛盾纠纷发生后，当事人可就其具体诉求通过线上线下相结合的方式，向"一站式"受理平台或互联网平台提交资料，实现远程、跨区域表达矛盾诉求。符合受理条件的诉求，通过信息登记采集形成要素式申请事项表，录入联处中心信息系统，形成案件基础信息，进入后续调处工作流程。信息数据按照企业营业执照核准机关确定属地管理原则，结合市、区两级劳动仲裁委员会确定的管辖范围，分送市、区两级联处中心。当事人可选择"举报投诉"或"申请仲裁"两种维权方式，还可从调解员资料库自行选择调解人员或接受联处中心委派的调解人员，进行调解。在 15 个工作日内，对调解成功案件，当事人可通过法院"和合智解"e 调解平台或线下方式进行司法确定。未能调处的纠纷，由信息系统自动转入劳动保障监察处理或者劳动仲裁立案程序。"一张网"综合管理体系，提高全市劳动纠纷处置效率，缩短了当事人

维权成本；同时使多元主体之间能够及时开展纠纷预测、预警、预防工作。特别是重点加强涉众涉稳、重大敏感纠纷的分析研判和稳控化解，实现矛盾纠纷防范在先、发现在早、处置在小。灵活运用信息技术解决传统人工手段做不了、做不好的事，通过一个平台更好地为老百姓提供"一站式""菜单式"解纷服务，切实增强群众获得感和满意度。

成都是全国较早开展劳动纠纷多元化解工作的地区，从 2015 年开始，在市委政法的指导下，市总工会联合市法院、市人社局、市司法局等部门推动劳动争议纠纷多元调解机制建设并取得显著成效，自联调工作开展以来，成都劳动人事争议诉讼案件量呈逐年下降趋势，自 2015 年的16 554件下降至 2019 年的12 408件，降幅为25.04%。

2020 年在疫情和经济新形势下，成都市总工会、市法院联合多部门纵深推进劳动纠纷多元解纷工作，围绕"稳就业"等"六稳"目标开展联动联调工作，截至 2020 年年底仲裁前端受理劳资纠纷案件22 864件，与上年同期基本持平，从仲裁进入法院的诉讼案件11 519件，同比下降 14.03%。

成都市2015年~2019年劳动人事争议案件数据趋势

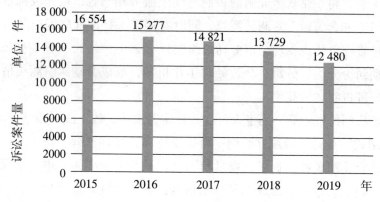

成都市青羊区着力构建劳动争议"一站式"化解"青羊模式"

青羊区积极探索创新，着力推进青羊区劳动纠纷"一站式"多元化解联动处置中心建设，搭建了一条从源头上有效化解劳动纠纷、构建和谐劳动关系的路径。青羊区劳动纠纷"一站式"多元化解联动处置中心运行4个月以来，已调解劳动争议案件138件，调解成功128件，为161名劳动者追回工资等各项费用300.8万元。

一、强化组织领导，打造多元化解平台

一是高度重视，认真研究。青羊区委、区政府高度重视劳动纠纷多元化解工作，召开区委常委会议专题研究，成立了以区委常委、区总工会主席为组长的青羊区劳动纠纷多元化解联动处置协调领导小组。二是积极部署，抓好落实。青羊区劳动纠纷多元化解联动处置协调领导小组认真落实区委常委会决议，先后召开10余次专题会议研究协调中心建设场地、人员、经费等具体问题，全力推动青羊区劳动纠纷多元化解工作走深走实。三是多方参与，构建多元解纷体系。青羊区坚持以"联动、协调、配合"为主线，在平安巷10号设立青羊区劳动纠纷"一站式"多元化解联动处置中心，区联处中心由青羊区矛盾纠纷多元化解工作领导小组、青羊区总工会、青羊区人力资源和社会保障局、青羊区人民法院、青羊区司法局联合组成，由区劳动纠纷多元化解联动处置协调领导小组统一领导。

二、强化调解员队伍建设，构建多元化解网络

一是组建青羊区劳动争议人民调解员队伍。区总工会牵头成立青羊区劳动争议人民调解委员会，并协调区人社局、区法院、区司法局、区妇联、各街道办事处、区总部经济区管委会，推荐了130名调解员，组成青羊区劳动争议人民调解员队伍。涵盖了工会系统、人社系统、法院系统、司法系统、妇联及街道、园区、社区具有一定劳动关系相关法律知识、政策水平、文化水平和沟通协调能力的人员。

二是多点联动，构建"分级化解"路径。对调解员人员进行分组安排，将全区130名调解员分为联处中心组和1~12组，1~12组分别对应相应片区。印发了通讯录，建立两级线上线下工作群，实现劳动纠纷属地管理、就近化解。

三是培训提能。举办全区劳动争议人民调解员的业务培训会议，编印调解资料汇编和调解案例选编，邀请劳动法律方面的专家和资深的仲裁员对调解员进行劳动法律法规、政策及调解专业知识等方面培训。提高了劳动争议

人民调解员的业务素质，促进调解员更快、更好地适应多元化解联动处置工作的新要求、新内容和新方法，发挥劳动争议人民调解在完善青羊区治理体系和提升治理能力的作用，为多元化解劳动纠纷提供了强力的人员保障。

四是选树先进示范典型，营造争先创优的良好氛围。开展 2020 年度"青羊最美劳动者"选树活动，推选出 5 名劳动争议调解先进个人，以"构建和谐点赞最美调解员"为主题，开展"青羊最美劳动者"宣传活动，宣传优秀劳动争议调解员的先进事迹，积极营造劳动争议调解争先创优的良好氛围。

三、强化制度建设，为劳动纠纷化解提供制度保障

一是建章立制，规范管理。区总工会牵头出台了《成都市青羊区劳动争议人民调解委员会工作暂行办法（试行）》《成都市青羊区劳动争议人民调解员管理办法（试行）》《成都市青羊区劳动争议人民调解委员会案件补贴实施暂行办法（试行）》等配套政策，建立了以责任制度为核心的业务学习、共同调解、重大纠纷讨论、劳动争议纠纷排查、登记与统计、档案管理、调解员进入退出、案件补贴等一系列制度，确保劳动争议纠纷化解的顺利开展。

二是纳入目标考核，开展绩效管理。以联处中心劳动争议立案总数为计算基数，将劳动争议案件化解纳入区级目标考核，按照"通过调解化解的案件数量不低于联处中心立案总数的 50%；通过仲裁化解的案件数量不低于联处中心立案总数的 30%；通过诉讼化解的案件数量不高于仲裁结案的案件数量的 10%"予以考核，以提高案件调处效率。

三是设立通报机制，加强信息交流。建立联处中心工作月通报机制，区联处中心每月出 1 期工作动态，通报联处中心工作推进情况，通报当年累计立案数量、累计化解数量和当月立案案件数量、化解数量等情况；介绍劳动争议调解、仲裁和诉讼的典型案例，宣传表扬突出的调解员和配合较好的街道、部门等。这些制度建设为做好劳动争议纠纷化解工作提供了切实的制度保障。

四、强化协调联动，有效化解劳动纠纷

一是整合资源，协调联动。青羊区坚持调解、仲裁、劳动执法、法律援助、诉讼五者相结合，联处中心整合了区仲裁院、区劳动监察大队、区法院巡回法庭、区法律援助中心、区女职工维权中心等资源，优化调解程序，实

现无缝对接，形成以调解为中心的互补关系，实行协调联动、群策群力，为职工群众提供高效、便捷的"一条龙"处理劳动纠纷服务。

二是优化服务，畅通"一窗式"办理。联处中心实体化运行场所设置调解、仲裁申请、司法确认及诉讼、劳动监察投诉举报、法律援助、女职工维权等服务窗口，实现调解、仲裁、司法确认、用工违法查处等事项的"一窗式"办理。

三是向基层延伸劳动纠纷联调模式。区联处中心窗口前移，各调解小组按照"有案办案、无案宣传、化解矛盾"的原则，积极参与劳动纠纷调解，深入推进"法律七进"行动，引导职工群众学法遵法守法用法，维护辖区的平安和谐稳定。

陕西省工会经验材料

西安市总工会建立协调对接机制

自 2019 年被确定为试点市以来，西安市区两级工会和法院共同开展劳动争议多元化解试点工作，搭建调解室平台、建立工作机制、组建调解员队伍、争取有力保障，基本实现了资源整合、信息共享、调诉衔接、工作融合的试点目标，取得了显著的阶段性工作成果。

一、建立市级劳动争议诉调对接工作机制

按照全国总工会和最高人民法院的工作部署，市总工会和市中级人民法院高度重视，积极沟通协商，多次召开协调会议，先后制定出台《关于开展劳动争议诉调对接试点工作的实施方案》、《关于开展劳动争议委派委托调解试点工作规则》、《劳动争议诉调对接试点工作调解员工作补贴试行办法（试行）》、劳动争议诉调对接工作室调解案件操作步骤、工作流程图等系列规范性文件，从制度层面建立劳动争议诉调对接试点工作原则、工作流程等工作机制，签约多家律师事务所、遴选调解员，及时成立劳动争议诉调对接工作室。坚持试点工作边探索、边实践、边总结、边完善，市诉调对接工作室目前接受委托委派案件 16 件（其中合并案件 35 个），成功调解 6 件，实现高效"案结事了"。积极争取上级工会支持。2020 年 9 月 17 日，全国总工会法律部一行来西安调研试点工作，听取市总工会、市中院和碑林区、莲湖区、灞桥区以及调解律师的工作情况汇报。对西安市区两级的试点的工作给予充分肯定。在试点工作过程之中，陕西省总工会高度重视，主要领导多次给予指导，总结试点情况，结合陕西实际，出台《陕西省总工会关于加强劳动争议预防和处理工作的意见》，推动全省工会劳动争议工作。强化保障机制，及时给予工作经费支持，有力地促进试点工作的深入实施。

二、指导八个区开展诉调对接试点工作

市总工会与市中院协商确定首先在劳动争议案件多发、工会和法院工作基础较好的新城区、碑林区、莲湖区、雁塔区、未央区、灞桥区和阎良区7个区启动试点工作，后高陵区主动加入试点。碑林区建立的五家联调机制，碑林区总工会与区法院、人社局、司法局、工商联等5个单位共同建立了劳动关系矛盾纠纷多元化解联动机制，通过发挥各自工作优势、打破信息壁垒、整合优质资源、弥补自身短板，推动"被动化解转向主动预防"，促进源头治理，大大提升劳动关系矛盾调处的工作效率。灞桥区总工会联合区人民法院、区人社局、区司法局建立劳动关系矛盾多元化解联动机制，成立了灞桥区"工会＋法院"劳动争议诉调对接工作室和灞桥区"郑长福"劳动争议调解工作室。充分发挥工会、法院、司法、人社等在调处劳动争议中的职能作用，加大调解工作力度，提高效率，形成工作合力，共同预防和化解劳动争议。调解工作室还可为区广大职工群众提供免费服务，无偿为当事人提供劳动争议调解、法律咨询、心理咨询等服务。莲湖区及时成立劳动争议诉调对接试点工作领导小组，工会与区法院建立试点工作研判协调机制，每月召开协调研判会议，明确职责分工，细化工作流程，明确经费出处，经常研究解决试点工作出现的新情况、新问题，为试点工作顺利开展提供依据。未央区总工会领导与区人民法院多次召开对接座谈会，充分讨论试点工作中的法律文书、记录表格等各项细节内容，使实施方案具有实操性强，案件流转过程清晰，各项记录表格和法律文书模板实用、有效，有力地推动了诉调对接工作的顺利开展。高陵区劳动争议诉调对接工作室揭牌，正式启动"法院＋检察院＋工会"诉调对接工作模式，实现了打破信息壁垒、整合优质资源，推动"被动化解转向主动预防"的工作思路，不断提升劳动关系矛盾调处的工作效率，让更多劳动者能充分享受到高效便利的司法服务。雁塔区总工会在5家律师事务所律师、区劳动仲裁委仲裁员和工会干部中遴选政治立场坚定、业务素质过硬、调解经验丰富的50人担任工作室调解员，组织培训，结合前期9起劳动纠纷案件的调处实际情况，现场进行了多角度的互动交流。截至3月底，各试点区共受理案件1390件（含6起集体诉讼案件），其中调解成功214件。

三、建立多元化劳动争议调解员队伍

根据《最高人民法院、中华全国总工会关于在部分地区开展劳动争议多元化解试点工作的意见》精神，市区两级工会广泛吸纳工会法律专家顾问团的学者专家和职工法律服务团工会法律顾问中遴选政治立场坚定、业务素质过硬、执业经验丰富的律师作为调解员，还吸收工会退休工会主席、退休法官人民等作为调解员，共有192人组成了西安市区两级劳动案件调解员队伍，分别建立了劳动争议调解员名册制度。其中，市总工会与六家律师事务所签订合作协议、选派了47名业务能力强、从业经验丰富的律师，市劳动人事仲裁院推荐了26名律师仲裁员、市总工会法律顾问团顾问20人、市中院退休法官1人、工会公职律师3人、基层单位劳动争议调解员1人，共同组成一支98人的调解员队伍。

八个试点区总工会分别与同级区法院联合甄选或通过社会化购买服务等方式，聘请政治立场坚定、业务素质过硬、调解经验丰富的律师事务所专业律师、劳动仲裁院的副院长、优秀陪审员、法院退休人员、人民调解员、退休工会主席、企业劳动争议调解员等105名担任工作室调解员。各试点区工会对多数调解员进行法律知识培训，定期召开调解工作研讨会，力争使调解员做到依法调解、和谐调解。碑林、莲湖、阎良等工会和法院还共同加强对特邀调解员的管理考核、调解指导，为应对各种劳动争议纠纷打下坚实的基础。

西安市碑林区总工会创新工会维权新机制

根据西安市总工会和西安市中级人民法院联合下发的《关于开展劳动争议诉调对接试点工作的实施方案的通知》要求，2020年5月，区总工会与区人民法院联合设立的碑林区劳动争议诉调对接工作室在区法院诉讼服务中心正式揭牌成立，碑林区的劳动争议诉调对接试点工作全面展开并取得了初步成效。

一、统一思想认识，建立工作机制

劳动争议案件一般具有人数众多、类型复杂、诉求多样、善后不易的特点，处理不当可能会影响经济发展和社会稳定。设立劳动争议诉调对接工作室，有利于工会和法院各自发挥职能优势形成合力。工会可以进一步发挥职工代表组织作用，有效引导职工依法理性维权，法院可以为具体劳动争议案件调解提供权威业务指导，共同推动劳动争议案件的有效化解，以劳动关系和谐促进社会和谐稳定。这项工作得到了碑林法院的高度重视和大力支持，区总工会和碑林法院制定了《关于开展劳动争议诉调对接试点工作的实施方案》《诉调对接工作专项经费使用管理办法》等制度文件，并通过考察、评选、任用等程序，成立了一支由专业的律师调解员、劳动仲裁员、人力资源从业人员组成的调解员队伍，为开展劳动争议诉调对接工作打下了坚实的基础。

二、科学规范运行，强化共建合力

区总工会和区人民法院为了加强劳动争议诉调对接工作室的规范化建设，共同制定了劳动争议诉调对接工作室的职能职责、工作流程和工作制度。同时，我们安排业务素质硬、服务意识强的调解员，于每周固定时间到工作室开展工作，免费为劳动争议纠纷当事人提供调解、咨询服务。来法院起诉的劳动争议案件当事人在立案登记前后，均可自由选择是否同意由诉调对接工作室组织调解。在工作室组织调解下，双方自愿达成协议，可立即免费申请司法确认或者登记立案后由法院依法审查出具调解书，当事人即可持生效法律文书申请执行。

三、加强五方联动，促进多元化解

目前的劳动关系矛盾趋于复杂化、群体化，新形势要求必须通过多方参与、多方合作，建立起符合劳动关系运行规律的矛盾多元化解机制。在成立"工会＋法院"劳动争议诉调对接工作室的基础上，还联合区人社局、区司法局、区工商联五部门共同制定下发了《关于构建碑林区劳动关系矛盾纠纷多元化解联动机制的实施意见》，明确了五部门在开展此项工作中的职能作用，为化解劳动关系矛盾纠纷实现资源整合、信息共享、联动调处的常态化工作格局奠定了良好基础。截至 2020 年年底，劳动争议诉调对接工作室共受理劳动争议案件 215 件，成功调解 28 件，帮助职工调解涉金额 56.7 万元。

西安市莲湖区总工会围绕中心服务大局
维护稳定促进和谐

2020 年 5 月，根据最高人民法院《关于会同全国总工会在部分先行地区深化劳动争议委派委托调解机制建设的通知》精神，按照《西安市总工会和西安市中级人民法院关于印发〈西安市总工会 西安市中级人民法院开展劳动争议诉调对接试点工作实施方案〉的通知》文件要求，莲湖区总工会与莲湖区人民法院成立了劳动争议诉调对接工作室（以下简称调解室），截至目前，接收劳动争议案件 57 件，已调解成功案件 38 件，为更好地化解社会纠纷、维护区域和谐稳定、服务区域经济社会发展大局发挥了重要的作用。

一、构建平台，夯实基础，实现诉调平稳对接

1. 始终将制度建设放在首位。"诉调对接"的良性运行，需要规范的规章制度作为保障。区总工会接到试点任务后，第一时间与区法院对接联系，成立莲湖区劳动争议案件诉调对接试点工作领导小组，组长、副组长分别由法院、区总工会主要负责同志担任，成员由两单位分管领导担任，领导小组办公室设在区总工会，并与区法院建立试点工作研判协调机制，每月召开协调研判会议，研究解决试点工作出现的新情况、新问题。制定印发了《西安市莲湖区总工会 西安市莲湖区人民法院关于劳动争议案件诉调对接试点工作实施方案（试行）》，明确职责分工，细化工作流程，明确经费出处，为试点工作顺利开展提供依据。将人民法院"诉"的权威性、规范性和工会组织"调"的便利性、非对抗性结合起来，形成合力，协调化解劳动争议纠纷，进一步构建和谐劳动关系。

2. 始终把组织建设摆在前面。搭建合作平台，夯实对接基础，是实现诉平稳、无缝对接，确保试点工作顺利实施的关键。区总工会与区人民法院，切实发挥双方优势，做到三个明确，有力推动试点工作良性运转。一是明确场所。劳动争议诉调对接工作室设在区法院诉讼服务中心，区法院负责场地

设置并配备必要的办公设施、设备，并负责调解工作室的日常管理，建立和完善委派委托调解案件资料的管理制度，做好经办案件的立卷归档、台账制定、数据统计等日常工作，实现当事人不出法院就可以进入人民调解程序，为当事人带来了便利，降低了诉讼成本。二是明确人员。区总工会和区法院各指派 1 名主管领导负责劳动争议诉调对接工作。调解工作室的工作人员由区法院的 1 名工作人员、区总工会的 1 名联络员和调解人员组成。调解员由区法院经过甄选后向区总工会推荐，经区总工会在区法院甄选的调解员队伍中经过筛选，聘请 4 位政治立场坚定、业务素质过硬、调解经验丰富的人民调解员和法院退休人员，担任调解工作室调解员，并颁发聘书，记录在册。三是明确职责。区法院工作人员负责劳动争议案件材料的登记收集、移送以及与调解员、本院办案法官之间的联系协调等日常工作；区总工会联络员负责和法院工作人员对接，统计上报调解情况、接收管理调解案卷工作；调解员在调解过程中负责委派委托调解案件、调解工作室独立案号的编立、案件的流转登记、法律文书的制作及送达、当事人或诉讼代理人的告知或通知、组织调解、调解笔录的制作、档案的整理装订、台账的建立、形成调解案卷报工会联络员等具体工作。调解工作室根据业务需要通知调解员到调解工作室开展调解工作，区法院工作人员、区总工会联络员现场做好辅助工作。

二、求真务实，创新方法，诉调对接取得实效

"工会＋法院"通过开展"诉调对接"，及时调处了大量劳动纠纷，有效化解了辖区内各类社会矛盾，促进了社会和谐稳定。对当事人的劳动争议案件，征得本人同意后，转交调解室先行调解，调解全程免费，有效降低当事人处理纠纷的成本支出。调解完毕后，调解室出具调解协议，并向法院出具调处结果。双方当事人持调解协议书向法院提出司法确认，法院对该协议进行合法性审查，符合确认条件，确定该调解协议的法律效力。

自 2020 年 5 月区总工会、区人民法院劳动争议诉调工作室顺利揭牌启用以来，6 月 9 日，接收了首批争议诉调案件 5 件；6 月 11 日，成功调解首例因社保缴纳和劳动合同履行问题引发的劳动争议案件，6 月 18 日，调解工作室又一次性成功调解一起典型的劳动纠纷双诉案件，受调企业为调解工作室送去"倾力调解 公正高效"的锦旗表示感谢。截至目前，调解工作室已接收劳动争议案件 57 件，成功调解案件 38 件。其中，独立案件 32 件，集团案件 6

件，涉及当事人 120 人，调解成功率达到 67%，诉调工作成效显著。

三、工作经费保障情况

为调动调解员的积极性，提高调解成功率，确保调解工作的顺利开展，区总工会将调解工作室工作经费纳入工会年度预算，进行专项管理和支出，经费主要用于支付区总工会派驻区人民法院诉调对接工作室的劳动争议调解员接受区人民法院委派委托办理劳动争议调解工作的调解工作补贴。区总工会多次与区法院召开联席会议，明确调解员工作补贴标准及发放时间。调解员工作补贴，以案件调解成功为标准，每次调解补贴为 300 元。根据案情涉及当事人数量、案情复杂程度、工作量大小给予调解员一次性奖励补贴 600～1000 元，调解员每周值班一次补贴标准 200 元。调解员工作补贴实行季度发放制，区总工会在每季度末下月 15 日内统一向调解员支付工作补贴，目前，区总工会已向调解员支付 2020 年调解员补贴 2.36 万元。

西安市雁塔区总工会强化工会维权机制建设

近年来，雁塔区总工会积极组织开展基层劳动争议调解组织建设、劳动争议调解员培训、劳动法律法规宣传，严格落实法律顾问坐班制度，按照全国总工会和省市要求成立"工会＋法院"诉调工作室，努力协调稳定劳动关系，把矛盾化解在基层，解决在萌芽状态，有效维护了职工和企业双方的合法权益，促进了社会和企业的稳定。

一、组好"一个网络"，努力形成全覆盖的工作基础

组好"一个网络"，即组建好区、街、企三级维权网络，区总工会建立职工服务中心，街道（社区）建立职工服务站、企业建立职工服务点，依托各中心、站、点开展调解维权工作。区总工会、街道园区工会、社区工会均已成立人民调解委员会，200 余家规模以上建会企业成立了基层劳动争议调解委员会，基层劳动争议调解委员会基本做到有工会代表、企业代表和职工代表共同参与，有调解程序、有调解记录的统一要求。在市总工会的指导下，近三年来全区 7 家企业被评为劳动争议调解示范单位，劳动争议大部分都能化

解在企业内部和基层，由企业劳动争议调解委员会或人民调解委员会调解解决。

二、建好"两支队伍"，着力提高调解员专业技能水平

建好"两支队伍"，即建立劳动争议调解员队伍和法律顾问队伍，建立培训和调解工作制度，严格按照调解程序开展工作。积极参加组织市、区调解员培训，区总工会每年集中培训一次，约120余人次，不断加大培训力度，5年来，累计培训基层专兼职调解员600余人次。目前，取得调解员证书的有87人，区、街两级共有调解员55名，均为兼职人员，大专及以上文化程度，从事调解工作三年以上，企业共有调解员300余名。2020年成立"工会＋法院"诉调工作室，在征求区司法局等相关职能部门意见基础上，在辖区内于5家优质律师事务所、区劳动仲裁委仲裁员和工会干部中遴选政治立场坚定、业务素质过硬、调解经验丰富的50人担任工作室调解员，通过对"人民法院调解平台线上操作""诉前委派调解案件对接及调解流程相关规定""调解工作注意事项"和"调解员工作要求"等方面的相关培训和现场多角度的互动交流，区总工会连续5年聘请法律顾问团队，充分发挥专业律师作用参与各类纠纷调解工作，取得良好效果。

三、健全"三项机制"，着力增强调解工作的时效性

健全"三项机制"，即建立健全劳动争议三方协调机制、人民调解机制和普法宣传机制。2014年，区总工会与人社局、工商联最早建立了劳动争议三方协调机制，定期分析劳动用工形势，协调共享相关资源，开展和谐企业评选表彰等活动，在促进企业和谐、社会稳定方面发挥了重要作用。区总工会、各街道（园区）工会和社区工会相继成立了人民调解委员会，进行人民调解并作为劳动争议调解的补充，有力发挥了作用。积极参加市总开展的法律知识竞赛，劳动用工法治宣传进企业、进工地等活动，利用现场招聘会、农民工平安返乡等活动之际开展每年不少于5次宣传活动，开展每年不少于3次法律知识讲座，不断加大普法宣传力度。通过形式多样的普法宣传活动，提高用人单位和劳动者的劳动法律意识和劳动法治观念，自觉遵纪守法，有效预防劳动争议案件。这些法律宣传活动已成为工会劳动法律法规宣传教育的有效形式。

四、协调"四家联动"，积极营造多方参与的大调解格局

协调"四家联动"，即协调法院、司法局、人社局、安监局四家职能部门联合开展调解工作。工会维护广大职工基本劳动权益责无旁贷，近年来，区总工会主动参与安全事故调查，建立工会法律援助站，受理困难职工劳动争议案件，积极介入仲裁和诉讼前的劳动争议案件调解，与职能部门建立了维权调解的工作机制，并不断完善内容，形成了良好的互动关系，逐渐营造多方参与的大调解格局。

五、开拓"五种渠道"，努力促进企业和社会的稳定和谐

开拓"五种渠道"，即自主开展调解、开展法律援助、开展联合执法检查、参与仲裁前调解和诉讼前调解。充分发挥工会干部和法律顾问的作用，自主开展调解，在服务中心开展专业律师坐班咨询服务，受理辖区内职工与用人单位的争议调处工作。作为法律援助站，积极受理、开展困难职工的劳动争议调解，为困难职工提供维权服务。与工商联、劳动监察大队深入基层、对企业是否遵守《劳动法》《劳动合同法》，保障职工基本权益、签订劳动合同和集体合同等执行情况开展联合执法大检查活动，积极推动企业建立集体协商制度，使职工的工资报酬、工作时间、休息休假、劳动保护等合法权益得到保障，开展劳动关系和谐企业创建活动。积极参与人社局和法院的仲裁、诉讼前调解。通过采取多种形式稳定劳动关系，从源头上参与劳动矛盾纠纷化解，构建和谐劳动关系，有效维护了职工基本权益，有力促进了企业稳定和社会和谐。

西安市灞桥区打造"娘家人"的
劳动争议调解工作室

开展劳动争议多元化解工作，符合多元化纠纷解决机制改革和社会治理创新的要求，有利于满足人民群众高效公正解决纠纷的多元化需求。灞桥区总工会作为西安市劳动争议多元化解工作的试点区县之一，在劳动纠纷多元化解机制的路上不断探索前进。

一、搭建平台，形成服务合力

劳动关系纠纷多元化解机制是将现有的工会调解、诉前调解、仲裁调解、人民调解"四调联动"，将调解、仲裁、诉讼等职能有机衔接，形成相互协调的多元化纠纷解决体系。区总工会联合区人民法院、区人社局、区司法局以及辖区内两家律所共同召开了两次工作对接会，并形成了定期召开工作联席会议机制。分别成立了灞桥区"工会＋法院"劳动争议诉调对接工作室和灞桥区"郑长福"劳动争议调解工作室。调解工作室可为广大职工群众提供免费服务，无偿为当事人提供劳动争议调解、法律咨询、心理咨询等服务。

二、完善制度，明确责任分工

灞桥区总工会、区人民法院、区人社局、区司法局联合制定的《关于构建灞桥区劳动关系矛盾多元化解联动机制的实施意见》。同时，根据市总工会和市中级人民法院联合印发的关于在部分地区试点开展劳动争议诉调对接工作的实施方案文件精神，灞桥区总工会和灞桥区人民法院，联合制定了《西安市灞桥区人民法院、西安市灞桥区总工会关于劳动争议案件诉调对接试点工作实施方案（试行）》。实施意见和方案中都明确了各相关部门的职责所在，将具体分工进行细化，对涉及职工集体利益的重大事件，或遇紧急、重大问题，随时召开协调对接会议，随时沟通协调处置。

三、打造品牌，发挥示范效应

区总工会和区人民法院在充分沟通和交流的基础上，成立灞桥区郑长福劳动争议调解工作室。郑长福同志有二十余年的工会工作经验，在灞桥区的企业职工中有一定的威望，为人热心又满怀爱心，同时作为国家二级心理咨询师，又一直从事着各项社会志愿服务工作，能够更好地服务于我区广大劳动者，为劳动争议调解工作作出突出贡献。

个人劳动调解工作室能够充分发挥调解员的个人专业优势和个人魅力，以"头雁效应"激发团队强大合力，精准化解劳动关系纠纷，为多元化解机制提供可供参考借鉴的宝贵经验。2020年10月，灞桥区"郑长福"劳动争议调解工作室成功调解了刘某等6名当事人被陕西某科工贸公司拖欠工资的劳动争议案件。在调解员郑长福的主持下，经过多次调解，双方终于握手言和，6 名当事人均与公司达成了调解协议，即公司在规定期限内分两次支付所拖欠员工工资。本次调解累计为当事人争取劳动应得报酬近 20 万元。

（二）法院经验材料

内蒙古自治区法院经验材料

锡林浩特市人民法院构建劳动争议多元化解机制

为推进《关于在部分地区开展劳动争议多元化解试点工作的意见》工作的具体落实，积极引导当事人选择非诉渠道化解纠纷，凸显和增强诉外解决的优势，锡林浩特市人民法院深化探索、创新，建立党委领导、政府支持、工会协同、社会参与、司法助推的劳动争议纠纷联动化解工作机制，形成"2+3"劳动争议多元化解纠纷新模式。

一是搭建智慧高效的解纷机制平台。院党组高度重视，将此项工作作为重点工作推进，特别是在2020年新冠肺炎疫情之后，不断完善拓展劳动争议机制，与各方沟通、协调，组织召开五方联席会议，制定《劳动争议诉裁调对接工作实施方案》、调整劳动争议诉裁调对接工作组成人员名单、工作流程、卷宗制作装订标准，并在市总工会挂牌成立了"锡林浩特市职工劳动争议诉调工作室"。由司法局任命人民调解员9名，并当场颁发了人民调解证书。由市法院普及、宣传人民法院调解平台便捷之处，对出现不便，或者无法及时到场参加调解的当事人提供便利。

二是细化工作流程加强对接。（1）劳动仲裁受理：①调解：仲裁调解若双方达当事人均达成一致意见的由仲裁委员会出具调解书，此时程序终止。②撤诉：申请人在仲裁期间若不想进行劳动仲裁之后，可以自行撤诉。若开庭申请人无正当理由不到庭的，可以按照撤诉处理。撤诉之后，仲裁委员会出具仲裁裁定书。③裁决：调解不成的，申请人在仲裁期间也没有提出撤诉的，仲裁委员会在规定的时间内作出仲裁裁决书。仲裁裁决之后并非案件终结，若申请人不服或者被申请人对裁决结果不认可时，可以自行到人民法院起诉。④仲裁不予受理出具不予受理通知书。（2）司法局受理：司法局法律援助中心受理案件，审查仲裁结果，对符合法律援助标准的申请人，通过"法律援助绿色通道"，为申请人办理相关手续，并将案件指派法律援助中心律师，办理诉讼材料，去人民法院登记立案。（3）法院受理：诉讼服务中心立案窗口受理之后，案件分流员将案件分流至诉调对接中心，中心受理后，对案件进行审查，双方当事人均具调解意向，与总工会联络员取得联系。总工会初步了解被告信息，确定是否在其受理范围内，被告身份信息属工会组织，确认收案；市法院出具《委派调解函》（委派调解期限 30 日）、《案件受理登记表》、委派材料明细单（一式两份），将上述材料一并移送至总工会进行诉前调解。（4）"五方联调"：总工会组织调解，市法院诉调对接中心选派 1 名业务能力强、审判经验丰富的法官，参加调解劳动争议案件，总工会选派 1 名法律顾问、工会律师和劳动争议调解员参加劳动争议案件的分析和调解。市人力资源社会保障局、司法局法律援助中心各派 1 名工作人员参加调解。此外，特邀锡林郭勒盟民商事纠纷人民调解委员会，参加调解，对调解结果进行确认，便于后期双方当事人申请司法确认。若涉及有调解意向，但无法前来参加调解的当事人，借助《人民法院调解平台》通过线上视频调解的方式，在线化解纠纷，调解员也可以通过远程线上邀请法院法官协助调解。针对调解成功的案件，调解员出具《人民调解协议书》一式三份，针对调解未成的案件，调解员出具《调解笔录》一份附卷。（5）反馈调解结果：总工会针对经调解双方达成一致协议和解的案卷，整理后附《人民调解协议书》一份、当事人（被告）身份信息材料一份、证据复印件一份同卷宗一并移交回市法院诉调对接中心。诉调对接中心整理卷宗后结案、订卷。针对调解未成功的案件，调解员出具《调解笔录》连同诉讼材料一并移交回诉调对接中心，再由诉调对接中心将案件转入诉讼服务中心登记立案，进入小额速裁程序。（6）回访：针对双方当事人达成和解协议，且不要求申请司法确认或出具民事调解书的案件，诉调对接中心工作人员会在双方当事人约定履行期范围内进行电话回访并且记录在案。若存在被告不按约定履行的情况，调解员组织二次调解，如被告依旧不履行则告知原告通过诉讼途径解决（目前未出现此情况，当事人主动在约定期限履行完毕）。

三是构建多层次全方位立体式矛盾纠纷化解机制。"五方联调"劳动争议联合预防化解的主要方式是，劳动争议案件立案后，法院引导当事人选择委派调解方式解决纠纷，由市总工会选派律师和成员单位选派调解员为当事人提供调解服务。通过"工会＋法院"、"工会＋仲裁"、"工会＋法援"、"工会＋律师"，充分发挥审判机关和仲裁机关和司法行政部门为弱势群体"撑起保护伞"，律师协助多方参与调解及工会组织服务民生、服务职工群众的职能作用，依托多层次、全方位、立体式的矛盾纠纷解决机制，将"诉""裁"的权威性、规范性和"调"的便利性、非对抗性结合起来，形成协调、协商化解劳动争议的合力，让劳动者切实感受到公平正义，有效维护劳动关系和谐稳定。

锡林郭勒盟多伦县人民法院联动对接推进劳动争议多元化解机制建设

为进一步推进人民法院劳动争议多元化解机制建设，及时有效化解劳动争议案件，构建和谐劳动关系，多伦县人民法院围绕重点工作，大力推进社会矛盾化解，积极参与社会管理创新，加强与县总工会联动对接，积极推进建立劳动争议多元化解机制建设，确保劳动争议案件诉调对接取得实效。

一、联合设立"劳动争议诉调工作室"

经与县总工会沟通协商，在总工会挂牌设立"劳动争议诉调工作室"，参与当事人自愿申请由工会组织调解的劳动争议，群体性劳动争议，重大、敏感、疑难的劳动争议及其他适合工会组织参与调解的劳动争议案件的调处。由县总工会聘请熟悉劳动法律法规并持有律师证的专业人员，参加县法院委派、委托的劳动争议案件调解工作。制定调解员名册，劳动争议案件调解员同时纳入多伦县人民法院特邀调解员名册。调解工作的绩效考核、奖励机制、工作补贴等参照法院特邀调解员相关规定，同时主动争取党委、政府和上级部门的大力支持，保障劳动争议诉调对接工作的顺利开展。

二、建立与县总工会联席会议制度

确定每年至少召开两次联席会议，解决双方在诉调对接过程中出现的问题，总结工作经验，健全工作机制，加强信息的传递与反馈。与县总工会的协调对接具体工作由多伦县人民法院诉调对接中心进行，负责及时将本院劳动争议案件的受理、调解及审理等情况进行分析总结，反馈给县总工会，县总工会将相关信息及时通报法院。双方共同开展劳动争议诉前、诉中调解及案件受理答疑工作，建立劳动争议案件调解和审理绿色通道，调解成功达成调解协议后优先进行司法确认，由法院出具民事裁定书，确认调解协议有效，具有强制执行效力；调解不成的，及时将案件材料退回法院，案件实行简案快审，保障当事人诉讼权利。

三、建立"工会 + 法院"解纷模式

双方强强联合，充分发挥基层工会组织防范处理劳动争议的优势作用，尝试举办"法官进企业"等活动，向职工开展劳动法等法律法规的普法宣传和政策指引，引导劳动者理性表达诉求，明确劳动争议案件在法院立案前应先引导用工单位和劳动者到所在企业或基层工会进行先行调解，由法院诉调对接工作人员对调解全过程进行参与指导。引导企业严格执行相关法律法规，规范企业用工制度，避免因劳动争议造成不必要的经济损失，同时引导企业职工学法、懂法，增强自我保护意识。

四、建立劳动争议特邀调解员相关机制

县总工会从工会组织中选派具有相关法律知识的工会干部，纳入法院特邀调解员名册，参加法院劳动争议案件的协调、调解等工作。法院选派有丰富审判、调解经验的法官、法官助理定期到"劳动争议诉调工作室"提供业务指导，帮助特邀调解员提高法律专业知识水平及调解处理矛盾纠纷的能力，提高诉前调解效率。针对劳动争议特邀调解员队伍，由法院及工会组织定期举办业务培训，利用人民调解平台等视频课程，提升调解人员的调处能力，共同化解劳动争议矛盾纠纷。

巴彦淖尔市杭锦后旗劳动争议多元化解显成效

面对劳资形势的变化，杭锦后旗结合实际情况积极探索出"法院＋工会"的劳动争议调解机制，聚焦职工维权，共同推动劳动争议案件的有效化解，减少当事人诉累，促进社会和谐。

一、建立劳动争议调解工作者队伍

劳动争议调解工作属于人民调解和行业调解范围。旗总工会通过购买服务的方式聘请工会公职律师、兼职劳动争议仲裁员、劳动关系协调员（师）等工会法律工作者以及其他熟悉劳动法律法规的专业人员，组成劳动争议调解队伍。旗人民法院对于符合条件的工会劳动争议调解工作者可以吸纳为人民法院特邀调解员，纳入调解员名册，并积极提供业务指导和法律支持。在陕坝镇团结社区设立"劳动争议诉调工作室"，由旗总工会指派调解员驻场，与旗人民法院确定的工作人员共同负责劳动争议案件的诉调对接工作。

二、建立诉调对接工作机制

1. 劳动关系调解受理范围。因确认劳动关系发生的争议；因订立、履行、变更、解除和终止劳动合同发生的争议；因除名、辞退和辞职、离职发生的争议；因工作时间、休息休假、社会保险、福利、培训以及劳动保护发生的争议；因劳动报酬、工伤医疗费、经济补偿或者赔偿金等发生的争议；法律法规规定的其他劳动争议。

2. 诉前分流。对到旗人民法院起诉的劳动争议纠纷，经旗人民法院评估适宜调解的，积极引导当事人开展诉前调解，自当事人同意之日起 5 个工作日内向"劳动争议诉调工作室"移交相关材料，委派给调解员名册中的特邀调解员进行调解委派调解时间不计入审查立案期限。

委派调解期限为 15 日，双方当事人同意延长调解期限的不受此限。"劳动争议诉调工作室"在收到法院移送的材料后，应及时选派调解员进行调解。达成调解协议的不收取费用。按照规定期限仍不能达成调解协议的，应在 3 个工作日内向旗人民法院反馈相关情况，并退回材料，旗人民法院应当及时审查立案。

3. 诉中委托。对已经立案的劳动争议案件，经征得各方当事人书面同意，旗人民法院可以将案件材料交"劳动争议诉调工作室"，委托给调解员名册中的特邀调解员进行调解，也可邀请工会派员协助审判组织进行调解，委托调解期限为15日。调解人员应当在指定期限内，向委托的人民法院出具《委托调解反馈函》，及时反馈调解结果，并退回材料。达成调解协议的，告知当事人可以向委托法院申请撤诉或者申请出具调解书，撤诉或调解结案的，诉讼费用依法减半收取。达不成调解协议的，人民法院应当及时恢复审理。

4. 劳动争议案件调解工作流程。接受人民法院劳动争议案件委托后，填写调解委托案件接待登记表，对符合人民法院委托的劳动争议案件及时受理。调查了解劳动争议案件的事实，分清是非，对调查获得的材料进行分析判断，拟定劳动争议案件调解方案。按照程序进行调解，双方当事人达成协议并制作调解协议书；若双方当事人达不成协议告知当事人可以向旗人民法院起诉立案，此外重大疑难争议案件应及时向有关领导和委托单位（庭）反应或移交，预防矛盾激化。劳动争议调解结束后，督促当事人履行协议，发现协议内容不当的应及时变更、撤销；经督促不履行的，应当告知当事人可以申请人民法院执行。调解达成协议后一个月内归档要一案一卷，保管期限一般为三年。

5. 参与劳动争议案件审理。旗人民法院对于符合条件的工会劳动争议调解员可以吸纳为专业人民陪审员，在审理劳动争议案件时优先与法官组成合议庭。

6. 司法确认。经"劳动争议诉调工作室"调解达成调解协议后，双方当事人认为有必要的，可以自调解协议生效之日起30日内共同向旗人民法院申请司法确认，旗人民法院应当及时对调解协议进行审查，依法确认调解协议的效力。司法确认案件不收取费用。

三、建立交流合作机制

双方在起草出台涉及劳动关系和职工权益等规范性文件时应相互征求意见和建议，定期交流劳动法律法规的实施情况。双方应进一步加强在调查研究、排查解纷、普法宣传等方面的合作，联合开展劳动争议化解理论研究，分析研判劳动关系现状，提供解决方案遇紧急、重大问题可随时召开，分析劳动争议纠纷形势，协调解决双方在诉调对接过程中出现的问题。双方联络员负责联系沟通日常工作。调解场地由旗总工会提供。"劳动争议诉调工作室"主管部门负责档案的管理、移交、保密等工作。

四、建立调解业务培训机制

旗人民法院根据旗总工会选派的调解员实际情况，定期为调解员提供专业培训和理论指导，并适时邀请调解员旁听相关案件的审理，帮助调解员积累实践经验；工会每季度组织工会干部和调解员进行培训，同时通过法官授课、法律监督、普法宣传等方式，提升工会干部调处劳动争议纠纷的能力和水平。对于在化解矛盾纠纷中作出突出贡献的调解员，评先、评优时可优先考虑。对于主观故意推脱敷衍、懈怠造成工作延误和恶劣影响的调解员，经研究确认按照有关规定不予续聘。

通辽中院积极推进劳动争议诉调对接
工作高效化解劳动争议

为积极落实完善社会矛盾预防调处化解综合机制新要求，通辽市中级人民法院加强和规范各类调解与诉讼的衔接配合，完善多元化纠纷解决机制，对劳动争议诉调工作进行积极探索，为人民群众提供更多可供选择的纠纷解决方式。自开展劳动争议诉调对接工作以来，2020 年，全市法院与工会共同调解案件 100 件，调解成功案件 86 件，涉及职工 101 人，挽回经济损失271.12 万元；2021 年 1～3 月，共调解案件 19 件，其中调解成功 6 件，涉及职工 24 人，挽回经济损失 46.1 万元。

一、建立"法院＋工会"调解模式，高效化解劳动争议

通辽中院对"法院＋工会"调解工作进行部署和交流，将市工会法工部工作人员聘请为特约调解员，并将劳动争议案件调解员纳入全市人民法院特约调解员名册。调解员通过下载手机"人民法院调解平台"APP 在线进行劳动争议案件的调解。

在工作中，通辽中院积极与市工会及仲裁委配合，相互支持，形成合力，

同时重点推进科尔沁区人民法院、开鲁县人民法院、奈曼旗人民法院、霍林郭勒市人民法院，简便、灵活、高效地化解劳动争议。

1. 开鲁县人民法院与县总工会、县人社局召开三方协调会议，决定在开鲁县人民法院挂牌成立劳动争议诉调工作室，各自安排一名工作人员入驻工作室，负责诉裁调工作。目前该项工作正在开展中。

2. 霍林郭勒市人民法院与市总工会积极协调，拟定由霍市法院和工会牵头，建立"诉调对接工作站"共同建立职工维权维稳机制，充分发挥各部门优势，最大化形成工作的合力，形成各负其责、齐抓共管、互动有力、运转高效的解决劳动争议联运机制，确保职工劳动争议调解工作顺利开展。

3. 在奈曼旗政法委协调下，奈曼旗人民法院联合旗总工会、旗人社局、旗人民检察院、旗公安局、旗信访局6家单位主要负责人，到奈曼旗矛盾化解服务中心实地调研，并召开现场会议，对诉调工作达成共识，积极开展劳动争议诉前调解工作。各部门还建立衔接配合机制，明确专门联络员同各部门建立起联系制度，积极引导矛盾双方的有效调解，使矛盾化解在基层。

4. 科尔沁区人民法院与科尔沁区人力资源与社会保障局、科尔沁区总工会印发《关于开展劳动争议诉裁调对接工作的实施意见》，聘请了3名专职律师，与工会共同成立了"科尔沁区总工会法律援助中心"，为各级工会和广大职工提供法律服务，以便更好地确保"法院＋工会"诉调对接机制尽快建成。

二、促进劳动争议诉调对接规范化，提升解纷质效

1. 在中院设立矛盾多元化解中心，由擅长劳动争议案件的律师定期坐班，对前往法院的维权职工进行现场法律咨询解答，直接由坐班律师介入调解，调解成功案件直接在立案庭进行司法确认。

2. 提高业务培训，定期举办劳动争议法律法规及典型案例的讲座，对登记在册的人民调解员进行系统的法律培训。

3. 建立劳动争议案件工作制度和监督考核制度，对人民调解员进行阶段性考核，提高调解质量和效率。

4. 加大宣传力度，把工作机制、典型案例、取得的成效等通过媒体、网络、微信公众号进行宣传，促使矛盾化解在源头。

5. 与通辽市总工会、人社局劳动仲裁委员会积极协调沟通挂牌事宜，现通辽中院已挂牌设立了劳动争议诉调对接工作室，各基层院也在陆续挂牌中。

呼伦贝尔市扎兰屯市人民法院劳动争议
多元化解工作经验介绍

近年来，劳动争议案件数量居高不下，处理周期长、效率低、劳动者维权成本高等，都不利于劳动争议的有效化解。按照上级法院的部署，扎兰屯市人民法院克服各种困难，探索多种方案，不断改进工作方式，在劳动争议多元化解工作当面取得了巨大成效。

一、构建高效的多元化解小组

为能全方位保障劳动者的权益，积极组建了一支专业审判团队，专门负责审理劳动争议案件，确定了"法官—法官助理—书记员"的优化模式。

1. 在立案大厅设立了调解指导中心，由经验丰富的法官作为指导中心的常驻指导员。对具有调解劳动争议经验丰富的人民调解员的信息录入人民法院调解平台，平稳推进劳动争议案件多元化解。

2. 为能尽最大可能快速处理劳动争议案件，避免处理周期长，对符合立案受理条件的商事案件及时立案，由速裁快审团队对劳动争议案件进行审理，速裁快审团队积极运用电话调解、微信调解、当场调解、联动调解等多种方式解决劳动争议。深入推进对法院大数据平台的使用，推动类案检索机制，统一了裁判标准和尺度。

速裁快审团队坚持庭审公开、全部上网文书公开原则，由劳动争议多元化解小组制作质效考核标准并每季度审查，实行季通报制度。

二、与其他部门建立联调中心

为使劳动争议案件能够在各个阶段得到化解，与司法局、人社局、劳动局、各街道办事处、居委会共同建立了联调中心，联调中心在各部门确立了专门的化解、沟通人员，建立微信工作群，对出现的问题及时沟通解决。

三、加大宣传力，多方位保障劳动争议的多元化解

1. 在立案窗口、诉讼服务中心、通往审判庭的走廊，设置劳动争议相关

法律内容的宣传栏，充分利用法院网站对劳动争议典型案例进行宣传。

2. 印制与劳动争议有关的宣传手册，向到法院立案、咨询的当事人及争议一方或双方当事人进行发放，其中重点向人大、政协代表和诉讼代理人进行发放，达到以点带面的宣传效果。

3. 邀请人大代表及政协委员旁听庭审，发布典型案例等。

四、优化诉讼服务中心"一站式"服务

1. 开通诉前调解、快速立案、快速审理、快速执行的渠道，构建诉调对接工作平台。深入推进"12368"诉讼服务热线的服务功能，为辖区劳动争议案件当事人提供导诉、立案、交费、退费、保全、多元解纷等"一站式"的诉讼服务，法官深入运用送达平台，切实减少劳动争议案件当事人的诉累。

2. 充分利用跨域立案平台，为劳动争议按价当事人提供跨域立案、网上立案、电子送达、跨域调解、跨域庭审等高效化的诉讼服务，方便当事人参与各项诉讼活动。

五、深入调研，定期发布典型案例

1. 法官定期对劳动争议案件开展调研，通过调研，结合审判实务，对劳动争议案件在审判中可能遇到的法律问题及时总结，同时法官及时听取当事人对法院工作的意见及建议，整理总结后将反馈的意见及建议提交至劳动争议多元化解小组，小组讨论后将会议结果及时公开。

2. 法官定期到各街道办事处、居委会进行讲座，对具有社会教育意义的劳动争议案件及时发布，积极宣传相关法律法规。

吉林省法院经验材料

吉林市昌邑区人民法院劳动争议多元化解工作经验

为贯彻落实最高人民法院关于劳动争议多元化解试点文件精神，进一步发展新时代"枫桥经验"，吉林市昌邑区人民法院协同昌邑区总工会以构建和谐劳资关系为导向，以服务"六保""六稳"工作为重点，聚焦新常态、新模式中小微企业劳动关系领域的矛盾纠纷，为优化营商环境、保障劳动者合法权益提供有力法治保障。

一、完成"法院＋工会"对接，强化规划设计

根据吉林省高级人民法院、吉林省总工会联合制定的《关于进一步推进劳动争议案件诉调对接工作的意见》要求，吉林市昌邑区人民法院与昌邑区总工会完成制度对接，并联合制定《关于劳动争议案件诉调对接工作的实施意见》，共同建立劳动争议案件诉调对接工作联席会议制度。联席会议由区法院、区工会负责诉调对接工作的主管领导参加，根据需要还可以邀请其他有关部门人员、有关专家参加会议。

二、完成调解员队伍组建，优化人员管理

昌邑法院与昌邑区总工会共同成立吉林市昌邑区劳动争议协调化解中心，邀请区总工会2名擅长劳动争议调处的工作人员以及3位人民调解员，组成劳动争议协调化解团队，由昌邑法院立案一庭负责协调管理，建立调解员名册和日常联络机制。法院根据工会选派调解员自身的情况，对调解员进行系统性、专业性培训，并邀请调解员旁听相关案件的审理，增加调解员对法院相关案件的了解，提高其化解矛盾的能力及水平。

三、完成"两室一窗口"设立，细化组织保障

法院和工会高度重视，积极协商推进。昌邑法院在诉讼服务中心设立职工法律援助窗口，邀请法律援助律师为劳动者提供免费法律咨询，并在法院办公区设立"工会调解工作室"（劳动争议协调化解中心），作为调解员日常办公地点。昌邑区总工会设立"法官工作室"，作为区总工会开展诉调对接的日常办事机构，提供对接工作所需办公设备及办公用品。

四、完成资源和信息整合，活化方式方法

昌邑法院充分发挥自身在立案指导、诉前调解、诉后答疑、信访维稳等方面的积极作用，使法院与工会对劳动争议等矛盾纠纷能够做好事先研判和预防，对敏感、群体性、有重大影响的案件或事件做到预警联动。工会一方面贴近基层劳动者，另一方面对于企业情况也比较了解，能够在企业与劳动者之间起到桥梁纽带的作用。通过诉前委派调解程序，法院和工会之间完成资源整合和信息共享，大大提高了从源头化解纠纷的可能。对于达成调解协议的，劳动争议调解工作室应督促各方当事人尽快履行义务，一方当事人不履行调解协议的，其他当事人可持调解协议书向人民法院起诉。各方当事人也可以自调解协议生效之日起30日内，共同向人民法院申请司法确认。

五、完成在线"云"调解，深化智慧应用

昌邑法院以智慧法院为支撑，依托信息化建设，积极推广当事人运用在线调解平台参与诉讼服务，加强线上调解信息录入、音视频调解、协议生成、调裁对接等功能的深度应用。调解员使用人民法院调解平台组织当事人进行线上音视频调解，切实减轻了当事人的诉讼成本，实现了疫情防控和司法服务双胜利。

白城市法院关于劳动争议多元化解
工作开展情况的汇报

按照最高人民法院和中华全国总工会《关于在部分地区开展劳动争议多元化解试点工作的意见》、吉林省高级人民法院和吉林省总工会《关于进一步推进劳动争议案件诉调对接工作的意见》要求，2020 年 4 月，白城中院和白城市总工会在全市开展劳动争议诉调对接工作。

一是坚持靠前站位，构建联动工作格局。中院党组认真贯彻落实省高院部署，转变思想观念、完善制度机制、创新工作方法，充分发挥司法的社会功能，促进劳动争议纠纷从"化讼止争"的事后应对向"少诉无讼"的前端防范转变。夯实领导责任，中院党组成员深入基层法院开展专项调研，强化对劳动争议多元化解工作的统筹谋划、协调调度和督促落实。积极争取党委领导和政府及社会各界支持，主动把劳动争议纠纷多元化解工作融入基层社会治理大格局，有效推进矛盾纠纷一体化解决。建立与工会组织的合作机制，把诉讼服务中心建设和多元解纷机制建设结合起来，针对劳动争议多发易发的行业领域，推进诉外诉内解纷机制有机衔接，整合各自优势，推出务实举措，形成工作合力，为化解劳动争议纠纷开辟了崭新路径。

二是坚持"一站式"解纷，搭建诉调对接平台。经过积极协调、认真筹备，全市两级法院依托诉讼服务中心，分别设立劳动争议诉调对接工作室，制定了相关制度，建立了工作平台，由诉前调解法官、工会派驻人员开展日常工作，实现了组织网络、工作机制、调解程序和调解效力的有效衔接。各院还根据本地案件的实际情况，搭建各类富有特色的类型化纠纷解决平台。2020 年 4 月 10 日，白城市劳动争议诉调对接工作室正式揭牌，全市劳动争议诉调对接机制正式运行。6 月底，各县（市、区）劳动争议诉调对接工作室均挂牌成立并配备调解员开展工作，在同级工会设立了法官工作室，白城市、县两级劳动争议诉调对接机制实现同步推进、全域覆盖。截至 2020 年 12 月 31 日，全市劳动争议诉调对接工作室办理诉前委派调解、诉中委托调解案件 764 件，调解成功 615 件，调解成功率达到 80.50%。建立劳动争议调解员名册，帮助做好调解员业务培训，促进调解员业务能力提升，全市法院现有在册管理调解员 34 人。

三是坚持务实管用，健全各项制度机制。建立诉前委派调解、诉中委托调解和邀请协助调解三种对接模式，引导当事人优先选择非诉方式解决纠纷。做好诉前调解，确定争议不大、标的额小、群体涉诉的纠纷作为诉前多元化解的主要类型，通过优先受理、发送"先行调解告知书"、诉讼费减缓等措施，鼓励当事人优先选择诉前调解的方式化解争议。简易案件速裁，对于调解不成但适合速裁的劳动争议纠纷，立案后由速裁团队法官进行审理，提高审判效率。及时司法确认，完善调解协议自动履行机制，对调解成功的案件及时进行司法确认，提高非诉讼纠纷解决方式的社会认可度；对调解不成的，依法导入仲裁、诉讼程序，切实维护当事人诉权。

四是坚持深度融合，拓展信息技术应用。全市法院着力推进在线调解平台建设，推动诉调对接线上线下功能互补、有机融合，努力打造"网上枫桥经验"。将劳动争议纠纷案件纳入人民调解平台统一在线管理，实现调解组织和调解员全部汇聚到网上，为当事人提供在线咨询、在线调解等解纷服务。提升信息化应用水平，立足白城实际，创立法院主导、工会牵头、"社区 + 司法所"共同参与的劳动争议纠纷调解新模式，强化司法大数据对矛盾风险态势发展的评估和预测预警作用，对典型性、苗头性、普遍性的劳动争议案件分析研判，及时将纠纷化解在萌芽状态。

吉林省吉林市龙潭区人民法院助力劳动争议化解

龙潭区人民法院、龙潭区工会坚持"党委领导、政府主导、综治协调、部门联动、社会协同、企业参与"的原则，制定了《吉林市龙潭区人民法院〈关于劳动争议案件诉调对接工作的实施意见〉》，切实推进劳动争议案件诉调对接机制建设，形成解纷合力。

一、"三位一体""分调裁"全链式化解

2020 年，龙潭区工会、龙潭区人民法院整合社会资源，成立法律人共同体平台，引入律师援助机制，构建了"法院 + 工会 + 律师"三位一体的劳动争议案件调解模式。法院设立诉前调解窗口，实现劳动争议类纠纷统一接待；

律师团队在诉讼服务中心成立法院援助站，提供高质量法律援助；工会成立驻法院"工会调解工作室"进行调解，律师团队介入调解，提供专业意见。对于调解成功达成协议的，速裁团队介入，出具调解书；对于调解不成案件，转入立案程序。实现"分调裁"链式化解纠纷，保证案件快速流转，保障职工权益。

二、由点及面"棋盘式"全面覆盖

为企业和劳动者提供"家门口"的司法服务，龙潭区人民法院在产业工人密集的街道、社区设立法官工作室和工会联合调解室，形成基层调处网络，就近就地优先处理劳动争议案件，形成由点及面的棋盘式覆盖格局。对工作中发现的普遍性、苗头性问题，法院与工会建立良性沟通反馈机制，以约谈走访、司法建议、送法入企等方式引导用人单位规范用工，将案件调处过程变为普法宣传的前沿阵地，让纠纷发现在第一时间、处置在第一现场、稳控在第一防线。

三、解纷电子化，全流程"云"办理

为减轻当事人诉累，降低当事人诉讼成本，及时保障职工权益，由法院驻工会"法官工作室"提供专业性指导意见，区工会委派专职调解员进行调解，在工会的大力支持下，调解员可通过线上调解与涉案企业负责人取得联系，及时高效地为双方当事人进行调解，尽量做到"让当事人少跑腿，让数据多跑路"。对于达成和解的案件，法院速裁团队介入，采用"云"开庭、"e"出庭方式，出具调解书，固定调解成果，切实保障双方当事人权益。

四、诉调到速裁，实现诉讼新质效

2018年起，龙潭法院立案一庭成立由诉调团队联合速裁团队组合的诉调一体化平台，充分完善了诉调一体对接、"分调裁审"机制。从松散式的对接，变为紧密式的对接。制定诉与调的分界点以及工作节点。对于法院立案的案件，首先由诉前调解团队"过滤消化"，大量劳动争议案件通过调解平台的作用发挥转化为及时履行或非诉息访。对于明显不适合调解，或者案件双方争议较大、案情复杂的案件，直接转接诉裁团队或专门审判团队审判，强化诉调统筹衔接，做到能调则调，当判则判。综合运用督促程序、司法确认程序、简易程序等，从简从快，高质高效处理案件。

五、"法院＋工会"，打开多元化解新局面

吉林市龙潭区人民法院与区工会建立联席会议机制，以求加强沟通交流。探索工会设立法官工作室或调解室，建立由党委政法委牵头，法院、司法行政、工会、工商联等多单位参加，建立劳动争议"一站式"联调机制，将纠纷解决端口前移，通过协商。调解有效减少进入诉讼的劳动争议案件数量，既减少当事人诉累，又减轻法院内部结案压力。加强对工会协商调解的业务指导，为工会在建设合格调解组织、打造过硬调解队伍方面提供支持和司法服务。加强工会调解员培训，制定调解员职业道德守则，促进调解员素质不断提高，增强相关部门的责任意识。及时为劳动者提供法律咨询、风险预警、诉讼代理等服务，增强了提高劳动者对工会调解的信任度。

延边州中级人民法院关于劳动争议
多元化解工作机制经验

全州法院按照《关于在部分地区开展劳动争议多元化解试点工作的意见》《关于开展劳动争议多元化解试点工作的方案》文件精神，对辖区内劳动争议案件开展多元化解纠纷工作。

一、逐步完善诉调对接机制、建立纠纷预防机制

与工会全部完成诉调对接，逐步细化机制，并建立纠纷预防机制，将多元化解推向最前沿。在全面巩固"法院＋工会"工作模式的前提下，积极引入人社、仲裁等多部门参与化解工作，加强劳动争议综合预防调处能力。延吉法院与工会、司法局、仲裁委联合下发红头文件，明确规范诉调对接流程及职责分工。延吉法院凝聚多元力量，打造"法院＋工会＋仲裁＋劳动监察"的"劳动争议纠纷化解联调中心"平台，与仲裁委、总工会、人社局就委派调解、委托调解、仲裁确认和司法确认四个阶段的程序运行制定了可操作性规范，联合印发《关于推进劳动争议多元调解与仲裁确认、司法确认程序衔接机制的通知》。2020 年通过联调中心，线上线下办理劳动争议案件共 537

件，调解结案 361 件。珲春法院与珲春总工会、珲春人社局共同组建"珲春市劳动争议调解中心"。建立委派调解对接机制，通过优先委派、及时立案，将案件分化处理。细化流程，明确多元化解分流员负责案件平台登记、扫描和上传材料，调解员 24 小时内确认接收，并负责在调解过程中组织双方当事人确认送达地址，形成调解笔录或调查笔录，如无法达成调解，形成情况报告，向法院及时反馈结果。达成调解协议的，告知当事人可申请司法确认。当事人不同意委派调解或经调解未达成协议的，及时立案。

建立纠纷预防机制。珲春法院对因企业经营管理或用工制度变化可能引发的涉及 10 人以上的社会群体性重大问题，相关企业及企业工会应及时上报，由总工会、劳动仲裁部门组成调解小组，提前介入引导，力争将矛盾纠纷化解在初始源头。做好预先研判、预先预防，对敏感性、群体性、有重大影响的案件或事件做到预警联动，重、特大群体性劳资纠纷情况及时相互通报。延吉法院在诉讼联调中心设立劳动者维权绿色通道，建立群体性、突发性纠纷应急反应机制，通过劳动监察快速介入调查、仲裁快速立案、法院及时保全等措施快速处理纠纷。安图法院、汪清法院、龙井法院在争议多发的建筑、餐饮等行业建立行业性调解组织。

二、加强调解组织建设，增强合力促调解

与工会积极筹建调解组织，明确调解组织活动原则及相关事宜。广泛吸纳退休法官、律师、企业代表等具有专门知识的人员成为调解员，将调解组织及调解员信息录入人民法院调解平台。现全州共聘任调解员 34 人，在企业成立 84 支劳动调解组织。调解员名册实行定期审查，动态管理。对不符合要求的及时更换，通过庭审观摩、参与调解等方式，实际组织开展调解员业务培训。和龙法院与人社局、总工会建立联络小组制度，以综治信访维稳中心平台为依托，建立沟通联系机制，各单位分管领导为召集人，法院立案庭及工会职工法律服务中心、人社局仲裁部门负责日常沟通联系，定期召开联席会议，分析研究劳动争议纠纷性质特点，提出防范意见建议，协调在法院与工会对接过程中出现的问题。图们法院积极协调工会、信访局等多部门共同参与调解，综合分析研判。珲春法院、延吉法院通过劳动争议调解工作微信群全程随机指导协助劳动争议案件调解。汪清法院与人社局、司法行政、企业代表组织等有关方面，推动企业劳动争议调解组织和行业性、区域性劳动

争议调解组织建设，现汪清总工会已设立 4 名解调员，在汪清县林业局、汪清县申联食品有限公司、汪清县日兴养护公司等 8 家单位设立劳动争议调解委员会。

三、充分利用"两室一窗口"，积极推广在线调解平台应用

全州法院积极利用在线调解平台，完全实现劳动争议可"网上立案、网上调解"的办案新模式，让数据跑路，让百姓省心。延吉法院在联调中心设立劳动争议调解专门窗口，邀请工会调解员驻点为当事人提供法律咨询和援助。为了提高调解平台的认知度和群众满意度，组建劳动争议调解专家库，将调解专家名单及相关材料通过电视、法院官方微信等方式予以公示，供群众根据自己的纠纷类型自主选择信得过的调解员，以"你点单我调解"的新模式化解劳动争议。延吉法院还开通"在线法院"线上调解业务，当事人无须到调解中心即可通过"在线法院"APP 上传材料、收取在线解纷的案件信息、确认调解方案内容等，亦可在线选择终止调解，享受方便快捷的"互联网＋法律服务"。龙井法院与工会利用调解平台调解劳动争议案件的同时，邀请工会调解员观摩学习，参与调解，为发挥工会处理劳动争议的"第一道防线"工作奠定良好基础。龙井法院在"人民法院在线调解平台"线上成功调解 5 起追索劳动报酬纠纷案。现共利用平台调解处理劳动争议案件 19 件，工会调解成功 11 件。

长春市朝阳区人民法院推进劳动争议案件诉调对接工作

朝阳区人民法院积极探索工作新模式，完善"调解优先、基层化解"及"多元化调解＋专业化审判"机制，实现劳动争议处理重心下移，使矛盾纠纷在基层、在萌芽状态及时得到预防和化解。

一、专业平台打造，推进劳动争议多元化解

2018 年 6 月，吉林省总工会和吉林省高级人民法院在朝阳区人民法院召开了劳动争议调解工作室启动仪式，并在朝阳区人民法院诉讼服务中心设立

了专门的法律援助服务窗口，省工会聘请 13 名律师作为法律援助工作人员，与朝阳区人民法院专职法官及调解员共同开展劳动争议案件的立案指导、法律咨询、诉前及诉中调解、判后答疑等方面工作，正式启动了"法院＋工会"的劳动争议诉调对接工作模式。该模式既发挥了法官的专业性、权威性，又发挥了工会调解员了解劳动者的长处，整合了法院和工会在劳动争议化解方面的优势，形成了纠纷化解合力。

自 2018 年 6 月劳动争议调解工作室成立以来，共受理劳动争议案件 2837 件，诉前委派调解及诉中委托调解共计 1400 余件，调解成功 850 余件。

二、专门机制落地，实现诉调对接工作实质化

劳动争议调解工作室设在朝阳区人民法院诉前调解工作中心，除省总工会 13 名法律援助律师参加劳动争议案件调解外，还有 4 名专职调解员，4 名公证调解员，9 个律师事务所 50 名律师调解员，并邀请朝阳区总工会、朝阳区人社局、朝阳区法律援助中心法援律师等调解组织，形成多方调解力量。对包括劳动争议案件在内的所有民商事案件，只要双方不反对调解，全部纳入诉前调解程序。

为实现无缝隙衔接，与吉林省总工会采取委托调解与委派调解两种对接方式：对进入诉前调解程序的劳动争议案件进行委派调解，向劳动争议诉调对接工作室出具《委派调解函》，移交案件相关资料；对已经立案的劳动争议案件开展委托调解，认为适宜调解解决的，经当事人书面同意，向当事人出具《委托调解告知书》，并向劳动争议诉调对接工作室出具《委托调解函》，移交案件相关资料。

调解成功的案件，当事人根据需要申请司法确认或者申请出具民事调解书，经审查依法按相关程序处理。调解不成功的案件，诉前委派调解的，调解工作室及时将相关材料移交立案庭立案；诉中委托调解的，调解工作室将相关材料移交案件承办合议庭继续审理。对诉前调解不成功的案件，调解员会固定无争议事实、明确争议焦点、取得当事人地址确认书，力争劳动争议案件流转到审判庭后，能够迅速审结。

三、专业化审判改革，助推审判质效提升

为优化司法资源配置，将湖西法庭改造成劳动争议专业审判庭，承办全

区所有劳动争议案件。通过推行专业化审判，有效的解决了同案不同判、同院不同判的问题，实现了劳动争议案件审判工作的精细化、精准化。劳动争议审判庭在专业审判的同时，继续大力推行调解工作，设立了由劳动者、法律工作者、企业、工会、仲裁部门、法院参与的"六角调解桌"，实现了工会组织调解、人社机构仲裁以及法院审判的有效衔接。2019 年，朝阳区人民法院劳动争议多元化解工作在全省法院视频会议上做经验介绍。2020 年 7 月，朝阳区人民法院荣获"全国法院'一站式'多元解纷和诉讼服务体系建设先进单位"。

四、专项目标实现，提供全方位司法服务

在积极参与社会大调解，做好联动调解机制建设的同时，工会与法院亦致力于延伸司法服务。首先做好劳动争议案件分析调研。筛选当事人反映强烈的重大、敏感、疑难及带有普遍性意义的劳动争议案件予以登记造册并进行分析总结，同时将上述案件相关材料移送劳动争议诉调对接工作室。劳动争议诉调对接工作室提出专业的法律意见、化解方案或者调研报告。2018 年，在法院、工会及律师的共同努力下，不到 2 小时的时间，10 起劳动争议案件成功诉前调解结案，充分保障了 10 名离职职工的合法权益。同时，通过"调解一案、示范一片"的方式，为朝阳区其他公司涉及劳动合同纠纷类案件的化解提供了解决样板，成功避免了大批量群体性案件涌入诉讼程序，取得了良好的社会效果和法律效果。其次注重服务企业发展。将劳动争议案件的阶段性调研成果反馈给辖区企业，用以指导和服务企业，帮助企业规范管理，化解用人过程中的风险。2018 年 11 月，与民建朝阳区委员会共同组织开展"长法大讲堂"活动，湖西法庭副庭长王强法官为民营企业家们以"企业法人不可不知的经济补偿金和经济赔偿金"为题进行了法治讲座，取得良好效果。

上海市法院经验材料

上海市浦东新区人民法院成立劳动争议
张江巡回法庭

　　最高人民法院和中华全国总工会将上海作为试点地区之一，自开展劳动争议多元化解试点工作以来，上海市浦东新区人民法院积极与新区总工会等职能部门加强工作协作配合，积极推动建立健全由各职能部门和有关组织共同参与的劳动争议预防化解机制。为此，浦东新区人民法院还专门出台《上海市浦东新区人民法院劳动争议张江巡回法庭工作规则》，明确张江巡回法庭的各项具体工作内容。2020 年 6 月中旬，为支持上海张江科创中心的建设，为上海张江科创中心提供良好的法治服务保障，在浦东新区有关部门的大力支持和配合下，浦东新区人民法院劳动争议张江巡回法庭在浦东新区张江镇党群服务中心正式挂牌成立，同时成立的还有浦东新区劳动人事争议仲裁院科创仲裁庭和张江仲裁庭，这标志着全市首个基层"调裁审"三庭合一的劳动争议解决平台正式成立，成为支持张江科创中心建设，提供法治服务环境保障的又一重要举措。

一、成立首个基层"三庭合一"，法治护航再上新台阶

　　1. 就近化"解"、良性互动。"三庭合一"为就近化解矛盾提供了更多便利，让居民百姓切实感受到家门口服务的便利，实现"张江事、张江调，张江事、张江办，张江事、张江结"。张江科创中心的法治保障环境会更好，科学城就能凝聚到更多人气，吸引更多双创人才，从而形成相辅相成的良性互动局面。

　　2. 无缝对"接"、示范引领。首个基层"三庭合一"，既是适应张江当前企业发展的客观需要，也是跨前一步服务张江科学城的重要举措，在为企业和劳动者提供争议就近指导咨询和矛盾就地化解的同时，将进一步释放科创

中心劳动纠纷化解示范引领作用。

3. 加强法"宣"、互享共享。浦东新区人民法院以及浦东新区人社局会选派资深的劳动争议法官、仲裁员，并着重选取一些具有代表性的案件，通过示范庭审、组织旁听等方式，加强法治宣传，引导张江科学城企业和劳动者依法依规订立和履行劳动合同，依法理性维权。同时，浦东新区人民法院、浦东新区人社局、张江镇人民政府加强了联动和沟通，建立健全了裁审联席会议机制并扩大裁审信息的互享共享，进一步提高法院与仲裁院的裁判效率和裁判质量。

二、推进智慧化庭审建设，科技赋能助推新成效

1. "科"技集聚，提升庭审智能化和便捷度。庭内配备专业的庭审、监控、观摩等现代化设施设备，充分运用大数据、5G、人工智能等现代高科技手段，实现了证据展示、庭审笔录等信息即时同步或交叉显示。庭审开始前，书记员可通过 AI 智能技术录入庭审基本信息；庭审过程中，可通过语音识别功能实现笔录的同步记录，在减少书记员录入工作的同时提高笔录的准确度；庭审中，当事人即可通过屏幕及时核对、确认笔录信息，减少等待时间。

2. "创"新模式，提高预防预警能力，优化流程制度。在提供传统调解仲裁服务的同时，通过已有案件数据集成，大数据分析，收集影响劳资关系矛盾的关键数据和风险隐患，提前做好排摸、监测和预警工作，跨前一步为张江科学城的企业和群众提供精准服务，从源头减少劳动争议产生。同时，通过系列制度创新，进一步简化流程，提升办案效率，缩短办案周期，营造张江劳动争议处置新高地。

3. "庭"审直击，实现劳动争议处置工作锻造升级。"三庭合一"内设专门的观摩室，可容纳30余人在现场观摩，通过"单面镜"的观摩墙，实现现场教学、公开展示与开庭审理双向开展、互不干扰。同时，通过远程接入系统实时观看网络直播，实现了庭审流程和庭审信息双公开，提高了庭审过程的公开度、透明度和展示度，让公平正义"看得见""听得到"。

三、建立调裁审衔接机制，联动处置开拓新格局

1. 案"前"联动交流，主动作为。调裁审派员轮流驻点办公、就地开庭，方便调裁审面对面交流。同时，构建三方交流沟通平台，对案件信息建

立共享文件，设微信、QQ 工作群或者相关公众号，加强日常信息的沟通联络、政策口径的统一。

2. 案"中"联合处置，互通互认。调、裁无缝衔接，对调解不成的案件自动转入仲裁程序。另外，仲裁院和法院之间开通信息共享系统，共享相关信息。法院可通过系统直接调阅仲裁的卷宗材料，当事人在案件进入法院程序后，无须再至仲裁调阅庭审笔录、送达回执等材料。

3. 案"后"联结宣传，助力科创。浦东新区人民法院、浦东新区人社局、张江镇人民政府共同定期举办法律沙龙，对张江地区的高端重点企业进行政策法律法规的宣传教育，通过沙龙的形式提高区域内企业对劳动法相关政策的把握度和守法意识，达到预防劳资矛盾的目的。

上海市徐汇区人民法院灵活运用"半线上"庭审模式保护哺乳期女职工合法权益

为更好保护劳动者，特别是孕期女职工的权益，徐汇区人民法院在全面开展在线庭审的基础上，针对不同当事人对庭审的差别需求，灵活运用在线庭审模式，以独特的"半线上"庭审模式，顺利审结一起涉高龄产妇的劳动争议案件。既有效地提升了司法效率，也充分保障了当事人的诉权，将智慧法院建设成果运用到最大化。

一、庭前排摸，了解当事人审理需求

通过庭前阅卷排摸，了解到本案涉及较为敏感的劳动纠纷，即哺乳期内开除女职工，并涉及通讯费、报销款等事项，案情复杂。后通过电话联系，查实女职工系生育试管婴儿的高龄产妇，立案时间距预产期不足半个月，又恰逢疫情期间，难以到院参加庭审。虽然女职工有法律援助，但她仍表示诉请事项繁多，案情复杂，希望参加庭审、发表意见。在了解女职工一方意见后，又联系公司方委托的诉讼代理人，但公司一方因希望查看原件明确表示不愿意进行在线庭审，此时适用何种庭审程序陷入僵局。

二、庭审创新，提高科技审判使用效率

为破解僵局，更好发挥庭审对于查明案件事实和调解当事人矛盾的作用，经过多次联系，创新地适用"半线上"庭审方式，即双方代理人线下庭审，女职工本人线上庭审的模式，既满足了企业方代理人当庭查看原件的需求，又照顾了女职工身体情况，防范好疫情、庭审来回奔波等可能对其带来的伤害。为了使庭审能顺利进行，多次联系女职工及其代理人，告知线上庭审注意事项，同时安排技术部门协助，使其掌握线上、线下同时签笔录等线上庭审技巧。

三、审慎庭审，依法有力保护权益

开庭当日，提早到庭调试，并事先与女职工线上沟通，询问身体状况，告知其在庭审中若感不适有申请休庭的权利。由于前期准备充分，整个庭审有条不紊，女职工全程在线参与审理、理性表达意见、情绪得到安抚，并多次表示感谢法院。本次"半线上"庭审充分利用现代网络技术解决当事人对庭审方式有不同需求的难题，在充分保障当事人表达意见的诉讼权利的基础上，提高当事人对现代科学技术运用于司法领域的体验感和获得感。

四、庭后调解，助力净化营商环境

庭审后，因涉及报销款等需要核对的情形，徐汇区人民法院组织了一次谈话，并继续开展调解工作。由于本案的特殊性，加大调解力度，根据双方证据把握案件走向，使用"背靠背"等方式沟通双方意愿。对于公司方建议采用分期支付加上逾期违约条款的调解方式，对女职工鼓励其早日案结事了后重新就业。经过多次沟通，公司同意支付一定金额，女职工对调解方案也非常满意。调解时，公司承诺协同女职工补缴社会保险费并退还劳动手册，虽然未记入调解主文，且非本案审理范围，但为实质性化解纠纷、防止隐患，庭后承办人主动联系公司，询问后续事宜，助推矛盾最终解决。一桩矛盾激化的涉哺乳期女职工劳动纠纷案件通过创新庭审模式得以圆满解决，援企的同时稳岗，取得了法律效果与社会效果的统一，有效助力净化营商环境。

奉贤区法院立体化构筑劳动争议
多元解纷体系初显成效

为妥善化解劳动者和用人单位之间的矛盾，构建和谐健康的劳动关系，服务营商环境，保障劳动者合法权益，上海市奉贤区人民法院充分利用现有资源，搭建劳动争议多元解纷平台，建立完善诉调对接"三驾马车"工作机制，"引进来"与"走出去"相结合优化解纷机制，取得了较好的法律效果和社会效果。

一、挂牌劳动争议巡回法庭，搭建"一体两翼"多元解纷新平台

一是在劳动仲裁委设立劳动争议巡回法庭，采取轮流驻点办公，搭建多方联动平台。依托劳动争议巡回法庭平台，与劳动仲裁委、人民调解组织、司法局、区总工会加强沟通交流，定期或不定期召开联席会议，各方共同研究分析劳动争议案件形势，互相通报各自的工作情况，实现劳动争议案件信息共享，重大群体性劳动争议案件动态预警，劳动争议多元化解协调配合，疑难复杂争议案件研讨，为进一步推进裁审衔接、诉调对接，形成各方合力推进劳动争议多元解纷工作。

二是以开展巡回审判为抓手，组建巡回审判队伍，定期开展巡回审判。巡回审判由巡回法庭挑选典型或特色案件，邀请调解员、仲裁员、工会成员及群众参与旁听，庭前组织各方联动调解，庭审过程展示法院办案思路和诉讼程序，庭后举行案件研讨，并对当事人进行释法明理，以巡回审判作为纽带，将每一次巡回审判打造成理论研讨、案情解析、释法明理于一体的多元解纷契机，并借此提升多元解纷队伍的调处能力，加强各方联动协调，尽可能延伸巡回审判的法律效果和社会效果。

三是以劳动争议就地受理、就地调解为着力点。对小额、简易案件，与劳动仲裁机构做好衔接，告知当事人领取劳动仲裁裁决书后，对仲裁裁决不服的，可以直接向人民法院劳动争议巡回法庭起诉，经审查符合起诉条件的，予以受理，并与人民法院立案庭做好工作衔接。巡回法庭对受理的案件有条件的实行就地调解，在仲裁裁决的基础上为当事人分析案情和法律适用，利

用巡回法庭和劳动仲裁机构场所靠近的优势便利当事人诉讼；同时加强裁审衔接，遇到裁审不一的情况及时交流沟通，有利于提升仲裁权威和公信力，增强劳动争议纠纷化解的合力。如调解不成尽快开庭审理，简化诉讼流程，保障劳动者和用人单位的诉讼权利。

二、完善诉调对接"三驾马车"，形成"调裁审"联动

一是设立诉调对接工作室，建立"工会—法院"诉前调解机制。劳动争议案件具有不同于传统民事争议的特点，为充分发挥工会在与劳动者和用人单位之间沟通上的优势和工会调解员在调解劳动争议案件上的经验优势，而组建诉调对接工作室。由工会指派调解员驻诉调对接工作室，辖区内的劳动争议案件法院受理之后首先进入诉前调解阶段，由法院指派法官助理挑选适合工会参与调解的案件合作开展诉前调解，壮大诉前调解的队伍力量，一般每周安排调解不少于五次，合作方式灵活多样，既可以采取分头调解、双向发力，也可以由调解员与法官助理先后调解、相互配合，最终形成调解合力，为当事人充分阐释法律法规内容及利益衡量，努力形成兼顾双方权益的调解方案。

二是广泛开展联合调解，严格把控涉众型劳动争议案件。由于涉众型劳动争议案件涉案人数众多，社会影响较大，如仅靠双方自行解决，矛盾非常容易激化，造成非常不利的局面；而仅仅依靠法院化解，又势必会给法院带来巨大的压力。因此，对于重大群体性劳动争议案件或者批量的劳动争议案件，一方面需要充分调动可以依靠的力量，发挥出各方优势合力化解；另一方面人民法院应将化解矛盾的阵线前移，通过诉前联合调解的方式参与纠纷化解。由法院派法官或法官助理与人民调解组织、劳动仲裁委、工会组织组成联合调解队伍进行协作，法院重点发挥化解争议的引领和法律指导作用，充分利用各方优势，站在当事人的角度为当事人释法明理、权衡利弊，通过"法理情"的交融。如调解成功，则及时出具民事调解书，调解不成则引导当事人理性维权，有了前面联合调解的铺垫，也能够大大缓解对立情绪，确保双方依法诉讼。

三是积极用好司法确认这一化解矛盾的重要手段。司法确认是对经调解组织达成调解协议的案件，由当事人双方共同向人民法院申请对该调解协议进行司法确认，人民法院经审查符合司法确认的情形的进行司法确认。由基

层调解组织、工会参与的调解，当事人经常有调解意向但却会担心达成调解协议的法律效力，如履行过程发生争议，仍需进行诉讼程序，既增大了调解难度，也不利于息讼息诉。为打消当事人疑虑，敦促当事人积极履行调解协议，避免诉累，人民法院和基层调解组织、工会组织积极沟通协作，对司法确认的条件和范围、申请程序予以明确，如符合司法确认的要求，通过当事人当场申请司法确认的形式，由人民法院依法受理，并及时出具具有法律效力的民事裁定书予以司法确认，这不仅有利于双方达成调解协议，也能充分发挥基层调解组织的作用，有效避免后续争议，节约司法资源。

三、"走出去"与"引进来"相结合，形成多元解纷机制的优化循环

一是主动"走出去"，利用各类媒体做好法律宣传，加强法院与各界交流。劳动争议案件要达到预期效果，必须向人民群众敞开怀抱，让人们群众更加理解法院和法院工作。通过微信公众号平台做好法律宣传，撰写劳动争议多元化解典型案例，推送人民法院审理劳动争议案件的观点和思路，与人民群众分享劳动争议多元化解机制成果，让法院成为人民群众心目中家门口的法院。通过新闻报纸各类媒体，对影响力较大或具有典型性的劳动争议案件进行报道，对法院、仲裁、基层调解组织、工会各方联动方式方法进行介绍，让人民群众了解劳动争议多元化解，认可这一矛盾化解机制，一旦存在司法需求，也愿意参与到劳动争议多元化解机制中来。

二是积极"引进来"，畅通多元解纷反馈收集渠道。如今，微信公众号已成为人们生活中不可或缺的信息交流工具，用好微信公众号后台留言功能，与群众积极互动，沟通听取群众的法律需求与建议。利用劳动争议巡回审判的契机，邀请各方代表旁听，让人民群众对亲眼看到的劳动争议多元解纷工作畅所欲言，虚心听取对劳动争议化解的意见和建议。巡回法庭定期开展公众开放日活动，对法院的工作思路和工作模式进行讲解，提供信息反馈的平台，让人民群众感受看得见的正义。

三是修炼内功，不断优化劳动争议多元解纷机制。对多元解纷工作和实际效果进行阶段总结，定期召开阶段总结会议，总结成功的有益经验，对当前阶段劳动争议化解中存在的问题进行分析，研讨收集到的各方反馈意见，特别是针对法院与基层调解组织、劳动仲裁、司法局、工会的协作模式、开

展巡回审判和诉调对接的工作方法、人民群众对多元解纷的接受度和获得感，在此基础上优化多元解纷工作模式，科学制订下一步工作计划。此外，积极创新多元解纷方式方法，定期与其他法院进行劳动争议专项交流，了解其他法院在多元解纷上的有益尝试，不断丰富创新多元解纷手段，形成劳动争议多元化解不断优化的大循环。

四、劳动争议多元解纷工作成效显现

一是劳动争议收案数量上升，结案并未滞后，收结比维持较高水平。以2020 年下半年为例，在疫情影响之下，法院劳动争议案件收案数量暴增，相比 2019 年同期增长高达24%，给审判工作带来了巨大的压力。然而，2020 年下半年法院劳动争议案件结收比实现了101.5%，全年实现了 100% 结案率的目标，可以说较好地化解了劳动争议案件剧增带来的困难。能够取得这样的成绩，应当说很多涉众型劳动争议案件在诉前调解阶段被成功化解发挥了不小的作用；另有很多案件虽然在诉前调解阶段未成功调解，但对当事人的案情分析和释法明理仍旧起到了作用，当事人逐步形成了较为合理的心理预期，一些之前争议较大的案件在诉讼阶段被成功化解，劳动争议多元化解机制逐渐体现出了优势。

二是劳动争议审判质效提升。劳动争议案件调解结案不仅能够节约司法资源，还有利于缓和相互之间的矛盾，构建和谐的劳动关系，具有更加良好的社会效果。然而近年来，劳动争议案件调解难度不断增大，其中一个重要原因就是法院收案数量多年来持续增加，日益增长的案件数量使法官疲于结案，没有足够的时间和精力促成调解，导致调解率偏低、判决率较高，随之而来的是上诉率高居不下。通过劳动争议多元化解机制的实践探索，使法院能够有效利用法院以外的资源处理纠纷、促成调解，使较多案件实现了诉前调解或联合调解，很多案件也为诉讼阶段成功调解打下了基础，2020 年劳动争议案件调解率达到了 60%，高于传统民事案件，实现了不小的进步。

三是人民群众满意度持续提升。劳动争议仲裁前置程序旨在减少当事人诉累，对于小额简易案件尤其如此，通过巡回法庭审理案件流程短、进程快，调解率高，而通过联合调解和司法确认大大减轻了当事人的诉累。劳动争议案件平均审理天数相比之前得到了缩短，在案件数量显著增加的情况下，调解结案率保持在较高水平。同时多元解纷这一举措也让更多当事人感受到了

各方共同付出的努力，即使最终未能调解成功，由于当事人的心理预期逐步回归合理，一审服判息诉的比例也较以往有所提升。

上海市金山区人民法院全面助力劳动争议多元化解

为积极落实完善社会矛盾纠纷多元预防调处化解综合机制新要求，深入推进劳动争议多元化解机制新要求，构建和谐劳动关系，金山法院努力探索并建立了"法院＋X"的多部门联动模式，即与区人社局、区工会、区司法局和区工商联多部门共同协作，发挥各自优势，遵从贯彻"能调则调"的民事审判工作原则，从多维度解决劳动争议纠纷，并积极采用新型的信息化平台进行在线调解。从案件处理的结果来看，取得了良好的社会效果：2020 年审结的 447 件劳动争议案件中，判决结案 228 件，调解结案 110 件，撤诉 69 件，调撤率相比 2019 年同比大幅提升，从 2019 年的 37.73%（调撤 143 件/结案 379 件）增加至 41.24%（调撤 179 件/结案 447 件）。

一、"法院＋人社局"，做好裁审衔接，积极信息共享

金山区法院与金山区劳动争议人事仲裁委员会建立了一系列制度，以加强裁审衔接及信息共享：（1）建立复杂案件研讨制度，针对金山区当地出现的疑难、重大劳动争议案件，两单位会定期进行研讨，保证案件审理的口径和口径一致，加强审判人员、仲裁员的案件处理能力，每季度至少研讨一次。（2）建立庭审互听制度，相互参与劳动人事争议案件的庭审旁听，交流庭审经验，规范庭审程序，提高庭审的质量与效率，并根据实际情况不断创新交流方式。（3）建立信息共享制度，两单位十分重视在劳动争议案件中的大数据统计、案件质效分析以及法律文书等方面实现信息资源共享，同时设立联络员制度，法院设专人向仲裁调取仲裁笔录，在法官审理劳动争议案件开庭前做到"心中有数"。（4）建立风险案件预警制度，针对仲裁发现的部分风险高、社会关注度高、矛盾激化程度高的有可能引发的突发性、群体性案件，人民法院与仲裁委会共同进行风险评估，及时提出应急处理措施，做好维稳，按照"六稳""六保"的精神指示及时有效化解矛盾纠纷。

二、"法院＋工会"，诉调结合，刚柔并济

金山法院和金山区总工会通过建立劳动争议沟通联系制度，依托法院多元化平台，进行劳动争议调解工作的信息对接工作，与工会实现信息互通共享，把劳动争议化解在萌芽状态。2020 年 9 月，与区总工会联合设立"劳动争议诉调对接工作室"，一旦有符合条件的案件，在审理之前由调解员先行调解。运行半年来，依托区总工会联系基层工会、贴近基层劳动者、擅长群众性工作的特点，结合法院在劳动争议处理的专业性、权威性优势，将"诉"的权威性、规范性和"调"的便利性、非对抗性结合起来，合力预防化解劳动关系领域重大风险，在劳动争议纠纷化解、促进劳动关系和谐发展方面取得一定成效，主要做法如下：

1. 事前启动防控，注重源头治理。为贯彻落实习近平总书记关于"坚持把非诉讼纠纷解决机制挺在前面"的指示要求，把工作重心从事后化解转移到事前排查、预防预警上来，努力在争议前端形成"工会主动参与、各方信息互通、共同预防化解"的工作格局。区总工会在区法院、区劳动仲裁院分别开设服务窗口，为职工提供"零门槛"法律咨询、援助服务。工会通过排摸预警等方式对本区企业用工情况通报，与法院以工作例会、专题研讨会等形式，定期对本区企业用工情况和趋势、劳动争议纠纷中反映的热点难点问题进行分析、研判，寻找解决问题的办法措施。

2. 事中强化协调，合力调处纠纷。劳动争议纠纷案件经过基层调解组织、劳动仲裁委员先行调解后，进入到法院诉讼的大多是疑难复杂、易矛盾激化的纠纷案件。因此，金山法院与工会强化"首问责任制"，提高服务意识。工会在协调劳动关系矛盾中，不忘主业主责，为职工群众说话、替职工群众办事维权。法院站在公平公正角度，努力寻求劳动者与企业之间的最佳平衡点，坚持保障劳动者合法权益与促进企业稳定发展并存理念。

在处理劳动争议案件中，诉前调解以工会为主，法院协助法律释明，比如当事人对于某些法律规定不理解，法院从专业的角度进行释明，促成当事人认识的转变，从而让纠纷顺利调解；诉中调解以法院为主，工会反馈争议焦点。对于工会调解不成功的，工会调解员注明双方当事人争议的焦点，便于法官及时掌握当事人的动态，为进一步解决纠纷提供重要的信息。

诉调对接工作室运行半年来，通过工会与法院的共同努力，在审结的 158

件劳动争议案件中，33件案件成功调解，调解率20.89%，同比上升8.77%。

3. 事后审执兼顾，增强调解效果。在案件调解完成后，工会与法院均兼顾执行，本着案结事了的态度，加强督促，要求用人单位按调解协议及时履行付款义务。同时，通过电话回访，确认用人单位确实已履行义务。在调解的33件案件中，用人单位均自动履行付款义务，收到了良好的社会效果。

三、"法院＋司法局"，加强"一站式"多元解纷工作联动

金山法院多次与区司法局召开"一站式"多元解纷工作对接会及工作对接协调会，在线司法确认、委托调解、人民陪审员等相关工作进行意见交流，并联合区司法局在法院诉讼服务中心大厅设立"金山区非诉调解窗口"，坚持把劳动争议案件非诉讼纠纷解决机制挺在前面，积极化解社会矛盾纠纷。依托司法局在推动发挥街镇司法所在矛盾预警、信息排摸的优势，重心下移，发挥好基层人民调解组织的作用，建立人民调解与司法互动的联动机制。

四、"法院＋工商联"，加强企业维权

2020年受理的劳动争议案件中，原告中约57%是劳动者，约43%是用工方，而2020年上半年同期受理的劳动争议案件中原告约64%是劳动者，有约36%为用工方，由此可见，因企业用工方对仲裁裁决不服提起诉讼的案件稍有上升。优化民营经济法治营商环境是我国司法改革中的重要一环，保护企业在劳动关系中合法权益也是重要的一环，大多数劳动者是弱势一方，但是，如果过分扩大劳动者权益保护，加大企业责任，就会使企业用人自主权受到束缚，最终影响企业的市场竞争力。因此，法院在审理劳动关系纠纷案件中，依托工商联的职能作用，维护好企业的合法权益，激发企业创业活力。

闵行区人民法院力促劳动争议实质化解

2020年以来，通过推行"多层次布网、多主体参与、多渠道化解"三大举措，初步构建起劳动争议立体化解纷格局，进一步推动劳动争议实质性化解，为辖区营造和谐劳动关系提供了有力司法保障。2020年，闵行法院共受理劳动争议案件1450件，结案1509件，以调解或撤诉方式结案达408件，调

撤率达到27.04%。

一、多层次布网，建立健全多元化解劳动争议工作机制

一是建立健全群体性纠纷预警对接和联合调处机制。按照"四方联合、多方合作"的原则，开展劳动争议预防与化解工作。通过纠纷预警对接和联合调处，做到对群体性纠纷信息动态掌握，多方调处形成合力。在闵行区"四方联动、多方合作"的框架内，进一步夯实工会、法院、人社部门劳动争议案件工作例会、会商研判、群体性案件信息通报制度，及时发现企业用工趋势变化、劳动争议热点问题、疑难复杂问题的分析研判工作，努力实现事先工作对接常态化、调处化解多元化。

二是建立"4＋X多方合作"推动劳动争议多元化解机制。联合区总工会等部门共同制定《关于进一步加强劳动争议诉调对接工作方案》，建立人民法院与工会之间的劳动争议案件委派委托调解工作机制。引入社会第三方专业力量，鼓励和引导争议双方当事人通过协商、调解化解争议，切实将非诉讼纠纷解决机制挺在前面，落到实处。制定"三联三预"工作方案，协调联动保生产稳就业，建设多部门分类衔接的多元纠纷化解机制，打造跨部门协作化解劳动争议新格局。

三是进一步完善劳动争议调解协议履行机制。依法对调解协议进行司法确认，妥善办理先予执行与支付令申请，促进调解协议及时有效履行，建立快调、快执绿色通道。对工会主持调解达成协议、用人单位未履行协议支付劳动报酬、工伤医疗费、经济补偿金或赔偿金的案件，劳动者申请限于执行或者支付令的，以及工会法律援助案件中企业可能关停并转或恶意转移藏匿财产、企业主逃匿的案件，简化执行办理流程、依法快速办理，打通司法服务的"最后一公里"。积极完善困难职工救助机制，积极为胜诉劳动者帮困解困，切实维护劳动者的合法权益。

二、多主体参与，充实强化多元化解劳动争议专业队伍

一是建立劳动争议巡回法庭。打造"一站式"法律服务阵地，设立了"闵行区劳动争议巡回法庭"，将司法服务触角直接延伸到职工群众身边，尽量将金额较小、争议不大的案件安排至巡回法庭调解、就地审理。自2020年12月劳动争议巡回法庭正式启用以来，劳动争议巡回法庭共计开庭审理案件

7 件，取得了良好开端。为保障巡回法庭常态化有序运行，依托梅陇法庭建立了劳动争议专业法官轮班机制，由专业法官轮流至巡回法庭开庭审理劳动争议案件，以确保在巡回法庭隔周就有劳动争议案件开庭审理。坚持保障企业生存发展和维护劳动者合法权益并重的理念，在维护劳动者合法权益的同时，促进企业的生产和经营，实现法律效果与社会效果相统一。

二是充分发挥工会参与劳动争议协商调解职能作用。建立先行调解、专职调解与委派委托调解相结合的工作模式，引导当事人先行调解，联合区总工会推动劳动争议案件的诉前调解工作。组建劳动争议专职调解小组，将劳动争议案件交由专业的调解员、指导法官开展调解工作。发挥工会诉前调解作用，优化调审平台建设与程序对接，加强委托委派调解。健全沟通机制，明确责任部门与人员，确保责任到岗到人，将适合工会调解的劳动争议案件委派工会进行诉前先行调解，对调解成功的案件，依法进行司法确认。2020年共组织调解案件 250 余件、成功调撤 29 件，有效避免了案件矛盾升级的风险。

三是积极引入律师参与劳动争议化解。进一步发挥各方面调解优势，整合各方面调解力量，提高调解效率，聘请职工维权律师志愿团中的 20 名骨干律师为首期"闵行区劳动争议特邀调解员"，提供工会法律咨询、代写法律文书等服务，实现了法律援助与司法程序有序衔接。建立值班制度，每周固定一天由律师至诉调对接中心提供诉讼指导、释法咨询、诉前和诉中委托调解等现场服务，在提供法律咨询服务的同时化解劳资双方矛盾。试运行 3 个月以来，已有 3 件案件当事人自行达成调解协议。拓展劳动争议特邀调解员职能，联合专职调解员每周共同至虹桥商务区、浦江等调解点联合开展诉前调解，推动法律进社区、法律进园区、法律进楼宇工作。

三、多渠道化解，持续出台多元化解劳动争议衔接举措

一是积极推广在线诉讼服务。加强信息化审判的应用培训，针对金额较小、争议不大的案件，尽量以信息化手段，引导当事人网上立案，组织当事人进行在线开庭、线上调解，最大限度地减轻当事人的诉讼负担，避免疫情防控等因素给当事人带来的不利影响。2020 年 11 月至今，共通过在线调解劳动争议案件 11 件，在方便当事人的同时，也节约了司法资源，提升了工作效率。在线庭审模式提高了对案件庭前准备工作充分性的要求，通过疫情期间

在线庭审的推广使用，使法官熟练运用网络开展庭审，结合新型庭审方式改革的优势，减少法官对线下开庭的依赖，进而促进形成线上开庭实现常态化，在确保实质规范的前提下，通过更便捷的方式推动诉讼进程，提高当事人的获得感和满意度。

二是积极探索涉诉企业风险外溢研判机制。依托建立的全市首个"涉诉企业风险外溢研判机制"，针对辖区内企业类型特征与用工特点，积极研判劳动争议诉外风险，根据相应规定确定风险类别与等级，做好发现、备案、提示、汇总与汇报工作。2020 年，共计发出涉劳动争议个案风险报告 30 余份，深入分析诉讼案件对企业生产经营造成的实质性影响，密切关注企业复工后的经营状况，避免与案件无关的因素对案件实体处理产生不当影响，实现借由个案由内向外提升精准服务保障营商环境建设水平。

三是打好劳动争议案件普法宣传组合拳。依托法院公号等网上新媒体平台，开展案例线上推送，拓宽宣传渠道，深化宣传效果。组织专业审判团队，借助派出法庭深入基层优势，围绕企业遇到的不同难点问题，加大对劳资双方的正向引导。2020 年以来，通过微信公众号共推送劳动争议普法类信息 4 篇，依托上海高院浦江天平等公众号扩大普法辐射面，累计阅读量达 7000 人次。此外，还组织干警参与各类涉劳动争议普法宣传活动近20 场，组织开展发放专项审判白皮书 1 篇，制发司法建议 5 篇，力促从源头上减少劳动争议。

青浦区法院推进劳动争议多元化解工作成效显著

青浦法院作为上海设立劳动争议巡回法庭的试点法院之一，立足青浦实际，协同区工会、区人社局、区司法局共同推进诉调对接机制建设，充分发挥各自优势，实现工会调解、仲裁调解、人民调解、司法调解的联动，推动形成劳动争议多元化解新格局。2020 年，共受理劳动争议案件 2813 件，其中司法确认案件 1796 件，占比为 63.85%。

一、紧扣国家战略，结合本区实际部署完善裁审衔接

（一）设立劳动争议巡回法庭，实现巡回审判全覆盖

青浦区系长三角一体化和进口博览会两大国家战略的重要承载区。随着进博会的顺利举办、虹桥商务区的快速发展，青东地区业态发生明显变化，劳资领域变化尤为明显。2020年，在受理的劳动争议案件中，仅青东地区占比为80%，据此将劳动争议巡回法庭设立在进博会举办地徐泾镇，便于及时就地化解涉进博会或涉虹桥商务区的有关劳动争议纠纷。同样，青西地区作为长三角一体化示范区的先行启动区，迎来华为等大型企业纷纷入驻的同时，也面临着如何与相邻的吴江、嘉善法院统一裁判标准的问题。下阶段，拟在青西地区另再设立劳动争议巡回法庭，与青东地区的巡回法庭形成东西呼应，推进青浦区域劳动争议巡回审判全覆盖。

（二）深化青嘉吴司法协作机制，统一长三角裁判标准

为进一步落实长三角一体化发展战略，提升辖区劳动人事争议案件处理质效和促进适法统一，青浦、吴江、嘉善三地法院、仲裁委在诉讼服务、交流合作、审判执行及工作保障等方面开展全方位司法协作。通过举办长三角司法协作一体化座谈会、签署长三角一体化示范区法院司法协作协议等方式，充分发挥审判职能，深化跨域合作与交流。2020年4月，为妥善化解疫情防控期间的劳动争议纠纷，三地法院、仲裁委以"青嘉吴裁审携手，共促示范区复工就业"为主题，通过在线方式联合召开青嘉吴劳资纠纷裁审情况通报暨典型案例发布会，发布十大典型案例，并对因疫情引发的劳动争议点展开充分讨论，促进裁审口径统一。

二、完善对接机制，夯实调裁审多元联动基础

（一）制定审调裁对接方案，明确"一站式"工作流程

根据上海市高级人民法院和上海市总工会的意见，青浦法院与区工会，会同区人社局、区司法局联合制定《关于进一步加强青浦区劳动争议调裁审对接工作的方案》。在设立劳动争议巡回法庭的同时，同步设立巡回仲裁庭、职工法律援助中心、劳动争议调解工作室，将司法服务触角直接延伸至职工群众身边，合力推进劳动争议多元化解工作。方案明确由区工会、司法局安排人民调解员常驻法院，对农民工讨薪、群体性案件等组织调解。调解不成

的，转入仲裁、审判程序，确保"快立、快审、快结、快执"，推动劳动争议纠纷得到更加快速、便利、有效地处理。

（二）畅通信息共享渠道，交流分享工作经验

青浦法院与区仲裁院、区工会、区司法局定期召开季度例会，定期分享青浦区劳裁工作经验和工作心得。会上，通过通报劳动争议案件调解、仲裁和审理处理情况，就如何进一步加强调裁审对接、法治宣传，合力应对劳资纠纷面临的形势深入交换意见，做好对工作中发现的企业用工趋势变化和劳动争议热点问题的分析研判工作。与区工会各联络点负责人建立微信工作群，对诉调对接工作中了解和掌握的可能引发连锁反应、影响社会稳定等因素的群体性、突发性、敏感性纠纷及时进行工作对接。通过微信联络群，确保专业审判人员实时审查、指导、通报人民调解工作，总结经验心得，共同克服难点阻点，切实提高对敏感问题发展趋势的预测能力和疑难复杂问题的应对处置能力。

三、拓展对接抓手，保障多元化解机制顺畅运行

（一）深化司法确认工作，提升纠纷化解效能

为避免工会、基层调解组织调处的劳动争议纠纷因未及时经司法确认导致二次纠纷，就青浦区工会、基层调解组织上报的因用人单位未依约履行劳动报酬、工伤医疗费、经济补偿或赔偿金等案件达成调解协议的，安排劳动争议团队法官及时指导审核，审核后立即出具裁定书予以确认。通过司法确认程序，赋予调解内容以法律强制执行效力，减轻劳动者维权成本，最大限度保护劳动者合法权益。

（二）推进在线调解工作，探索"互联网＋司法"经验

为充分发挥巡回审判就地就近、及时高效化解纠纷的优势，我院依托互联网技术，大力推进在线调解、指导、审核、司法确认、庭审等工作。通过"互联网＋司法"，充分发挥大数据、人工智能等现代科技手段与劳动争议预防化解深度融合，为当事人提供更加高效、便捷的线上"一站式"多元解纷服务，致力将矛盾纠纷化解在萌芽状态，化解在老百姓的家门口。

四、加强统筹协调，推进队伍共享制度建设

（一）引进人才，壮大工作队伍

为提高调解员的工作积极性，青浦法院经与区工会、司法局会商，青浦法院将工会、司法局聘用的部分工作能力较强的调解员，聘为法院特邀调解员。法院根据其申请司法确认情况，给予一定的物质奖励。青浦区工会"喻学记工作室"的喻学记即为青浦法院特邀调解员。2020 年其组织达成的调解协议多达 962 件并由青浦法院依法给予司法确认。青浦法院将继续落实特邀调解制度，积极吸纳调解经验丰富，或在特定行业领域具有专业知识的工会调解员加入特邀调解员队伍，发挥行业调解优势，提升调解效能。

（二）加强管理，提升工作能力

制定《调解组织和调解员名册》，覆盖全区 11 个街镇、3 个特邀组织以及全部驻院专职或特邀调解员，通过诉调对接指导站，指定联络员对接，确保及时联络、参与劳资纠纷多元化解工作。关注案件审理中发现的新情况、新问题，组织编写《竞业限制纠纷审判白皮书》，提出应对类似劳资纠纷的建议和对策，并向辖区调解员发放，以提升类案纠纷调解能力。组织干警以"家事纠纷调解事项"为主题，在区委党校举办青浦区基层人民调解员培训班。结合干警法院办案经验，以案说法，向调解员讲授调解方法、技巧，帮助调解员更有效地化解基层矛盾。

五、立足诉源治理，加强联合法治宣传

通过发布司法建议、编发青法说案、撰写微信公众号文章等法宣途径，全方位延伸法院审判职能，营造良好的"知法、守法、护法"的社会氛围。通过法院典型案例的普法宣传，强化法律的价值导向作用，积极引导用人单位在行使自主管理权时遵循合理、限度和善意的原则，营造和谐企业文化，将纠纷化解在源头。

浙江省法院经验材料

宁波市奉化区人民法院实现九成以上
诉前委派调解案件成功化解

浙江省宁波市奉化区人民法院不断健全工作机制，强化联动协作，完善调确衔接，积极打造劳动争议调裁诉对接"3＋3＋3"模式，取得了明显成效。2020年，共受理劳动争议案件607件，其中诉前委派调解451件，调解成功423件，诉前委派调解成功率达93.79％，同比提高5.67个百分点，居全省第一位。

一、完善三项机制，下好多元解纷"一盘棋"

一是建立联席会议机制。联合区总工会、人力资源和社会保障局共同出台《宁波市奉化区劳动争议调裁诉对接工作实施方案》，成立调裁诉对接工作协调小组，建立三方联席会议制度，定期通报工作情况、研究相关热点难点问题，形成工作合力，2020年以来已召开联席会议及调研座谈会6次，化解劳资疑难问题13个；专题研究涉疫情劳资纠纷防范、应对和化解工作，提出防范指引13条，诉前化解劳资纠纷58件。

二是建立"察调裁诉执"机制。由宁波市奉化区矛盾纠纷调处化解中心牵头，联合区总工会、人力资源和社会保障局、公安分局、检察院等部门，建立追讨农民工欠薪纠纷速调、速查、速裁、速审、速执的"察调裁诉执"新机制，通过工会调解，监察、检察、警察"三察"联合介入调查，强化诉调对接等，确保农民工群体性欠薪纠纷得到及时化解。同时联合建立典型案例分析研判制度，适时发布白皮书或司法建议，指导企业合法规范用工，引导职工依法理性维权。截至目前，已开展联合协助调查10次，发送司法建议3份，共同调处劳资纠纷12件。

三是建立风险预警机制。定期研判分析诉讼案件中涉企劳资纠纷动向，主动对接区总工会、人力资源和社会保障局等部门，排摸企业经营状况并发出风险预警，推动劳动争议纠纷源头化解。截至目前，已向6家企业发出风险预警23条。

二、搭建三个平台，织密联动解纷"覆盖网"

一是搭建诉调对接平台。在诉讼服务中心开辟专区，设立劳动争议诉调对接工作室，实行"一周两日"工会值守制度，区总工会1名专职调解员每周二、四驻点，专门开展劳动争议案件诉前委派调解工作，2020年共诉前调解案件148件；完善特邀调解名册，聘请区总工会及12个镇（街道）劳动人事争议调解中心为特邀调解组织，区总工会、区人力资源和社会保障局35名调解员为特邀调解员，并在工作室予以公示，目前区劳动争议特邀调解组织、特邀调解员数量分别居宁波全市第一位、第二位；积极对接西坞街道"老李工作室"，对调解成功的劳动争议案件视情引入司法确认，促进劳动争议纠纷实质化解。

二是优化在线解纷平台。充分运用移动微法院、浙江在线矛盾纠纷多元化解平台等平台，为当事人提供劳动争议纠纷自助立案、案件查询、法律咨询、云端调解、在线确认等线上诉讼服务，降低当事人解纷成本，提高纠纷化解效率。自2020年以来，劳动争议纠纷案件网上立案309件，其中通过移动微法院立案202件，同比分别上升121.7%、551.6%。

三是建立庭所共治平台。派出法庭分别与辖区镇（街道）、司法所、派出所、劳动保障站等建立共同研判、联动化解、突发事件应急处置等平台，开展"网格法官"走访辖区企业、联系网格员共同调解等活动，打造基层调处网络，就地就近联调当地企业与劳动者发生的案情简单、标的较小的劳动争议案件。自2020年以来，"网格法官"走访企业30余家，依托"奉法讲堂"进行普法宣讲12次，共有1000余人次参与；4个派出法庭共审结劳动争议纠纷案件326件，其中调解成功265件，调解成功率达到81.29%。

三、强化三种手段，打造高效解纷"快车道"

一是组建专业调确团队。制定《宁波市奉化区人民法院劳动争议诉调对接细则》，明确法院内部职责分工，细化对接流程，抽选业务精湛、经验丰富的干警成立6个专门团队，集中办理劳动争议调裁诉对接和司法确认业务。

团队组建后，劳动争议案件平均办理用时同比缩短 5.71 天。

二是优化案件办理流程。将送达地址确认、征求适用小额诉讼程序意见等工作前置到劳动争议调解、仲裁环节，充分释放程序效能，提高案件办理效率。自 2020 年以来，运用小额诉讼程序、简易程序审理劳动争议案件 146 件，审理期限同比缩短 10.57 天。依托全院财产保全中心和送达服务中心两大中心，对劳动争议案件进行集中保全和送达地址统一界定。2020 年共保全劳动争议案件 135 件，电子送达劳动争议案件文书 911 件次，同比分别增加 25.1%、37.4%。建立跟踪回访制度，对群体性劳资纠纷等案件进行案后跟踪回访，力争案结事了人和。

三是开展业务培训指导。加大对劳动争议调解人员的培训力度，编写实务操作手册，围绕劳动争议类常见法律问题、司法确认相关规定以及劳动争议案件中虚假诉讼的识别、防范和处置等进行针对性指导。自 2020 年以来，已开展线上线下各类培训授课 8 次，发送操作手册 200 余份，范围覆盖全区 12 个镇（街道），累计 300 余人次参与培训，取得了较好效果。

宁海县人民法院实现"四个转变"
全面助推劳动争议纠纷多元化解

为破解当前劳动争议群体性纠纷多发、劳动者维权周期长、部门对接存在"梗阻"等难题，实现劳动争议高效化解，构建和谐劳资关系，浙江省宁海县人民法院聚部门合力、重预防预警、强联动处置、抓机制建设，实现"四个转变"，推动劳动争议纠纷实质性多元化解。2020 年至今，宁海县共发生劳动争议案件 2356 件，其中诉前化解和诉中调撤 2091 件，化解率达到 88.75%。

一、聚部门合力，实现化解主体由单一平面向多元立体转变

一是融合部门职能，提供"一站式"服务。与县总工会、劳动人事争议仲裁院同时入驻县矛盾纠纷调处化解中心，全日制坐班化解劳动争议，确保"调裁诉"无缝对接，实现劳动争议"一站式受理，一揽子调处"。与县总工会、人社局建立三方联席会议制度，以"季度召集＋临时动议"模式，互通

劳动关系风险排查情况和矛盾纠纷裁判化解情况，2020 年至今已召开联席会议 4 次。通过工会调解、仲裁调解、诉前调解、诉中调解层层过滤，确保进入诉讼程序并以判决方式结案的案件成为极少数。2020 年至今，宁海法院共受理劳动争议案件 229 件，其中诉前分流 125 件，成功化解 95 件，诉前化解率达 76%；诉中调解、撤诉 73 件，诉中调撤率达到 54.50%，为职工挽回经济损失 167 万余元。

二是汇聚调解力量，为多元化解助力赋能。选聘具备一定法律水平、群众基础好的工会干部为调解主力，并邀请退休法官、退休检察官等充实到调解员队伍中。2020 年以来，已续聘 50 名特邀调解员，并增聘 27 个特邀调解组织。定期开展调解业务培训指导，由诉讼服务中心联合驻院人民调解工作室组建联调团队，以"一类案一团队"模式强化过程介入、个案指导，切实提升调解质效，提升调解队伍专业化水平。

三是借力数字化改革，实现"双线"作战。构建"一平台、两中心、多点面"的工作格局，在不断优化线下调解工作流程的同时，强化线上平台建设应用。"一平台"即依托浙江省在线矛盾纠纷多元化解平台（以下简称 ODR 平台），"两中心"即围绕法院诉讼服务中心和县矛盾纠纷调处化解中心两个中心，"多点面"即两个中心利用 ODR 平台将相关纠纷案件分流至各调解组织、调解员；中心与各调解组织之间资源共享、无缝对接，委派调解、在线调解、司法确认、诉讼立案等全流程均可实现在线办理、在线流转，聚合各方优势资源，形成叠加效应。2020 年至今，通过 ODR 平台对 212 件劳动争议纠纷进行了在线调解，其中调解成功 172 件，完成在线司法确认 18 件。

二、重预防预警，实现化解重心由末端化解向前端防范转变

一是强化源头治理。依托"行业协会 + 法官"服务站，通过发放联络卡、上门征求意见、定期走访座谈等方式畅通法院与企业、劳动者之间的沟通渠道，积极回应企业和劳动者司法需求，2020 年至今已走访企业和行业协会 420 余次；建立典型案例分析研判制度，联合县总工会、县人社局共同研究劳动争议处置中具有普遍性、典型性和规律性的问题，确保对相关法律规定的理解适用标准一致，并以司法建议等形式指导企业规范用工、引导职工理性维权，目前已开展典型案例研讨会 7 次。

二是强化动态排查。组建以企业工会主席为主体的劳动关系预警队伍，

推广"职工说事"制度，由县总工会每季度分析情况并共享给法院、人社局等部门，分析危险苗头、不良倾向，抓早抓小"治未病"。目前，全县共有企业劳动关系协理员122人，273家规上企业建立"职工说事"工作室，2020年以来共收集并解决各类苗头性问题3531件次。与县总工会、人社局建立三方联席会议制度，以"季度召集＋临时动议"模式互通劳动关系风险排查情况和矛盾纠纷裁判化解情况，2020年至今已召开联席会议4次。

三是强化普法宣传。组织召开劳动争议案件审判工作新闻发布会，邀请人大代表、政协委员、工会代表和调解员代表等参会，发布《劳动争议案件审判白皮书》，归纳劳动争议案件的审理情况，公布典型案例，探索劳动者保护与企业发展的平衡之路，为今后更加妥善处理和化解劳资纠纷提出意见和建议。

三、强联动处置，实现化解流程由零散差异向系统整合转变

一是创设工会调解前置程序。突破原有的劳动仲裁前置程序，积极推广工会调解前置程序，对符合条件的劳动争议案件委派工会先行调解，当事人达成调解协议后无须经过劳动仲裁即可直接申请司法确认取得强制执行效力，从申请调解到完成司法确认最短用时仅5天，充分发挥工会调解的优势，有效提升纠纷化解效率，节约司法资源。

二是规范诉调对接环节。明确规定劳动争议调裁诉对接各环节时限，强化工作流程管理；对于调解不成功的，要求调解员出具"调解情况复函"，附随调解笔录和相关材料回转委派部门，为后续快立、快裁、快审、快执打好基础。

三是落实劳动者权益诉讼保障机制。加大财产保全运用引导力度，探索劳动争议当事人申请财产保全"信用担保""免担保"模式，明确诉求金额在5万元以下的劳动者，在工会组织调解阶段即可仅凭信用承诺向法院申请诉前财产保全；推广"申请先予执行""支付令"等多样化法律手段，用人单位未按照调解协议约定支付拖欠的劳动报酬、经济补偿或者赔偿金的，明确劳动者可以向法院申请先予执行或发送支付令，切实保障合法权益。

四、抓机制建设，实现化解机制由临时举措向长期规划转变

一是确保"一张蓝图绘到底"。联合县总工会出台《关于开展劳动争议多

元化解工作的实施意见》，并与县总工会、人社局联合制定《宁海县劳动争议调裁诉对接工作机制实施方案》，构建劳动争议多元化解长效机制。

二是确保"一张网络全覆盖"。将劳动争议调解职能纳入各乡镇（街道）矛盾纠纷调处化解中心，建设成立2家市级、6家县级劳动关系调处工作室，并在90%以上单建工会的企业设置劳动争议调解组织。目前，全县各类劳动争议调解组织已达1320家。

三是实现"一案一补有保障"。主动争取县委县政府支持，将劳动争议调解经费纳入政府财政预算，并将劳动争议调解服务纳入政府购买服务指导目录，细化完善"以案定补"和考核激励机制，为劳动争议化解工作做好基础保障。

慈溪市人民法院助推劳动争议多元化解提质增效

为积极预防和妥善化解劳动关系领域重大风险，形成"社会调解在先，仲裁诉讼保障在后"的递进式劳动争议分层过滤体系，浙江省慈溪市人民法院重视发挥调解作用，探索"三多"工作法，将劳动争议解决关口前移，变"化诉止争"为"少诉无讼"，促进劳动争议多元化解提质增效。2020年，共受理劳动争议案件674件，诉前化解劳动争议案件496件，诉前调撤率为82.35%，诉中调撤率为98.48%。

一、多领域联动，源头治理显成效

一是健全联动化解机制。与市总工会、市人力资源和社会保障局合作，建立以劳动关系预警预防预控、劳动争议调裁诉联动化解为主要内容的联动化解机制，提升劳动争议纠纷处理效率，并合作建立以部门上下联动、多方协同、资源整合为主要功能的诉调对接中心，畅通劳动争议纠纷化解渠道。新冠肺炎疫情发生后，在先行调研的基础上，与市人力资源和社会保障局及市总工会共同出台《关于做好涉新冠肺炎疫情劳动争议处理工作的意见》，为疫情期间劳动争议纠纷的快速处理提供指引。

二是建强特邀调解队伍。主动对接慈溪市人事争议调解中心，从各行业甄选优秀人才组建"精工"特邀调解队伍，明确对劳动争议案件实行"专人负责专案"调解模式,建立以行业调解、特邀调解、律师调解为主的劳动争议调处化解链。2020 年,特邀调解员共参与调处劳动争议案件 110 件,其中调处成功 107 件,调处成功率为 93.27%。

三是强化审判团队派驻。以 6 个派出法庭为基点,与辖区内 18 个街道(镇)一级劳动人事争议调解中心建立对接渠道,以"一类案一团队"模式派驻劳动争议审判团队指导调解中心开展劳动争议纠纷化解工作,"一院六庭 N 中心"的劳动争议多元化解模式基本建成。

二、多平台衔接,在线解纷提效快

一是打通内外部平台衔接渠道。灵活运用浙江在线矛盾纠纷多元化解平台(浙江 ODR 平台)在线制作笔录、上传协议等功能,使特邀调解案件"无缝衔接"至法院办案办公平台,确保当事人线上参与调解及申请司法确认的渠道畅通。2020 年,通过浙江 ODR 平台成功调解劳动争议纠纷 435 件。

二是推进外部平台之间数据共享。打通浙江省社会矛盾纠纷调处化解协调应用平台(省协同平台)与浙江 ODR 平台,针对直接诉至矛调中心的劳动争议案件,在省协同平台完成信息输入后一键同步至浙江 ODR 平台,打造从调解员委派委托——调解组织调解——协议签署——司法确认全流程线上化解新模式,实现当事人解纷"只进一扇门"。

三是全面运用智能送达平台。依托浙江法院 E 键智能送达平台,提升文书送达效率。司法确认受理通知书、裁定书等文书材料经法官线上一键操作,建立起包含短信送达、移动微法院送达、智能邮寄送达在内的全方位电子送达新格局,实现智送速达。2020 年,司法确认案件共运用电子送达向当事人送达文书 3526 次,其中劳动争议类案件 836 次。

三、多机制助推,实质化解有保障

一是创新考核激励方式。以《慈溪市人民法院关于委派、委托调解工作和化解涉诉信访案件经费补贴实施办法》为依据,对特邀调解工作实行"一案一补贴"制度,每调解成功一个案件向特邀调解员提供一定经费补贴,对积极引导当事人当场履行、自愿履行的,再给予一定数额的补贴,有效调动调解员的积极性。

二是深化网格法官工作机制。网格法官除定期下沉走访外,还积极通过电话、微信等开展线上沟通和释法答疑工作，确保线上线下双向发力；同时充分依托司法确认在线平台将司法服务延伸至企业里、家门口，有效推动司法工作"融网进格"，实现劳动争议纠纷解决"一次都不跑"。截至 2020 年 12 月 31 日，共有网格法官 125 名，覆盖全市 1142 个网格，指导化解纠纷 219 件。

三是突出司法确认制度。突出司法确认的时效性，组建"1 + 1 + 1"司法确认团队，形成 3 日内受理、审查、裁定的高效司法确认机制，2020 年劳动争议司法确认案件的平均审理天数仅为 2.17 天；突出司法确认的强制性，对已届履行期但仍未按期付款的当事人，由专人进行电话催告，告知不按期履行的法律风险，确保当事人积极履约。2020 年，调解协议经司法确认后申请强制执行率仅为 14.96%。突出司法确认的公益性，所有司法确认案件均不收取任何费用，切实减轻人民群众司法诉累和维权成本，让人民群众充分感受"零成本"化解矛盾纠纷的改革红利。

宁波市镇海区人民法院诉前调解百分百自动履行

为切实维护职工合法权益，推动构建和谐劳动关系，推进镇海社会治理现代化先行区建设，浙江省宁波市镇海区人民法院与区总工会、区人力社保局、区社会矛盾纠纷调处化解中心紧密合作，创新镇海区劳动争议"商调裁诉执"联动化解机制，实现劳动争议案件"一站式"办公、一体化处置、一次性解决。2021 年以来，镇海总工会驻矛调中心劳动关系调处室调解纠纷自动履行率达 100%，平均履行时间仅 7 天。

一、健全信息共享互通机制，维护劳资关系和谐稳定

一是建立案件共处制度。区法院、区矛调中心、区总工会、区人社局劳动争议仲裁院树立信息共享互通的"一盘棋意识"，合力化解纠纷。区总工会在诉前先行开展协商调解，注重排查劳动争议隐患。区人社局劳动仲裁院加强劳动争议信息采集和预测预警，依法仲裁。区法院在辖区实行"法官融网进格"，由法官对所辖街道、村社开展"走企业、进班组、访职工"活动。自 2020 年以来，镇海法院共走访企业 70 余家，指导企业制定劳动规章、开展工

资集体协商、签订集体合同，推进诚信履行园区建设。对辖区街道工会劳动关系调处室开展业务指导 60 余次，努力把纠纷火苗扑灭在诉前。镇海法院指定骆驼法庭统一集中受理劳动争议纠纷案件，延伸审判、执行职能，推动争议就地解决。同时，定期与矛调中心调解工作室召开调审"融享会"，指派调解经验丰富的法官与驻中心调解员共享劳动争议解纷心得，在案例分析、经验总结、提问互动等环节中提升调解员法律素养和调解技能。

二是落实风险互通制度。建立健全联动单位突发性劳动关系矛盾 24 小时通报制度，对于重大案件以及群体性纠纷，法院在 1 小时内向党委政法委汇报，由党委政法委牵头组织协调，区矛调中心组织各有关部门及时介入解决，法院提供司法保障。依靠全联动的工作网络防微杜渐，遏制纠纷扩大的苗头，实现各方对劳动关系矛盾纠纷隐患风险共同防范，互联互通。

三是健全案例互判制度。镇海法院与区人社局劳动仲裁院定期召开裁审衔接实务研讨会，由仲裁院提供有疑点、难点、堵点的案例，双方共同探讨，力求劳动争议案件在仲裁阶段实现最大程度的释法明理，适用口径统一，努力让人民群众"不到法院打官司也能讨到满意的说法"。2020 年以来，镇海法院与区仲裁院召开裁审衔接实务研讨会共 5 次，研讨疑难案例 20 余件。

二、强化案件多元化解，实现"案结事了人和"

一是打破隔阂，促成商调裁审"无缝衔接"。打通调裁诉对接中的身份障碍，将工会调解员纳入特邀调解员范围，力促区劳动仲裁院仲裁员、特邀调解员、法院审判员无缝对接，把多条线拧成一股绳。2021 年 1 月，区人社局劳动仲裁院和镇海法院遇上同一当事人的"连环劳动争议案"。双方就劳动关系、补偿金数额争执不下，并在湖南省湘潭市雨湖区、浙江省宁波市江北区等多地起诉。为了把 6 起潜在的连环劳资纠纷消灭在萌芽阶段，法官、仲裁员以及调解员齐齐上阵，多次上门，在被告公司办公室开展全天调解，终于让双方握手言和，让此系列案件以诉讼零成本的方式妥善化解。

二是督促执行，确保审执联动"一竿到底"。镇海法院实行执行下沉、以审执联动"一条龙"奋力解决当事人"一件事"，让劳动者胜诉权益早日实现。其一，在审理案件过程中注意收集财产线索，加大财产保全引导运用力度，便于执行阶段全面查找被告存款、店铺、房产、车辆、理财等形式的财产线索，有力保障劳动者合法权益。其二，在办案时，执行干警指导调解员将违约限制条款或担保条款 100% 纳入调解协议，推进自动履行正向激励红利清单"案案落实"。其三，赋予执行法官在审理阶段协助督促履行的职责，按照"法官督促—不履行即通知执行人员—执行人员持续跟进"的流程运转，减少进入执行程序的案件量。以镇海法院骆驼法庭为例，目前法庭执行干警已经参与督促 40 余件，督促成功 20 多件。其四，激励和惩戒机制并行。镇海法院积极探索劳动争议当事人申请财产保全"信用担保""免担保"模式，灵活推广"申请先予执行""支付令"等多样化法律手段，积极推广自动履行正向激励机制，提高调解协议自动履行率。以骆驼法庭为例，2020 年 1 ~ 11 月，法庭自动履行率从 18.78% 上升到 30.03%。2020 年诉前自动履行案件数为 140 件。

三、推进多渠道多方位多层次的有力措施，着眼长远发展

一是统筹调处力量。建立司法培训常态化机制，全力培养高水平的人民调解员。镇海法院举行法官—调解员一对一指导的师徒结对仪式，在调解前由法官对疑难案例开展法律指导、技巧传授、普及风险预测与防范等方面的知识，为建设前端矛盾化解机制提供强有力的人员保障。自 2020 年 1 月至 2021 年 2 月，镇海法院委派调解劳动争议案件 77 件，其中骆驼法庭 7 名员额法官指导调解员调处劳动争议案件 102 件。

二是强化宣传推广。充分发挥报纸杂志、电视网站、微博微信、APP 客户端等媒介的作用，采取多种形式加强舆论引导，大力宣传劳动争议"商调裁诉执"对接工作的重要意义，广泛凝聚社会共识，营造良好氛围。及时总结、推广典型经验和成功做法，发挥典型的示范引领作用。

宁波市鄞州区人民法院调裁诉三方联动
合力打造劳动争议诉源治理新模式

为推进劳动争议化解"最多跑一次""最多跑一地"，浙江省宁波市鄞州区人民法院推动调解、仲裁和诉讼三方四合，全力打造鄞州区劳动纠纷综合治理新模式，推动全区诉源治理新步伐。2020 年，区各级工会化解劳动争议矛盾隐患 2200 件；区劳动人事争议仲裁院受理案件 2323 件，结案 2318 件；

区法院劳动争议案件收案 645 件，结案 512 件，其中，调解成功 172 件，撤诉 66 件，调撤率为 46.48%。全区 88% 以上的劳动争议矛盾纠纷通过非诉讼纠纷解决途径予以化解，诉源治理成效显著。

一、分层递进，三方联动，打造全方位诉源治理机制

一是建立三方联席会议制度。2020 年年初，鄞州法院与区总工会、区人力社保局联合出台《鄞州区加强劳动争议调裁诉对接工作实施方案》，成立劳动争议调裁诉对接工作协调小组，由三方分管领导和相关职能庭部室负责人担任成员。区总工会职工服务中心、区人力社保局信访仲裁科、区劳动人事争议仲裁院、区人民法院立案庭、民三庭具体对接日常工作。2020 年，鄞州法院先后四次会同区总工会、区人力社保局和区矛调中心，就如何具体开展劳动争议诉源治理工作进行协调和研讨。

二是构建隐患风险预警预防机制。区总工会在每季度首月的 15 日前，以工作信息的形式向区人力社保局和法院通报上季度职工队伍排查和工会调处矛盾纠纷综合情况。区法院每季度同步向区总工会通报劳动争议诉讼情况和裁判热点难点，由区总工会汇总后进行三方通报；鄞州法院还根据诉讼案件情况，及时与总工会对接排摸企业经营状况，对面临倒闭且存在欠薪情况的企业即时采取应急措施。区人社局向区总工会和区法院同步通报劳动争议仲裁情况。同时，组建三方劳动争议调裁诉对接工作钉钉群，随时进行劳动争议纠纷隐患风险互联互通，构建起全方位覆盖的隐患风险预警预防机制。

三是建立劳动争议纠纷典型案例研判分析制度。区法院倾力打造劳动争议专业研判团队，由民一庭多名员额法官和调研骨干组建劳动争议专业组。2020 年 4 月，专业组先是走访区劳动人事仲裁院，就近年劳动争议纠纷仲裁情况和劳动争议案件在民事诉讼程序繁简分流改革试点中可能遇到的新问题开展业务座谈，再多次组织劳动争议案件业务培训会，帮助办案法官尽快熟悉业务，提升劳动争议案件审判工作质效。建立起共同分析研判机制，确保相关法律规定理解、适用口径一致。

四是建立队伍整合机制。（1）总工会方面：聘请 27 名工作者充实镇街工会，为村社聘请指导联络员，为镇街、村社和企业三级站点配备 956 名专兼职工作者，在规上企业建立竞赛推进员、民主管理员、文化宣传员、就业推介员、心理咨询员、劳动法律监督员"六员"队伍，开展宣传释疑、帮扶疏

导、法律援助等服务。全区 4000 余个基层工会组织、3965 家企业共有各类专兼职劳动争议调解员 4385 人，区总工会每年组织一次专题培训，并建立镇街调解培训巡回课堂。（2）人力社保局方面：区人社局在全区村社、镇街配备 275 名劳动保障员、76 名劳动争议调解员，区仲裁委员会共聘任专兼职仲裁员 32 人，下设 9 个镇街仲裁派出庭分别从事宣传指导、调解仲裁等工作。每年组织劳动保障员、专兼职调解员和仲裁员培训，并为各调解组织和派出庭配备专门指导员，确保上下沟通及时、联动畅通。（3）区法院方面：劳动争议案件在机关民商事难案组内打通，随机分配。由民一庭牵头，择选 2 名员额法官和 1 名法官助理成立劳动争议纠纷专业组，发布《2020 年度劳动争议类专业审判工作计划》，组织员额法官开展劳动争议业务培训，组织召开调查研究和答疑解惑交流会，整理汇编仲裁审判政策法规，为更好地推进全区劳动争议多元化解工作提供法律指导。立案庭将全区调处劳动争议矛盾纠纷的调解组织和调解员统一整合到特邀调解机构名册和特邀调解员名单中，通过在线矛盾纠纷多元化解平台，集中指导和管理劳动争议纠纷在线化解工作。

二、线下协调，线上互动，打造"一站式"诉调对接机制

一是建立"一站式"管理机制。三家单位共同入驻矛调中心，矛调中心提供"一窗受理、集中分流、分类处理、一揽子调处"的高质高效调处服务。（1）区总工会设有 1 个窗口、1 个调解室，通过购买社会服务增强力量，提供接待调处、裁诉后个案辅导等服务。已选派有劳动争议纠纷调解经验的专业调解员加入区法院特邀调解员队伍，具体开展诉调对接工作，下一步计划在区法院或下属法庭设立诉调对接工作室，由区行思小娘舅调解服务中心派遣调解员定时入驻，开展劳动争议矛盾纠纷诉源治理工作，调解成功的案件，由区法院立案庭当场予以司法确认。（2）区人力社保局设有 2 个窗口、1 个标准仲裁庭和 1 个调解室，派 2 名干部常驻，提供监察仲裁受理、人社综合接待、纠纷调解开庭等服务。区劳动人事仲裁院设有法律援助工作站，每日有律师值班，免费为有需求且符合规定的群众和当事人提供劳动法律咨询服务。对接区法律援助中心和区总工会职工服务中心，为有需求的职工提供法律援助服务。（3）区法院派出一个由 2 名立案庭工作人员组成的窗口团队和一个由 1 名员额法官、2 名法助、2 名书记员组成的简案速裁团队入驻区矛调中心。入驻窗口负责提供咨询、约见法官和接待涉诉信访人员等；办案团队

负责接收、办理矛调中心分流的各类纠纷案件，当场开庭、调解和司法确认。截至 2021 年 2 月，窗口协助矛调中心处理纠纷案件 2805 件；2020 年 10 月至 2021 年 2 月，简案速裁团队办结各类纠纷案件 468 件，其中民初案件 427 件，调解成功 223 件，民商事调解成功率为 52%。"一站式"管理机制初见成效。

二是构建"一站式"调裁诉对接机制。区总工会职工服务中心和各镇（街道）工会成立的劳动关系调处工作室，配合和协助所在镇街劳动人事争议调解中心和基层人民法庭共同做好基层劳动争议矛盾纠纷化解工作。对达成调解协议的劳动纠纷，可向区人事劳动仲裁委申请仲裁审查确认，或在调解协议生效之日起 30 日内，通过 ODR 平台线上向区法院及基层法庭申请司法确认，进一步确认协议效力，确保履行到位。

区法院依托民事诉讼程序繁简分流改革试点，与区人事劳动仲裁院于 2020 年上半年举行共创共建签约仪式，扩大劳动争议小额程序合意选择适用范围，明确仲裁阶段可通过移动微法院开展在线诉讼活动，劳动争议纠纷可通过督促程序申请支付令等。进一步加强裁审衔接和劳动争议案件繁简分流合作，共同促进劳动争议仲裁诉讼改革和纠纷彻底解决。

三是完善劳动争议在线委派、委托调解机制。区法院通过在线矛盾纠纷多元化解平台（ODR），区人事劳动争议仲裁院在征得当事人同意后，通过线上把正在办理的劳动争议案件，委派或委托给区总工会职工服务中心进行调解，还邀请总工会劳动争议调解员参与调解。各镇（街道）劳动人事争议调解中心或人民法庭将适合工会调解的劳动争议纠纷委派或委托工会劳动关系调处工作室进行调解。具体事项由区劳动人事争议仲裁院、区法院民三庭、立案庭及相关业务庭室与区总工会职工服务中心进行对接，并视案情线上分流。

工会劳动争议调解员在接受委托或委派调解任务后，及时联系案件当事人，3 日内组织双方进行调解，调解期限控制在 15 日内。如确属重大疑难复杂案件等其他特殊原因不能按期调结的，经双方当事人同意并经委托或委派单位确认后，适当延长调解期限，最长不得超过 30 日，延长期限申请可在线提出。调解成功的，工会劳动争议调解员在双方当事人签收调解协议 3 个工作日内将调解协议、调解笔录等材料一并移送委托或委派调解案件承办人，双方当事人会同调解员在法律规定期限内共同向法院申请司法确认，也可按规定申请仲裁审查确认。

江西省法院经验材料

江西省南昌市新建区法院"五心三台两团队"共建劳动解纷新格局

为着力推动劳动争议化解关口前移，新建区人民法院坚持把非诉纠纷解决机制挺在前面，探索"溯源治理"新模式，联动区总工会参与劳务纠纷和劳动争议化解，建立联合调解和诉调对接机制，于2020年7月成立新建区"法院＋工会"劳动争议联合调解中心，努力构建起在区党委、区政法委领导下的多元解纷新格局，防范化解大规模群体性劳资纠纷等劳动关系领域重大风险，争创市域社会治理现代化示范单位。

一是打造"五个中心"，延伸服务范围。区别于其他基层法院仅设立"法院＋工会"劳动争议诉调对接工作室的做法，该中心变"室"为"站"，下设职工接待中心、联合调解中心、法律援助中心、健康服务中心、普法培训中心，在助力农民工维权讨薪、化解劳动争议的同时，还提供法律咨询与援助、用工指导、心理健康辅导、普法宣传等延伸服务，不断引导企业依法文明用工、职工理性平和维权。

二是运用"三大平台"，拓宽维权渠道。为最大限度方便农民工和劳动者进行维权和咨询，该中心在接入"12351"维权热线（"热线平台"）的同时，依托下设的职工接待中心进行现场接待登记（"实体平台"）和区法院的多元化解e平台进行网上受理（"网上平台"），完善劳务纠纷和劳动争议案件审理"绿色通道"，打通农民工维权和劳动争议调解的"最后一公里"。

三是组建"两支队伍"，提升解纷质效。充分借助社会力量，积极引入公益律师和法学院校老师、退休干部等志愿者作为特邀调解员参与到农民工维权和劳动争议的化解工作当中，以此组建"工会＋律师""法官＋志愿者"两支队伍，充分发挥法院司法能动性和工会服务民生的职能作用，依托多层次、全方位、立体式的矛盾纠纷解决机制，将"诉"的"刚"性、权威性和

"调"的"柔"性、便捷性结合起来，形成化解劳务纠纷和劳动争议的合力，让人民群众真切感受到公平正义，使劳动关系更和谐、更健康、更有保障，法治化营商环境更优化、更稳定、更可持续。

该中心于 2020 年 9 月正式进入实质化运行，出台了《关于开展"法院 + 工会"劳动争议诉调对接工作的意见》《南昌市新建区"法院 + 工会"劳动争议诉调对接工作实施细则》《南昌市新建区"法院 + 工会"劳动争议诉调对接工作流程图》，并设计了一套全市首创的劳动争议诉调对接工作台账样式投入使用。截至 2020 年 12 月 31 日，该中心自主受理调解涉农民工工资等劳务纠纷 24 件，接受法院委派调解劳动争议 22 件，共计 46 件，其中调解成功（含经做工作撤诉的）26 件，为农民工追讨回工资 40 余万元。

南昌市南昌县法院走稳"一二三"助力劳动争议一站解

为构建和谐劳动关系，做好"六稳"工作、落实"六保"任务，深入推进劳动争议纠纷多元化解决机制改革，南昌县人民法院始终致力于维护劳动者合法权益，盘活民营企业经济，以柔性司法为理念，以县综治中心为核心，借助线上线下双平台，通过三分流诉调对接机制，促进劳动争议的"一站式"集约化解。

一是建成一个综治中心，汇聚诉源治理合力。为推进市域综合治理，实现纠纷诉源治理，2020 年县委政法委牵头建成县综治中心，整合县网格管理中心、矛盾纠纷调处中心、县法院、县司法局等 8 个机构力量，初步打造集指挥调度、纠纷调处、综合服务、数据集成、研判分析等功能于一体的新时代基层社会治理指挥调度平台。纠纷直接由对口各机关单位精准化解，需要法院出具生效法律文书的，由常驻中心速裁团队处理，一个纠纷在一个中心集约化解，真正将矛盾纠纷化解在诉前，实现源头治理。自 2020 年 10 月起，法院选派 1 名法官、1 名法官助理、1 名书记员组建速裁团队常驻综治中心。日均接待拖欠工资、劳资关系等法律咨询 12 人次，已办理司法确认案件 1 件，速裁 2 件。

二是引入线上线下双平台，助力纠纷联动化解。线下搭建"法院 +"。一方面以"法院＋工商联""法院＋行业协会"助力民营企业创建良好营商环境，从源头上减少劳资纠纷。与县工商联等六部门联合出台《关于构建支持全县民营经济健康发展联系协调机制的实施意见》，建立涉民营企业问题受理反馈机制、办理解决机制和常态化调度机制。聚焦打造汽车、食药、商贸和建筑四大千亿特色产业，积极出台司法服务举措，精准施策，助推地方特色产业规范发展。同时与县工商联联合出台《关于建立健全"法院＋工商联"民商事纠纷诉调对接工作机制的实施意见（试行）》，建立联络沟通对接机制、信息互通机制、诉求移交机制、诉调对接机制、会商研讨机制、宣传引导机制、经费和物质保障机制等；明确工作室受案范围、对接方式、各方工作职责和工作要求。此外还与南昌县建筑行业协会签署《"南昌县人民法院＋建筑行业协会"工作室工作机制》，成立专门工作室，派驻法官驻点指导，建立工作微信群，引导51家会员企业入群，常态化开展问题收集、反馈及工作对接。另一方面建立"法院＋工会"助力构建和谐劳动关系。县法院与县总工会构建"法院＋工会"劳动争议诉调对接机制，在县法院设立诉调对接工作室，构建"工会诉前调解＋法院司法确认"模式，打破劳动争议仲裁前置的"门槛瓶颈"，解决工会调解协议"效力瓶颈"。线上引入多元化解e平台。运用互联网技术，整合法院、工商联、工会、行业协会调解力量。如"法院＋工会"的特邀调解队伍——法律援助律师、劳动关系协调师、热心劳动争议案件调解、熟悉劳动法律法规人民陪审员、人民调解员、集体协商指导员等通过多元化解e平台赋权，通过手机端和电脑端可实现远程视频；又如在总商会设立专门远程视频调解室，专职律师常驻，成功远程对接包括县总商会、县女企业家商会、县新生代企业家商会等商会以及县建材家具商会、县零售业商会等行业协会在内的450余个民营企业代表。通过多元化解e平台，实现诉前和诉中案件调解过程及多元化解大数据的动态跟踪，实现远程视频调解和调解协议线上签名，取得良好社会效果和法律效果。截至目前，多元化解e平台，进行远程视频调解671件。

三是构建三分流诉调对接机制，"一站式"化解矛盾。充分贯彻落实诉非、调裁、繁简三分流机制，形成诉前化解为主、诉中调解为辅、诉调对接兜底的工作机制。首先是特邀专门的劳动争议调解团队实现诉非分流。法律援助律师、劳动关系协调师、人民陪审员等人员作为调解人员，县总工会、县总商会、县工商联等作为特邀调解组织，联合县矛盾调解中心工作人员化解劳动争议纠纷。当法院工作人员接收劳动争议案件，在立案前，询问当事人意愿，根据案件类型，如仅追索劳动报酬并持有欠条的，直接分流至"法院＋工会"诉调对接工作室，进行诉前委派调解，由工会组织企业代表和劳动者进行调解，法律援助律师等调解员参与调解工作，力争在诉前化解矛盾。其次是贯彻调解优先原则实现调裁分流。已经经过仲裁裁决的劳动争议案件，当事人来法院立案后由程序分流员将案件分流至诉讼服务中心常驻调解员进行调解，根据企业代表以及劳动者特点，实现线上、线下相结合的调解方式，针对不同人群辅以不同调解员配合制定不同调解策略进行逐个击破。据此，县法院分批同日化解 34 件劳动争议案件。最后是组建专门审判团队实现繁简分流。由程序分流员根据分流原则，将案情简单的案件分流至民商事速裁审判团队审理，对仅追索劳动报酬、进行司法确认等案件简案快审；复杂案件分流至民商事第一审判团队精审，全程贯彻调解优先原则，针对劳动争议系列案，提前组织庭前会议，召集企业代表和职工代表开会，征询调解意见，量身定做调解方案，兼顾企业和职工权益；对于分歧较大调解不成的，评估风险后，依法判决。真正做到快慢分道，繁简有序。

宜春法院四步骤推进劳动争议多元化解

2020 年 2 月，最高人民法院和全国总工会联合印发《关于在部分地区开展劳动争议多元化解试点工作的意见》，自江西作为试点地区工作启动以来，宜春法院积极行动，在市委政法委的领导下，会同本地工会、人力资源与社会保障部门落实各项试点举措。

一是高位推动多元解纷机制建设。法院以"一站式"建设为契机，准确把握非诉讼纠纷解决方式的内在特征和发展规律，结合本地工作特色，进一步加快多元解纷机制建设。一方面，主动融入党委领导、政府负责、民主协商、社会协同、公众参与、法治保障、科技支撑的社会治理体系，推动建立党委领导下的多元解纷体系建设。与市政法委联合下发《关于健全和完善一站式多元解纷机制的指导意见》，推动诉源治理工作落到实处。另一方面，与宜春市人力资源与社会保障局联合下发《劳资纠纷诉调对接工作机制的实施意见》，着力构建全市劳动争议一体化治理体系，促进劳动争议预防、协商、调解、仲裁、诉讼的相互协调、有序衔接，"一站式"、一体化解决，从各方面保障劳资纠纷诉源治理工作落到实处。此外，还将宜春"好人"文化与人民调解相结合，打造了"好人文化"解纷模式。在诉讼服务大厅开辟心理咨询专区，邀请宜春学院心理咨询专业的老师入驻，做好当事人及信访人员的心理疏导工作。

二是推进"诉调对接"机制建设。市中院始终将全面加强诉调对接作为"一把手"工程，着力打造共建共治共享社会治理格局。在市委政法委的统筹协调下，建立工作群，以综治中心为平台，主动加强与市各职能部门、行业协会的协调，相继建立了涉医疗纠纷、保险行业纠纷、机动车交通事故纠纷、金融纠纷、劳动争议纠纷等五大调解平台，通过建立诉调对接机制，编制调解员名册，聘请特邀调解组织和优秀的退休法官共同参与调解，不断健全人民调解、行政调解、司法调解联动的工作体系，努力将矛盾纠纷化解于萌芽、解决在诉前。在法院和工会设立"法院＋工会"劳动争议诉调对接工作室，广泛开展特邀调解员选聘工作，吸纳劳动争议调解组织、仲裁员、律师、"两代表一委员"、专家学者等优势力量，开展劳动争议案件诉前、诉中调解工作。同时，还制定下发《诉调对接规范》《在线调解工作规范》《调解人员培训办法》等规范性文件，确保诉调对接工作有章可循。

三是深化分调裁审机制改革。市中院根据上级法院分调裁审机制改革要求，立足辖区实际，探索形成"二次分流"的办案模式。第一次分流是专职分流员根据案由、案件类型等因素分流出简案交由速裁法官审理；第二次分流是速裁法官在第一次分流的基础上，对剩余案件中事实清楚、法律关系简单的案件进行再次分流。

四是积极推进在线远程调解工作。针对劳动者工作时间忙、工作地点不固定的特征，宜春法院积极运用智慧法院成功，推行劳动争议线上调解、庭审模式，已实现全市法院多元化解e平台远程调解设备全覆盖。

九江法院统筹部署劳动争议化解五举措

一是打造调解速裁专区。为贯彻落实《关于在部分地区开展劳动争议多元化解试点》的工作要求，九江法院在诉讼服务中心打造调解速裁专区，开辟专属办公区域，配备办公用房和设施设备、打造实体化、常态化运行的调解速裁中心。九江法院专兼职调解队伍、简案速裁团队和律师调解工作室等特邀调解力量的全日制入驻办公，提高来院劳动争议纠纷在诉讼服务中心的就地化解率。

二是组建调解队伍，推动第三方服务。各法院设立专门的多元化纠纷解决中心，组织本院在编在岗人员、退休法官、人大代表和值班律师等，在诉讼服务中心开展劳动争议调解工作。扩大与包括司法局、劳动部门、律师事务所等第三方合作机制，加强劳动纠纷化解的社会力量。九江中院与九江市总工会、九江市人力资源和社会保障局、九江市律师协会联合印发《九江市劳动争议速裁调对接工作办法（试行）》的通知，目前此项工作正在有序推进中。明确"诉前调解＋司法确认"模式及时化解劳动争议纠纷。并且重视繁简分流，制定《关于大力推进"分调裁审"改革提升审判质效的工作意见》，程序分流员为具有办案经验的同志。

三是突出诉讼服务精细化与跨域立案服务。九江法院通过微信公众号、微博以及官网大力推动移动微法院的建设成果和使用方法，充分发挥移动微法院平台的功能，普遍推行网上立案、自助立案、跨域立案对于能够上网办理的劳动争议事项，提倡网上办理，同时提高网上立案审核的效率，将立案问题及时反馈给当事人，减少不必要的现场"跑路"，充分发挥网上立案时间和空间优势。加快推进劳动争议跨域立案诉讼服务改革，切实解决好劳动群众异地诉讼不便等问题，实现就近能立、多点可立、少跑快立。

四是突出诉源治理工作与线上"一站式"多元解纷工作。积极推动诉源治理机制。出台多元解纷工作规程，派员或团队入驻党委、政府牵头的矛盾多元化解中心，中心与法院多元化解 e 平台衔接，并成立多元化解机制考评领导小组，协调社会力量，拓宽多元化纠纷解决的方法和途径，加强政法系统和相关行政机关的联动配合。全方位开展劳动纠纷多元化解工作模式。推动成立辖区多位一体平台、"一站式"解决交劳动纠纷，完善并发展如律师等专业化调解队伍，建立"难案联调"机制。并推动人民调解委员会司法确认的全覆盖，同时结合律师调解，开展律师调解司法确认试点。通过司法确认，充分发挥司法在劳动纠纷多元化解中的引领和保障作用。加大多元化解 e 平台的应用力度。加强其与网上立案平台、内网办案系统的业务衔接，对法律关系明确、事实清楚、争议不大的劳动纠纷案件，通过诉前调解来化解纠纷，由专人负责诉调对接平台工作。同时完善特邀调解队伍建设，并依托多元化解 e 平台，加强与人民调解等专业行业调解组织和人员的对接互动。将调解平台应用贯穿于分流、调解、确认、诉调对接全过程。

五是强化财政保障和宣传推广。协调政府相关部门制定特邀调解员绩效考核办法，将其工作纳入多元化解 e 平台管理，对其参与调解成功的案件给予一定的物质奖励。于此同时，大部分法院向同级政府申请每年一定的工作经费，并纳入财政预算。把劳动争议多元化解作为九江法院宣传"一站式"工作的重点，通过报纸杂志、电视网站、微博微信、新闻客户端等各类媒体，全面宣传工作典型经验和做法，增强劳动人民对多元化解和诉讼服务工作的认同感。

山东省法院经验材料

山东省劳动争议案件审理情况报告

一、2017 年以来劳动争议案件审理情况

近年来，随着我国经济社会发展和劳动法律法规不断完善，劳动力市场更加活跃，引发的劳动争议案件不断增多。据统计，山东法院 2017 年新收劳动人事争议案件28 089件；2018 年收案35 806件，同比上升 27.47%；2019 年收案34 196件，同比下降 4.5%；截至 2020 年 9 月 17 日收案25 716件，同比下降 5.2%。位居前三位的案件类型分别为：追索劳动报酬纠纷、确认劳动关系纠纷、劳动合同纠纷。虽然近两年收案数呈下降趋势，但仍呈高位运行态势，占全省民事一审收案总数的 4% 左右，位居民事一审收案十大案由之列。部分地区劳动争议案件数量增长迅猛，审判压力剧增。

劳动争议案件出现以下特点：一是纠纷类型复杂化。劳动关系认定、加班费、年休假、社会保险金、下岗失业待遇等各种类型的劳动争议案件不断出现，种类增多，涉及面越来越广。二是诉讼主体多样化。提起诉讼的主体，除一般职工外，企业高层管理人员、业务销售人员、行政管理人员的纠纷增多。涉及车辆挂靠、劳务派遣、业务外包、保险代理等，尤其是互联网新兴产业的新型主体增多。三是群体性纠纷上升。随着经济转型升级，部分企业经济效益滑坡，有些劳动争议案件往往代表全体职工权益，群体性纠纷增加，信访压力较大。四是调解撤诉率低。由于劳动争议案件双方对抗性强，往往涉及企业的管理制度和较多职工权益，加之诉讼费低，形成上诉多、申请再审多、服判息诉率低的局面。

二、山东法院化解劳动争议、妥善保护职工权益的主要做法

一是坚持依法保障劳动者合法权益和用人单位的生存发展并重。充分认

识到单纯地保护劳动者合法权益并非《劳动合同法》立法的终极目的,构建和发展和谐稳定的劳动关系才是《劳动合同法》的最终价值取向。劳资双方具有根本利益的高度一致性和具体利益的相对差异性,二者相互依赖不可分割。在审理劳动争议纠纷案件时,必须坚持和谐发展、互利共赢的理念,不能强调保护一方而忽视另一方利益。

二是注重利益平衡,公正高效审理劳资纠纷。山东法院始终高度重视专业化审判,注重类案分析,统一裁判标准,加大指导力度。针对事实清楚的批量案件,有效集中办理,快审快结,高质高效保障劳动者和企业合法权益。特别是在 2020 年新冠肺炎疫情出现、企业停工停产的特殊形势下,山东高院第一时间发布涉疫情劳动争议案件法官会议纪要,并对因疫情引发的劳资纠纷涉诉风险进行调研分析,积极向有关部门提出司法建议,有效指导案件审理。

三是推进完善裁审衔接机制建设。立足"一裁两审"的劳动争议处理制度法律框架,加强同仲裁机关业务联系,统一执法尺度,构建高效、稳定的裁审衔接机制。2018 年与省人社厅联合下发《加强劳动人事争议仲裁与诉讼衔接机制建设的实施意见》,又与省人社厅等部门会签《进一步加强劳动人事争议调解仲裁完善多元处理机制的实施方案》,不断推进完善裁审衔接机制,提高劳动争议处理效能和质量。还与山东省人社厅建立联席会议机制,济南等市法院设立裁审联络员等制度,青岛法院构建"1+3"裁审衔接机制,济宁等市建立裁审定期联络工作机制,促进了仲裁和诉讼的有效衔接。

四是加强诉源治理,多元化解纠纷。始终坚持"调解优先、调判结合"理念,把诉讼调解结案作为首选结案方式,最大限度体现调解价值,积极支持调解组织在法院诉讼服务中心成立调解工作室,积极委派或委托调解组织与调解员开展调解工作,对于达成调解协议的纠纷,依法落实司法确认工作,有效提升调解工作公信力。近年来,劳动争议案件调撤率均达到40%,相较一般民商事纠纷,始终处于良性运行。

三、下一步工作打算

一是进一步发挥法院职能作用。针对目前仍然存在的裁审标准不统一问题,建立定期研讨机制,探索重大敏感案件研讨交流和联合发布制度,统一仲裁和诉讼法律适用标准。切实加强审判队伍建设,注重培训提升劳动争议案件法官的专业能力。

二是提高劳动争议调解联动机制效能。充分发挥司法引领、推动和保障作用，主动加强与仲裁机构沟通协作，健全多层次矛盾纠纷化解机制与劳动争议调解联动机制，更好发挥仲裁和诉讼两种制度优势，形成合力，提高劳动争议处理效率和质量，维护劳动人事关系和谐稳定。

三是坚持改革创新裁审衔接工作机制建设。结合新时代特点，主动适应司法体制综合配套改革实际，全方位加强裁审衔接工作机制创新，通过信息互联互通和数据共用共享，更加便捷高效地满足劳动者和用人单位多元化纠纷解决需求。山东高院将积极为交流、沟通和宣传劳动人事争议裁审衔接工作先进经验做法提供有效平台，通过互相学习借鉴，共同提高裁审衔接工作质效，积极回应广大劳动者和用人单位对平衡劳资双方利益，依法维护劳动者合法权益，构建和谐劳动关系的新期待、新要求。

济南法院劳动争议审判工作情况

近年来，济南法院在市委坚强领导和上级法院监督指导下，充分发挥劳动争议审判依法保护劳动者合法权益、依法维护用人单位生存发展的职能作用，全力推进审判改革创新，不断提高审判质效和加强自身建设，工作取得了一定成效。

一、依法履行审判职能，提升争议化解实效

2017 年以来，济南法院共受理各类劳动争议案件 29 676 件，其中，一审收案 21 703 件，二审收案 7973 件；审结 29 570 件，其中一审结案 22 082 件，二审结案 7488 件，调解、撤诉结案 7053 件，调撤率达到 23.85%。主要呈现以下特点：一是收案数量逐年增长。2017 年至 2019 年，每年一审收案数量同比上升均超过 20%，二审收案保持高位运行。二是劳动争议主体多元。涉诉劳动者出现公司高级管理人员、高技术职工、新生代农民工、在校大学生、逾退休年龄人员等，用人单位涉及网络平台经营者、民办非企业单位等。三是劳动争议表现多样。受理的案件中存在劳动者利用确认劳动关系，实现补缴社会保险等其他目的，甚至出现虚假诉讼、恶意诉讼。也有用人单位为规避

劳动关系所带来的责任义务，利用承包、挂靠、劳务派遣、互联网平台用工等用工形式而引发的纠纷。四是劳动争议诉请复合。单一请求的案件占比较小，绝大多数案件当事人的诉讼请求为复合型，既包括确认劳动关系，也包括诉请未订立书面劳动合同二倍工资差额、拖欠劳动报酬、加班费等。五是疫情影响逐渐显现。2021 年以来，受新冠疫肺炎情影响，用人单位经营困难，由此引发的劳动争议案件开始起诉到人民法院。

针对审判实践中出现的新情况、新问题，济南法院坚持以人民为中心的发展思想，始终贯彻依法保护劳动者合法权益和维护用人单位生存发展并重的原则，加大劳动争议审判工作力度，强化审判管理，提高审判质效，加强劳动权益保护。实行劳动争议案件集中审理制度，全市法院设立专门的劳动争议审判团队，实现劳动争议案件集中审理，类案专办，确保裁判尺度得到有效统一。

二、大力加强裁审衔接，构建高效合作工作机制

2013 年，建立劳动人事争议仲裁与诉讼衔接工作机制，打通了劳动争议仲裁和诉讼之间的工作壁垒，在体现裁审各自独立性的同时，有效整合了司法和行政资源，对妥善化解劳动争议、促进构建和谐劳动关系作出了积极贡献。近年来，全市法院和劳动人事争议仲裁机构认真贯彻落实工作机制，定期召开联席会议，共同研讨法律适用疑难问题，庭审互听、信息共享、风险评估应急处理、日常联系等工作制度高效运行。2020 年 8 月，济南中院与济南劳动人事争议仲裁委员会共同制定《审理涉新冠肺炎疫情及其他劳动人事争议案件若干问题的意见》。通过不断加大裁审衔接工作力度，沟通机制进一步畅通，裁审标准进一步统一，工作机制进一步落实，建设水平进一步提高，通过强强对话，实现强强联合，有力地维护了用人单位和劳动者的合法权益，促进社会公平正义。

三、积极推进繁简分流，促进争议快速化解

作为最高人民法院确定的试点地区，济南法院深入推进民事诉讼程序繁简分流改革试点工作，通过推进规则创新、释放程序效能、激发制度活力，让人民群众更加公正、高效、便捷地解决纠纷，改革试点效果在劳动争议审判领域也得到充分体现。充分发挥诉前调解作用，大力推进"特邀调解＋司

法确认"工作机制，全市法院纳入名册的特邀调解组织增加到 196 个，特邀调解员增加到 1088 名，有近三成的劳动争议案件在诉前得到化解。加大小额诉讼程序和简易程序适用力度，试点以来适用小额诉讼程序审理劳动争议案件近 500 件，平均审理期限 15 天，适用简易程序审理劳动争议案件约 1000 件，平均审理期限 30 天。积极扩大独任制适用比例，劳动争议案件一审独任制适用率达到 70%，二审独任制适用率达到 60%。持续推进案件审理流程和裁判文书简化，优先采用"电子送达 + 在线开庭"方式审判，缩短案件流转时间，优化庭审程序，简化文书格式，促进矛盾纠纷快速化解，真正体现了司法便民、利民、惠民的效果。

四、深入开展诉源治理，源头减少争议发生

济南法院坚持把非诉讼纠纷解决机制挺在前面，健全完善劳动争议联动调解、诉调对接工作机制，深入开展诉源治理。济南法院主动加强与行政部门、工会、劳动仲裁、行业协会、基层调解组织等机构的工作联系，加大沟通协调力度，认真落实联席会议制度、信息共享制度、意见征询制度、困难职工联合救助制度和群体性劳动争议矛盾快速处置联动制度，推动多元解纷力量建设，形成工作合力。2021 年 1 月，济南中院与市总工会联合印发《关于建立济南市劳动人事争议诉调对接制度的实施意见》，在全市法院诉讼服务中心设立劳动争议诉调对接室，组建特邀调解员队伍，安排工会劳动争议调解员进驻诉调对接室开展劳动争议诉前调解，提供释法答疑、法律咨询等服务。自机制建立以来，已成功化解劳动争议百余件，有效缓解了劳动争议领域矛盾。

湖北省法院经验材料

湖北省高级人民法院诉调对接新模式为劳动争议多元化解按下"快进键"

为深入贯彻习近平法治思想，推进劳动争议多元化解工作往纵深发展，湖北省高级人民法院通过汇聚合力、畅通渠道、抓好保障、推进"双线化解"、源头治理等举措，深入开展"法院＋工会"劳动争议诉调对接工作，推动构建和谐劳资关系，服务"六保""六稳"工作，为经济社会发展提供有力支撑。截至2020年年底，全省60个试点法院共转办劳动争议诉调对接案件1736件，工会受理1736件，实现应接尽接、应调尽调；已办结案件1612件，案件办结率为92.85%；达成调解协议并进行司法确认478件，其中个案288件，3人以上群体案190件，调解成功率为29.65%；通过调解，为1520名职工争取合法经济权益5674.02万元。湖北首批进入全国推进劳动争议多元化解工作试点省份，工作做法被《人民法院报》头版专题报道。2020年12月与湖北省总工会联合召开调研推进会，经验做法被《湖北日报》专刊报道，并得到最高人民法院周强院长和湖北省委政法委王艳玲书记的批示肯定。

一、坚持政治引领，凝聚共识，汇聚多元化解工作合力

一是提升政治站位，增强责任担当。开展劳动争议多元化解工作，是坚持和完善共建共治共享的社会治理制度的重大要求，是坚持以人民为中心发展思想的重要体现，是矛盾纠纷多元化解体系和机制建设的重要内容。湖北省高级人民法院党组站在促进社会治理体系和治理能力现代化的高度，将非诉纠纷解决机制建设纳入工作重要议程，以劳动争议多元化解工作为抓手，坚持统筹研究，重视谋划指导，充分发挥人民法院在劳动争议多元化解纠纷机制建设中的引领、推动、保障作用，有效化解劳动争议纠纷，为疫情后矛

盾化解、经济重振提供有力支撑。

二是凝聚最强合力，统筹各方资源。2019 年 5 月，湖北省高级人民法院院长、党组书记游劝荣同志到湖北省总工会走访商谈劳动争议协同化解问题，凝聚"法院＋工会"诉调对接新机制建设共识，并于 2019 年 7 月，在全省部署启动"法院＋工会"劳动争议诉调对接机制建设工作。除与工会组织对接之外，各级法院还紧紧依靠地方党委，争取政府支持，加强与司法、人社等有关部门的沟通与协作，主动将劳动争议多元化解工作向乡镇、向基层社区延伸，争取将劳动争议多元化解工作纳入地方平安建设和综合治理大格局、大网络，统筹各方资源，强化人力、经费等工作保障。襄阳中院联合市总工会推动党委政府将"法院＋工会"工作列入全市全面深化改革年度工作目标任务和开展"攻坚年"活动攻坚项目，在 11 个县（市、区）全面铺开试点工作。黄冈浠水法院、工会争取地方党委政府支持，联合人社局、司法局、工商联、企业家协会等 11 家单位成立全县劳动争议诉调对接工作领导小组，构建劳动争议诉调对接大网络。

三是坚持试点先行，推动全面覆盖。2019 年 7 月，湖北省高级人民法院和湖北省总工会联合制定《关于开展劳动争议诉调对接试点工作的实施方案》，下发《关于推进"法院＋工会"劳动争议诉调对接工作的通知》，在黄石市、鄂州市 2 个地市和武汉市武昌区、襄阳市襄州区等 18 个区县共 20 个地方开展第一轮试点先行，探索实施诉调对接联席会议制度、案件委派委托调解制度等工作机制，合力推动劳动争议非诉化解。2020 年 6 月，又在 40 个市、州、县（区）推进第二轮"法院＋工会"劳动争议多元化解工作，并于 9 月 22 日下发《关于深入推进"法院＋工会"劳动争议多元化解工作的通知》予以明确并正式实施。襄阳市以点带面推进劳动争议诉调对接工作，2020 年 4 月底，全市范围内已成立 11 个工会职工劳动争议人民调解委员会，22 个"劳动争议诉调对接工作室"，在省内率先实现了市、县两级工会职工劳动争议人民调解委员会"全覆盖"。

二、搭建工作平台，优化机制，畅通多元化解工作渠道

一是加强建设工作平台。结合两个"一站式"建设工作任务，各试点地方法院均在诉讼服务中心（大厅）设立劳动争议诉调对接工作室，法院与工会联合挂牌、协同运作，搭建起集约高效的劳动争议纠纷非诉解决平台。委

派、委托工会调解员、律师等进驻，采取驻点值班、预约调解等方式开展劳动争议案件诉前、诉中调解，并在诉后为涉案职工做好释法答疑、心理疏导等工作，法院针对具体案情做好调解指导工作。随州市曾都区法院在诉调对接工作室设立1名专职调解员和4名特约调解员，并由法院选派专业法官定期到工作室共同开展劳动争议诉前、诉中调解和判后释法答疑等工作。襄阳、仙桃等地工会主动与司法部门对接，依法成立了劳动争议纠纷人民调解委员会。

二是建立完善协同机制。湖北各级法院积极加强与工会等部门的联动协作，合力推进劳动关系领域社会治理创新。以定期联席会议、文件抄送、电话联络、调研座谈等形式互通互联，加强日常工作沟通、磋商，推动在全省法院和工会建立劳动诉调对接事项共商、信息动态共享、纠纷争议共处、困难当事人共援的工作协同机制。同时，明确诉调对接工作部门，向上报备责任人、联络员，理顺分工、有序运行。各级法院与各级工会坚持联动反应、协助互通，立足各自职能作用，合力推进"法院＋工会"劳动争议诉调对接，彰显多元化解劳动争议"1＋1＞2"的协同优势。

三、抓好三个保障，规范运行，夯实多元化解工作基础

一是抓好制度保障。湖北省高级人民法院联合省总工会制定《关于开展劳动争议诉调对接试点工作的实施方案》，下发《关于推进"法院＋工会"劳动争议诉调对接工作的通知》，从搭建对接平台、建立联动机制、加强司法确认、开展委托调解等6个方面明确任务、强化指导。各试点法院联合工会结合实际出台具体实施方案，制定劳动争议案件诉调对接工作流程和调解操作规范，简化统一文书样式，积极探索委托调解、特邀调解等劳动争议多元化解的制度办法。如鄂州中院制定了《关于开展劳动争议诉调对接试点工作的实施方案》和《关于劳动争议案件委派委托调解操作规范》，规范工作流程，统一文书样式，加强工作督查和业务指导；配备专用办公用房作为劳动争议诉调对接工作室；建立信息情况通报、工作流程对接、普法宣传报道及双月联席会议制度，确保诉调对接工作深入推进。武汉市武昌区法院联合工会共同制定了《关于开展劳动争议诉调对接试点工作的实施方案》，进一步明确试点范围、职责分工、工作流程、经费保障及业绩考核等内容；诉调对接工作室推行"坐班制度""跟进制度""月报制度"。孝感孝昌法院制定《关

于推进一站式多元解纷机制建设的若干意见》及劳动争议诉调对接、非诉讼调解协议司法确认等制度文件，提出 25 项务实举措，构建高效诉调对接和多元化解机制。

二是加强队伍保障。各试点工作室建立了劳动争议专业调解员队伍，广泛吸纳社会力量加入调解队伍，调解员既有从职工法律服务团和工会法律顾问中遴选的律师，也有从劳动人事争议调解员和兼职仲裁员、劳动关系协调员、人民调解员、人民陪审员以及退休的法官、工会干部、人社干部、社区干部等选聘的人员，在册调解员 287 名。建立完善调解员队伍考核奖惩和退出机制，加强调解队伍专业化建设。如襄阳中院与市总工会联合制定《诉调对接工作调解员考评管理办法（试行）》，对调解员实行百分制量化考核，并完善相应的激励约束机制。鄂州、黄冈浠水等地法院和工会联合举办了调解员培训班，编印了诉调对接实务指南。

三是落实经费保障。湖北省总工会第一批试点时为每个试点地方给予 5 万元启动资金共计 100 万元的经费，第二批试点时又提供 200 万元，用于工作室调解员的办案补贴，由试点地方总工会按季度审核、发放，为劳动争议多元化解工作平稳运行和深入推进提供了有力支撑。各试点地方总工会在编制预算时，向省总工会申报下年度专项经费。当年经费如有结余，可结转入下年度继续开支使用。如省总工会拨付资金不足，可由各地先行垫付，省总工会年底补足拨付。工作室接受法院委派委托的调解案件，经调解达成调解协议的，每件给予 1000 元补贴；经调解未达成调解协议的，每件给予 400 元补贴。劳动者一方在 3 人以上的集体性劳动争议案件，经调解达成协议的，每件给予 1500 元补贴；未达成调解协议的，每件给予 400 元补贴。重大矛盾纠纷及群体性事件的，各市州还可酌情提高补贴标准，但不得高于上述标准的 2 倍。以上经费均由省总工会安排足额补贴，各市州总工会还结合自身实际情况进一步安排配套资金，如襄阳市总工会从本级财政预算中拿出 60 万元，专门用于"法院＋工会"劳动争议诉调对接工作经费的及时保障。

四、推进"双线化解"，源头治理，提升多元化解工作实效

一是推进劳动争议线上线下"双线化解"。充分利用"智慧法院""两个一站式""人民法院调解平台"等信息化建设成果，将大数据、人工智能等现代科技手段与劳动争议等纠纷的预防化解深度融合，推动人民法院办案平台、

调解平台与工会信息平台、综治网络平台等的互联互通，实现调解过程和诉讼程序的无缝对接，打造矛盾纠纷多元化解的"云端"平台。武汉市江汉区法院积极推进诉调对接工作与信息科技深度融合，利用人民法院调解平台线上线下"双线化解"劳动争议，为纠纷解决按下"快进键"，工作案例被湖北日报宣传。孝感孝昌法院依托法院在线多元纠纷化解平台（ODR），开展劳动争议多元化解工作，实现纠纷化解全程在线、数据无缝对接、文书电子送达，提供全方位便捷高效的纠纷化解服务。孝感应城法院积极推行远程视频调解，运用"多元调解"APP和小程序，引导当事人线上化解劳动纠纷。咸宁市法院及武汉海事法院倡导推广运用人民调解平台化解劳动争议，效果已经初现。

二是推进劳动争议源头治理。充分运用传统媒体和网络、微信、微博等新媒体，加大非诉解纷机制优势、成效宣传力度，扩大社会影响力，鼓励和引导争议双方当事人理性选择非诉方式解决纠纷，通过前端工会调解、劳动仲裁前置、诉讼过程分流、强制执行保障的全流程闭环管理，实现劳动争议全链条解决。联合工会、人力资源和社会保障等部门开展"走基层进企业助维权"等普法宣传系列活动，提倡运用督促条款或担保履行条款提高自动履行率，推广运用示范判决机制化解涉众型劳动争议，建立完善企业个性化法律体检，并对可能影响本地区劳动关系稳定的行业和企业定期进行探访、排查，对容易引起连锁反应、引发群体诉讼的企业纠纷提前沟通、协作化解，从源头上预防和减少劳动争议。如孝感汉川法院马口法庭劳动争议诉调工作室成立后，多次前往乡镇企业走访调查，引导企业规范用工，并就如何解决劳务纠纷等法律问题提出司法建议。

三是推进劳动争议工作方式创新。部分试点地方尝试开展异地诉调对接工作，贴心帮扶家乡农民工兄弟，法院对工会的调解工作积极给予指导。如黄石阳新县依托工会异地维权站，在温州设立诉调对接联系点，疫情期间为100多名湖北籍农民工追讨停工停产期间的工资和违法解除劳动关系的经济补偿金。

襄阳全域推行"法院＋工会"模式
合力下好劳资纠纷化解"先手棋"

近年来，襄阳两级法院坚持和发展新时代"枫桥经验"，主动将"法院＋工会"劳动争议诉调对接工作融入党委领导、政府主导的多元共治和市域社会治理现代化格局中去谋划和推动，夯实阵地、规范流程、优化队伍，形成全域覆盖、横向到边、纵向到底的多元化解劳动争议诉调对接网络，在预防和化解劳动关系领域重大风险、维护企业和职工合法权益、优化法治化营商环境与维护社会稳定方面做出了突出贡献。2020 年以来，全市"法院＋工会"工作室共收案 998 件，占同期全市法院劳动争议一审案件数的 56.06%，结案 891 件，其中调解成功 324 件，调解成功率 36.4%，为劳动者讨回报酬1921 万元。相关做法得到湖北省高院、湖北省总工会和襄阳市委领导的充分肯定，工作经验入选湖北自贸区第五批制度创新成果目录。

一、坚持政治引领，提升工作格局

一是提高政治站位。党的十九届四中全会提出要推进国家治理体系和治理能力现代化。十九届五中全会要求"十四五"时期实现"社会主义民主法治更加健全，社会公平正义进一步彰显"。多元化纠纷解决机制是国家治理体系现代化建设中的重要组成部分，调解作为多元化纠纷解决机制的重要环节，在分流化解矛盾纠纷，便利诉讼当事人，优化司法资源配置等方面起到十分重要的作用。具体到劳动者权益保护和劳动纠纷化解领域，"法院＋工会"劳动争议诉调对接是最高人民法院和中华全国总工会近年来着力推动的重要工作，襄阳市委市政府对此高度重视，将"法院＋工会"诉调对接工作纳入市域全面深化改革年度工作目标，列为"攻坚年"攻坚项目。

二是以点带面推进。在市委的高度重视与有力领导下，市中院与市总工会及时成立联合工作专班，多次召开联席会议，联合开展工作检查。在湖北省高级人民法院指定襄城区、高新区为试点地区的基础上，市中院与市总工会联合印发《关于在全市推进劳动争议诉调对接工作的实施办法》，推动"法院＋工会"诉调对接工作在全市两级法院共同试点、全面铺开。2020 年 4 月底，全市范围内已成立 11 个工会职工劳动争议人民调解委员会，22 个"劳动争议诉调对接工作室"，在省内率先实现了市、县两级工会职工劳动争议人民调解委员会"全覆盖"。

二、健全工作体系，强化工作保障

一是构建制度规范。加强"法院＋工会"工作场所标准化建设，每个工作室都做到办公场所适用、设施配备齐全、制度规范上墙、台账记录完整。制定《劳动争议诉调对接工作室纪律》《劳动争议调解员工作规范》等系列制度，加强对调解人员和调解工作的监督与管理。印发《劳动争议诉调对接工作室委托、委派工作流程》，对适宜调解的劳动争议，由人民法院引导起诉人选择委派或委托调解。当事人同意后，由人民法院向工作室出具《委派调解函》或《委托调解函》并移交案卷材料。工作室收到案件后，编立"工调托"或"工调派"案号，将案件交由调解员调解。调解成功的，由工作室组织双方当事人签订调解协议；调解不成功的，由工作室退回人民法院分流至相关业务部门审理。

二是强化队伍管理。建立劳动争议专业调解员队伍，吸纳优秀律师、退休工会干部及退休的法官、检察官、劳动争议仲裁委员会仲裁员等专业力量加入，调解员名册报市总工会备案。目前，全市选聘的 62 名人民调解员已进驻 22 个"法院＋工会"工作室开展工作。通过制定《襄阳市"法院＋工会"诉调对接调解案件卷宗管理实施办法》，明确了诉调对接工作中的立案建档标准和法律文书制作要求，确立了调解工作流程和调解员行为准则。市中院与市总工会还联合制定了《诉调对接工作调解员考评管理办法（试行）》，对调解员实行百分制量化考核，并完善相应的激励约束机制。

三是发展线上调解。严格贯彻落实最高人民法院"一站式"建设相关工作要求，依托人民法院在线调解平台，推动劳动争议在线调解。以特邀调解的方式充实劳动争议在线调解队伍，为当事人提供线上咨询和调解服务。樊城法院、高新法院还积极开展网上视频调解，使"法院＋工会"模式方便群众的效能进一步释放彰显。目前，线上调解的诉调对接已基本实现无缝衔接，工作进程能够在网上全时推送。

四是落实经费保障。加强"法院＋工会"工作经费保障，市总工会在向湖北省总工会争取 55 万元资金的基础上，又从本级工作经费中挤出 60 万元，专门保障"法院＋工会"劳动争议诉调对接工作。同时通过制定《襄阳市工会职工劳动争议人民调解委员会法律援助案件补贴发放办法（试行）》，进一步明确了调解员办理诉调对接工作调解案件的补贴细则，规定了工会自行受理调解类案件的补贴标准，为全市两级调解员专心办案做好经费保障。

三、整合调解资源，加强督办落实

一是深化对接机制。法院与工会多次联合召开专题协调会议、工作研判分析会，协商解决实际工作中遇到的机制建设、队伍建设、经费落实等具体问题，进一步深化对接机制。同时，在双方共同努力下，"法院＋工会"劳动争议诉前调解工作建立与人民调解、行政调解有机结合、各部门有机配合的调解体系，将劳动争议诉调对接工作融入全市"大调解"工作格局。市总工会联合市人社部门制发了《襄阳市"人社＋工会"劳动争议裁调对接工作实施方案》，更大范围推动劳动争议裁前化解。各级工会调委会加强与检察院对接联动，通过检察院公益诉讼形式，为弱势群体讨薪助力，采用多种方式力争把劳动争议化解在"萌芽"状态。

二是强化调研督导。在"法院＋工会"诉调对接工作推进过程中，市中院与市总工会采取"一月一督办、一季一通报"的方式，对工作落实情况进行事前、事中、事后全链条督办。实施前，督办责任分工，抓好方案谋划；实施中，督办案件办理，掌握工作进度；实施后，督办工作整改，进行综合评估。2021 年年初，市中院与市总工会制定《襄阳市"法院＋工会"工作要点》，明确年度工作目标和工作内容。年中开展全域调研督办，印发《关于全市"法院＋工会"劳动争议诉调对接工作开展情况的通报》，对各地阵地建设、制度建设、运行情况、案件办理等落实情况进行全面剖析，研究对策，推动工作出特色、出亮点、树品牌。

荆州市沙市区人民法院多元化解劳动争议纠纷维护劳动者合法权益

近年来，随着我国社会经济高速发展，劳动关系日趋多样化、复杂化，各地的劳动争议案件数量居高不下，而劳动争议案件处理周期长、效率低，一定程度上影响了司法公信力。从 2019 年起，沙市区法院以高效化解纠纷为导向，通过与荆州市总工会合作共同探索并建立了"法院＋工会"劳动争议纠纷解决新模式，将司法服务延伸到诉前，多举措稳步推进劳动争议多元化解工作。

一、构建"法院＋工会"联动工作机制

根据上级法院部署要求，沙市区法院作为荆州市试点法院积极与荆州市总工会对接，由总工会从退休法官、检察官、工会干部、法律援助律师、劳动争议仲裁员、人民调解员中遴选聘任为工会的特邀调解员，每周二在法院的"工会调解室"驻点服务，受委托对法院受理的劳动争议案件进行调解。"工会调解室"承担着委托调解、诉调对接、督促履行、应急处置、整改建议、风险防控、普法宣传七项职能。"工会调解室"的解纷模式打破了传统以立案为界的固有调解思维，将调解全面覆盖于诉前、诉中、诉后各阶段。对适宜调解案件，经当事人同意后，及时委派给特约调解员调解；对经工会调解无果的案件，梳理好调解过程中的无争议事实和争议焦点，及时转入诉讼程序，形成诉调无缝对接机制。

二、完善司法确认工作保障工会调解效力

经工会调解成功的案件，由调解员在调解成功后指导当事人完成司法确认申请书等文书填写及身份信息等资料的准备，并将材料移送法院进行司法确认。法院安排诉调对接工作小组专门人员对调解员移交的司法确认申请材料进行快速审查，符合立案条件的立即立案并起草确认文书报法官审批；不符合立案条件的，视情况要求补充材料或者动员当事人撤回确认申请。通过优化流程对接，争取让当事人"跑一趟"就能完成调解和司法确认两个程序。同时，通过法院门户网站、官方微博、诉讼服务大厅公告栏向人民群众介绍司法确认工作制度及其申请流程，对前来调解的人员发放宣传资料，提高当事人对司法确认的认可度，方便工会开展调解。

三、组建专业化审判团队快审快结

沙市区法院为调解不成的劳动争议案件开通绿色通道，优先立案。针对劳动争议案件审判专业性强、工作难度大的特点，围绕"专审、多审、快审"

的目标定位，沙市区法院选派业务能力强、审判经验丰富、善于做调解工作的业务骨干，专门负责审理劳动争议案件，并为其配备具有良好业务素质的法官助理和书记员，组建"一审、一助、一书"专业化审判团队，尽最大可能快速调处纠纷；对重大、疑难、复杂的劳动争议案件或新类型的劳动争议案件召开专业法官联席会议进行研讨，加强对劳动争议案件特点的分析研判和经验总结，并及时提出指导意见，提高专业化审理水平。有分歧的案件积极与上级法院联系，接受业务指导，统一裁判尺度，力保纠纷能化解在基层，节约司法资源，减轻当事人诉累。

四、向前延伸司法服务进行法律宣传

许多劳动争议纠纷的发生，都与企业因缺乏劳动法律知识导致用工不规范有关系，特别是小微民营企业对风险抵御能力弱，诉讼案件的发生很可能影响企业的正常运营。沙市区法院为营造本辖区良好的营商环境，主动深入企业进行问诊，了解企业在用工等方面存在的问题并给予司法指引，帮助企业防范法律风险，促进稳定用工，从源头上预防化解矛盾纠纷。同时，沙市区法院依托社区走进辖区内各个小区，定期开展劳动法律咨询宣讲活动，向群众普及劳动法律法规，解答群众有关劳动争议、劳动报酬追索、救济渠道等法律问题，增强群众学法、懂法和维权意识。

武汉法院劳动争议多元化解典型工作机制及经验介绍

近年来，武汉法院在湖北省高级人民法院指导下，深入落实《湖北省高级人民法院、湖北省总工会关于推进"法院＋工会"劳动争议诉调对接工作的通知》，积极与武汉市总工会深度对接，共同建设"法院＋工会"劳动争议诉调对接工作机制，推动构建更加和谐稳定的劳动关系，助力营造优良的法治化营商环境。2021年7月至11月，武汉市两级法院与同级总工会共同调解劳动争议类案件862件，其中涉及3人以上集体案件有178件，调解成功的案件有196件，调解成功率达28%。现将有关情况汇报如下。

一、前期工作开展情况

1. 加强组织领导，对接落地落实。湖北省高级人民法院高度重视劳动争议诉调对接工作，2019 年 7 月，与湖北省总工会共同下发了诉调对接文件。武汉法院认真学习文件精神，深刻认识到劳动争议诉调对接对预防化解劳动关系领域风险、服务民生、促进劳动关系和谐健康的重要意义。组建由市法院、市总工会分管领导共同担任组长，业务庭庭长、总工会权益保障部部长担任组员的"法院＋工会"劳动争议诉调对接试点工作领导小组。领导小组多次召开专题会议，对全市"法院＋工会"诉调对接工作进行研究会商，要求在 2021 年年底前，武汉中心城区法院实现劳动争议诉调对接工作室全覆盖，新城区法院也要积极探索推进。各区法院相应成立领导小组，积极与区总工会对接，指导劳动争议诉调工作，重点预防化解受疫情影响的劳动争议纠纷，保障劳动者基本权益，助力企业复产复工。目前，前期制定的年度目标已全面完成。

2. 规范工作流程，建立长效机制。在前期充分协商的基础上，为保障诉调对接工作顺利推进，武汉市法院与武汉市总工会共同下发了《关于在全市推进劳动争议诉调对接工作的实施办法》（以下简称《实施办法》）及《武汉市"法院＋工会"劳动争议诉调对接工作室工作规范》（以下简称《工作规范》）。其中《实施办法》明确了全市法院及总工会的对接方式、工作机制，清晰界定法院及工会在劳动争议诉调对接工作中的各自职责，并对劳动争议诉调对接工作提出了工作目标和工作要求，并在技术、人员、场地上给予了保障，从制度层面上推动法院与工会劳动争议诉调对接工作有序开展。《工作规范》对委派、委托调解的具体流程，调解员的工作内容、职责等予以明确规定，为劳动争议调解工作的开展提供具体指引。

3. 整合各方资源，设立调解工作室。2020 年 7 月至 9 月，武汉法院与市总工会、区总工会劳动争议诉调对接工作室纷纷挂牌，共成立 1 个中院工作室和 8 个区法院工作室。其中，2020 年 7 月 6 日，武汉市法院与武汉市总工会劳动争议诉调对接工作室在市法院诉讼服务中心多元调解专区正式挂牌设立，武汉市总工会引进律师团队，成立由 20 名经验丰富的律师组成的劳动争议调解小组，轮流派驻法院开展劳动争议案件诉中调解工作。武汉市法院选派经验丰富的调解法官作为专门指导法官，对劳动争议调解小组进行了业务知识、调解技巧、系统实操等方面的培训，对具体案件进行点对点的指导。在调解"法官＋工会"调解员模式下，武汉市法院成功化解了湖北某混凝土公司与邓某等 12 件系列案件的劳动争议纠纷，当场履行完毕，取得了良好的社会效果。在武汉某科技公司与刘某 1 案中，调解员为平衡受疫情影响的用人单位与劳动者间的权益，说服双方互谅互让，妥善化解了纠纷。

4. 依托线上平台，发挥"信息化"优势。武汉法院劳动争议诉调对接工作室充分借助"互联网＋"的优势，利用人民法院在线调解平台，实现案件信息互通互联，材料卷宗同步推送，打破时间、空间壁垒。法院办案系统中的劳动争议案件，一键推送人民法院调解平台后，由人民法院调解平台中法院账号分派至诉调对接工作室账号，工作室再分派给调解员，调解员即可在线开展调解工作，极大提升了解纷效率。通过人民法院调解平台的音视频功能，调解员既可远程开展调解工作，也可与当事人面对面沟通案情，案件调解成功后可在线签订调解协议。劳动争议诉调工作与现代信息科技的深度融合，实现"让信息多跑路，让群众少跑腿"，为化解纠纷按下"快进键"。

二、目前存在的问题及困难

1. 衔接流程还不够顺畅高效。调解员有自己本职工作，无法兼顾案件筛选、提高当事人的调解意愿等调解前期事务，在与案件承办法官衔接上不够紧密，一定程度上影响了调解效率。

2. 调解员业务能力有待进一步提高。调解人员法律专业能力、业务素质参差不齐，权威性不足，信息化水平不强，导致调解成功率不高。

三、下一步工作举措及建议

1. 探索多种对接模式，不断完善对接流程。武汉法院劳动争议诉调对接还处在初步运行阶段，市法院及各区法院要进一步积极探索多种对接模式，在对比优劣、总结经验的前提下，优化工作机制，推进劳动争议诉调对接流程更加规范化、顺畅化。

2. 加强调解员业务能力培训。一方面，武汉法院要推动总工会细化调解员考核规则，建议总工会加大调解员筛选力度，吸收业务能力扎实、责任心强的优秀调解员，淘汰能力不强的调解员，实行调解名册动态管理。另一方面，武汉法院将加大对劳动争议调解员的培训力度，对调解员进行劳动法学、心理学、系统操作能力等多方面、多层次的系统化培训。

3. 建立信息共享制度，加大宣传引导。武汉法院与总工会实行劳动争议案件统计数据共享、重大劳资纠纷情况信息互通，对于典型性案例，通过发布"白皮书"等方式，指导企业规范用工，引导纠纷双方选择调解方式解决纠纷，将矛盾化解在诉讼前。

4. 建设预警联动机制。充分运用劳动争议诉调对接工作中掌握的数据信息，深入研究劳资纠纷中共性问题，对典型性、苗头性、普遍性劳动争议进行分析研判，预防化解重大矛盾风险。

孝昌法院诉调对接汇聚合力多元化解劳动争议

自 2020 年 7 月起，孝昌法院与县总工会合力打造协调联动、有机衔接、便民高效的诉调对接多元解纷机制，取得了显著成效。大半年来，劳动争议诉调对接共受理劳动争议案件 5 件，调解成功 5 件。在深入推进劳动争议多元化解机制改革过程中，孝昌法院以专业审判为核心，以科技融合为支撑，创新建立了"法院 + 工会"解纷模式。"法院 + 工会"劳动争议诉调对接机制，是有效预防和化解社会矛盾、防范化解重大风险的务实之举，也是营造共建共治共享社会治理格局的重要抓手。积极打造"法院 + 工会"维权新模式，有利于及时有效化解劳资纠纷，营造共建共享社会治理格局。

一、制度先行，多元解纷体系初步形成

制定印发《关于推进一站式多元解纷机制建设的若干意见》及劳动争议诉调对接、非诉讼调解协议司法确认等制度文件，提出 25 项务实举措，诉调对接和多元化解机制有效构建。创建信息通报共享机制，及时共享劳动争议调处情况、案件审理情况等信息；建立群体纠纷协调机制，及时召开联席会议，协商沟通化解群体性、突发性劳动争议案件；建立涉诉信访化解机制，采取大数据、基础性、专业性、苗头性预防方法，提前防控化解涉诉信访矛盾；深化司法救助援助机制，对经济困难、再就业困难的劳动者依法进行司法救助；健全专业人才培养机制，充分利用法院和工会的各自优势开展教育培训和交流学习，推进多元化劳动争议专业人才的培养储备。

二、管理升级，调解队伍结构不断优化

建立统一调解员名册，持续扩充调解员力量，将律师纳入调解员范围，在纠纷化解、诉源治理中发挥更多元作用。立案前委派诉调对接工作室先行调解，完善调裁一体登记流转机制，推进调解过程和诉讼过程无缝对接；审理中委托工会调解，调解成功的，由法官审核并依法出具调解书；审结后跟踪调解，对群体性案件实行确认书或调解书分批发放、集中监督、及时化解履行中的问题。

三、分层递进，调解诉讼程序无缝衔接

建立"法院＋工会"劳动争议诉调对接工作室，建立规范化调裁程序转换机制，持续释放繁简分流机制效能，促进矛盾迅速化解。信息支撑，在线解纷平台逐步完善。依托法院在线多元纠纷化解平台（ODR），开展劳动争议多元化解工作，实现纠纷化解全程在线、数据无缝对接、文书电子送达，提供全方位便捷高效的纠纷化解服务。宣传引导，纠纷化解关口前移。持续加强普法宣传，通过官方微信等平台发布典型案例20余篇，引导企业规范用工，促进矛盾源头化解。先后发布女职工权益保护典型案例、涉农民工权益保护案例，组织开展拖欠农民工工资10余起案件集中宣判，多家媒体宣传报道。

下一步孝昌法院将和工会密切做好工作协同，健全劳动争议多元化解工作沟通机制，确保工作有序推进。坚持以源头治理为导向，把依法调解、多元化解挺在前面，强化对劳动争议案件的司法保障，构建和谐稳定的劳动关系。深化理念创新，推进优化升级，加强工作总结和经验推广，在更高层次、更高平台上努力形成劳动争议多元化解。

一是进一步统一认识，建立机制。劳动争议案件一般具有人数众多、类型复杂、诉求多样、善后不易的特点，处理不当可能会影响经济发展，甚至引发社会不稳定。充分发挥工会和法院职能优势形成合力。工会可以进一步发挥职工代表组织作用，有效引导职工依法理性维权，法院可以为具体劳动争议案件调解提供权威业务指导，共同推动劳动争议案件的有效化解，以劳动关系和谐促进社会和谐稳定。

二是进一步规范运行，合力共建。法院和工会将进一步规范劳动争议诉

调对接工作室的职能职责、工作流程和工作制度，加强劳动争议诉调对接工作室的规范化、法治化建设。符合人民法院民事诉讼受理案件范围的劳动争议，孝昌法院将委派、委托或邀请工会组织进行调解。来法院起诉的劳动争议案件当事人在立案登记前后，均可自由选择是否同意由诉调对接工作室组织调解。如在工作室组织调解下，双方自愿达成协议，可立即免费申请司法确认或者登记立案后由法院依法审查出具调解书，当事人即可持生效法律文书申请强制执行。

三是进一步加强沟通，源头化解。通过建立法院与工会之间的劳动争议诉调对接工作机制，推动法院与工会沟通联系制度的建立健全。工会定期向法院通报职工队伍基本情况，及时向法院通报重大及特大群体性劳资纠纷情况，推动重大群体性劳资纠纷案件快立、快审、快执，建立恶意欠薪案件的沟通联系制度。

黄梅法院"一站式"服务多元化
解积极解决劳动争议矛盾

为进一步妥善调处劳资纠纷，充分保障劳资双方合法权益，促进人力资源市场的健康有序发展，优化营商环境，黄梅法院根据湖北省高级人民法院90号文件要求，于2020年5月启动"法院＋工会"诉调对接模式解决劳动争议，充分发挥工会和法院两个主体的比较优势，汇聚社会力量积极参与，积极解决相关劳动争议案件23件，调撤率达到85%以上，收得了良好的法律效果和社会效果。

一、坚持法治思维，调动各方积极参与

一是强化党委领导。院党组书记统筹抓，分管院长具体抓，立案庭强化落实，积极稳步推动诉调对接工作。专题向县委、政法委汇报湖北省高级人民法院文件精神，争取党委高度重视。召开法院和工会联席会议，协调双方工作部署，并成立了以县委常委、宣传部长、总工会主席为组长的领导小组，形成了以党委牵头负责、部门分工保障的责任体系，涵盖了工会、法院、司法、人力资源、律师事务所和基层调解组织协作运行的模式。

二是规范工作方案。在领导小组的协调下，工会、法院联合出台了《关于开展法院＋工会劳动争议诉调对接工作的实施方案》，全面构建"法院＋工会"对接模式，为规范运行提供制度保障。召开专题党组会研究，讨论通过了《黄梅县人民法院关于"两个一站式"建设方案》，快速促进了模式的落地、落细。

三是执行联席制度。建立劳动争议诉调对接联席会议制度，实行法院和工会年度轮值方式，定期召开沟通交流会议。第一，完善信息沟通机制，工会向法院定期通报劳动关系状况和职工队伍稳定情况，法院向工会定期通报案件审理情况和热点、难点信息。第二，完善工作研判机制，双方共享数据，对典型性、普遍性劳动争议案件进行指导，编发指导案例，指导基层从源头化解。第三，完善意见征询机制，法院在出台指导性文件时，充分听取工会的意见和建议；工会出台涉及职工切身利益或重大事项文件时，充分听取法院司法建议，确保相关制度与法律精神相统一。

四是构建运行平台。坚持建设集约高效、多元解纷、便民利民、智慧精准、开放互动、交融共享的现代诉讼服务体系，高标准建设诉讼服务中心，实现"一站式"多元解纷、"一站式"诉讼服务，努力让人民群众在每个司法案件中感受到公平正义。建成了以诉讼服务中心为主体，主题工作室为特色的劳动争议处理通道，包括案件导入、繁简分流、立案服务、多元化解、分调裁审、涉诉信访和普法宣传六大功能模块的"一站式"诉讼服务。

二、坚持问题导向，多元化解劳动争议

一是主动研判，联动加力。第一，实施会商联动。法院和工会共同研讨论影响劳动关系稳定的重大情况，及时沟通影响社会稳定等重大案件情况，加强群体性纠纷和重大案件的及时通报反馈和应急处理，实现双方信息互通、优势互补。第二，实施预防联动。法院根据案件审理情况，对工会提出预防劳动争议纠纷的工作建议；工会运用协商、联调的方式，切实将劳动争议矛盾化解在基层和"萌芽"状态。第三，实施预警联动。深入研究劳资纠纷的特点、规律和普遍性、典型性特征，共同发布"白皮书"和司法建议等，指导用工单位合法用工、规范用工。

二是多元调解，融合聚力。第一，建立主渠道。在法院诉讼服务中心挂牌设立劳动争议诉调对接工作室，将工会及法院案源导入。由员额法官、法

官助理和书记员成立"宛静工作室",通过争创党员先锋岗和巾帼示范岗,采取示范引领方式,让争议双方找到争议解决的主心骨。第二,轮值调解。会同县总工会、县司法局和各律师事务所共同开展调解工作,在诉讼服务中心设立律师援助中心和律师调解室,依法开展法律援助、诉讼代理、接受人民法院委托调解和参与涉诉信访工作。第三,就近调解。依托各乡镇人民调解组织参与诉讼服务。建立由员额法官、司法所长、乡镇人民陪审员组成线上调解平台,共同发力,就近将劳动争议调解依法化解在企业单位,将矛盾化解在萌芽状态。第四,通过委派(委托)方式,实现工会调解员在诉前、诉中参与劳动争议调解。

三是注重衔接,保障助力。法院大力支持、依法指导工会组织开展调解劳动争议纠纷工作。第一,及时给予司法确认。对工会组织依据《劳动争议调解仲裁法》的规定自行调解达成的劳动争议调解协议及时予以司法确认或支持工会积极督促当事人双方履行调解协议。第二,依申请下达支付令。对于未经司法确认的调解协议在规定的期限内不依法履行的,另一方当事人可以依法申请劳动仲裁。对于因支付拖欠劳动报酬、工伤医疗费、经济补偿金或赔偿金事项达成的调解协议,用人单位不依法履行的,劳动者可向人民法院申请支付令。第三,依法强制执行。对于经司法确认的劳动争议调解协议或下达的支付令,人民法院给予强制执行保障。

三、坚持为民宗旨,系统为劳动争议减负

一是多方式立案。全面落实立案登记制度,提供窗口立案、自助立案、跨区域立案和网上立案等立案方式服务多样需求的当事人。现场申请立案,黄梅法院在诉讼服务大厅设立3个现场立案窗口,分别负责接受案件材料及核对,甄别诉讼请求及告知当事人补正材料,办理登记立案手续,核算诉讼、执行、保全费用,网上审批。对符合立案规定的起诉原则上实行当场立案、一次办结。网上申请立案,利用现有建成的网上立案平台,可以实现让人民群众足不出户就可以办理相关手续,网络立案管理员实现网上核对管理。现场自助立案,在诉讼服务中心设置1台一体式自助服务终端,为当事人、代理人等提供立案、案件信息、查阅和复制卷宗等自助服务。同时在诉讼服务网、移动微法院和12368电讯平台上提供查询服务。跨区域立案,推动诉讼事项跨区域远程办理,让争议双方享受就近服务。实行跨区域工、层级联动

办理立案，当事人可以就近选择任意一个人民法院、人民法庭办理立案服务。

二是多层级资助。提供财政支持，已争取到政府部门将劳动争议调解服务纳入政府购买社会化服务指导目录，加大公共财政对劳动争议调解工作的投入，从源头杜绝收费。实行联合救助，对符合司法救助条件的当事人依法给予退、减、免诉讼费。积极为当事人提供免费的法律援助服务，依法帮扶生活确实有困难的劳动者。对于劳动争议案件中的困难职工，工会结合有关政策采取有力措施予以救助和安抚。2020年退缴诉讼费687.19万元，开展司法救助103件137人次，发放救助金82.96万元。

三是多角度提质。落实调解优先原则，切实降低争议处理门槛。诉前委派调解，人民法院在收到劳动争议纠纷起诉状或者口头起诉到正式立案前，依职权或经当事人同意后，委派工会调解组织先行调解。诉中委托调解，经当事人同意或者人民法院认为确有必要的，法院也可在立案后将劳动争议案件委托工会组织进行调解或邀请工会组织协助调解。对于群体性或在当地有重大影响、疑难复杂的劳动争议纠纷案件，法院可以优先采取委托（委派）的方式由工会进行调解。对于委派调解成功的劳动争议案件，法院及时予以司法确认；对于委托调解成功的劳动争议案件，人民法院及时出具民事调解书。加强能力建设，提高调解成功率。一方面，工会要加强基层劳动争议调解组织建设，加快劳动争议调解员、法律顾问、集体协商专职指导员队伍建设，形成专业化、职业化的队伍。另一方面，人民法院加强对劳动争议调解工作的专业化指导力度。目前已由工会和法院联合举行了1次调解员培训，着力提升调解员的调解能力。人民法院通过调解平台网上开庭266场，调处大大降低了劳动纠纷案件的处理时长。

四、坚持协作共赢，积极促进和谐用工

在落实法院、工会诉调对接中，一方面通过诉的处理解决对抗性矛盾，另一方面也通过防的方式稳定好和谐的用工关系。一是充分整合资源，加强工会、法院、司法和人力资源保障部门常态化工作联系与信息沟通披露机制，劳动争议快速预防、预警处理机制，减少突发性、群体性事件发生。二是整合力量，形成了法院主导的多元化纠纷解决体系，充分调用司法、行政和中介力量，积极稳妥处理劳动争议纠纷。三是加大司法宣传力度。充分运用服务"六保"、促进"六稳"，通过调查走访企业契机，了解企业、员工需求，

进行普法宣传；借助法院微信公众号介绍个案，采取"走出去"办法到学校、企业、机关进行法制宣传。四是针对性提出司法建议，从源头预防和减少劳资纠纷发生。

宜昌市法院劳动争议多元化解工作情况的报告

为贯彻落实《关于在部分地区开展劳动争议多元化解试点工作的意见》，进一步做好劳动争议多元化解工作，按照上级法院工作部署，宜昌市两级法院不断探索劳动争议多元化矛盾纠纷化解机制新模式、新方法，加强诉调衔接互补，为人民群众提供更为多元、便捷、高效的矛盾纠纷解决方式。现将相关情况报告如下。

一、劳动争议多元化解工作基本情况

自劳动争议多元化解工作开展以来，积极推进矛盾纠纷多元化解，以制度建设为抓手，建立"法院＋工会"模式，结合"一站式"多元解纷工作，探索建立劳动争议诉调对接机制，相继出台多项实施方案，建章立制工作初显成效。

1. 部门对接，合力化解。高度重视劳动争议多元化解工作，积极探索"法院＋工会"劳动争议诉调对接模式，设立劳动争议诉调对接工作室，指派调解员在工作室开展劳动争议案件调解，以法律的专业性、权威性及工会调解员深厚的群众基础为抓手，整合法院和工会双方在劳动争议化解方面的优势，形成合力，一方面有效避免了当事人矛盾激化，另一方面实现了零费用全公益调解，切实推进劳动争议纠纷解决主体多元化、方式社会化、工作规范化，维护了劳动者合法权益。

2. 打造队伍，高效化解。为保障调解质效，两级法院及工会选派司法人员、劳动人事工作者、工会干部等组成专业调解团队，进驻劳动争议诉调对接工作室开展劳动争议调解工作。对每一案件都做到调解前充分了解当事人情况、纠纷事实及法律依据等，做足功课；调解中全程参与或旁听，以法说案，以心交心；调解后针对案件调解情况进行点评、经验总结。在开展调解工作的同时，学习和借鉴其他县市区的好经验、好做法，努力打造一支强有力的调解队伍，助力劳动争议纠纷快速精准高效化解。

3. 线上线下，多元化解。两级法院借助"互联网＋"优势，并结合智慧法院"两个一站式"建设成果，及时为当事人提供在线咨询、在线调解、在线司法确认等"一站式"司法服务，充分利用音视频等调解方式，最大限度地减少、缩短解决劳动争议纠纷的工作流程和时间成本，在促使纠纷以更加便捷高效的途径得到化解的同时，也推动了"法院＋工会"劳动争议"一站式"多元化纠纷解决机制建设，稳步推进线上线下多元调解工作。

二、辖区法院劳动争议多元化解典型做法及案例

1. 远安县人民法院探索"法院＋工会"模式开启劳动争议诉调对接新机制。远安县人民法院大力推进诉前调解，与远安县总工会开展劳动争议领域的诉调对接工作，成立劳动争议人民调解委员会，形成了"法院＋工会"劳动争议化解机制，对到法院立案的当事人先引导其通过诉前调解的方式化解矛盾纠纷，调解成功并达成调解协议的双方当事人可以共同向法院申请司法确认，调解不能的再及时转入立案程序。自调解委员会成立以来，共调解劳动争议纠纷案件13起，调解金额达47万余元，调解结案率、成功率均达到100％，为探索建立劳动争议多元化解新机制积累了有益经验。

2019年2月，从事劳务分包的小包工头朱某邀请乡邻李某等8人，到远安县某工地从事砌筑工作。工程结束后，朱某因管理不善，造成工程结算亏损，拖欠李某等8人工资共计40 740元。原本打算春节前收到账款后就支付工资，因受疫情影响，朱某2020年上半年一直无事可做，导致无力支付拖欠的工资。在这期间，李某等8人多次信访，多次催讨未果后向远安县人民法院提起诉讼。收到诉状后，考虑到工会在调解劳动争议类纠纷方面的专业性，远安县法院将该案委派至远安县总工会进行调解。调解员接收案件后，综合分析案情，迅速理清调解思路，深入了解当事人的真实想法和意图，反复沟通，耐心调解，最终促使双方当事人达成了一致意见并向远安县人民法院申请司法确认。

2. 枝江市人民法院探索诉调对接"3＋1＋1"模式，构建劳动争议诉调对接新格局。枝江市人民法院与枝江市总工会积极落实湖北省高级人民法院、湖北省总工会《关于人民法院支持和委托工会组织调解劳动争议纠纷的指导意见》《关于推进"法院＋工会"劳动争议诉调对接工作的通知》与文件精神，努力探索劳动争议诉调对接新模式，成立了枝江市人民法院劳动争议诉

调对接工作室，逐步形成了"法院 + 工会"劳动争议诉调对接"3 + 1 + 1"新模式。自运行以来，多措并举高效化解劳动争议案件，取得了良好的法律效果和社会效果。

2016 年 12 月 21 日，刘某入职湖北金科置业有限公司枝江分公司，双方签订劳动合同，但截至 2019 年 12 月，该公司未为其购买社保。2020 年 2 ～ 5 月因疫情刘某无法上班，现湖北金科置业有限公司枝江分公司单方面与刘某解除劳动合同，双方就劳动争议补偿款无法达成一致意见。枝江市劳动人事争议仲裁委员会于 2020 年 9 月 6 日作出仲裁裁决，刘某因不服仲裁，故向枝江市人民法院起诉。在本案审理过程中，枝江市人民法院委托枝江市总工会调解中心主持调解，多次深入开展调解工作，最终双方当事人自愿达成协议。

三、关于劳动争议多元化解工作的建议

1. 完善机制，进一步深化"法院 + 工会"诉调对接工作。在进行劳动争议诉调对接工作的同时，全市两级法院仍存在诉调对接机制不够完善，工作任务不明确，配套设施不完备等问题，一定程度上阻碍了多元化解工作的开展。因此，在后续的诉调对接工作中，一是要深化诉前联动纠纷解决机制，进一步强化与工会部门的协作，分解细化诉调对接工作方案，明确工作任务，充分发挥各部门职能优势，形成相互配合、相互协调的多元解纷工作合力，坚持把非诉讼解纷机制挺在前面，把矛盾纠纷化解在诉讼前、解决在"萌芽"状态，从源头上减少诉讼增量。二是需完善诉调对接工作室的建设，充分利用"一站式"司法服务平台，通过配备相应调解设备，进一步提高劳动争议调解工作效率，在保障当事人更好地参与调解工作的同时，减少法院的常规工作量，为化解劳动争议提供信息化保障。

2. 打造队伍，提升劳动争议调解团队的专业水准。目前，两级法院及工会形成的调解组织或多或少存在调解人员数量不足的问题，同时，现有的调解人员能力亦参差不齐，导致调解工作低效，调解成功率不高。故在今后的工作中，辖区内各调解组织需注重调解团队的建设工作，引进在行业内影响较大或者有法律、调解经验的人民调解员，增加调解人员数量；组织专业人员对调解员定期培训，对基本的法律知识、调解程序、调解协议注意事项等内容进行有针对性的培训，以保证调解效果；积极开展各法院及调解工作室之间的交流合作，总结调解经验，弥补工作弱项，共同提升辖区内各个调解

组织的专业水准,确保调解工作稳步进行。

3. 大力宣传,积极营造"调解为先"的良好氛围。在进行劳动争议多元化解工作的过程中,两级法院均反映当事人对于多元解纷机制的社会认知度不够,对调解组织缺乏信任度,主动申请调解的案件数较少,同时法院在引导当事人进行调解时难度也较大。加大劳动争议多元化解的宣传力度,让更多人员参与进来,既有利于减少劳动争议诉源,也能减轻当事人诉累。为了更好地开展宣传工作,两级法院与其他调解组织可结合近期"一站式"司法服务的宣传工作,在电视、网络等媒体全方位宣传诉调对接工作,报道有关典型案例,在法院、街道、社区等场所以悬挂、张贴调解宣传牌、宣传册等方式,提高人民群众对诉调对接机制的了解和接受程度,让当事人了解调解的优势,增加当事人通过调解化解纠纷的主动性,建立人民群众了解、适应、接受、信任的诉调对接机制,营造"调解为先"的良好氛围。

随州市曾都区人民法院开展"法院 + 工会" 劳动争议多元化解

湖北省随州市曾都区人民法院和湖北省随州市曾都区总工会根据湖北省高级人民法院与湖北省总工会《关于推进"法院 + 工会"劳动争议诉调对接工作的通知》文件精神,结合区法院和区总工会工作实际,制定印发《关于推进"法院 + 工会"劳动争议诉调工作对接工作的实施意见》,提出以下原则:坚持法治思维、促进稳定原则;坚持依法维权、调解优先原则;坚持问题导向、助力发展原则。积极运用多元化的矛盾纠纷解决机制,努力化解劳动争议纠纷,共同构建和谐劳动关系。

2019 年 10 月 31 日上午,"法院 + 工会"劳动争议诉调对接工作室挂牌仪式在曾都区人民法院举行。自此曾都区"法院 + 工会"劳动争议诉调对接工作室正式成立,曾都区劳动争议纠纷调处迈入新的阶段。曾都区作为全省首批"法院 + 工会"劳动争议诉调对接 24 个试点区之一,先从规范化出发,曾都区人民法院和曾都区总工会迅速建立协调机制,加强工作联络和信息互通,与"联、帮、促"工作结合起来,争取经费保障,把"法院 + 工会"劳动争议诉调对接工作落到实处。

一、建立诉调对接工作室，强化工会职能作用

在区法院诉讼服务中心挂牌成立以来，甄选法律知识丰富，调解技巧熟练，工作责任心强的律师、调解员等业务能手驻点值班，引导工会律师定期驻点提供法律咨询服务，法院选派专业法官定期到工作室开展诉前、诉中联调，共同开展劳动争议诉前、诉中调解和判后释法答疑等工作。目前工作室有 1 名专职调解员和 4 名特约调解员。完善劳动争议案件审理"绿色通道"，实现"快调、快立、快审、快执"，有效地维护群众合法权益，促进劳动关系和谐稳定。

二、创建涉诉情况通报机制

实现数据共享、共通。加强法院与工会组织对接，建立定期和不定期的沟通联席会议制度，对如何进一步预防和化解劳动争议案件、促进全区劳动关系和谐稳定进行沟通和协调。定期对典型性和普遍性劳动争议案件进行分析研究，向区总工会汇报劳动争议的情况、热点、难点，畅通劳动争议信息通道。对过去典型案件分析总结，积累实践经验，在后面的案件中更好、更深入地进行调解。

三、建立群体纠纷专项协调机制

妥善化解群体争议。与工会就群体性、突发性劳动争议案件建立专项协商沟通机制，发生群体性劳动争议案件时，立即召开联席会议，并邀请仲裁委、维稳、信访等相关单位参加，统筹协调，分工合作，层层推进。基层法院提前介入，使争议得到妥善化解，切实服务供给侧结构性改革。

四、制定完善劳动争议案件调解工作机制

目前，调解采取电话调解和预约调解、上门调解等方式进行，通过调解工作宣传法律、法规、规章、政策、教育用工单位及劳动者遵纪守法，依据社会公德进行调解，在双方当事人自愿平等的基础上进行调解，尊重当事人的诉讼权利，不得因未经调解或者调解不成而阻止当事人向人民法院起诉。调解员针对具体的案情做好调解指导工作，并同时制定以下三种调解流程。

第一，委派调解流程。人民法院立案前认为纠纷可以先行调解的案件，首先征求当事人意见，如果当事人同意调解，法院出具《委派调解函》，向工

作室移送案卷材料进行调解，工作室组织双方当事人进行调解，调解成功的，当事人可以申请司法确认，由人民法院出具调解书；当事人不申请司法确认的，工作室将调解结果反馈给人民法院。当事人不同意调解和调解不成功的案件，人民法院依法登记立案，按正常的司法程序进行审理。

第二，委托调解流程。人民法院立案后认为纠纷可以调解的，首先征求当事人意见，如果当事人同意委托调解，法院出具《委托调解函》，向工作室移送案卷材料进行调解，工作室组织双方当事人调解，调解成功的，人民法院根据当事人申请制作调解书。当事人不同意委托调解和调解不成功的，人民法院依法审理。

第三，协助调解流程。人民法院审理案件时认为纠纷需要协助调解的，首先征求当事人意见，如果当事人同意协助调解的，发出《协助调解函》，工作室派员协助法官进行调解，调解成功的，人民法院根据当事人申请制作调解书。当事人不同意协助调解的或者调解不成功的，人民法院依法登记审理。

以上调解工作流程均张贴在工作室墙面，便于每一个来调解或是需要调解的人能详细了解工作室的工作形式，更清楚如何维护自己的权利。

五、制定完善劳动争议案件司法协助工作机制

为落实湖北省高级人民法院与湖北省总工会联合印发的《关于人民法院支持和委托工会组织调解劳动争议纠纷的指导意见》文件精神，区法院大力支持，依法指导区总工会组织开展调解劳动争议纠纷工作，对工会组织按照仲裁法规定自行调解达成的劳动争议调解协议，支持工会积极督促各方当事人履行调解协议或者依法予以司法确认；未经司法确认，一方当事人在协议约定期限内不履行调解协议，另一方当事人可以依法申请仲裁。因支付拖欠劳动报酬、工伤医疗期、经济赔偿金或者补偿金事项达成调解协议，用人单位在协议期内不履行的，劳动者可以持调解协议书向人民法院申请支付令，法院应当发出支付令。对经司法确认的调解协议和支付令，人民法院依法强制执行。

六、自觉遵守严格的内部工作纪律

自觉接受党委、政府和上级行政机关的指导和管理；依照国家法律、法规和社会公德解决矛盾问题和调处纠纷；不得徇私舞弊；不得对当事人进行压制和打击报复；不得侮辱、处罚当事人。不得泄露国家秘密、商业秘密和

当事人的个人隐私；不得收受当事人的礼物盒馈赠，不得接受当事人吃请；对当事人要热情接待，做到以法教，以理服人，以情感人，禁止简单粗暴、压制当事人；坚持请示汇报制度，向所在地管理部门以及上级行政机关书面报告工作情况，遇到特殊情况及时汇报。自觉接受有关部门和群众的监督。坚持公平公正的调解原则、依法调解矛盾纠纷，不办关系案、人情案、不徇私枉法，不弄虚作假。实行统一的收案结案运行程序，如遇矛盾可能激化的纠纷应及时处理；如纠纷性质已转化，应及时移交有关部门处理。对调解结案的纠纷案件，实行回访制度。实行过错追究制度。

武汉海事法院关于劳动争议多元化解工作的报告

2020 年 2 月，最高人民法院、中华全国总工会联合印发《关于在部分地区开展劳动争议多元化解试点工作的意见》，在湖北等 8 省 3 市开展劳动争议多元化解试点工作。为贯彻落实习近平总书记"把非诉讼纠纷解决机制挺在前面"的总体要求，根据最高人民法院决策部署，武汉海事法院积极落实完善社会矛盾纠纷多元预防调处化解综合机制新要求，深入推进劳动争议多元化解机制建设，构建和谐劳动关系，运用人民法院调解平台开展线上调解，不断加强调解员队伍建设，健全完善相关制度，促进诉调对接实质化，努力将矛盾纠纷化解在诉前和诉中阶段，取得良好效果。

2020 年至 2021 年 3 月，就涉船员劳动争议案件，诉前阶段本院在人民调解平台立案 10 件，诉讼阶段本院立案 143 件（诉中委托调解 4 件），其中调解成功 21 件，撤诉 32 件，判决 82 件。详细情况如表 1：

表 1　涉船员劳动争议案件处理情况

| 年份 | 诉前阶段调解平台受理/件 | | | | | 诉讼阶段立案/件 | | | | |
	立案总数	调解	撤诉	转诉讼立案	未结案	立案总数	调解	撤诉	判决或驳回起诉	未结案
2020 年	7	0	1	6	0	129	16	30	82	1
2021 年	4	4	0	0	0	14	1	1	0	12

一、加强组织领导、强化建章立制

院党组高度重视调解工作，党组书记、院长提出明确要求。院领导靠前指挥、周密安排，每周主持召开工作例会，督导多元解纷工作。2020 年，陆续制定《武汉海事法院分调裁审工作方案》《武汉海事法院速裁案件诉讼程序规则》《武汉海事法院关于法院主导的诉前联动纠纷解决机制》《武汉海事法院在线调解工作规范》《诉调对接中心调解员培训办法》等规定，不断健全调解工作机制，为调解工作提供制度支持。

二、加强调解组织机构和队伍建设

深入推进多元解纷机制建设，完善调解组织机构建设，先后与中国海事仲裁委员会、武汉仲裁委员会、长江海商法学会、湖北省律师协会调解委员会、武汉航运交易所 5 家第三方机构签署合作框架协议，并从调解单位推荐的人员中选任品行良好、公道正派、热心调解工作并具有一定沟通协调能力的韦之杰等 5 位同志作为特邀调解员。这批特邀调解员中，有业务专家、资深律师、企业高管，都具有良好的专业知识和实践经验，能够满足履职要求。湖北省法援中心每周三派律师来立案大厅值班，参与调解、提供法律援助等工作。武汉仲裁委员会派员到武汉海事法院驻守，协助开展矛盾纠纷化解工作。法院指定一名资深法官助理作为专职调解员，负责管理调解团队，指导调解员工作。同时，加强调解员业务培训，从平台操作、调解技能、专业知识等方面提高调解员履职能力。

三、大力推广人民法院调解平台

充分利用人民调解平台，大力推动网上调解，方便当事人诉讼，节约当事人诉讼成本，得到当事人的普遍好评。当事人对这种高效、快捷的纠纷解决方式普遍表示欢迎，也增强了当事人的获得感。如原告芜湖市弋江区某船舶信息咨询服务部诉被告凌某船舶买卖合同纠纷案，系第一个推送到人民调解平台的案件。调解平台需要当事人了解熟悉平台功能，下载手机微信"多元调解"小程序，网上实名认证，录制音视频，网上签署调解协议等。该案双方当事人均不在本地，不会使用网上调解平台，其中一方当事人还长期在船上工作联系不畅。经过特邀调解员悉心指导和耐心细致地说服劝解，历时

14 天，双方当事人最终通过平台达成网上调解协议，申请司法确认，并自动履行完毕。事后，双方当事人对人民法院调解平台"云立案"、"云调解"、"云执行"、零收费和高效、快捷的纠纷解决方式给予高度评价，对调解员良好的工作作风和较强的专业素养表示非常满意。

四、加强基层基础工作

海事法院管辖长江 6 省市，服务长江沿线当事人，多元解纷的着力点在基层，发力点在一线法官。通过召开全院法官联席会，加强调解团队与法官的沟通交流，形成常态化工作机制，增强法官的多元化解纠纷意识，多元化解工作基础不断得到加强。重庆、宜昌法庭在当地直接服务基层、服务群众，不断加强巡回审判、上门服务，将矛盾纠纷化解在基层，从源头上减少矛盾纠纷。比如重庆某船务（集团）有限公司诉倪某等 9 名船员的劳动合同纠纷案件，重庆法庭承办法官以"调解为主，调解优先"为原则，考虑到部分船员工作地点流动性大、工作时间不固定等特点，主动采用面对面交谈、调解平台沟通、电话沟通、微信交流等形式，主动向诉讼当事人普及法律法规。通过法院的努力，该 9 件案件全部妥善处理完毕，其中准许重庆某航运公司撤回起诉 4 件，调解结案 5 件。这些案件的圆满处理也为助力企业复工复产，优化法治化营商环境贡献了司法力量。

此外，武汉海事法院为法庭和本部调解团队配备调解音视频录制的设备，方便当事人调解。积极落实最高人民法院有关规定，不断加强调解工作经费保障，积极争取将调解经费纳入下一年度财政预算；同时落实有关优待政策，参照其他法院做法，给予特邀调解员一定交通、误工补贴，并对特邀调解员调解案件成功的给予一定的物质奖励，明确奖励的条件、标准，真正起到鼓舞调解员士气，调动调解员工作积极性的作用。

五、优化诉前调解工作

在当事人申请立案登记并提交案件材料时，立案庭程序分流员根据案由、诉讼主体、诉讼请求、法律关系、诉讼程序等要素对该案件进行调裁分流和繁简分流。目前，在征求原告同意诉前调解的前提下，立案庭工作人员将船员劳务（劳动）合同纠纷、小额人身损害赔偿纠纷等适合调解的案件通过内网推送到人民法院调解平台交由特邀调解员进行诉前调解。调解成功的案件由双方当事人签订调解协议或达成和解协议撤案的方式结案，调解失败的案件由特邀调解员及时通过人民法院调解平台推送到内网转成立案程序，最后根据案件的复杂程度决定交由速裁法官或业务庭进行审理。

六、积极推进分调裁审机制建设

结合海事案件特点，坚持繁简分流、快慢分道，简案快审、繁案精审。通过制定简案识别标准、流程，将简案和繁案分流，简案交速裁法官审理，繁案由其他法官审理。指定专门团队负责对接简案转繁案的审理。如原告周某诉被告杨某船员劳务合同纠纷一案，被告杨某出具了欠条，确认欠原告周某劳务工资8000元，双方债权债务关系明确，速裁法官快审快结，受理后仅用时不到10天就作出判决。原告王某诉被告徐某、益阳某运输有限公司通海水域人身损害责任纠纷一案，原告王某身体受伤因船舶碰撞造成，经有关机构鉴定，王某构成八级、八级、九级、十级、十级伤残。湖南省益阳海事局对碰撞事故责任划分后，就赔偿问题多次组织调解但各方未达成协议。承办法官从事故调查结论书入手，在主次责任基础上根据各方过错划分责任比例，圆满地解决了该案，当事人均表示服判息诉。

汉川法院诉调对接实现劳动争议多元化解

2019年8月，汉川市"法院+工会"劳动争议诉调对接工作室在马口法庭成立以来，共受理劳动争议共计近50件，成功调解30余件，其中法庭法官直接组织并成功调解了两起矛盾尖锐的工伤纠纷案件，其他案件委托马口镇诉调委成功调解，未能签订和解协议的20余件案件依法进入诉讼程序，诉调对接工作积累了一定的经验。

一、制定切实可行的调解流程

工作室收到法院立案庭、各乡镇调委会移交的诉调材料后，一般按照"接受案件——审查案件——委托调解（委托马口镇劳动争议调解委员会）或者直接调解（根据案件需要由法庭直接组织）——召集调解——达成协议——司法确认（选择）——督促履行——回访登记"的程序进行调解；不能达成协议的案件，转入法院诉讼程序。

二、突出诉前调解，调解贯穿案件始终

在以往的法院工作中，比较重视诉中调解，但劳动争议案件由于其特殊性，既关系劳动者的人身权益，也关系企业的日常经营，更要重视由此引发的社会矛盾。此类案件要突出诉前调解，只有及时协商，才能有利于从根本上化解矛盾纠纷，不易留下隐患。

三、"法院＋工会"相互配合

"法院＋工会"模式将"诉"的权威性、规范性和"调"的便利性、非对抗性结合起来，融合了"法理＋情理"，以理服人，法理齐下，让当事人在诉讼中感受到法律的温暖。为当事人提供了便民利民服务，让人民群众感受到劳动争议诉调对接平台的人文关怀，增加了"案结事了"的可能性，推动预防化解矛盾纠纷，构建和谐劳动关系。相比仲裁、诉讼，"法院＋工会"多元化解劳动争议纠纷通常更为高效便捷、成本更低，有利于减少当事人诉累，节约司法资源。劳动争议的妥善处理，也有利于在维护好每一位劳动者的合法权益的同时，构建和谐劳资关系。

四、重视调解方法，提高调解效率

诉调对接工作室在办案过程中运用"五心调解法"，即"热心、诚心、细心、耐心、公心"。热心就是在接待当事人的时候要热情，通过热情的态度让当事人感受到法院工作人员的亲和力。诚心就是对待当事人，从当事人的角度出发，帮助当事人分清各自责任，权衡利弊，从而找出开展工作的切入点。细心就是要结合当事人的年龄、性别、家庭环境，细心观察当事人，全面了解当事人的基本情况，了解其心理活动。耐心就是在调解过程中耐心听取当事人的陈述，要反复耐心做好当事人思想工作，调解过程不是一蹴而就的，需要工作人员反复沟通，才能化解矛盾。公心就是要求保持一颗公正心，在工作中要做到不偏不倚，不能以势压人强迫当事人接受调解方案。

五、延伸司法服务

汉川市纺织业基地——马庙工业园坐落于马口镇，系湖北省乃至全国有

名的纺织产业集群，其产量占全国纺织总产量的六分之一，但是机械化程度较低，需要大量工人，属于劳动密集型产业。由于人员流动性大，许多企业法律意识不强，最突出的法律问题就是未与劳动者签订书面的用工合同，劳动纠纷呈现数量多、问题集中等特点。马口法庭劳动争议诉调工作室成立以来，不仅多次前往汉川市多个乡镇企业，实地走访调查，对公司在经营发展中可能遇到的劳务纠纷等法律问题作了深入浅出的讲解，并就如何解决各类法律问题提出了切实可行的对策和建议，督促某些企业按规依法给员工购买保险，增强了公司依法经营管理的能力，同时在一定程度上保障了工人的合法权益，也协助马口镇政府、司法所成立汉川市马口镇调解委员会，为解决劳动等纠纷提出合理化、针对性的司法建议。

广东省法院经验材料

广州市中级人民法院六措施并举助推
劳动争议化解驶入快车道

广州法院以专业审判为核心，以科技融合为支撑，创新"法院＋工会"工作模式，两级法院加强与市、区两级工会的协作，积极探索新形势下多元解纷的新方法、新途径，形成"一室三调五机制"，深入推进劳动争议多元化解机制改革，促进和谐劳动关系建立，服务营造共建共治共享社会治理格局。2020年，通过诉前调解劳动争议纠纷案件14 321件，占所有参与诉前调解纠纷的12.2%，在诉前调解案件类型中占比较大，调解成功率约39%。

一、制度先行，多元解纷体系初步形成

贯彻落实《民事诉讼法》规定的先行调解原则，完善形式多样、覆盖全面的诉调对接制度。一是建立诉调对接长效工作机制。市法院、市总工会联合制定《广州市中级人民法院　广州市总工会关于预防和化解劳资纠纷　构建和谐劳动关系沟通联系制度》《广州市中级人民法院　广州市总工会关于劳动争议诉调对接工作的规定（试行）》《广州市中级人民法院　广州市总工会劳动争议诉调对接工作细则》，建立健全诉调对接机制和多元化解机制。各基层法院也与当地总工会加强协作，联合制定工作方案，协调推进相关工作。二是强化调解前置机制建设。制定了《关于推进一站式多元解纷机制建设的若干意见（试行）》，建立了各类民商事案件的大调解格局，对包括劳动争议在内的有关案件进行调解前置，引导进行诉前调解。三是优化司法确认制度。制定了《关于非诉讼调解协议司法确认的工作规程（试行）》，完善通过特邀调解组织或特邀调解员调解达成协议的确认程序，充分发挥司法确认在诉调对接工作中的作用。

二、管理升级，调解队伍结构不断优化

全市法院通过业务指导、技能培训，培养了一支具有专业水准和较高调解能力的人才队伍。一是建立统一的调解员名册管理规范。制定了《关于实施"法院＋"诉源治理多元解纷机制的试行意见》《特邀调解组织、特邀调解员管理办法》，明确特邀调解员的入册资质标准，分级管理规范和绩效考核体系。二是树立律师调解的广州品牌。市中院和各区法院每周安排固定时间由工会选派劳动争议方面的专业律师进驻工作站值班，帮助当事人或信访人解疑释惑。该模式在《人民法院报》头版头条深度报道。三是调解员队伍不断扩充。吸收符合条件的人民调解、行政调解、行业调解等调解组织或个人成为特邀调解组织或者调解员。目前，全市两级法院共有 160 名纳入名册管理的劳动争议特邀调解员。

三、分层递进，调解诉讼程序无缝衔接

推进调解程序和诉讼程序的有机衔接，着力打造分层递进、繁简结合、衔接配套的多元解纷机制。一是劳动争议诉调对接工作室全覆盖。全市 12 个区法院（含自贸区法院）和市中院全部建成"法院＋工会"劳动争议诉调对接工作室。二是规范调裁程序转换机制。大力促进当事人选择非诉方式解决纠纷，并在诉前调解阶段，前移办理诉讼阶段的部分程序性工作。对调解成功并申请司法确认的，及时予以确认，对调解不成的，在 7 日内立诉讼案号转至诉讼程序审理。三是繁简分流简化审判程序。积极推进民事诉讼程序繁简分流改革试点工作，建立健全劳动争议案件速裁快审体系。一审采用小额诉讼程序、简易程序快速审理案件，二审通过独任制审理及时解决纠纷。2020 年，全市法院通过小额诉讼程序、简易程序审理劳动争议案件 6776 件，比民商事案件平均审理期限缩短 18.55 天，审判时间提速明显。

四、信息支撑，在线解纷平台逐渐完善

借力智慧法院建设，探索"互联网＋调解"模式，在全市法院上线在线多元纠纷化解（ODR）平台，依托该平台开展劳动争议多元化解工作。一是纠纷化解全程在线。实现立案、诉前委派调解、诉中委托调解、调解员选择、调解和司法确认的全流程网上办理，所有节点数据均可有痕查询。二是在线

平台数据无缝对接。ODR 平台连接法院立案和审判系统，打通基层法院、中院、省高院和最高人民法院的四级数据传送渠道，互联互通，可提供在线调解纠纷、司法确认等 10 余项服务。三是积极探索应用 ODR 以外的视频、电话、微信等平台线上调解。积极推行微信开庭模式，实现疫情防控期间在线诉讼常态化运行。进一步优化电子送达机制，依托智慧送达平台，通过微信小程序、"弹屏短信"等辅助送达，大幅提升电子送达适用率、成功率。

五、宣传引导，矛盾纠纷化解关口前移

通过普法宣传，发布典型案例，送法下基层等方式，引导企业规范用工。积极宣传多元化纠纷解决机制，提高劳动争议协商、调解等非诉解纷方式的社会接受度，把矛盾化解在"萌芽"状态。2018 年，市中院发布了劳动争议审理"白皮书"暨十大典型案例。2019 年，市中院组织了涉农民工权益保护案例发布会并对 10 余起拖欠农民工工资的案件进行集中宣判，该工作在中央电视台等多家媒体予以报道。2019 年至今，连续 3 年组织女职工权益保护典型案例发布会，为保障女职工合法权益提供有力的司法保障和服务。

六、形成机制，纠纷化解驶入"快车道"

搭建"一室、三调、五机制"，深入推进劳动争议多元化解机制改革。一是指建立诉调对接工作室。全市成立 13 家"法院＋工会"劳动争议诉调对接工作室，整合法官的专业性与工会人员的调解长处，形成劳动争议多元化解合力。二是加强三大环节调解。立案前委派诉调对接工作室先行调解，完善调裁一体登记流转机制，推进调解过程和诉讼过程无缝对接；审理中委托工会调解，调解成功的，由法官审核并依法出具调解书；审结后跟踪调解，对群体性案件实行确认书或调解书分批发放、集中监督、及时化解履行中的问题。三是建立五大工作机制。创建信息通报共享机制，及时共享劳动争议调处情况、案件审理情况等信息；建立群体纠纷协调机制，及时召开联席会议，协商沟通化解群体性、突发性劳动争议案件；建立涉诉信访化解机制，采取大数据、基础性、专业性、苗头性预防方法，提前防控化解涉诉信访矛盾；深化司法救助援助机制，对经济困难、再就业困难的劳动者依法进行司法救助；健全专业人才培养机制，充分利用法院和工会的各自优势开展教育培训和交流学习，推进多元化劳动争议专业人才的培养储备。

广州市荔湾区人民法院"一院一会"诉调对接
三位一体化解纠纷

广州市荔湾区人民法院对接荔湾区总工会成立了"劳动争议诉调对接工作室",创立"法院＋工会"模式,创新劳动争议诉调工作新机制,调解案件688件,调解成功30件,自动履行率100％,涉及劳动者工资报酬160万余元。同时,积极探索劳资纠纷预防与化解工作新机制,初步形成"预防＋审判＋执行"三位一体劳资纠纷化解模式,劳动争议案件审理取得了较好的成效。

一、"法院＋工会"模式,助力劳动争议非诉解决

一是深化诉调对接机制。对接荔湾区总工会成立了"劳动争议诉调对接工作室",由工会派驻调解员配合法官在诉前、诉中对各类劳动争议进行评估、劝导、调解,在诉后做好释法疏导工作,对达成调解协议的,及时引导当事人申请司法确认;案件进入诉讼程序后继续进行调解,无法调解的则及时判决,实现审判功能从过去解决纠纷的单一功能,转变为疏导劳资双方情绪、修复劳资关系的复合功能,推动诉讼与非诉相衔接,构建以"调解为基础,仲裁为前提,诉讼为保障"的劳动争议处理格局。通过诉调对接工作机制,法官与联调律师分析诉求、研判方案,成功调处盐城某船舶工程公司与12名劳动者就劳动关系确认、高温津贴、未休年假工资差额、加班费、经济补偿金额等问题达成"一揽子"解决协议,最终用人单位全部自觉履行付款义务。二是建立涉诉信访化解联动机制。发挥调解员具有亲和力、接地气的优势,对于情绪过激的当事人,邀请调解员参与劳动争议纠纷涉诉信访矛盾化解工作,并邀请广州荔盟社会服务联合会中具有心理咨询、辅导专业知识的志愿者对当事人进行心理疏导、情绪安抚,防止矛盾激化。三是建立困难职工救助联动机制。及时帮扶经济困难、再就业困难的劳动者,依法启动执行救助基金对3名符合司法救助条件的劳动者发放司法救助金29.7万元,切实维护弱势群体的合法权益。

二、延伸司法触角，拓宽诉前化解渠道

一是制定《关于进一步推进"社区法官"工作的实施方案》，在金花、南源、花地、白鹤洞等地设立 5 个社区法官工作室。社区法官工作室实行定点与巡回相结合，为劳动者提供法律咨询，并通过宣传栏、法制课堂、文艺汇演等方式对常用劳动法律法规进行宣传，提升劳动者法律意识，实现劳动者"说事"在社区，法官"说法"在社区。二是建立群体性劳动争议纠纷的预警联动机制，与劳监、司法、工会等相关部门及时沟通反馈严重侵害劳动者合法权益的重大情况，研究应对影响劳动关系稳定的因素，做到提早预防、提早化解。2020 年出现新冠肺炎疫情以来，成功运用了纠纷预警联动机制，向本辖区内的 22 条街道发出司法建议，并与工会等部门及时沟通，摸查疫情可能引发的纠纷，成功将群体性劳动争议纠纷化解在"萌芽"阶段。

三、创新审判机制，显著提升审判质效

一是成立劳动争议专业审判组，对于涉众劳动争议案件形成"一人牵头主办，审判组法官分工协作"办案机制。如在审理荔湾区富某休闲馆系列案中，主办法官发挥主导作用，顺利组织开庭，专业审判组其他法官运用利弊衡量、成本分析等方法合力调解，最终促成众多劳动者与用人单位在开庭当天即达成和解，劳动者当天即领回欠薪。二是健全裁审衔接机制。与劳动仲裁委员会建立定期沟通、典型案件通报、提前介入等衔接机制，促进仲裁裁决和法院判决对同类问题的看法和处理达成共识。

四、加强审执衔接，依法保障胜诉权益

制定劳动纠纷等涉民生案件的执行指引，优先开展劳动纠纷执行工作。对于涉众劳动纠纷的生效判决，及时移送登记立案，缩短案件流转时间，及时做好财产查控、评估拍卖等工作。在 239 名员工诉今某宝贝服装实业有限公司系列案，从立案、财产保全、调解、移送执行程序上为员工开通绿色通道，及时为 239 名员工追回欠薪及补偿款 160 万余元。

深圳市宝安区人民法院"四化合一"
打造劳动争议纠纷化解新模式

深圳市宝安区人民法院积极探索多元化纠纷解决机制改革，积极发挥法院在诉源治理中的参与、推动、规范和保障作用，认真落实宝安区人民调解、行政调解、司法调解"三调联动"国家试点工作要求，结合辖区劳动争议纠纷案件数量大、化解难等特点，以集约化推进专业化，着力将劳动争议纠纷吸附在当地、化解在前端。

一、加强部门联动，实现调解力量多元化

与辖区总工会签订《关于加强联调协作、共同化解劳动争议纠纷合作备忘录》，在宝安法院挂牌成立"劳动争议诉调对接工作室"，引入社会力量，建立联调合作机制。工作室成员由宝安区总工会指派的特约律师、法律工作者及日常联络人员组成，现有派驻调解员3名（含1名律师）专门负责劳动争议案件的调解工作，充分发挥总工会的行业管理和专业领域优势，积极强化法院审判指导作用，有力维护劳动争议双方当事人的合法权益，推动构建和谐劳动关系。近3年，通过委派特邀调解组织和调解员化解劳动争议纠纷案件571件。

二、突出前端治理，探索试行调确一体化

加大司法确认工作力度，推进矛盾纠纷实质化解。在法庭试行劳动争议案件"调确一体化"工作模式，与辖区总工会和劳动办联合签署《关于加强和规范劳动争议司法确认工作的合作备忘录》，依托"宝安区多元解纷中心第五分中心（石岩）"，常态化开展劳资纠纷信访接待和劳资纠纷隐患排查，开通劳动争议案件司法确认"绿色通道"，积极引导纠纷当事人接受调解，指导当事人就调解协议申请司法确认。创新司法审查前置机制，成立以法官命名的司法确认工作室，充分发挥法官专业优势，主动前置审查工作，给予调解工作充分的法律指导，严格司法确认立案审批，确保调解协议的真实性、合法性。全面梳理劳动争议调解的关键点和疑难点，并根据劳动争议类型对调

解协议进行标准化、模块化设计，制作《劳动争议调解指引》，有效提高调解工作规范化水平。近 3 年来，对 2352 件劳动争议纠纷调解协议进行司法确认。

三、强化科技创新，实现办案流程无纸化

全面推行诉前联调无纸化办案，诉前联调全程网上操作，文书由系统生成并电子送达，案卷网上流转，实现诉调无缝对接、案卷信息实时共享。调解员登陆"深融多元化"平台，在线查看案件信息，电话联系当事人开展调解工作，通过电话调解、"深融多元化"平台视频调解、微法院视频调解、微信调解、"好视通云会议"APP 等方式建立与当事人的联系，按照当事人的具体司法需求，在合适的时间段开展调解，并根据调解进程点击系统发送短信，告知当事人调解人员、联系方式、调解进程等内容。调解情况记录在系统"调解日志"中，便于随时查看案件基础信息和进展情况；调解完毕的案件，调解人员在深融平台上点击调解成功或调解失败转诉讼立案，相关案件信息即可转入待立案程序，后续立案人员可在系统上进行审查确认工作；调解成功的案件，全程通过电子化办案系统完成案件流转、立案、整理证据、笔录制作、文书制作、案件审批、结案归档，打通流转渠道，搭建零障碍的诉调对接机制。

四、完善工作机制，推进调解队伍专业化

确立劳动争议纠纷案件"一、二、三"联调原则，要求至少一名调解负责人跟案到底；跟案调解员必须至迟第二天联系双方当事人开展工作；一时未能找到当事人的，应当在不同时段至少打三次电话联系；一时未能调解成功的，应多次开展工作，确保尽最大努力化解纠纷。坚持以案释法，要求调解员结合具体案件，加强释法答疑，宣讲涉劳动关系法律法规，引导当事人理性维权，为顺利解决纠纷打好思想基础。积极吸纳工会和劳动办优秀调解员为特邀调解员，探索通过购买社会服务的方式派驻律师参与劳动争议调解，着力简化调解与司法确认对接流程，提高调解员工作积极性。

深圳市盐田区人民法院"3＋3"模式打造
和谐劳动关系示范区

深圳市盐田区人民法院聚焦劳动争议源头治理，发挥司法引领职能主动作为，通过"3项机制＋3个平台"模式，实现维护劳动合法权益、企业健康发展和社会和谐稳定的"三赢"局面。2020年，盐田法院平均调解周期仅25天，劳动争议案件同比减少25.9%，呈低位运行的良好态势，所在辖区被评为"广东省和谐劳动关系示范区"。

一、完善三项机制，凝聚纠纷化解多元合力

一是与劳动仲裁部门建立快速响应机制。与盐田区劳动仲裁院协调建立裁审衔接"四同步"快速反应机制：仲裁立案与财产保全同步进行、案件当事人资料同步收集、委托代理授权同步确认、案件主要信息同步共享，快速联动对群体性劳资纠纷进行风险研判、前端处置。自2020年建立快速反应机制以来，快速办理仲裁保全案件5件，及时冻结有转移财产风险的被申请人财产，协助执行部门为140名劳动者追回欠薪319.4万元。

二是与工会部门建立联席会商机制。2018年，与盐田区总工会建立矛盾纠纷多元化解工作联席会议制度，定期通报阶段性或突发性的劳动争议案件情况，实现信息共享、纠纷共调。优化会商工作流程，明确区工会在调解工作上的职能分工，加强对劳动争议人民调解工作的日常监督和检查，保障劳动争议调解工作依法合规开展，逐步完善辖区劳动争议调解法律服务体系深层次建设。

三是与调解组织完善诉调对接机制。相继出台盐田区人民法院《关于诉讼调解与人民调解衔接工作的规定》《委托调解工作细则》《特邀调解工作规程》等工作制度，对包括劳动争议在内的诉调对接工作加以规范，结合劳动争议纠纷的要素形式、一裁两审特点、群体心理等情况，有针对性地完善调解流程指引，加大诉前调解力度。

二、搭建三个平台，畅通纠纷化解便利渠道

一是搭建纠纷预防信息共享平台。加强法院与市区两级劳动争议主管部门的沟通交流，主动通报工作部署、法规文件、问题建议等。加大劳动争议普法宣传力度，编印刊物 27 本，开展普法宣传 35 次，与行政机关、辖区企业开展座谈交流会 16 次，解答常见劳动争议案件存在的问题和相关法律规定，引导辖区企业和劳动者知法、懂法、守法，从源头减少劳动争议的发生。

二是搭建纠纷化解多方联动平台。与盐田区总工会挂牌成立劳动争议诉调对接工作室，由盐田区总工会派驻 3 名专职人民调解员专职开展劳动争议多元化纠纷化解工作。同时与盐田区司法局、市律协等单位或组织签署合作备忘录，由其派专人进驻法院工作室联合办公，对涉劳动争议纠纷案件的当事人进行法律指导，相关政府部门提前介入同时进行，快速形成多方处理合力。

三是搭建解纷提速线上调解平台。出台《纠纷在线多元化解工作指引》，为劳动争议纠纷化解设线上调解场所，依托"深圳移动微法院""融平台"在线调解平台，借助"远程调解""线上阅卷"等诉前调解工作新模式，让调解员不必囿于法院调解室，实现移动调解、远程调解，进一步增强当事人参与调解的意愿和便利。2020 年以来调解成功的劳动争议案件有 90% 以上在线完成。

三、优化队伍结构，提升多元调解专业效能

一是充实外部多元调解力量。聘请包括了解劳动争议纠纷特点的人大代表、政协委员、律师和人民陪审员在内的 53 名各界人士担任特邀调解员，另外，还邀请深圳市集装箱拖车运输协会等 12 家调解组织加入特邀调解队伍，针对不同行业领域的劳动纠纷，有针对性地委派该行业内具有较强专业能力的调解员进行调解，有效提升劳动争议纠纷化解水平。

二是强化指导调解专门审判力量。由具有丰富劳动争议案件审判经验的法官在立案庭担任调解法官，建立由调解法官、法官助理、专职调解员、特邀调解员组成的"1+1+1+N"调解速裁团队，专门负责劳动争议多元化纠纷化解工作。对事实清楚、虽调解不成但争议不大的劳动争议案件，选取部分案件由调解速裁团队径行开庭裁判，对潜在纠纷进行指引，有效化解矛盾。

为保障劳动争议多元化纠纷解决机制的顺利运行，完善诉讼与劳动争议调解之间的衔接机制，推动建立更为便捷、灵活、高效的劳动争议纠纷解决模式。

三是健全规范调解管理制度。推行"集中培训、实务演练、个案指导"的三步走调解指导策略，规范化、常态化开展调解员培训，不断提升特邀调解员的法律知识水平和纠纷调处能力，提高调解工作公信力。加大调解技能培训力度，使调解员逐步掌握运用沟通技巧、分析心理活动、驾驭现场气氛、缩小分歧隔阂的工作方法。2020 年以来开展培训 11 次，参训调解员 156 人次。定期通报调解工作情况，对调解工作成绩显著的调解员予以表彰，增强调解员从事诉前调解工作的荣誉感。每季度定期清理履职不到位的"休眠调解员"，2020 年以来共清理"休眠调解员"15 人，占调解员队伍总数的28.3%。同时对特邀调解员和特邀调解组织实行动态管理，通过定向邀请、主动自荐、协同自治等途径，及时充实包括高校学者、行业专家、退休法律工作者在内的调解员队伍。

深圳市龙岗区人民法院打造"三合一"劳动争议多元解纷模式

深圳市龙岗区人民法院坚持以人民为中心，坚持把非诉讼纠纷解决机制挺在前面，注重汇聚多元解纷合力，不断拓展劳动争议化解渠道，打造"三合一"劳动争议多元解纷模式，推动劳动争议化解提速增效，有力维护广大劳动者合法权益，有效实现劳动关系和谐稳定。

一、组建"一个中心"，打造"一站式"劳动争议多元解纷格局

一是组建诉调对接中心。主动融入党委和政府领导的诉源治理机制建设，2019 年 9 月，与龙岗区司法局联合共建集诉调对接、法律咨询、法律援助、公证、司法鉴定等司法行政职能于一体的窗口化法律服务平台——公共法律服务中心，建立诉调对接中心，将劳动争议等多发型纠纷纳入"一站式"解纷体系全力化解。二是建立"立、调、审""一站式"服务平台。对调解成功或需要司法确认的劳动争议案件，调解法官在诉调对接中心及时出具调解书或裁定书；对调解不成功但当事人双方均到场或权利义务清晰的简单案件，

直接在诉调对接中心审判庭当场开庭、从快审理，推进诉前调解、司法确认和诉讼深度衔接，实现劳动争议案件"立、调、审""一站式"服务。诉调对接中心成立以来，调解劳动争议案件 6294 件，调解成功 2882 件，调解成功率达到 45.8%。

二、建设"一支队伍"，形成劳动争议多元解纷合力

一是加强与工会的合作。深挖社会资源，在"内引外联"上下功夫，在"共建共享"上做文章。2018 年 6 月，与龙岗区总工会签署《关于建立诉讼与调解对接机制的合作备忘录》，设立龙岗区劳动争议诉调对接工作室，引入工会力量参与劳动争议的诉前调解工作，并与工会共同对典型性、苗头性、普遍性劳动争议案件进行分析研判，共享相关数据，提高调解效率，从源头上防范纠纷产生。二是构建开启"工会＋仲裁＋法院"联合调处劳动纠纷新模式。2020 年 12 月，与大鹏新区总工会、大鹏新区统战和社会建设局联合签署《关于建立劳动争议多元化解对接机制的合作备忘录》，揭牌成立全市首个由区级司法、劳动仲裁、工会部门三方共建的劳动争议多元化解对接工作室，开启"工会＋仲裁＋法院"联合调处劳动纠纷新模式。劳动争议多元化解对接工作室启用至今 3 个月时间内，已成功调解劳动争议案件 44 件。三是加强调解专业能力培训。充分利用"龙法大讲堂"特色平台和特邀调解组织资源，对调解员开展线下线上劳动争议业务指导培训 15 场，最大限度提高劳动争议调解队伍的政治素养和专业能力。尤其是在新冠肺炎疫情期间，针对多发的劳动争议纠纷，就相关争议的法律事实认定、法律适用等问题，奔赴各街道授课，进行答疑解惑，确保调解结果于情有理、于理有据、于法有依。

三、织密"一张网络"，加大劳动争议基层化解力度

一是加强与街道司法所协作力度。通过人民法庭，加强与辖区街道办及街道各部门的合作，举办 6 次劳动争议业务交流会议，多渠道探索劳动争议化解办法，努力将矛盾纠纷化解在基层。2020 年 8 月 6 日，龙岗法院 6 个人民法庭分别与辖区 14 家司法所签订《司法确认合作框架协议》，明确对经司法所调解达成人民调解协议并向法院申请司法确认的劳动争议案件，实行优先办理、优先审查、线上确认、线上送达等一系列服务。2020 年以来，通过与街道办及街道各部门的合作，人民法庭诉前共化解劳动争议案件 1530 件，

在线司法确认劳动争议案件 66 件。二是探索一街道一"法庭"多元解纷模式。为最大限度地及时将劳动争议化解在基层，化解在"萌芽"状态，实现"小事不出社区，大事不出街道，矛盾不上交"，积极探索在尚未设法庭的街道增设工作站。2020 年 12 月 9 日，与龙岗区南湾街道签订诉源治理框架协议，并揭牌成立全市第一个人民法院驻街道工作站——南湾工作站。依托工作站靠近社区的地理优势以及亲近民心的职能优势，由工作站法官指导和对接社区的劳动争议调解和司法确认工作，为劳动者提供看得见、摸得着的司法服务。南湾工作站成立以来，共成功调解劳动纠纷案件 14 件，涉及 255 人次 842 万余元。三是推动"在线司法确认"基层社区全覆盖。2020 年 11 月 5 日，首先在布吉人民法庭（辖布吉、南湾、吉华三个街道）实现"在线司法确认"社区全覆盖，38 个社区"在线司法确认工作室"挂牌运行，通过当事人、调解员、法官三方"零距离"线上联动，将劳动争议解纷触角延伸到基层治理最前端。目前，已有 7 件劳动争议案件通过社区进行在线司法确认，平均用时不超过 1 小时。

东莞市第三人民法院打造"世界工厂"里的"枫桥经验"

东莞市第三人民法院坚持系统观念、法治思维、强基导向，以高效便利化解劳动争议纠纷、引导社会建立劳动争议诉源治理机制为工作出发点，通过联合工会、人社、司法行政等部门，建立绿色调解通道机制、与仲裁部门建立裁审衔接机制，将平台和服务向基层前移、延伸等系列举措，采取以"法院+"、工业园区建立诉调工作站、"老乡调老乡"、建立劳动争议案件快速处理机制等模式不断将劳动争议多元化解工作引向深入。2020 年全年，东莞三院参与诉前调解的劳动争议案件共计 7132 件，审结诉前案件数 6981 件，诉前调解成功 5633 件，诉前调解成功率为 80.69%。

一、建立"法院+工会+人社"的"1+1+1"模式

2019 年 6 月 13 日，按照广东省高级人民法院与省总工会联合印发的《关于进一步加强劳动争议诉调对接工作构建和谐劳动关系的通知》的部署要求，

东莞三院率先在该院诉讼服务中心挂牌建立了劳动争议诉调对接工作室，并建立工会购买律师服务驻点东莞三院劳动争议诉调对接工作室的模式，开展劳动争议多元化解和劳动争议"一站式"诉讼服务，为劳动者提供立案诉服、纠纷解决等服务保障。

东莞三院将提供社区、企业法律体检和开展诉前调解多元解纷为重要抓手，通过整合工会、人社、司法行政等部门资源，与辖区工会、人社、司法行政等相关部门建立信息沟通共享机制，做到第一时间掌握信息，第一时间介入调解，把矛盾消除在"萌芽"状态。充分发挥工会和法院职能优势形成合力，加快争议有效化解。这种矛盾纠纷多元化解机制，将"诉"的权威性、规范性和"调"的便利性、非对抗性有机结合，形成协调、协商化解劳资纠纷的合力，使劳动关系更和谐、更有保障。

二、建立工业园诉调对接工作站

指导基层劳动服务站开展调解工作，并在工业园区直接建立诉调对接工作站。目前，正是东莞从"世界工厂"从制造向"智造"转型的关键阶段，调整产业结构向高质量发展，构建新时代和谐劳动关系成为东莞三院的"新考题"。因地制宜，创新思路，才有所作为，因此东莞三院顺势而上，探索发展新时代"枫桥经验"，依托"法院＋"模式调解劳动纠纷的优势，在辖区工业园设立诉调对接工作站，为园区当事人提供咨询、调解、出具协议书、进行司法确认、反馈管理要点等，积极开展法治讲堂、法律体检活动，引导劳动者依法理性维权，督促企业自觉履行义务、承担社会责任，将诉调对接服务直接延伸到工业园内部等基层最前线，为社区、工业园的员工和企业提供诉调对接服务，使劳动争议化解"不出园区"。另外，诉调对接工作站还与辖区劳动争议仲裁部门建立了联席会议制度，对劳动争议案件受理、仲裁和审理等程序性、实体性问题及重大、疑难案件进行双向沟通、探讨，加强对因不服劳动仲裁裁决而提起诉讼的案件进行分析、反馈，以此推动裁审衔接机制建设，统一裁审标准，构建"调解为基础，仲裁为前提，诉讼为保障"的劳动争议诉调对接新格局。该经验被《人民法院报》以"世界工厂"里的"枫桥经验"为题进行了报道。

三、建立"老乡调老乡"、乡音促调解的工作机制

与东莞市江西商会、东莞市湖南商会、东莞市赣州商会等7家异地商会

签订《合作备忘录》，搭造线上线下两个平台，建立多元解纷、诉源治理、平安文化建设合作机制，将异地商会纳入法院诉调对接平台，通过"法律＋乡情，法院＋商会，老乡调老乡"的诉调模式，发挥异地商会在纠纷预防、纠纷化解方面的作用，方便异地来东莞创业就业人员，为东莞营商环境、平安东莞的创建贡献法治力量。取得显著成效。2020年9月至2021年3月，异地商会及商会调解员通过"老乡调老乡"的方式方法，用乡音拉近距离，凝乡音解矛盾，共成功调解案件237件。

四、开辟劳动纠纷化解"绿色通道"

借助互联网技术，大力构建劳动争议一体化在线平台，打造劳动争议案件立案、庭审、在线调解等网上快速办理新模式，实现了"快立、快调、快审、快执"。针对派出法庭案多人少的情况，建立"诉调＋速裁"机制，由"1名法官＋1名法官助理＋1名书记员＋2名全职特邀调解员"组成调解速裁团队，负责处理法庭50%～60%的案件。95%以上的劳动争议案件均纳入速裁案件，并严格把控案件的审理期限。诉调阶段，团队内的全职特邀调解员调解成功的劳动争议案件由团队法官负责审核调解协议，出具民事裁定书，进行司法确认。未能调解成功的劳动争议案件，全职特邀调解员预约当事人到庭调解的，当场送达应诉材料和传票，开庭审理；诉前阶段无法联系上被告或当事人不到庭调解的，正式登记立案后移交给团队内的跟案书记员作应诉处理，有效缩短案件解决周期。

广西省法院经验材料

北海市"法院＋工会"劳动争议多元化解工作情况

近年来，北海两级法院与两级工会高度重视"法院＋工会"劳动争议多元调解工作，大量调解了各类劳动争议案件，开创了多元调处劳动争议，化解社会矛盾工作，辖区内劳动争议呈现案件数逐年减少、解纷效率高、社会效果好的良好局面。受到企业和广大职工的充分认可，也得到党和政府的充分肯定。2020 年以来，全市法院受理劳动争议案件数 747 件，同比下降 20%。

一、发挥职能，积极参与诉源治理

主动融入当地党委领导的诉源治理机制建设，争取党委人力、物力、财力等全方位的支持，为非诉讼方式解决纠纷提供司法保障。先后与仲裁机构、劳动监察大队、信访局、司法局、工会建立联调工作机制，成立"仲裁＋法院"劳动争议调解工作室、"侨港劳动争议多元化解工作室"、"涠洲岛旅游区劳动争议调解工作室"等 6 个诉讼前端多元化解工作室（站），对外接待窗口 5 个，流动法庭 4 个，在北海市企业集中的楼宇、加工区、园区、街道设立了"法院＋工会"劳动争议多元调解服务点，打造"无讼园区"，直接面向基层，让企业和职工能够最便捷地寻求到化解矛盾争议的渠道，以园区"无讼"推动社会"无讼"。引导政府有关职能部门通过协商、调解、仲裁等非诉方式解决劳动争议纠纷，通过前端工会调解、劳动仲裁前置、诉讼过程分流、强制执行保障的全流程闭环管理，实现劳动争议全链条解决。受到企业和广大职工的充分认可，也得到党和政府的充分肯定。2020 年，全市非诉方式解决劳动争议纠纷案件 199 起，涉及金额 2560.13 万元。其中，"侨港劳动争议多元化解工作室"共化解了 9 件劳动争议案件，调解率达 100%，调解金额 315.5 万元，办理时长最短仅 30 分钟。最高人民法院以"银海枫桥别样美"为题宣传了"侨港劳动争议多元化解工作室"的工作经验与做法。

二、积极探索，创新诉前调解模式

与劳动仲裁机构、工会等部门联合，创新开展"法院＋工会""法院＋工会＋N"的多元维权模式，与北海市总工会联合印发《关于开展劳动争议诉调对接试点工作的实施意见》《关于劳动争议诉调对接工作实施细则（试行)》，创建信息通报共享机制，及时共享劳动争议调处情况、案件审理情况等信息。引入劳动争议调解组织 9 家，建立统一调解员名册，聘任调解经验丰富、专业素质过硬的工会调解员 30 多人，构建多元调解体系，开展劳动争议诉前联调、诉中调解、调诉对接工作。积极推动劳动争议多元化解经费保障纳入市财政安排，财政每年均拨付不少于 129 万元劳动争议多元化解经费，用于调解员物质奖励，提高调解员积极性，大量矛盾纠纷在诉前依法高效化解。"法院＋工会"劳动争议诉调对接模式，整合了法院和工会在劳动争议化解方面的优势，法院诉前委派，工会先行调解。既保证了调解工作的专业性，又提高了纠纷化解的便捷性，工会的介入也使劳动者更加安心。2020 年以来，全市法院诉前分流劳动争议案件 345 件，诉前调解撤诉案件 17 件，诉前委派调解成功案件 82 件，诉中委托调解成功案件 77 件，受理司法确认案件 11 件，调解成功率达 54%。

三、技术支撑，足不出户解纷争

积极运用广西移动微法院和跨域立案平台，大力推进劳动争议网上立案和跨域立案，打破行政区域的限制，实现就近能立、少跑快立；通过法院在线调解平台视频连线，实现法官、调解员、当事人同框，远程调解劳动争议。调解案件成功后，完成初步调解协议，根据当事人申请，调解员当场呈报案件由法官进一步审查。法官经审查认为协议合法的，出具调解书或者进行司法确认，保障调解结果权益的落地，减轻当事人诉累，实现案结事了。2020年以来，全市法院劳动争议案件在线调解 87 件。如市中院通过"法院＋工会"劳动争议调解工作室，成功在线调解一起涉 31 名农民工跨省讨薪案，为农民工讨回拖欠工资 22.43 万元，工人日报、广西工人报、广西电视台等媒体宣传报道。

四、关口前移，将劳动纠纷化解在"萌芽"状态

强化企业依法用工指导，特别就新冠肺炎疫情期间用工过程中可能发生的劳动争议，主动送法进企业，开展讲座、发放传单、提供法律咨询。与企业建立法官联系点，"零距离"倾听企业心声，"面对面"宣传法律法规，"一对一"解决问题，指导企业建立健全劳动用工制度。下沉社区，了解社情民意、走村入户排查矛盾纠纷、指导培训人民调解、提出司法建议、组织引导调解，实现"关口前移，力量下沉"，将纠纷解决在"萌芽"、化解在基层。2020年，全市法院共开展普法宣传92次，发放普法资料2万余册。举办公众开放日活动25次，2143余名群众走进诉讼服务中心参观。通过普法宣传和举办公众开放日活动，增强群众法治意识，提高其保护自身合法权益的能力和水平。

北海市海城区人民法院运行"法院＋工会"
劳动争议多元化解机制

2020年以来，海城区法院认真学习贯彻党的十九届三中、四中、五中、六中全会精神，坚持全面依法治国方针，在推进国家治理体系和治理能力现代化中充分发挥审判组织作用，不断深化审判改革创新，大力运行"法院＋工会"劳动争议多元化解机制，形成多层次、全方位、立体式的矛盾纠纷解决机制，高质量落实劳动争议调解工作，构建和谐劳动关系，让劳动者拥有更强的获得感和安全感促进劳动关系和谐稳定。

一、开创"法院＋工会"劳动争议诉调工作新局面

严格按照北海市中级人民法院、北海市总工会《关于开展劳动争议诉调对接试点工作的实施意见》，结合实际情况，认真贯彻执行。积极探索"法院＋工会"劳动争议调解模式，充分发挥法院与工会在劳动争议多元化解中的作用。

2020年，海城区法院"法院＋工会"劳动争议调解工作室共受理劳动争议案件96件，涉及职工214人，案件标的数额约1097.98万元（含系列案）。

调解成功案件 19 件，挽回劳动者经济赔偿金额约 69.51 万元。劳动争议案件类别：工伤 11 件；确认劳动关系补缴社保 8 件；解除劳动合同 30 件；未签订劳动合同 2 件；返还安全风险金本金及赔偿利息 32 件；劳动报酬 12 件；竞业限制义务违约 1 件。

2021 年，海城区法院"法院 + 工会"劳动争议调解工作室共受理劳动争议案件 13 件，涉及职工 13 人，案件标的数额约 76.26 万元。调解成功案件 5 件，挽回劳动者经济赔偿金额约 14.3 万元。劳动争议案件类别：工伤 3 件；确认劳动关系补缴社保 2 件；解除劳动合同 1 件；未签订劳动合同 6 件；劳动报酬 1 件。

二、快速有效化解劳动争议纠纷

与工会进一步优化对接机制，积极回应职工和用人单位的利益诉求，共同保障职工合法权益和维护用人单位的生存发展。"谭某某与冯某某"工伤纠纷案，标的数额 41.69 万元。调解员连夜电话联系双方当事人，听取双方意见，努力争取双方到现场进行调解。6 月 9 日下午 15 时，法律工作者和调解员在调解工作室开展现场调解会，经过耐心讲解法律法规，帮助双方权衡利弊，最终双方达成一致意见，签订调解协议书，被告当场支付一次性补助金 9 万元，原告承诺不再就此事向原告提出任何民事赔偿请求，至此本案终结。

"熊某某与广西某建设工程有限公司"除名纠纷案。通过电话沟通调解，仔细核实案件情况，调查到原告与被告确实存在劳务关系，经过说明争取到现场调解的机会。调解过程中双方均不让步，案件调解多次陷入僵局。为了避免矛盾激化，做足做通当事人的思想工作，努力寻求双方利益的平衡点。调解工作历时 3 个小时，双方意见达成一致，签订调解协议书，被告当场支付补偿金 1500 元，原告撤销上诉，双方冰释前嫌，握手言和。

三、加强调解组织队伍建设

一是由工会组织劳动争议调解员参加《自治区举办的 2020 年全区工会社会联络和法律工作业务培训班》和《北海市"法院 + 工会"调解员业务培训班》学习，进一步提高劳动争议法律工作人员的业务素质，推动工作创新发展。二是严格按照《实施意见》执行，规范调解工作流程，收集相关材料，健全档案管理，完备法律文书，在调解工作中遇到问题或难点，及时向上级法院及北海市两级工会汇报，力求高质量完成调解工作。

四、强化学习宣传贯彻力度

本着预防为主的原则，以《劳动法》《劳动合同法》《工会法》《保障农民工工资支付条例》等法律法规为重点，加强学习宣传教育。联合工会组织法律工作者、调解员和法律顾问到基层企业、建筑工地宣传法律知识和法律咨询服务，让企业熟悉法律知识，依法用工，保障企业合法权益；让劳动者学法懂法，增强法律意识，维护劳动者合法权益。

在北海 365 网和海城区人民法院微信公众号采纳并发表调解成功案例 5 篇，充分发挥了新媒体宣传效果显著的优势，努力营造尊法守法用法的浓厚社会氛围。

北海市铁山港区人民法院关于多元化解
劳动争议工作情况汇报

一、推进多元解纷机制建设的基本情况

1. 在诉讼服务中心的基础上设立了诉前调解工作室，建立了完善的在线调解、特邀调解、委托调解、委派调解等制度。为加强与行政调解、人民调解、行业调解、仲裁机构等矛盾纠纷调处组织的工作对接，铁山港区人民法院与总工会等订立联合调解制度，配备专门调解人员，对劳动争议等类型案件进行调处，并由法官定期对调解人员进行培训指导，尽量将纠纷化解在诉讼之外。

2. 目前共有 9 名调解员，其中北海市铁山港区总工会委派的调解员 3 名，广西众言律师事务所律师 2 名，特邀原北海市铁山港区人民法院退休法官 2 名，可以对劳动争议等类型案件进行多元化解。2020 年，诉前调解劳动争议案件共 34 件，其中诉前调解结案 32 件，并依申请进行了司法确认。

3. 为进一步建立、完善诉调对接机制，搭建第三方平台，主动将社会力量"请进来"，与铁山港区司法局、总工会、妇联等部门联合制定了多元化解纠纷机制，努力探索人民调解、行政调解、司法调解功能互补、良性互动、

诉调对接的多元化解纠纷解决机制。2020 年，联合市总工会调结 32 件劳动争议系列案件。

二、多元劳动争议化解的经验、做法

在立案阶段，充分告知当事人诉讼存在风险，提醒当事人解决劳动争议的流程，引导当事人自愿作出诉前调解的择优选择，为当事人提供调解建议，把案情简单、争议不大的纠纷分流到诉前调解。特邀审判经验丰富的退休法官作为调解员入驻法院，坚持把非诉讼纠纷解决机制挺在前面，深入推进诉源治理、多元解纷。

原告蔡某等 32 人与被告北海市某林场劳动争议纠纷系列案，此批案件于 2020 年 8 月申请劳动仲裁，但铁山港区劳动仲裁作出了不予受理的决定，随后，案件到法院后，法院采用"法院＋工会"模式进行了诉前多元化调解，在本院牵头组织下，与市总工会、人民调解员联合调解下，该系列案件成功达成诉前调解协议，双方要求进行司法确认。民事诉讼立案后，依法适用简易程序进行了审理。制作成民事调解书并经双方签收后，案件诉讼阶段结案，成功化解 32 起涉及历史债务共计 182 万余元的劳动争议系列纠纷。

北海市总工会与法院联合搭建"法院＋工会"劳动争议诉调对接平台，通过将法院审判执行的强制性、权威性和工会调解的柔和性、便捷性有机结合，实现"1＋1＞2"的效果，有效维护了劳动者合法权益。

银海区法院关于劳动争议案件审理概况

一、组建专业合议庭

2020 年 3 月 4 日印发《关于组建专业合议庭的实施意见的通知》，组建劳动者维权专业合议庭，合议庭成员有分管副院长和立案庭庭长，专司涉及劳动合同、社会保险、拖欠农民工工资等劳动争议、劳动合同案件的审理。按照"1＋1＋1"模式运作，实行以主审法官为核心的团队运作新型审判模式，根据案件需要可吸纳人民陪审员组成合议庭审理案件。

二、业务培训

通过不定期开办专题讲座、案例研讨等形式对法官、调解员、人民陪审员等进行专门培训，提高办案人员的专业知识、业务能力及办案技巧。2019年5月，分管副院长作为主讲人，专门就劳动争议案件的审理，开展题为《劳动争议审判实务若干问题探讨》的专题讲座，就审判实践中的相关问题及处理思路与审判人员进行了探讨。2020年11月，选派7名调解员参与北海市总工会、北海市中级人民法院举办的"法院＋工会"调解员业务培训，就劳动争议调解技巧和实务操作、调解法规政策等内容进行了学习培训。

三、联动机制

一是建立调解员名册。工会指派的调解员由工会特约律师和法律工作者组成。按照法律知识水平高、纠纷化解业务熟的要求，选聘劳动人事争议调解员和兼职仲裁员、人民调解员、人民陪审员、集体协商指导员、劳动关系协调员，以及退休的法官等担任工作室调解员，并建立名册。

二是成立"法院＋工会"调解工作室，由专职人员负责日常工作。2019年12月19日，与银海区总工会劳动争议调解工作室正式揭牌。2020年7月23日，与银海区总工会在侨港镇挂牌成立侨港劳动争议多元化解工作室。截至2020年11月25日，两个工作室共受理委派、委托案件12件，已调解成功1件，1件仍在调解中。

三是成立"仲裁＋法院"劳动人事争议调解工作室。2020年5月12日，与北海市市劳动人事争议仲裁委联合印发《劳动人事争议调解工作室实施细则》，并于同年6月9日在市人社局内成立北海首家"仲裁＋法院"劳动人事争议调解工作室，由银海区法院特邀工会劳动争议调解员进驻工作室开展裁前、诉前劳动争议案件调解，并参与裁后、诉后释法答疑、信访维稳等工作，整合法院和市劳动人事仲裁院在劳动争议化解方面的优势，形成化解合力。截至2020年11月11日，工作室共接受是劳动人事争议仲裁委员会委托调解案件46件，涉及建筑、房地产、食品加工等行业，已调解成功案件23件，尚在调解中案件9件，调解成功率为62.2%，平均结案时长不超过3天，履行率达到100%，劳动争议得到及时稳控和化解，得到了当事人的一致好评。

合浦县人民法院利用"法院＋工会"开展劳动争议多元化解工作的汇报材料

2019 年 12 月，为积极响应自治区总工会及上级法院关于开展"法院＋工会"劳动争议诉调对接试点工作的要求，合浦法院联合合浦县总工会创建劳动争议调解工作室，加强与工会的资源整合，探索"法院＋工会"联动工作机制的创新之路，通过"四个全覆盖"搭建矛盾纠纷多元化解的工作机制。

一、审判流程全覆盖

劳动争议调解工作室实行的主要工作机制为对全部劳动争议类案件开展诉前委派调解及诉中委托调解。2021 年以来，又创新性地将"法院＋工会"模式拓展至执行阶段，由工作室调解员全程跟案促进执行和解及履行。办理劳动争议类案件时，从立案到结案，为当事人提供完整的调解引导、信息录入、诉前调解、案件流转、诉中调解等各项诉讼服务。工作室成立后，共委托、委派调解案件 51 件，接受北海市中级人民法院、北海市总工会委托开展调解案件 1 件。其中，诉前调解成功案件 3 件，诉中调解成功案件 12 件。

二、企业用工全覆盖

一是携手工会定期举办"送法进企业"等普法宣传活动，选派资深法官，专业解答企业在劳动用工等方面遇到的法律难题，引导企业牢固树立合法用工观念，增强企业经营者合法经营的意识。安排法官走访了解企业在经营过程中遇到的问题，并认真总结审理涉企案件中所发现的问题，归纳整理制作了《企业防范经营法律风险提示三十六条》等宣传手册，通过普法宣传活动向企业发放，帮助企业防范经营风险。二是与工会建立良好的联动机制，通过与工会沟通交流及走访企业，梳理企业职工、企业经营者的法律需求，向园区企业提供劳动用工风险检测、规章制度合法合规性审查等服务，力求企业、职工的所有法律服务需求，都能得到对口的司法服务。

三、基层网格全覆盖

着眼劳动争议纠纷源头治理及多元化解，促进"法院＋工会"工作模式向基层延伸，积极推动调解力量下沉到乡镇村委、街道社区。与县总工会共同组建"法院＋工会"车载劳动争议调解工作站，聚焦基层职工维权，充分发挥车载工作站的流动性、便利性和智能性，将劳动争议多元解纷机制辐射至乡村、社区，进一步拓展劳动争议调解工作室工作职能，满足基层职工群众对劳动争议纠纷多元化解的多样化需求，将劳资纠纷化解在基层。该创新性举措还被选入了《广西工人报》进行刊登，有效地扩大了宣传面和影响度。

四、劳动者维权全覆盖

构建多层次劳动者维权体系，全面妥善化解劳动争议纠纷。加大对劳动者的司法服务保障，由专人负责接受劳动者的法律咨询，坚持审判业务和普法宣传活动的有机结合，通过发放《劳动者维权法律知识一本通》等宣传册，及时、全面地向劳动者普及欠薪、工伤损害赔偿等法律知识，增强劳动者的识法、用法能力。开辟劳动者维权"快速"通道，设立劳动者维权专业合议庭，依法及时受理、审理劳动争议纠纷，在法律规定范围内缩短劳动争议案件的审理期限，提升劳动争议纠纷化解工作质效。

四川省法院经验材料

成都法院联动联调集约解纷劳动纠纷

成都是全国较早开展劳动纠纷多元化解工作的地区。从 2015 年开始，市法院就联合市人社局、市司法局、市总工会等部门推动劳动争议纠纷多元调解机制建设并取得显著成效，自联调工作开展以来诉讼的案件逐年呈下降趋势，从 2015 年的16 554件下降至 2019 年的12 408件，降幅为 25.04%。2020 年在新冠肺炎疫情和经济新形势下，成都法院联合市人社局、市总工会纵深推动劳动纠纷多元解纷工作，围绕"稳就业"的"六稳"目标开展联动联调工作，2020 年仲裁前端受理劳资纠纷案件数30 667件与去年同期受案数基本持平，成都地区劳资关系在疫情和经济形势下未出现大幅波动。

一、搭平台，集合专业解纷力量

一是整合各部门职能，形成全域覆盖的网状解纷平台。由市法院、市人社局、市总工会、市司法局共同设立"劳动纠纷联动处置中心"，该中心作为多元解纷主体的履职平台，集合劳动监察执法、劳动仲裁、工会法律服务、司法确认等各部门职能职责，形成以"市联处中心"为原点辐射各区（县）级分中心的运行模式，即"1 个原点 + 22 个分中心 + N 个联络点"的网状联调联动工作布局，为劳资双方提供便利的"一站式"服务。全市范围内建设的联动处置中心占地面积5058 平方米、窗口 81 个、工作人员 108 人。场地和人员到位确保了劳动争议纠纷在前端得到有效化解。2018 年从仲裁前置程序流入诉讼程序的案件比例为 35.41%，2020 年该比例下降为 24.49%。

二是向基层延伸解纷触角，做实纠纷基层联动化解工作。坚持诉源治理工作思路，下沉纠纷发现渠道和解纷途径围绕产业工业园集中地，建设区域性"劳动纠纷联动处置中心"分中心及联络点。广泛动员街道、乡镇网格员，将纠纷线索或苗头及时反馈给当地联处中心，对可能存在的群体性劳资纠纷及时预警。2020 年新冠肺炎疫情期间由成都法院主导各联处中心借助基层力量，开展"稳岗稳员"专项行动，精准排查劳资矛盾隐患，深入 23 个工业、产业园区走访中小微企业 2364 家，提出针对性法律建议 420 余条、收集解决劳动用工问题 35 项助力企业妥处用工矛盾。并及时针对受疫情影响引发的劳动用工方式变化，联合出台《关于涉新冠肺炎疫情劳动人事争议有关问题的纪要》，对新型用工模式规范、用人单位复工复产等问题形成 24 个具体司法裁判指导意见。与市人社局、市总工会共同汇编《劳动争议纠纷多元解纷典型案例》指导丛书，从工资报酬支付、企业稳岗稳员、劳动保护措施 3 个方面提出企业规范用工 16 项建议，分送企业和社区对多元化调解工作给予裁判标准指引，鼓励依托企业内部工会组织和基层组织调处纠纷。夯实基层解纷阵地，成都地区未因疫情影响出现系统性劳资纠纷。

二、壮队伍，做优专业特邀调解

一是支持工会充分履职，建专业队伍落实经费保障。充分发挥工会组织在劳动争议调解中的职能保障作用，全市各级总工会在 22 个区（县）范围内建设"劳动争议调解委员会"选聘劳动关系协调员、工会律师团律师等资源形成统一归口的专业调解队伍。由各级工会自筹建立案件补助机制将工作经费纳入工会年度预算经费。2020 年 10 月市总工会重新调整出台《成都市劳动争议人民调解委员会调解案件补贴办法》对参与调解人员或第三方专业调解机构给予办案补贴，为前端调解开展提供了有力的人力和财力保障。从 2020 年 10 月至 2021 年 2 月各区（市）县总工会 4 个月时间共发放案补津贴 83 万元，有效保障了联处分中心的正常运行。

二是规范调解员队伍管理，不断提高解纷效能。借助法院特邀调解倍增计划将专业调解队伍纳入法院特邀调解组织管理范围，选聘劳动争议特邀调解组织 23 个，聘用特邀调解人员 213 名，联合下发 4 个配套性文件规范调解人员，建立健全调解人员考评考核机制和退出机制。规范化地管理和引入律师团队等专业力量，使解纷效能得以提高。2020 年度各级联处中心接受法院诉前委派调解案件 4583 件，调解成功 2876 件与去年同期相比提高 15.64 % 和16.96 % 。

三、建系统，线上联调便捷解纷

一是各部门系统对接数据互联，增强联调联动。启动建设"一站式劳动纠纷联动处置信息系统"，信息系统对接劳动保障监察信息管理系统、人社部互联网、法院"和合智解"e调解等系统，形成"一张网"综合管理体系。纠纷发生后，当事人可向一站式受理平台提交资料，系统录入信息后分送各联处分中心，由专业调解人员先行进行调解，对调解成功案件，通过法院"和合智解"e调解平台或线下方式进行司法确认，未能调处的纠纷由信息系统自动转入劳动保障监察处理或者劳动仲裁立案程序。2020年10月市级信息系统建设运行以来，截至2021年3月，申请调解案件12 727件，调解成功6343件，涉及金额13 293万元，调解后达成仲裁调解协议和司法确认的2087件。

二是提供手掌上的便民服务，运行"成都市劳动纠纷"微信小程序。2021年1月启动建设"成都市劳动纠纷"微信小程序，为劳企双方提供手掌上的便民服务。将劳动者维权的投诉举报、仲裁、法律服务、人民调解、司法确认、财产保全以及法律法规智能咨询等植入微信小程序，通过手机微信小程序即可完成在线投诉、申请仲裁、调解、司法确认、法律咨询等事项。既实现群众纠纷处理"手掌上的便利"，又实现社会治理纠纷矛盾的早发现、早处置。微信小程序已基本完成建设，2021年4月30日前正式上线启用。

三是利用信息系统加强数据预警、风险防控。信息系统的建成加强了对劳动纠纷大数据的运用和管理，为重点分析研判涉众涉稳、重大敏感纠纷，提前防控化解重大矛盾风险，提供了技术支撑，切实提高多元主体之间对典型性、苗头性、普遍性劳动争议纠纷的处理能力。如新津区联处中心利用信息系统及时发现辖区某纸业公司因疫情引发的裁员纠纷，提前预判并介入使涉246人裁员的群体性纠纷得以成功化解。实现矛盾纠纷防范在先、发现在早、处置在小。

广元市中级人民法院由"点"到"面"
深化劳动争议"调裁审"多元共治模式

2010年，广元市中级人民法院与广元市劳动争议仲裁院已建立沟通联系长效机制，在劳动争议裁审衔接、裁判标准等工作方面增强互动。2016年，广元市中级法院针对劳动争议纠纷解决和案件法律适用开展全方位调研、座谈、总结。2017 年，广元市中级人民法院联合广元市人力资源和社会保障局、广元市总工会发布《关于完善劳动人事争议多元处理机制的实施意见》，以诉调对接为主的"调裁审"联动机制在全市逐一建立起来。2020 年，广元法院进入诉讼程序劳动争议案件仅占全市劳资纠纷案件的 11.27％。

一、多"点"开花，促进纠纷快速解决

经过近年来的探索，广元劳动争议诉调对接、多元化解工作呈良性发展态势，有"多点开花"之景。苍溪县印发《劳动人事争议调解实务手册》下发到全县基层劳动人事调解组织、工会组织和基层法庭，同时进行业务培训。建立"联席会议、案件会商、互相参与及委托调解"四项工作制度，确保"调裁审"工作联动机制规范有序；利州区为政法委筹建、区法院主导的"矛盾纠纷多元化解联调中心"设立专门的劳动纠纷调解工作室。工作室除常驻 1 名法官、1 名工会干部、1 名仲裁员、1 名人民调解员之外，还储备 32 名相关行业的专业人才。纠纷来到工作室后，在第一时间实现"一条龙"受理、"一站式"服务和"一揽子"解决；剑阁县建立"社会治安综合治理工作与矛盾纠纷多元化解协调中心"，特邀人民调解员、退休的工会干部、仲裁员主攻重大复杂的劳动争议。全市以治理工程建设领域拖欠农民工工资问题为重点，从用工管理、工资发放、资金拨付、项目管理等环节不断规范；通过行政执法和刑事司法联动，严厉打击拒不支付劳动报酬等犯罪，欠薪问题逐渐得到根治。

二、以"点"带面，升级多元共治模式

为整合解纷力量，源头预防化解纠纷，在"调裁审"联动的基础上，广元法院建立完善了诉调对接机制、诉讼风险评估机制和联合宣传制度，打破了以往三方各自为战、碎片化、分段式处理劳动纠纷的局限，劳动争议多元共治模式不断升级。一是在完善诉调对接机制方面下功夫。经深入调研后出台文件，制定诉与调划分节点、工作流程，明确适用诉调对接的具体案由。对调解不成的，及时导入仲裁、诉讼程序。二是加强对工会协商调解的业务指导。借助科技探索开展在线司法确认支持工会调解，增强劳动者对工会调解的信任度。三是邀请工会、仲裁委的工作人员及优秀调解员、退休法官等组成诉讼风险中立评估组。中立第三方对反悔人民调解协议、不服劳动仲裁

和法院一审裁决的当事人提供法律咨询或就是否提起诉讼或上诉进行风险评估，降低当事人对纠纷结果的不合理预期。四是开展法制宣传。法院与劳动保障部门、司法局一起定期到劳动争议案件较多的片区、街道指导调解、开展宣传；进企业，就用工方与劳动者之间劳动合同的签订及履行情况进行审查指导，预防和及时纠正企业违法行为；在招聘会、培训会上为劳动者提供法律咨询、增强其举证能力，努力将风险防患于未然、化解纠纷于苗头。五是开展巡回审判。把劳动争议案件的庭审现场搬到工会、仲裁委，搬进车间和工地。

三、站"点"服务，提供"一站式"便民诉讼

广元法院依托乡镇和人民法庭，设置诉讼服务站 16 个，诉讼服务点 58 个，为劳动争议当事人及其他诉讼参与人提供网上立案、诉讼材料收转、在线调解、释法答疑等程序性诉讼辅导服务，基本实现法律服务网络全覆盖，彻底打通服务群众"最后一公里"到司法服务"零距离"的转型升级。每年，工会会同人社部门共同举办 1 至 2 期劳动争议调解员培训班，着重对基层劳动争议调解员进行相关法律和业务知识培训。同时，工会不定期邀请法院、人社部门举办调解业务讲座，培训人员参与劳动争议法庭和仲裁庭的现场观摩，以案代训，不断提高基层调解员的业务素质、工作能力和调解水平。在劳动争议案件立案前，仲裁院、法院征求当事人同意，把案情简单、事实清楚、争议不大的案件委托工会进行调解；仲裁院、法院对直接申请仲裁和诉讼的劳动争议案件，在立案后、庭审前，双方当事人有调解意愿的，由仲裁委员会或法院委托工会先予调解，并将调解协议书及时给予仲裁置换或司法确认。诉讼服务站（点）的工作人员还与工会派出的维权律师一道深入工商企业和乡镇开展基层调解规范化研究，指导基层组织劳动争议调处工作，对已办结的劳动争议案件实地回访，促进劳动争议调裁审工作不断改进完善。

四川省德阳市中级人民法院全力打造
劳动争议解纷"1＋N"模式

四川省德阳市中级人民法院整合与优化劳动争议解纷资源，强化劳动争议多元化解平台和组织建设，提高劳动争议多元化解队伍能力和保障水平，从而建立协商、调解、仲裁、诉讼相互衔接、相互促进的"1＋N"模式，推动形成资源整合、信息共享的新格局，满足人民群众多元解纷需求。

一、内外联动，探索协同解纷

一是建立联席会议制度，定期召开工作衔接分析会。人民法院立案庭、行政庭与人力资源和社会保障局、劳动监察大队、劳动人事仲裁委等相关部门每年召开1至2次联席会议，共同研究分析劳动人事争议处理形式，互相通报工作情况，沟通协商争议仲裁与诉讼中的受理范围、程序衔接、法律适用标准等问题，重点加强对拖欠职工工资案件情况的梳理和分析，加强对疑难复杂、重大劳动人事争议案件的研讨和交流，相互提出意见和建议，总结工作中的经验与不足，谋划第二年的工作安排。

二是建立信息共享制度，实现信息互通和数据共享。人民法院和人力资源和社会保障局加强劳动人事争议处理工作信息和统计数据的交流，做到有重大情况必相互通报，有重大更新必相互传达，有重大问题或隐患必相互提醒，并且建立了规范有效的档案借阅管理制度，在做好信息安全与保密工作的同时切实实现信息互通和数据共享。充分发挥典型案例在统一裁审法律适用标准、规范裁审自由裁量尺度、服务争议当事人等方面的指导作用。

三是建立劳动人事争议裁审衔接工作机制。由人力资源和社会保障局提供专门的办公场所和办案场所（在什邡市劳动人事争议仲裁庭挂"劳动人事争议巡回法庭"牌子），人民法院立案庭、民事审判庭每季度派出法官、书记员、人民陪审员不定期到巡回法庭办公，择案进行巡回审理，建立简案快审、繁案精审的民事审判与仲裁职能对接、相互协调，方便劳动者和用人单位的工作格局。

四是加强行政调解与仲裁、诉讼衔接。建立行政调解与仲裁、诉讼衔接机制。调解成功的案件，调解组织结合实际引导当事人进行仲裁审查确认。符合受理条件的，仲裁委员会当场受理，并自受理之日 3 个工作日内完成审查工作；调解不成的案件，调解组织及时引导当事人进入仲裁程序，可探索建立代收仲裁申请制度。职工与用人单位因支付拖欠工资达成调解协议，用人单位在协议约定期限内不履行的，职工可持调解协议书依法向人民法院申请支付令，人民法院依法积极落实支付令规定。

二、精准施策，提高解纷效率

一是建立"绿色通道"。首先，对符合立案条件的劳动争议案件，当天申请，当天立案，开展先行调解，配备专门调解人员，落实简易处理规定，对简单小额案件实行速裁制。不能达成调解的，通过与被申请人协商同意缩短或者取消答辩期、采用简便方式送达有关仲裁文书等措施，快速审判。其次，对于经济确有困难、符合救助条件的劳动者，人民法院为其提供诉讼费用的缓交、减交、免交等政策。最后，将拖欠职工工资争议案件作为重点民生案件纳入速执程序，优先安排人力、物力，用足、用尽执行措施，积极会同各级人力资源社会保障部门，进一步强化拖欠职工工资争议案件执行力度。

二是加强调解组织建设。以区司法局、区总工会为主导，建立健全乡镇（街道）、企事业单位调解组织；在小微企业、个体经济组织较多的村（社区）派驻劳动争议调解室（调解小组），在乡镇人民调解组织设立专门的服务窗口；重点在争议多发的制造、餐饮、建筑、商贸服务等行业和开发区、开发园区等区域建立行业性、区域性调解组织；依托工会职工服务平台、地方社会治理综合服务平台等建立健全劳动争议调解中心（工作室），鼓励建立以优秀调解员命名的"品牌调解工作室""调解专家团队"；努力形成全覆盖、多层次的劳动争议调解组织网络。

三是加强调解员队伍建设。建立和完善劳动争议调解员名册，广泛吸纳法学专家、退休法官检察官、劳动争议仲裁员、劳动关系协调员（师）、人民调解员及其他领域专业人才等社会力量加入名册；根据工作实际，在各类调解组织中配齐专兼职调解员；加强调解员培训，建立调解员职业道德规范体系，完善调解员惩戒和退出机制，不断提高调解员的专业化、职业化水平，提升劳动争议调解公信力。

四是落实特邀调解制度。吸纳符合条件的劳动争议调解组织和调解员加入人民法院特邀调解名册。建立法院特邀调解名册与劳动争议仲裁员、调解员名册的衔接机制。法院、劳动争议仲裁机构要加强诉（裁）前委派、诉（裁）中委托调解工作，强化调解业务指导，依法进行司法（仲裁）确认，不断促进劳动争议调解组织提升预防和化解劳动争议的能力。

五是鼓励和规范律师参与。从职工维权律师团、职工法律服务团和工会法律顾问中遴选政治立场坚定、业务素质过硬、职业经验丰富的律师参与调解工作。通过购买服务方式甄选优秀律师事务所选派律师参与劳动争议调解工作。鼓励律师志愿者积极申报担任工会特邀调解员，代表工会组织依法开展劳动争议调解工作，推进工会法律援助服务站（点）进仲裁、进法院，建立劳动争议调解律师库和专职调解律师制度。

六是推行"互联网＋调解"模式。大力推广现代信息技术在矛盾纠纷化解中的应用，推动将大数据、人工智能等现代科技手段与劳动争议预防化解深度融合，提升工作的信息化、智能化水平。推动对接相关部门现有的各类网上工作平台，实现调解组织和调解员汇聚到网上，调解、仲裁、诉讼"无缝式"衔接，为当事人提供在线咨询、在线调解、在线司法确认等一站式服务。

三、德法共治，激发解纷活力

坚持以德法共治激发基层自治活力，最大限度地将矛盾纠纷化解在基层。法院开展了送法进企业，安排全院员额法官对接全市重点大型企业，每个法官对接几个企业。首先，指导企业与职工建立多种形式的对话沟通机制，推动用人单位加强对职工的人文关怀，做好职工的心理疏导工作；其次，指导用人单位完善协商规则，引导用人单位与职工通过协商解决争议，积极探索建立内部申诉和协商回应制度；最后，加大职工工资支付法律法规宣传力度，增强用人单位法治意识和职工依法维权意识。在企业推行劳动争议仲裁建议书、司法建议书制度，积极引导用人单位依法履行按时足额支付职工工资义务。

眉山市东坡区人民法院创新多项举措化解劳动争议

近年来，东坡区法院以诉源治理为抓手，针对劳动争议案件委派调解不多、调解成功率不高、事关群众切实利益的实际，不断探索创新，深化劳动争议矛盾纠纷多元化解工作，通过建立健全劳动争议调解—仲裁—诉讼衔接互补的解纷机制，充分发挥司法职能，积极参与社会治理，有效促进劳动争议矛盾纠纷的源头化解、多元化解和依法化解工作，促进劳动争议矛盾纠纷及时、高效、源头化解，进一步促进了社会公平正义，维护社会和谐稳定。全区劳动争议纠纷逐年下降，2020 年东坡区法院新收劳动争议案件 318 件，同比 2019 年下降 15.65%，诉前委派调解案件成功 142 件，比 2018 年提升 64%。

一、加强与各部门联动协调，从源头化解劳动争议

一是与东坡区人社局协同多元化解劳动争议。东坡区人民法院通过与东坡区劳动人事仲裁委建立劳动争议案件联席会议，加强劳动争议仲裁与诉讼的有效衔接，实现劳动争议案件的诉源治理。通过召开联席会，对本辖区劳动争议案件仲裁和审判实践中亟待解决的问题进行研讨。劳动人事争议仲裁委在对疑难案件作出裁决前应当征求法院意见，法院作出判决与劳动人事仲裁委的裁决不一致的，应当在判前听取仲裁机构的意见。法院和仲裁机构严格、准确适用一裁终局、小额诉讼、司法确认程序等解决模式。法院和仲裁机构对仲裁时效及举证责任、劳动者解除合同的告知义务、工资争议的举证责任、加班工资举证责任、经济补偿金、加班工资及双倍工资的认定、劳动关系的建立、解除与变更、事实劳动关系的认定等达成共识，统一了劳动关系裁审标准，提高了劳动争议案件的裁审质效，加强了劳动争议仲裁与诉讼的有效衔接，从源头上化解劳动争议。二是建立法官联系企业制度。东坡区法院将优秀法官建立联系企业名册，让优秀的法官结合审判工作到企业传法送经，给企业主和企业员工宣传法律法规，指导企业主如何签订劳动合同，让股东知道如何利用法律武器维护自身合法权益等，告知企业员工要与企业主签订劳动合同，发生争议时如何举证，如何用法律法规保护其自身合法权

益等。让矛盾纠纷及时消灭在"萌芽"状态。引导工会参与劳动争议案件的调解、协调工作，发挥工会参与劳动争议案件协商调解职能作用，发挥人民法院在多元化解纠纷解决机制改革中的引领、推动、保障作用，切实将非诉讼纠纷解决机制挺在前面，有利于依法维护广大职工合法权益，积极预防和妥善化解劳动关系领域重大风险，优化法治营商环境，维护劳动关系和谐与社会稳定。

二、加强诉非对接工作，从诉讼前端化解劳动争议纠纷

一是建立诉前辅导制度。对当事人进行诉前心理辅导，从当事人的诉讼心理进行疏导，根据法律规定，对当事人的诉讼权利和义务，诉讼须知、诉讼风险以及申请执行等进行诉前指导，使当事人正确依法行使诉讼权利，维护自身合法权益。并主动向当事人释明委派调解的优势，积极引导当事人选择调解组织对纠纷进行调解。对未经诉前调解，当事人直接提起诉讼的劳动纠纷，原则上均应当引导当事人先行调解。二是成立劳动争议特邀调解工作室。东坡区法院诉讼服务中心设立劳动争议特邀调解工作室，邀请具有工会、人社局工作经历的人员作为特邀调解员，专门负责劳动争议调解，该批调解人员工作经验丰富、专业技能精湛，东坡区法院对他们进行定期培训，讲解劳动争议相关法律知识，做到在案件处理中依据具体事实，运用相关法律法规进行调解，该批调解人员在劳动争议案件特别是劳动争议批案的调解非常成功，如2019年成功调解眉山市荣津玻璃钢有限公司劳动争议批案，化解了因劳动争议引起的上访纠纷。三是探索建立劳动争议专职调解律师制度。积极从职工维权律师、职工法律服务团和工会法律顾问中遴选政治立场坚定、业务素质过硬、执业经验丰富的律师参与调解工作。让优秀律师积极参与劳动争议调解工作。四是充分应用信息化平台，提升调解功能。将大数据、人工智能深度整合，提升工作信息化、智能化水平。大力推动开展在线调解，建设劳动争议调解信息化平台，推动各调解组织与人民法院调解平台的对接，调解组织和调解员信息全部线上汇聚，调解过程与诉讼程序的"无缝式"衔接，实现调解员菜单式选择和在线调解、在线司法确认，方便当事人参与纠纷解决。积极运用司法大数据，共同对典型性、苗头性、普遍性劳动争议案件进行分析研判，提前防控化解重大矛盾风险。五是加强与各调解组织工作协同，预防化解劳动争议纠纷。东坡区人民法院与各调解组织加强工作协同，

积极推动建立完善党委领导、政府主导、各部门和组织共同参与的劳动争议预防化解机制，鼓励和引导劳动争议双方当事人通过协商、调解、仲裁等非诉讼方式解决，与仲裁调解、人民调解、司法调解的联动，逐步实现程序衔接、资源整合、信息共享，推动形成劳动争议多元化解新格局。

三、依法履行审判职能，通过诉讼化解劳动争议

一是推行要素式审判，提高审判效率。对不能通过调解化解的劳动争议案件，由立案庭及时、快速立案，分流到业务庭。业务庭及时排期开庭审理，并推行要素式审判法，即在具体案件审理过程中，对一些能够概括出固定案情要素的案件，进行要素提炼，并对当事人就案件中各种要素是否存在争议进行归纳，简化双方无异议的要素，并直接在庭审中进行确认，重点审理双方当事人存在异议的要素，并围绕特定要素写明诉辩意见及证据和法院认定的事实、理由和依据，制定裁判文书，从而极大地提高了审判质量和效率，进一步优化了审判资源配置，减轻了当事人的诉累。二是建立示范调判机制。通过一案带多案，快速化解劳动争议纠纷。2020年年初东坡区法院建立示范调判工作机制，以规则引导、示范推导、协同疏导为工作思路，选取几个典型个案，先行立案、先行调判，参照其调判结果带动其他同类纠纷高效解决的示范调判工作机制，形成了"个案调判，类推适用，快审快结"的新型审判模式。2020年3月，东坡区法院通过该机制成功化解科威陶瓷劳动争议案件25件，全部通过调解达成协议，通过司法确认保障效力。三是推行巡回审理，就地办案。对典型性案件、普遍性案件开展巡回审判，就地办案。选择当事人工作场所、住所地、群众方便地开展巡回审判，尽量做到当庭调解或当庭判决。此项工作的开展，更合理地利用了司法资源配置，利用低成本、低投入、高效率的方式实现了司法公正，达到了审理一案，宣传教育一片的效果，让旁听群众从案件中了解、熟知更多的相关法律法规知识，更好地维护自身的合法权益。

四川省泸州市龙马潭区人民法院
创新多元化解劳动争议　奏响公平和谐乐章

从 2017 年开始，泸州市龙马潭区人民法院着手劳动争议多元化解决机制创新，2017 年全院受理劳动争议案件 113 件、2018 年受理 116 件、2019 年受理 75 件、2020 年受理 83 件。龙马潭区人民法院在办理劳动争议案件过程中，遵循"坚持协调联动，坚持源头治理，注重调解，高效便捷"等基本原则，健全了调解仲裁诉讼衔接机制，达到了较为满意的效果。

一、强调坚持源头治理，完善用人单位的管理机制

在办理劳动争议案件中，在发现存在的问题后，法官主动与用人单位沟通，一般建议推行协商制度，以保障职工对用人单位重大决策和重大事项的知情权、参与权等为前提，妥善解决双方争议。同时，针对重点项目和企业，法官采取"送法进企业"的形式，主动指导和服务企业与职工建立多种方式的对话沟通机制，完善劳动争议预警机制。主动找用人单位协调处理，调解方式多种多样。对用人单位提出司法建议等，以改进存在的问题。从源头找问题、解决问题，将劳动争议化解在源头处。

二、专业人员助攻劳动争议，行政、民事配合协同处理

因行政审判庭每年处理较多的劳动和社会保障类行政案件，法官更熟悉劳动类的法律、法规和规章制度，故以专业人员处理劳动争议更方便快捷。为培养专业的办理劳动争议案件的法官，将劳动争议案件专门交给行政审判庭办理。行政审判庭对劳动争议和工伤保险待遇案件进行了全面梳理和系统分析，积极开展劳动法律法规、劳动者权益保障等方面的司法宣传，及时披露典型案例，倡导良好的社会风气。2019 年，审理的蒲某才劳动争议案件入选了四川省高级人民法院保障民营企业的典型案例。

另外，将参照工伤保险待遇的案件作为重点审理。尤其是对建筑工地上施工用人单位将工程发包、转包、分包给不具有用工主体资格的其他组织或者自然人，该不具备用工主体资格的实际施工人或个人承包经营者招用的劳

动者在工作中发生事故伤害的案件，加大调解力度，积极维护劳动者的合法权益。同时，在办理劳动争议和工伤保险待遇等民事案件中，抓准当事人的诉求，寻找突破口，积极化解纠纷。

三、坚持协调联动，健全调解仲裁诉讼衔接机制

在办理劳动争议过程中，与市、区劳动人事争议仲裁委员会均建立了长期的衔接机制。通过召开劳动人事争议裁审衔接联席会议、日常电话沟通、微信工作群讨论案件等方式，发现问题，提出解决方案，统一处理思路。将劳动争议案件化解在源头。多年来一直坚持协调联动，健全调解仲裁诉讼衔接机制，使裁审统一，避免产生更多的诉讼案件。

四、做好服判息诉工作，抓好涉法涉诉案件的治理

劳动争议案件上诉率较高，做好服判息诉工作尤为重要。在劳动争议案件判决书上注重通透的说理，进行判后答疑工作，做好当事人工作，从源头上减少涉诉涉访问题。

陕西省法院经验材料

西安市两级人民法院劳动争议多元化解试点工作总结

为深入贯彻落实中央、省、市关于完善劳动争议多元化解机制的文件精神，推动矛盾纠纷多元化解决机制的建设，发挥多元化解矛盾纠纷的综合效能，根据最高人民法院下发的《关于会同全国总工会在部分先行地区深化劳动争议委派委托调解机制建设的通知》相关要求，西安市中级人民法院和市总工会联合在辖区内部分试点区开展劳动争议诉调对接工作，这也是西安市法院不断推进矛盾纠纷多元化解治理机制的又一举措，为更专业、更高效化解劳动争议开辟了一条新道路。

一、积极与工会建立会商机制，共同制定工作章程及规范，确保劳动争议多元化解工作制度化、规范化

为稳步推进劳动争议多元化解试点工作，充分挥发工会在参与化解劳动争议方面不可替代的重要作用，西安市中级人民法院在接到最高人民法院下发的《关于会同全国总工会在部分先行地区深化劳动争议委派委托调解机制建设的通知》后，立刻成立领导小组，由立案一庭牵头具体负责落实该项工作。立案一庭接到分配工作后，成立专项工作小组，开始与市总工会对接。工作小组多次到市总工会座谈，双方在会商中，逐步达成共识：一是坚持整合资源，优势互补。有效发挥审判机关和工会组织服务民生，服务职工群众的职能作用，将人民法院"诉"的权威性、规范性和工会组织"调"的便利性、非对抗性结合起来，形成合力，有效地协调、协商化解劳动争议纠纷。二是坚持调解为先，以调促和。坚持法治思维，依法调解，把调解贯穿于解决劳动争议纠纷的全过程。法院为工会组织调处劳动争议提供法律专业的业务指导。工会组织在调解中充分运用情理兼容、德法并举的工作方法，弘扬人文关怀，彰显法治精神，提高调解效率，促进矛盾化解，纠纷和解。三是坚持问题导向，源头治理。加强对典型性、普遍性劳动争议案件及案件调解处理中发现的深层次问题的分析研究，密切关注引发劳动争议纠纷的热点、难点问题，寻找症结，共享相关数据，共同分析研究解决办法，努力推动源头上化解矛盾纠纷。四是坚持对接协作，积极作为。建立法院与工会的沟通、联系工作机制，共同研究解决诉调对接机制工作中出现的问题，在各自制定涉及劳动者切身利益或重大事项的政策、文件时，应听取对方意见和建议，确保双方之间政策文件的有效衔接性和统一性。在双方的不懈努力下，最终在 2019 年 12 月 30 日共同签署《西安市中级人民法院、西安市总工会关于开展劳动争议诉调对接试点工作实施方案》，并及时下发至 7 个试点区法院，在全市范围内开展劳动争议多元化解试点工作。西安市中级人民法院在《实施方案》的框架下，又制定了《关于开展劳动争议委派委托调解试点工作规则（试行）》。2020 年，西安市中级人民法院共委托工会调解劳动争议案件 53 件，调解成功 3 件；7 个试点区法院共委托工会调解案件 700 件，调解成功 52 件。

二、市中院与市财政局积极对接，为两级法院争取到人民法院特邀调解工作专项调解经费

机制的建立离不开经费的支持，市中院立案一庭在 2019 年年底与工会对接的同时，也在和市财政局积极对接，沟通协调，为西安市两级法院争取特邀调解工作专项经费。经与市财政局协调汇报，市财政局向全市两级法院划拨人民法院特邀调解工作专项调解经费，使工会调解得到了经费保障，极大地促进了调解工作的开展。市中院与市财政局共同制定了《西安市法院特邀调解组织及特邀调解员以案定补暂行管理办法》，明确调解成功的案件，给予一次性奖励，每个案件奖励 200 元；调解未成功的案件，但完成双方当事人送达地址确认并成功送达的，且完成双方当事人证据交换并总结案件争议焦点的，给予基本劳务费 50 元。同时明确特邀调解组织和特邀调解员一案只能领取一次工作补贴。已向委派单位领取的，不得重复向人民法院再次领取。凡弄虚作假重复领取补贴的，一经查实，立即解聘，并交由委派单位追究其相关责任，委派单位应将处理结果向人民法院通报。

三、建立特邀调解制度，打造过硬调解员队伍

积极对接工会、司法局、公证处等机构，建立特邀调解制度，包括特邀调解组织和特邀调解员。特邀调解组织包括人民调解、行政调解、商事调解、行业调解等调解组织。特邀调解员是法院从具有法学、心理学、社会学等专业知识和调解经验的专家学者、律师、人大代表、政协委员等相关人员中选聘参与纠纷化解的各界专业人员。为规范特邀调解组织和特邀调解员管理，发挥特邀调解在多元纠纷解决机制中的作用，西安市中级人民法院根据《民事诉讼法》《民事诉讼程序繁简分流改革试点实施办法》《最高人民法院关于人民法院特邀调解的规定》等文件精神，结合本院工作实际，制定了《西安市中级人民法院特邀调解组织及特邀调解员管理办法（试行）》，建立定向邀请、主动自荐、协同共治三个来源的调解组织及调解员分类招募机制，坚持特邀调解专业化定位。2020 年，西安市总工会向西安市中级人民法院推荐调解人员 97 名，其中包括律师事务所 6 家，共 49 名律师，基层调解员 36 名，法律顾问团调解人员 12 名，作为工会调解劳动争议案件专门调解人员。各试点区法院也和各区总工会积极对接，打造劳动争议案件专业化队伍。

四、把学习兄弟法院经验与开拓创新相结合，探索西安典范

西安市碑林区人民法院探索试行"2 + 3"模式打出组合拳，即由碑林法院与碑林区总工会 2 个单位带头主导、协调，碑林区人社局、区司法局、区工商联 3 个单位积极参与、配合，以五部门联合制定的《关于构建碑林区劳动关系矛盾纠纷多元化解联动机制的实施意见》为指引，多方联动，充分发挥各单位在调处劳动争议案件中的职能作用，加大调解力度，形成工作合力，提高调解效率，依法维护职工合法权益，构建和谐劳动关系。实行调解触角向前延伸。各企业发生劳动争议后，既可第一时间向劳动争议诉调对接工作室申请调解，也可由仲裁委在受理劳动争议案件后委托劳动争议诉调对接工作室先期进行调解。劳动争议诉调对接工作室收到调解申请后将会主动介入，积极协调帮助解决，把牢企业劳资和谐的第一道关口，真正发挥调解在化解人民内部矛盾中的独特优势。

西安市雁塔区人民法院积极指导和配合调解组织和调解员开展劳动争议纠纷调解工作，设置诉前委派调解案件专人专岗对接，专人办理的"1 + 1 +

1"工作模式，即 1 个调解员对应 1 个助理和 1 个法官，为诉前调解工作提供完备充分的"后勤保障工作"，助理和法官不仅可以参与调解，协助、配合调解员进行调解工作，更重要的是保障调解结果的合法性、有效性。通过制定《劳动争议诉调对接工作的实施方案》《特邀调解工作对接及流程规定》，对劳动争议纠纷调解工作模式、调解期限、调解流程、注意事项等进行全面细致、操作性强的规定，真正保障调解工作的合法、有效进行，避免以拖促调，久调不决的情形出现。建立了调解员回避制度，并设置了调解员禁止性规定，着重对调解员进行规范化管理，确保调解程序的合法性和公正性。

安康市两级法院劳动争议案件多元化解工作机制经验

为深入推进矛盾纠纷多元化解机制，进一步为全市"脱贫攻坚""乡村振兴""文明村镇"建设等工作创造良好的社会环境和氛围，助力平安美丽新安康建设，安康两级法院创新开展了"诉裁衔接""三力联调""无讼新区（社区）""1＋5＋N"调解机制等工作，其核心在"和谐"。

安康两级法院在处理劳动争议案件时，充分运用劳动纠纷化解"绿色通道"，借助互联网技术，大力构建劳动争议一体化在线平台，打造立案、庭审、在线调解等网上办案新模式，实现了"快立、快调、快审、快执"。同时，对劳动争议案件重调解，协调多方力量共同参与到劳动争议纠纷解决中来。办案法官将调解贯穿于劳动争议案件审理的始终，加大诉前、诉中调解，争取能调解就不强硬裁判；同时，加强仲裁调解、诉讼调解工作的联系与对接，建立裁审调解对接制度、裁审信息沟通机制，及时交流信息，总结经验，解决和协调相关问题，最大限度地减少和解决劳动争议。

安康中院建立劳动争议案件裁审联动协调机制，促进裁审衔接，统一了劳动争议仲裁委员会与法院之间对劳动争议案件相关法律问题的理解和适用，开展调解联动，重大案件相互邀请仲裁员或法官提前介入，参与调解，力争以调解方式结案。

旬阳法院在立案庭设立律师调解工作室，协调律所派驻值班律师，为劳动者提供法律咨询、风险预警、诉讼代理等服务；加强劳动争议三力联调工作，诉前、诉中委派调解组织进行调解。

岚皋法院创建的"无讼新区（社区）"指村或社区没有重大刑事案件发生的情况下，通过充足的普法宣传、法律培训、指导调解、诉调对接、巡回审判、民意沟通等司法服务工作，促进群众法律意识和思想道德素质的明显提高，达到表达利益诉求渠道顺畅、方式理性合法，实现"小事不出村（社区），大事不出镇，重大疑难纠纷不出县"的目标，逐渐形成化讼、少讼、止讼，乃至县域内实现"无讼"的社会环境。

宁陕法院建立了劳动争议调解中心，构建了"1＋5＋N"联调机制，该联调机制以县司法局、县人社局、县劳动局、县总工会、县企业家协会5部门联动为支撑，各街道社区为基础，整合各种社会资源，发挥法院的司法权威和公信力，有力处理劳动争议，使劳动争议纠纷在不同阶段、不同时间得以快速解决。

安康两级法院将进一步拓宽劳动争议解决途径，不断创新劳动纠纷化解的模式与方法，打造多元化纠纷解决机制整合版，让当事人能够在自愿、互谅的基础上，和平、快速解决劳动纠纷，减少当事人诉累，创建社会治理新格局。

商洛市两级法院劳动争议调解工作机制

商洛市两级人民法院按照专业审判、整合资源的工作思路，对劳动争议案件由专门针对性的审判团队审理，加大对专业审判团队的培训力度，对涉及数名劳动者起诉同一用人单位追索劳动报酬纠纷、劳动争议案件，统一进行调解，开辟了劳动纠纷化解"绿色通道"，快速有效地促进矛盾纠纷妥善解决。2020年至今，商洛市两级法院共审结劳动争议类案件215件，调撤117件，无在线调解案件。

一、成立专业化的劳动争议审判团队

处理劳动争议案件涉及的法律、行政法规既有行政调整的内容，又有民事调整的内容，特别是劳动争议方面的规章制度政出多门，社会保险又具有政策性强等特点。因此，建立专门化审判组织具有迫切性和可行性。商洛市中院与各基层法院受理劳动争议案件较少，故未成立专门劳动争议法庭，但均组建了相对固定的专门劳动争议审判团队，解决了多部门对口、职能交叉、专业化不强、案件质效不高等问题。对案件的精准理解与判断，方便专业审判团队更好地与各方当事人沟通协调，调解案件，同时充分发挥团队中法官助理的职能。

一是组织劳动争议法官、法官助理培训，提升纠纷化解能力。有针对性地组织法官助理旁听劳动争议纠纷案件庭审，庭审后与主审法官就案件争议及调解技巧进行互动交流，帮助助理改进调解方式，提升纠纷化解能力。

二是充分发挥法官助理职能，加快调解效率。商洛市中院民事审判庭安排两名法官助理专门负责劳动争议的调解，通过沟通，了解双方调解意愿，搭建沟通桥梁，提高调撤率，节省诉讼时间。

二、完善联动机制

商洛中院通过建立工会、社保多部门联动的劳动争议大调解机制，在全市建立起人民调解、行政调解、仲裁调解、司法调解、"四位一体"的劳动争议调解机制建设，完善裁审衔接，统一执法尺度。建立调解组织、仲裁委、法院之间的信息沟通与交流的裁审联席会议机制，统一裁审执法尺度。处理有重大影响的劳动争议案件和群体性劳动争议案件的联动化解机制，使仲裁机构在第一时间预警通报给法院，法院提前介入，与仲裁机构共同商讨案件处理，确保裁审标准统一。

在劳动争议多元调解联合机制中，坚持党委领导、争取政府支持、通过政法委牵头，与各部门协调，建立起诉调对接齐抓共管的新格局；力抓多元化调解机构建设，建议退休法官参与劳动争议案件诉调对接工作。加强分工协作，与县司法局、各级调解组织、专业调委会开展多元化解组织人员协作；劳动争议专业团队与多元调解组织、调解员建立业务联系，及时指导培训，互相沟通信息，适时业务联动。加强诉讼服务中心主阵地建设，依托诉讼服务大厅、诉讼服务网和诉讼服务热线，完善服务功能，强化诉调对接，让群众选择更加便捷高效的纠纷解决模式；推进诉前分流，按照矛盾纠纷繁简程度征得当事人同意后，分别运用委派调解、委托调解、联合调解等方式，将纠纷纳入到多元解纷轨道，更加高效地化解矛盾纠纷。

三、推动劳动争议诉前调解、统一调解

一是大力推进诉前调解。将事实清楚、法律关系明确、纠纷烈度小的简

单案件和立案后难以下判、判决后难以执行、执行难以案结事了的"三难"劳动争议案件列为诉前调解范畴，采用简单案件速裁庭指导、"三难"案件相关部门会商的方式，针对性地开展诉前调解、协调化解、执行和解工作；对于达成协议并当场履行的以诉前调解的方式予以结案，对于达成协议但须限期或分期履行的则应当事人意愿进行司法确认或出具调解书，对于达不成协议的则及时立案受理，导入诉讼程序。

二是高效调解同一被告类案。对涉及数名劳动者起诉同一用人单位追索劳动报酬纠纷、劳动争议案件，有针对性地统一进行调解，提升劳动争议调解的效率，开辟了劳动纠纷化解"绿色通道"。

四、延伸司法机构服务功能

商洛市两级法院通过法制讲座、送法进企业等形式，加大对《劳动法》《劳动合同法》及相关法规和政策的宣传力度，增强用人单位依法用工意识和劳动者自我维权意识。通过结对帮助服务的形式，定期深入企业进行调查走访，及早掌握企业出现的劳动争议动态，及时指导企业制定完善的规章制度，并提出合理化司法建议，为企业发展提供法律帮助。对企业出现的紧急群体劳动争议情况，各级调解机构、仲裁机构及法院要提前介入，及时联系劳动部门，反馈政府部门，共同协作，保证在最短的时间内采取有效措施，协调纠纷，化解矛盾。

新城法院劳动争议多元化解工作机制及成效

为贯彻落实中央、省、市关于完善矛盾纠纷多元化解机制的要求，构建和谐劳动关系，切实维护广大劳动者合法权益，有力促进和谐的劳动关系，新城法院多措并举，积极开展劳动争议多元化解试点工作。

一是推进多元解纷，建立联动机制。建立由新城区委政法委牵头，区法院、区司法局共同推进的矛盾纠纷多元化解联动机制，联合出台了《关于建立矛盾纠纷多元化解联动机制的实施方案》。该方案旨在充分发挥司法在多元化纠纷解决机制中的引领、推动和保障作用，通过有效运行联动机制，充分发挥审判机关和人民调解组织的职能作用，将人民法院"诉"的权威性、规范性和人民调解组织"调"的便利性、非对抗性结合起来，形成合力，有效化解社会矛盾纠纷，满足人民群众日益增长的多元司法需求。

二是整合调解力量，强化诉调对接。新城法院联合新城区总工会出台了《开展劳动争议诉讼调解对接试点工作的实施方案》。成立诉调对接办公室，出台《西安市新城区人民法院关于民事案件繁简分流和诉调对接工作流程管理规定（试行）》，引导当事人优先选择非诉讼方式解决矛盾纠纷，优化司法确认程序，加强对调解工作的指导，推动诉讼与非诉讼纠纷解决方式在程序安排、效力确认、法律指导等方面的有机衔接。立案庭从以往的送达立案通知书变成先向当事人发放《诉前调解告知书》。立案法官在见到立案申请人的第一时间会主动告知其诉前调解的快捷性、经济性和高效性，询问其调解意愿，引导优先选择诉前调解，力促矛盾纠纷平息在"萌芽"状态。

三是出台《西安市特邀调解员管理办法（试行）》，全市首家法院举行特邀调解员聘任仪式暨业务培训会。诉调对接办公室为调解员提供"调解笔录""调解协议书""司法确认申请书""送达地址确认书"模板，以提升调解效率，形成更好的"诉前调解＋司法确认"模式。

四是出台《西安市新城区人民法院特邀调解组织及特邀调解员以案订补管理办法（暂行）》，调解员参与诉前和诉中案件调解工作后，可依法获得相应调解费用，"以案定补"。

雁塔法院大力提升劳动争议解纷成效

近年来，随着经济社会逐步转型，企业经济结构不断调整，劳动关系的主体及其利益诉求越来越多样化，劳动关系矛盾已进入凸显期和多发期。尤其雁塔法院所属雁塔区属于西安市产业大区，商业发达、经济繁荣活跃，注册企业较多，随之而来的用人单位与劳动者之间的劳动争议纠纷案件居高不下。因此，雁塔法院着力构建劳动争议纠纷的多元解纷机制，加大劳动争议纠纷的化解力度，切实保障和谐劳动关系，进一步缓解审判压力。

一、建立专业调解团队，推动劳动争议解纷从粗放型向精细化转变

1. 针对劳动争议纠纷专业性强的特点，雁塔法院采取专门问题专业解决的指导方针，联合雁塔区总工会共同制定《关于开展劳动争议诉调对接工作实施方案》，成立"劳动争议诉调对接工作室"，建立了区法院与区总工会之间关于劳动争议纠纷委派委托调解工作机制，通过发挥工会组织在调处劳动争议纠纷中的职能作用，行业优势，从而加大劳动争议纠纷调解工作力度。

区总工会从职工维权律师、工会法律专家顾问、工会公职律师、劳动争议仲裁调解员中择优遴选了 50 名专业一流、经验丰富的调解员，为辖区内劳动者提供法律咨询、风险预警、矛盾初期化解，以及法院的委派调解工作。劳动争议纠纷因为群体和程序的特殊性，调解工作存在一定的难度。工会的调解员针对不同纠纷情况"对症下药"，采取不同的调解方式，如面对面调解法、背对背调解法、赞扬激励法、苗条预测法、冷处理法等方式方法，对当事人进行讲解和规劝，缩小分歧，促成调解的达成。2020 年，工会调解室共接收诉前委派调解案件 327 件，在预防和化解劳动争议纠纷、维护职工合法权益、构建和谐劳动关系方面起到了积极作用。

2. 除了与工会建立专门的调解工作室，雁塔法院将个别律所及其推荐律师纳入本院的特邀调解组织和特邀调解员名册，主要开展高新区、曲江新区辖区内的企业职工间劳动争议纠纷的调处工作，充分发挥专职律师的专业化水平，助力推动劳动争议纠纷的调解成功率。2020 年，律师调解员共接受本院委派调解案件 137 件，案件均出具结案报告，详细归纳当事人争议焦点、无争议事实内容，为下一步案件的审理工作奠定了一定的基础。

二、建立工作新模式，促进劳动争议解纷便捷高效低成本

在建立专业调解团队的基础上，雁塔法院进一步力求在程序上实现精简、快捷，通过"特邀调解＋司法确认"工作模式，充分发挥司法确认程序"程序简、耗时短、零费用"的优势，紧扣"2 个环节"，让劳动争议纠纷化解快出"加速度"。

1. 专人对接环节。设置劳动争议纠纷委派调解案件由专人对接，司法确认案件专人办理的工作模式。工会调解团队由一名法官助理、一名员额法官专门负责案件对接工作。即"1 + 1 + 1"工作模式,为调解团队和司法确认工作提供完备充分的"后勤保障"。调解员调解成功的劳动争议案件可当天移交法官审查,有问题及时沟通、及时解决。法官通常在接收材料后最快当天即可出具法律文书。"1 + 1 + 1"团队工作模式,在保障案件质量的基础上又提高了效率,真正便捷了当事人。

2. 线上调解环节。利用人民法院调解平台,积极推动在线调解的广泛应用,并且创新性的推出了"网上立案 + 线上调解 + 在线司法确认 + 电子送达"一条龙解纷机制,纠纷当事人通过网上进行立案,立案庭审查符合诉前调解案件的,将直接推送至人民法院调解平台,并委派调解员组织双方当事人视频在线调解,如调解达成协议申请司法确认,可直接线上申请,确认有效后文书通过电子方式予以送达,整个纠纷从起诉到案结事了,当事人可全程线上完成,不仅便利了当事人,更提高了调解效率,大大节约了劳动争议双方当事人的时间成本。

三、通过"五个一指标",加强法院和调解团队工作联系

分别建立一本联系与工作台账;每季度联系召开一次调解工作联系会,进一步健全联系和合作工作制度;由法院评选一批典型案例,组织安排非律师调解员观摩一次诉讼调解工作或参加一次旁听庭审;联合开展一次义务送法到基层活动,加大对调解工作的宣传力度,提高社会的认知度和公信力;开展一次工作交流、总结活动,对工作中出现的问题进行及时研究解决,对好的联合调解做法及时总结推广。

四、紧抓培训不放松,打造过硬调解员队伍

为促进调解员调解工作的专业性和有效性,雁塔法院专门针对性地制定出台《调解员培训办法》,明确对入册特邀调解员进行岗前培训和定期培训。对律师调解员着重职业操守、涉密规定、重大敏感案件的处置等方面的培训;对非律师调解员针对劳动争议纠纷典型案件进行专门业务培训;指导调解员通过手机 APP 在线调解平台学习调解技巧和技能等视频课件,不断改进和提升调解方式方法,促进调解成功率。

五、加强宣传，提高劳动争议纠纷诉前化解广泛认知

发生劳动争议纠纷，相比仲裁、诉讼，采用协商性强、对抗性弱、成本低廉的调解方式，更有利于劳动争议纠纷的实质性解决。因此，雁塔法院通过微信公众号、微信"雁小立"、立案大厅陈设宣传小图片等多渠道、多方式开展劳动争议纠纷诉前调解宣传工作，让广大劳动者树立"有纠纷，先调解"的法律意识，充分提高工会等专门调解组织的社会知晓度和公众认可度。

三、典型案例汇编

1. 疫情影响下伍某等 34 人劳动关系纠纷调解案

【基本案情】

伍某等 34 名员工，在兴国某礼服有限公司务工。因受新冠肺炎疫情影响，公司经济效益滑坡，2020 年春节放假时，拖欠员工工资 13 万余元。公司负责人已向员工承诺，待春节开工后补发所拖欠的工资。

春节后，因公司仍无订单，便决定延期复工复产至 5 月底，并通知员工在家继续休息。员工接到通知后，产生恐惧心理，害怕公司倒闭，老板走人，便集体向县劳动监察局投诉，请求县劳动监察局帮助要回所拖欠的工资和解除劳动关系后的经济补偿金。县劳动监察局工作人员考虑案情的特殊性，劝其回家再等一段时间。时过 10 余天，员工的疑虑再生，便一纸诉状将该公司诉至县人民法院，请求法院判定支付所拖欠的工资和解除劳动关系后的经济补偿金。

县法院接案后，认为以调解的方式较妥，向兴国县劳动争议诉调对接工作室下发了《江西省兴国县人民法院委托调解函》，将该案委托诉调对接工作室调解。

【调解结果】

兴国县劳动争议诉调对接工作室接到委托函后，立即组织县总工会工作人员和诉调对接工作室人员开展调解工作。

工作室的工作人员于 4 月 10 日进入该公司，向公司负责人杜某等人了解公司的情况，同时做好调解工作。经杜某确认，公司受疫情影响，拖欠工资属实，但公司倒闭一事没有迹象。针对公司存在的问题，工作人员为维护员工的合法权益，既有针对性地对杜某等负责人进行释法，又表示尽量做好员工的思想工作，达到共渡难关的目的。经过耐心释法、开导，公司负责人承诺：万一公司会倒闭，员工的工资和一年一个月的补偿金一分都不会少。最后公司负责人在调解记录上按了自己的手印。

另外，工作室的工作人员又找到申请人代表伍某等人，一是耐心向他们细说公司在疫情影响下碰到的实际困难。二是转达公司负责人为员工们许下的承诺。三是耐心说服员工也要同情、理解公司的难处，要和公司同甘共苦，渡过难关。同时工作人员又进一步稳定员工的心情，郑重承诺：如果公司万一开不下去，县总工会、县劳动监察局、县法院等部门将会齐心协力维护员工的合法权益。员工代表听后表示一定做好全体员工的思想工作，要与公司同舟共济、共渡难关，争取早日复工复产。

经对双方调解达成共识后，即日组织双方当事人代表签订了《兴国县劳动争议诉调对接工作室调解协议书》，双方代表在协议书上按了手印。其协议条款如下：

1. 被告因疫情影响，国外订单进不来，无法一时复工复产，决定4月、5月放假，到复工复产前一周内通知原告回厂复工，原告理解并同意；

2. 被告未发放原告2020年3月的工资属实，待复工复产后立即补发；

3. 原告在复工复产前自愿在家等待；自愿停止任何诉求活动。

2. 祝某等30人与某有限公司金乡分公司劳动报酬纠纷调解案

【基本案情】

2020年6月3日，祝某等30人向金乡县职工法律援助站申请法律援助，被申请人金乡县某有限公司金乡分公司拖欠申请人祝某等30人工资共30万元，申请人多次向被申请人索要无果，申请人希望金乡县职工法律援助站予以调解。

接到援助申请后，金乡县职工法律援助站非常重视，安排山东圣和律师事务所李某国律师负责跟踪此案，李瑞国律师接受援助任务后，立即着手开展工作，认真收集案件材料，多次到金乡县某有限公司金乡分公司了解情况。

经核实，被申请人某有限公司金乡分公司拖欠申请人祝某等工资30万元，并有未发放的工资明细表等证据，被申请人对申请人所拖欠工资情况没有异议，同意支付申请人的拖欠工资，但由于被申请人目前资金紧张，具体支付的时间及方法，被申请人需再协商确认。经李某国律师和申请人职工代表、被申请人张经理约定，于2020年6月11日在金乡县职工法律援助站劳动争议调解室进行调解。

【调解结果】

2020年6月11日，申请人祝某等30人职工代表、被申请人某有限公司金乡分公司张经理到达金乡县职工法律援助站劳动争议调解室，经过李某国律师主持调解，双方自愿达成调解协议，申请人与被申请人达成共识，被申请人金乡县某有限公司金乡分公司先支付申请人祝某、李某、吕某、李某、邵某等30人2019年12月及2020年1月的工资，剩余所欠2020年2月至5月份工资于6月底全部结清。

2020年7月初，金乡县职工法律援助站通过回访得知，被申请人金乡县某有限公司金乡分公司仅支付申请人祝某、李某、吕某、李某、邵某等30人2019年12月及2020年1月的工资，剩余所欠2020年2月至5月的工资并未结清。

金乡县职工法律援助站再次启动调解程序，李某国律师多次与金乡县某有限公司金乡分公司张经理联系，向其转发了《人社部、最人民法院、最高人民检察院、公安部四部门：依法严厉打击恶意欠薪犯罪》通知精神，释明劳动法律法规及恶意拖欠农民工工资为犯罪行为。

2020年7月13日上午，申请人祝某、李某、吕某、李某、邵某等30人职工代表、被申请人金乡县某有限公司金乡分公司张经理到达金乡县职工法律援助站劳动争议调解室，进行再次调解，经过充分协商，最终达成一致意见，双方达成和解，签订还款协议。结案后，对整个案件材料进行整理归档。

接案后首先应该分别与双方沟通，放低姿态，消除与当事人的距离感，善于聆听矛盾双方的诉求，在倾听的过程中不仅对整个案件的来龙去脉有一个客观认识，也会使倾述人心态由紧张、冲动转向放松，这是协调双方矛盾的基础工作。与当事人沟通，及时了解案件的情况，应当进行调查研究，查阅有关材料和凭证，梳理分析事情的来龙去脉，为双方协调做好基础。向当事人传达最新、最全面的案件相关的法律法规，引起当事人的重视，让其认识到拖欠工资的错误行为及面临的后果，促使争议问题尽快协商解决。

要认真落实确定的各项管理制度，要做好后续的回访调查，跟进案件的进展情况，努力提高案件受理量和调解成功率，资料及时归档及反馈，保障法律援助的办案质量。

3. 赵某诉连云港某有限公司确认劳动关系仲裁案

【基本案情】

2020 年 7 月 28 日，申请人赵某通过朋友介绍到被申请人连云港某有限公司处工作，从事操作工，负责被申请人承揽的东营市某有限公司管道维修工作。入职后，被申请人既未与申请人签订书面劳动合同，也未给其缴纳社会保险。2020 年 8 月 24 日，申请人在工作时因台钻打滑致使大拇指被挤压，大拇指骨折，软组织受伤严重，因工负伤，被申请人项目经理将申请人送至医院救助。出院后，申请人希望被申请人为其申报工伤保险并支付工伤保险待遇，但被申请人均拒绝。申请人提起劳动仲裁，要求确认与被申请人存在事实劳动关系。

【仲裁结果及理由】

东营市劳动人事争议仲裁委员会于 2020 年 12 月 8 日作出劳动仲裁裁决书：确认申请人赵某与被申请人连云港某有限公司自 2020 年 7 月 28 日至 9 月 15 日存在劳动关系。

东营市劳动人事争议仲裁委员会生效裁决认为：申请人赵某与被申请人连云港某有限公司是否存在劳动关系，需结合劳动关系的法律特征审查。在本案中，申请人赵某经招聘入职被申请人处，按日考勤，接受被申请人连云港某有限公司的实际管理，所从事的操作工作系被申请人主要业务工作组成部分。被申请人连云港某有限公司虽然辩称与申请人不存在劳动关系，对申请人主张的与项目经理魏某某之间的聊天记录以及通话录音均不认可，但是经仲裁委员会实际调查，魏某某确实为被申请人连云港某有限公司在现场的项目经理，魏某某的行为应认定为公司职务行为，申请人实际上接受被申请人的管理，申请人与被申请人应存在劳动关系。

1. 本案中，申请人与被申请人经常居住地均不在仲裁地。这一情况体现了工程项目地极大的流动性特征，务工人员往往是跟随项目流动，实际用工地与用人单位注册地不一致，且项目挂靠资质的情况众多。本案中，所谓项目经理魏某某实际上并不是公司职工，而是借用公司资质，在这种情况下，项目经理如无法联络，很难将用人单位与劳动者联系起来，进而也无法确认劳动关系。这也是在流动性极强的工程领域所存在的普遍问题，农民工维权取证难，成本高。

2. 本案申请人赵某在事发后多次与被申请人协商未果后，先后通过信访、市长热线以及劳动监察维权，但均未得到妥善处理，后申请人赵某通过劳动监察投诉反映时了解到工会设有法律援助中心，经过援助中心的调查，建议申请人首先通过仲裁方式确认劳动关系，确认劳动关系之后再申报工伤，进行劳动能力鉴定，最终享受工伤待遇。本案中，工会工委委派援助律师了解案情，获得申请人授权后及时向东营市劳动人事争议仲裁委员会提起了劳动仲裁，申请确认劳动关系。立案后，针对本案的焦点问题和难点问题，工会工委及时联系劳动监察、信访以及涉案项目公司有关人员，调取了相关证据材料，确认了涉案工程项目经理魏某某与被申请人连云港某有限公司的隶属关系，同时到涉案项目地调取了申请人工作时的相关考勤等证据，为本案的胜诉奠定了坚实的基础。

3. 本案东营市劳动人事争议仲裁委员会作出裁决后，工会工委继续为申请人服务，于裁决生效后第一时间向人社局提交了工伤申报材料，目前人社局已受理申请，预计将会在 45 个工作日作出工伤认定书。工会工委为申请人提供全流程的贴心服务，确保其合法权益得到全额保障，在工伤确认后，工会工委将继续指派援助律师为其申请劳动能力鉴定，根据劳动能力鉴定结果再次通过仲裁为其争取相应级别的工伤赔偿待遇。

4. 本案对农民工因工负伤的处理具有一定的借鉴意义，随着《保障农民工工资支付条例》的出台，农民工在工地工作的实名化、劳动合同签订率和工伤保险普及率将大幅提升，对农民工的保障力度将进一步加大，在这一背景下，工会工委将进一步加大对困难农民工的维权保障力度，降低维权门槛，提供优质、全流程的法律援助，确保农民工的合法权益。

4. 山东某有限公司与张某劳动争议纠纷调解案

【基本案情】

张某长期在山东某有限公司工作，双方签订了无固定期限劳动合同，山东某有限公司为张某缴纳了各项社会保险费。因山东某有限公司拖欠职工薪金及养老保险 3 个月以上，12 名职工到公司处向工会领导和公司领导反映薪金发放及保险缴纳等相关问题，未能得到满意答复。包括张某在内的 49 名职工，到公司反映薪金发放及社会保险缴纳等情况，经公司领导劝阻后，又到上级公司信访办反映情况。后参与上访的 49 人中有 44 人向某有限公司上交了书面检查，其余 4 人及张某未上交书面检查。山东某有限公司认为这两天的职工上访明显是一次有组织、有预谋的重大上访事件，给公司的外部市场形象造成了恶劣影响，依据其制定的《劳动纪律管理办法》第 5 条、第 18 条的有关规定，《员工奖惩实施办法》第 7 条第 4 款的有关规定，以张某作为本次上访事件的组织者之一，严重违反单位上述规章制度为由，作出与张某自 20××年××月××日起解除劳动合同的决定，并为其出具了解除劳动合同证明书。

【调解结果】

后张某申请仲裁，请求裁决：山东某有限公司支付张某工资20 758.60元，违法解除劳动合同赔偿金249 400元。

因山东某有限公司拖欠职工的工资及养老保险已经 3 个月以上，张某在有基层工会人员参与向山东某有限公司工会反映薪金及保险缴纳问题未得到满意答复时，向山东某有限公司的上级党委及工会主管某公司工会反映情况，属于通过正常渠道反映问题，虽人员过多，形式不妥，但并非严重违反《劳动纪律管理办法》第 5 条、第 18 条及《员工奖惩实施办法》第 7 条第 4 款的行为，《劳动纪律管理办法》及《员工奖惩实施办法》中并无涉及职工因欠薪及欠保险，而向工会组织反映问题的规定，且山东某有限公司认定张某系此次上访事件的组织者，亦无证据证实。

经调解，双方达成协议：张某在山东某有限公司工作 28 年 11 个月零 18 天，山东某有限公司应当按照张某 29 个月工资的 2 倍标准向张某支付违法解除劳动合同赔偿金，数额为244 971.12元（4223.64元/月×29个月×2倍）。

5. 张某诉某公司劳动报酬调解案

【基本案情】

张某在某公司维修部继续从事维修工作，并担任维修经理。双方最近一份劳动合同于2018年8月1日签订，合同期限自2018年8月1日至2020年7月31日，合同约定：所在岗位实行标准工时工作制；月工资1660元，工资形式为计时工资等。2019年1月20日，某公司召开维修部工资计件制考核会议，并形成《售后员工计件制考核标准》一份，但张某未在"售后服务员工签字处"签字。其后，某公司维修部实行计件制的员工由维修部派单工作，不再实行考勤管理。2016年至2019年1月，某公司基本按应发工资6500元/月向张某发放工资，扣除社会保险费用等费用，张某实际到手工资6000元左右。2019年7月2日，张某通过邮政快递的方式向某公司发出《解除劳动合同通知书》一份，以某公司在2019年2月至2019年6月未按约支付劳动报酬为由，解除双方的劳动合同，某公司于当日收到通知。某公司为张某缴纳社会保险费至2019年6月。

2019年，张某向县劳动人事争议仲裁委员会申请劳动仲裁，请求裁决：（1）双方之间的劳动关系解除；（2）某公司支付欠发的工资96 667元；（3）某公司支付解除劳动合同的经济补偿金55 250元（6500/月×8.5个月）。县委员会作出《仲裁裁决书》，驳回了张某的仲裁请求。张某不服该裁决，遂起诉法院。

经过一审法院审理认定，某公司在2016年至2019年6月，未足额发放工资69 204元，确认张某与某公司之间的劳动合同解除，驳回张某诉讼请求。

【调解结果】

本案历经仲裁、一审至中院立案已长达将近1年之久，且恰逢新冠肺炎疫情之际，劳动者与单位在经济上分别承受着疫情的考验与压力，双方的僵持对彼此来说都是一个难解的问题，此时工会的介入调解，是实现双方互利共赢的一次契机。通常在双方初步的沟通中，双方争论的焦点仍是谁对谁错，以及彼此敌对埋怨的情绪，但是调解的目的不是下定论对错之分，而是基于法理，结合情理，舒缓双方之间的矛盾，以争取双方最后的标的一致。

工会工作人员在详细了解案卷案情后，鉴于目前仍处于疫情期间且当事人双方均不便面对面调解等原因，采取电话沟通的方式厘清双方的意见差异，寻求双方可以协调的平衡点，在焦点金额上不断拉近双方的差距。首先向单位进行沟通，了解到单位由于在疫情压力下，加之一审判决的不利结果，承担着较大的压力，因此具备调解的意愿，但在金额上有较大的分歧，单位无法理解为何仲裁与一审法院的结果差距如此之大，也无法接受要赔付如此之高的金额。工作人员耐心向其解释了判案的结果主要基于证据的提供，事实的真相如何除了当事人可以清楚了解，其余人包括法官只能从双方提供的证据上去判断事实。在目前提供的证据下，单位确实需要向劳动者支付这笔金额，也向单位阐明了特殊时期下，调解对单位来说也是一种比较好的方式与途径。单位在工作人员的劝说下，表示愿意支付一定金额，但单位在疫情冲击下存在困难，希望在金额上能有个商谈的余地。

在了解单位的意愿后，工作人员向劳动者致电，第一时间了解劳动者的调解意愿，对劳动者久缠于官司的心情表示理解与安抚，同时告知劳动者不能单单追求金额大小上的利益最大化，在疫情期间也需要考量单位对金额的支付能力与支付时间。一笔及时有效的金额远胜于迟迟拿不到的"空饼"。劳动者在接受工作人员的劝说后，对目前调解有了新的态度。

在双方都具备调解意愿的条件下，工作人员就金额的确定进一步做双方的工作，将最后的争议点不断化小。最终经过工作人员多次反复致电双方沟通，单位同意一次性支付张某4万元，并于5月24日前支付完毕。双方据此签订了调解协议书，权利义务就此履行完毕，劳动者不再向单位主张劳动争议项下的任何权利。

6. 徐某等人与某寺庙的劳资纠纷调解案

【基本案情】

2020 年 5 月，何某以个人名义向某寺庙承包了厨房建设工程（各方无书面承包合同）。口头约定后，何某雇用由徐某带班的 17 名泥工进行主体施工，并将墙壁粉刷、门窗包角等以轻工定额的方式转包给他人。至 2020 年 10 月底，何某共计拖欠泥工班组工资款22 500元，油漆工 8500 元，门窗包角9500元。在工程未完全完工时，何某因故失联，各方均无法联系何某。因此，寺庙方将剩余工程转包给了他人，把徐某带班的泥工及油漆工等辞退回家。而劳动者要求寺庙方支付何某拖欠的工资款时，寺庙方称，寺庙方是将工程承包给何某建设，何某所完成的工程量寺庙方已足额支付了工程款。因此，劳动者应向何某去领取工资。为此双方发生争执。在多次讨要无果情况下，2021 年农历年底，徐某等人向宁波市奉化区溪口镇工会"老何说和"工作室求助。

【调解结果及理由】

工作室在接到徐某等人的求助后，即向寺庙方了解有关情况。据寺庙方称，2020 年 5 月，寺庙方因建设厨房需要，将工程承包给何某施工，双方未签订施工合同，仅口头约定了施工方案及工程造价。何某承包后，以 200～400 元一天不等的工资雇用了徐某及其他民工进行施工。寺庙方按工程进度支付何某工程款。后何某因故失联，寺庙方为避免与何某所雇用的民工发生纠缠，便一次性辞退了徐某所带领的泥工班组及何某以轻工形式转包给他人的油漆班组、门窗包角班组等人。将未完工部分工程又转包给了他人施工。针对以上情况，调解员要求寺庙方与徐某等人面对面调解并对徐某等人提供的工资清单予以核对。起初寺庙方一直坚称对何某的工程款已结算完毕，徐某等人应向何某结算工资，双方一时陷入僵局。为切实维护农民工合法权益，保障农民工依法获得劳动报酬。针对寺庙方的消极态度，工作室及时与镇相关部门联系，督促寺庙方正视农民工的合理诉求。同时，调解员也多次向寺庙方进行明理析法，宣传相关法律法规。寺庙方终于在工作室主持下于 2021 年 1 月 25 日、1 月 29 日两次与徐某等人进行面对面调解并核对了相关工资清单。

2021 年 2 月 2 日，双方在工作室主持调解下签订了书面协议。协议约定：寺庙方同意支付何某所欠徐某等人的工资款共计 68 000 元，同时有权向何某追偿该笔款项，并于当日付清了徐某等人全部工资。

根据《劳动法》第 3 条规定："劳动者享有平等就业和选择职业的权利、取得劳动报酬的权利、休息休假的权利、获得劳动安全卫生保护的权利、接受职业技能培训的权利、享受社会保险和福利的权利、提请劳动争议处理的权利以及法律规定的其他劳动权利。"《保障农民工工资支付条例》第 36 条规定："建设单位或者施工总承包单位将建设工程发包或者分包给个人或者不具备合法经营资格的单位，导致拖欠农民工工资的，由建设单位或者施工总承包单位清偿。"《保障农民工工资支付条例》第 18 条规定："用工单位使用个人、不具备合法经营资格的单位或者未依法取得劳务派遣许可证的单位派遣的农民工，拖欠农民工工资的，由用工单位清偿，并可以依法进行追偿。"因此，本案中，寺庙方将工程承包给没有施工资质的何某个人，虽已全部付清了何某承包款，但何某失联后，未按时足额发放工资给徐某等人，该欠薪理应由寺庙方先行支付，但寺庙方可以向何某予以追偿。

7. 四川某林产工业集团有限公司员工诉拖欠职工工资及社保调解案

【基本案情】

2019 年 4 月，四川某林产工业集团有限公司（以下简称集团总公司）及其子公司青白江区某环保装饰材料有限公司（以下简称环保子公司）202 名员工到区人社局维权，反映企业拖欠工资、社保和经济补偿金等问题，涉及金额 1300 万余元。

【调解结果及理由】

根据相关法律，破产财产在优先清偿破产费用和共益债务后，依照下列顺序清偿：（1）破产人所欠职工的工资和医疗、伤残补助、抚恤费用，所欠的应当划入职工个人账户的基本养老保险、基本医疗保险费用，以及法律、行政法规规定应当支付给职工的补偿金；（2）破产人欠缴的除前项规定以外的社会保险费用和破产人所欠税款；（3）普通破产债权。破产财产不足以清偿同一顺序的清偿要求的，按照比例分配。

根据以上法律规定，青白江区作出调解方案。针对企业经营困难、停产裁员，被多家法院查封，无力支付员工工资和经济补偿金，且涉及人员众多等突出矛盾，立即组建"林产工资"案件工作专班，开辟了劳动争议仲裁"绿色通道"，组建合议庭快调快审案件，召集劳企双方见面会、协调会、调解会，全力化解劳资矛盾，在30日内快速办结案件，并在调解期间与单位协调通过多种渠道筹集资金支付了欠缴的社保费78万余元，保障了职工失业金的领取，同时积极推荐职工再就业，得到员工的高度赞扬，没有因此出现上访、集访等突发事件。同时，鉴于该企业职工申请劳动仲裁时，该企业已被多家法院查封，区人社局主动与法院、园区管委会、经科信部门沟通，派专人共赴浙江某法院协调拖欠工资执行问题。通过多方努力，浙江某法院认可在执行拍卖地产时，优先解决集团总公司和环保子公司职工权益问题。

2020年2月24日，202名职工终于拿到了自己的工资、经济补偿、工伤待遇等款项合计1356.75万元。两家公司的职工代表在拿到工资后，纷纷送上锦旗，写道"维权路上有真情，公正仲裁显正义""为民解忧，高效仲裁"。

8. 四川某科技有限公司13名员工投诉公司解除劳动合同纠纷案

【基本案情】

四川某科技有限公司为了进一步拓展公司的业务，2020年8月新组建了一个运营团队，该团队由 13 名应届大学毕业生组成，负责公司新业务的开展。团队成员大多于 2020 年 9 月入职，均处于劳动合同的试用期。新团队经过近 2 个月的运行，并没有达到企业组建新团队预期的效果，2020 年 10 月 27 日公司作出撤销新团队，与团队员工解除劳动合同的决定，10 月 28 日向 13 名员工下达了解除劳动合同的通知书。在没有事先的协商，也没有合法的理由，更没有对员工最为关心的当月工资、休息日加班、解除合同的经济补偿明确告知的情况下，一纸解除劳动合同的通知摆在 13 名员工面前，公司的行为激起了员工的不满，13 名青年员工选择了既向相关部门投诉，又通过网络用一些较为夸大的言语进行曝光的方式来维护自身的权益。

【调解结果】

2020 年 10 月 29 日青羊区总工会接到该舆情，立即会同区劳动监察大队、街道劳动保障所深入企业，在分别与用人单位负责人和员工沟通的基础上，就用人单位单方解除劳动合同、经济补偿及劳动报酬相关问题组织双方进行调解，经过 3 个小时的协商、调解，13 名青年员工与用人单位就加班工资、经济补偿金等达成相关和解协议：（1）由用人单位根据员工的法定休息日加班情况，按照小时工资或日工资标准两倍计算员工的加班工资；（2）用人单位按照员工半月工资标准，向员工支付解除劳动合同的经济补偿；（3）用人单位按员工 2020 年 10 月实际工作情况核算并支付 10 月份劳动报酬；（4）以上涉及费用，用人单位在 2020 年 11 月 15 日前进行核算并给予支付；（5）双方共同承诺，认可和解协议条款，放弃对本协议未罗列事项提起诉讼的权利；（6）双方停止发布不实言论，对已发布的言论立即删除，对于已经造成不良影响的，由双方发表和解声明。企业方和 13 名员工在和解协议上进行了签字，员工对网络发表的相关内容当即进行了删除。11 月 10 日前，13 名员工的经济补偿金、加班工资、10 月份工资全部得到兑现，该劳动纠纷妥善解决。

9. 周某与奉化某公司的劳动纠纷调解案

【基本案情】

周某于 2001 年进入奉化某公司从事装配工作，双方已签订了无固定期限劳动合同，A 公司经职工代表大会讨论表决通过了公司规章制度，规章制度里明确了职工在工作期间发生打架、斗殴的行为属于严重违纪，存在严重违纪行为的公司可以单方面与其解除劳动合同并无须支付其经济补偿金。某公司同时将《员工手册》印制成小册子分发给全体职工。

2019 年 11 月 16 日，周某在工作期间因工作原因与车间主任发生口头争执，同时周某对车间主任有动手拉扯衣领的行为，周某这一行为也被公司视频监控记录。2019 年 11 月 18 日某公司以周某严重违反公司规章制度为由与其解除劳动合同，并拒绝其进入厂区工作。周某认为自己该行为属于初犯，并未给对方造成人身伤害，不属于严重违纪，公司如单方面解除劳动合同需支付相应的经济补偿金，公司则认为周某的行为已经符合《员工手册》里严重违纪的行为，故与周某解除劳动合同无须支付经济补偿金。2019 年 11 月 19 日，周某向奉化区总工会职工服务中心求助。职工服务中心征求某公司同意后，受理了此劳动纠纷，中心采用"背对背"方式进行了多次调解。

【调解结果及理由】

在调查了解过程中，调解员与职工周某和某公司工会主席及相关负责人多次进行沟通，了解到双方的焦点主要是周某对某公司车间主任动手拉扯衣领的行为是否构成《劳动合同法》上严重违反单位规章制度的情形。周某认为自己当时的行为是有欠考虑，对车间主任以及公司造成了管理上的不良影响，但自己毕竟是 10 多年的老员工，又只是初犯，对于公司要与其解除劳动合同并不支付经济补偿金无法接受。公司则认为周某的行为已经属于公司《员工手册》里严重违纪的行为。

针对双方的矛盾焦点，区总工会职工服务中心组成了以服务中心主任为首的调解小组，通过对该案件的案情具体分析讨论，并咨询了相关专业律师，认为周某的行为是否达到公司《员工手册》里严重违纪的行为还是有待商榷的，根据《劳动合同法》第39条第2款规定"劳动者严重违反用人单位规章制度的，用人单位可以解除劳动合同"，用人单位以严重违反规章制度为由与周某解除劳动合同，必须符合三个条件：第一，公司的规章制度合理合法有效，向劳动者公示过。用人单位根据《劳动法》第4条规定，并通过民主程序制定的规章制度，不违反国家法律、行政法规及政策规定，并已向劳动者公示的，可以作为仲裁机构审理劳动争议案件的依据。本案中公司的规章制度与国家现行的法律法规无抵触，经职工代表大会表决讨论通过，也通过发放《员工手册》给全体职工的形式进行了公示，因此某公司规章制度的效力是有效的。第二，劳动者的违纪行为在规章制度中被列为解除劳动合同的行为。本案中某公司规章制度里规定"职工在工作期间发生打架、斗殴的行为属于严重违纪"也只有这一条可以与周某的行为挂上钩。第三，劳动者的行为严重违反了公司的规章制度。本案中某公司规章制度把打架、斗殴的行为列为是严重违纪，但周某拉扯公司车间主任衣领的行为是否属于打架、斗殴的行为，很大程度上还是根据违纪劳动者主观表现是否为故意，违纪行为是否造成严重后果，同时还需结合公司的行业或职工岗位的特殊性来判断的。本案中对周某的行为，一时间很难下定论。

调解员一方面对职工进行了相关法律法规详细解读，让周某意识到自己的行为后果是很严重的，同时安抚周某的情绪；另一方面与企业工会主席以及相关负责人进行沟通协调，解读违法解除劳动合同的严重后果，并交流老员工为企业带来的贡献和作用，引导企业认识到老员工是企业里的宝贵资源和技术支撑。在调解员采用"背对背"方式多次调解下，双方终于坐在一起进行了面对面的交流沟通，职工周某诚恳地向车间主任道了歉，同时向某公司写了书面承诺书保证下不为例，某公司撤销了与周某解除劳动合同的决定书，最终双方握手言和。

10. 宋某诉四川某科贸有限公司劳动争议仲裁案

【基本案情】

2010 年，宋某到四川某科贸有限公司从事市场管理部经理工作。2010 年 2 月 21 日，申请人与被申请人签订劳动合同，约定期限为 2010 年 2 月 21 日至 2013 年 6 月 30 日，岗位为市场管理部经理，工资标准为年薪制。2012 年 9 月 19 日，被申请人发布了《关于宋某兼职任命的决定》，"任命市场管理部经理宋某兼任非洲中东部经理，任期两年；宋某不参与 2013 年该部门的提成。上述任命自 2012 年 9 月 1 日起生效"。2013 年 7 月 31 日，申请人与被申请人续签了劳动合同，约定期限为 2013 年 7 月 1 日至 2018 年 6 月 30 日，岗位仍为市场管理部经理，工资标准仍为年薪制。2015 年 1 月 1 日，被申请人发布了《关于组织机构及管理分工调整的通知》，"宋某任营销本部经理（10 级）"。2017 年 6 月 13 日，申请人向被申请人申请免去兼任的营销本部经理职务，提到"在兼任两个一级部门经理 5 年左右时间里，一直都只拿一个部门经理的工资收入，即非洲部的基本工资＋提成，没有营销本部经理的绩效和年薪的收入，在同级别的同事（10 级）里也是较低的"；7 月 21 日，被申请人发布《任职调整的通知》，"宋某继续担任非洲部销售经理职务（10 级），免去其营销本部经理职务；任职调整自 2017 年 8 月 1 日起生效"；8 月 1 日，申请人与被申请人签订了一份劳动合同变更协议，将岗位变更为非洲部经理，将工资标准变更为岗位制。

收到申请人的仲裁申请后，金牛区劳动纠纷一站式联处中心在双方自愿的前提下，组织双方进行调解，由于双方意见分歧较大，协商不成。立即转入仲裁程序。

【裁决结果及理由】

被申请人通过人事任免决定对申请人进行兼职任命，并在任命文件中规定申请人不参与部门提成，未与申请人签订合同重新约定工资标准，是单方排除申请人获得劳动报酬的权利，应当酌情按照同岗位的待遇对申请人支付兼岗的劳动报酬。

申请人自 2012 年 9 月 1 日至 2017 年 7 月 31 日兼任两个岗位,但 2012 年 9 月 1 日至 2013 年 12 月 31 日只获得市场管理部经理的对应薪酬,2014 年 1 月 1 日至 2017 年 7 月 31 日只获得非洲中东部经理的对应薪酬。劳动合同未明确约定工作内容和劳动报酬,而申请人与被申请人约定的劳动合同与事实不符,只约定了一个岗位,没有达到《劳动合同法》规定的必备合同要素,且被申请人单方发布的任命文件要求申请人不得参与提成分配,排除劳动者获得报酬的权利。在此期间,被申请人未与申请人重新签订或变更劳动合同,进而未按照两个岗位的薪酬发放。虽表面上申请人的工资收入有一定提升,但是这是因为单岗位的职级从 9 级升到 10 级,而不是因为兼岗带来的额外收入。考虑到申请人加倍的工作付出,应当至少酌情裁决被申请人向申请人支付两个岗位的相应劳动报酬。

11. 廖某与成都某人力资源顾问有限公司欠薪调解案

【基本案情】

2019 年 6 月 6 日青羊区总工会接到成都某人力资源顾问有限公司劳务派遣员工廖某投诉公司未支付其 2 月、3 月、4 月的工资,希望工会给予帮助的请求后,迅速开展相关问题的调查、处理工作。

一是与投诉人取得联系。廖某系成都某人力资源顾问有限公司派遣到成都某信息技术有限公司工作的员工,2018 年 10 月 16 日与劳务派遣公司签订劳动合同,2019 年 4 月 15 日离职,劳务派遣公司未支付其 2 月、3 月、4 月的工资。

二是与劳务派遣公司沟通相关情况。经沟通得知,该公司在 2018 年 8 月 24 日、2016 年 6 月 1 日分别与成都某信息技术有限公司、成都某网络技术有限公司、东莞市某信息技术有限公司三家公司(三家公司实际负责人一致)签订了《(人才)劳务派遣协议》,在协议中约定由劳务派遣公司提供派遣员工,购买社保、公积金,三家用工单位直接向派遣员工支付工资,由于三家用工单位的董事长失联,经营停止,公司处于关门状态,造成 3 月、4 月应支付劳务派遣公司的社保和公积金 422 025.57 元和派遣员工 3 月、4 月工资未支付，劳务派遣公司试图通过法律途径向三家用工单位追讨欠款。

【调解结果及理由】

劳务派遣公司的员工被派遣到用工单位后，劳务派遣公司对派遣员工应当履行的义务和承担的责任不可回避，当用工单位出现侵害派遣员工合法权益时，劳务派遣单位同样要承担相应的责任。

青羊区总工会相关人员根据与双方当事人沟通、了解的情况发现，投诉人廖某反映的情况属实，该事件不仅涉及廖某，更涉及 91 名派遣员工。面对近百名职工群体的权益维护，青羊区总工会积极指导企业搭建起与员工沟通交流的平台，畅通员工诉求渠道。对于带共同性的问题，采取企业与员工推荐的代表进行协商、沟通，对于个性问题，采取企业与员工个别协商、沟通，既力争通过协商的方式解决争议，又引导员工通过法律途径解决问题。与此同时，针对劳务派遣协议中存在的突出问题，提出了相关建议。经多次沟通、协商，截至 7 月 25 日有 63 名员工与公司达成共识，公司支付 63 名员工工资 83 万多元，28 名员工选择劳动仲裁，包括廖某在内的 91 名员工欠薪问题得到了有序的处理，劳务派遣公司根据青羊区总工会的意见，对公司所有签订的劳务派遣协议进行了清理和规范。

本投诉看似是员工反映公司欠薪，但通过深入了解、沟通却发现这是一起典型的由于劳务派遣不规范而导致企业、员工双双利益受到侵害事件，在该事件中，劳务派遣单位存在两个突出的问题：一是反映在劳务派遣协议上。劳务派遣单位只负责为派遣员工购买社保、公积金，至于派遣员工的工资情况作为派遣单位一概不知，在工资支付上，劳务派遣单位严重缺位，失去了制衡用工单位、保护派遣员工的屏障。二是对解决派遣员工拖欠工资的主体意识淡薄。认为派遣员工被拖欠的工资是用工单位造成的，与其关系不大，殊不知派遣员工的劳动合同是与之签订的。正因为劳务派遣单位在认识上的不到位、在管理上的不规范，致使派遣单位在这次事件中需拿出 100 多万元的资金为用工单位买单。

在《劳务派遣暂行规定》中对劳务派遣的协议、劳务派遣单位应对被派遣劳动者履行的义务有明确规定，劳务派遣单位与用工单位在签订劳务派遣协议时，应按照同工同酬原则确定派遣员工的劳动报酬数额和支付方式，而这种约定仅限于劳务派遣单位和用工单位之间，对于派遣员工的劳动报酬和相关待遇应当通过劳务派遣单位支付。试想，在该事件中，如果劳务派遣单位有规范的派遣协议作支撑，切实承担起自身的职责，就能够在用工单位出现异动的初期发现问题，也能够及时杜绝问题的扩大和蔓延，还能够有效地保障公司和派遣员工的利益。虽然通过该事件，涉事的劳务派遣单位认识到自身管理存在的漏洞，对相关问题进行了梳理，也采取了相应的措施进行补救，但该事件足以警示我们相关部门应加大对劳务派遣单位的监管和指导，促使劳务派遣单位在合法、规范的轨道上运行。

12. 李某、贾某与长春某制药公司劳动合同纠纷调解案

【基本案情】

2017 年 5 月，长春某公司有 6 名职工代表从网络上找到律师，要聘请律师打官司，通过其提供的资料，发现这 6 名职工都是农民工，符合法律援助的条件，且该公司有 100 多名职工，普遍存在工资低于长春市最低工资标准的情况，企业每天给开工资不到 10 元钱，且要求职工一天三遍打卡。从其提供的工资表上能够看出，某个月的工资 100 元到 300 元不等，问其原因，公司目前没有订单，但又不能给职工放假，担心放假了，职工去别的单位工作了，假设一旦有订单，公司无法短时间内找到如此多的熟练包装工。而对于职工来说，过去很多年，职工也不是常年上班，农忙时，单位给职工放假；农闲时，职工再回来上班。职工舍不得这样的单位，但因月工资太低，单位又不让请假，单位也未给办理社保，很是为难。找律师维权时，只提出两项请求，补足最低工资，缴纳社保。

【调解结果】

第一次庭审期间，用人单位对此并不重视，又主张因为公司运营困难，劳动者也没有常年工作，单位也有给劳动者支付一点报酬，因此，不应该补

足所欠工资及为员工缴纳社保。庭审后，援助律师向单位的出庭人员表达了想通过调解完结本案的想法，希望单位的出庭人员能够回去转达调解意见。法援律师又联系到单位负责人，与单位负责人经过 1 天的协商，双方本着为促进职工和用人单位之间和谐的劳动关系，决定去人民法院申请调解。

经法院调解，用人单位支付公司所有员工的工资差额，补缴所有员工的社会保险，以及继续延续劳动关系。

13. 李某等 15 人诉吉林省某投资公司劳动合同纠纷调解案

【基本案情】

2017 年 12 月 6 日工会律师接受吉林省总工会指派，到长春市朝阳区法院值班。仔细查看了法院立案庭人员转交的十几个劳动争议案件卷宗，其中，涉案金额最多、人数也最多的一起案件约定在当天下午处理。2017 年 12 月 6 日下午 1 时，在吉林省某投资管理有限公司工作的李某等 15 名职工来到法院，这 15 名职工，在入职之初，公司能足额给付工资，后来，每月仅支付月工资的 80%。而且，公司一直未给职工缴纳"五险一金"，在 2017 年 7 月以后入职的 4 名职工，更是一分钱工资都没拿到手。截至 11 月 14 日，该公司已累计拖欠 15 名职工工资 121 万余元。人数不多，但拖欠金额惊人。职工情绪激动，公司的负责人因为没有找到新的项目而一筹莫展。

【调解结果】

经过工会律师和朝阳区法院工作人员与用人单位和劳动者双方的沟通，大家都坐在法院的六角调解桌前。通过和公司法定代表人沟通过程中，了解到公司目前的确处于困境，且老板也在积极的寻找投资方，也想把企业运营下去，不想让职工离职，对拖欠的工资数额都没有任何异议，也承认员工所述属实，表示愿意支付欠薪，但提出给予一定的宽限期。职工开始很是恼火，职工对公司已经表现出强烈的不信任，要求公司立即给付。

工会律师将情绪比较激动的职工叫到一边，告诉其面对公司目前一分钱没有的现状，无论怎么逼迫也拿不出钱，只能通过法律文书尽快生效，职工从而尽快申请强制执行。律师建议大家调解，这样当天就能拿到调解书，调解书和判决书的法律效力是一样的，若单位逾期不履行，就可以申请法院强制执行，如果等法院判决，时间上会长一些，若案件经过一审、二审，对职工很不利。节省下来的时间都出去把欠的钱赚回来。对公司法定代表人，法院工作人员和工会律师也对其做了思想工作："此案拖欠工资证据确凿。如果走诉讼程序，对企业影响不好。走调解程序则影响小很多。若公司存在诉讼较多的情况，想要引来新的投资恐怕会有障碍，希望公司从长远考虑，短时间内将工资凑齐发给职工。"经反复沟通，双方达成调解。

企业最终承诺在 12 月 31 日前支付拖欠的工资，若未按时给付，还须支付拖欠工资金额 50% 的经济补偿金。对此宽限期，15 名职工表示认可。2017年 12 月 6 日晚 8 时，李某等 15 名职工在长春市朝阳区法院，接到了 15 份劳动争议调解书。至此，这起涉案金额达 121 万余元的欠薪案，在朝阳区法院工作人员和工会律师的共同努力下，7 小时就达成了调解协议。

14. 钟某与北海某房地产公司劳动争议判决案

【基本案情】

2016 年 5 月 1 日，北海某房地产公司与钟某签订一份《劳动合同书》，约定合同期限自 2016 年 5 月 1 日至 2019 年 4 月 30 日。同日，原告钟某进入被告某房地产公司从事行政助理工作，月工资为 3365 元；2017 年 3 月 1 日，原告钟某职位调整为办公室副主任，月工资调整为 5070 元；2018 年 4 月 1 日原告钟某岗位调整为办公室主任，月工资调整为 8020 元。2018 年 12 月 28 日，被告北海某房地产公司在未与原告钟某协商下在公司发布人事任免通知，免去原告钟某办公室主任职位，并将原告钟某的工资调整为每月 3500 元。此时，原告钟某已二胎怀孕 8 个月左右。原告钟某于 2019 年 2 月 11 日至 2019年 7 月 23 日休产假，2019 年 2 月 15 日剖宫产生育一个孩子，2019 年 7 月 24日休完产假回被告北海某房地产公司上班。2019 年 8 月 9 日被告北海某房地产公司仅支付原告钟某生育医疗费用及生育津贴共14 291.68元，未补足原告钟某产假工资差额。被告北海某房地产公司在原告钟某怀孕期间且未有无法胜任岗位工作的情况下擅自免去原告钟某办公室主任职位，将原告钟某工资由每月8020元降为每月3500元的行为违反了《女职工劳动保护特别规定》中的规定，该变更系无效，被告应按原标准每月8020元补足原告工资，女职工产假期间的工资按企业由原渠道、原标准发放。因发放的生育津贴低于原告工资标准，被告应按每月8020元补足差额。2020年1月13日，被告通知原告其劳动合同到期后不再续签，待哺乳期结束后即2020年2月14日双方劳动关系终止。因此，原告认为被告侵犯其孕期妇女保护的相关法律规定，以致涉诉。

【裁判结果及理由】

广西壮族自治区北海市海城区人民法院于2020年6月29日分别作出（2020）桂0502民初1972号民事判决：被告北海某房地产公司应支付2019年1月1日至2月10日、2019年7月24日至11月26日的工资差额24 767.41元给原告钟某；被告北海某房地产公司应支付2019年2月11日至7月23日的产假工资差额31 706.33元原告钟某；被告北海某房地产公司应支付2019年11月27日至2020年2月14日的工资差额12 612.3元给原告钟某。

法院生效裁判认为：劳动者的合法权益受法律保护。关于工资差额问题。依照《妇女权益保障法》第27条第1款的规定"任何单位不得因结婚、怀孕、产假、哺乳等情形，降低女职工的工资，辞退女职工，单方解除劳动（聘用）合同或者服务协议。但是，女职工要求终止劳动（聘用）合同或者服务协议的除外"及依据《劳动合同法》第35条第1款规定"用人单位与劳动者协商一致，可以变更劳动合同约定的内容。变更劳动合同，应当采用书面形式"和第40条第（2）项的规定"劳动者不能胜任工作，经过培训或者调整工作岗位，仍不能胜任工作的"。在本案中，原告正处于怀孕期间，被告于2018年12月28日作出《人事任免通知书》，被告对原告采取降职降薪的行为违背公序良俗原则，同时侵害妇女的权益保护，妇女在怀孕、产假、哺乳期间的合法权益是受法律保护的。原告诉称被告对其降职降薪的行为事先未与其进行协商，也没有证据证明原告不能胜任原工作。即被告单方变更劳动合同，对原告的岗位及薪酬作重大变动，不符合法律规定。原告、被告均确认原告 2019 年 10 月的工资是补扣 2019 年 1 月至 8 月的社会保险费个人部分，但原告、被告均未向本院提交缴纳社会保险费的基数。2018 年原告的月平均工资为 7741. 16 元。本院据此依照上述法律明文的规定和查明的事实，被告应支付原告 2019 年 1 月 1 日至 2019 年 2 月 10 日的工资差额为 6659. 79 元；2019 年 7 月 24 日至 2019 年 11 月 26 日的工资差额为 18 107. 62 元。以上两项合计 24 767. 41 元。

关于产假工资差额问题，依据《女职工劳动保护特别规定》第 8 条的规定"女职工产假期间的生育津贴，对已经参加生育保险的，按照用人单位上年度职工月平均工资的标准由生育保险基金支付；对未参加生育保险的，按照女职工产假前工资的标准由用人单位支付"及依据《广西北部湾经济区生育保险暂行办法》第 16 条第（1）项的规定"生育津贴由社会保险经办支付给用人单位，女职工产假期间的工资由企业按原渠道、原标准发放"。在本案中，原告的产假为 98 天，每多生育 1 个婴儿增加产假 15 天，原告的产假合计 113 天且享有 4000 元生育医疗费补贴及生育津贴 12 493. 28 元。庭审中，原告、被告均确认原告在休产假期间被告未向其发放工资，但被告向原告支付的生育津贴 14 291. 68 元明显低于原告上年度职工月平均工资的标准。原告上年度的月平均工资为 7741. 16 元，故被告应补足原告于 2019 年 2 月 11 日至同年 7 月 23 日产假工资差额为 31 706. 33 元。

关于原告增加诉讼请求中的工资差额问题，根据《最高人民法院关于审理劳动争议案件适用法律若干问题的解释》第 6 条的规定"人民法院受理劳动争议案件后，当事人增加诉讼请求的，如该诉讼请求与讼争的劳动争议具有不可分性，应当合并审理；如属独立的劳动争议，应当告知当事人向劳动争议仲裁委员会申请仲裁"。在本案中，原告增加的诉讼请求与诉争的劳动争议具有连续性，本院对此予以确认。但被告抗辩原告新增加的诉讼请求未经过仲裁，本院不予采纳。故被告应支付原告 2019 年 11 月 27 日至 2020 年 2 月 14 日的工资差额为 12 612. 3 元。

15. 广西某有限公司与梁某劳动争议调解案

【基本案情】

梁某于 2014 年进入某有限公司从事技术人员工作。双方签订最后一份劳动合同的期限为 2019 年 2 月 21 日至 2021 年 2 月 20 日，梁某的工资为 4702 元。2019 年 2 月 14 日，梁某在公司车间维修机器期间，因同事操作失误，导致机械击伤右手，经诊断为右尺骨上端骨折，在北海市人民医院住院治疗 15 日。后经北海市人力资源和社会保障局作出《工伤认定决定通知书》，认定梁某受到的事故伤害为工伤。北海市劳动能力鉴定委员会作出《初次鉴定结论通知书》，认定鉴定意见为伤残等级九级。某有限公司不服北海市劳动能力鉴定委员会作出的《初次鉴定结论通知书》鉴定结论，向广西壮族自治区劳动能力鉴定委员会提出劳动能力再次鉴定申请。2020 年 9 月 27 日，广西壮族自治区劳动能力鉴定委员会作出《再次鉴定结论通知书》，认定鉴定意见为伤残等级九级。因双方未能就一次性伤残补助金、一次性工伤医疗补助金和一次性伤残就业补助金的支付达成一致意见，梁某向北海市劳动人事争议仲裁委员会提出工伤待遇赔偿的请求。某有限公司则称，梁某所填写的基本事实要素表和工伤保险待遇要素表中工资情况与事实不符，梁某受伤前十个月的月平均工资为 4053 元，其离职前十二个月的月平均工资为 2900 元。另外申请人在 2014 年 2 月 21 日入职时，因其个人原因亲笔写下申请书，承诺自愿不缴纳社会保险，一切后果均由其本人承担。申请人工作期间受伤的关键原因是申请人在维修机器时，忘记插上安全门的插销，然后又请另一位技术人员操作导致的，其行为严重违反了《设备操作说明书》中安全规范的要求。北海市劳动人事争议仲裁委员综合双方意见，于 2020 年 11 月 30 日作出裁决，要求某有限公司应支付一次性伤残补助金 36 473.49 元、一次性工伤医疗补助金 40 454.15 元和一次性伤残就业补助金 33 098.85 元。

2020 年 12 月 17 日，某有限公司不服北海市劳动人事争议仲裁委员作出的裁决书，向北海市海城区人民法院提起诉讼，请求判令公司无须支付一次性伤残补助金 36 473.49 元及一次性工伤医疗补助金 40 454.15 元给梁某。理由有二：其一是梁某在入职时向某有限公司出具一份自愿放弃购买五险一金的申请书，一切后果与公司无关，由其个人承担后果；其二是梁某受伤是其个人存在严重过错造成，要求某有限公司全部承担赔偿责任是错误的。

【调解结果及理由】

本案系双方自愿申请采用"法院＋工会"的模式调解。调解员在查阅海城区人民法院移交的民事起诉状及证据材料后，确定双方争议的焦点有两点：第一是梁某入职时出具给公司的放弃购买五险一金，自愿承担一切后果的申请书是否能够让公司免除工伤赔偿责任；第二是梁某是否存在过错，其是否应该承担部分责任。

确定争议焦点之后，首先，致电给公司与其说"法"。了解其真实想法，再向其解释为何梁某出具的申请书不能相应的免除公司的责任———给员工购买社会保险是法律的强制性规定，是企业和职工应当承担的义务，不是可以私相授受的，任何个人和公司不得放弃。虽然该案中梁某出局申请书自愿放弃购买，但作为公司是必须要承担购买五险一金的义务，如果劳动者坚持不买，那么用工单位可以不聘请该劳动者或者选择其他的劳动者。对于赔偿数额问题，作为用工单位应该多为员工考虑，毕竟梁某在公司上班也满5年时间，就当是给员工离职的一些补助。其次，致电梁某向其说"情"，因梁某的诉求已得到仲裁委的支持，让其将赔偿的标准降低，从法律角度说服其更难，更多的是从情理去说服其。梁某在公司工作5年之久，每年工资都有一定幅度的增长，可见公司的福利待遇相对是不错的，在梁某受伤住院期间，公司也是为其支付了相应的医疗等费用共计44 120元，并且在其修养期间亦支付了工资22 996元，希望梁某能考虑以上的意见，降低赔偿标准。最后，再综合双方意见，给出一个方案供双方进行参考，因已有相应文书支撑梁某的赔偿标准，那么只能花更多时间要求公司提高赔偿标准，而从梁某角度考虑，其更多想到的是一次性解决这一工伤赔偿纠纷，使其能尽早寻找新的工作。如果公司能一次性支付赔偿金，那么梁某应该在赔偿数额上作出让步。

经过努力，双方达成了一致调解协议，公司在签订协议的第三天就将赔偿款项一次性转入梁某指定的账号，该案通过"法院＋工会"模式的调解，达到案结事了的效果。调解结果如下：

1. 某公司于签订协议之日起7日内支付梁某一次性补偿金人民币

85 000元。

2. 某公司付清一次性补偿金后，双方之间基于劳动合同的权利义务终结，梁某承诺不再就其与公司劳动争议一事向公司提出任何诉与非诉的主张。

16. 张某与某物流公司劳动纠纷裁决案

【基本案情】

张某为某物流公司员工，双方签订的劳动合同约定其从事跨省货品运送工作，月工资为5000元；物流公司于每月月底发放张某当月工资。受新冠肺炎疫情影响，物流公司按照所在地区人民政府施行的防疫措施，自2020年2月3日起停工。2月底，张某发现公司未发工资，便询问公司人力资源部门，人力资源部门答复："因疫情属不可抗力，公司与你的劳动合同中止，2月停工你无须上班，公司也没有支付工资的义务。"

【裁决结果及理由】

张某于3月初，通过互联网申请劳动仲裁。申请人请求，裁决物流公司支付2020年2月工资5000元。处理结果：仲裁委员会裁决物流公司支付张某2020年2月工资5000元。物流公司不服仲裁裁决起诉，一审法院判决与仲裁裁决一致，物流公司未上诉，一审判决生效。

本案的争议焦点是物流公司能否以不可抗力为由拒绝支付张某工资。

本次新冠肺炎疫情是突发公共卫生事件，属于不能预见、不能避免且不能克服的不可抗力。不可抗力是民法的一个法定免责条款。原《合同法》第117条规定："因不可抗力不能履行合同的，根据不可抗力的影响，部分或者全部免除责任，但法律另有规定的除外……"（参见《民法典》第590条）第94条规定："有下列情形之一的，当事人可以解除合同：（一）因不可抗力致使不能实现合同目的……"（参见《民法典》第563条）《最高人民法院关于依法妥善审理涉新冠肺炎疫情民事案件若干问题的指导意见（一）》第2条规定："人民法院审理涉疫情民事案件，要准确适用不可抗力的具体规定，严格把握适用条件……"人力资源社会保障部、最高人民法院等七部门印发的

《关于妥善处置涉疫情劳动关系有关问题的意见》（人社部发〔2020〕17 号）第 1 条规定："受疫情影响导致原劳动合同确实无法履行的，不得采取暂时停止履行劳动合同的做法，企业和劳动者协商一致，可依法变更劳动合同。"因此，受疫情影响的民事合同主体可依法适用不可抗力条款，但劳动合同主体则不适用并不得因此中止履行劳动合同。

本案中，物流公司主张疫情属不可抗力，双方劳动合同因此中止缺乏法律依据，仲裁委员会不予采信。物流公司自 2020 年 2 月 3 日停工，张某 2 月未提供劳动。根据人力资源社会保障部办公厅《关于妥善处理新型冠状病毒感染的肺炎疫情防控期间劳动关系问题的通知》（人社厅明电〔2020〕5 号）第 2 条规定："企业停工停产在一个工资支付周期内的，企业应按劳动合同规定的标准支付职工工资。超过一个工资支付周期的，若职工提供了正常劳动，企业支付给职工的工资不得低于当地最低工资标准。"仲裁委员会裁决物流公司按照劳动合同约定，支付张某 2020 年 2 月工资 5000 元。一审人民法院判决结果与仲裁裁决一致。

17. 张某与某商业公司劳动纠纷仲裁案

【基本案情】

2019 年 4 月 2 日，张某与某商业公司签订了 2 年期劳动合同，双方约定月工资为 10 000 元。张某 2020 年春节期间返回外省父母家休假。同年 2 月 3 日，张某称其父母所在小区出现新冠肺炎确诊患者密切接触者，故按小区物业公司要求居家观察 14 天，拒绝返回公司上班。14 天后，张某表示因其在公司所在城市租住的小区禁止租户入住，仍不能按期返岗。2020 年 3 月 16 日，张某返回公司上班，商业公司经与张某协商后向张某支付了 2020 年 3 月 3 日至 3 月 16 日超过一个工资支付周期的生活费。张某认为该行为违法，遂申请仲裁。

【仲裁结果及理由】

申请人请求，裁决商业公司支付 2020 年 3 月 3 日至 3 月 16 日工资差额

4800元。处理结果：仲裁委员会裁决驳回张某的仲裁请求。

本案的争议焦点是新冠肺炎疫情期间，张某以处于居家观察期为由拒绝提供正常劳动应如何认定。

《传染病防治法》第39条第1款规定："医疗机构发现甲类传染病时，应当及时采取下列措施：（一）对病人、病原携带者，予以隔离治疗，隔离期限根据医学检查结果确定；（二）对疑似病人，确诊前在指定场所单独隔离治疗；（三）对医疗机构内的病人、病原携带者、疑似病人的密切接触者，在指定场所进行医学观察和采取其他必要的预防措施。"第41条规定："对已经发生甲类传染病病例的场所或者该场所内的特定区域的人员，所在地的县级以上地方人民政府可以实施隔离措施……被隔离人员有工作单位的，所在单位不得停止支付其隔离期间的工作报酬。"人力资源社会保障部办公厅《关于妥善处理新型冠状病毒感染的肺炎疫情防控期间劳动关系问题的通知》（人社厅明电〔2020〕5号）第1条规定："对新型冠状病毒感染的肺炎患者、疑似病人、密切接触者在其隔离治疗期间或医学观察期间以及因政府实施隔离措施或采取其他紧急措施导致不能提供正常劳动的企业职工，企业应当支付职工在此期间的工作报酬。"人力资源社会保障部、最高人民法院等七部门印发的《关于妥善处置涉疫情劳动关系有关问题的意见》（人社部发〔2020〕17号）规定："对不属于被依法隔离情形但属于因政府依法采取停工停业、封锁疫区等紧急措施情形，导致企业延迟复工或劳动者不能返岗的，区分不同情况处理……三是对企业未复工或者企业复工但劳动者未返岗且不能通过其他方式提供正常劳动的，企业参照国家关于停工停产期间工资支付相关规定与劳动者协商，在一个工资支付周期内的，按照劳动合同规定的标准支付工资；超过一个工资支付周期的，由企业发放生活费，生活费标准按地方有关规定执行。"从上述条款可知，关于新冠肺炎疫情期间劳动者依法隔离的情形有明确规定：一是医疗机构对确诊的新型冠状病毒感染的肺炎患者、疑似病人、密切接触者可予以隔离治疗或医学观察；二是所在地的县级以上地方人民政府，根据法律规定可采取隔离措施。此外，企业对超过一个工资支付周期不能提供正常劳动的职工发放生活费应与劳动者协商，但并未规定必须达成一致方可发放生活费。

本案中，张某不属于需隔离治疗或医学观察的三类人，其所在地区的县级以上地方人民政府亦未对新冠肺炎确诊病例密切接触者所在小区人员采取隔离措施，要求张某居家观察系物业公司从小区管理角度采取的防范措施。故依照上述规定，张某不属于因处于隔离治疗期或医学观察期以及因政府实施隔离措施而不能提供正常劳动的情形。同时，该商业公司在向张某发放生活费之前与其进行了协商，对超过一个工资支付周期的，商业公司支付张某生活费并不违反相关规定，故依法驳回张某的仲裁请求。

根据《传染病防治法》规定，国家卫生健康委已明确将此次新冠肺炎纳入该法规定管理的乙类传染病，并采取甲类传染病预防、控制措施。在疫情期间，县级以上地方人民政府根据疫情防控需要作出的疫区封锁、交通检疫、停工停业停课以及密切接触者集中定点隔离等措施，均在法律授权范围内。劳动者在主张自己权益时应严格依照相关规定，严格区分隔离治疗期、医学观察期和居家观察期的不同内涵，避免"权利滥用"问题的发生。

18. 吴某与某商用车公司劳动纠纷判决案

【基本案情】

2016 年 3 月 1 日，吴某与某商用车公司签订了无固定期限劳动合同。同年 8 月 23 日，吴某被诊断为职业性中度噪声聋，并在某商用车公司继续上班。同年 10 月 26 日，吴某被认定为工伤。2017 年 1 月 16 日，吴某向某商用车公司提交解除劳动关系的申请书，但仍正常上班至同月 23 日。之后，双方协商一致签订了《协商解除劳动合同协议书》，某商用车公司也按照约定支付了经济补偿金。经计算，某商用车公司在 2016 年 8 月 24 日至 2017 年 1 月 23 日向吴某支付的月平均工资为 1375 元。吴某经仲裁后提起诉讼，要求某商用车公司支付 2016 年 8 月至 2017 年 1 月停工留薪期工资差额19 200元等。

【裁判结果及理由】

劳动者在发生工伤或者患职业病停止工作接受治疗时，依法享有正常工作时单位应当支付的各项待遇。吴某被诊断为职业性中度噪声聋，根据《重庆市工伤职工停工留薪期分类目录（试行）》规定，吴某对应的停工留薪期为 6 个月。《重庆市工伤职工停工留薪期管理办法》第 7 条规定："工伤职工停工留薪期未满，但经工伤医疗服务协议机构证明工伤治愈的，停工留薪期终止。"吴某被诊断为职业性中度噪声聋后，某商用车公司并未安排吴某暂停工作，接受治疗，审理中也没有举示证据证明吴某的工伤在停工留薪期内已治愈，故吴某应当享受停工留薪期待遇。吴某停工留薪期前 12 个月的月平均工资为 4292.3 元，依法可享受的停工留薪期工资为 25 753.8 元。吴某工伤后正常上班，某商用车公司向其支付的月平均工资仅 1375 元，不仅远低于吴某应享受的停工留薪期工资，也低于重庆市最低月工资标准。某商用车公司应当按照正常劳动报酬标准予以补足。

19. 张某与某物业公司劳动争议纠纷判决案

【基本案情】

2017 年 11 月 1 日，张某与某物业公司签订 3 年期劳动合同，约定：张某担任安全员，月工资为 3500 元，所在岗位实行不定时工作制。物业公司于 2018 年 4 月向当地人力资源社会保障部门就安全员岗位申请不定时工作制，获批期间为 2018 年 5 月 1 日至 2019 年 4 月 30 日。2018 年 9 月 30 日，张某与物业公司经协商解除了劳动合同。双方认可 2017 年 11 月至 2018 年 4 月、2018 年 5 月至 9 月，张某分别在休息日工作 15 天、10 天，物业公司既未安排调休也未支付休息日加班工资。张某要求物业公司支付上述期间休息日加班工资，物业公司以张某实行不定时工作制为由未予支付。

【判决结果及理由】

2018 年 10 月，张某申请仲裁。处理结果：仲裁委员会裁决物业公司支付张某 2017 年 11 月至 2018 年 4 月的休息日加班工资 4828 元（3500 元÷21.75 天×15 天×200%），张某不服仲裁裁决起诉，一审法院判决与仲裁裁决一致，后不服一审判决向上一级人民法院提起上诉，二审判决维持原判。

本案的争议焦点是未经审批，物业公司能否仅凭与张某的约定实行不定时工作制。

《劳动法》第 39 条规定："企业因生产特点不能实行本法第三十六条、第三十八条规定的，经劳动行政部门批准，可以实行其他工作和休息办法。"《劳动部关于企业实行不定时工作制和综合计算工时工作制的审批办法》（劳部发〔1994〕503 号）第 4 条规定："企业对符合下列条件之一的职工，可以实行不定时工作制。（一）企业中的高级管理人员、外勤人员、推销人员、部分值班人员和其他因工作无法按标准工作时间衡量的职工……"从上述条款可知，用人单位对劳动者实行不定时工作制，有严格的适用主体和适用程序要求。只有符合国家规定的特殊岗位劳动者，并经过人力资源社会保障部门审批，用人单位才能实行不定时工作制，否则不能实行。

本案中，张某所在的安全员岗位经审批实行不定时工作制的期间为 2018 年 5 月 1 日至 2019 年 4 月 30 日，此期间内根据《工资支付暂行规定》（劳部发〔1994〕489 号）第 13 条规定，物业公司依法可以不支付张某休息日加班工资。2017 年 11 月至 2018 年 4 月，物业公司未经人力资源社会保障部门审批，对张某所在岗位实行不定时工作制，违反相关法律规定。因此，应当认定此期间张某实行标准工时制，物业公司应当按照《劳动法》第 44 条规定"休息日安排劳动者工作又不能安排补休的，支付不低于工资的百分之二百的工资报酬"支付张某休息日加班工资。

不定时工作制是针对因生产特点、工作特殊需要或职责范围的关系，无法按标准工作时间衡量或需要机动作业的劳动者所采用的一种工时制度。法律规定不定时工作制必须经审批方可实行。一方面，用人单位不能仅凭与劳动者约定就实行不定时工作制，而应当及时报人力资源社会保障部门批准后实行。对实行不定时工作制劳动者，也应当根据有关规定，采用集中工作、集中休息、轮休调休、弹性工作时间等方式，确保劳动者休息休假权利。另一方面，人力资源社会保障部门不断完善特殊工时工作制的审批机制，及时满足用人单位经营管理需要。比如，规定批复时效在疫情防控期间到期且无法通过邮寄、网络等方式办理的，经原审批部门同意并备案后，原批复有效期可顺延至疫情防控措施结束。

20. 抢单骑手与配送平台劳动关系确认判决案

【基本案情】

2018年6月，王某某通过某快递股份有限公司（以下简称某快递公司）运营的APP平台与某快递公司签署《合作协议》，协议约定：王某某根据某快递公司平台的信息为客户提供取送货物服务；王某某应遵守某快递公司的服务要求，按时完成取送服务；在协议有效期内，王某某不得与某快递公司有竞争关系或具有潜在竞争关系的公司或个人签署相同或类似的合作协议与合同；王某某不得擅自私下承接用户的订单等。某快递公司向王某某收取用户支付的取送服务费用的20%作为信息费，用户支付的取送服务费用在扣除信息费之后由王某某收取。

王某某与某快递公司合作期间，王某某根据某快递公司APP服务平台发布的快递服务信息，自行抢单后，自主选择交通方式从事快递取送服务。王某某在某快递公司APP平台累计抢单200余单，每月抢单天数为0天到10多天不等，某快递公司共支付王某某服务费2000余元。2019年4月25日，王某某向成都市劳动人事争议仲裁委员会申请仲裁，请求确认王某某于2018年6月起与某快递公司之间存在劳动关系。

【裁判及理由】

成都市中级人民法院经审理认为，劳动关系的认定要从主体资格、管理性、人身隶属性以及劳动性质等几方面综合考量。劳动关系是长期、稳定且带有人身性质的一种关系，其本质属性在于劳动者与用人单位之间存在从属（隶属）关系。具体表现为：劳动者应遵守用人单位规章制度和劳动纪律；劳动者的给付行为具有高度的人身属性，劳动者应本人完成工作任务，不能替代履行；劳动者提供正常劳动后，用人单位应支付劳动者劳动报酬，劳动者享有最低工资保障。本案中，从双方签署的《合作协议》及履行情况来看，首先，王某某可以自主决定是否从事快递取送工作，无须遵守某快递公司的考勤制度；其次，王某某只需按双方签署的《合作协议》履行合同义务，除此之外，某快递公司的劳动规章制度并不适用于王某某，某快递公司与王某某之间不存在管理与被管理的关系，王某某对某快递公司无组织上的隶属属性；最后，王某某的报酬仅由其取送快递的单数及取送服务费用决定，某快递公司并不提供最低工资保障。由此可见，王某某取得的服务费的性质并非劳动法规定的用人单位按一定支付周期有规律地向劳动者支付的工资，王某某对某快递公司并无经济上的依赖性。综上所述，王某某与某快递公司之间的关系不符合劳动关系的本质属性和重要特征，故应认定王某某与某快递公司之间不存在劳动关系。

21. 成都市某教育咨询有限公司
与候某某劳动争议判决案

【基本案情】

候某某于 2017 年 7 月 17 日入职成都市某教育咨询有限公司（以下简称某教育公司），双方于同日签订《试用期劳动合同》，载明：候某某任职某教育公司某艺术中心执行校长，负责大丰校区的运营管理，试用期自 2017 年 7 月 17 日至 2017 年 9 月 17 日止。《试用期劳动合同》届满后，双方未再另行签订书面劳动合同。候某某于 2018 年 2 月 8 日办理了交接后未再到某教育公司上班。

【裁判结果及理由】

成都市中级人民法院经审理认为，与劳动者签订书面劳动合同，是用人单位的法定义务。双方签订的《试用期劳动合同》于 2017 年 9 月 17 日到期，试用期满后，某教育公司并未与候某某签订书面劳动合同。根据《劳动合同法实施条例》第 6 条"用人单位自用工之日起超过一个月不满一年未与劳动者订立书面劳动合同的，应当依照劳动合同法第八十二条的规定向劳动者每月支付两倍的工资，并与劳动者补订书面劳动合同；劳动者不与用人单位订立书面劳动合同的，用人单位应当书面通知劳动者终止劳动关系，并依照劳动合同法第四十七条的规定支付经济补偿"之规定，即使候某某在本案中存在拒不签订劳动合同的情况，某教育公司也应该及时通知候某某终止劳动关系，但双方直至 2018 年 2 月 8 日才终止劳动关系，因此，无论候某某是否存在拒签书面劳动合同的情形，都不能免除某教育公司未签订书面劳动合同的法定责任。

22. 事业编制员工在职攻读博士期间违反服务期约定判决案

【基本案情】

2013 年，林某与某医院签订了聘用合同，合同期为 5 年。林某某在某医院从事医师工作，属事业编制内工作人员。

2014 年，某医院以纸质文件方式向各内设机构发出《关于征求〈某医院在职人员留职攻读硕士、博士学位管理规定（征求意见稿）〉意见的通知》，书面征求各科室意见。同年，研究通过《某医院在职人员留职攻读硕士、博士学位管理规定》修订意见，作出《某医院关于修订〈某医院在职人员留职攻读硕士、博士学位管理规定〉的通知》（以下简称《留职管理规定》），并将修订后的该规定作为通知附件，要求各科室将文件精神传达到每一位同志，并遵照执行。

2015 年，林某向某医院提出报考某军医大学在职博士课程的申请，该院领导签字同意。并根据《留职管理规定》给林某某发放了基本工资，缴纳了住房公积金和社会保险等。

2018 年，林某向某医院提出书面辞职。2018 年 8 月，林某某在职博士学习结束，取得博士学位（单证）。

2019 年，林某向省劳动人事争议仲裁委员会提出仲裁申请，省劳动人事争议仲裁委员会作出裁决：确认双方人事关系已于 2018 年解除、某医院为林某某出具离职证明、办理人事档案移交手续，并驳回了某医院的仲裁请求。某医院不服仲裁裁决，向法院提起诉讼。

【裁判结果及理由】

市中级人民法院经审理认为，某医院《留职管理规定》的制定程序合法并已公示。其中关于服务期的约定不违反法律规定，但其中关于返还脱岗读书期间发放的所有福利待遇的内容不符合法律规定，故某医院制定的《留职管理规定》中关于服务期的约定对林某某有约束力。

林某某于 2015 年申请读博并录取，2018 年林某在职博士学习结束，取得博士学位（单证），同年向某医院提出书面辞职。林某某的行为违反了《留职管理规定》关于攻读博士、硕士学位（单证），取得单证后，服务年限不低于 2 年的规定。参照原教育部、国家劳动总局《关于职工高等院校脱产、半脱产学习的学员工资福利等待遇的暂行规定》第一条，在编人员参加全脱产学习期间，单位应当向其发放工资并为其继续提供原来一直享受的劳动福利待遇，但不再享受绩效奖金、岗位津贴的规定，综上所述，林某某应返还某医院向其发放的基础性绩效奖金 92 699 元。

23. 某省建设集团有限公司与谢某某劳动合同纠纷案

【基本案情】

某省建设集团有限公司（以下简称某建设公司）作为总承包单位承包一建设用地项目。2015 年 10 月 8 日，某建设公司与严某某签订《劳务承包合同》，约定某建设公司将项目由除去某建设公司提供的材料（包括钢材、商混、水泥、砖、沙石、砂浆王）外的劳务承包给严某某施工。2016 年 5 月 5 日，严某某与刘某某签订《劳务承包合同》，约定将案涉项目的钢筋工程、模板制安及外架劳务工程、泥工工程、水电安装工程承包给刘某某。2016 年 5 月 12 日，刘某某与陈某某签订《劳务承包合同》，约定将案涉项目的钢筋工程、模板制安及外架劳务工程、泥工工程、水电安装工程承包给陈某某。谢某某与陈某某系夫妻关系。陈某某承包了该项目的部分劳务后，谢某某负责为陈某某的该项目对外招用劳务人员，并对该项目进行管理、收取工程款。2017年9月25日，谢某某向成都市劳动人事争议仲裁委员会申请仲裁，请求裁决某建设公司向其支付工资54 000元。成都市劳动人事争议仲裁委员会经审理后作出成劳人仲委裁字（2017）第2598号仲裁裁决：某建设公司于裁决书生效之日起5日内以现金形式一次性向谢某某支付2017年2月7日至2017年8月31日的工资54 000元。某建设公司不服该裁决诉至法院。

【裁判结果及理由】

成都市双流区人民法院经审理认为，案件的争议焦点是谢某某与陈某某之间系劳务关系还是共同分包劳务的关系。谢某某以其为劳动者，受雇于陈某某，为其提供劳动为由要求某建设公司支付工资。某建设公司认为谢某某与陈某某系共同分包劳务关系，不应向谢某某支付工资。根据谢某某在仲裁庭审中的陈述、工资确认表上的签字，综合庭审中查明的其负责招用劳动者进场施工、协商工资报酬、施工过程中负责联系设备租赁，以及对整个劳务分包事宜的了解程度超过陈某某等情况，谢某某应当对自己的主张提供相应证据予以证明。谢某某未提交充分证据予以证实其主张，且其主张与法院查明的情况不符。综合上述分析，谢某某与陈某某系共同承包涉案项目的部分劳务，其非为该项目的劳务人员而系共同分包人员。因谢某某主张的劳务费无事实和法律依据，法院不予支持。

24. 张某某与四川某酒店有限公司劳动争议判决案

【基本案情】

张某某自2007年3月应聘到四川某酒店有限公司（以下简称某酒店公司）工作。2018年5月29日双方协商签订《协议书》，约定：双方劳动关系自2018年2月26日解除；某酒店公司对张某某的劳动报酬结算、社保缴费至2018年2月26日；某酒店公司已经按时足额向其支付了劳动关系存续期间的劳动报酬，包括但不限于工资、奖金、补贴、加班费、差旅费、手机费等费用，并缴纳了社会保险；双方约定某酒店公司向张某某支付"和解金"共计

45 240 元，在协议签订生效之日起 5 个工作日内支付；张某某在协议签订之日起 3 个工作日向某酒店公司完成工作交接手续和离职手续办理，否则某酒店公司有权暂时不支付和解金；本协议签订后，除本协议另有约定之外，双方就本事宜已不再存在任何争议或未了结事项。张某某于 2018 年 6 月 27 日申请劳动争议仲裁，仲裁委作出仲裁裁决：驳回张某某的仲裁请求。双方均未提起诉讼。同年 9 月 17 日某酒店公司副总经理钟某某向张某某短信中回复称《协议书》作废。协议签订至今双方未履行协议，均指责系对方违约。同年 11 月 8 日张某某再次申请仲裁，请求：某酒店公司支付解除劳动关系的经济补偿金、节假日及加班工资、未签订劳动合同双倍工资、拖欠克扣工资，合计 201 890 元。仲裁委裁决：某酒店公司在裁决书生效之日起 10 日内支付张某某经济补偿金 32 319.14 元；驳回张某某的其他仲裁请求。双方均不服，先后提起劳动争议诉讼。

【裁判结果及理由】

崇州市人民法院经审理认为，某酒店公司提交与张某某在 2018 年 5 月 29 日签订和解协议作为证据，和解协议是否具有《劳动合同法》第 26 条规定的"欺诈、胁迫的手段或者乘人之危"情形，依照举证分配原则，张某某负有举证义务，由于其未提交协议无效的证据，故应认定协议有效。张某某主张和解协议因案外人钟某某的短信通知而解除，因钟某某无权代表某酒店公司作出上述行为，事后某酒店公司也未追认，故认定张某某主张和解协议无效的理由不成立，和解协议并未解除。如某酒店公司不履行双方签订的和解协议，张某某应就和解协议申请仲裁，但张某某未就和解协议约定的金额申请仲裁，本案中张某某经过仲裁申请前置程序的诉讼请求第 2、4、5、9 项与某酒店公司要求不予支付 32 319.14 元经济补偿金的诉讼请求金额总和已超出和解金额。故应按照双方在协议书中约定和解金 45 240 元确定为某酒店公司应给付金额。对于某酒店公司要求不予支付经济补偿金 32 319.14 元诉讼请求的处理，由于双方皆对仲裁裁决部分不服，并提起诉讼，故该仲裁裁决不发生法律效力，虽然张某某未对该仲裁事项提起诉讼，但不妨碍法院对该争议事项进行实体审查并作出裁判，某酒店公司要求不支付 32 319.14 元的请求，未超过和解金额，故某酒店公司上述理由不成立。

25. 李某与成都某科技股份有限公司仲裁裁决案

【基本案情】

2016 年 7 月 27 日，李某入职成都某科技股份有限公司（以下简称某科技公司），双方订立书面劳动合同，约定：合同期限至 2019 年 12 月 31 日止、工作岗位是 HRBP、工作地点在成都市锦江区某商业大厦、公司为李某缴纳了社会保险、通过银行转账支付李某每月工资。某科技公司制定的《集团内控基本法》通过公司内部系统进行了公示，并组织李某进行了学习和考试，其中《集团内控基本法》"三、红、黄线及重大违规细则（一）严管严查项 2 诚信廉洁类"规定："利用公司资源或者职务之便谋取私利、收受贿赂或回扣、损害他人或公司利益。"属于红线一；"31 诚信廉洁类"规定："1. 未经公司授权、批准，从事经营私人业务的活动"属于重大违规十；"五、罚则（一）红线、重大违规处罚措施：……2. 对违反《集团内控基本法》的行为，公司有权对行为人做开除处理……"2019 年 10 月 10 日，公司内控中心稽核部对李某及其直属上司赵某进行了面谈：李某确认从 2019 年 7 月开始做"微商"售卖减肥产品，在上班期间从事售卖减肥产品，曾利用公司的电脑进行售卖产品，也将产品卖给过公司的同事；赵某确认知晓李某在做"微商"，并且告知过李某不能在上班期间从事"微商"工作，2019 年 8 月曾看到李某将减肥产品带到公司，也告诫了李某在公司不能出现与工作无关的东西。事业部总经理饶某也曾告诫李某不要在上班期间售卖减肥产品。2019 年 10 月 12 日，某科技公司发布《关于成都分公司会计事业部李某违反公司"十大红线"的处罚通报》：李某在工作时间从事个人经营活动的行为，公司多次予以制止和告诫，但是李某未听从上级的告诫，未遵照上级提出的要求，依旧我行我素，利用公司平台资源，于工作时间内从事个人经营活动，从而损害公司利益，根据《集团内控基本法》判定，其违反基本法第 3 条第 2 项，诚信廉洁类规范，对李某予以开除。2019 年 10 月 20 日，某科技公司将《解除李某同志劳动合同通知函》发送给了公司职工代表委员会。2019 年 11 月 8 日，某科技公司通过邮箱向李某送达了《解除劳动关系通知书》，与李某解除了劳动关系，工资结算至 2019 年 11 月 10 日。2019 年 11 月 21 日，李某向仲裁委申请劳动仲裁，要求某科技公司支付违法解除劳动关系的经济赔偿金。

【裁判结果及理由】

成都市中级人民法院经审理认为，本案中的用人单位显然已经制定了规章制度约束员工从事第二职业的行为。根据原 2001 年《最高人民法院关于审理劳动争议案件适用法律若干问题的解释（一）》第 19 条规定："用人单位根据《劳动法》第四条之规定，通过民主程序制定的规章制度，不违反国家法律、行政法规及政策规定，并已向劳动者公示的，可以作为人民法院审理劳动争议案件的依据。"某科技公司通过民主程序制定的《集团内控基本法》没有违反国家法律、行政法规及政策规定，并已向劳动者公示，可以作为审理劳动争议的依据。李某明确知晓《集团内控基本法》相关规定，知晓上班期间从事"微商"工作属于被申请人《集团内控基本法》规定的红线行为及重大违规行为，并在其上司告诫之后，仍然售卖减肥产品，违反单位规章制度，应该承担相应的责任。某科技公司依据《集团内控基本法》第 3 条第 2 项的规定及《劳动合同法》第 39 条的规定，与李某解除劳动合同关系，没有违反相关法律规定，不属于违法解除劳动关系的情形，故不应向李某支付赔偿金。

26. 关于电子合同效力确认案

【基本案情】

田某于 2014 年 1 月 24 日进入某公司从事销售工作，双方签订了期限从 2014 年 1 月 24 日至 2019 年 1 月 23 日的书面劳动合同，田某的工资标准为 5000 元/月。按照劳动合同约定，田某的 QQ 邮箱为其确认的电子邮件收件地址。

2016 年 8 月 2 日，田某被调往某公司深圳办事处担任副主任，其工资被调整为 10 000 元/月，田某同意该工作调动并前往深圳任职。2019 年 1 月 18 日，某公司人力资源部（以下简称人力资源部）通过电子邮件的方式，向田某发送了《续签劳动合同通知书》。田某于次日（1 月 19 日）向人力资源部发送了回复邮件，以当前工作无法分身为由，提出等其返回成都后再与公司订立书面劳动合同请求。2019 年 1 月 20 日，人力资源部通过电子邮件向田某发送了劳动合同电子版，要求田某确认该劳动合同的具体条款，并在 3 日内提出修改意见，否则视为对该劳动合同内容无异议。田某收到了该邮件但未作回复。2019 年 1 月 23 日，人力资源部通过邮件方式，向田某发送了加盖公司电子印章的劳动合同电子版。

2019 年 9 月 12 日，某公司召开董事会，决定撤销深圳办事处。人力资源部于当日通过电子邮件方式，向田某发送了《关于撤销深圳办事处的通知》《返岗通知书》，告知田某深圳办事处撤销事宜，并通知田某 2019 年 9 月 30 日前返回成都继续履行劳动合同，福利待遇不变。田某于 2019 年 9 月 15 日向人力资源部发送了电子邮件，称其已在深圳成家，返回成都工作将对其生活带来诸多不便，希望与海天公司协商解除劳动合同。双方未能就劳动合同解除事宜达成一致。田某就电子合同的有效性提出异议。

【裁判结果及理由】

成都市中级人民法院经审理认为，田某关于 2 倍工资的请求，应当予以驳回。首先，书面劳动合同，一般是指用人单位和劳动者通过文字形式来确定劳动关系，以及明确双方权利和义务的书面协议。书面协议有别于口头约定，主要体现在两方面：一是书面协议必须有文字约定；二是书面协议需要通过有形的载体予以表现。本案中，田某主张，书面劳动合同必须是纸质劳动合同。当前，因互联网而衍生出各类电子产品，已逐渐取代传统的报刊、书籍等，成为主要的信息传播方式，从电子产品中阅读到的资讯、文章等，同样属于书面形式的范畴，与过往不同，在于将原来印刷在纸张上的文字通过互联网载体，以电子形式表现出来。因此，电子劳动合同应属于书面劳动合同。其次，国务院在 2015 年 5 月印发了《关于大力发展电子商务加快培育经济新动力的意见》，提出了加快推进电子合同、电子票据、电子交易凭证等效力的要求。《国务院关于在线政务服务的若干规定》第 8 条中也明确规定，政务服务中使用"可靠"的电子签名，与手写签名或盖章具有同等法律效力。从上述规定可以看出，我国正在大力推进电子商务应用的进度，实践中，电子合同和电子签名的法律效力已得到认同，并且已在政务服务中对电子签名加以运用。此外，人力资源社会保障部办公厅于 2020 年 3 月 10 日印发了《人力资源社会保障部办公厅关于订立电子劳动合同有关问题的函》，电子劳动合同的效力得到了进一步的明确，因此，用人单位可以与劳动者订立电子劳动合同。遂判决驳回了田某的诉讼请求。

27. 周某某与某建设有限公司劳动纠纷调解案

【基本案情】

周某某于 2020 年 6 月 8 日至 2020 年 11 月 14 日，在某建设有限公司业扩项目部做资料员，主要负责给供电局报每日的安电表信息及每日的台账记录。该公司呼市负责人截至 2020 年 10 月 12 日间断性地给周某某发放了 6 月 8 日至 9 月 8 日 3 个月的工资，之后 9 月 8 日至 11 月 14 日工作期间的工资至今未发放。期间由于长期加班周某某身体出现状况跟领导沟通 10 月 11 日至 11 月 14 日在家完成日常工作，现在某建设有限公司以工作不到位为由拒绝发放 10 月份的工资，为此，周某某来到新城区诉调对接委员会请求诉调委依法调解，请求某建设有限公司支付拖欠的 9 月 10 日至 11 月 14 日的工资共计 8000 元。

【调解结果及理由】

调解员在受理此案后，仔细查阅了周某某提供的应聘信息、工作记录、微信聊天记录、银行工资流水等证据，并第一时间与某建设有限公司呼市负责人王某进行了沟通，当天下午双方当事人便一同来到诉调委办公室。调解员向当事人告知了双方在调解过程中享有的权利和承担的义务及调委会调解的性质、原则和效力，调解过程中，当事人双方各执一词，互不相让。周某某认为，自己虽未与某建设有限公司签订劳动合同，但是双方已经形成事实劳动关系，几个月来自己工作向来兢兢业业，在劳动局双方已经沟通过，但是某建设有限公司总是各种理由推诿，虽然 10 月 11 日至 11 月 14 日自己请假，但是在病假期间，自己依然每日在家完成了自己的工作，有微信工作记录为证，每日都要向公司汇报当日台账情况，且自己生病以致后来离职的原因是长期加班导致自己身体出现状况。

某建设有限公司呼市负责人王某则认为，公司虽然认可雇用申请人在公司做资料员工作，双方未签订劳动合同，已形成事实劳动关系，但是拖欠周某某的工资也并非无故拖欠，是因为周某某在 2020 年 9 月 24 日之后就未到公司工作，公司只能支付周某某 1 个月的工资，发放的工资是有好多部分组成的，员工不仅需要完成自己的工作，还需要每日上、下班打卡，周某某说自己在家工作只不过是她离职前的交接过程。

了解情况后，调解员认为一直僵持下去对双方来说都无益，故把双方分开进行协商，其实本案中争议的只有 10 月 11 日至 11 月 14 日的工资 4000 元，周某某虽未到单位上班，但也在家中完成了部分工作，且在微信聊天记录中，作为周某某的领导王某也表示知晓此情况。最终，在调解员的劝导下，双方表示同意作退让，达成一致意见。于 2020 年 2 月 4 日签订调解协议书，某建设有限公司于 2021 年 2 月 10 日前支付周某某工资 5000 元。并一同向呼和浩特市新城区人民法院申请了司法确认，如果某建设有限公司未在协议约定日期内按时给付，则周某某可向新城区法院申请强制执行，双方握手言和，一起劳动纠纷就此画上句号。

28. 曾某劳动救助调解案

【基本案情】

2015 年，曾某入职上海某文化公司，双方签订了固定期限的劳动合同，合同期限为 1 年。合同约定，曾某的工作地点为上海，岗位为业务员，从事销售工作，工资标准为"基本工资每月 2500 元、午餐补助每月 200 元、住房津贴每月 200 元、交通补助每月 100 元、全勤奖每月 100 元"。实际上，曾某的工资结构为每月基本工资 3500 元、各类补助 1500 元、另有销售提成。上述劳动合同期限届满后，双方未续签劳动合同，曾某继续在该公司工作。

2018 年某日，曾某在下班后，和朋友吃晚饭时，突发脑溢血，后被救护车送进医院，以"意识障碍伴右侧肢体无力"入院，出院诊断为"痴呆、脑出血后遗症"。随后，曾某在多家医院住院治疗，效果不佳。2019 年，经上海市劳动能力鉴定中心鉴定为"完全丧失劳动能力"，曾某被上海市杨浦区残疾人联合会评定为贰级肢体残疾，领取了《残疾人证》，用人单位出具了终止日期为 2019 年 2 月 28 日的《上海市单位退工证明》。

在曾某生病期间，用人单位向曾某发放 2018 年 6 月份的工资，包括基本工资 3500 元、补助 1500 元，但是扣除了病假 788 元。2018 年 7 月至 10 月，用人单位只向曾某发放了基本工资 3500 元。2018 年 11 月起，用人单位未向曾某发放任何形式的工资。2019 年 4 月，曾某的三个舅舅来到上海市黄浦区总工会职工法律援助中心设在上海市黄浦区劳动人事争议仲裁委员会的工作站窗口，希望能够申请法律援助，通过法律途径维护曾某的合法权益。

黄浦区总工会职工法律援助中心考虑到曾某的特殊情况，及时向黄浦区总工会请示，并与黄浦区劳动人事争议仲裁委员会沟通后，破例为生病瘫痪在床的困难职工提供上门法律援助服务，安排法律援助志愿者葛泽锋律师和工作人员到曾某治疗的医院，了解案情，办理援助手续和委托手续。随后数日，工会援助律师马不停蹄地展开调查取证工作，收集曾某的社会保险缴纳记录、发放工资的银行交易明细、劳动合同等证据，并实地察看了用人单位的办公地址，确认其目前仍在正常经营。

2019 年 5 月 24 日，工会援助律师代理曾某向黄浦区劳动人事争议仲裁委员会申请劳动仲裁，仲裁请求是：（1）恢复劳动关系。（2）支付病假前 6 个月的疾病休假工资差额 9441.20 元。（3）支付生病满 6 个月起的疾病救济费，按照每月 3000 元计算。区仲裁委受理之后，考虑到曾某的特殊情况，先后开展了三次调解工作，前两次调解进展顺利。第三次调解时，用人单位委托了律师，改变立场，不同意调解。原因在于，该律师并不了解"医疗期"的相关规定。仲裁员向其详细解释、说明了相关法律规定，该律师仍然表示不同意调解。在调解未能达成一致的情况下，区仲裁委经审理后，采纳了工会援助律师的代理意见，根据相关法律的规定，裁决支持了曾某的仲裁请求。

仲裁裁决后，用人单位不服，向法院提起诉讼。区总工会职工法律援助中心一边再次提供法律援助、再次破例提供上门服务，一边与区法院就曾某的情况进行沟通。法律援助志愿者葛泽锋律师和工作人员远赴崇明岛，到曾某接受康复治疗的护理院，办理援助手续和委托手续。后来，经过区法院多次组织调解，双方达成共识，本案调解结案。

【调解结果及理由】

针对争议焦点，工会援助律师既注重调查取证工作，又注重对于法律规定的正确适用。同时，工会援助律师站在维护职工合法权益的角度出发，选择对职工最有利的解决方案。

本案不属于"因旷工解除劳动关系"。（1）用人单位并没有向曾某发出过解除劳动合同的通知。（2）用人单位在 2019 年 3 月 6 日出具的《退工证明》载明是"合同终止"，而不是"合同解除"。（3）在劳动仲裁阶段，用人单位从未提出过"劳动者持续旷工"的意见。用人单位的答辩意见为"被申请人在申请人得到完全丧失劳动能力的鉴定结论后想要为其办理退职手续，但申请人拒绝办理。故被申请人与申请人终止了劳动合同"。（4）本案不存在"旷工"。为了帮助法院查明案情，工会援助律师调取了仲裁阶段的《仲裁庭审笔录》。在仲裁庭审过程中，用人单位确认曾某从 2018 年 6 月 14 日住院至 2019 年 4 月 28 日。

为了查明该事项，工会援助律师查询了国家和上海市的相关法律规定，并且到曾某户籍所在街道的社保机构进行了实地调查。根据调查结果，曾某的医疗期应当为不低于 24 个月。原因如下：（1）2019 年 1 月 17 日，曾某经上海市劳动能力鉴定中心鉴定为"完全丧失劳动能力"。（2）社保机构答复，曾某的出生日期为 1973 年 6 月 25 日，不满 50 周岁，自 1993 年 10 月起开始缴纳城镇职工社会保险费，曾某也不属于全民所有制企业、事业单位和党政机关、群众团体的工人。因此，不符合退休、退职条件。（3）根据《上海市人民政府关于本市劳动者在履行劳动合同期间患病或者非因工负伤的医疗期标准的规定》（文号：沪府发〔2002〕16 号）第 3 条的规定，应当延长医疗期，医疗期应当不低于 24 个月。

根据《劳动合同法》第 48 条规定，用人单位违法解除或者终止劳动合同的，劳动者可以选择两种救济方式。一是要求支付违法解除劳动合同的赔偿金，二是要求恢复劳动关系、继续履行劳动合同。

曾某的入职日期是 2015 年 9 月 1 日，用人单位出具《退工证明》的日期是 2019 年 3 月 6 日，曾某的工作年限只有近 4 年。按照《劳动合同法》第 47 条、第 48 条、第 87 条的规定，违法解除劳动合同的赔偿金只有 8 个月的工资，金额为 3 万元左右。因此，如果能够恢复劳动关系、继续履行劳动合同，是对曾某最有利的方案。如果劳动关系恢复了，用人单位就需要继续每月向曾某支付疾病救济费，就可以缓解曾某在经济上遇到的难题。

本案中，曾某自 2015 年 9 月 1 日入职，连续工龄为满 3 年不满 4 年，根据《上海市劳动局关于加强企业职工疾病休假管理保障职工疾病休假期间生活的通知》（文号：沪劳保发〔95〕83 号）第 4 条的规定，病假工资标准为本人工资的 70%，疾病救济费标准为本人工资的 60%。

2019 年 7 月 25 日，区仲裁委出具《裁决书》，裁决如下：（1）自 2019 年 3 月 1 日起，恢复劳动关系。（2）用人单位支付 2018 年 11 月 1 日至 2019 年 2 月 28 日的病假工资 7700 元。（3）用人单位支付至裁决之日的疾病救济费 6300 元。

2020 年 1 月 9 日，经区法院主持调解，双方达成调解协议，法院出具《民事调解书》。内容如下：（1）用人单位在 2020 年 6 月 30 日前，支付病假工资 5 万元。（2）若用人单位逾期支付，则另行支付违约金 2 万元。2020 年 6 月 30 日，用人单位向曾某支付了病假工资 5 万元。曾某的家属向上海市黄浦区总工会赠送了锦旗，内容为"法律援助维护正义、尽心尽力为民解忧"。

在市总工会的大力支持下，区总工会能够考虑到劳动者的实际困难，两次上门为劳动者提供工会的"零门槛"法律援助，充分体现了总工会主动帮助职工解决实际困难、全心全意为职工群众办实事、解难事、做好事、维实权的服务宗旨，充分实现了法院、人社局、司法局、工会"四方合作"工作机制在维护职工合法权益、化解劳动关系矛盾、构建和谐劳动关系、促进社会公平正义中所起的作用。

29. 公司停产引发职工安置问题调解案

【基本案情】

嘉定区华亭镇其辖区内一家企业上海某石油天然气管业有限公司（以下简称 WM 公司），因 WM 公司股东内部发生纠纷致停产 2 个月有余，且无复工可能，又因公司账户被供应商和建设施工商查封等，导致职工社保无法缴纳，工资无法发放，停产职工无法安置等问题，最终引发后续子女上学、看病就医、生育津贴等连锁问题。

由于用人单位未依约履行劳动报酬、经济补偿金等事宜，导致职工日常生活受到严重干扰，随时可能演化为群体性突发事件。依据《上海市高级人民法院、上海市总工会　关于进一步加强合作试点开展劳动争议诉调对接工作的通知》（沪高法〔2020〕357号）文件精神，嘉定区总工会联手区人民法院，开辟法律援助案件快速履行绿色通道，确保工会"法律援助"劳动经济权益追诉到位，力求维护职工合法权益。

【调解结果及理由】

本案中工会及时维护了职工合法权益，但也遇到了"帮忙打官司，钱没着落"的现象，作为职工"娘家人"的工会应如何帮助职工将维权落到实处？如何督促用人单位依约履行协议避免发生二次纠纷？

志愿团律师在接到嘉定区总工会的通知后，于同日准备好相关委托材料赶至华亭镇劳动人事争议调解中心。了解事情缘由系用人单位股东之间发生纠纷导致公司停产，无法继续正常经营。职工工资、社保均从2018年7月起停止发放及缴纳。待初步掌握情况后当场为职工办理了法律援助相关委托材料，并就工资以及经济补偿金两项请求的相关数据以及证据材料进行收集与整理。

2018年9月12日，在对收集到的数据和证据材料进行初步分析后，与用人单位确立初步调解方案。2018年9月13日，在华亭镇总工会、华亭镇劳动人事争议调解中心的陪同下至用人单位处协商调解方案。由于部分问题未能达成一致意见（主要为工资和经济补偿金如何计算问题），并约定于2018年9月17日再次进行调解。

2018年9月17日，在华亭镇劳动人事争议调解中心主持下，41名职工全部到场，街镇工会干部、志愿团律师与用人单位进行了第二轮磋商，双方就41名工人的工资和经济补偿金达成一致意见，41名职工全部签署调解书，约定于调解书签署之日15日内付款。后15日期满，单位未能如期付款，但正值国庆期间，无法作进一步处理。2018年10月8日收到置换的调解书，2018年10月10日，组织41名职工前往区人民法院递交强制执行申请书。2018年10月17日，为了推进执行程序的进行，根据沪高法〔2020〕357号文件精神，迅速组织第一批41名职工向区人民法院递交《呈请书》，进一步说明41名职工目前面临的困境。

2018年10月8日，第一批41名职工中有12人存在工伤补助未拿到以及尚在观望处理结果的9名职工向区总工会再一次寻求帮助。在第一批调处的基础上，于同日就第二批职工的诉求事项与用人单位签订调解书，并向区人民法院递交强制执行申请书。

因用人单位未依约履行劳动报酬、经济补偿金等事宜，经多次催促无果情况下，志愿团律师决定携职工代表一同前往区人民法院与执行法官面对面沟通执行事宜，并迅速开启法律援助案件快速履行绿色通道。一方面安抚职工焦急情绪，另一方面澄清强制执行程序。职工方认为由于用人单位有足够金额被法院查封冻结，而法院不愿意执行。经法院执行法官现场查询并告知，用人单位被冻结存款根本不足以偿付执行金额，虽然用人单位尚有其他资产可以支付，但目前无法于短期内兑现，究其原因是该批资产为不动产。

在执行陷入僵局情况下，志愿团律师尝试通过其他途径解决职工目前困境，经区总工会、区人民法院积极沟通和协调下，由嘉定区华亭镇政府就工资部分为该批职工先行垫付，以解决燃眉之急。故于2019年1月7日，华亭镇劳动人事争议调解中心向职工逐步下发拖欠工资。然而工资部分虽已得到解决，但只是诉求中一小部分金额，仍有经济补偿金共计2 298 721.8元亟须解决。

后志愿团律师再次与用人单位沟通，得知其还存在诸多债权，如果可以追回该批债权，便可以付清职工全部请求。

如何在短时间内帮助用人单位追回债权无疑成为最大问题，不仅诉讼耗时太长，而且直接沟通效果不明显。与区法院多番沟通交流之后，当下决定以发律师函方式向多个债务人发函。自发出后，又与债务人积极沟通，终于追回了足以支付全部50名职工总计3 251 442.3元的全部诉请债务。不仅维护职工的合法权益，而且也帮助用人单位实现了诸多债权，实现了"双赢"。

嘉定区总工会召集上海某石油天然气管业有限公司50名职工就拖欠工资、解除劳动合同经济补偿金等事宜，配合嘉定区人民法院执行局进行集中发放劳动报酬现场会，为现场职工挽回经济损失3 251 442.3元。

《上海市企业欠薪保障金筹集和垫付的若干规定》第13条规定："有下列情形之一的，企业无力或暂时无力支付欠薪，被欠薪的劳动者本人可以申请垫付欠薪：（一）企业因宣告破产、解散或者被撤销进入清算程序，且欠薪事实已由企业、企业清算组织确认，或者已由人力资源和社会保障行政部门或者劳动争议处理机构查实的；（二）企业因经营者隐匿、出走等原因已停止经营，且欠薪事实已由人力资源和社会保障行政部门或者劳动争议处理机构查实的。"除上述情形外，因企业欠薪可能引发重大冲突，负责处理纠纷的行政机关已将纠纷情况和欠薪事实查清的，被欠薪的劳动者也可以申请垫付欠薪。

在志愿团律师介入案件伊始，据职工及用人单位财务反馈，用人单位有足够的资金来支付职工的工资、经济补偿金及工伤赔偿等。在职工和用人单位协商一致下，签署了调解协议。一方面区人民法院迅速开辟绿色通道，查封部分资金，以缓解本案燃眉之急；另一方面用人单位拥有的其他固定资产在短期内无法变现，导致职工和用人单位的矛盾进一步升级。

本案中职工50名，文化水平、理解能力、法律意识等均是参差不齐，部分职工非常难以沟通。在调处过程中，部分员工情绪激动，欲采取更加激烈的措施进一步维权。志愿团律师不得不动之以情、晓之以理，安抚他们的情绪，控制事态的发展，维护社会的和平与稳定。

志愿团律师认为打官司容易但要实现职工诉讼请求却很难。在用人单位资产无法满足职工诉讼请求的情况下，志愿团律师不得不寻求其他渠道解决问题。整个过程中，一边要不厌其烦地与用人单位相关债务人联系，另一边还要督促其尽快履行偿还义务。最终圆满解决也让志愿团律师感觉受益匪浅。

30. 企业单方调岗引发劳动争议调解案

【基本案情】

根据国家政策要求，自2016年12月起，静安某公司将原由企业自营的涉及A岗位的业务整体外包。由于该公司B岗位要求高、任务重，存在严重的劳动力缺口，为了解决劳动力调配，该公司决定在征询意见后将部分A岗位职工转移至B岗位，其他仍坚持留在A岗位上的职工则变更为由L公司雇用，从而实现与A岗位业务相关的劳动力与本企业整体剥离。公司制定了安置方案，对原来A岗位上的职工，提供两种选择：一是内部转岗。由于B岗位人员存在严重缺口，原A岗位职工可以与公司协商，在不降低工资待遇的前提下调岗至B岗位。二是继续从事A岗位工作。但由于业务调整，A项目必须按照要求整体外包，因此坚持留在A岗位上的职工必须与公司解除合同，在岗位内容、工资待遇等均保持不变的前提下再与L公司重新签订劳动合同。

2018年2月，有14名职工到区总职工援助服务中心，称公司要求他们全部调岗至 B 岗位，不愿意的职工必须全部递交辞职报告，他们不满这样的安置方案，向中心申请法律援助。

本案的争议焦点是企业是否有权对职工进行组织调动，企业安置方案是否合规。

企业方认为，本次改革调整是根据全市统一布置执行的规定动作，职工应从大局出发，服从组织上的安排。且安置方案已经考虑到职工对从事岗位、服务单位的不同需求，给出了两种选择，对其实际待遇并没有产生不利的影响。

职工方认为，企业本次调整方案的实施违反劳动合同约定，属于违法解除。

工会调解员从职工处了解到，B 岗位虽然在工资待遇方面与 A 岗位相差不大，甚至还可能有所提高，但工作强度、社会评价等方面与原岗位确实存在一定差距，这是他们不愿意接受换岗的原因。因此，如果坚持留在 A 岗位，就要自行提交辞职报告，另行与第三方民营企业签订劳动合同，也没有任何经济补偿，职工对此感到不满。另外，调解员发现，职工和公司签订的劳动合同中约定的工作岗位明确是"岗位 A"，且合同目前尚未到期。

调解员认为，在无法与职工就调岗协商形成一致意见的情况下，无法继续履行劳动合同是由于企业的原因导致的，且企业事先并未通过民主程序与职工方开展协商，所以职工提出经济补偿金的要求确实有法可依。但鉴于改革调整方案已经推进到一定阶段，大部分职工已经接受安排，因此在处理这次纠纷的过程中，既要考虑采纳职工的合法诉求，又要避免调整方案变动导致的大面积矛盾。调解员与公司工会沟通情况，并针对改革调整中职工安置方案提出了建议。

【调解结果及理由】

经过协商沟通，公司召开处理 14 名职工岗位调整事项专题研究会，对化解矛盾作了具体布置，由公司党政领导、人事部门及相关班组管理人员组成处理工作小组，与涉及的职工逐个沟通，最终 13 名职工与公司协商解除劳动关系，公司依法支付经济补偿，1 名职工经协商同意换岗，14 名职工问题全部协商解决。

1. 本案反映出部分国有企业在改革调整中对"单方解除劳动合同"和

"组织调动"等概念存在误区。本案中，企业将合同期内调动岗位的行为理解为"组织调动"，既不履行民主协商程序，也不与职工协商变更，且认为职工只能选择被动接受安排或主动放弃工作，这显然与《劳动合同法》规定相悖。企业认为，在安置方案中，已经为愿意留在原岗位的职工提供了合理的流向，即要求他们自动离职并与外包公司签订劳动合同，职工的辞职是由于不服从企业的安排导致的，因此不可避免。但实际上，所谓服从组织调动并没有足够的法律依据，劳动关系是基于双方达成的用工合意而建立，合同中已经明确载明岗位及双方的权利义务，在用人单位因自身的业务调整无法继续履行合同的情况下，职工并没有必须服从安排同意变更劳动合同的义务，因此不能单方强势要求职工转岗。

2. 企业改革调整中操作不当可能涉嫌违法解除。企业调岗操作是否合法，在实践中应当从岗位调动是否合理、协商程序是否履行、限制解除情形是否排除三个方面依次审查。其一是岗位调动是否符合"劳动合同订立时所依据的客观情况发生重大变化，致使劳动合同无法履行"的情形；其二是用人单位是否与劳动者进行协商变更劳动合同；其三是协商不能达成一致的，是否存在《劳动合同法》第 42 条限制解除的情形。

本案中，国家对改革调整的要求符合解除合同的法定事由，即企业可以就变更合同与职工开展协商，如协商不成的，则除了《劳动合同法》第 42 条中规定的五类劳动者外，可以解除劳动合同。如未经协商程序，或企业单方解除的职工涉及法定限制解除情形的，均可能导致单位承担违法解除的法律责任。

3. 国有企业改革调整方案应经民主程序审议通过，确保劳动关系和谐稳定。企业的改革调整能否顺利进行，完全取决于职工的心理准备是否充分、企业对职工的背景是否掌握，以及改革安置方案是否合情合法。因此，只有在履行民主程序过程中，与职工恰当充分地沟通、听取收集职工的信息、适时对整体方案进行优化，这样才可能在顺利推进改革调整的前提下，消除职工的对抗情绪，缓解可能产生的矛盾冲突。国企工会应在推动企业完成改革改制调整过程中发挥作用，一方面，征求职工的意见建议，收集职工的动态信息，弄清职工反应背后的心理诉求，并提供给企业以完善整体方案；另一方面，做好宣传解释工作，争取职工对企业改革方案的理解和支持。

31. "为父奔丧请假被辞"案法律援助调解案

【基本案情】

2020 年 3 月，上海市青浦区总工会职工法律援助中心接到一位职工王某来电咨询，称其因老父亲病故，请假回老家奔丧被公司辞退，请求工会给予援助。青浦区总工会按照上海市总工会法律援助"先调后诉，能调不诉"的原则，将案件转至向徐泾镇总工会。徐泾镇总工会收到案件后，主动联系职工王某和公司代表到镇总工会"喻学记劳动争议调解工作室"进行调解。由于企业态度坚决，不肯让步，双方最终未能协商一致。徐泾镇总工会随后及时对接区总工会为职工王某提供后续法律援助，指派沈律师为其提供法律援助。本案先后经历了仲裁、一审、二审等程序，劳动仲裁部门和法院均认定单位违法解除事实成立，支持了职工王某有关赔偿金的请求。

【裁判结果及理由】

本案中，用人单位制定有详细的规章制度及考勤管理细则，明确规定了请假流程、审批权限及解除情形，员工对此规章制度及细则亦有签字确认。2020 年 1 月 6 日至 1 月 14 日，扣除依法应当享受的 3 天丧假及休息日，职工王某累计缺勤天数确实已经达到 3 天及以上，符合用人单位可单方解除劳动合同并不予支付经济补偿的情形，用人单位依据按照规章制度执行似乎无可厚非。但援助律师通过仔细分析，对于王某应当出勤的 2020 年 1 月 6 日、8 日、9 日、11 日、12 日、14 日共计 6 天作了定性分析。律师抓住用人单位对 1 月 6 日事假的事后批准，确定该日并非旷工。1 月 7 日王某父亲过世后，假期性质从事假转为丧假至 9 日。而 11 日、12 日及 14 日 3 天是否属于旷工是本案的争议焦点。

我国法律目前没有关于事假的强制性规定，对于事假是否批准用人单位享有自主决定权。因此，根据用人单位规章制度"未经批准的事假视为旷工，且旷工 3 天即可解除合同并不给予经济补偿金"的规定，从表面上来看，本案中用人单位对王某的处理合乎规章制度规定。但"百善孝为先"，婚丧嫁娶乃人生之大事，古有守孝三年之习俗，王某某千里奔丧，也体现了其尽人子孝道，符合中华民族传统的人伦道德和善良风俗。用人单位虽然可以自主决定是否批准员工的事假，但是当员工确因不可抗力或有合理理由无法出勤时，武断地不予批准，甚至直接认定为旷工，显然不具有合理性。援助律师一方面认为本案中王某事假确有合理理由、单位认定旷工并不合情理，有悖公序良俗，另一方面以王某办理丧假实际所需时间及路途遥远等证据证明员工缺勤且已竭尽所能及时回岗，最终律师的辩护意见得到了仲裁、一审、二审法院的支持。

当法律存在空白，甚至出现冲突时，仲裁员和法官可依据案情和公平正义的原则，独立判断、权衡并作出合理决定。如何用情打动裁审人员，在审理案件中充分考虑客观事实，充分尊重公序良俗，亦是本案最终获得胜诉判决的关键。仲裁员及两级法院的法官通过维护社会公共秩序与善良风俗，突破了规章制度的刚性，增添了法律适用的人性，让判决有了温度。以法治的力量引导人民群众向上向善，让法治进步的阳光照进每个人的心里。

本案劳动者最终胜诉，但每个案件的结果均有其必然性及偶然性，还需要辩证地看待每一个问题，具体案件还得具体分析。并不是所有的请假用人单位都应当批准，也不是出现了特殊情况就可以认为单位必须无条件、无理由地准假。就本案而言，如果王某14日未及时返沪或者办理丧事超过合理期限且无正当理由，那么本案的判决结果可能完全就是相反的。

对广大职工而言，一方面要自觉维护用人单位的劳动秩序，遵守用人单位依法制定的规章制度，另一方面当合法权益受到损害后，可以及时向企业工会或上级工会提出，请求介入调解，亦可通过劳动监察、劳动仲裁部门等部门理性维权。对用人单位而言，应当依据民主程序合理合法制定规章制度，在遇到特殊情况使用管理权时亦应善意、宽容、合理，并充分兼顾公序良俗及企业社会责任引领职责。以本案为例，即使用人单位侥幸胜诉，那也会赢了官司，失了民心，孰轻孰重，不言自知。

32. 付某工伤纠纷调解案

【基本案情】

付某 2018 年入职上海某建筑劳务公司, 2019 年 1 月工作期间发生摔伤骨折, 经社保认定为工伤, 工伤鉴定为因工致残程度八级（部分丧失劳动能力）。2020 年 7 月付某因受伤没有再去上班, 企业认定其自动离职, 支付 2 万元与其解除劳动关系, 且不协助办理社保赔付事项, 不支付停工留薪期间工资和一次性就业补助金。没有了收入来源, 使其本来就困难的家庭雪上加霜, 心急如焚的付某来到松江区职工法律援助中心求助。

【调解结果】

接案后, 调解员为付某就工伤相关的法律法规进行讲解和分析, 让其了解了自己认定工伤后应该争取的合法权益范围。并与企业方约定调解时间, 但因为企业方始终不愿意配合, 未能成功调解, 法援中心立即指派律师为其提供代理仲裁法律援助服务, 裁调对接机制启动。援助律师在与付某进行谈话交流后, 受其委托向上海市松江区劳动人事争议仲裁委员会申请仲裁, 2020 年 11 月达成调解, 签订调解协议书。企业支付停工留薪期工资59 500元, 一次性伤残、就业补助金等86 220元, 总计145 720元, 付某长达近 2 年的维权之路, 终于画下了句点。

工伤引发的纠纷是劳动争议纠纷中时间跨度较长、金额涉及较大的一类纠纷, 作为弱势的劳动者来说, 工伤案件办理周期长、取证困难都是劳动者维护自己合法权益路上的"拦路虎", 往往部分企业也会利用劳动者急于解决问题的心理, 忽悠其迅速解决纠纷, 以达到少赔偿甚至不赔偿的目的。本案中, 用人单位就试图利用劳动者缺乏法律知识, 逃避自身责任, 并通过各种借口消耗劳动者的时间与耐心, 对于这种严重侵害劳动者合法权益行为, 劳动者依靠工会, 勇敢拿起法律武器为自己维权, 经过松江区职工法律援助中心为其提供免费、高效、无间断的"一站式"裁调对接法律援助服务, 仅用半个月, 就为劳动者争取到合法的利益, 既为劳动者解除了困境, 又节约了仲裁成本。

33. 高某培训费用纠纷调解案

【基本案情】

高某于 2014 年入职某美术进修学校，从事教学主管岗位工作。2018 年 2 月 1 日，双方续签劳动合同，合同期限为 2018 年 2 月 1 日至 2021 年 1 月 31 日。2018 年 7 月 7 日，高某与学校签署《西班牙游学进修培训协议》，协议约定：原告出资将被告派至西班牙参加游学进修培训，进修时间为 2018 年 7 月 8 日至 2018 年 7 月 19 日，专项培训费用为人民币30 000元（叁万元），为此专项培训双方约定了被告服务期自培训结束之日起至 2020 年 7 月 19 日止。2018 年 9 月 1 日，被告提出辞职，并于 2018 年 10 月 25 日正式离职。原告单位要求被告支付违反服务期约定的违约金25 973元，并以此为由扣发被告 2018 年 10 月份工资。2019 年 1 月 7 日被告向杨浦区劳动人事争议仲裁委员会申请仲裁。2019 年 1 月 29 日原告向杨浦区劳动人事争议仲裁委会提出反申请。2019 年 2 月 25 日，杨浦区劳动人事争议仲裁委员会裁决，原告自裁决书生效之日起向被告支付 2018 年 10 月 1 日至 2018 年 10 月 25 日工资 4792.96 元；原告要求被告支付违反服务期约定的违约金25 973元的反请求不予支持。2019 年 3 月 12 日，原告不服杨浦区劳动仲裁裁决，向杨浦区人民法院起诉。3 月 15 日杨浦区人民法院委托杨浦区总工会对此案进行调解。

【调解结果及理由】

2019 年 3 月 29 日在杨浦法院诉调中心，工会调解律师吴琪珑组织原告、被告双方进行了调解。首先，吴律师从原告组织西班牙游学活动的过程了解到，游学人员主要是在原告处参加美术培训的青少年，被告参加此次游学，虽然是通过原告公司内部的自愿报名和竞选等程序，但实则是以原告员工的身份，负责照顾前往西班牙游学的青少年学员，因此，被告的西班牙之行名为专业技术培训，实为履职。其次，吴律师向原告指出，以要求劳动者承担违反服务期协议的违约金为理由扣发其正常上班的工资是不合法的。企业可以扣发员工工资的情形，仅限于法律规定的几种特殊情况，除此之外，企业是不能随意扣发工资的。最后，对于被告自愿签署《服务期协议》，在明知约定 3 年服务期的情况下，却于游学归来仅 2 个月即提出辞职，被告的上述行为确实也有悖诚信原则。2019 年 4 月 11 日，双方达成调解。被告就违约行为及离职后在微信朋友圈发牢骚等不当言行对原告表示了歉意，原告同意于 2019 年 5 月 15 日前支付被告 2018 年 10 月 1 日至 2018 年 10 月 25 日的工资 3000 元。双方再无其他劳动争议。

本案是一起因"专项培训服务期协议"引起的劳动争议纠纷。原告单位通过内部选拔竞聘等程序，挑选出游学活动的带队员工，将一次针对客户的西班牙游学活动设计成对员工的专项培训，并要求员工签署培训协议，约定服务期及违约责任。员工在所谓的服务期内提出离职，用人单位要求员工承担违约责任，向单位支付违约金。员工未支付违约金，用人单位进而又扣发员工工资。这是一起典型的用人单位混淆法律概念、偷梁换柱打擦边球，损害劳动者合法权益的案例。在调解过程中，工会调解律师以客观事实为依据，指出所谓的专项培训并非单位给予员工的特殊待遇，实则是替单位照顾游学学员，是一种履职，故双方签署的协议不具有劳动合同法意义上的专项培训协议的效力，单位以该协议要求员工支付违约金是不符合法律规定的。同时，调解律师对双方就劳动争议引发的法律之外的矛盾作了劝和，最终使双方达成调解。

34. 宋某某等 232 人与深圳某公司劳动合同纠纷执行案

【基本案情】

申请执行人宋某某等 232 人与某公司劳动合同纠纷案一案，宋某某等 232 人申请诉前保全查封了被执行人某公司在经营场所资产，仲裁裁决生效后，被执行人深圳市某公司应支付宋某某等 232 人工资差额 150 万余元及经济补偿金 750 万余元。被执行人未履行生效法律文书确定的义务，法院依法评估并通过网络公开拍卖被执行人深圳某公司名下资产，拍卖款 450 余万元。

【执行结果及理由】

广东省深圳市龙岗区人民法院于2020年8月26日对宋某某等人工资差额150余万元先行发放，后将案件移送破产审查。同时，促成买受人与房东签订租赁合同，就地注册公司开业生产，新公司优先招录失业老员工，已有近40人重返生产线，全线复产后可以提供约200个工作岗位。广东省深圳市龙岗区人民法院认为，宋某某等232人诉前保全查封了被执行人深圳市佰利德首饰有限公司名下资产，在公司未进入破产程序前，宋某某等232人有权对拍卖款按首封顺序首先受偿；民生是根本，对于农民工工资案件应当优先执行、优先发放，故对宋某某等人工资差额150余万元第一时间进行了发放。

围绕扎实做好"六稳"工作、全面落实"六保"任务，确保党中央重大决策部署在人民法院得到不折不扣贯彻落实，发挥司法促发展、稳预期、保民生作用，保护和激发市场主体活力，引导各方共担风险、共克时艰，能动司法助力企业脱困重生，保市场主体、保居民就业。

本案是典型的涉倒闭企业的工人工资案件，如何让申请执行人快速拿到被拖欠的工资、如何快速清空被占用的场地、如何解决案件中处理过程中出现的各种矛盾，是执行法官在执行案件中想要做到案结事了需要优先考虑的问题。本案中，作为申请执行人，宋某某等人急于要求变现公司资产、尽快发放工资，而执行程序依旧要严格依照法律规定执行。根据《民事诉讼法》第247条、《最高人民法院关于人民法院民事执行中拍卖、变卖财产的规定》第2条、《最高人民法院关于在执行工作中规范执行行为切实保护各方当事人财产权益的通知》规定，既要最大限度地让债权人实现胜诉权益，又不能随意扩大执行范围，侵犯被执行人、案外人等相关方的合法权益。于是，在案件立案之初，承办人经过对案件情况进行分析、研判，决定分两方面开展执行工作。一方面，协调被执行人所在地相关部门启动欠薪垫付的程序，由政府部门先垫付宋某某等人的部分工资，此举极大缓解了工人的燃眉之急，平复了工人焦虑的情绪，避免出现工人大规模的聚集、集体信访等隐患；另一方面，及时启动查封财产评估、拍卖、变卖工作，同时发挥主观能动性，讲究执行策略，注意执行方法，发动员工与房东积极寻找买家资源，拍前充分展示拍品，集中组织有兴趣的买家现场实地看样，并在现场对意向买家的疑问进行充分解答。鉴于前期充足而有效的准备工作，在因新冠肺炎疫情影响、珠宝行业不景气的大背景下，查封财产得以第一次拍卖便宣告成交。在买受人缴纳尾款后，承办人第一时间对案件款项进行了分配，优先发放了工人工资的差额部分。同时，在案件执行的过程中，出现了案外人对被执行人的部分设备产权提有异议的情况，为不影响其他财产的处置，承办人积极引导案外人通过执行异议途径确定上述设备的权属，对存在产权异议的设备，不列入拟拍卖、变卖的财产列表中，暂不处置。

工人的工资发放完成后，案件的执行目的已经达到，执行程序已经结束。但是经承办人了解到，虽然执行工作已经帮助员工解决了拖欠的工资问题，受疫情影响，大部分员工失业在家，如果能够帮助这部分失业员工重新走上就业岗位，那么因为被执行人倒闭带来的负面作用才会降到最低，同时也是法院司法为民的重要体现。龙岗法院综合本案的实际情况，本着善意执行、能动执行的原则，巧妙找准结合点、切入点，在买受人办理交接手续时，承办人了解到，买受人也从事珠宝行业，需要再寻找厂房、架线生产。承办人敏锐地意识到，这是一个很好的契机，如果协调工作做好，就能够让买受人、房东、工人三方得利。于是承办人积极联络买受人、房东和工人，先是促成了买家和房东签订合同，拍卖的财产就地移交给买受人，买受人可以就地注册公司、马上开业生产，而恢复生产需要的员工则优先招录失业的老员工，他们都是产线上的"熟手"，再经过简单培训之后即可投入工作，一举三赢！至此，龙岗法院承办的某公司劳动合同纠纷执行系列案圆满解决。

在案件办理的过程中，龙岗法院旨在提供精准的司法服务，在法律公正之内尽显灵动、温情，不断努力做到真正的司法为民。在法院工作中，坚持确保党中央"六稳""六保"决策部署得到不折不扣贯彻落实，依法维护经济发展和社会大局，引导各方共担风险、共克时艰，利生产、促就业、保民生。

35. 戚某与某合作社劳动关系确认判决案

【基本案情】

戚某主张自 1999 年起开始在某居委会任出纳会计，2017 年 12 月，经选举成为新一届党支部委员。2017 年 2 月，某合作社召开股东代表扩大会议，一致同意由戚某牵头，组织股东成立自查自纠小组，因此戚某与某合作社发生纠纷，要求某合作社支付停发的 2017 年 7 月至 2018 年 5 月工资。

【裁判结果及理由】

戚某向劳动人事争议仲裁委员会申请仲裁，要求裁决：某合作社支付 2017 年 7 月至 2018 年 5 月工资 46 200 元。劳动人事争议仲裁委员会：对戚某的仲裁申请不予受理。

戚某向一审法院起诉请求：某合作社支付 2017 年 7 月至 2018 年 5 月工资 46 200 元。一审法院裁定：驳回戚某的起诉。

戚某上诉请求：撤销一审判决，改判某合作社支付戚某 2017 年 7 月至 2018 年 5 月工资 46 200 元。二审法院裁定：驳回上诉，维持原裁定。

戚某不服二审判决，向省法院申请再审。再审裁定：驳回戚某的再审申请。

本案双方当事人的争议焦点为戚某的诉请是否属于人民法院主管范围。戚某一审中请求某合作社支付其工资 46 200 元，依据《劳动法》《劳动合同法》的规定，戚某向某合作社主张支付工资报酬的前提是双方间存在一方单纯提供正常劳动，而另一方支付对价的劳动权利义务关系，即劳动力交换关系。根据原审查明的事实，某合作社虽然与一般的农村专业合作社经济组织，在经营、入股和分配等方式上具有不同，但其本质仍属于互助性质的经济组织，以其组织成员为服务对象，该组织与成员之间系平等主体之间的法律关系，我国现行《劳动法》《劳动合同法》《劳动合同法实施条例》等法律法规均未将专业合作社等互助组织纳入劳动法意义上的用人单位的范围，故二审判决认定双方之间的关系不是劳动法意义上的劳动关系于法有据。戚某不是某合作社对外聘用的劳动者，本身是某合作社的成员之一，其依据《村民委员会组织法》主张的补贴，性质上亦不属于劳动法规定的劳动者付出劳动后的工资报酬，据此原审认定戚某的诉求不属于人民法院主管的范围并无不当。戚某可以通过其他途径救济自己的权利。

四、附录：相关法律法规及政策性文件

中华人民共和国劳动法

（1994 年 7 月 5 日第八届全国人民代表大会常务委员会第八次会议通过
根据 2009 年 8 月 27 日第十一届全国人民代表大会常务委员会第十次会议
《关于修改部分法律的决定》第一次修正　根据 2018 年 12 月 29 日
第十三届全国人民代表大会常务委员会第七次会议《关于修改
〈中华人民共和国劳动法〉等七部法律的决定》第二次修正）

第一章　总　则

第一条　为了保护劳动者的合法权益，调整劳动关系，建立和维护适应社会主义市场经济的劳动制度，促进经济发展和社会进步，根据宪法，制定本法。

第二条　在中华人民共和国境内的企业、个体经济组织（以下统称用人单位）和与之形成劳动关系的劳动者，适用本法。

国家机关、事业组织、社会团体和与之建立劳动合同关系的劳动者，依照本法执行。

第三条　劳动者享有平等就业和选择职业的权利、取得劳动报酬的权利、休息休假的权利、获得劳动安全卫生保护的权利、接受职业技能培训的权利、享受社会保险和福利的权利、提请劳动争议处理的权利以及法律规定的其他劳动权利。

劳动者应当完成劳动任务，提高职业技能，执行劳动安全卫生规程，遵守劳动纪律和职业道德。

第四条　用人单位应当依法建立和完善规章制度，保障劳动者享有劳动权利和履行劳动义务。

第五条　国家采取各种措施，促进劳动就业，发展职业教育，制定劳动标准，调节社会收入，完善社会保险，协调劳动关系，逐步提高劳动者的生活水平。

第六条　国家提倡劳动者参加社会义务劳动，开展劳动竞赛和合理化建议活动，鼓励和保护劳动者进行科学研究、技术革新和发明创造，表彰和奖励劳动模范和先进工作者。

第七条　劳动者有权依法参加和组织工会。

工会代表和维护劳动者的合法权益，依法独立自主地开展活动。

第八条　劳动者依照法律规定，通过职工大会、职工代表大会或者其他形式，参与民主管理或者就保护劳动者合法权益与用人单位进行平等协商。

第九条　国务院劳动行政部门主管全国劳动工作。

县级以上地方人民政府劳动行政部门主管本行政区域内的劳动工作。

第二章　促进就业

第十条　国家通过促进经济和社会发展，创造就业条件，扩大就业机会。

国家鼓励企业、事业组织、社会团体在法律、行政法规规定的范围内兴办产业或者拓展经营，增加就业。

国家支持劳动者自愿组织起来就业和从事个体经营实现就业。

第十一条　地方各级人民政府应当采取措施，发展多种类型的职业介绍机构，提供就业服务。

第十二条　劳动者就业，不因民族、种族、性别、宗教信仰不同而受歧视。

第十三条　妇女享有与男子平等的就业权利。在录用职工时，除国家规定的不适合妇女的工种或者岗位外，不得以性别为由拒绝录用妇女或者提高对妇女的录用标准。

第十四条　残疾人、少数民族人员、退出现役的军人的就业，法律、法规有特别规定的，从其规定。

第十五条　禁止用人单位招用未满十六周岁的未成年人。

文艺、体育和特种工艺单位招用未满十六周岁的未成年人，必须遵守国家有关规定，并保障其接受义务教育的权利。

第三章　劳动合同和集体合同

第十六条　劳动合同是劳动者与用人单位确立劳动关系、明确双方权利和义务的协议。

建立劳动关系应当订立劳动合同。

第十七条　订立和变更劳动合同，应当遵循平等自愿、协商一致的原则，不得违反法律、行政法规的规定。

劳动合同依法订立即具有法律约束力，当事人必须履行劳动合同规定的义务。

第十八条　下列劳动合同无效：

（一）违反法律、行政法规的劳动合同；

（二）采取欺诈、威胁等手段订立的劳动合同。

无效的劳动合同，从订立的时候起，就没有法律约束力。确认劳动合同部分无效的，如果不影响其余部分的效力，其余部分仍然有效。

劳动合同的无效，由劳动争议仲裁委员会或者人民法院确认。

第十九条　劳动合同应当以书面形式订立，并具备以下条款：

（一）劳动合同期限；

（二）工作内容；

（三）劳动保护和劳动条件；

（四）劳动报酬；

（五）劳动纪律；

（六）劳动合同终止的条件；

（七）违反劳动合同的责任。

劳动合同除前款规定的必备条款外，当事人可以协商约定其他内容。

第二十条　劳动合同的期限分为有固定期限、无固定期限和以完成一定的工作为期限。

劳动者在同一用人单位连续工作满十年以上，当事人双方同意续延劳动合同的，如果劳动者提出订立无固定期限的劳动合同，应当订立无固定期限的劳动合同。

第二十一条　劳动合同可以约定试用期。试用期最长不得超过六个月。

第二十二条　劳动合同当事人可以在劳动合同中约定保守用人单位商业秘密的有关事项。

第二十三条　劳动合同期满或者当事人约定的劳动合同终止条件出现，劳动合同即行终止。

第二十四条　经劳动合同当事人协商一致，劳动合同可以解除。

第二十五条　劳动者有下列情形之一的，用人单位可以解除劳动合同：

（一）在试用期间被证明不符合录用条件的；

（二）严重违反劳动纪律或者用人单位规章制度的；

（三）严重失职，营私舞弊，对用人单位利益造成重大损害的；

（四）被依法追究刑事责任的。

第二十六条　有下列情形之一的，用人单位可以解除劳动合同，但是应当提前三十日以书面形式通知劳动者本人：

（一）劳动者患病或者非因工负伤，医疗期满后，不能从事原工作也不能从事由用人单位另行安排的工作的；

（二）劳动者不能胜任工作，经过培训或者调整工作岗位，仍不能胜任工作的；

（三）劳动合同订立时所依据的客观情况发生重大变化，致使原劳动合同无法履行，经当事人协商不能就变更劳动合同达成协议的。

第二十七条　用人单位濒临破产进行法定整顿期间或者生产经营状况发生严重困难，确需裁减人员的，应当提前三十日向工会或者全体职工说明情况，听取工会或者职工的意见，经向劳动行政部门报告后，可以裁减人员。

用人单位依据本条规定裁减人员，在六个月内录用人员的，应当优先录用被裁减的人员。

第二十八条　用人单位依据本法第二十四条、第二十六条、第二十七条的规定解除劳动合同的，应当依照国家有关规定给予经济补偿。

第二十九条　劳动者有下列情形之一的，用人单位不得依据本法第二十六条、第二十七条的规定解除劳动合同：

（一）患职业病或者因工负伤并被确认丧失或者部分丧失劳动能力的；

（二）患病或者负伤，在规定的医疗期内的；

（三）女职工在孕期、产期、哺乳期内的；

（四）法律、行政法规规定的其他情形。

第三十条 用人单位解除劳动合同，工会认为不适当的，有权提出意见。如果用人单位违反法律、法规或者劳动合同，工会有权要求重新处理；劳动者申请仲裁或者提起诉讼的，工会应当依法给予支持和帮助。

第三十一条 劳动者解除劳动合同，应当提前三十日以书面形式通知用人单位。

第三十二条 有下列情形之一的，劳动者可以随时通知用人单位解除劳动合同：

（一）在试用期内的；

（二）用人单位以暴力、威胁或者非法限制人身自由的手段强迫劳动的；

（三）用人单位未按照劳动合同约定支付劳动报酬或者提供劳动条件的。

第三十三条 企业职工一方与企业可以就劳动报酬、工作时间、休息休假、劳动安全卫生、保险福利等事项，签订集体合同。集体合同草案应当提交职工代表大会或者全体职工讨论通过。

集体合同由工会代表职工与企业签订；没有建立工会的企业，由职工推举的代表与企业签订。

第三十四条 集体合同签订后应当报送劳动行政部门；劳动行政部门自收到集体合同文本之日起十五日内未提出异议的，集体合同即行生效。

第三十五条 依法签订的集体合同对企业和企业全体职工具有约束力。职工个人与企业订立的劳动合同中劳动条件和劳动报酬等标准不得低于集体合同的规定。

第四章　工作时间和休息休假

第三十六条 国家实行劳动者每日工作时间不超过八小时、平均每周工作时间不超过四十四小时的工时制度。

第三十七条 对实行计件工作的劳动者，用人单位应当根据本法第三十六条规定的工时制度合理确定其劳动定额和计件报酬标准。

第三十八条 用人单位应当保证劳动者每周至少休息一日。

第三十九条 企业因生产特点不能实行本法第三十六条、第三十八条规定的，经劳动行政部门批准，可以实行其他工作和休息办法。

第四十条 用人单位在下列节日期间应当依法安排劳动者休假：

（一）元旦；

（二）春节；

（三）国际劳动节；

（四）国庆节；

（五）法律、法规规定的其他休假节日。

第四十一条 用人单位由于生产经营需要，经与工会和劳动者协商后可以延长工作时间，一般每日不得超过一小时；因特殊原因需要延长工作时间的，在保障劳动者身体健康的条件下延长工作时间每日不得超过三小时，但是每月不得超过三十六小时。

第四十二条　有下列情形之一的，延长工作时间不受本法第四十一条规定的限制：

（一）发生自然灾害、事故或者因其他原因，威胁劳动者生命健康和财产安全，需要紧急处理的；

（二）生产设备、交通运输线路、公共设施发生故障，影响生产和公众利益，必须及时抢修的；

（三）法律、行政法规规定的其他情形。

第四十三条　用人单位不得违反本法规定延长劳动者的工作时间。

第四十四条　有下列情形之一的，用人单位应当按照下列标准支付高于劳动者正常工作时间工资的工资报酬：

（一）安排劳动者延长工作时间的，支付不低于工资的百分之一百五十的工资报酬；

（二）休息日安排劳动者工作又不能安排补休的，支付不低于工资的百分之二百的工资报酬；

（三）法定休假日安排劳动者工作的，支付不低于工资的百分之三百的工资报酬。

第四十五条　国家实行带薪年休假制度。

劳动者连续工作一年以上的，享受带薪年休假。具体办法由国务院规定。

第五章　工　资

第四十六条　工资分配应当遵循按劳分配原则，实行同工同酬。

工资水平在经济发展的基础上逐步提高。国家对工资总量实行宏观调控。

第四十七条　用人单位根据本单位的生产经营特点和经济效益，依法自主确定本单位的工资分配方式和工资水平。

第四十八条　国家实行最低工资保障制度。最低工资的具体标准由省、自治区、直辖市人民政府规定，报国务院备案。

用人单位支付劳动者的工资不得低于当地最低工资标准。

第四十九条　确定和调整最低工资标准应当综合参考下列因素：

（一）劳动者本人及平均赡养人口的最低生活费用；

（二）社会平均工资水平；

（三）劳动生产率；

（四）就业状况；

（五）地区之间经济发展水平的差异。

第五十条　工资应当以货币形式按月支付给劳动者本人。不得克扣或者无故拖欠劳动者的工资。

第五十一条　劳动者在法定休假日和婚丧假期间以及依法参加社会活动期间，用人单位应当依法支付工资。

第六章 劳动安全卫生

第五十二条 用人单位必须建立、健全劳动安全卫生制度，严格执行国家劳动安全卫生规程和标准，对劳动者进行劳动安全卫生教育，防止劳动过程中的事故，减少职业危害。

第五十三条 劳动安全卫生设施必须符合国家规定的标准。

新建、改建、扩建工程的劳动安全卫生设施必须与主体工程同时设计、同时施工、同时投入生产和使用。

第五十四条 用人单位必须为劳动者提供符合国家规定的劳动安全卫生条件和必要的劳动防护用品，对从事有职业危害作业的劳动者应当定期进行健康检查。

第五十五条 从事特种作业的劳动者必须经过专门培训并取得特种作业资格。

第五十六条 劳动者在劳动过程中必须严格遵守安全操作规程。

劳动者对用人单位管理人员违章指挥、强令冒险作业，有权拒绝执行；对危害生命安全和身体健康的行为，有权提出批评、检举和控告。

第五十七条 国家建立伤亡事故和职业病统计报告和处理制度。县级以上各级人民政府劳动行政部门、有关部门和用人单位应当依法对劳动者在劳动过程中发生的伤亡事故和劳动者的职业病状况，进行统计、报告和处理。

第七章 女职工和未成年工特殊保护

第五十八条 国家对女职工和未成年工实行特殊劳动保护。

未成年工是指年满十六周岁未满十八周岁的劳动者。

第五十九条 禁止安排女职工从事矿山井下、国家规定的第四级体力劳动强度的劳动和其他禁忌从事的劳动。

第六十条 不得安排女职工在经期从事高处、低温、冷水作业和国家规定的第三级体力劳动强度的劳动。

第六十一条 不得安排女职工在怀孕期间从事国家规定的第三级体力劳动强度的劳动和孕期禁忌从事的劳动。对怀孕七个月以上的女职工，不得安排其延长工作时间和夜班劳动。

第六十二条 女职工生育享受不少于九十天的产假。

第六十三条 不得安排女职工在哺乳未满一周岁的婴儿期间从事国家规定的第三级体力劳动强度的劳动和哺乳期禁忌从事的其他劳动，不得安排其延长工作时间和夜班劳动。

第六十四条 不得安排未成年工从事矿山井下、有毒有害、国家规定的第四级体力劳动强度的劳动和其他禁忌从事的劳动。

第六十五条 用人单位应当对未成年工定期进行健康检查。

第八章　职业培训

第六十六条　国家通过各种途径，采取各种措施，发展职业培训事业，开发劳动者的职业技能，提高劳动者素质，增强劳动者的就业能力和工作能力。

第六十七条　各级人民政府应当把发展职业培训纳入社会经济发展的规划，鼓励和支持有条件的企业、事业组织、社会团体和个人进行各种形式的职业培训。

第六十八条　用人单位应当建立职业培训制度，按照国家规定提取和使用职业培训经费，根据本单位实际，有计划地对劳动者进行职业培训。

从事技术工种的劳动者，上岗前必须经过培训。

第六十九条　国家确定职业分类，对规定的职业制定职业技能标准，实行职业资格证书制度，由经备案的考核鉴定机构负责对劳动者实施职业技能考核鉴定。

第九章　社会保险和福利

第七十条　国家发展社会保险事业，建立社会保险制度，设立社会保险基金，使劳动者在年老、患病、工伤、失业、生育等情况下获得帮助和补偿。

第七十一条　社会保险水平应当与社会经济发展水平和社会承受能力相适应。

第七十二条　社会保险基金按照保险类型确定资金来源，逐步实行社会统筹。用人单位和劳动者必须依法参加社会保险，缴纳社会保险费。

第七十三条　劳动者在下列情形下，依法享受社会保险待遇：

（一）退休；

（二）患病、负伤；

（三）因工伤残或者患职业病；

（四）失业；

（五）生育。

劳动者死亡后，其遗属依法享受遗属津贴。

劳动者享受社会保险待遇的条件和标准由法律、法规规定。

劳动者享受的社会保险金必须按时足额支付。

第七十四条　社会保险基金经办机构依照法律规定收支、管理和运营社会保险基金，并负有使社会保险基金保值增值的责任。

社会保险基金监督机构依照法律规定，对社会保险基金的收支、管理和运营实施监督。

社会保险基金经办机构和社会保险基金监督机构的设立和职能由法律规定。

任何组织和个人不得挪用社会保险基金。

第七十五条　国家鼓励用人单位根据本单位实际情况为劳动者建立补充保险。

国家提倡劳动者个人进行储蓄性保险。

第七十六条　国家发展社会福利事业，兴建公共福利设施，为劳动者休息、休养和疗养提供条件。

用人单位应当创造条件，改善集体福利，提高劳动者的福利待遇。

第十章　劳动争议

第七十七条　用人单位与劳动者发生劳动争议，当事人可以依法申请调解、仲裁、提起诉讼，也可以协商解决。

调解原则适用于仲裁和诉讼程序。

第七十八条　解决劳动争议，应当根据合法、公正、及时处理的原则，依法维护劳动争议当事人的合法权益。

第七十九条　劳动争议发生后，当事人可以向本单位劳动争议调解委员会申请调解；调解不成，当事人一方要求仲裁的，可以向劳动争议仲裁委员会申请仲裁。当事人一方也可以直接向劳动争议仲裁委员会申请仲裁。对仲裁裁决不服的，可以向人民法院提起诉讼。

第八十条　在用人单位内，可以设立劳动争议调解委员会。劳动争议调解委员会由职工代表、用人单位代表和工会代表组成。劳动争议调解委员会主任由工会代表担任。

劳动争议经调解达成协议的，当事人应当履行。

第八十一条　劳动争议仲裁委员会由劳动行政部门代表、同级工会代表、用人单位方面的代表组成。劳动争议仲裁委员会主任由劳动行政部门代表担任。

第八十二条　提出仲裁要求的一方应当自劳动争议发生之日起六十日内向劳动争议仲裁委员会提出书面申请。仲裁裁决一般应在收到仲裁申请的六十日内作出。对仲裁裁决无异议的，当事人必须履行。

第八十三条　劳动争议当事人对仲裁裁决不服的，可以自收到仲裁裁决书之日起十五日内向人民法院提起诉讼。一方当事人在法定期限内不起诉又不履行仲裁裁决的，另一方当事人可以申请人民法院强制执行。

第八十四条　因签订集体合同发生争议，当事人协商解决不成的，当地人民政府劳动行政部门可以组织有关各方协调处理。

因履行集体合同发生争议，当事人协商解决不成的，可以向劳动争议仲裁委员会申请仲裁；对仲裁裁决不服的，可以自收到仲裁裁决书之日起十五日内向人民法院提起诉讼。

第十一章　监督检查

第八十五条　县级以上各级人民政府劳动行政部门依法对用人单位遵守劳动法律、法规的情况进行监督检查，对违反劳动法律、法规的行为有权制止，并责令改正。

第八十六条　县级以上各级人民政府劳动行政部门监督检查人员执行公务，有权进入用人单位了解执行劳动法律、法规的情况，查阅必要的资料，并对劳动场所进行检查。

县级以上各级人民政府劳动行政部门监督检查人员执行公务，必须出示证件，秉公执法并遵守有关规定。

第八十七条 县级以上各级人民政府有关部门在各自职责范围内，对用人单位遵守劳动法律、法规的情况进行监督。

第八十八条 各级工会依法维护劳动者的合法权益，对用人单位遵守劳动法律、法规的情况进行监督。

任何组织和个人对于违反劳动法律、法规的行为有权检举和控告。

第十二章　法律责任

第八十九条 用人单位制定的劳动规章制度违反法律、法规规定的，由劳动行政部门给予警告，责令改正；对劳动者造成损害的，应当承担赔偿责任。

第九十条 用人单位违反本法规定，延长劳动者工作时间的，由劳动行政部门给予警告，责令改正，并可以处以罚款。

第九十一条 用人单位有下列侵害劳动者合法权益情形之一的，由劳动行政部门责令支付劳动者的工资报酬、经济补偿，并可以责令支付赔偿金：

（一）克扣或者无故拖欠劳动者工资的；

（二）拒不支付劳动者延长工作时间工资报酬的；

（三）低于当地最低工资标准支付劳动者工资的；

（四）解除劳动合同后，未依照本法规定给予劳动者经济补偿的。

第九十二条 用人单位的劳动安全设施和劳动卫生条件不符合国家规定或者未向劳动者提供必要的劳动防护用品和劳动保护设施的，由劳动行政部门或者有关部门责令改正，可以处以罚款；情节严重的，提请县级以上人民政府决定责令停产整顿；对事故隐患不采取措施，致使发生重大事故，造成劳动者生命和财产损失的，对责任人员依照刑法有关规定追究刑事责任。

第九十三条 用人单位强令劳动者违章冒险作业，发生重大伤亡事故，造成严重后果的，对责任人员依法追究刑事责任。

第九十四条 用人单位非法招用未满十六周岁的未成年人的，由劳动行政部门责令改正，处以罚款；情节严重的，由市场监督管理部门吊销营业执照。

第九十五条 用人单位违反本法对女职工和未成年工的保护规定，侵害其合法权益的，由劳动行政部门责令改正，处以罚款；对女职工或者未成年工造成损害的，应当承担赔偿责任。

第九十六条 用人单位有下列行为之一，由公安机关对责任人员处以十五日以下拘留、罚款或者警告；构成犯罪的，对责任人员依法追究刑事责任：

（一）以暴力、威胁或者非法限制人身自由的手段强迫劳动的；

（二）侮辱、体罚、殴打、非法搜查和拘禁劳动者的。

第九十七条 由于用人单位的原因订立的无效合同，对劳动者造成损害的，应当承担赔偿责任。

第九十八条 用人单位违反本法规定的条件解除劳动合同或者故意拖延不订立劳动合

同的，由劳动行政部门责令改正；对劳动者造成损害的，应当承担赔偿责任。

第九十九条 用人单位招用尚未解除劳动合同的劳动者，对原用人单位造成经济损失的，该用人单位应当依法承担连带赔偿责任。

第一百条 用人单位无故不缴纳社会保险费的，由劳动行政部门责令其限期缴纳；逾期不缴的，可以加收滞纳金。

第一百零一条 用人单位无理阻挠劳动行政部门、有关部门及其工作人员行使监督检查权，打击报复举报人员的，由劳动行政部门或者有关部门处以罚款；构成犯罪的，对责任人员依法追究刑事责任。

第一百零二条 劳动者违反本法规定的条件解除劳动合同或者违反劳动合同中约定的保密事项，对用人单位造成经济损失的，应当依法承担赔偿责任。

第一百零三条 劳动行政部门或者有关部门的工作人员滥用职权、玩忽职守、徇私舞弊，构成犯罪的，依法追究刑事责任；不构成犯罪的，给予行政处分。

第一百零四条 国家工作人员和社会保险基金经办机构的工作人员挪用社会保险基金，构成犯罪的，依法追究刑事责任。

第一百零五条 违反本法规定侵害劳动者合法权益，其他法律、行政法规已规定处罚的，依照该法律、行政法规的规定处罚。

第十三章 附 则

第一百零六条 省、自治区、直辖市人民政府根据本法和本地区的实际情况，规定劳动合同制度的实施步骤，报国务院备案。

第一百零七条 本法自 1995 年 1 月 1 日起施行。

中华人民共和国劳动争议调解仲裁法

（2007 年 12 月 29 日第十届全国人民代表大会
常务委员会第三十一次会议通过）

第一章　总　则

第一条　为了公正及时解决劳动争议，保护当事人合法权益，促进劳动关系和谐稳定，制定本法。

第二条　中华人民共和国境内的用人单位与劳动者发生的下列劳动争议，适用本法：

（一）因确认劳动关系发生的争议；

（二）因订立、履行、变更、解除和终止劳动合同发生的争议；

（三）因除名、辞退和辞职、离职发生的争议；

（四）因工作时间、休息休假、社会保险、福利、培训以及劳动保护发生的争议；

（五）因劳动报酬、工伤医疗费、经济补偿或者赔偿金等发生的争议；

（六）法律、法规规定的其他劳动争议。

第三条　解决劳动争议，应当根据事实，遵循合法、公正、及时、着重调解的原则，依法保护当事人的合法权益。

第四条　发生劳动争议，劳动者可以与用人单位协商，也可以请工会或者第三方共同与用人单位协商，达成和解协议。

第五条　发生劳动争议，当事人不愿协商、协商不成或者达成和解协议后不履行的，可以向调解组织申请调解；不愿调解、调解不成或者达成调解协议后不履行的，可以向劳动争议仲裁委员会申请仲裁；对仲裁裁决不服的，除本法另有规定的外，可以向人民法院提起诉讼。

第六条　发生劳动争议，当事人对自己提出的主张，有责任提供证据。与争议事项有关的证据属于用人单位掌握管理的，用人单位应当提供；用人单位不提供的，应当承担不利后果。

第七条　发生劳动争议的劳动者一方在十人以上，并有共同请求的，可以推举代表参加调解、仲裁或者诉讼活动。

第八条　县级以上人民政府劳动行政部门会同工会和企业方面代表建立协调劳动关系三方机制，共同研究解决劳动争议的重大问题。

第九条　用人单位违反国家规定，拖欠或者未足额支付劳动报酬，或者拖欠工伤医疗费、经济补偿或者赔偿金的，劳动者可以向劳动行政部门投诉，劳动行政部门应当依法处理。

第二章　调　解

第十条　发生劳动争议，当事人可以到下列调解组织申请调解：

（一）企业劳动争议调解委员会；

（二）依法设立的基层人民调解组织；

（三）在乡镇、街道设立的具有劳动争议调解职能的组织。

企业劳动争议调解委员会由职工代表和企业代表组成。职工代表由工会成员担任或者由全体职工推举产生，企业代表由企业负责人指定。企业劳动争议调解委员会主任由工会成员或者双方推举的人员担任。

第十一条　劳动争议调解组织的调解员应当由公道正派、联系群众、热心调解工作，并具有一定法律知识、政策水平和文化水平的成年公民担任。

第十二条　当事人申请劳动争议调解可以书面申请，也可以口头申请。口头申请的，调解组织应当当场记录申请人基本情况、申请调解的争议事项、理由和时间。

第十三条　调解劳动争议，应当充分听取双方当事人对事实和理由的陈述，耐心疏导，帮助其达成协议。

第十四条　经调解达成协议的，应当制作调解协议书。

调解协议书由双方当事人签名或者盖章，经调解员签名并加盖调解组织印章后生效，对双方当事人具有约束力，当事人应当履行。

自劳动争议调解组织收到调解申请之日起十五日内未达成调解协议的，当事人可以依法申请仲裁。

第十五条　达成调解协议后，一方当事人在协议约定期限内不履行调解协议的，另一方当事人可以依法申请仲裁。

第十六条　因支付拖欠劳动报酬、工伤医疗费、经济补偿或者赔偿金事项达成调解协议，用人单位在协议约定期限内不履行的，劳动者可以持调解协议书依法向人民法院申请支付令。人民法院应当依法发出支付令。

第三章 仲 裁

第一节 一般规定

第十七条 劳动争议仲裁委员会按照统筹规划、合理布局和适应实际需要的原则设立。省、自治区人民政府可以决定在市、县设立；直辖市人民政府可以决定在区、县设立。直辖市、设区的市也可以设立一个或者若干个劳动争议仲裁委员会。劳动争议仲裁委员会不按行政区划层层设立。

第十八条 国务院劳动行政部门依照本法有关规定制定仲裁规则。省、自治区、直辖市人民政府劳动行政部门对本行政区域的劳动争议仲裁工作进行指导。

第十九条 劳动争议仲裁委员会由劳动行政部门代表、工会代表和企业方面代表组成。劳动争议仲裁委员会组成人员应当是单数。

劳动争议仲裁委员会依法履行下列职责：

（一）聘任、解聘专职或者兼职仲裁员；

（二）受理劳动争议案件；

（三）讨论重大或者疑难的劳动争议案件；

（四）对仲裁活动进行监督。

劳动争议仲裁委员会下设办事机构，负责办理劳动争议仲裁委员会的日常工作。

第二十条 劳动争议仲裁委员会应当设仲裁员名册。

仲裁员应当公道正派并符合下列条件之一：

（一）曾任审判员的；

（二）从事法律研究、教学工作并具有中级以上职称的；

（三）具有法律知识、从事人力资源管理或者工会等专业工作满五年的；

（四）律师执业满三年的。

第二十一条 劳动争议仲裁委员会负责管辖本区域内发生的劳动争议。

劳动争议由劳动合同履行地或者用人单位所在地的劳动争议仲裁委员会管辖。双方当事人分别向劳动合同履行地和用人单位所在地的劳动争议仲裁委员会申请仲裁的，由劳动合同履行地的劳动争议仲裁委员会管辖。

第二十二条 发生劳动争议的劳动者和用人单位为劳动争议仲裁案件的双方当事人。

劳务派遣单位或者用工单位与劳动者发生劳动争议的，劳务派遣单位和用工单位为共同当事人。

第二十三条 与劳动争议案件的处理结果有利害关系的第三人，可以申请参加仲裁活动或者由劳动争议仲裁委员会通知其参加仲裁活动。

第二十四条　当事人可以委托代理人参加仲裁活动。委托他人参加仲裁活动，应当向劳动争议仲裁委员会提交有委托人签名或者盖章的委托书，委托书应当载明委托事项和权限。

第二十五条　丧失或者部分丧失民事行为能力的劳动者，由其法定代理人代为参加仲裁活动；无法定代理人的，由劳动争议仲裁委员会为其指定代理人。劳动者死亡的，由其近亲属或者代理人参加仲裁活动。

第二十六条　劳动争议仲裁公开进行，但当事人协议不公开进行或者涉及国家秘密、商业秘密和个人隐私的除外。

第二节　申请和受理

第二十七条　劳动争议申请仲裁的时效期间为一年。仲裁时效期间从当事人知道或者应当知道其权利被侵害之日起计算。

前款规定的仲裁时效，因当事人一方向对方当事人主张权利，或者向有关部门请求权利救济，或者对方当事人同意履行义务而中断。从中断时起，仲裁时效期间重新计算。

因不可抗力或者有其他正当理由，当事人不能在本条第一款规定的仲裁时效期间申请仲裁的，仲裁时效中止。从中止时效的原因消除之日起，仲裁时效期间继续计算。

劳动关系存续期间因拖欠劳动报酬发生争议的，劳动者申请仲裁不受本条第一款规定的仲裁时效期间的限制；但是，劳动关系终止的，应当自劳动关系终止之日起一年内提出。

第二十八条　申请人申请仲裁应当提交书面仲裁申请，并按照被申请人人数提交副本。

仲裁申请书应当载明下列事项：

（一）劳动者的姓名、性别、年龄、职业、工作单位和住所，用人单位的名称、住所和法定代表人或者主要负责人的姓名、职务；

（二）仲裁请求和所根据的事实、理由；

（三）证据和证据来源、证人姓名和住所。

书写仲裁申请确有困难的，可以口头申请，由劳动争议仲裁委员会记入笔录，并告知对方当事人。

第二十九条　劳动争议仲裁委员会收到仲裁申请之日起五日内，认为符合受理条件的，应当受理，并通知申请人；认为不符合受理条件的，应当书面通知申请人不予受理，并说明理由。对劳动争议仲裁委员会不予受理或者逾期未作出决定的，申请人可以就该劳动争议事项向人民法院提起诉讼。

第三十条　劳动争议仲裁委员会受理仲裁申请后，应当在五日内将仲裁申请书副本送达被申请人。

被申请人收到仲裁申请书副本后，应当在十日内向劳动争议仲裁委员会提交答辩书。劳动争议仲裁委员会收到答辩书后，应当在五日内将答辩书副本送达申请人。被申请人未提交答辩书的，不影响仲裁程序的进行。

第三节　开庭和裁决

第三十一条　劳动争议仲裁委员会裁决劳动争议案件实行仲裁庭制。仲裁庭由三名仲裁员组成，设首席仲裁员。简单劳动争议案件可以由一名仲裁员独任仲裁。

第三十二条　劳动争议仲裁委员会应当在受理仲裁申请之日起五日内将仲裁庭的组成情况书面通知当事人。

第三十三条　仲裁员有下列情形之一，应当回避，当事人也有权以口头或者书面方式提出回避申请：

（一）是本案当事人或者当事人、代理人的近亲属的；

（二）与本案有利害关系的；

（三）与本案当事人、代理人有其他关系，可能影响公正裁决的；

（四）私自会见当事人、代理人，或者接受当事人、代理人的请客送礼的。

劳动争议仲裁委员会对回避申请应当及时作出决定，并以口头或者书面方式通知当事人。

第三十四条　仲裁员有本法第三十三条第四项规定情形，或者有索贿受贿、徇私舞弊、枉法裁决行为的，应当依法承担法律责任。劳动争议仲裁委员会应当将其解聘。

第三十五条　仲裁庭应当在开庭五日前，将开庭日期、地点书面通知双方当事人。当事人有正当理由的，可以在开庭三日前请求延期开庭。是否延期，由劳动争议仲裁委员会决定。

第三十六条　申请人收到书面通知，无正当理由拒不到庭或者未经仲裁庭同意中途退庭的，可以视为撤回仲裁申请。

被申请人收到书面通知，无正当理由拒不到庭或者未经仲裁庭同意中途退庭的，可以缺席裁决。

第三十七条　仲裁庭对专门性问题认为需要鉴定的，可以交由当事人约定的鉴定机构鉴定；当事人没有约定或者无法达成约定的，由仲裁庭指定的鉴定机构鉴定。

根据当事人的请求或者仲裁庭的要求，鉴定机构应当派鉴定人参加开庭。当事人经仲裁庭许可，可以向鉴定人提问。

第三十八条　当事人在仲裁过程中有权进行质证和辩论。质证和辩论终结时，首席仲裁员或者独任仲裁员应当征询当事人的最后意见。

第三十九条　当事人提供的证据经查证属实的，仲裁庭应当将其作为认定事实的根据。

劳动者无法提供由用人单位掌握管理的与仲裁请求有关的证据，仲裁庭可以要求用人单位在指定期限内提供。用人单位在指定期限内不提供的，应当承担不利后果。

第四十条　仲裁庭应当将开庭情况记入笔录。当事人和其他仲裁参加人认为对自已陈述的记录有遗漏或者差错的，有权申请补正。如果不予补正，应当记录该申请。

笔录由仲裁员、记录人员、当事人和其他仲裁参加人签名或者盖章。

第四十一条 当事人申请劳动争议仲裁后，可以自行和解。达成和解协议的，可以撤回仲裁申请。

第四十二条 仲裁庭在作出裁决前，应当先行调解。

调解达成协议的，仲裁庭应当制作调解书。

调解书应当写明仲裁请求和当事人协议的结果。调解书由仲裁员签名，加盖劳动争议仲裁委员会印章，送达双方当事人。调解书经双方当事人签收后，发生法律效力。

调解不成或者调解书送达前，一方当事人反悔的，仲裁庭应当及时作出裁决。

第四十三条 仲裁庭裁决劳动争议案件，应当自劳动争议仲裁委员会受理仲裁申请之日起四十五日内结束。案情复杂需要延期的，经劳动争议仲裁委员会主任批准，可以延期并书面通知当事人，但是延长期限不得超过十五日。逾期未作出仲裁裁决的，当事人可以就该劳动争议事项向人民法院提起诉讼。

仲裁庭裁决劳动争议案件时，其中一部分事实已经清楚，可以就该部分先行裁决。

第四十四条 仲裁庭对追索劳动报酬、工伤医疗费、经济补偿或者赔偿金的案件，根据当事人的申请，可以裁决先予执行，移送人民法院执行。

仲裁庭裁决先予执行的，应当符合下列条件：

（一）当事人之间权利义务关系明确；

（二）不先予执行将严重影响申请人的生活。

劳动者申请先予执行的，可以不提供担保。

第四十五条 裁决应当按照多数仲裁员的意见作出，少数仲裁员的不同意见应当记入笔录。仲裁庭不能形成多数意见时，裁决应当按照首席仲裁员的意见作出。

第四十六条 裁决书应当载明仲裁请求、争议事实、裁决理由、裁决结果和裁决日期。裁决书由仲裁员签名，加盖劳动争议仲裁委员会印章。对裁决持不同意见的仲裁员，可以签名，也可以不签名。

第四十七条 下列劳动争议，除本法另有规定的外，仲裁裁决为终局裁决，裁决书自作出之日起发生法律效力：

（一）追索劳动报酬、工伤医疗费、经济补偿或者赔偿金，不超过当地月最低工资标准十二个月金额的争议；

（二）因执行国家的劳动标准在工作时间、休息休假、社会保险等方面发生的争议。

第四十八条 劳动者对本法第四十七条规定的仲裁裁决不服的，可以自收到仲裁裁决书之日起十五日内向人民法院提起诉讼。

第四十九条 用人单位有证据证明本法第四十七条规定的仲裁裁决有下列情形之一，可以自收到仲裁裁决书之日起三十日内向劳动争议仲裁委员会所在地的中级人民法院申请撤销裁决：

（一）适用法律、法规确有错误的；

（二）劳动争议仲裁委员会无管辖权的；

（三）违反法定程序的；

（四）裁决所根据的证据是伪造的；

（五）对方当事人隐瞒了足以影响公正裁决的证据的；

（六）仲裁员在仲裁该案时有索贿受贿、徇私舞弊、枉法裁决行为的。

人民法院经组成合议庭审查核实裁决有前款规定情形之一的，应当裁定撤销。

仲裁裁决被人民法院裁定撤销的，当事人可以自收到裁定书之日起十五日内就该劳动争议事项向人民法院提起诉讼。

第五十条 当事人对本法第四十七条规定以外的其他劳动争议案件的仲裁裁决不服的，可以自收到仲裁裁决书之日起十五日内向人民法院提起诉讼；期满不起诉的，裁决书发生法律效力。

第五十一条 当事人对发生法律效力的调解书、裁决书，应当依照规定的期限履行。一方当事人逾期不履行的，另一方当事人可以依照民事诉讼法的有关规定向人民法院申请执行。受理申请的人民法院应当依法执行。

第四章 附 则

第五十二条 事业单位实行聘用制的工作人员与本单位发生劳动争议的，依照本法执行；法律、行政法规或者国务院另有规定的，依照其规定。

第五十三条 劳动争议仲裁不收费。劳动争议仲裁委员会的经费由财政予以保障。

第五十四条 本法自 2008 年 5 月 1 日起施行。

最高人民法院
关于审理劳动争议案件适用法律若干问题的解释（一）

法释〔2020〕26 号

（2020 年 12 月 25 日最高人民法院审判委员会第 1825 次会议通过，
2020 年 12 月 29 日最高人民法院公告公布，自 2021 年 1 月 1 日起施行）

为正确审理劳动争议案件，根据《中华人民共和国民法典》《中华人民共和国劳动法》《中华人民共和国劳动合同法》《中华人民共和国劳动争议调解仲裁法》《中华人民共和国民事诉讼法》等相关法律规定，结合审判实践，制定本解释。

第一条 劳动者与用人单位之间发生的下列纠纷，属于劳动争议，当事人不服劳动争议仲裁机构作出的裁决，依法提起诉讼的，人民法院应予受理：

（一）劳动者与用人单位在履行劳动合同过程中发生的纠纷；

（二）劳动者与用人单位之间没有订立书面劳动合同，但已形成劳动关系后发生的纠纷；

（三）劳动者与用人单位因劳动关系是否已经解除或者终止，以及应否支付解除或者终止劳动关系经济补偿金发生的纠纷；

（四）劳动者与用人单位解除或者终止劳动关系后，请求用人单位返还其收取的劳动合同定金、保证金、抵押金、抵押物发生的纠纷，或者办理劳动者的人事档案、社会保险关系等移转手续发生的纠纷；

（五）劳动者以用人单位未为其办理社会保险手续，且社会保险经办机构不能补办导致其无法享受社会保险待遇为由，要求用人单位赔偿损失发生的纠纷；

（六）劳动者退休后，与尚未参加社会保险统筹的原用人单位因追索养老金、医疗费、工伤保险待遇和其他社会保险待遇而发生的纠纷；

（七）劳动者因为工伤、职业病，请求用人单位依法给予工伤保险待遇发生的纠纷；

（八）劳动者依据劳动合同法第八十五条规定，要求用人单位支付加付赔偿金发生的纠纷；

（九）因企业自主进行改制发生的纠纷。

第二条 下列纠纷不属于劳动争议：

（一）劳动者请求社会保险经办机构发放社会保险金的纠纷；

（二）劳动者与用人单位因住房制度改革产生的公有住房转让纠纷；

（三）劳动者对劳动能力鉴定委员会的伤残等级鉴定结论或者对职业病诊断鉴定委员

会的职业病诊断鉴定结论的异议纠纷；

（四）家庭或者个人与家政服务人员之间的纠纷；

（五）个体工匠与帮工、学徒之间的纠纷；

（六）农村承包经营户与受雇人之间的纠纷。

第三条　劳动争议案件由用人单位所在地或者劳动合同履行地的基层人民法院管辖。

劳动合同履行地不明确的，由用人单位所在地的基层人民法院管辖。

法律另有规定的，依照其规定。

第四条　劳动者与用人单位均不服劳动争议仲裁机构的同一裁决，向同一人民法院起诉的，人民法院应当并案审理，双方当事人互为原告和被告，对双方的诉讼请求，人民法院应当一并作出裁决。在诉讼过程中，一方当事人撤诉的，人民法院应当根据另一方当事人的诉讼请求继续审理。双方当事人就同一仲裁裁决分别向有管辖权的人民法院起诉的，后受理的人民法院应当将案件移送给先受理的人民法院。

第五条　劳动争议仲裁机构以无管辖权为由对劳动争议案件不予受理，当事人提起诉讼的，人民法院按照以下情形分别处理：

（一）经审查认为该劳动争议仲裁机构对案件确无管辖权的，应当告知当事人向有管辖权的劳动争议仲裁机构申请仲裁；

（二）经审查认为该劳动争议仲裁机构有管辖权的，应当告知当事人申请仲裁，并将审查意见书面通知该劳动争议仲裁机构；劳动争议仲裁机构仍不受理，当事人就该劳动争议事项提起诉讼的，人民法院应予受理。

第六条　劳动争议仲裁机构以当事人申请仲裁的事项不属于劳动争议为由，作出不予受理的书面裁决、决定或者通知，当事人不服依法提起诉讼的，人民法院应当分别情况予以处理：

（一）属于劳动争议案件的，应当受理；

（二）虽不属于劳动争议案件，但属于人民法院主管的其他案件，应当依法受理。

第七条　劳动争议仲裁机构以申请仲裁的主体不适格为由，作出不予受理的书面裁决、决定或者通知，当事人不服依法提起诉讼，经审查确属主体不适格的，人民法院不予受理；已经受理的，裁定驳回起诉。

第八条　劳动争议仲裁机构为纠正原仲裁裁决错误重新作出裁决，当事人不服依法提起诉讼的，人民法院应当受理。

第九条　劳动争议仲裁机构仲裁的事项不属于人民法院受理的案件范围，当事人不服依法提起诉讼的，人民法院不予受理；已经受理的，裁定驳回起诉。

第十条　当事人不服劳动争议仲裁机构作出的预先支付劳动者劳动报酬、工伤医疗费、经济补偿或者赔偿金的裁决，依法提起诉讼的，人民法院不予受理。

用人单位不履行上述裁决中的给付义务，劳动者依法申请强制执行的，人民法院应予受理。

第十一条　劳动争议仲裁机构作出的调解书已经发生法律效力，一方当事人反悔提起诉讼的，人民法院不予受理；已经受理的，裁定驳回起诉。

第十二条 劳动争议仲裁机构逾期未作出受理决定或仲裁裁决，当事人直接提起诉讼的，人民法院应予受理，但申请仲裁的案件存在下列事由的除外：

（一）移送管辖的；

（二）正在送达或者送达延误的；

（三）等待另案诉讼结果、评残结论的；

（四）正在等待劳动争议仲裁机构开庭的；

（五）启动鉴定程序或者委托其他部门调查取证的；

（六）其他正当事由。

当事人以劳动争议仲裁机构逾期未作出仲裁裁决为由提起诉讼的，应当提交该仲裁机构出具的受理通知书或者其他已接受仲裁申请的凭证、证明。

第十三条 劳动者依据劳动合同法第三十条第二款和调解仲裁法第十六条规定向人民法院申请支付令，符合民事诉讼法第十七章督促程序规定的，人民法院应予受理。

依据劳动合同法第三十条第二款规定申请支付令被人民法院裁定终结督促程序后，劳动者就劳动争议事项直接提起诉讼的，人民法院应当告知其先向劳动争议仲裁机构申请仲裁。

依据调解仲裁法第十六条规定申请支付令被人民法院裁定终结督促程序后，劳动者依据调解协议直接提起诉讼的，人民法院应予受理。

第十四条 人民法院受理劳动争议案件后，当事人增加诉讼请求的，如该诉讼请求与讼争的劳动争议具有不可分性，应当合并审理；如属独立的劳动争议，应当告知当事人向劳动争议仲裁机构申请仲裁。

第十五条 劳动者以用人单位的工资欠条为证据直接提起诉讼，诉讼请求不涉及劳动关系其他争议的，视为拖欠劳动报酬争议，人民法院按照普通民事纠纷受理。

第十六条 劳动争议仲裁机构作出仲裁裁决后，当事人对裁决中的部分事项不服，依法提起诉讼的，劳动争议仲裁裁决不发生法律效力。

第十七条 劳动争议仲裁机构对多个劳动者的劳动争议作出仲裁裁决后，部分劳动者对仲裁裁决不服，依法提起诉讼的，仲裁裁决对提起诉讼的劳动者不发生法律效力；对未提起诉讼的部分劳动者，发生法律效力，如其申请执行的，人民法院应当受理。

第十八条 仲裁裁决的类型以仲裁裁决书确定为准。仲裁裁决书未载明该裁决为终局裁决或者非终局裁决，用人单位不服该仲裁裁决向基层人民法院提起诉讼的，应当按照以下情形分别处理：

（一）经审查认为该仲裁裁决为非终局裁决的，基层人民法院应予受理；

（二）经审查认为该仲裁裁决为终局裁决的，基层人民法院不予受理，但应告知用人单位可以自收到不予受理裁定书之日起三十日内向劳动争议仲裁机构所在地的中级人民法院申请撤销该仲裁裁决；已经受理的，裁定驳回起诉。

第十九条 仲裁裁决书未载明该裁决为终局裁决或者非终局裁决，劳动者依据调解仲裁法第四十七条第一项规定，追索劳动报酬、工伤医疗费、经济补偿或者赔偿金，如果仲裁裁决涉及数项，每项确定的数额均不超过当地月最低工资标准十二个月金额的，应当按照终局裁决处理。

第二十条 劳动争议仲裁机构作出的同一仲裁裁决同时包含终局裁决事项和非终局裁决事项，当事人不服该仲裁裁决向人民法院提起诉讼的，应当按照非终局裁决处理。

第二十一条 劳动者依据调解仲裁法第四十八条规定向基层人民法院提起诉讼，用人单位依据调解仲裁法第四十九条规定向劳动争议仲裁机构所在地的中级人民法院申请撤销仲裁裁决的，中级人民法院应当不予受理；已经受理的，应当裁定驳回申请。

被人民法院驳回起诉或者劳动者撤诉的，用人单位可以自收到裁定书之日起三十日内，向劳动争议仲裁机构所在地的中级人民法院申请撤销仲裁裁决。

第二十二条 用人单位依据调解仲裁法第四十九条规定向中级人民法院申请撤销仲裁裁决，中级人民法院作出的驳回申请或者撤销仲裁裁决的裁定为终审裁定。

第二十三条 中级人民法院审理用人单位申请撤销终局裁决的案件，应当组成合议庭开庭审理。经过阅卷、调查和询问当事人，对没有新的事实、证据或者理由，合议庭认为不需要开庭审理的，可以不开庭审理。

中级人民法院可以组织双方当事人调解。达成调解协议的，可以制作调解书。一方当事人逾期不履行调解协议的，另一方可以申请人民法院强制执行。

第二十四条 当事人申请人民法院执行劳动争议仲裁机构作出的发生法律效力的裁决书、调解书，被申请人提出证据证明劳动争议仲裁裁决书、调解书有下列情形之一，并经审查核实的，人民法院可以根据民事诉讼法第二百三十七条规定，裁定不予执行：

（一）裁决的事项不属于劳动争议仲裁范围，或者劳动争议仲裁机构无权仲裁的；

（二）适用法律、法规确有错误的；

（三）违反法定程序的；

（四）裁决所根据的证据是伪造的；

（五）对方当事人隐瞒了足以影响公正裁决的证据的；

（六）仲裁员在仲裁该案时有索贿受贿、徇私舞弊、枉法裁决行为的；

（七）人民法院认定执行该劳动争议仲裁裁决违背社会公共利益的。

人民法院在不予执行的裁定书中，应当告知当事人在收到裁定书之次日起三十日内，可以就该劳动争议事项向人民法院提起诉讼。

第二十五条 劳动争议仲裁机构作出终局裁决，劳动者向人民法院申请执行，用人单位向劳动争议仲裁机构所在地的中级人民法院申请撤销的，人民法院应当裁定中止执行。

用人单位撤回撤销终局裁决申请或者其申请被驳回的，人民法院应当裁定恢复执行。仲裁裁决被撤销的，人民法院应当裁定终结执行。

用人单位向人民法院申请撤销仲裁裁决被驳回后，又在执行程序中以相同理由提出不予执行抗辩的，人民法院不予支持。

第二十六条 用人单位与其它单位合并的，合并前发生的劳动争议，由合并后的单位为当事人；用人单位分立为若干单位的，其分立前发生的劳动争议，由分立后的实际用人单位为当事人。

用人单位分立为若干单位后，具体承受劳动权利义务的单位不明确的，分立后的单位均为当事人。

第二十七条 用人单位招用尚未解除劳动合同的劳动者，原用人单位与劳动者发生的劳动争议，可以列新的用人单位为第三人。

原用人单位以新的用人单位侵权为由提起诉讼的，可以列劳动者为第三人。

原用人单位以新的用人单位和劳动者共同侵权为由提起诉讼的，新的用人单位和劳动者列为共同被告。

第二十八条 劳动者在用人单位与其他平等主体之间的承包经营期间，与发包方和承包方双方或者一方发生劳动争议，依法提起诉讼的，应当将承包方和发包方作为当事人。

第二十九条 劳动者与未办理营业执照、营业执照被吊销或者营业期限届满仍继续经营的用人单位发生争议的，应当将用人单位或者其出资人列为当事人。

第三十条 未办理营业执照、营业执照被吊销或者营业期限届满仍继续经营的用人单位，以挂靠等方式借用他人营业执照经营的，应当将用人单位和营业执照出借方列为当事人。

第三十一条 当事人不服劳动争议仲裁机构作出的仲裁裁决，依法提起诉讼，人民法院审查认为仲裁裁决遗漏了必须共同参加仲裁的当事人的，应当依法追加遗漏的人为诉讼当事人。

被追加的当事人应当承担责任的，人民法院应当一并处理。

第三十二条 用人单位与其招用的已经依法享受养老保险待遇或者领取退休金的人员发生用工争议而提起诉讼的，人民法院应当按劳务关系处理。

企业停薪留职人员、未达到法定退休年龄的内退人员、下岗待岗人员以及企业经营性停产放长假人员，因与新的用人单位发生用工争议而提起诉讼的，人民法院应当按劳动关系处理。

第三十三条 外国人、无国籍人未依法取得就业证件即与中华人民共和国境内的用人单位签订劳动合同，当事人请求确认与用人单位存在劳动关系的，人民法院不予支持。

持有《外国专家证》并取得《外国人来华工作许可证》的外国人，与中华人民共和国境内的用人单位建立用工关系的，可以认定为劳动关系。

第三十四条 劳动合同期满后，劳动者仍在原用人单位工作，原用人单位未表示异议的，视为双方同意以原条件继续履行劳动合同。一方提出终止劳动关系的，人民法院应予支持。

根据劳动合同法第十四条规定，用人单位应当与劳动者签订无固定期限劳动合同而未签订的，人民法院可以视为双方之间存在无固定期限劳动合同关系，并以原劳动合同确定双方的权利义务关系。

第三十五条 劳动者与用人单位就解除或者终止劳动合同办理相关手续、支付工资报酬、加班费、经济补偿或者赔偿金等达成的协议，不违反法律、行政法规的强制性规定，且不存在欺诈、胁迫或者乘人之危情形的，应当认定有效。

前款协议存在重大误解或者显失公平情形，当事人请求撤销的，人民法院应予支持。

第三十六条 当事人在劳动合同或者保密协议中约定了竞业限制，但未约定解除或者终止劳动合同后给予劳动者经济补偿，劳动者履行了竞业限制义务，要求用人单位按照劳动者在劳动合同解除或者终止前十二个月平均工资的30%按月支付经济补偿的，人民法院应予支持。

前款规定的月平均工资的30%低于劳动合同履行地最低工资标准的，按照劳动合同履行地最低工资标准支付。

第三十七条　当事人在劳动合同或者保密协议中约定了竞业限制和经济补偿，当事人解除劳动合同时，除另有约定外，用人单位要求劳动者履行竞业限制义务，或者劳动者履行了竞业限制义务后要求用人单位支付经济补偿的，人民法院应予支持。

第三十八条　当事人在劳动合同或者保密协议中约定了竞业限制和经济补偿，劳动合同解除或者终止后，因用人单位的原因导致三个月未支付经济补偿，劳动者请求解除竞业限制约定的，人民法院应予支持。

第三十九条　在竞业限制期限内，用人单位请求解除竞业限制协议的，人民法院应予支持。

在解除竞业限制协议时，劳动者请求用人单位额外支付劳动者三个月的竞业限制经济补偿的，人民法院应予支持。

第四十条　劳动者违反竞业限制约定，向用人单位支付违约金后，用人单位要求劳动者按照约定继续履行竞业限制义务的，人民法院应予支持。

第四十一条　劳动合同被确认为无效，劳动者已付出劳动的，用人单位应当按照劳动合同法第二十八条、第四十六条、第四十七条的规定向劳动者支付劳动报酬和经济补偿。

由于用人单位原因订立无效劳动合同，给劳动者造成损害的，用人单位应当赔偿劳动者因合同无效所造成的经济损失。

第四十二条　劳动者主张加班费的，应当就加班事实的存在承担举证责任。但劳动者有证据证明用人单位掌握加班事实存在的证据，用人单位不提供的，由用人单位承担不利后果。

第四十三条　用人单位与劳动者协商一致变更劳动合同，虽未采用书面形式，但已经实际履行了口头变更的劳动合同超过一个月，变更后的劳动合同内容不违反法律、行政法规且不违背公序良俗，当事人以未采用书面形式为由主张劳动合同变更无效的，人民法院不予支持。

第四十四条　因用人单位作出的开除、除名、辞退、解除劳动合同、减少劳动报酬、计算劳动者工作年限等决定而发生的劳动争议，用人单位负举证责任。

第四十五条　用人单位有下列情形之一，迫使劳动者提出解除劳动合同的，用人单位应当支付劳动者的劳动报酬和经济补偿，并可支付赔偿金：

（一）以暴力、威胁或者非法限制人身自由的手段强迫劳动的；

（二）未按照劳动合同约定支付劳动报酬或者提供劳动条件的；

（三）克扣或者无故拖欠劳动者工资的；

（四）拒不支付劳动者延长工作时间工资报酬的；

（五）低于当地最低工资标准支付劳动者工资的。

第四十六条 劳动者非因本人原因从原用人单位被安排到新用人单位工作，原用人单位未支付经济补偿，劳动者依据劳动合同法第三十八条规定与新用人单位解除劳动合同，或者新用人单位向劳动者提出解除、终止劳动合同，在计算支付经济补偿或赔偿金的工作年限时，劳动者请求把在原用人单位的工作年限合并计算为新用人单位工作年限的，人民法院应予支持。

用人单位符合下列情形之一的，应当认定属于"劳动者非因本人原因从原用人单位被安排到新用人单位工作"：

（一）劳动者仍在原工作场所、工作岗位工作，劳动合同主体由原用人单位变更为新用人单位；

（二）用人单位以组织委派或任命形式对劳动者进行工作调动；

（三）因用人单位合并、分立等原因导致劳动者工作调动；

（四）用人单位及其关联企业与劳动者轮流订立劳动合同；

（五）其他合理情形。

第四十七条 建立了工会组织的用人单位解除劳动合同符合劳动合同法第三十九条、第四十条规定，但未按照劳动合同法第四十三条规定事先通知工会，劳动者以用人单位违法解除劳动合同为由请求用人单位支付赔偿金的，人民法院应予支持，但起诉前用人单位已经补正有关程序的除外。

第四十八条 劳动合同法施行后，因用人单位经营期限届满不再继续经营导致劳动合同不能继续履行，劳动者请求用人单位支付经济补偿的，人民法院应予支持。

第四十九条 在诉讼过程中，劳动者向人民法院申请采取财产保全措施，人民法院经审查认为申请人经济确有困难，或者有证据证明用人单位存在欠薪逃匿可能的，应当减轻或者免除劳动者提供担保的义务，及时采取保全措施。

人民法院作出的财产保全裁定中，应当告知当事人在劳动争议仲裁机构的裁决书或者在人民法院的裁判文书生效后三个月内申请强制执行。逾期不申请的，人民法院应当裁定解除保全措施。

第五十条 用人单位根据劳动合同法第四条规定，通过民主程序制定的规章制度，不违反国家法律、行政法规及政策规定，并已向劳动者公示的，可以作为确定双方权利义务的依据。

用人单位制定的内部规章制度与集体合同或者劳动合同约定的内容不一致，劳动者请求优先适用合同约定的，人民法院应予支持。

第五十一条 当事人在调解仲裁法第十条规定的调解组织主持下达成的具有劳动权利义务内容的调解协议，具有劳动合同的约束力，可以作为人民法院裁判的根据。

当事人在调解仲裁法第十条规定的调解组织主持下仅就劳动报酬争议达成调解协议，用人单位不履行调解协议确定的给付义务，劳动者直接提起诉讼的，人民法院可以按照普通民事纠纷受理。

第五十二条 当事人在人民调解委员会主持下仅就给付义务达成的调解协议，双方认为有必要的，可以共同向人民调解委员会所在地的基层人民法院申请司法确认。

　　第五十三条　用人单位对劳动者作出的开除、除名、辞退等处理，或者因其他原因解除劳动合同确有错误的，人民法院可以依法判决予以撤销。

　　对于追索劳动报酬、养老金、医疗费以及工伤保险待遇、经济补偿金、培训费及其他相关费用等案件，给付数额不当的，人民法院可以予以变更。

　　第五十四条　本解释自 2021 年 1 月 1 日起施行。

最高人民法院办公厅　中华全国总工会办公厅
关于加快推进劳动争议纠纷在线诉调对接工作的通知

法办〔2021〕215 号　　　　　　　　　2021 年 6 月 1 日

各省、自治区、直辖市高级人民法院、总工会，解放军军事法院，新疆维吾尔自治区高级人民法院生产建设兵团分院，新疆生产建设兵团总工会：

为进一步落实最高人民法院、中华全国总工会 2020 年 2 月 20 日联合印发的《关于在部分地区开展劳动争议多元化解试点工作的意见》（法〔2020〕55 号）精神和工作要求，巩固已建立的劳动争议多元化解机制，推进劳动争议诉调对接工作，最高人民法院、中华全国总工会决定建立"总对总"在线诉调对接机制，现将有关事项通知如下。

一、建立"总对总"在线诉调对接机制

最高人民法院与中华全国总工会协调推进在线诉调对接机制建设，畅通线上线下调解与诉讼对接渠道。中华全国总工会指导各级工会同本级人民法院建立协调对接机制，指导各级工会劳动争议调解服务资源入驻人民法院调解平台，开展全流程在线调解、在线申请司法确认或出具调解书等诉调对接工作，全面提升劳动争议调解工作的质量和效率。

二、职责分工

最高人民法院立案庭负责在线诉调对接工作的统筹推进、宣传引导当事人运用调解平台化解劳动争议、调解平台的研发运维等。

中华全国总工会法律工作部负责组织各地工会积极参与劳动争议调解工作，推动完善劳动争议调解机制建设，指导各级工会建立调解组织和调解员名册及相关管理制度，协调指导各级工会充分运用劳动争议调解服务资源开展在线调解和诉调对接工作等。

三、在线诉调对接工作开展范围

现阶段，劳动争议在线诉调对接工作仍主要立足于但不限于《关于在部分地区开展劳动争议多元化解试点工作的意见》所确定的 11 省（自治区、直辖市）范围内开

展，鼓励非试点地区积极应用在线诉调对接平台开展调解工作。试点地区发挥示范引领作用，其他地区参照执行，一体推进。下一阶段，最高人民法院与中华全国总工会将在总结试点地区在线诉调对接工作开展情况的基础上，形成全国推广方案。

四、调解组织和调解员信息的收集和管理

中华全国总工会法律工作部负责定期汇总并更新调解组织和调解员的信息。地方各级工会负责调解组织和调解员的日常管理和信息维护工作。

各级工会应当按照《最高人民法院关于人民法院特邀调解的规定》（法释〔2016〕14 号）的要求，将符合条件的调解组织和调解员信息通过调解平台推送到本级人民法院进行确认。人民法院对于符合条件的调解组织和调解员，纳入到本院的特邀调解名册中，并在调解平台上予以确认。

五、在线诉调对接业务流程

人民法院收到当事人提交的调解申请后，通过调解平台向入驻的调解组织或调解员委派、委托调解案件；调解组织及调解员登录调解平台接受委派、委托，开展调解工作；调解完成后将调解结果录入调解平台，并将调解信息回传至人民法院。

调解成功的案件，调解员组织双方当事人在线签订调解协议。双方当事人可就达成的调解协议共同申请在线司法确认或出具调解书。人民法院将通过调解平台对调解协议进行在线司法确认或立案后出具调解书。未调解成功的案件由人民法院依据法律规定进行立案或继续审理。

经调解组织线下调解成功的案件，依法能够申请司法确认的，可通过调解平台向人民法院在线申请司法确认。

六、强化在线音视频调解

调解组织和调解员要积极使用调解平台的音视频调解功能开展在线调解工作。各级人民法院要充分利用法院办案系统和法院调解平台内外连通的便利条件，落实在线委派或委托调解、调解协议在线司法确认、电子送达等工作，为在线音视频调解提供支持和保障。

七、落实联席会议制度

落实由最高人民法院立案庭、中华全国总工会法律工作部共同参与的联席会议制度，定期通报在线诉调对接工作的推广应用情况，分析存在的问题，研究下一步工作举措。各地由人民法院立案庭牵头，总工会法律工作部门参与，与相关单位和部门建立工作协调和信息共享机制，落实相关工作。

八、建立健全评估激励体系

最高人民法院和中华全国总工会根据工作实际逐步建立健全试点地区调解组织和调解员绩效评估激励体系，从组织建设情况、矛盾纠纷化解数量、调解成功率等方面科学设定评估内容和评估标准，并定期形成调解工作分析报告。各级人民法院和总工会对参与纠纷化解工作表现突出的调解组织和调解员给予褒奖，引导调解组织和调解员优质高效参与劳动争议多元化解工作。

各地在落实推进劳动争议在线诉调对接工作中的经验做法和遇到的困难问题，请及时层报最高人民法院和中华全国总工会。

人力资源社会保障部　国家发展改革委　交通运输部
应急部　市场监管总局　国家医保局
最高人民法院　全国总工会

关于维护新就业形态劳动者劳动保障权益的指导意见

人社部发〔2021〕56 号　　　　　　　2021 年 7 月 16 日

各省、自治区、直辖市人民政府、高级人民法院、总工会，新疆生产建设兵团，新疆维吾尔自治区高级人民法院生产建设兵团分院，新疆生产建设兵团总工会：

近年来，平台经济迅速发展，创造了大量就业机会，依托互联网平台就业的网约配送员、网约车驾驶员、货车司机、互联网营销师等新就业形态劳动者数量大幅增加，维护劳动者劳动保障权益面临新情况新问题。为深入贯彻落实党中央、国务院决策部署，支持和规范发展新就业形态，切实维护新就业形态劳动者劳动保障权益，促进平台经济规范健康持续发展，经国务院同意，现提出以下意见：

一、规范用工，明确劳动者权益保障责任

（一）指导和督促企业依法合规用工，积极履行用工责任，稳定劳动者队伍。主动关心关爱劳动者，努力改善劳动条件，拓展职业发展空间，逐步提高劳动者权益保障水平。培育健康向上的企业文化，推动劳动者共享企业发展成果。

（二）符合确立劳动关系情形的，企业应当依法与劳动者订立劳动合同。不完全符合确立劳动关系情形但企业对劳动者进行劳动管理（以下简称不完全符合确立劳动关系情形）的，指导企业与劳动者订立书面协议，合理确定企业与劳动者的权利义务。个人依托平台自主开展经营活动、从事自由职业等，按照民事法律调整双方的权利义务。

（三）平台企业采取劳务派遣等合作用工方式组织劳动者完成平台工作的，应选择具备合法经营资质的企业，并对其保障劳动者权益情况进行监督。平台企业采用劳务派遣方式用工的，依法履行劳务派遣用工单位责任。对采取外包等其他合作用工方式，劳动者权益受到损害的，平台企业依法承担相应责任。

二、健全制度，补齐劳动者权益保障短板

（四）落实公平就业制度，消除就业歧视。企业招用劳动者不得违法设置性别、民

族、年龄等歧视性条件，不得以缴纳保证金、押金或者其他名义向劳动者收取财物，不得违法限制劳动者在多平台就业。

（五）健全最低工资和支付保障制度，推动将不完全符合确立劳动关系情形的新就业形态劳动者纳入制度保障范围。督促企业向提供正常劳动的劳动者支付不低于当地最低工资标准的劳动报酬，按时足额支付，不得克扣或者无故拖欠。引导企业建立劳动报酬合理增长机制，逐步提高劳动报酬水平。

（六）完善休息制度，推动行业明确劳动定员定额标准，科学确定劳动者工作量和劳动强度。督促企业按规定合理确定休息办法，在法定节假日支付高于正常工作时间劳动报酬的合理报酬。

（七）健全并落实劳动安全卫生责任制，严格执行国家劳动安全卫生保护标准。企业要牢固树立安全"红线"意识，不得制定损害劳动者安全健康的考核指标。要严格遵守安全生产相关法律法规，落实全员安全生产责任制，建立健全安全生产规章制度和操作规程，配备必要的劳动安全卫生设施和劳动防护用品，及时对劳动工具的安全和合规状态进行检查，加强安全生产和职业卫生教育培训，重视劳动者身心健康，及时开展心理疏导。强化恶劣天气等特殊情形下的劳动保护，最大限度减少安全生产事故和职业病危害。

（八）完善基本养老保险、医疗保险相关政策，各地要放开灵活就业人员在就业地参加基本养老、基本医疗保险的户籍限制，个别超大型城市难以一步实现的，要结合本地实际，积极创造条件逐步放开。组织未参加职工基本养老、职工基本医疗保险的灵活就业人员，按规定参加城乡居民基本养老、城乡居民基本医疗保险，做到应保尽保。督促企业依法参加社会保险。企业要引导和支持不完全符合确立劳动关系情形的新就业形态劳动者根据自身情况参加相应的社会保险。

（九）强化职业伤害保障，以出行、外卖、即时配送、同城货运等行业的平台企业为重点，组织开展平台灵活就业人员职业伤害保障试点，平台企业应当按规定参加。采取政府主导、信息化引领和社会力量承办相结合的方式，建立健全职业伤害保障管理服务规范和运行机制。鼓励平台企业通过购买人身意外、雇主责任等商业保险，提升平台灵活就业人员保障水平。

（十）督促企业制定修订平台进入退出、订单分配、计件单价、抽成比例、报酬构成及支付、工作时间、奖惩等直接涉及劳动者权益的制度规则和平台算法，充分听取工会或劳动者代表的意见建议，将结果公示并告知劳动者。工会或劳动者代表提出协商要求的，企业应当积极响应，并提供必要的信息和资料。指导企业建立健全劳动者申诉机制，保障劳动者的申诉得到及时回应和客观公正处理。

三、提升效能，优化劳动者权益保障服务

（十一）创新方式方法，积极为各类新就业形态劳动者提供个性化职业介绍、职业指导、创业培训等服务，及时发布职业薪酬和行业人工成本信息等，为企业和劳动

者提供便捷化的劳动保障、税收、市场监管等政策咨询服务，便利劳动者求职就业和企业招工用工。

（十二）优化社会保险经办，探索适合新就业形态的社会保险经办服务模式，在参保缴费、权益查询、待遇领取和结算等方面提供更加便捷的服务，做好社会保险关系转移接续工作，提高社会保险经办服务水平，更好保障参保人员公平享受各项社会保险待遇。

（十三）建立适合新就业形态劳动者的职业技能培训模式，保障其平等享有培训的权利。对各类新就业形态劳动者在就业地参加职业技能培训的，优化职业技能培训补贴申领、发放流程，加大培训补贴资金直补企业工作力度，符合条件的按规定给予职业技能培训补贴。健全职业技能等级制度，支持符合条件的企业按规定开展职业技能等级认定。完善职称评审政策，畅通新就业形态劳动者职称申报评价渠道。

（十四）加快城市综合服务网点建设，推动在新就业形态劳动者集中居住区、商业区设置临时休息场所，解决停车、充电、饮水、如厕等难题，为新就业形态劳动者提供工作生活便利。

（十五）保障符合条件的新就业形态劳动者子女在常住地平等接受义务教育的权利。推动公共文体设施向劳动者免费或低收费开放，丰富公共文化产品和服务供给。

四、齐抓共管，完善劳动者权益保障工作机制

（十六）保障新就业形态劳动者权益是稳定就业、改善民生、加强社会治理的重要内容。各地区要加强组织领导，强化责任落实，切实做好新就业形态劳动者权益保障各项工作。人力资源社会保障部、国家发展改革委、交通运输部、应急部、市场监管总局、国家医保局、最高人民法院、全国总工会等部门和单位要认真履行职责，强化工作协同，将保障劳动者权益纳入数字经济协同治理体系，建立平台企业用工情况报告制度，健全劳动者权益保障联合激励惩戒机制，完善相关政策措施和司法解释。

（十七）各级工会组织要加强组织和工作有效覆盖，拓宽维权和服务范围，积极吸纳新就业形态劳动者加入工会。加强对劳动者的思想政治引领，引导劳动者理性合法维权。监督企业履行用工责任，维护好劳动者权益。积极与行业协会、头部企业或企业代表组织开展协商，签订行业集体合同或协议，推动制定行业劳动标准。

（十八）各级法院和劳动争议调解仲裁机构要加强劳动争议办案指导，畅通裁审衔接，根据用工事实认定企业和劳动者的关系，依法依规处理新就业形态劳动者劳动保障权益案件。各类调解组织、法律援助机构及其他专业化社会组织要依法为新就业形态劳动者提供更加便捷、优质高效的纠纷调解、法律咨询、法律援助等服务。

（十九）各级人力资源社会保障行政部门要加大劳动保障监察力度，督促企业落实新就业形态劳动者权益保障责任，加强治理拖欠劳动报酬、违法超时加班等突出问题，依法维护劳动者权益。各级交通运输、应急、市场监管等职能部门和行业主管部

门要规范企业经营行为，加大监管力度，及时约谈、警示、查处侵害劳动者权益的企业。

各地区各有关部门要认真落实本意见要求，出台具体实施办法，加强政策宣传，积极引导社会舆论，增强新就业形态劳动者职业荣誉感，努力营造良好环境，确保各项劳动保障权益落到实处。

最高人民法院
关于人民法院进一步深化多元化纠纷
解决机制改革的意见

法发〔2016〕14 号   2016 年 6 月 28 日

深入推进多元化纠纷解决机制改革，是人民法院深化司法改革、实现司法为民公正司法的重要举措，是实现国家治理体系和治理能力现代化的重要内容，是促进社会公平正义、维护社会和谐稳定的必然要求。为贯彻落实《中共中央关于全面推进依法治国若干重大问题的决定》以及中共中央办公厅、国务院办公厅《关于完善矛盾纠纷多元化解机制的意见》，现就人民法院进一步深化多元化纠纷解决机制改革、完善诉讼与非诉讼相衔接的纠纷解决机制提出如下意见。

一、指导思想、主要目标和基本原则

1. 指导思想。全面贯彻党的十八大和十八届三中、四中、五中全会精神，以邓小平理论、"三个代表"重要思想、科学发展观为指导，深入贯彻习近平总书记系列重要讲话精神，紧紧围绕协调推进"四个全面"战略布局和五大发展理念，主动适应经济发展新常态，以体制机制创新为动力，有效化解各类纠纷，不断满足人民群众多元司法需求，实现人民安居乐业、社会安定有序。

2. 主要目标。根据"国家制定发展战略、司法发挥引领作用、推动国家立法进程"的工作思路，建设功能完备、形式多样、运行规范的诉调对接平台，畅通纠纷解决渠道，引导当事人选择适当的纠纷解决方式；合理配置纠纷解决的社会资源，完善和解、调解、仲裁、公证、行政裁决、行政复议与诉讼有机衔接、相互协调的多元化纠纷解决机制；充分发挥司法在多元化纠纷解决机制建设中的引领、推动和保障作用，为促进经济社会持续健康发展、全面建成小康社会提供有力的司法保障。

3. 基本原则。

——坚持党政主导、综治协调、多元共治，构建各方面力量共同参与纠纷解决的工作格局。

——坚持司法引导、诉调对接、社会协同，形成社会多层次多领域齐抓共管的解纷合力。

——坚持优化资源、完善制度、法治保障，提升社会组织解决纠纷的法律效果。

——坚持以人为本、自愿合法、便民利民，建立高效便捷的诉讼服务和纠纷解决机制。

——坚持立足国情、合理借鉴、改革创新，完善具有中国特色的多元化纠纷解决体系。

二、加强平台建设

4. 完善平台设置。各级人民法院要将诉调对接平台建设与诉讼服务中心建设结合起来，建立集诉讼服务、立案登记、诉调对接、涉诉信访等多项功能为一体的综合服务平台。人民法院应当配备专门人员从事诉调对接工作，建立诉调对接长效工作机制，根据辖区受理案件的类型，引入相关调解、仲裁、公证等机构或者组织在诉讼服务中心等部门设立调解工作室、服务窗口，也可以在纠纷多发领域以及基层乡镇（街道）、村（社区）等派驻人员指导诉调对接工作。

5. 明确平台职责。人民法院诉调对接平台负责以下工作：对诉至法院的纠纷进行适当分流，对适宜调解的纠纷引导当事人选择非诉讼方式解决；开展委派调解、委托调解；办理司法确认案件；负责特邀调解组织、特邀调解员名册管理；加强对调解工作的指导，推动诉讼与非诉讼纠纷解决方式在程序安排、效力确认、法律指导等方面的有机衔接，健全人民调解、行政调解、商事调解、行业调解、司法调解等的联动工作体系。

6. 完善与综治组织的对接。人民法院可以依托社会治安综合治理平台，建立矛盾纠纷排查化解对接机制；对群体性纠纷、重大案件及时进行通报反馈和应急处理，建立定期或不定期的联席会议制度，形成信息互通、优势互补、协作配合的纠纷解决互动机制。

7. 加强与行政机关的对接。人民法院要加强与行政机关的沟通协调，促进诉讼与行政调解、行政复议、行政裁决等机制的对接。支持行政机关根据当事人申请或者依职权进行调解、裁决，或者依法作出其他处理。在治安管理、社会保障、交通事故赔偿、医疗卫生、消费者权益保护、物业管理、环境污染、知识产权、证券期货等重点领域，支持行政机关或者行政调解组织依法开展行政和解、行政调解工作。

8. 加强与人民调解组织的对接。不断完善对人民调解工作的指导，推进人民调解组织的制度化、规范化建设，进一步扩大人民调解组织协助人民法院解决纠纷的范围和规模。支持在纠纷易发多发领域创新发展行业性、专业性人民调解组织，建立健全覆盖城乡的调解组织网络，发挥人民调解组织及时就地解决民间纠纷、化解基层矛盾、维护基层稳定的基础性作用。

9. 加强与商事调解组织、行业调解组织的对接。积极推动具备条件的商会、行业协会、调解协会、民办非企业单位、商事仲裁机构等设立商事调解组织、行业调解组织，在投资、金融、证券期货、保险、房地产、工程承包、技术转让、环境保护、电子商务、知识产权、国际贸易等领域提供商事调解服务或者行业调解服务。完善调解规则和对接程序，发挥商事调解组织、行业调解组织专业化、职业化优势。

10. 加强与仲裁机构的对接。积极支持仲裁制度改革，加强与商事仲裁机构、劳动人事争议仲裁机构、农村土地承包仲裁机构等的沟通联系。尊重商事仲裁规律和仲裁规则，及时办理仲裁机构的保全申请，依照法律规定处理撤销和不予执行仲裁裁决案件，规范涉外和外国商事仲裁裁决司法审查程序。支持完善劳动人事争议仲裁办案制度，加强劳动人事争议仲裁与诉讼的有效衔接，探索建立裁审标准统一的新规则、新制度。加强对农村土地承包经营纠纷调解仲裁的支持和保障，实现涉农纠纷仲裁与诉讼的合理衔接，及时审查和执行农村土地承包仲裁机构作出的裁决书或者调解书。

11. 加强与公证机构的对接。支持公证机构对法律行为、事实和文书依法进行核实和证明，支持公证机构对当事人达成的债权债务合同以及具有给付内容的和解协议、调解协议办理债权文书公证，支持公证机构在送达、取证、保全、执行等环节提供公证法律服务，在家事、商事等领域开展公证活动或者调解服务。依法执行公证债权文书。

12. 支持工会、妇联、共青团、法学会等组织参与纠纷解决。支持工会、妇联、共青团参与解决劳动争议、婚姻家庭以及妇女儿童权益等纠纷。支持法学会动员组织广大法学工作者、法律工作者参与矛盾纠纷化解，开展法律咨询服务和调解工作。支持其他社团组织参与解决与其职能相关的纠纷。

13. 发挥其他社会力量的作用。充分发挥人大代表、政协委员、专家学者、律师、专业技术人员、基层组织负责人、社区工作者、网格管理员、"五老人员"（老党员、老干部、老教师、老知识分子、老政法干警）等参与纠纷解决的作用。支持心理咨询师、婚姻家庭指导师、注册会计师、大学生志愿者等为群众提供心理疏导、评估、鉴定、调解等服务。支持完善公益慈善类、城乡社区服务类社会组织建设，鼓励其参与纠纷解决。

14. 加强"一站式"纠纷解决平台建设。在道路交通、劳动争议、医疗卫生、物业管理、消费者权益保护、土地承包、环境保护以及其他纠纷多发领域，人民法院可以与行政机关、人民调解组织、行业调解组织等进行资源整合，推进建立"一站式"纠纷解决服务平台，切实减轻群众负担。

15. 创新在线纠纷解决方式。根据"互联网＋"战略要求，推广现代信息技术在多元化纠纷解决机制中的运用。推动建立在线调解、在线立案、在线司法确认、在线审判、电子督促程序、电子送达等为一体的信息平台，实现纠纷解决的案件预判、信息共享、资源整合、数据分析等功能，促进多元化纠纷解决机制的信息化发展。

16. 推动多元化纠纷解决机制的国际化发展。充分尊重中外当事人法律文化的多元性，支持其自愿选择调解、仲裁等非诉讼方式解决纠纷。进一步加强我国与其他国家和地区司法机构、仲裁机构、调解组织的交流和合作，提升我国纠纷解决机制的国际竞争力和公信力。发挥各种纠纷解决方式的优势，不断满足中外当事人纠纷解决的多元需求，为国家"一带一路"等重大战略的实施提供司法服务与保障。

三、健全制度建设

17. 健全特邀调解制度。人民法院可以吸纳人民调解、行政调解、商事调解、行业调解或者其他具有调解职能的组织作为特邀调解组织，吸纳人大代表、政协委员、人民陪审员、专家学者、律师、仲裁员、退休法律工作者等具备条件的个人担任特邀调解员。明确特邀调解组织或者特邀调解员的职责范围，制定特邀调解规定，完善特邀调解程序，健全名册管理制度，加强特邀调解队伍建设。

18. 建立法院专职调解员制度。人民法院可以在诉讼服务中心等部门配备专职调解员，由擅长调解的法官或者司法辅助人员担任，从事调解指导工作和登记立案后的委托调解工作。法官主持达成调解协议的，依法出具调解书；司法辅助人员主持达成调解协议的，应当经法官审查后依法出具调解书。

19. 推动律师调解制度建设。人民法院加强与司法行政部门、律师协会、律师事务所以及法律援助中心的沟通联系，吸纳律师加入人民法院特邀调解员名册，探索建立律师调解工作室，鼓励律师参与纠纷解决。支持律师加入各类调解组织担任调解员，或者在律师事务所设置律师调解员，充分发挥律师专业化、职业化优势。建立律师担任调解员的回避制度，担任调解员的律师不得担任同一案件的代理人。推动建立律师接受委托代理时告知当事人选择非诉讼方式解决纠纷的机制。

20. 完善刑事诉讼中的和解、调解制度。对于符合刑事诉讼法规定可以和解或者调解的公诉案件、自诉案件、刑事附带民事案件，人民法院应当与公安机关、检察机关建立刑事和解、刑事诉讼中的调解对接工作机制，可以邀请基层组织、特邀调解组织、特邀调解员，以及当事人所在单位或者同事、亲友等参与调解，促成双方当事人达成和解或者调解协议。

21. 促进完善行政调解、行政和解、行政裁决等制度。支持行政机关对行政赔偿、补偿以及行政机关行使法律法规规定的自由裁量权的案件开展行政调解工作，支持行政机关通过提供事实调查结果、专业鉴定或者法律意见，引导促使当事人协商和解，支持行政机关依法裁决同行政管理活动密切相关的民事纠纷。

22. 探索民商事纠纷中立评估机制。有条件的人民法院在医疗卫生、不动产、建筑工程、知识产权、环境保护等领域探索建立中立评估机制，聘请相关专业领域的专家担任中立评估员。对当事人提起的民商事纠纷，人民法院可以建议当事人选择中立评估员，协助出具评估报告，对判决结果进行预测，供当事人参考。当事人可以根据评估意见自行和解，或者由特邀调解员进行调解。

23. 探索无争议事实记载机制。调解程序终结时，当事人未达成调解协议的，调解员在征得各方当事人同意后，可以用书面形式记载调解过程中双方没有争议的事实，并由当事人签字确认。在诉讼程序中，除涉及国家利益、社会公共利益和他人合法权益的外，当事人无需对调解过程中已确认的无争议事实举证。

24. 探索无异议调解方案认可机制。经调解未能达成调解协议，但是对争议事没有重大分歧的，调解员在征得各方当事人同意后，可以提出调解方案并书面送达双方当事人。当事人在七日内未提出书面异议的，调解方案即视为双方自愿达成的调解协议；提出书面异议的，视为调解不成立。当事人申请司法确认调解协议的，应当依照有关规定予以确认。

四、完善程序安排

25. 建立纠纷解决告知程序。人民法院应当在登记立案前对诉讼风险进行评估，告知并引导当事人选择适当的非诉讼方式解决纠纷，为当事人提供纠纷解决方法、心理咨询、诉讼常识等方面的释明和辅导。

26. 鼓励当事人先行协商和解。鼓励当事人就纠纷解决先行协商，达成和解协议。当事人双方均有律师代理的，鼓励律师引导当事人先行和解。特邀调解员、相关专家或者其他人员根据当事人的申请或委托参与协商，可以为纠纷解决提供辅助性的协调和帮助。

27. 探索建立调解前置程序。探索适用调解前置程序的纠纷范围和案件类型。有条件的基层人民法院对家事纠纷、相邻关系、小额债务、消费者权益保护、交通事故、医疗纠纷、物业管理等适宜调解的纠纷，在征求当事人意愿的基础上，引导当事人在登记立案前由特邀调解组织或者特邀调解员先行调解。

28. 健全委派、委托调解程序。对当事人起诉到人民法院的适宜调解的案件，登记立案前，人民法院可以委派特邀调解组织、特邀调解员进行调解。委派调解达成协议的，当事人可以依法申请司法确认。当事人明确拒绝调解的，人民法院应当依法登记立案。登记立案后或者在审理过程中，人民法院认为适宜调解的案件，经当事人同意，可以委托给特邀调解组织、特邀调解员或者由人民法院专职调解员进行调解。委托调解达成协议的，经法官审查后依法出具调解书。

29. 完善繁简分流机制。对调解不成的民商事案件实行繁简分流，通过简易程序、小额诉讼程序、督促程序以及速裁机制分流案件，实现简案快审、繁案精审。完善认罪认罚从宽制度，进一步探索刑事案件速裁程序改革，简化工作流程，构建普通程序、简易程序、速裁程序等相配套的多层次诉讼制度体系。按照行政诉讼法规定，完善行政案件繁简分流机制。

30. 推动调解与裁判适当分离。建立案件调解与裁判在人员和程序方面适当分离的机制。立案阶段从事调解的法官原则上不参与同一案件的裁判工作。在案件审理过程中，双方当事人仍有调解意愿的，从事裁判的法官可以进行调解。

31. 完善司法确认程序。经行政机关、人民调解组织、商事调解组织、行业调解组织或者其他具有调解职能的组织调解达成的具有民事合同性质的协议，当事人可以向调解组织所在地基层人民法院或者人民法庭依法申请确认其效力。登记立案前委派给特邀调解组织或者特邀调解员调解达成的协议，当事人申请司法确认的，由调解组织所在地或者委派调解的基层人民法院管辖。

32. 加强调解与督促程序的衔接。以金钱或者有价证券给付为内容的和解协议、调解协议，债权人依据民事诉讼法及其司法解释的规定，向有管辖权的基层人民法院申请支付令的，人民法院应当依法发出支付令。债务人未在法定期限内提出书面异议且逾期不履行支付令的，人民法院可以强制执行。

五、加强工作保障

33. 加强组织领导。各级人民法院要进一步加强对诉调对接工作的组织领导，建立整体协调、分工明确、各负其责的工作机制。要主动争取党委、人大、政府的支持，推动出台多元化纠纷解决机制建设的地方配套文件，促进构建科学、系统的多元化纠纷解决体系。

34. 加强指导监督。上级人民法院要切实加强对下级人民法院的指导监督，及时总结多元化纠纷解决机制改革可复制可推广的经验。高级人民法院要明确专门机构，制定落实方案，掌握工作情况，积极开展本辖区多元化纠纷解决机制改革示范法院的评选工作。中级人民法院要加强对辖区基层人民法院的指导监督，促进多元化纠纷解决机制改革不断取得实效。

35. 完善管理机制。建立诉调对接案件管理制度，将委派调解、委托调解、专职调解和司法确认等内容纳入案件管理系统和司法统计系统。完善特邀调解组织、特邀调解员、法院专职调解员的管理制度，建立奖惩机制。

36. 加强调解人员培训。完善特邀调解员、专职调解员的培训机制，配合有关部门推动建立专业化、职业化调解员资质认证制度，加强职业道德建设，共同完善调解员职业水平评价体系。

37. 加强经费保障。各级人民法院要主动争取党委和政府的支持，将纠纷解决经费纳入财政专项预算，积极探索以购买服务等方式将纠纷解决委托给社会力量承担。支持商事调解组织、行业调解组织、律师事务所等按照市场化运作，根据当事人的需求提供纠纷解决服务并适当收取费用。

38. 发挥诉讼费用杠杆作用。当事人自行和解而申请撤诉的，免交案件受理费。当事人接受法院委托调解的，人民法院可以适当减免诉讼费用。一方当事人无正当理由不参与调解或者不履行调解协议、故意拖延诉讼的，人民法院可以酌情增加其诉讼费用的负担部分。

39. 加强宣传工作和理论研究。各级人民法院要大力宣传多元化纠纷解决机制的优势，鼓励和引导当事人优先选择成本较低、对抗性较弱、利于修复关系的非诉讼方式解决纠纷。树立"国家主导、司法推动、社会参与、多元并举、法治保障"现代纠纷解决理念，营造诚信友善、理性平和、文明和谐、创新发展的社会氛围。加强与政法院校、科研机构等单位的交流与合作，积极推动研究成果的转化，充分发挥多元化纠纷解决理论对司法实践的指导作用。借鉴域外经验，深入研究人民法院在多元化纠纷解决机制中的职能作用。

40. 推动立法进程。人民法院及时总结各地多元化纠纷解决机制改革的成功经验，积极支持本辖区因地制宜出台相关地方性法规、地方政府规章，从而推动国家层面相关法律的立法进程，将改革实践成果制度化、法律化，促进多元化纠纷解决机制改革在法治轨道上健康发展。

最高人民法院
关于人民法院特邀调解的规定

法释〔2016〕14 号

（2016 年 5 月 23 日最高人民法院审判委员会第 1684 次会议通过
自 2016 年 7 月 1 日起施行）

为健全多元化纠纷解决机制，加强诉讼与非诉讼纠纷解决方式的有效衔接，规范人民法院特邀调解工作，维护当事人合法权益，根据《中华人民共和国民事诉讼法》《中华人民共和国人民调解法》等法律及相关司法解释，结合人民法院工作实际，制定本规定。

第一条　特邀调解是指人民法院吸纳符合条件的人民调解、行政调解、商事调解、行业调解等调解组织或者个人成为特邀调解组织或者特邀调解员，接受人民法院立案前委派或者立案后委托依法进行调解，促使当事人在平等协商基础上达成调解协议、解决纠纷的一种调解活动。

第二条　特邀调解应当遵循以下原则：

（一）当事人平等自愿；

（二）尊重当事人诉讼权利；

（三）不违反法律、法规的禁止性规定；

（四）不损害国家利益、社会公共利益和他人合法权益；

（五）调解过程和调解协议内容不公开，但是法律另有规定的除外。

第三条　人民法院在特邀调解工作中，承担以下职责：

（一）对适宜调解的纠纷，指导当事人选择名册中的调解组织或者调解员先行调解；

（二）指导特邀调解组织和特邀调解员开展工作；

（三）管理特邀调解案件流程并统计相关数据；

（四）提供必要场所、办公设施等相关服务；

（五）组织特邀调解员进行业务培训；

（六）组织开展特邀调解业绩评估工作；

（七）承担其他与特邀调解有关的工作。

第四条　人民法院应当指定诉讼服务中心等部门具体负责指导特邀调解工作，并配备熟悉调解业务的工作人员。

人民法庭根据需要开展特邀调解工作。

　　第五条　人民法院开展特邀调解工作应当建立特邀调解组织和特邀调解员名册。建立名册的法院应当为入册的特邀调解组织或者特邀调解员颁发证书，并对名册进行管理。上级法院建立的名册，下级法院可以使用。

　　第六条　依法成立的人民调解、行政调解、商事调解、行业调解及其他具有调解职能的组织，可以申请加入特邀调解组织名册。品行良好、公道正派、热心调解工作并具有一定沟通协调能力的个人可以申请加入特邀调解员名册。

　　人民法院可以邀请符合条件的调解组织加入特邀调解组织名册，可以邀请人大代表、政协委员、人民陪审员、专家学者、律师、仲裁员、退休法律工作者等符合条件的个人加入特邀调解员名册。

　　特邀调解组织应当推荐本组织中适合从事特邀调解工作的调解员加入名册，并在名册中列明；在名册中列明的调解员，视为人民法院特邀调解员。

　　第七条　特邀调解员在入册前和任职期间，应当接受人民法院组织的业务培训。

　　第八条　人民法院应当在诉讼服务中心等场所提供特邀调解组织和特邀调解员名册，并在法院公示栏、官方网站等平台公开名册信息，方便当事人查询。

　　第九条　人民法院可以设立家事、交通事故、医疗纠纷等专业调解委员会，并根据特定专业领域的纠纷特点，设定专业调解委员会的入册条件，规范专业领域特邀调解程序。

　　第十条　人民法院应当建立特邀调解组织和特邀调解员业绩档案，定期组织开展特邀调解评估工作，并及时更新名册信息。

　　第十一条　对适宜调解的纠纷，登记立案前，人民法院可以经当事人同意委派给特邀调解组织或者特邀调解员进行调解；登记立案后或者在审理过程中，可以委托给特邀调解组织或者特邀调解员进行调解。

　　当事人申请调解的，应当以口头或者书面方式向人民法院提出；当事人口头提出的，人民法院应当记入笔录。

　　第十二条　双方当事人应当在名册中协商确定特邀调解员；协商不成的，由特邀调解组织或者人民法院指定。当事人不同意指定的，视为不同意调解。

　　第十三条　特邀调解一般由一名调解员进行。对于重大、疑难、复杂或者当事人要求由两名以上调解员共同调解的案件，可以由两名以上调解员调解，并由特邀调解组织或者人民法院指定一名调解员主持。当事人有正当理由的，可以申请更换特邀调解员。

　　第十四条　调解一般应当在人民法院或者调解组织所在地进行，双方当事人也可以在征得人民法院同意的情况下选择其他地点进行调解。

　　特邀调解组织或者特邀调解员接受委派或者委托调解后，应当将调解时间、地点等相关事项及时通知双方当事人，也可以通知与纠纷有利害关系的案外人参加调解。

　　调解程序开始之前，特邀调解员应当告知双方当事人权利义务、调解规则、调解程序、调解协议效力、司法确认申请等事项。

　　第十五条　特邀调解员有下列情形之一的，当事人有权申请回避：

　　（一）是一方当事人或者其代理人近亲属的；

　　（二）与纠纷有利害关系的；

（三）与纠纷当事人、代理人有其他关系，可能影响公正调解的。

特邀调解员有上述情形的，应当自行回避；但是双方当事人同意由该调解员调解的除外。

特邀调解员的回避由特邀调解组织或者人民法院决定。

第十六条 特邀调解员不得在后续的诉讼程序中担任该案的人民陪审员、诉讼代理人、证人、鉴定人以及翻译人员等。

第十七条 特邀调解员应当根据案件具体情况采用适当的方法进行调解，可以提出解决争议的方案建议。特邀调解员为促成当事人达成调解协议，可以邀请对达成调解协议有帮助的人员参与调解。

第十八条 特邀调解员发现双方当事人存在虚假调解可能的，应当中止调解，并向人民法院或者特邀调解组织报告。

人民法院或者特邀调解组织接到报告后，应当及时审查，并依据相关规定作出处理。

第十九条 委派调解达成调解协议，特邀调解员应当将调解协议送达双方当事人，并提交人民法院备案。

委派调解达成的调解协议，当事人可以依照民事诉讼法、人民调解法等法律申请司法确认。当事人申请司法确认的，由调解组织所在地或者委派调解的基层人民法院管辖。

第二十条 委托调解达成调解协议，特邀调解员应当向人民法院提交调解协议，由人民法院审查并制作调解书结案。达成调解协议后，当事人申请撤诉的，人民法院应当依法作出裁定。

第二十一条 委派调解未达成调解协议的，特邀调解员应当将当事人的起诉状等材料移送人民法院；当事人坚持诉讼的，人民法院应当依法登记立案。

委托调解未达成调解协议的，转入审判程序审理。

第二十二条 在调解过程中，当事人为达成调解协议作出妥协而认可的事实，不得在诉讼程序中作为对其不利的根据，但是当事人均同意的除外。

第二十三条 经特邀调解组织或者特邀调解员调解达成调解协议的，可以制作调解协议书。当事人认为无需制作调解协议书的，可以采取口头协议方式，特邀调解员应当记录协议内容。

第二十四条 调解协议书应当记载以下内容：

（一）当事人的基本情况；

（二）纠纷的主要事实、争议事项；

（三）调解结果。

双方当事人和特邀调解员应当在调解协议书或者调解笔录上签名、盖章或者捺印；由特邀调解组织主持达成调解协议的，还应当加盖调解组织印章。

委派调解达成调解协议，自双方当事人签名、盖章或者捺印后生效。委托调解达成调解协议，根据相关法律规定确定生效时间。

第二十五条 委派调解达成调解协议后，当事人就调解协议的履行或者调解协议的内容发生争议的，可以向人民法院提起诉讼，人民法院应当受理。一方当事人以原纠纷向人民法院起诉，对方当事人以调解协议提出抗辩的，应当提供调解协议书。

经司法确认的调解协议，一方当事人拒绝履行或者未全部履行的，对方当事人可以向人民法院申请执行。

第二十六条　有下列情形之一的，特邀调解员应当终止调解：

（一）当事人达成调解协议的；

（二）一方当事人撤回调解请求或者明确表示不接受调解的；

（三）特邀调解员认为双方分歧较大且难以达成调解协议的；

（四）其他导致调解难以进行的情形。

特邀调解员终止调解的，应当向委派、委托的人民法院书面报告，并移送相关材料。

第二十七条　人民法院委派调解的案件，调解期限为30日。但是双方当事人同意延长调解期限的，不受此限。

人民法院委托调解的案件，适用普通程序的调解期限为15日，适用简易程序的调解期限为7日。但是双方当事人同意延长调解期限的，不受此限。延长的调解期限不计入审理期限。

委派调解和委托调解的期限自特邀调解组织或者特邀调解员签字接收法院移交材料之日起计算。

第二十八条　特邀调解员不得有下列行为：

（一）强迫调解；

（二）违法调解；

（三）接受当事人请托或收受财物；

（四）泄露调解过程或调解协议内容；

（五）其他违反调解员职业道德的行为。

当事人发现存在上述情形的，可以向人民法院投诉。经审查属实的，人民法院应当予以纠正并作出警告、通报、除名等相应处理。

第二十九条　人民法院应当根据实际情况向特邀调解员发放误工、交通等补贴，对表现突出的特邀调解组织和特邀调解员给予物质或者荣誉奖励。补贴经费应当纳入人民法院专项预算。

人民法院可以根据有关规定向有关部门申请特邀调解专项经费。

第三十条　本规定自2016年7月1日起施行。

最高人民法院
关于进一步健全完善民事诉讼程序繁简分流改革
试点法院特邀调解名册制度的通知

法〔2021〕150号   2021年6月16日

北京、上海、江苏、浙江、安徽、福建、山东、河南、湖北、广东、四川、贵州、云南、陕西、宁夏等省（自治区、直辖市）高级人民法院：

为深入推进民事诉讼程序繁简分流改革试点工作，健全完善特邀调解制度，有效发挥司法确认程序对推动矛盾纠纷源头化解的保障作用，根据《关于加强诉源治理推动矛盾纠纷源头化解的意见》等文件精神，结合试点工作情况，现就完善试点法院特邀调解名册制度通知如下。

一、充分认识健全完善特邀调解名册制度的重要意义。健全完善特邀调解名册制度，是规范特邀调解工作的重要内容，是优化司法确认程序的必要前提，是落实全国人大常委会授权决定、开展民事诉讼程序繁简分流改革试点的重要配套保障措施，对于贯彻《关于加强诉源治理推动矛盾纠纷源头化解的意见》精神，有效发挥司法在矛盾纠纷多元化解中的引领、推动、规范和保障作用，具有重要意义。试点法院要坚持以习近平新时代中国特色社会主义思想为指导，深入贯彻习近平法治思想，充分认识健全完善特邀调解名册制度的重要意义，结合试点工作实际以及《关于推进民事诉讼程序繁简分流改革试点工作分工方案》《关于进一步完善委派调解机制的指导意见》等文件要求，积极探索完善特邀调解名册工作机制，为加强诉源治理、推动矛盾纠纷源头化解提供有力司法服务和保障。

二、改进名册建立模式。试点法院要认真落实《最高人民法院关于人民法院特邀调解的规定》和《民事诉讼程序繁简分流改革试点实施办法》，针对调解组织、调解员的不同特点，区分特邀调解组织名册和特邀调解员名册，分别管理、统筹使用。

三、明确特邀调解组织入册标准。试点法院可以结合工作实际，参考下列因素确定特邀调解组织的入册标准：（1）有明确法律法规或者政策依据；（2）有明确监督管理机构；（3）持有相关主管机构批准设立的正式文件；（4）有调解组织章程和工作规则；（5）有开展调解工作的经费；（6）有必要数量的专职调解员；（7）未受过刑事处罚、近三年内未受过严重行政处罚和行业处分；（8）不存在其他不宜加入名册的情形。试点法院可以根据特定专业领域的纠纷特点，规定专业调解组织的加入条件。

　　四、明确特邀调解员入册标准。试点法院可以结合工作实际，参考下列因素确定特邀调解员的入册标准：（1）拥护中国共产党的领导、拥护宪法；（2）遵纪守法、品行端正、热心调解事业；（3）具备从事调解工作所必需的文化水平、法律知识和身体条件；（4）未受过刑事处罚、近三年内未受过严重行政处罚和行业处分、未被列入失信被执行人名单；（5）未加入任何调解组织、以个人名义开展调解工作；（6）不存在其他不宜加入名册的情形。相关主管机构已经建立调解员资质认证制度的，试点法院可以直接将相关资质证明文件作为入册标准。

　　五、探索优化入册程序。试点法院要坚持调解组织、调解员申请加入和人民法院邀请加入相结合，探索完善符合工作实际的入册程序。充分发挥行政主管部门、群团组织和行业协会商会等负有监督管理职责的主管机构的专业优势，确保入册程序公平公开公正。有条件的法院可以会同相关主管机构审核调解组织、调解员资质，探索实行由主管机构把关推荐、人民法院择优纳入的工作程序，有序扩大纳入特邀调解名册的范围。

　　六、健全完善名册运行机制。试点法院要完善特邀调解组织、特邀调解员监督管理机制，会同相关主管机构实行"双重管理"。积极为特邀调解组织、特邀调解员开展工作提供必要的支持和保障，加强业务指导，会同相关主管机构开展常态化业务培训。健全完善数据统计、绩效评估等日常管理制度，通过诉讼服务中心、官方网站等渠道公开特邀调解组织、特邀调解员的基本情况、工作绩效、业绩排名等信息，供当事人和社会公众查询、监督。探索将绩效评估与调解补贴阶段性发放、奖励激励等机制挂钩，充分调动特邀调解组织、特邀调解员的工作积极性。

　　七、推动名册统建共享。试点法院要结合市域社会治理现代化工作进程，推动由上级法院统一建立辖区内各试点法院共享的特邀调解名册，健全完善上下级法院和各试点法院之间的名册信息交流机制，实现上级法院统一建立、统一管理，各试点法院共同使用、共同维护，名册信息及时更新，管理举措及时跟进，提高非诉解纷资源配置效率。

　　八、提升名册管理信息化水平。试点法院要指定专人负责人民法院调解平台和在线矛盾纠纷多元化解平台的日常维护与管理，及时更新特邀调解名册并向相关主管机构反馈名册变动情况，确保线下线上名册统一。有条件的法院要充分发挥信息平台优势，探索申请入册、资质审核、业务培训、业绩评估、信息公示、奖励激励、违规处理等工作在线运行，推动名册管理与矛盾纠纷在线咨询、在线评估、在线分流、在线调解、在线确认有机衔接，实现多元纠纷化解工作数据化、可视化。

　　九、优化司法确认案件管辖规则。在市域范围内由上级法院统建名册的试点地区，当事人申请司法确认调解协议，可以按照民事诉讼法除协议管辖外的其他地域管辖规定，向与争议有实际联系的地点的人民法院提出。符合级别管辖或者专门管辖标准的，向相应的中级人民法院或者专门人民法院提出。接受人民法院立案前委派调解的，向作出委派的人民法院提出。

十、健全违规行为处理机制。试点法院要探索细化违反法律法规和调解职业道德的具体情形，健全违规行为发现、调查、申辩、决定等工作程序，及时、公开、公正处理违规行为。对于在委派、委托调解工作中存在强迫调解、虚假调解、泄露调解秘密、违背调解中立原则以及消极履行工作职责等行为的特邀调解组织和特邀调解员，试点法院可以会同相关主管机构视情节轻重给予警告、通报、除名等处理；情节严重的，依法追究相关组织和人员的法律责任。要及时将处理的事由、依据和结果通报相关主管机构，并就完善监督管理措施发送司法建议。

十一、加强组织领导和工作协同。试点法院要紧紧依靠党委领导、积极争取政府支持、大力推动社会协同，推动将民事、行政案件万人起诉率纳入地方平安建设工作考核，发挥特邀调解名册作用，做大做强非诉讼纠纷解决机制，把矛盾纠纷化解在萌芽状态。积极融入各地一站式社会矛盾纠纷调处化解中心，推动建立财政保障、社会保障、市场化收费相结合的非诉调解经费保障体系，加强信息交流和工作衔接，提升非诉调解工作质效。围绕优化司法确认程序、完善特邀调解配套制度机制，系统总结试点经验成效，整理形成动态信息、改革案例，为推动修改完善有关法律规定、制定配套政策文件提供实践基础。

各试点地区高级人民法院应当收集研判辖区试点法院在特邀调解名册管理工作中遇到的问题，及时通过试点工作月报或者专报形式报告最高人民法院司法改革领导小组办公室。

人力资源社会保障部　最高人民法院
关于联合发布第二批劳动人事争议典型案例

人社部函〔2021〕90 号　　　　　　　　　　2021 年 6 月 30 日

各省、自治区、直辖市人力资源社会保障厅（局）、高级人民法院，解放军军事法院，新疆生产建设兵团人力资源社会保障局、新疆维吾尔自治区高级人民法院生产建设兵团分院：

为贯彻落实人力资源社会保障部、最高人民法院《关于加强劳动人事争议仲裁与诉讼衔接机制建设的意见》（人社部发〔2017〕70 号）提出的"开展类案分析，联合筛选并发布典型案例"等要求，明确工时及加班工资法律适用标准，进一步提高劳动人事争议案件处理质效，全力维护劳动关系和谐与社会稳定，现发布第二批劳动人事争议典型案例，请各地仲裁机构、人民法院在办案中予以参照。

附件：劳动人事争议典型案例（第二批）

附件

目　录
劳动人事争议典型案例（第二批）

案例 1. 劳动者拒绝违法超时加班安排，用人单位能否解除劳动合同

基本案情

张某于 2020 年 6 月入职某快递公司，双方订立的劳动合同约定试用期为 3 个月，试用期月工资为 8000 元，工作时间执行某快递公司规章制度相关规定。某快递公司规章制度规定，工作时间为早 9 时至晚 9 时，每周工作 6 天。2 个月后，张某以工作时间严重超过法律规定上限为由拒绝超时加班安排，某快递公司即以张某在试用期间被证明不符合录用条件为由与其解除劳动合同。张某向劳动人事争议仲裁委员会（简称仲裁委员会）申请仲裁。

申请人请求

请求裁决某快递公司支付违法解除劳动合同赔偿金 8000 元。

处理结果

仲裁委员会裁决某快递公司支付张某违法解除劳动合同赔偿金 8000 元（裁决为终局裁决）。仲裁委员会将案件情况通报劳动保障监察机构，劳动保障监察机构对某快递公司规章制度违反法律、法规规定的情形责令其改正，给予警告。

案例分析

本案的争议焦点是张某拒绝违法超时加班安排，某快递公司能否与其解除劳动合同。

《中华人民共和国劳动法》第四十一条规定："用人单位由于生产经营需要，经与工会和劳动者协商后可以延长工作时间，一般每日不得超过一小时；因特殊原因需要延长工作时间的，在保障劳动者身体健康的条件下延长工作时间每日不得超过三小时，但是每月不得超过三十六小时。"第四十三条规定："用人单位不得违反本法规定延长劳动者的工作时间。"《中华人民共和国劳动合同法》第二十六条规定："下列劳动合同无效或者部分无效：……（三）违反法律、行政法规强制性规定的。"为确保劳动者休息权的实现，我国法律对延长工作时间的上限予以明确规定。用人单位制定违反法律规定的加班制度，在劳动合同中与劳动者约定违反法律规定的加班条款，均应认定为无效。

本案中，某快递公司规章制度中"工作时间为早 9 时至晚 9 时，每周工作 6 天"的内容，严重违反法律关于延长工作时间上限的规定，应认定为无效。张某拒绝违法超时加班安排，系维护自己合法权益，不能据此认定其在试用期间被证明不符合录用条件。故仲裁委员会依法裁决某快递公司支付张某违法解除劳动合同赔偿金。

典型意义

《中华人民共和国劳动法》第四条规定："用人单位应当依法建立和完善规章制度，保障劳动者享有劳动权利和履行劳动义务。"法律在支持用人单位依法行使管理职

权的同时，也明确其必须履行保障劳动者权利的义务。用人单位的规章制度以及相应工作安排必须符合法律、行政法规的规定，否则既要承担违法后果，也不利于构建和谐稳定的劳动关系、促进自身健康发展。

案例 2. 劳动者与用人单位订立放弃加班费协议，能否主张加班费

基本案情

张某于 2020 年 6 月入职某科技公司，月工资 20000 元。某科技公司在与张某订立劳动合同时，要求其订立一份协议作为合同附件，协议内容包括"我自愿申请加入公司奋斗者计划，放弃加班费"。半年后，张某因个人原因提出解除劳动合同，并要求支付加班费。某科技公司认可张某加班事实，但以其自愿订立放弃加班费协议为由拒绝支付。张某向劳动人事争议仲裁委员会（简称仲裁委员会）申请仲裁。

申请人请求

请求裁决某科技公司支付 2020 年 6 月至 12 月加班费 24 000 元。

处理结果

仲裁委员会裁决某科技公司支付张某 2020 年 6 月至 12 月加班费 24 000 元。

案例分析

本案的争议焦点是张某订立放弃加班费协议后，还能否主张加班费。

《中华人民共和国劳动合同法》第二十六条规定："下列劳动合同无效或者部分无效：……（二）用人单位免除自己的法定责任、排除劳动者权利的"。《最高人民法院关于审理劳动争议案件适用法律问题的解释（一）》（法释〔2020〕26 号）第三十五条规定："劳动者与用人单位就解除或者终止劳动合同办理相关手续、支付工资报酬、加班费、经济补偿或者赔偿金等达成的协议，不违反法律、行政法规的强制性规定，且不存在欺诈、胁迫或者乘人之危情形的，应当认定有效。前款协议存在重大误解或者显失公平情形，当事人请求撤销的，人民法院应予支持。"加班费是劳动者延长工作时间的工资报酬，《中华人民共和国劳动法》第四十四条、《中华人民共和国劳动合同法》第三十一条明确规定了用人单位支付劳动者加班费的责任。约定放弃加班费的协议免除了用人单位的法定责任、排除了劳动者权利，显失公平，应认定无效。

本案中，某科技公司利用在订立劳动合同时的主导地位，要求张某在其单方制定的格式条款上签字放弃加班费，既违反法律规定，也违背公平原则，侵害了张某工资报酬权益。故仲裁委员会依法裁决某科技公司支付张某加班费。

典型意义

崇尚奋斗无可厚非，但不能成为用人单位规避法定责任的挡箭牌。谋求企业发展、塑造企业文化都必须守住不违反法律规定、不侵害劳动者合法权益的底线，应在坚持按劳分配原则的基础上，通过科学合理的措施激发劳动者的主观能动性和创造性，统

筹促进企业发展与维护劳动者权益。

案例 3. 用人单位未按规章制度履行加班审批手续，能否认定劳动者加班事实

基本案情

吴某于 2019 年 12 月入职某医药公司，月工资为 18 000 元。某医药公司加班管理制度规定："加班需提交加班申请单，按程序审批。未经审批的，不认定为加班，不支付加班费。"吴某入职后，按照某医药公司安排实际执行每天早 9 时至晚 9 时，每周工作 6 天的工作制度。其按照某医药公司加班管理制度提交了加班申请，但某医药公司未实际履行审批手续。2020 年 11 月，吴某与某医药公司协商解除劳动合同，要求某医药公司支付加班费，并出具了考勤记录、与部门领导及同事的微信聊天记录、工作会议纪要等。某医药公司虽认可上述证据的真实性但以无公司审批手续为由拒绝支付。吴某向劳动人事争议仲裁委员会（简称仲裁委员会）申请仲裁。

申请人请求

请求裁决某医药公司支付 2019 年 12 月至 2020 年 11 月加班费 50 000 元。

处理结果

仲裁委员会裁决某医药公司支付吴某 2019 年 12 月至 2020 年 11 月加班费 50 000 元。某医药公司不服仲裁裁决起诉，一审法院判决与仲裁裁决一致，某医药公司未上诉，一审判决已生效。

案例分析

本案的争议焦点是某医药公司能否以无公司审批手续为由拒绝支付吴某加班费。

《中华人民共和国劳动法》第四十四条规定："有下列情形之一的，用人单位应当按照下列标准支付高于劳动者正常工作时间工资的工资报酬：（一）安排劳动者延长工作时间的，支付不低于工资的百分之一百五十的工资报酬；（二）休息日安排劳动者工作又不能安排补休的，支付不低于工资的百分之二百的工资报酬。"《工资支付暂行规定》（劳部发〔1994〕489 号）第十三条规定："用人单位在劳动者完成劳动定额或规定的工作任务后，根据实际需要安排劳动者在法定标准工作时间以外工作的，应按以下标准支付工资：……。"从上述条款可知，符合"用人单位安排""法定标准工作时间以外工作"情形的，用人单位应当依法支付劳动者加班费。

本案中，吴某提交的考勤记录、与部门领导及同事的微信聊天记录、工作会议纪要等证据形成了相对完整的证据链，某医药公司亦认可上述证据的真实性。某医药公司未实际履行加班审批手续，并不影响对"用人单位安排"加班这一事实的认定。故仲裁委员会依法裁决某医药公司支付吴某加班费。

典型意义

劳动规章制度对用人单位和劳动者都具有约束力。一方面，用人单位应严格按照

规章制度的规定实施管理行为，不得滥用优势地位，侵害劳动者合法权益；另一方面，劳动者在合法权益受到侵害时，要注意保留相关证据，为维权提供依据。仲裁委员会、人民法院应准确把握加班事实认定标准，纠正用人单位规避法定责任、侵害劳动者合法权益的行为。

案例4. 用人单位与劳动者约定实行包薪制，是否需要依法支付加班费

基本案情

周某于2020年7月入职某汽车服务公司，双方订立的劳动合同约定月工资为4000元（含加班费）。2021年2月，周某因个人原因提出解除劳动合同，并认为即使按照当地最低工资标准认定其法定标准工作时间工资，某汽车服务公司亦未足额支付加班费，要求支付差额。某汽车服务公司认可周某加班事实，但以劳动合同中约定的月工资中已含加班费为由拒绝支付。周某向劳动人事争议仲裁委员会（简称仲裁委员会）申请仲裁。

申请人请求

请求裁决某汽车服务公司支付加班费差额17 000元。

处理结果

仲裁委员会裁决某汽车服务公司支付周某加班费差额17 000元（裁决为终局裁决），并就有关问题向某汽车服务公司发出仲裁建议书。

案例分析

本案的争议焦点是某汽车服务公司与周某约定实行包薪制，是否还需要依法支付周某加班费差额。

《中华人民共和国劳动法》第四十七条规定："用人单位根据本单位的生产经营特点和经济效益，依法自主确定本单位的工资分配方式和工资水平。"第四十八条规定："国家实行最低工资保障制度。"《最低工资规定》（劳动和社会保障部令第21号）第三条规定："本规定所称最低工资标准，是指劳动者在法定工作时间或依法签订的劳动合同约定的工作时间内提供了正常劳动的前提下，用人单位依法应支付的最低劳动报酬。"从上述条款可知，用人单位可以依法自主确定本单位的工资分配方式和工资水平，并与劳动者进行相应约定，但不得违反法律关于最低工资保障、加班费支付标准的规定。

本案中，根据周某实际工作时间折算，即使按照当地最低工资标准认定周某法定标准工作时间工资，并以此为基数核算加班费，也超出了4000元的约定工资，表明某汽车服务公司未依法足额支付周某加班费。故仲裁委员会依法裁决某汽车服务公司支付周某加班费差额。

典型意义

包薪制是指在劳动合同中打包约定法定标准工作时间工资和加班费的一种工资分配方式，在部分加班安排较多且时间相对固定的行业中比较普遍。虽然用人单位有依法制定内部薪酬分配制度的自主权，但内部薪酬分配制度的制定和执行须符合相关法律的规定。实践中，部分用人单位存在以实行包薪制规避或者减少承担支付加班费法定责任的情况。实行包薪制的用人单位应严格按照不低于最低工资标准支付劳动者法定标准工作时间的工资，同时按国家关于加班费的有关法律规定足额支付加班费。

案例 5. 用人单位未与劳动者协商一致增加工作任务，劳动者是否有权拒绝

基本案情

张某于 2018 年 9 月入职某报刊公司从事投递员工作，每天工作 6 小时，每周工作 6 天，月工资 3500 元。2020 年 6 月，因同区域另外一名投递员离职，某报刊公司在未与张某协商的情况下，安排其在第三季度承担该投递员的工作任务。张某认为，要完成加倍的工作量，其每天工作时间至少需延长 4 小时，故拒绝上述安排。某报刊公司依据员工奖惩制度，以张某不服从工作安排为由与其解除劳动合同。张某向劳动人事争议仲裁委员会（简称仲裁委员会）申请仲裁。

申请人请求

请求裁决某报刊公司支付违法解除劳动合同赔偿金 14 000 元。

处理结果

仲裁委员会裁决某报刊公司支付张某违法解除劳动合同赔偿金 14 000 元（裁决为终局裁决）。

案例分析

本案的争议焦点是某报刊公司未与张某协商一致增加其工作任务，张某是否有权拒绝。

《中华人民共和国劳动合同法》第三十一条规定："用人单位应当严格执行劳动定额标准，不得强迫或者变相强迫劳动者加班。"第三十五条规定："用人单位与劳动者协商一致，可以变更劳动合同约定的内容。"劳动合同是明确用人单位和劳动者权利义务的书面协议，未经变更，双方均应严格按照约定履行，特别是涉及工作时间等劳动定额标准的内容。

本案中，某报刊公司超出合理限度大幅增加张某的工作任务，应视为变更劳动合同约定的内容，违反了关于"协商一致"变更劳动合同的法律规定，已构成变相强迫劳动者加班。因此，张某有权依法拒绝上述安排。某报刊公司以张某不服从工作安排为由与其解除劳动合同不符合法律规定。故仲裁委员会依法裁决某报刊公司支付张某违法解除劳动合同赔偿金。

典型意义

允许用人单位与劳动者协商一致变更劳动合同，有利于保障用人单位根据生产经营需要合理调整用工安排的权利。但要注意的是，变更劳动合同要遵循合法、公平、平等自愿、协商一致、诚实信用的原则。工作量、工作时间的变更直接影响劳动者休息权的实现，用人单位对此进行大幅调整，应与劳动者充分协商，而不应采取强迫或者变相强迫的方式，更不得违反相关法律规定。

案例6. 处理加班费争议，如何分配举证责任

基本案情

林某于2020年1月入职某教育咨询公司，月工资为6000元。2020年7月，林某因个人原因提出解除劳动合同，并向劳动人事争议仲裁委员会（简称仲裁委员会）申请仲裁。林某主张其工作期间每周工作6天，并提交了某打卡APP打卡记录（显示林某及某教育咨询公司均实名认证，林某每周一至周六打卡；每天打卡两次，第一次打卡时间为早9时左右，第二次打卡时间为下午6时左右；打卡地点均为某教育咨询公司所在位置，存在个别日期未打卡情形）、工资支付记录打印件（显示曾因事假扣发工资，扣发日期及天数与打卡记录一致，未显示加班费支付情况）。某教育咨询公司不认可上述证据的真实性，主张林某每周工作5天，但未提交考勤记录、工资支付记录。

申请人请求

请求裁决某教育咨询公司支付加班费10 000元。

处理结果

仲裁委员会裁决某教育咨询公司支付林某加班费10 000元（裁决为终局裁决）。

案例分析

本案的争议焦点是如何分配林某与某教育咨询公司的举证责任。

《中华人民共和国劳动争议调解仲裁法》第六条规定："发生劳动争议，当事人对自己提出的主张，有责任提供证据。与争议事项有关的证据属于用人单位掌握管理的，用人单位应当提供；用人单位不提供的，应当承担不利后果。"《最高人民法院关于审理劳动争议案件适用法律问题的解释（一）》（法释〔2020〕26号）第四十二条规定："劳动者主张加班费的，应当就加班事实的存在承担举证责任。但劳动者有证据证明用人单位掌握加班事实存在的证据，用人单位不提供的，由用人单位承担不利后果。"从上述条款可知，主张加班费的劳动者有责任按照"谁主张谁举证"的原则，就加班事实的存在提供证据，或者就相关证据属于用人单位掌握管理提供证据。用人单位应当提供而不提供有关证据的，可以推定劳动者加班事实存在。

本案中，虽然林某提交的工资支付记录为打印件，但与实名认证的APP打卡记录互相印证，能够证明某教育咨询公司掌握加班事实存在的证据。某教育咨询公司虽然

不认可上述证据的真实性，但未提交反证或者作出合理解释，应承担不利后果。故仲裁委员会依法裁决某教育咨询公司支付林某加班费。

典型意义

我国劳动法律将保护劳动者的合法权益作为立法宗旨之一，在实体和程序方面都作出了相应规定。在加班费争议处理中，要充分考虑劳动者举证能力不足的实际情况，根据"谁主张谁举证"原则、证明妨碍规则，结合具体案情合理分配用人单位与劳动者的举证责任。

案例 7. 劳动者超时加班发生工伤，用工单位、劳务派遣单位是否承担连带赔偿责任

基本案情

2017 年 8 月，某服务公司（已依法取得劳务派遣行政许可）与某传媒公司签订劳务派遣协议，约定某服务公司为某传媒公司提供派遣人员，每天工作 11 小时，每人每月最低保底工时 286 小时。2017 年 9 月，某服务公司招用李某并派遣至某传媒公司工作，未为李某缴纳工伤保险。2018 年 8 月、9 月、11 月，李某月工时分别为 319 小时、293 小时、322.5 小时，每月休息日不超过 3 日。2018 年 11 月 30 日，李某工作时间为当日晚 8 时 30 分至 12 月 1 日上午 8 时 30 分。李某于 12 月 1 日凌晨 5 时 30 分晕倒在单位卫生间，经抢救无效于当日死亡，死亡原因为心肌梗死等。2018 年 12 月，某传媒公司与李某近亲属惠某等签订赔偿协议，约定某传媒公司支付惠某等工亡待遇 42 万元，惠某等不得再就李某工亡赔偿事宜或在派遣工作期间享有的权利，向某传媒公司提出任何形式的赔偿要求。上述协议签订后，某传媒公司实际支付惠某等各项费用计423 497.80元。此后，李某所受伤害被社会保险行政部门认定为工伤。某服务公司、惠某等不服仲裁裁决，诉至人民法院。

原告诉讼请求

惠某等请求判决某服务公司与某传媒公司连带支付医疗费、一次性工亡补助金、丧葬补助金、供养亲属抚恤金，共计 1 193 821 元。

某服务公司请求判决不应支付供养亲属抚恤金；应支付的各项赔偿中应扣除某传媒公司已支付款项；某传媒公司承担连带责任。

裁判结果

一审法院判决：按照《工伤保险条例》，因用人单位未为李某参加工伤保险，其工亡待遇由用人单位全部赔偿。某服务公司和某传媒公司连带赔偿惠某等医疗费、一次性工亡补助金、丧葬补助金、供养亲属抚恤金合计 766 911.55 元。某传媒公司不服，提起上诉。二审法院判决：驳回上诉，维持原判。

案例分析

本案的争议焦点是李某超时加班发生工伤，用工单位与劳务派遣单位是否应承担

连带赔偿责任。

《中华人民共和国劳动法》第三十八条规定："用人单位应当保证劳动者每周至少休息一日。"第四十一条规定："用人单位由于生产经营需要，经与工会和劳动者协商后可以延长工作时间，一般每日不得超过一小时；因特殊原因需要延长工作时间的，在保障劳动者身体健康的条件下延长工作时间每日不得超过三小时，但是每月不得超过三十六小时。"《中华人民共和国劳动合同法》第九十二条规定："用工单位给被派遣劳动者造成损害的，劳务派遣单位与用工单位承担连带赔偿责任。"《国务院关于职工工作时间的规定》（国务院令第174号）第三条规定："职工每日工作8小时、每周工作40小时。"休息权是劳动者的基本劳动权利，即使在支付劳动者加班费的情况下，劳动者的工作时间仍然受到法定延长工作时间上限的制约。劳务派遣用工中，劳动者超时加班发生工伤，用工单位和劳务派遣单位对劳动者的损失均负有责任，应承担连带赔偿责任。劳动者与用工单位、劳务派遣单位达成赔偿协议的，当赔偿协议存在违反法律、行政法规的强制性规定、欺诈、胁迫或者乘人之危情形时，不应认定赔偿协议有效；当赔偿协议存在重大误解或者显失公平情形时，应当支持劳动者依法行使撤销权。

本案中，某服务公司和某传媒公司协议约定的被派遣劳动者每天工作时间及每月工作保底工时，均严重超过法定标准。李某工亡前每月休息时间不超过3日，每日工作时间基本超过11小时，每月延长工作时间超过36小时数倍，其依法享有的休息权受到严重侵害。某传媒公司作为用工单位长期安排李某超时加班，存在过错，对李某在工作期间突发疾病死亡负有不可推卸的责任。惠某等主张某传媒公司与某服务公司就李某工伤的相关待遇承担连带赔偿责任，应予支持。惠某等虽与某传媒公司达成了赔偿协议，但赔偿协议是在劳动者未经社会保险行政部门认定工伤的情形下签订的，且赔偿协议约定的补偿数额明显低于法定工伤保险待遇标准，某服务公司和某传媒公司应对差额部分予以补足。

典型意义

面对激烈的市场竞争环境，个别用人单位为降低用工成本、追求利润最大化，长期安排劳动者超时加班，对劳动者的身心健康、家庭和睦、参与社会生活等造成了严重影响，极端情况下会威胁劳动者的生命安全。本案系劳动者超时加班发生工伤而引发的工伤保险待遇纠纷，是超时劳动严重损害劳动者健康权的缩影。本案裁判明确了此种情况下用工单位、劳务派遣单位承担连带赔偿责任，可以有效避免劳务派遣用工中出现责任真空的现象，实现对劳动者合法权益的充分保障。同时，用人单位应依法为职工参加工伤保险，保障职工的工伤权益，也能分散自身风险。如用人单位未为职工参加工伤保险，工伤职工工伤保险待遇全部由用人单位支付。

案例 8. 用人单位以规章制度形式否认劳动者加班事实是否有效

基本案情

常某于 2016 年 4 月入职某网络公司。入职之初，某网络公司通过电子邮件告知常某，公司采取指纹打卡考勤。员工手册规定："21：00 之后起算加班时间；加班需由员工提出申请，部门负责人审批。"常某于 2016 年 5 月至 2017 年 1 月期间，通过工作系统累计申请加班 126 小时。某网络公司以公司规章制度中明确 21：00 之后方起算加班时间，21：00 之前的不应计入加班时间为由，拒绝支付常某加班费差额。常某向劳动人事争议仲裁委员会（简称仲裁委员会）申请仲裁，请求裁决某网络公司支付其加班费差额。某网络公司不服仲裁裁决，诉至人民法院。

原告诉讼请求

请求判决不支付常某加班费差额。

裁判结果

一审法院判决：某网络公司支付常某加班费差额 32 000 元。双方不服，均提起上诉。二审法院判决：驳回上诉，维持原判。

案例分析

本案的争议焦点是某网络公司以规章制度形式否认常某加班事实是否有效。

《中华人民共和国劳动合同法》第四条规定："用人单位应当依法建立和完善劳动规章制度，保障劳动者享有劳动权利、履行劳动义务。用人单位在制定、修改或者决定有关劳动报酬、工作时间、休息休假、劳动安全卫生、保险福利、职工培训、劳动纪律以及劳动定额管理等直接涉及劳动者切身利益的规章制度或者重大事项时，应当经职工代表大会或者全体职工讨论，提出方案和意见，与工会或者职工代表平等协商确定。……用人单位应当将直接涉及劳动者切身利益的规章制度和重大事项决定公示，或者告知劳动者。"通过民主程序制定的规章制度，不违反国家法律、行政法规及政策规定，并已向劳动者公示的，可以作为确定双方权利义务的依据。

本案中，一方面，某网络公司的员工手册规定有加班申请审批制度，该规定并不违反法律规定，且具有合理性，在劳动者明知此规定的情况下，可以作为确定双方权利义务的依据。另一方面，某网络公司的员工手册规定 21：00 之后起算加班时间，并主张 18：00 至 21：00 是员工晚餐和休息时间，故自 21：00 起算加班。鉴于 18：00 至 21：00 时间长达 3 个小时，远超过合理用餐时间，且在下班 3 个小时后再加班，不具有合理性。在某网络公司不能举证证实该段时间为员工晚餐和休息时间的情况下，其规章制度中的该项规定不具有合理性，人民法院依法否定了其效力。人民法院结合考勤记录、工作系统记录等证据，确定了常某的加班事实，判决某网络公司支付常某加班费差额。

典型意义

劳动争议案件的处理，既要保护劳动者的合法权益，亦应促进企业有序发展。合法的规章制度既能规范用人单位用工自主权的行使，又能保障劳动者参与用人单位民主管理，实现构建和谐劳动关系的目的。不合理的规章制度则会导致用人单位的社会声誉差、认同感低，最终引发人才流失，不利于用人单位的长远发展。用人单位制定的合理合法的规章制度，可以作为确定用人单位、劳动者权利义务的依据。一旦用人单位以规章制度形式规避应当承担的用工成本，侵害劳动者的合法权益，仲裁委员会、人民法院应当依法予以审查，充分保护劳动者的合法权益。用人单位应当根据单位实际，制定更为人性化的规章制度，增强劳动者对规章制度的认同感，激发劳动者的工作积极性，从而进一步减少劳动纠纷，为构建和谐劳动关系作出贡献。

案例 9. 劳动者在离职文件上签字确认加班费已结清，是否有权请求支付欠付的加班费

基本案情

2017 年 7 月，肖某与某科技公司（已依法取得劳务派遣行政许可）订立劳动合同，被派遣至某快递公司担任配送员，月工资为基本工资加提成。肖某主张某快递公司在用工期间安排其双休日及法定节假日加班，并提交了工资表。工资表加盖有某科技公司公章，某科技公司和某快递公司均认可其真实性。该工资表显示，2017 年 7 月至 2019 年 10 月期间肖某存在不同程度的双休日加班及法定节假日加班，但仅获得少则 46.15 元、多则 115.40 元的出勤补款或节假日补助。2019 年 11 月，肖某向某科技公司提出离职，当日双方签署离职申请交接表。该表"员工离职原因"一栏显示："公司未上社会保险，工作压力大、没给加班费。""员工确认"一栏显示："经说明，我已知悉《劳动合同法》上的权利和义务，现单位已经将我的工资、加班费、经济补偿结清，我与单位无其他任何争议。本人承诺不再以任何理由向某科技公司及用工单位主张权利。"员工签名处有肖某本人签名。肖某对离职申请交接表的真实性认可，但认为表中"员工确认"一栏虽系其本人签字，但并非其真实意思，若不签字，某科技公司就不让其办理工作交接，该栏内容系某科技公司逃避法律责任的一种方法。肖某不服仲裁裁决，诉至人民法院。

原告诉讼请求

请求判决某科技公司与某快递公司支付加班费 82 261 元。

裁判结果

一审法院判决：驳回肖某加班费的诉讼请求。肖某不服，提起上诉。二审法院改判：某科技公司与某快递公司连带支付肖某加班费 24 404.89 元。

案例分析

本案的争议焦点是肖某是否与用人单位就支付加班费达成合法有效的协议。

《最高人民法院关于审理劳动争议案件适用法律问题的解释（一）》（法释〔2020〕26 号）第三十五条规定：“劳动者与用人单位就解除或者终止劳动合同办理相关手续、支付工资报酬、加班费、经济补偿或者赔偿金等达成的协议，不违反法律、行政法规的强制性规定，且不存在欺诈、胁迫或者乘人之危情形的，应当认定有效。”司法实践中，既应尊重和保障双方基于真实自愿合法原则签订的终止或解除劳动合同的协议，也应对劳动者明确持有异议的、涉及劳动者基本权益保护的协议真实性予以审查，依法保护劳动者的合法权益。

本案中，肖某认为离职申请交接表“员工确认”一栏不是其真实意思表示，上面记载的内容也与事实不符。该表中“员工离职原因”与“员工确认”两处表述确实存在矛盾。两家公司均未提供与肖某就加班费等款项达成的协议及已向肖某支付上述款项的证据，且肖某否认双方就上述款项已达成一致并已给付。因此，离职申请交接表中员工确认的“现单位已将我的工资、加班费、经济补偿结清，我与单位无其他任何争议”与事实不符，不能认定为肖某的真实意思表示。本案情形并不符合《最高人民法院关于审理劳动争议案件适用法律问题的解释（一）》第三十五条之规定，故二审法院依法支持肖某关于加班费的诉讼请求。

典型意义

实践中，有的用人单位在终止或解除劳动合同时，会与劳动者就加班费、经济补偿或赔偿金等达成协议。部分用人单位利用其在后续工资发放、离职证明开具、档案和社会保险关系转移等方面的优势地位，借机变相迫使劳动者在用人单位提供的格式文本上签字，放弃包括加班费在内的权利，或者在未足额支付加班费的情况下让劳动者签字确认加班费已经付清的事实。劳动者往往事后反悔，提起劳动争议仲裁与诉讼。本案中，人民法院最终依法支持劳动者关于加班费的诉讼请求，既维护了劳动者合法权益，对用人单位日后诚信协商、依法保护劳动者劳动报酬权亦有良好引导作用，有助于构建和谐稳定的劳动关系。劳动者在签署相关协议时，亦应熟悉相关条款含义，审慎签订协议，通过合法途径维护自身权益。

案例 10. 加班费的仲裁时效应当如何认定

基本案情

张某于 2016 年 7 月入职某建筑公司从事施工管理工作，2019 年 2 月离职。工作期间，张某存在加班情形，但某建筑公司未支付其加班费。2019 年 12 月，张某向劳动人事争议仲裁委员会申请仲裁，请求裁决某建筑公司依法支付其加班费，某建筑公司以张某的请求超过仲裁时效为由抗辩。张某不服仲裁裁决，诉至人民法院。

原告诉讼请求

请求判决某建筑公司支付加班费 46 293 元。

裁判结果

一审法院判决：某建筑公司支付张某加班费18 120元。张某与某建筑公司均未提起上诉，一审判决已生效。

案例分析

本案争议焦点是张某关于加班费的请求是否超过仲裁时效。

《中华人民共和国劳动争议调解仲裁法》第二十七条规定："劳动争议申请仲裁的时效期间为一年。仲裁时效期间从当事人知道或者应当知道其权利被侵害之日起计算。……劳动关系存续期间因拖欠劳动报酬发生争议的，劳动者申请仲裁不受本条第一款规定的仲裁时效期间的限制；但是，劳动关系终止的，应当自劳动关系终止之日起一年内提出。"《中华人民共和国劳动法》第四十四条规定："有下列情形之一的，用人单位应当按照下列标准支付高于劳动者正常工作时间工资的工资报酬……"。《关于工资总额组成的规定》（国家统计局令第1号）第四条规定："工资总额由下列六个部分组成：……（五）加班加点工资。"仲裁时效分为普通仲裁时效和特别仲裁时效，在劳动关系存续期间因拖欠劳动报酬发生劳动争议的，应当适用特别仲裁时效，即劳动关系存续期间的拖欠劳动报酬仲裁时效不受"知道或者应当知道权利被侵害之日起一年"的限制，但是劳动关系终止的，应当自劳动关系终止之日起一年内提出。加班费属于劳动报酬，相关争议处理中应当适用特别仲裁时效。

本案中，某建筑公司主张张某加班费的请求已经超过了一年的仲裁时效，不应予以支持。人民法院认为，张某与某建筑公司的劳动合同于2019年2月解除，其支付加班费的请求应自劳动合同解除之日起一年内提出，张某于2019年12月提出仲裁申请，其请求并未超过仲裁时效。根据劳动保障监察机构在执法中调取的工资表上的考勤记录，人民法院认定张某存在加班的事实，判决某建筑公司支付张某加班费。

典型意义

时效是指权利人不行使权利的事实状态持续经过法定期间，其权利即发生效力减损的制度。作为权利行使尤其是救济权行使期间的一种，时效既与当事人的实体权利密切相关，又与当事人通过相应的程序救济其权益密不可分。获取劳动报酬权是劳动权益中最基本、最重要的权益，考虑劳动者在劳动关系存续期间的弱势地位，法律对于拖欠劳动报酬争议设置了特别仲裁时效，对于有效保护劳动者权益具有重要意义。